V&R

Kritische Studien zur Geschichtswissenschaft

Herausgegeben von
Helmut Berding, Dieter Gosewinkel, Jürgen Kocka,
Paul Nolte, Hans-Peter Ullmann, Hans-Ulrich Wehler

Band 190

Vandenhoeck & Ruprecht

Vera Hierholzer

Nahrung nach Norm

Regulierung von Nahrungsmittelqualität
in der Industrialisierung 1871–1914

Vandenhoeck & Ruprecht

Mit 6 Abbildungen und 5 Tabellen

Bibliografische Information der Deutschen Nationalbibliothek

Die Deutsche Nationalbibliothek verzeichnet diese Publikation in der Deutschen Nationalbibliografie; detaillierte bibliografische Daten sind im Internet über http://dnb.d-nb.de abrufbar.

ISBN 978-3-525-37017-9

Umschlagabbildung:
Ein moderner Weinberg, Ausschnitt aus einer Karikatur von 1874, in: Fliegende Blätter 60 (1874), S. 92.

Gedruckt mit Unterstützung des Förderungs- und Beihilfefonds Wissenschaft der VG Wort und mit Hilfe der Geschwister Boehringer Ingelheim Stiftung für Geisteswissenschaften in Ingelheim am Rhein.

Printed in Germany.
Satz: textformart, Daniela Weiland, Göttingen
Druck und Bindung: ⊕ Hubert & Co, Göttingen

Gedruckt auf alterungsbeständigem Papier.

Inhalt

Verzeichnis der Tabellen und Abbildungen

Vorworte

Ohne den Genuss von Schokolade, der mir auch durch mein im Laufe der Zeit angesammeltes Wissen über die Anfänge der modernen Nahrungsmittelkontrolle nicht verleidet worden ist, hätte ich dieses Buch wohl mit etwas weniger Enthusiasmus geschrieben. Erheblich wichtiger aber noch war die Unterstützung meiner akademischen Lehrer sowie Kollegen, Freunde und Familie. Sie alle haben diese Arbeit, die eine deutlich gekürzte Fassung meiner im Mai 2006 an der Goethe-Universität Frankfurt am Main angenommenen Dissertation ist, jeweils auf ihre Weise vorangetrieben. Den Wichtigsten möchte hier namentlich danken.

An erster Stelle gilt mein herzlicher Dank meinem Doktorvater Professor Dr. Werner Plumpe. Er begleitete meine Arbeit mit großem Interesse, konstruktiver Kritik und entscheidenden Impulsen, ließ mir aber gleichzeitig auch wertvollen wissenschaftlichen Freiraum. Sein Lehrstuhl für Wirtschafts- und Sozialgeschichte mit dem regelmäßigen Forschungskolloquium und den anschließenden Runden in der »Stalburg« bot eine Atmosphäre des intensiven wissenschaftlichen Austausches, aber auch für echte Freundschaften. Ebenso fand ich am Frankfurter Max-Planck-Institut für europäische Rechtsgeschichte als Doktorandin der Nachwuchsgruppe »Recht in der Industriellen Revolution« hervorragende Arbeitsbedingungen vor. Seinem Direktor, Professor em. Dr. Dr. h. c. mult. Michael Stolleis, möchte ich nicht nur für die Aufnahme in die Nachwuchsgruppe und die Erstellung des Zweitgutachtens, sondern auch für die kritisch-wohlwollende Anteilnahme an meinem Projekt danken. Als Leiter der Nachwuchsgruppe gab PD Dr. Miloš Vec vielfältige theoretische Denkanstöße für die Untersuchung und bereicherte sie mit seinem stilistischen Gespür.

Ihm, PD Dr. Ralf Banken und Dr. Lars-Hendrik Riemer danke ich herzlich für die gründliche und kritische Lektüre des Ursprungsmanuskripts, von der sie sich teils auch durch große räumliche Distanzen und Zeitdruck nicht abhalten ließen. Auch bei PD Dr. Jan-Otmar Hesse möchte ich mich für wichtige Anregungen zu zentralen Passagen bedanken. Sibylle Gausing und Christian Reuber gaben wertvolle Hinweise zur inhaltlichen Überarbeitung für die Druckfassung und unterstützten mich sehr bei der ungeliebten Aufgabe des Kürzens. Eva Dubisch, Anne Stemann und insbesondere Vernessa Oberhansl halfen unermüdlich bei der formalen Anpassung des Manuskripts.

Professor Dr. Dieter Hein gebührt für die Übernahme des Drittgutachtens herzlicher Dank. Für die konkrete Idee, sich im Rahmen der Fragestellungen der Nachwuchsgruppe mit der Nahrungsmittelregulierung zu beschäftigen, danke ich Professor Dr. Ulrich Pfister. Unter den vielen Kollegen und Freunden, mit denen ich inhaltliche und methodische Fragen und Belange des wissenschaftlichen Alltags diskutieren konnte, seien meine »Büro-Mitbewohner« Oliver Peglow und Georg Rasche besonders erwähnt.

Auch den Mitarbeitern der Verwaltung und Bibliothek am Max-Planck-Institut sowie der verschiedenen Archive, Bibliotheken und Museen, deren Bestände Grundlage der Untersuchung sind, möchte ich für ihre kompetente Hilfe danken. Für wichtige Anmerkungen und die Aufnahme der Arbeit in die »Kritischen Studien« bin ich den Herausgebern der Reihe zu großem Dank verpflichtet. Martin Rethmeier und Dörte Rohwedder vom Verlag Vandenhoeck & Ruprecht danke ich für die freundliche Zusammenarbeit bei der Drucklegung. Diese wurde großzügig durch die Förderungs- und Beihilfefonds Wissenschaft der VG Wort und die Geschwister Boehringer Ingelheim Stiftung für Geisteswissenschaften unterstützt.

Ein besonderer Dank geht an Wolf Behrmann, der nicht nur immer wieder dafür sorgte, dass bei all der Beschäftigung mit »historischen« Lebensmitteln die »reale« Nahrungsaufnahme (neben der Schokolade) nicht zu kurz kam. Die Gespräche mit ihm halfen mir auch oft, Strukturen und Zusammenhänge klarer zu sehen. Steffi Sander danke ich für ihren unerschütterlichen Beistand in allen Lebenslagen, der für die Entstehung dieses Buches ebenfalls unabdingbar war. Schließlich danke ich meiner Großmutter Helene Sprick-Hierholzer und meinen Eltern Ursula und Eberhard Hierholzer für ihre Unterstützung und das gar nicht selbstverständliche rege Interesse, mit dem sie nicht nur diese Arbeit, sondern schon mein Studium stets begleitet haben. Dies gilt vor allem für meinen Vater, der den Abschluss der Dissertation nicht mehr miterleben konnte. Ihm und meiner Mutter ist dieses Buch gewidmet.

Frankfurt am Main, im Dezember 2009
Vera Hierholzer

Das hier vorliegende Buch »Nahrung nach Norm« ist entstanden im Rahmen der Nachwuchsgruppe »Recht in der Industriellen Revolution«, die zwischen 1999 und 2004 am Frankfurter Max-Planck-Institut für europäische Rechtsgeschichte bestand. Die interdisziplinär arbeitende Gruppe (Leitung: Miloš Vec) beschäftigte sich mit den Wechselwirkungen zwischen gesellschaftlichem Wandel und Prozessen der Normierung, die infolge und als Ausdruck der Industrialisierung stattfanden. Wie reagierten Staat und Gesellschaft auf die Herausforderung neuer Techniken auf lokaler, territorialer, nationaler und internationaler Ebene? Welche neuen Rechtsgebiete entstanden und was zeichnete diese formell und inhaltlich aus? Welche Rolle spielten dabei wissenschaftliche Experten, technische Vereine und Unternehmen? Schon diese Fragen verdeutlichen, dass der Fokus der Untersuchung weder auf den Staat als Akteur noch auf das Gesetz als Instrument der Normsetzung verengt werden darf. Bei allen Forschungsarbeiten der Nachwuchsgruppe (mehrere Dissertationen und eine Habilitation) wurde deutlich, dass eine Vielzahl an Akteuren tätig war, die eine Pluralität von Normativitäten mobilisierten. Sie reichte von internationalen Verträgen über Gesetze und Rechtsverordnungen bis zu vielfältigen Normsetzungen halbstaatlicher und privater Akteure. Letztere agierten teils in Konkurrenz, teils in Kooperation mit amtlichen Normsetzern, sie waren mit diesen in personeller und institutioneller Weise vernetzt.

Generalisierungen sind dabei schwer zu treffen, die Regulierungsregimes unterschieden sich in ihrer Struktur nach Materie, beteiligten Akteuren und mobilisierten Instrumenten. Auch die vorliegende Arbeit zur Regulierung der Nahrungsmittelqualität, die 2007 mit dem Friedrich Sperl-Preis zur Förderung der Geisteswissenschaften der Johann Wolfgang Goethe-Universität Frankfurt am Main ausgezeichnet worden ist, zeigt eindrücklich diesen Pluralismus von Normen verschiedener Akteure und die damit untrennbar verbundene Normkomplexität. Sie verdeutlicht, dass Regelungsfelder nur angemessen verstanden werden können, wenn eine Zusammenschau dieser verschiedenen Ebenen betrieben wird. Hier entstand, bedingt durch einen präzedenzlos rasanten und tiefgreifenden gesellschaftlichen Wandel, eine neue Regelungsstruktur, die charakteristisch für die Moderne ist.

Miloš Vec

Einleitung

Abb. 1: Karikatur aus den Fliegenden Blättern, 1874.

Viele Epochen nehmen sich als solche wahr, in denen Lebensmittelskandale ein bis dahin unübertroffenes Ausmaß erreichen: In jüngster Vergangenheit machten »Analogkäse« und »Kunstschinken« Schlagzeilen, kaum dass der »Gammelfleisch-Skandal« überwunden schien; vor zwanzig Jahren war es der Glykol-Wein, der die Nahrungsmittelhersteller ins Zwielicht rückte, während in den 1950er Jahren der »weiße Tod« der TBC-Milch Angst und Schrecken verbreitete. Immer wieder erscheint den Zeitgenossen die aktuelle Aufdeckung als exzeptioneller, akuten Handlungsbedarf weckender Vorfall. Diskussionen um die Effizienz der Nahrungsmittelregulierung werden in Gang gesetzt und vehemente Forderungen nach einer Reformierung der staatlichen Überwachung laut.[1]

1 Beispielhafte Medienberichte für die jüngeren Skandale: Die Döner-Dröhnung, in: Frankfurter Allgemeine Zeitung, 16. November 2006, S. 33; Geschäfte, die zum Himmel stinken, in: Süddeutsche Zeitung, 24. November 2005, S. 2; Kunstkäse macht Kühen Konkurrenz, in: Frankfurter Rundschau, 28. Mai 2009, S. 21; Verbraucherschützer decken Lebensmittel-

Diese wiederkehrenden Skandale bilden Schlüsselereignisse, anhand deren sporadisch die Grundprobleme der modernen Nahrungsmittelversorgung präsent werden. Mit diesen ist der Verbraucher tagtäglich konfrontiert, ohne sie jedoch stets zu reflektieren – die Einsicht, dass Nahrung potentielle Gefahren birgt, hat sich zwar in den Köpfen festgesetzt, bleibt aber im alltäglichen Handeln häufig ohne weitreichende Konsequenzen.[2] Ungeachtet der Allgegenwärtigkeit von Schlagworten wie »pro-biotische Wirkstoffe«, »Vitaminanreicherungen«, »Ballaststoffe« und »Spurenelemente« sind die wenigsten Verbraucher in der Lage, Nahrungsmittel hinsichtlich ihrer Qualität und ihrer Wirkungen zu beurteilen. Der Konsument kann nur in einer begrenzten Weise nachvollziehen, was er isst. Die zahllosen technischen Parameter, die den modernen Diskurs über die Nahrung kennzeichnen, suggerieren zwar rationale, auf normativen Angaben beruhende Kaufentscheidungen, letztlich stellen sie jedoch »Rationalitätsfiktionen«[3] dar. Der Nahrungsmittelkonsum der modernen, funktional differenzierten Gesellschaft wird entscheidend bestimmt durch die Informationsasymmetrie zwischen Verbrauchern und Nahrungsmittelherstellern. Essen und Trinken sind eine trügerische Selbstverständlichkeit und basieren letztlich auf Vertrauen.

Eben dieser Umstand ist der Ausgangspunkt der vorliegenden Arbeit. Sie wählt mit dem späten 19. und frühen 20. Jahrhundert eine Zeitspanne als Untersuchungszeitraum, die in gewisser Weise als Keimzelle der bis heute bestehenden Kernprobleme der Nahrungsmittelversorgung bezeichnet werden kann. Parallel zur fortschreitenden Industrialisierung entwickelte sich eine erhöhte Sensibilität für die Beschaffenheit der Nahrung. Diese führte zu einer breiten öffentlichen Debatte mit weitreichenden Konsequenzen für die überkommenen Formen der Absicherung des Vertrauens in die Nahrungsmittelqualität, die bis heute nachwirken.

Die Wahrnehmung der Nahrungsmittelqualität im Deutschen Kaiserreich

Spaltenlang ließen sich große deutsche Tageszeitungen, Provinzblätter und Fachzeitschriften in den 1870er Jahren über die beklagenswerte Qualität der Nahrungsmittel aus. Sie beschrieben die gebräuchlichen Verfälschungen der

Trickserеien auf, in: Spiegel Online, 10. Juli 2009; Lebensmittelindustrie trickst bei Zutaten, in: Die Welt, 11. Juli 2009, S. 11. Als neuere Beispiele für die reichhaltige Aufklärungsliteratur zur Situation des Lebensmittelmarktes s. *Grimm*, Suppe; ders., Teufels Topf; *Kapfelsperger/Pollmer*; *Schäfer*, Lebensmittelreport; ders., Tatort; *Pollmer/Schmelzer-Sandtner*; *Stoya*. Zum Phänomen der Lebensmittelskandale allgemein: *Alvensleben*, BSE-Krise; ders., Verbraucherbild, S. 142 f.; *Hofer*, Lebensmittelqualität; *Holzer*, S. 22; *Meyer-Hullmann*.

2 Vgl. *Tanner*, Ambivalenz, S. 175 f.

3 *Wengenroth*, S. 14–18; den Begriff übernimmt er von Uwe *Schimank*.

wichtigsten Nahrungsmittel[4] und ihre Folgen für den menschlichen Organismus: Schwerspat und Gips im Brot, mit Fuchsin gefärbter Wein, mehrfach verdünnte Milch, mit Mehl angereicherte Wurst, Kunstbutter aus Ochsennierenfett sowie mit Kupfer gegrünte und durch Arsenzugaben konservierte Gemüsekonserven sind nur einige Beispiele aus dem Kaleidoskop der Fälschungen, das vor den Augen der Leser ausgebreitet wurde.[5] Mit drastischen Ausdrücken charakterisierten die Autoren die unhygienischen Zustände in Fabriken und Läden, die Rede war von »ekelerregenden Fälschungen«,[6] »gewerbsmäßige[r] Giftmischerei«[7] und »systematischer Menschenvergiftung«.[8] Eine populäre Form der Beschwerde über die Nahrungsmittelproblematik waren Spottlieder und -reime, die sich teils augenzwinkernd, teils moralinsauer über die Missstände beklagten und die fehlende Moral der Gewerbetreibenden anprangerten – nicht selten verbunden mit wohlmeinenden Ratschlägen an die Konsumenten.[9] Auch Karikaturen nahmen die »moderne« Nahrungsmittelproduktion aufs Korn (Abb. 1).

Diese satirische Auseinandersetzung mit der Thematik und die Berichterstattung der Presse bildeten jedoch nur die Spitze des Eisbergs. Daneben erschien eine Flut von Veröffentlichungen aller Art, die sich mit der Qualität der Nahrungsmittel aus verschiedenen weiteren Blickwinkeln beschäftigten. Auffällig ist vor allem die zunehmende Publikation von handbuchartigen Werken, die gleichermaßen Laien, Wissenschaftlern und Praktikern der »Medicinalpolicey« praktische Kenntnisse über die physikalische und chemische Beschaffenheit der Nahrungsmittel zu vermitteln suchten: Sie führten die häufigsten

4 Die Arbeit verwendet durchgehend den Ausdruck »Nahrungsmittel«, da sie vom zeitgenössischen Sprachgebrauch ausgeht; bis zum Ersten Weltkrieg dominierte dieser gegenüber der Alternative »Lebensmittel« – in Entsprechung zu den neueren Theorien der Ernährungswissenschaften, in denen die nährende Kraft der Nahrungsmittel für den menschlichen Körper betont wurde, s. dazu *Spiekermann*, Agricultur, S. 42 f.

5 Eine auf diversen Zeitungs- und Zeitschriftenartikeln sowie Einzelschriften beruhende und nach Nahrungsmittelgruppen geordnete Zusammenstellung der gängigen Verfälschungen findet sich auch bei *Reusch*, S. 12–19.

6 Über Verfälschungen von Nahrungsmitteln, Ausschnitt Rheinischer Herold No. 20, 1877, in: BA, R 86/2068.

7 Gewerbsmäßige Giftmischerei, Ausschnitt National-Zeitung, 14. August 1877, in: BA, R 1401/958.

8 Die Verfälschung der Lebensmittel, Ausschnitt Donau-Zeitung, 15. November 1876, in: BayHStA MInn Nr. 62583. Auffällig ist die häufige Verwendung medizinischen Vokabulars zur Charakterisierung der Situation, neben »Krebsschaden« war z. B. die Rede von »Karbunkel« und »Geschwür«, s. z. B. Die Verfälschung der Lebensmittel, Zeitungsausschnitt, 29. August 1877, ohne Quellenangabe, in: BA R 86/2068 sowie *Bauer*, Verfälschung, S. 100–103.

9 Derartige, mal mehr, mal weniger gelungene Gedichte wurden vielfach zur Auflockerung von Zeitungsartikeln genutzt. Teils lehnten sie sich an ältere Vorbilder, wie das 1494 im »Narrenschiff« Sebastian *Brants* enthaltene Spottlied »von falsch und beschiss«, an; dazu s. auch *Schmauderer*, Studien, insbesondere Teil II. 1878 erschien mit dem »Liederbuch für fröhliche Fälscher« von *Jacobsen* gar ein ganzes Bändchen solcher Gedichte und Spottlieder.

Verfälschungen auf und gaben Anhaltspunkte zu ihrer Identifikation.[10] In ihrem Aufbau ähnlich waren Handbücher für Gewerbetreibende und Warenkunden.[11] Daneben war die Nahrungsmittelverfälschung auch Gegenstand theoretischer und analysierender Abhandlungen, die das Phänomen als solches zu fassen suchten und Lösungsvorschläge modellierten.[12]

Die Beschwerden über die Nahrungsmittelqualität beschränkten sich nicht auf die gedruckten Medien. Hinter diesen standen vielfach Vereinigungen, die sich intern über die Problematik austauschten und gleichzeitig versuchten, auf verschiedenen Wegen die Öffentlichkeit zu mobilisieren. Ihre Publikationen waren dabei nur ein Mittel; Versammlungen und Tagungen sowie Vortragsveranstaltungen kamen hinzu – vielfach wandten sich diese bewusst an Laien und hatten aufklärerischen Charakter. Neben sozialreformerischen Vereinen traten technische, politische und gewerbliche Interessenvereinigungen als Organisatoren auf.[13] Besonders aktiv waren neben Vereinigungen der Sozialreform- und Hygienebewegung[14] landwirtschaftliche Verbände, die sich als Schützer der Konsumenten gerierten, aber vor allem die neue industrielle Konkurrenz fürchteten.[15] Am augenfälligsten wird die wachsende Aufmerksamkeit für die Nahrungsmittelqualität jedoch anhand der in einer Reihe von Städten seit Mitte der 1870er Jahre gegründeten Vereine gegen Verfälschung der Lebensmittel, die unter anderem eine eigene Zeitschrift herausgaben.[16]

Gemeinsam war all diesen Publikationen, Vorträgen und Versammlungen die Feststellung, dass die Nahrungsmittelverfälschung ein zentrales, immer drängender werdendes Problem der Gegenwart darstelle.[17] Der Bezug reiner, unverfälschter Waren werde immer problematischer, so die Meinung vieler Autoren und Referenten. Der Zusatz von wertlosen, in ihrer Wirkung vielfach unbekannten Substanzen zur Gewichtserhöhung oder Verbesserung des Aussehens nehme ständig zu, ebenso wie der Ersatz teurer Zutaten durch billige Er-

10 *Artmann*; *Brunn*; *Dietzsch*; *Duflos*; *Klencke*, Verfälschung; ders., Lexikon; *Schnacke*; *Vogel*; *Walchner*. Vorbilder waren *Chevallier* und *Hill Hassall*.

11 Einige Beispiele: Allgemeines Handels-Lexicon; *Henkel*; Johann Karl König's Droguerie-, Spezerei- und Farb-Waaren-Lexikon; *Lachmann*; *Ruß*, Waarenkunde; *Schedel*; *Schick*, Katechismus.

12 Z. B. *Averbeck*; *Bresgen*, Handel.

13 Beispiele sind eine Veranstaltung des Vereins für Gewerbefleiß, s. Ausschnitt Norddeutsche Allgemeine Zeitung, 7. November 1877, in: BA, R 86/2068, oder der Jahreskongress der Wein- und Obst-Produzenten des südwestlichen Deutschlands in Trier 1874, s. *Bresgen*, Handel, S. 1–3, sowie eine Vortragsveranstaltung der Berliner Polytechnischen Gesellschaft, s. *Bauer*, Verfälschung, S. 97 f.

14 Die Zeitschrift des Vereins für öffentliche Gesundheitspflege, die »Vierteljahrsschrift für öffentliche Gesundheitspflege«, widmete der Thematik beispielsweise zahlreiche Artikel.

15 Verfälschung von Nahrungsmitteln; Schreiben des Direktoriums des Clubs der Landwirte zu Berlin an die Stadtverordneten-Versammlung Berlin, Berlin, 12. Juni 1877, in: LandesA Berlin, A Rep. 000-02-01, Nr. 2200. Weitere Beispiele bei *Bresgen*, Handel.

16 Dazu s. in dieser Arbeit Kap. VI 2.

17 S. verschiedene Vorworte, so z. B. *Bresgen*, Handel, o. S.; *Vogel*, S. III; *Walchner* o. S.

satzstoffe oder der Verkauf von Surrogaten, ohne dass diese als solche deklariert seien.[18] Teilweise seien die Verbraucher schon derart an Manipulationen gewöhnt, dass sie diese nicht einmal mehr bemerkten, da sie gar nicht wüssten, wie die betreffenden Nahrungsmittel im »normalen« Zustand schmeckten.[19] Zwar führten die Manipulationen nicht immer direkt zu Gesundheitsschädigungen, der ständige Genuss in ihrem eigentlichen Wert verminderter oder gar verdorbener Nahrungsmittel habe aber gerade für die auf billige Produkte angewiesenen ärmeren Bevölkerungsschichten auf lange Sicht schwerwiegende Folgen.[20] Kurzum: nicht nur die Quantität der Verfälschungen von Nahrungsmitteln nahm nach Ansicht vieler zu, auch ihre Qualität änderte sich. Die Verfälschung der Lebensmittel sei »eine eigene Wissenschaft, eine eigene Industrie« geworden.[21] In keiner anderen Periode sei »die Fälschungskrankheit so intensiv und epidemisch« aufgetreten, so die Einschätzung der aktuellen Situation.[22]

Auch in der Bevölkerung nahmen die Klagen über die Nahrungsmittel offenbar zu – das »lamentirende Publikum« war ein oft genutzter Bezugspunkt der verschiedenen Publikationen.[23] Als Reaktion auf einen in den großen Tageszeitungen veröffentlichten Aufruf, Erfahrungsberichte aus der Praxis der Nahrungsmittelüberwachung, aber auch über den ganz alltäglichen Nahrungsmittelbezug einzusenden, gingen beim Kaiserlichen Gesundheitsamt neben eher sachlichen Schreiben professionell Interessierter zahlreiche sehr persönliche Berichte von Privatleuten aus ganz unterschiedlichen Berufsgruppen und Schichten ein.[24] Das Thema Nahrungsmittelqualität beschäftigte somit längst nicht nur diejenigen, die beruflich damit täglich in Berührung kamen. In den 1870er Jahren entstand ein breiter Diskurs über die »Gefahren« der Nahrung.

Inwieweit entspricht das Bild, das sich aus den verschiedenen Medien ergibt, der realen Lage? Vermehrten sich die Verfälschungen im 19. Jahrhundert tatsächlich rapide? Die heutige Forschungsliteratur geht auf der Grundlage der zunehmenden zeitgenössischen Beschwerden durchgängig von einem realen An-

18 *Averbeck*, S. 11; *Löbner*, S. 76.

19 Zur Verfälschung der Lebensmittel, Ausschnitt Tribüne, 15. August 1877, in: BA, R 86/2068.

20 *Bresgen*, Handel, S. 199 f., 206; *Vogel*, S. 129. Einige Autoren führten z. B. die hohe Säuglingssterblichkeit auf die häufig verfälschte Milch zurück: Die Verfälschung der Genuß- und Nahrungsmittel, in: Zeitschrift gegen Verfälschung der Lebensmittel 1 (1877/78), S. 38 f.

21 *Löbner*, S. 45.

22 Über Verfälschungen von Nahrungsmitteln, Ausschnitt Rheinischer Herold No. 20, 1877, in: BA, R 86/2068; ähnlich *Löbner*, S. 4 und *Wassermann*, S. 3.

23 Z.B. Zur Verfälschung der Lebensmittel, Ausschnitt National-Zeitung, 15. August 1877, in: BA, R 86/2068; Politischer Tagesbericht, Ausschnitt Norddeutsche Allgemeine Zeitung, 18. August 1877, in: ebd.; *Averbeck*, S. 8; *Bresgen*, Fälschungsunwesen, S. 3.

24 So beschrieb ein Sprachlehrer aus Dresden seine schlechten Erfahrungen mit Apfelwein, ein Landgeistlicher forderte eine strengere Kontrolle der hygienischen Verhältnisse in den Dörfern, »einer, der's ehrlich meint« äußerte sich zur Verantwortung der Viehhändler für die Fleischqualität und ein Zimmermeister wies der unbegrenzten Konkurrenz die Schuld für die ständige Verschlechterung und Verteuerung der Nahrungsmittel zu, s. BA, R 86/2068 und 2069.

stieg der Verfälschungen aus, ohne aber diese Aussagen zu überprüfen.[25] Recht unkritisch werden hier die Formulierungen und Ansichten der Quellen übernommen, eine Quantifizierung oder Einordnung der Befunde bleibt aus. Statistiken über die Aufdeckung und Ahndung von Nahrungsmittelverfälschungen wurden erst seit den 1880er Jahren geführt,[26] so dass ein Vergleich mit der vorindustriellen Zeit nicht möglich ist, zumal große Differenzen in der Erhebung der Daten bestanden. Doch selbst wenn die Quellensituation eine andere wäre: Die zunehmende Aufdeckung und Ahndung einer Tathandlung verweist keineswegs auf ein tatsächlich vermehrtes Auftreten dieses Verbrechens, vielmehr ist sie ebenfalls ein Indiz einer wachsenden Sensibilität, aber auch einer konsequenteren und effizienteren Strafverfolgung.

Stärker quellenkritische Darstellungen reflektieren diese Problematik und konstatieren immerhin, dass das genaue Ausmaß der Verfälschungen nicht quantifizierbar ist, somit also nicht nachvollzogen werden kann, ob eine Verschlechterung der Situation eintrat. Auch diese Studien nehmen allerdings vielfach eine Abhängigkeit der zeitgenössischen Beschwerden über die Nahrungsmittelqualität von den tatsächlichen Verhältnissen an.[27] Dies steht im Widerspruch dazu, dass sie sich vielfach auf die von dem Wissenschaftshistoriker Eberhard Schmauderer aufgestellte Charakterisierung der »Nahrungsmittelverfälschung« als »mentale Abstraktion« stützen. Schmauderer weist darauf hin, dass die »Nahrungsmittelqualität« kein absoluter und unverrückbarer, allseits gültiger Standard ist, sondern von verschiedenen äußeren, sozioökonomischen Faktoren abhängt, die ihrerseits zeit- und vielfach auch ortsgebunden sind.[28] In Abgrenzung zur »Vergiftung«, deren Feststellung zwar durch die zeitgenössischen Analysefähigkeiten bedingt wird, aber immerhin doch hypothetisch objektiv möglich ist, hängt die Annahme einer »Verfälschung« im Sinne einer als negativ zu bewertenden Veränderung ganz vom Blickwinkel des Betrachters ab.

25 *Pappe*, S. 106, spricht beispielsweise von einer »moralischen Geschäftsverwilderung«, die mit der Industrialisierung einhergegangen sei und auch bzw. gerade das Nahrungsmittelgewerbe betroffen habe. Auch *Wadle*, Bd. 2, S. 382, beobachtet einen zunehmenden Einsatz bedenklicher Mittel im Wettbewerb. Weiter s. *Ambrosius*, Wettbewerb, S. 65; *Grüne*, S. 33; *Hüntelmann*, Hygiene, S. 115 f.; *Reusch*, S. 3; *Tanner*, Times, S. 43; *Teuteberg*, Food Adulteration, S. 147; *Marg*, S. 12; *Mettke*, S. 820 f.; *Schmauderer*, Wandlungen, S. 203.

26 In der Statistik des Deutschen Reiches wurden Nahrungsmittelverfälschungen ab 1882 als eigenständige Straftat aufgeführt, s. Statistik des Deutschen Reichs; dazu s. auch Tab. 5.

27 *Ellerbrock*, Lebensmittelqualität, S. 134. In einem anderen Aufsatz äußert sich Ellerbrock weniger zurückhaltend, s. ders., Entwicklung, S. 79; ähnlich *Rossfeld*, Ernährung, S. 32, 34. Einzig *Spiekermann*, Normalität, S. 60–69, stellt hier eine Ausnahme dar. Er konstatiert einen Wandel der Skandalformen und fasst Skandale nicht als Indikatoren für »reale Mißstände« auf, sondern als »Ausdruck der Projektionsleistungen unserer Lebenswelt, unserer Kultur« (Zitate 67).

28 *Schmauderer*, Studien, Teil II, S. 11.

Basierend auf diesen Überlegungen kann somit nur eine erhöhte Aufmerksamkeit für die Frage der Nahrungsmittelqualität seit der Mitte des 19. Jahrhunderts festgestellt werden – als Ausgangspunkt für die vorliegende Arbeit reicht dies jedoch vollkommen aus. Ihr Ziel ist nicht, zu klären, ob der Alarmismus der Öffentlichkeit auf einer tatsächlichen Zunahme der Verfälschungen beruhte. Nicht die objektiven Gegebenheiten der konstatierten Krise des Nahrungsmittelmarktes stehen im Vordergrund, sondern die zu deren Bewältigung gewählten Lösungswege, die verschiedenen Strategien zur Regulierung des Nahrungsmittelmarktes. Diese wurden zumeist weniger durch eine eventuelle Faktizität der Problemlage als vielmehr durch deren subjektive Einschätzung seitens der Betroffenen und den vermeintlichen Entscheidungsdruck beeinflusst.[29] Ob die hier untersuchten Normierungen durch tatsächlich bestehende Missstände hervorgerufen wurden oder ob sie auf subjektiven, durch die Medien verbreiteten Wahrnehmungen beruhten, ist dabei sekundär.

Von Interesse ist aber, welche Umstände in der zweiten Hälfte des 19. Jahrhunderts dazu führten, dass die Rede von den zunehmenden Nahrungsmittelverfälschungen allgegenwärtig war. Diese sollen im ersten Teil der Arbeit untersucht werden: Kapitel I analysiert die wirtschaftlichen, wissenschaftlichen und gesellschaftlichen Rahmenbedingungen des Diskurses und begreift diese als Faktoren der Diskussionen um die Nahrungsmittelqualität. Hierbei kann auf eine mittlerweile umfangreiche Forschungsliteratur zur Ernährungsgeschichte zurückgegriffen werden. Im Rahmen der aufstrebenden Alltagsgeschichte rückte die Ernährung – und hier insbesondere ihre Beeinflussung durch die Industrialisierung – in den 1970er Jahren erstmals in den Blickpunkt der historischen Forschung.[30] Die Ernährungsgeschichte entwickelte sich allmählich zu einem etablierten Forschungsfeld, das auch in jüngster Zeit im Rahmen der verstärkten Forschung zur Entstehung der Konsumgesellschaft eine wichtige Rolle spielt und sich in Richtung einer interdisziplinären Kulturwissenschaft öffnet.[31]

29 Vgl. ähnliche Überlegungen bei *Riemer*, S. 82, zur Wahrnehmung der zeitgenössischen Kriminalitätsentwicklung.

30 Als Pionierstudie ist die Gemeinschaftsarbeit des Ethnologen Günter Wiegelmann und des Historikers Hans-Jürgen Teuteberg zu bezeichnen: *Teuteberg/Wiegelmann*, Wandel.

31 Grundlegend sind Veröffentlichungen mehrerer Forschungsprojekte an der Universität Münster in den 1980er und 1990er Jahren, die die Veränderungen von Ernährungsgewohnheiten in den Zusammenhang politisch-rechtlicher, ökonomischer und sozio-kultureller Strukturwandlungen einordneten: *Teuteberg*, Durchbruch; *Teuteberg/Wiegelmann*, Kost. Neuere Studien greifen diese Forschungsergebnisse auf und ergänzen ihre teils stark pauschalisierende, auf große Entwicklungslinien abstellende Darstellung, z. B. *Hirschfelder*; *Rossfeld*, Ernährung; *Tanner*, Times; *Tenfelde*. Eine systematische, in sich differenzierende Zusammenführung der Einzelergebnisse steht jedoch noch aus; insbesondere die Nachfrageseite ist bisher nicht umfassend erforscht, selbst für zentrale Nahrungsmittel fehlen für das 19. Jahrhundert noch immer aussagekräftige Verbrauchsstatistiken, s. *Spiekermann*,

Die ebenfalls als wesentlicher Einflussfaktor der veränderten Sichtweise auf die Nahrungsmittel zu bewertende Industrialisierung des Nahrungsmittelgewerbes wird in vielen Überblicksdarstellungen zur Wirtschaftsgeschichte Deutschlands weitgehend ausgeklammert; mit der Dissertation Karl-Peter Ellerbrocks ist aber 1997 eine umfassende Analyse der Branche zwischen 1750 und 1914 erschienen;[32] daneben widmen sich andere Arbeiten einzelnen Sektoren dieses heterogenen Industriezweigs.[33] Etwas dichter ist die Forschungsliteratur zur Entstehung der modernen Ernährungswissenschaften: Neben ältere Überblicksdarstellungen[34] treten in jüngerer Zeit (wissenschafts-)historische Untersuchungen, die sich insbesondere den gesellschaftlichen Implikationen der neuen Erkenntnisse der Ernährungslehre widmen.[35]

Kapitel I zeigt auf dieser Literaturbasis jene beschriebene Abhängigkeit der Nahrungsmittelbewertung von äußeren Gegebenheiten auf und macht deutlich, dass das wachsende Misstrauen gegenüber der Nahrungsmittelqualität durch die mit der Industrialisierung angestoßenen ökonomischen und soziokulturellen Strukturveränderungen bedingt wurde. Als Schlüsselkategorie dient im Rahmen des Versuchs, das komplexe Geflecht aus Wissen und Nichtwissen, Sicherheit und Gefahr zu fassen, das *Vertrauen*, das im Anschluss an soziologische Konzepte verschiedener Couleur in den vergangenen Jahren verstärkt in den Fokus der Geschichtswissenschaft gerückt ist.[36] Auch die Wirtschaftsgeschichte hat sich jüngst, inspiriert durch die Neue Institutionenökonomik und geleitet von dem Bestreben, eine kulturalistische Erweiterung des Faches zu schaffen, dem Vertrauen als historischer Kategorie zugewandt. Mit unterschiedlicher Gewichtung wird Vertrauen als Variable zur Erklärung wirtschaftlichen Verhaltens und als wesentlicher Mechanismus in der Erzielung stabiler Marktbeziehungen angesehen.[37] Nicht zuletzt entdeckt derzeit die Rechtswissenschaft Vertrauen als Forschungsgegenstand und fragt insbesondere nach der Funktion der Rechtsordnung für die Konstitution von Vertrauen.[38]

Nahrung. Als neuere Publikationen zur Konsumgeschichte des 19. und frühen 20. Jahrhunderts sind u.a. *Haupt* und *König*, Geschichte, sowie die Sammelbände von *Haupt/Torp*; *Prinz*, Weg; *Siegrist u. a.* und *Walter* zu nennen.

32 *Ellerbrock*, Geschichte.

33 Z.B. *Herbst*; *Merki*; *Pelzer/Reith*; *Zatsch*. Die Strukturverschiebungen innerhalb des Nahrungsmittelhandels werden bis dato nur in allgemeinen Untersuchungen zur Konsum- und Handelsgeschichte thematisiert, s. *Haupt*; *Spiekermann*, Basis.

34 S. v.a. *Heischkel-Artelt*; *Mannes*.

35 *Spiekermann*, Wandel; ders., Rationalitäten, S. 202f.; *Tanner*, Fabrikmahlzeit; *Wolfensberger*, Normierung.

36 S. insbesondere den Sammelband *Frevert*, Vertrauen. Historische Annäherungen; zur daran anknüpfenden Diskussion s. beispielhaft *Stremmel*, Rezension, und *Schluchter*. Die Studien knüpfen an Arbeiten Simmels, Durkheims, Luhmanns, Fukuyamas und Giddens' an.

37 *Berghoff*, Zähmung; ders., Vertrauen; *Hesse*; *Fiedler*, Vertrauen, S. 585f.; *Nieberding/Wischermann*; *Stremmel*, »Treue«; s. auch Themenheft »Vertrauen/Trust«, Jahrbuch für Wirtschaftsgeschichte, sowie *Hillen*.

38 Z.B. *Engel*, Vertrauen; *Hof u. a.*

Der schillernde Begriff des Vertrauens ist allerdings in seiner genauen Abgrenzung und Definition höchst umstritten. Mit Martin Endreß wird in dieser Arbeit das im Rahmen der Nahrungsmittelregulierung in Frage stehende Vertrauen als »präreflexives« Vertrauen verstanden, das sich auf implizites Erfahrungswissen gründet und nicht bewusst erteilt wird.[39] So nimmt auch die vorliegende Untersuchung an, dass der Nahrungsmittelverzehr nicht in jedem alltäglichen Einzelfall eine bewusste, kalkulierende Entscheidung für die Gewährung von Vertrauen voraussetzte, sondern dass in der sich allmählich herausbildenden Konsumgesellschaft nach wie vor ein unbewusstes Vertrauen vorhanden war, das als Hintergrundannahme gewissermaßen stillschweigend alles Handeln begleitete. Es geht somit um die »Vertrauensatmosphäre« eines sozialen Systems und deren institutionelle und kulturelle Rahmenbedingungen.[40]

Die Arbeit geht für die 1870er Jahre von einer Krise des Vertrauens in die Nahrungsmittelqualität aus, die maßgeblich durch die eng mit der Industrialisierung verbundenen gesellschaftlichen und wirtschaftlichen Veränderungen ausgelöst wurde, d. h. durch Prozesse, die Giddens als »Entbettung« fasst, da sie zu einer Herauslösung sozialer Beziehungen aus ortsgebundenen Interaktionszusammenhängen führten.[41] Anders, als die soziologische und vielfach auch die historische Forschung für den Übergang von vormodernen zu modernen Gesellschaften konstatiert,[42] wird hier nicht angenommen, dass ein Vertrauensverlust stattfand. Vielmehr scheint es so, als sei die sonst implizit ablaufende Vertrauensgabe für eine gewisse Zeitspanne Gegenstand von Reflexionen geworden. Durch die scheinbar vermehrten Nahrungsmittelfälschungen wurde deutlich, dass man zuvor implizit in die Qualität der Nahrungsmittel vertraut hatte.[43]

Deshalb galt es im Kaiserreich, neue Formen der Vertrauenssicherung zu finden und den überkommenen institutionellen Rahmen des selbstverständlichen Vertrauens den äußeren Wandlungen anzupassen, um auf diese Weise die Präreflexivität des Vertrauens wiederherzustellen bzw. bei nun erstmals über den

39 *Endreß*, v.a. S. 68–72; ähnlich *Giddens*, S. 115, der Vertrauen als ein »stillschweigendes Sichabfinden mit Umständen, unter denen andere Alternativen weitgehend ausgeschlossen sind«, charakterisiert. Diese Sicht lehnt sich an eine 1993 erschienene Studie von Oliver E. *Williamson* an, die die Rede vom »kalkulierten Vertrauen« in ökonomisch orientierten Konzeptionalisierungen als immanenten Widerspruch begreift. Um diesen aufzulösen, stellt Williamson dem Vertrauen in persönlichen Beziehungen ein eher als »risk« zu bezeichnendes Vertrauen in ökonomischen Zusammenhängen gegenüber (insbesondere S. 463). Zwar wird diese von Williamson vorgenommene Trennung ihrerseits kritisiert, als Ergänzung der verbreiteten, an Luhmann angelehnten Lesart des Vertrauens als »Mechanismus zur Reduktion von Komplexität« (*Luhmann*, Vertrauen, insbesondere S. 1–9) ist sie jedoch durchaus plausibel. Dazu auch *Fiedler*, Vertrauen, S. 585 f.; *Ripperger*, S. 240.

40 Vgl. *Picot u. a.*, S. 127.

41 *Giddens*, S. 33.

42 Zur Kritik an der Auffassung, Vertrauen sei erst in der Moderne zum Problem geworden, da vormoderne Gesellschaften einen hohen Grad an wechselseitigem Wissen und Vertrautheit aufwiesen, s. *Frevert*, Vertrauen.

43 Vgl. *Endreß*, S. 71.

Markt bezogenen Nahrungsmitteln überhaupt erst zu generieren. In der Vormoderne stützte sich das Vertrauen in gekaufte Nahrungsmittel nicht nur auf formale, vielfach an die Zünfte gebundene Qualitätskontrollen, sondern war gleichzeitig an eine Fülle von Bräuchen, Regeln und Werten geknüpft, darunter insbesondere die ständisch fixierte Reputation, die als positives, Transaktionskosten senkendes Signal wirkte. Keineswegs, so die hier verfolgte Prämisse, ist somit für die vorindustrielle Gesellschaft von einer Dominanz des interpersonalen Vertrauens zu sprechen, die durch die Industrialisierung eine Erosion erfuhr. Personenbezogenes Vertrauen nahm in der Vormoderne zwar sicherlich breiteren Raum ein und wurde erst in der durch einen höheren Grad an Komplexität und funktionaler Differenzierung gekennzeichneten modernen Gesellschaft weitgehend in den Bereich der persönlichen Beziehungen verwiesen. Doch auch in vormodernen Gesellschaften stand neben bzw. hinter interpersonalem Vertrauen ein generalisiertes bzw. versachlichtes, von Giddens als »gesichtsunabhängig« tituliertes Systemvertrauen.[44] Der gesellschaftlich anerkannte Wertehorizont fungierte als informelle Institution, die über Mechanismen der sozialen Kontrolle opportunistisches Verhalten verminderte.[45]

Diese überkommenen Formen der Vertrauenssicherung, so die zentrale These der Arbeit, griffen jedoch angesichts des einschneidenden gesellschaftlichen und wirtschaftlichen Wandels nicht mehr. Kapitel II greift diesen Gedanken auf, indem es als einen wesentlichen Auslöser der erhöhten Sensibilität für die Nahrungsmittelqualität den Ist-Zustand der Nahrungsmittelregulierung im noch jungen Kaiserreich nachzeichnet. Um den institutionellen Wandel in der Nahrungsmittelregulierung und seine Ursachen nachzuvollziehen, werden die grundlegenden Prinzipien der vorindustriellen Normierungen herausgestellt.

Nach dieser Analyse der Ausgangssituation wird in den weiteren Kapiteln der Arbeit untersucht, wie auf die diagnostizierte Vertrauenskrise reagiert wurde. Die drei Kernfragen lauten: Wie gingen Gesellschaft, Wirtschaft und Staat mit dem Misstrauen gegenüber der kommerzialisierten Nahrungsmittelversorgung um? Mit welchen Strategien wurde die Funktionsfähigkeit des Nahrungsmittelmarktes gesichert? Welche neuen Formen der Vertrauenssicherung wurden geschaffen bzw. in welcher Weise wurden bestehende Institutionen umgeformt, um den veränderten Bedingungen gerecht zu werden?

Die Untersuchung greift hier auf zentrale Annahmen der Neuen Institutionenökonomik[46] zurück. Bei aller berechtigten Kritik,[47] die vor allem an dem

44 *Giddens*, S. 103; vgl. auch *Endreß*, S. 66f.; *Frevert*, Vertrauen, S. 56.

45 *Gorissen*, S. 108.

46 Grundlegend: *North*, Institutionen; *Richter*, Institutionen; ders./*Furubotn*; *Erlei u.* a.

47 Vgl. z.B. *Hesse u.a.*; *Pierenkemper*, Unternehmensgeschichte; *Plumpe*, Institutionenökonomik. Die unreflektierte Übertragung moderner Schlüsselkategorien auf Epochen mit gänzlich abweichendem Wirtschaftsstil und die Überschätzung der Regulierungs- und Steuerungsfähigkeit des modernen Staates kritisieren *Plumpe*, Rezension, und *Simon*, Wirtschaftspolitik. Weiter zur Diskussion um die grundlegenden Annahmen der Neuen Institutionenökonomik: *Richter/Furubotn*, Kap. X.

weitreichenden Deutungsanspruch und der statischen Theoriearchitektur dieses derzeit in der Wirtschaftsgeschichte so populären Konzepts geübt wird: Die Neue Institutionenökonomik bietet ein nützliches heuristisches Instrument, um spezifische institutionelle Konfigurationen der Moderne zu erklären. Von Interesse für die Beantwortung der hier gestellten Fragen ist sie vor allem deshalb, weil sie die Institutionen in den Mittelpunkt rückt, die in den neoklassischen Wirtschaftstheorien weitgehend in den Bereich der exogenen Rahmenbedingungen verwiesen worden waren.[48] Die Neue Institutionenökonomik begreift die Funktionsweise der Märkte als Folge ihrer je spezifischen institutionellen Struktur, die einerseits die Kosten der Marktnutzung und damit die Preisanreize der Akteure steuert, andererseits über die konkrete Ausgestaltung der Eigentums- und Verfügungsrechte die Handlungsmöglichkeiten bestimmt.[49] Indem sie Institutionen als »auf ein bestimmtes Zielbündel abgestelltes System von Normen [...] mit dem Zweck, das individuelle Verhalten in eine bestimmte Richtung zu steuern«[50], definiert, leistet sie einen entscheidenden Beitrag zur Wiederentdeckung des Rechts und staatlicher Institutionen.[51]

Auf diese Weise ermöglicht die Neue Institutionenökonomik eine interessante Verzahnung von zwei Forschungsdisziplinen, die bis vor kurzem wenig Berührungspunkte hatten: Wie die Wirtschaftsgeschichte sich nun stärker für die institutionellen Arrangements der Wirtschaft interessiert und in diesem Rahmen rechtshistorische Forschungen aufgreift,[52] wendet sich die Rechtsgeschichte nicht nur vermehrt der Entstehung des Wirtschaftsrechts und dem Verhältnis zwischen Wirtschafts- und Rechtstheorie zu,[53] sondern betreibt bereits seit einiger Zeit eine Kontextualisierung des Rechts. Sie fragt insbesondere nach den wirtschaftlichen Rahmenbedingungen rechtlicher Entwicklungen und nimmt verstärkt die Normimplementierung und ihre Konsequenzen für die Wirtschaft in den Blick.[54]

In ebendiesem Schnittfeld bewegt sich die vorliegende Studie. Sie verbindet wirtschafts- und rechtshistorische Fragestellungen miteinander, indem sie von einer intensiven Wechselwirkung zwischen wirtschaftlicher und rechtlicher Entwicklung ausgeht. Die Untersuchung verfolgt in der Beantwortung der drei gestellten Fragen drei stufenweise aufeinander aufbauende Thesen: Als Grund-

48 Vgl. dazu v. a.: *Wischermann/Nieberding*, S. 20 f.

49 *North*, Theorie.

50 *Richter*, Institutionen, S. 2.

51 *Wischermann/Nieberding*, S. 15 f.

52 S. u. a. *Ambrosius*, Wettbewerb; *Ambrosius*, Staat; *Siegrist/Sugarman*; *Wischermann*, Property Rights; *Wischermann/Nieberding*.

53 S. z. B. *Kervégan/Mohnhaupt*; *Kübler*, Wirtschaftsrecht; *Richter*, Wirkungsgeschichte; *Stolleis*, Wissenschaftszweig.

54 *Bähr/Banken*, Europa; dies., Wirtschaftssteuerung; *Coing*, Rechtsentwicklung; ders., Studien; *Mazzacane*; *Simon*, Wirtschaftspolitik; ders., Staat. Weitere Anregungen sind von der ökonomischen Analyse des Rechts zu erwarten, die sich dem Recht unter Zugrundelegung ökonomischer Verhaltensmodelle nähert, s. z. B. *Adams*; *Behrens*.

annahme geht sie davon aus, dass die *Ausgestaltung rechtlicher Institutionen* eine zentrale Bedingung für die Art und den Verlauf wirtschaftlicher Entwicklung darstellte und demnach ein maßgeblicher Faktor der Funktionsfähigkeit des kommerzialisierten Nahrungsmittelmarktes war.

Als Reaktion auf die beschriebene Vertrauenskrise bildeten sich im Gefolge der Industrialisierung, so die daran anknüpfende zweite These, *neue Formen der Normsetzung und neue Normstrukturen* als neue Formen der Vertrauenssicherung heraus. Eine Fülle neuer Sachverhalte, die sich durch eine spezifische Verbindung mit der wissenschaftlichen und technischen Entwicklung auszeichneten, harrte einer rechtlichen Fassung. Den Konsequenzen, die die veränderten gesellschaftlichen und wirtschaftlichen Gegebenheiten für das Recht hatten, widmeten sich die Forschungen der selbständigen wissenschaftlichen Nachwuchsgruppe »Recht in der Industriellen Revolution« am Frankfurter Max-Planck-Institut für europäische Rechtsgeschichte, in deren Rahmen die diesem Buch zugrunde liegende Dissertation entstanden ist. Die Einzelstudien des Forschungsprojekts behandelten Regelungsgebiete, die bislang nicht im Kern des rechtshistorischen Interesses standen, so z.B. das Patentrecht, das Recht der technischen Sicherheit und die rechtliche Fassung des kommunalen Infrastrukturaufbaus. Ihnen allen ist die Frage nach der Veränderung, aber auch der Neubildung rechtlicher Institutionen unter dem Einfluss der Industrialisierung gemein.[55]

Mit der Nahrungsmittelregulierung greift diese Arbeit nun ein Rechtsgebiet heraus, das als solches zwar bereits zum überkommenen Kern der staatlichen Reglementierungskompetenzen gehörte, jedoch durch veränderte Umweltbedingungen, aber auch durch einen tiefgreifenden Wandel seines Regelungsgegenstandes vor völlig neuen Herausforderungen stand. Das 1879 geschaffene erste reichseinheitliche Nahrungsmittelgesetz und die in den Folgejahren in Ergänzung erlassenen Sondergesetze suchten auf diese neuen Umstände zu reagieren. Anhand ihrer Genese soll nachgezeichnet werden, welche Instrumente der Staat schuf, um der sich schnell verändernden und zudem fortwährend neu zu bewertenden Materie Herr zu werden. Es wird vermutet, dass bewusst nach neuen Strategien in der Gesetzgebung gesucht wurde – maßgeblich beeinflusst durch die dominierende Rolle, die wissenschaftlichen Experten im Rahmen der Normsetzungsprozesse nun eingeräumt wurde.

Dies verweist auf die dritte, zentrale These: Zusätzlich zu den Wandlungen innerhalb der staatlichen Rechtsetzung traten *neue normgebende Akteure* auf den Plan. Es blieb nicht bei einer verstärkten staatlichen Normierungstätigkeit, diese wurde vielmehr ergänzt durch nicht-staatliche Regulierungen, die zwar nicht zwingend als Recht zu betrachten sind, jedoch als außerrechtliche Normen von immenser faktischer Bedeutung waren. Vielfach traten sie funktional an die Stelle des Rechts, füllten dessen Lücken aus und wurden nicht selten in

55 Zum Konzept der Nachwuchsgruppe s. *Vec*, Aushöhlung; ders., Standardization; ders., Technik; s. auch *Jellinghaus*; *Röder*; *Seckelmann*; *Vec*, Recht; *vom Feld*.

die Rechtsordnung inkorporiert oder zumindest eng mit dieser verknüpft. Die Nahrungsmittelregulierung dient mithin als Beispiel für das Zusammenwirken verschiedener Normativitäten unterschiedlicher Rechtsqualität, das seit der zweiten Hälfte des 19. Jahrhunderts auf zahlreichen mit der Industrialisierung verbundenen Regelungsfeldern zu beobachten ist.

Dieses Ineinandergreifen staatlicher und »privater« Normierungen ist in der bisherigen Forschung wenig beleuchtet worden. Der Fokus der Rechtsgeschichte lag nahezu ausschließlich auf zwei Funktionen von Normierungen im Industrialisierungsprozess: Zum einen wurde die Bedeutung der obrigkeitlichen Unterstützung der wirtschaftlichen Entwicklung betont. Der Staat wurde in der Rolle des Wirtschaftsförderers gesehen, der durch seine Gesetzgebung den industriellen Aufschwung institutionell begleitete. Der zweite wesentliche Einfluss von Normierungen wurde in ihrer Bedeutung als Korrektiv zu den Folgen der völligen Vertragsfreiheit vermutet.[56] Zentral war somit bislang der Staat, der als Gesetzgeber die neue Wirtschaftsgesellschaft ordnete. Außerstaatliche Normierungen wurden weitestgehend ausgeklammert. In dieser Ausrichtung trifft sich die Rechtsgeschichte mit der Neuen Institutionenökonomik: Zwar unternimmt diese keine Unterscheidung zwischen staatlichen und nichtstaatlichen, rechtlichen und außerrechtlichen Institutionen, dennoch haben von ihr geleitete wirtschaftshistorische Studien bisher die staatliche Rechtsetzung ins Zentrum gerückt und alle technisch-ökonomischen Phänomene als abhängige Variablen der staatlichen Institutionenmatrix begriffen. Die von Gesellschaft und Wirtschaft selbst entwickelten Institutionen wurden hingegen marginalisiert.[57]

Ebenso konzentrieren sich die bisher erschienenen Studien zur Herausbildung des modernen Nahrungsmittelrechts auf den organisatorischen Aufbau der staatlichen und kommunalen Nahrungsmittelüberwachung oder die staatlichen Regelungen. Es existiert eine Reihe älterer Arbeiten, deren Autoren aus der Pharmazie und der Nahrungsmittelchemie stammen. Ihr Interesse gilt vor allem der Entwicklung des eigenen Faches zu einer eigenständigen Disziplin. Die Nahrungsmittelregulierung und die Debatten um ihre Ausgestaltung werden aus dieser Perspektive vor allem als äußerer Rahmen und Bedingung des Arbeitsfeldes der Nahrungsmittelchemiker begriffen. Der Beitrag der Nahrungsmittelchemie zur Ausgestaltung der staatlichen Regulierung wird dabei fast gänzlich auf die praktische Tätigkeit der Wissenschaftler reduziert. Ihre unabhängig aufgestellten Standards für die Nahrungsmittelüberwachung werden kaum bis gar nicht beleuchtet und vor allem nicht als eine eigenständige Form der Regulierung verstanden.[58] Einen ähnlichen Ansatz verfolgt die historische Arbeit Jutta Grünes, die den Nahrungsmittelchemiker Joseph König ins Zentrum ihrer Untersuchung stellt.[59] Gemeinsam ist diesen Arbeiten zudem, dass

56 Beispiele: *Coing*, Studien; *Hofer*, Freiheit.

57 So *Berghoff*, Vertrauen, S. 60 f.

58 *Fincke*, Geschichte; *Hansen/Wendt*, S. 62–69; *Pappe*; *Reusch*; *Schmauderer*, Beziehungen.

59 *Grüne*.

sie sich vielfach auf die Analyse eines Territoriums beschränken und die Reichsgesetzgebung als Hintergrundfolie darstellen.

Auch die 1977 erschienene rechtshistorische Studie von Hans Marg beschäftigt sich ausschließlich mit der staatliche Rechtsetzung.[60] Die Rolle und die Bedeutung von Interessengruppen werden abseits der politischen Parteien kaum untersucht, ebenso wenig wie ihre eigenständigen Regulierungen. Ebenso widmet sich der Wirtschaftshistoriker Gerold Ambrosius in seiner Untersuchung zum zwischenstaatlichen regulativen Wettbewerb, in der ihm das Nahrungsmittelrecht als Fallbeispiel dient, ausschließlich staatlichen Normsetzungen. Nicht-staatlichen Formen von Regulierungen spricht er eine eigenständige Rolle in der Generierung von Vertrauen ab.[61] Anders Aufsätze seiner Fachkollegen Karl-Peter Ellerbrock und Uwe Spiekermann: Beide beleuchten eingehend die öffentlichen Diskussionen um die staatlichen Qualitätsregelungen im Spannungsfeld zwischen Wissenschaft, Wirtschaft und Politik und untersuchen auch beispielhaft Normierungen verschiedener Interessengruppen, ohne allerdings deren Verhältnis zur staatlichen Regulierung systematisch zu analysieren.[62]

Was in den letztgenannten Studien bereits in Ansätzen begonnen wurde, wird von der vorliegenden Arbeit fortgeführt und vertieft. Sie begreift die Pluralität aus staatlichen und außerstaatlichen Normierungen als ein wesentliches Merkmal der Nahrungsmittelregulierung des späten 19. und frühen 20. Jahrhunderts. Die Kompetenzverschiebung weg vom Gesetzgeber hin zu gesellschaftlichen Institutionen und Gruppen ist keineswegs ein neues Phänomen der vergangenen Jahre, wie es neuere rechtswissenschaftliche Arbeiten nahelegen,[63] sondern, so die hier zugrunde liegende Annahme, genuin mit der Industrialisierung verknüpft.

Als übergeordnete Kategorisierung der verschiedenen Aktivitäten wählt die Untersuchung die der *Regulierung*. In ordnungspolitischen Theoriekonzepten wird Regulierung als Gesamtheit aller Regelungen definiert, mit denen der Staat in den Wettbewerb eingreift, um Marktversagen zu korrigieren bzw. zu verhindern oder staatliche Ziele gegen den Wettbewerb durchzusetzen.[64] Dieses Verständnis des Begriffs fügt sich in die Fragestellung nach den vertrauenssichernden und damit marktermöglichenden Institutionen ein – erweitert um die Annahme, dass als Urheber der Regelungen nicht nur der Staat, sondern auch private Akteure auftraten. Zudem ist der Terminus der Regulierung als Ober-

60 *Marg.*

61 *Ambrosius*, Wettbewerb, S. 64–90, 203, nennt zudem nur Staat, Wirtschaft und Industrie als Akteure und vernachlässigt die dominante Position der Wissenschaft.

62 *Ellerbrock*, Entwicklung; ders., Lebensmittelqualität; *Spiekermann*, Warenwelten. Neben den im Text genannten Studien ist noch die Arbeit von *Haase* anzuführen, die das Kunststück vollbringt, die Lebensmittelregulierung vom Mittelalter bis zur Gegenwart auf rund 75 Seiten darzustellen.

63 *Heine*, S. 270; *Schuppert*, S. 312.

64 Vgl. z. B. Regulierung.

begriff der eng miteinander verwandten, nur schwer zu trennenden Begriffe Normierung, Normung und Standardisierung geeignet. Sie alle scheinen ebenfalls einschlägig für die in dieser Arbeit beschriebenen Phänomene, sind jedoch nicht in der Weise als umfassender Überbau geeignet wie das Konzept der Regulierung: Auch wenn nicht wenigen der in der Arbeit identifizierten Regelungen Normativität zukam,[65] greift der Begriff der zumeist als rechtlich verstandenen *Normierung* nur bedingt – zumal die in Frage stehenden Regelungen in den zeitgenössischen Diskursen nur selten als Recht aufgefasst wurden. Die wissenschaftlich-technisch konnotierten Begriffe der *Standardisierung* und *Normung* hingegen beziehen sich vor allem auf die Erzielung von Gleichheit und Kompatibilität.[66] Die Kategorie der Identität spielt zwar im Rahmen der Nahrungsmittelregulierung durch die Bemühungen, Mindeststandards und einheitliche Beurteilungsgrundsätze zu schaffen, eine wesentliche Rolle. Jedoch strebten einige Formen der Regulierung auch gerade eine Betonung von Unterschieden und eine Differenzierung von Produkten an.

Die unterschiedlichen Regulierungsstrategien bezüglich des Nahrungsmittelmarktes werden ausgehend von den normgebenden Akteuren analysiert. Auf diese Weise werden verschiedene Perspektiven auf ein und dasselbe Problem deutlich und es kristallisieren sich widerstreitende Motivlagen heraus, die sich in unterschiedlichen Arten von Regulierungen manifestierten. Die Subsumtion einer bestimmten Regulierung unter eine Akteursgruppe ergibt sich in dieser notwendigerweise schematischen Gliederung aus der Frage, wer den Impuls zur Normsetzung gab und diese entscheidend prägte. Vielfach waren andere Interessengruppen in die Normbildungsprozesse involviert, stellten Adressaten oder Gegner der Regulierungen dar und versuchten deshalb, auf diese Einfluss zu nehmen. Nicht selten überschnitten sich die Akteursgruppen, gingen unterschiedliche Allianzen ein oder einzelne Gruppenzugehörige wechselten die Seiten. Doch gerade dieser Befund bestätigt letztlich die These der sich überlappenden, vielfach konkurrierenden, aber auch ineinandergreifenden Normierungen. Es entstand ein sich ständig neu definierendes Spannungsfeld, in dem sich die Debatten über die Sicherstellung der Nahrungsmittelqualität abspielten. Als Akteure standen sich insbesondere die Vertreter der sich etablierenden Nahrungsmittelchemie und die Nahrungsmittelproduzenten gegenüber. Die Konsumenten und der Staat, so die Vermutung, standen zwischen diesen beiden Polen: der Staat, weil er im Interesse der Funktionsfähigkeit des Nahrungsmittelmarktes und des Schutzes der Bevölkerung einen ständigen Interessenausgleich schaffen und die unterschiedlichen Vorstellungen von Nahrungsmittelqualität in einem tragfähigen Regulierungsmodell vereinen musste; die Konsumenten hingegen als immer betroffene, wenn auch selten direkt angesprochene zu schützende Dritte.

65 *Marburger*, S. 287–291.

66 S.u.a. Standardisierung; vgl. auch *Vec*, Geschichte, sowie DIN 820, Teil 1 [http://www.din.de/portrait/definiti.html, 08. April 2006]; dazu auch *Marburger*, S. 40–43.

Zunehmend bildeten sich auf allen Ebenen Interessenvereinigungen heraus, die bald politische Gestaltungsansprüche entwickelten und versuchten, die Regulierung des Nahrungsmittelmarktes zu beeinflussen, und/oder selbst normierend eingriffen. Ihre Erwartungen an den Staat, ihre Motive, selbst regulierend tätig zu werden, und insbesondere die damit verfolgten Zielsetzungen stehen im Mittelpunkt der Kapitel III bis VII. Zentral ist in diesen Kapiteln die Frage nach der Funktion der Selbstnormierungen: Stellten sie aus der Not, sprich der Passivität des Staates, geborene Zwischenlösungen dar, oder wurden sie bewusst als langfristige Strategien der privaten Ergänzung staatlicher Regulierung angelegt? Wie stellte sich der Staat zu dem privaten Engagement, in welcher Weise nahm er Bezug auf die Normierungen der verschiedenen Akteure? Auch das Verhältnis unter den verschiedenen Akteursgruppen wird beleuchtet und dahingehend untersucht, ob sich insbesondere die Verbände der Wirtschaft und der Wissenschaft tatsächlich in einem derart starken Antagonismus gegenüberstanden, wie es in der bisherigen Forschung vielfach erscheint.

Die wichtigste Basis für die Beantwortung der aufgeworfenen Fragen bildet – neben den in der Regel veröffentlichten Normierungen selbst – die Überlieferung des Kaiserlichen Gesundheitsamtes. Dieses nahm in der Nahrungsmittelregulierung die Rolle einer zentralen Instanz ein, indem es die Aushandlungsprozesse gewissermaßen moderierte und die Tätigkeiten der verschiedenen Akteure dokumentierte und bündelte. Der Bestand enthält unter anderem sämtliche Berichte und Sitzungsprotokolle der Kommissionen, die die Nahrungsmittelgesetze vorbereiteten, sowie Korrespondenzen mit Ministerien und Verbänden, Dokumentationen der in- und ausländischen Nahrungsmittelgesetzgebung und privater Normwerke. So gibt er nicht nur über die staatlichen, sondern auch über die privaten Regulierungen Aufschluss. Ergänzend wurden – insbesondere für die beispielhafte Analyse der einzelstaatlichen Nahrungsmittelüberwachung in Bayern und Preußen – die Akten der zuständigen Ministerien ausgewertet.[67] Auch hier finden sich zahlreiche Spuren der Aktivitäten der nicht-staatlichen Normgeber; zu diesen liegen zudem mal mehr, mal weniger geschlossene Überlieferungen in den Beständen der jeweiligen Kommunalverwaltung und Industrie- und Handelskammer ihrer Verbandssitze vor. Wichtige Quellen sind darüber hinaus die Publikationsorgane der Verbände, die zahlreichen Fachveröffentlichungen auf dem Gebiet der Nahrungsmittelchemie und die populärwissenschaftliche Literatur zur Ernährung und Nahrungsmittelkontrolle sowie rechtswissenschaftliche Fachliteratur und Urteilssammlungen.

Die auf diesem Quellenkorpus beruhende Darstellung der verschiedenen Regulierungsstrategien beginnt in Kapitel III mit der staatlichen Gesetzgebung. Diese ist zwar nicht unbedingt als chronologischer Anfang der beschriebenen Normsetzungsversuche anzusehen, war aber stetiger Bezugs- und Anknüp-

67 Soweit nicht anders vermerkt, sind in den Fußnoten-Belegen jeweils die preußischen Ministerien gemeint.

fungspunkt für alle Akteure. Im Zentrum steht die Genese des 1879 erlassenen Nahrungsmittelgesetzes, deren Analyse sich insbesondere auf die angesprochenen Verschiebungen in der Normsetzungsstruktur konzentriert. Die spezifische Ausgestaltung des Nahrungsmittelgesetzes bedingte seinerseits die Entstehung ergänzender privater Normierungen, unter denen die der Nahrungsmittelchemie einen besonderen Stellenwert einnahmen. Diese werden im folgenden Kapitel IV vor dem Hintergrund der Professionalisierung und Ausdifferenzierung der Disziplin untersucht. Parallel zur Aufstellung von Normierungen für die Nahrungsmitteluntersuchung und -beurteilung durch die sich formierenden Fachvereinigungen wurde der Wissensaustausch innerhalb des Faches durch Kongresse und eine Fülle von Publikationen systematisch institutionalisiert. Die Arbeit analysiert diesen Prozess unter dem Gesichtspunkt einer indirekten Standardisierung der Arbeitsweisen der Nahrungsmittelkontrolle.

Daran schließt sich die Untersuchung der Normierungen des Nahrungsmittelgewerbes an. Kapitel V behandelt beispielhaft Qualitätsstandards einzelner Verbände und fragt nach deren Verhältnis zu den wissenschaftsseitigen Normierungen. Die Selbstverpflichtungen werden zudem als Teil des sich in der Nahrungsmittelindustrie früh herausbildenden Marketings verstanden. Ein eigener Abschnitt der Arbeit ist mit Kapitel VI schließlich den Konsumenten gewidmet. Aufgrund der gegen Ende des 19. Jahrhunderts erst im Entstehen begriffenen theoretischen Auseinandersetzung mit der Nachfrageseite der Wirtschaft sowie der bis dahin nur zaghaften Bildung von Verbraucherzusammenschlüssen werden hier sehr heterogene Regulierungsansätze dargestellt: Neben der vor allem von Wissenschaftlern ausgehenden Bemühung, steuernd auf die Verbraucher selbst einzuwirken, wird die Tätigkeit erster Verbrauchervereinigungen analysiert. Von Interesse ist dabei insbesondere die Reichweite der Maßnahmen, d. h. die Frage danach, inwieweit die Sorge um die Nahrungsmittelqualität von einem Luxusproblem zu einer auch in den unteren Bevölkerungsschichten aktiv aufgegriffenen Angelegenheit wurde.

Das letzte Kapitel der Arbeit beschreibt abschließend die Bemühungen, die verschiedenen Normierungsansätze zu einem einheitlichen System zusammenzuführen. Im Zentrum stehen die Anstrengungen des Staates nach der Jahrhundertwende, die beteiligten Akteure zu einem Kompromiss zu vereinigen, die schließlich durch den Ausbruch des Ersten Weltkrieges vereitelt wurden. Die kriegsbedingt bald eintretenden Versorgungsengpässe ließen die Nahrungsmittelqualität zu einem untergeordneten Problem werden; die Diskussionen ließen nach, auch wenn die in der Industrialisierung angelegten Strukturen Bestand hatten. Mit dem Kriegsbeginn findet die Arbeit mithin ihren logischen Schlusspunkt.

I. Ökonomische, soziale und wissenschaftliche Faktoren der öffentlichen Sensibilisierung

Die Flut von Publikationen, die eine rapide Zunahme der Nahrungsmittelverfälschungen konstatierten, ebbte auch nach der Aufnahme der Reichstagsverhandlungen zu einem Nahrungsmittelgesetz in der zweiten Hälfte der 1870er Jahre nicht ab. Die Vorbereitung des Gesetzes wurde aufmerksam verfolgt und in ihren verschiedenen Stadien kommentiert.[1] Laboratorien und Nahrungsmitteluntersuchungsanstalten sowie einzelne Wissenschaftler veröffentlichten Erfahrungsberichte und entwickelten auf dieser Grundlage Anregungen für die zu schaffenden gesetzlichen Maßnahmen.[2] Hatte zuvor noch der Versuch, überhaupt eine öffentliche Aufmerksamkeit für die Problematik zu wecken, diverse Gruppen in gewisser Weise geeint, waren jetzt stärkere Abgrenzungsversuche und Frontstellungen zu erkennen. Nicht mehr das »Ob«, sondern das »Wie« qualitätsregulierender Maßnahmen stand im Fokus, die genaue Ausgestaltung der Nahrungsmittelüberwachung, ihre Organisation und Reichweite waren höchst umstritten. Das 1879 erlassene Nahrungsmittelgesetz war nur ein erster Schritt zur Lösung des neuen oder des in seiner Ausprägung als neu empfundenen Problems. Einmal angestoßen, setzte sich die Debatte um die langfristige Sicherung der Nahrungsmittelqualität auch in den Folgejahren weiter fort, sie blieb keineswegs ein Strohfeuer.

1. Die Entschlüsselung der menschlichen Ernährung

Als wesentlicher Faktor der parallel zur Industrialisierung wachsenden Sensibilität für die Nahrungsmittelqualität sind die Fortschritte der ernährungsbezogenen Forschung auszumachen. In einem engen Zusammenspiel verschiedener Disziplinen wurde das Wissen über die menschliche Ernährung und die Nahrungsmittel im Laufe des 19. Jahrhunderts auf vollkommen neue Grundlagen gestellt, was einen veränderten Blick auf die Ernährung und die einzelnen Nahrungsmittel nach sich zog. Zentral für die Herausbildung der modernen Er-

1 Ausschnitt Beilage zum Deutschen Vereinsblatt für Versicherungswesen, September 1877, in: BA, R 86/2068; Maßregeln gegen die Lebensmittel-Verfälschung, Handschriftliche Abschrift aus dem Frankfurter Communalblatt, ohne Datierung, in: BA, R 86/2069.

2 *Elsner*, Untersuchungen; *Geissler*; Verfälschungen der Nahrungsmittel und die Breslauer Sanitätspolizei, Ausschnitt Breslauer Zeitung No. 450/452, 1877, in: BA, R 86/2069.

nährungswissenschaft war zunächst der Wandel, den die Chemie vollzog: Seit dem letzten Drittel des 18. Jahrhunderts wandte sie sich stärker der Theorie zu, verband qualitative und quantitative Methoden und drängte empirische Prüfungen zurück; die experimentellen Verfahren und Instrumente wurden zusehends verbessert. Ab etwa 1830 wurde die organische Chemie als neues Gebiet erschlossen, daneben spielte die physiologische Chemie eine zunehmend wichtige Rolle.[3] Zum zentralen Forschungsfeld wurden die physiologischen Funktionszusammenhänge und die im menschlichen Stoffwechsel ablaufenden chemischen Prozesse.[4] Nach und nach gelang eine Reihe von Einzelentdeckungen, die in der Zusammenschau von großer Bedeutung waren.

Julius Robert von Mayer (1814–1878), Hermann Ludwig von Helmholtz (1821–1894), James Prescott Joule (1818–1889) und vor allem Justus von Liebig (1803–1873) ergründeten schrittweise die Quelle der Bewegung und Muskelkraft sowie der Arbeitsfähigkeit des Organismus.[5] Die Bewegung und Krafterzeugung stellte sich ihnen – in Anlehnung an das erste thermodynamische Gesetz – als ein Verbrauch von Stoffen dar, die durch Nahrung ersetzt werden müssen. Die Nahrung wurde in dieser Sicht zum essentiellen Antriebsstoff des Menschen. Demzufolge rückte auch die Bedeutung ihrer qualitativen Zusammensetzung stärker in den Blickpunkt des Interesses. Die Nahrungsmittel wurden immer mehr als »Summe bestimmter Stoffe« verstanden.[6] Die »Nährstoffe« wurden entdeckt und entsprechend ihrer Rolle im Stoffwechsel in zwei Hauptgruppen eingeteilt: die plastischen (Eiweiße) und die kalorischen, wärmebildenden (Fette und Kohlenhydrate).[7] Zahlreiche Untersuchungen über den Nährstoffgehalt einzelner Nahrungsmittel wurden durchgeführt; der Begriff des »Nährwerts« eines Nahrungsmittels entstand, und auf dieser Basis wurden Grundsätze für die ideale Zusammensetzung der Ernährung aufgestellt.[8] Den größten Einfluss erhielten die Berechnungen des Physiologen Carl von Voit (1831–1908). Er ermittelte den Kalorienverbrauch des »normalen« Menschen und entwarf auf dieser Basis Kostmaße, die – ausgehend von durchschnittlichen Werten bei Körpergröße und Gewicht – die benötigte Menge der Nahrungsstoffe und ihr Verhältnis untereinander für verschiedene Bevölkerungsgruppen festlegten.[9] Nicht nur die einzelnen Nahrungsmittel erschienen nun nach bestimmten Kennzahlen objektiv beurteilbar, die gesamte Ernährung unterlag aus Sicht der Wissenschaft rationalen Formeln.[10]

3 *Schormüller*, S. 2.

4 *Mani*, S. 22 f.

5 Zum Folgenden: *Helmholtz*; *Joule*; *Mayer*; *Liebig*, Chemie; ders., Untersuchung; ders., Ernährungswert; dazu *Osietzky*, S. 317–321; *Mannes*, S. 11 f.

6 *Spiekermann*, Lebensmittelqualität, S. 199.

7 *Mannes*, S. 15 f.; *Spiekermann*, Wandel, S. 97; *Wirz*, S. 57.

8 *Grüne*, S. 72 f.; *Mannes*, S. 63 ff.

9 Nach Voit benötigte ein 70 kg schwerer Mann bei mittlerer körperlicher Arbeit täglich mindestens 118 g Eiweiß, davon etwa ein Drittel in tierischer Form, außerdem 50 g Fett und 500 g Kohlenhydrate, zusammen etwa 3050 Kalorien, s. *Voit*, S. 519–525.

10 *Spiekermann*, Rationalitäten, S. 202 f.

Die voranschreitende Erforschung der Nahrungsmittel und der Ernährung des Menschen schlug sich auch in der Lehre an den Universitäten nieder.[11] Zu führenden deutschen Zentren in der universitären Ernährungslehre wurden die Gießener und die Münchener Universität. Die Nahrungsmittelchemie etablierte sich allmählich als eigenständige Wissenschaftsdisziplin. Aufgrund ihrer Nähe zu zahlreichen anderen Fächern wurde sie von ihren Vertretern gern als »Grenzwissenschaft« bezeichnet, da sie nicht nur mit der angewandten Chemie, als deren Zweig sie gefasst wurde, Schnittmengen aufwies, sondern ebenso mit der Physik, der Physiologie, der Pharmakologie und der Biologie sowie der Bakteriologie und der allgemeinen Hygiene.[12] Die Meinungen über das genaue Entstehungsdatum der Nahrungsmittelchemie gehen stark auseinander: Während einige Fachvertreter die Begründung ihrer Disziplin bereits in die Zeiten Antoine Laurent de Lavoisiers, d. h. ins späte 18. Jahrhundert, spätestens jedoch von Liebigs datieren,[13] verweisen andere auf die 1870er Jahre.[14] Josef Schormüller sieht den Erlass des Nahrungsmittelgesetzes 1879 als einen wesentlichen Gründungsbeitrag der neuen Disziplin der Nahrungsmittelchemie an: sein Vollzug habe analytisch ausgebildete, mit der Materie vertraute Fachkräfte sowie zuverlässige und schnell durchführbare Untersuchungsmethoden gefordert.[15] So verstanden, dass das Nahrungsmittelgesetz einen starken Professionalisierungsschub für die Nahrungsmittelchemie darstellte, ist Schormüller sicherlich zuzustimmen.[16] Jedoch war die sich gerade etablierende Nahrungsmittelchemie selbst eine der wesentlichen Voraussetzungen dafür, dass überhaupt ein Bedarf erkannt wurde, ein neues Gesetz zu schaffen. Erst auf der Grundlage der neuen Erkenntnisse und Analysemethoden sah man sich zu einer umfassenden Nahrungsmittelüberwachung in der Lage. Die teilweise schon als Agitation zu bezeichnende Publikations- und Aufklärungstätigkeit einzelner Wissenschaftler stieß die in der Einleitung beschriebenen öffentlichen Debatten um die Qualität der Nahrungsmittel an und hielt diese in Gang. Die öffentliche Wirksamkeit der Wissenschaftler entsprang nicht zuletzt wohl auch deren Bestreben, das eigene Fach im überkommenen Fächerkanon zu etablieren.

Die Ernährungsforschung gliederte sich mit den beschriebenen Entwicklungen in eine neue, naturwissenschaftlich ausgerichtete Forschungsweise ein, die auf dem Experiment basierte, auf Quantifizierbarkeit zielte und unmittelbar anwendungsbezogen war.[17] Für die Identifikation von Verfälschungen und er-

11 Zum Folgenden: *Eulner*; vgl. zur Verbreitung nahrungsmittelchemischer Vorlesungen eine Übersicht bei *Wiegert*, S. 156–159.

12 Hilger, Das Forschungsgebiet unserer Zeitschrift in seiner Entwicklung, in: Forschungsberichte über Lebensmittel 1 (1893/94), S. 3–5; *Schmauderer*, Beziehungen, S. 190.

13 *Fincke*, Bedeutung.

14 Beythien, Die Entwicklung der modernen Nahrungsmittelchemie, in: ZUNG 50 (1925), S. 14–21.

15 *Schormüller*, S. 4.

16 Dazu Kap. IV 1 und 2.

17 *Spiekermann*, Wandel, S. 98.

nährungsphysiologischen Wertminderungen waren die neuen Kenntnisse von großer Bedeutung. Jahrhundertelang hatten Nahrungsmittel nur mit sinnlichen Untersuchungen überprüft werden können, d. h. durch bloßen Augenschein, Betasten, Riechen und Schmecken, sowie durch einfache Analysen. Nun standen differenzierte Methoden zur Verfügung, die wesentlich feinere und genauere Ergebnisse zuließen. Neue Formen der Erkennbarkeit führten dazu, dass »die ›Wahrheit‹ des medizinischen und ernährungsphysiologischen Wissens [...] nun der Sphäre des Unsichtbaren und ›mikroskopisch Kleinen‹ abgewonnen werden« musste.[18] Durch die Beurteilung der Nahrungsmittel nach ihrer stofflichen Zusammensetzung wurde die Unterscheidung zwischen »verfälschten« und »normalen« Waren auf eine neue Ebene gehoben. Aus Sicht der Naturwissenschaften war Qualität nun objektiv messbar, Grenzzahlen und Kennziffern wurden zum Schlüssel der Nahrungsmittelbeurteilung – die Kommunikation über Nahrung stützte sich nunmehr auf »Zeichenwelten und Symbolsysteme«.[19] In den immer zahlreicher erscheinenden naturwissenschaftlichen und medizinischen Publikationen sowie auf einer Vielzahl von Kongressen wurde die Überprüfung der Nahrungsmittelqualität zu einem geradezu beherrschenden Thema.[20] Gleichzeitig aber lieferte die Nahrungsmittelchemie die wissenschaftlichen Grundlagen zur Entwicklung neuartiger Produkte, Inhalts- und Zusatzstoffe und somit nicht selten auch die notwendigen Werkzeuge zur Manipulation.

Auf der Basis der wissenschaftlichen Fortschritte und entscheidend geprägt durch die in den 1830er Jahren einsetzende Hygienebewegung wurde die Ernährung in der Öffentlichkeit in einer neuen Weise problematisiert: Ihre Bedeutung für Gesellschaft und Staat wurde betont und insbesondere die Reproduktion der Arbeitskraft rückte ins Zentrum des Interesses.[21] Durch geeignete Ernährungsanweisungen sollte die Leistungsfähigkeit der Menschen erhöht werden.[22] Nicht nur die industrielle Produktion war im technischen Sinne zu rationalisieren, auch der Mensch und sein Einsatz in der Produktion gerieten ins Blickfeld. Neue wissenschaftliche Forschungsfelder wie die Arbeitsphysiologie und -psychologie sowie die Ernährungsphysiologie entstanden, die den Körper als technisches Artefakt betrachteten, das den Gesetzen einer thermodynamischen Maschine und der Ökonomie eines Apparates folgte.[23] Der Nah-

18 *Tanner*, Fabrikmahlzeit, S. 69; zu weiteren Forschungen und Entdeckungen im 19. und frühen 20. Jahrhundert s. *Mannes*, S. 7–73.

19 *Tanner*, Ambivalenz, S. 193 f.; dazu s. weiter *Spiekermann*, Lebensmittelqualität, S. 199; vgl. auch *Fleck*, Entstehung.

20 Dazu s. ausführlich Kap. IV 3.

21 So z. B. *Rubner*, Volksernährungsfragen, S. 13.

22 *Osietzky*, S. 320. Die Physiologen griffen dabei die bereits aus dem 17. Jahrhundert stammende Vorstellung des Körpers als »Maschine« auf, nicht zuletzt deshalb, weil die physikalische Thermodynamik ihren Ausgangspunkt in dem Bestreben hatte, die Funktionsweise der Dampfmaschine theoretisch zu erfassen, s. *Frey*, S. 138 f.; *Tanner*, Fabrikmahlzeit, S. 65; *Rabinbach*, S. 295.

23 *Tanner*, Fabrikmahlzeit, S. 54–57, 65 f.

rung kam in diesem Zusammenhang als chemischen Energielieferanten zentrale Bedeutung zu.[24] Zur Steigerung des Wirkungsgrads des »menschlichen Motors« galt es, die ideale Energiezufuhr in Form von Nährstoffen zu finden und die Ernährung daraufhin zu optimieren.[25] So wie die ökonomische Bedeutung der Ernährung betont wurde, wurden auch Nahrungsmittelverfälschungen vielfach als Schädigung der Volkswirtschaft begriffen – nicht nur durch den Betrug an den Konsumenten, sondern auch durch gesundheitliche Gefährdungen.[26]

Aufklärungskampagnen wurden initiiert, um die Ernährung der Arbeiter an die formulierten Anforderungen anzupassen und »irrationale« Verhaltensweisen auszumerzen. Die Wissenschaft drang – das wird Thema eines eigenen Kapitels sein[27] – allmählich in die Haushalte ein. Die Rationalisierung der Ernährung war Bestandteil umfassender Disziplinierungsbemühungen, die arbeitenden Schichten sollten durch die möglichst selbst zu erreichende Verbesserung ihrer Lebensbedingungen in die bestehende Wirtschafts- und Gesellschaftsordnung eingegliedert werden.[28] Ebenso nutzte aber die Arbeiterbewegung die wissenschaftlichen Erkenntnisse und forderte eine bessere Ernährung, das Voit'sche Dogma von der gleichartigen Kost aller wurde als Grundrecht angesehen.[29] Die Forschungsergebnisse wurden mithin von den politischen Eliten sowie verschiedenen gesellschaftlichen und sozialpolitischen Strömungen in affirmativer, aber auch in kritischer Form aufgegriffen und mit ideologischen Programmen verknüpft. Auch innerhalb der Ernährungswissenschaft bestanden teilweise starke Divergenzen, denen rivalisierende Modelle und Konzepte von der »idealen« Ernährung und Lebensweise entsprachen. Dies zeigt beispielsweise die von der Lebensreformbewegung propagierte Rohkostlehre des schweizerischen Arztes Maximilian Bircher-Benner, die sich gegen die vorherrschende Einstufung des Fleisches als zentrales Nahrungsmittel wandte.[30]

Dies alles belegt ein erhöhtes Interesse an der Gesundheit und damit auch an der Art und Zusammensetzung der Ernährung sowie einen Glauben an die Problemlösungsfähigkeit wissenschaftlicher Konzepte.[31] Die Popularisierungsstrategien der sich professionalisierenden Wissenschaften hatten offenbar Erfolg. Es gelang ihnen, ihre Forschungsergebnisse einer größeren Allgemeinheit zugänglich zu machen und zumindest in bestimmten Kreisen eine Diskussion über die Ernährung und die menschlichen Nahrungsmittel anzustoßen. Gerade im Bil-

24 S. z. B. *Rubner*, Denkschrift.

25 *Tanner*, Fabrikmahlzeit, S. 67.

26 Insbesondere die Milchpanscherei, die vor allem die Kinder treffe, wurde als Angriff auf die Widerstandsfähigkeit der Bevölkerung betrachtet, s. *Averbeck*, S. 31 f.

27 Kap. VI 1.

28 *Frevert*, Belagerung, S. 421 f., 425 f.

29 *Spiekermann*, Wandel, S. 100; *Tanner*, Fabrikmahlzeit, S. 59 f.

30 S. u. a. *Baumgartner*, S. 77–80; *Wirz*, insbesondere S. 62–72.

31 Dazu s. *Labisch*, S. 315 f.; *Vögele*, S. 22 ff., 251.

dungsbürgertum bestand ein lebhaftes Interesse an den erstarkenden Naturwissenschaften, was auch der Andrang bei den in Mode kommenden Ausstellungen wie der Dresdner Hygieneausstellung 1911 zeigt.[32]

2. Die Veränderung der Ernährung unter dem Einfluss der Industrialisierung

Die Diskussionen über die ideale Ernährung legen nahe, dass das für große Teile der Bevölkerung noch bis Mitte des 19. Jahrhunderts im Vordergrund stehende Problem einer ausreichenden Versorgung mit Nahrungsmitteln allmählich von der Sorge um eine gesunde, qualitativ gute Ernährung abgelöst wurde. Im engen Anschluss an die Erkenntnisse der Wissenschaft wurde die Frage der Quantität immer mehr durch die der Qualität verdrängt. Diese Verschiebung war jedoch nur aufgrund weitgehend parallel verlaufender Entwicklungsprozesse auf der Angebots- und Nachfrageseite des Nahrungsmittelmarktes möglich. Der mit der Industrialisierung eng verbundene wirtschaftliche und soziokulturelle Wandel bewirkte eine Veränderung der Ernährungsweise und Nahrungsmittelversorgung, über deren Grad und Tempo die Meinungen innerhalb der ernährungshistorischen Forschung allerdings auseinandergehen. Die Datierung von Umbruchphasen und Zäsuren schwankt stark, nicht zuletzt wohl aufgrund mangelnder bzw. ungenauer statistischer Daten.[33] Im Folgenden sollen auf dieser Literaturbasis nur Tendenzen skizziert werden, immer mit dem Vorbehalt, dass dabei feine Abstufungen und Zwischenschritte der Entwicklung vernachlässigt werden.

Als Trend wird gemeinhin konstatiert, dass Handwerk, Handel und Industrie im Zuge des Übergangs von der Agrar- zur Industriegesellschaft zwischen 1800 und 1900 zunehmend eine dominante Rolle in der Nahrungsmittelversorgung übernahmen. Die fortschreitende Urbanisierung und die wachsende Arbeitsteilung beschleunigten den bereits im 18. Jahrhundert einsetzenden Übergang von der Subsistenz- zur Verbrauchswirtschaft.[34] Die Städte waren auch vor der Industrialisierung bereits auf die Zufuhr agrarischer Produkte und einen organisierten Nahrungsmittelhandel angewiesen gewesen. Die Lebensführung weiter Bevölkerungsteile hatte dies jedoch nicht geprägt.[35] Der »revolutionierende Ein-

32 *Schrön.*

33 Die überlieferten Quellen reichen zu einer exakten Unterscheidung der Nahrungsgewohnheiten einzelner Bevölkerungsteile nicht aus. Die Daten sind fragmentarisch und beruhen auf stark unterschiedlichen Bemessungsgrundlagen, vgl. *Teuteberg*, Kost, S. 350 f., s. auch *Komlos*, S. 36–42, der die verschiedenen Ansätze im Einzelnen darstellt. Zu den verschiedenen Sichtweisen auf die Ernährungsgeschichte: *Tanner*, Times, S. 48 ff.

34 *Gudermann*, S. 382 f., 386.

35 Auch in den Städten hatte ein Großteil der Bürger landwirtschaftliche Nutzfläche im städtischen Umland sowie Viehhaltung und Küchengärten besessen, s. *Teuteberg*, Problemfeld, S. 2.

fluss des Urbanisierungsprozesses« bewirkte eine allmähliche Verschiebung der Versorgungsstrukturen. Hatten um 1800 noch vier Fünftel der Bevölkerung auf dem Land und von der Landwirtschaft gelebt, waren es um 1880 nur noch zwei Fünftel. Zwar bemühten sich viele Stadtbewohner noch lange, die Selbstversorgung aufrechtzuerhalten, mit der Zeit nahm dies jedoch immer mehr ab.[36] Maßgeblich beeinflusst wurde die Ernährungsweise – vor allem die der Unterschichten – auch durch die industrielle Produktion selbst: fixierte Arbeitszeiten und -pausen, Trennung von Arbeits- und Wohnraum, Anpassung an die Maschinen, eintönige Arbeit in geschlossenen Räumen, wachsende Ansprüche an die Konzentrationsfähigkeit – dies sind nur einige Stichworte, die auf den neuen Lebensrhythmus verweisen.[37] In den städtischen Haushalten waren die traditionelle Weiterverarbeitung von Grundprodukten und die ausgedehnte Vorratshaltung nicht mehr in der Weise zu verwirklichen, wie es in der vorindustriellen Gesellschaft üblich gewesen war und auf dem Land und in den Kleinstädten noch lange blieb.[38] Die Nahrungszubereitung und auch die Mahlzeiten wurden zumindest in Teilen aus dem Haushalt externalisiert, es entstand eine wachsende Nachfrage nach vorpräparierten, schnell zuzubereitenden Nahrungsmitteln. An die Stelle der jahreszyklisch organisierten Haushaltung trat die Nahrungsmittelversorgung mittels Geld – Tenfelde geht davon aus, dass gegen Ende des Kaiserreiches durchschnittlich bis zu 90 % der Nahrungsmittelversorgung über die Märkte gedeckt wurden.[39] Die Selbstversorgung blieb auf dem Land zwar vorherrschend, bis 1900 durchdrang die Kommerzialisierung der Nahrungsmittelversorgung zumindest aber den kleinstädtischen Bereich.[40]

Bis zur Mitte des 19. Jahrhunderts hatten periodisch auftretende Hungerkrisen immer wieder deutlich werden lassen, wie gering der Nahrungsspielraum war – Agrarkrisen, Missernten und Teuerungen sowie die Auswirkungen der Napoleonischen Kriege prägten die Versorgung der Bevölkerung.[41] Der Beginn einer deutlichen Verbesserung der Ernährung breiter Bevölkerungsschichten wird im Allgemeinen auf die Zeit um 1850 datiert, die entscheidenden Schritte der Entwicklung werden jedoch erst in der Phase der Hochindustrialisierung konstatiert.[42] Belegt wird dies dadurch, dass aufgrund der steigenden Reallöhne und der daraus resultierenden Kaufkrafterhöhung[43] zwar die absoluten Ausgaben für Nahrungsmittel stiegen, ihr Anteil an den Haushalts-

36 *Teuteberg*, Problemfeld, S. 1.

37 *Rossfeld*, Ernährung, S. 29; *Tanner*, Fabrikmahlzeit, S. 113ff.

38 *Hirschfelder*, S. 172; *Mollenhauer*, S. 39.

39 *Tenfelde*, S. 248; s. weiter *Allen*, S. 5–25; *Wagner*, Food, S. 47f.

40 *Hirschfelder*, S. 200f.

41 *Braudel*, S. 204f.; ausführlich: *Abel*, Massenarmut, S. 302–396.

42 *Hirschfelder*, S. 172, 189; ähnlich *Rossfeld*, Ernährung, S. 28. Bei den Zeitangaben kann es sich aufgrund der Überdeckung der langfristigen konjunkturellen Trends durch Lohn- und Preisschwankungen nur um einen Schätzwert handeln, s. *Teuteberg*, Kost, S. 352ff.

43 1913 war das reale Pro-Kopf-Einkommen gegenüber dem von 1850 auf das 2,5-Fache angewachsen, s. *Rettig*, S. 342.

ausgaben jedoch sank. Diese Beobachtung, bereits im 19. Jahrhundert im Engel'schen Gesetz formuliert, findet allgemeine Zustimmung in der aktuellen Forschung.[44]

Die Nahrung zeichnete sich nun durch eine zunehmende Vielfalt aus. Produkte, die zuvor Luxusgüter gewesen waren, wurden für einen wachsenden Anteil der Bevölkerung selbstverständlich.[45] Der Mehrverbrauch an Nahrungsmitteln wurde unter anderem auch dadurch unterstützt, dass zumindest zeitweilig die Preise einiger Grundnahrungsmittel langsamer stiegen als die Reallöhne. Die Preisausschläge wurden geringer, da die wachsende Konkurrenz auf dem Nahrungsmittelmarkt zu schärferen Kalkulationen zwang, unterstützt durch internationale Freihandelsverträge.[46] Die gestiegenen Einkommen wurden in eine reichlichere und vielfältigere Ernährung umgesetzt. Wichtige Indizien dafür sind der steigende Fleischkonsum, der verstärkte Obst- und Gemüseverbrauch sowie der wachsende Verzehr von hellerem Brot und Zucker.[47] Die vornehmlich auf Getreide basierende Kost ging sukzessive über in eine Ernährungsweise, in der Proteine und Fette zunehmend durch tierische Nahrung gesichert wurden.[48]

Zu den zuvor nur in Ausnahmefällen konsumierten Nahrungs- und Genussmitteln, die im Laufe der Industrialisierung zunehmend Verbreitung fanden, gehörte auch der Kaffee.[49] Allerdings zeigt sich an seinem Beispiel auch die steigende Nachfrage nach Surrogaten wie Malz-, Zichorien- und Getreidekaffee.[50] Die festgestellte tendenzielle Verbesserung der Ernährung darf nicht darüber hinwegtäuschen, dass viele Nahrungsmittel für weite Teile der Gesellschaft weiterhin unerschwinglich blieben. Der allgemeine Trend des sinkenden Anteils der Ausgaben für Nahrung verdeckt, dass einzelne Bevölkerungsgruppen

44 *Engel*, Gewerbezweige, S. 169–172. Der genaue Grad der Verschiebungen in der Struktur des privaten Konsums wird heute unterschiedlich eingeschätzt. Im Mittelfeld der Schätzungen bewegt sich *Saalfeld*, S. 134 Tab. 1, der von einem Absinken des Haushaltsbudgetanteils für Nahrungsmittel von 72 % (um 1800) auf 60 % um 1850 und schließlich 51 % um 1913 ausgeht. Von ähnlichen Werten geht *Haupt*, S. 53, im europäischen Vergleich aus. Deutlich stärkere Verschiebungen liegen nach *Teuteberg*, Veränderung, S. 361, vor: Um 1800 habe der Anteil bei 85 % gelegen, um 1900 nur noch bei 45 %. Ganz anders *Knorring*, S. 172, der lediglich von einen Absinken von ca. 61 % auf ca. 51 % ausgeht, ebenso *Rettig*, S. 342, 350.

45 *Ellerbrock*, Schwelle, S. 277; *Hirschfelder*, S. 174. Hierzu und zum Folgenden auch *Rossfeld*, Ernährung, S. 41–43.

46 *Saalfeld*, S. 147.

47 Der Fleischverzehr lag 1850 z.B. bei 22 kg pro Kopf und Jahr, bis 1913 stieg er mit leichten zwischenzeitlichen Rückgängen auf 45 kg an, *Teuteberg*, Verzehr, 344 ff.; *Hirschfelder*, S. 195 f., geht von einem noch stärkeren Anstieg aus, um 1800 habe der Fleischverzehr bei 15 kg pro Kopf und Jahr gelegen, 1900 dann bei 50 kg. Zum Obst- und Gemüse- sowie zum Zuckerverbrauch: *Saalfeld*, S. 142, 147; zum Brot: *Teuteberg*, Verzehr, S. 344 ff.

48 *Mollenhauer*, S. 37; *Saalfeld*, S. 144.

49 *Haupt*, S. 35; s. auch *Montanari*, S. 201 f.

50 *König*, Geschichte, S. 166, 170 f.

noch immer einen Großteil der Haushaltskosten für Nahrungsmittel verwenden mussten.[51] Der Anstieg im Verbrauch bestimmter Nahrungsmittel sagt zudem noch nichts über die Qualität der konsumierten Waren und über ihre Verteilung nach sozialen Schichten aus; in der Art des verzehrten Fleisches z. B. bestanden – je nach sozialer Lage – deutliche Unterschiede.[52] Der Preis war ausschlaggebend für die Auswahl der Nahrungsmittel. Dementsprechend waren gerade die ärmeren Bevölkerungsschichten potentielle Opfer von Betrügereien, da die Gewerbetreibenden vielfach die Zwangslage dieser Kunden ausnutzen konnten.[53] Einkommensdiskrepanzen, Standesbewusstsein und -traditionen sowie das Stadt-Land-Gefälle und verschiedene Sozialisationskohorten bedingten zusätzlich Differenzen.[54] Dennoch bleibt festzuhalten, dass die Ernährung spätestens um 1900 für die meisten gesichert war und damit das »Prinzip der Nahrung« die Lebensgestaltung weiter Bevölkerungsteile nicht mehr in dem Maße bestimmte wie noch ein halbes Jahrhundert zuvor[55] – ein wichtiger Faktor dafür, dass der Qualität der Nahrungsmittel nun mehr Beachtung geschenkt werden konnte.

Hintergrund der Veränderungen in der Nahrungsversorgung war neben der steigenden Kaufkraft der Aufschwung der Landwirtschaft: Die seit Beginn des 19. Jahrhunderts auch mit Blick auf die Sicherung einer dauerhaften Grundversorgung der Bevölkerung schrittweise durchgeführte Auflösung des überkommenen Feudalsystems ermöglichte eine intensivierte Landwirtschaft. Auf Basis der Landreformen nahmen die landwirtschaftlich genutzten Flächen in allen deutschen Staaten bis Mitte des 19. Jahrhunderts deutlich zu, an die Stelle der kleinteiligen Bewirtschaftung durch Lehnsträger und Leibeigene traten in einer Hand vereinigte, große und rentable Betriebsflächen.[56] Von entscheidender Bedeutung war auch der Wechsel von der im Kern seit Jahrhunderten unveränderten Dreifelder- zur Fruchtwechselwirtschaft, die die jährlich genutzte Ackerfläche in Deutschland etwa verdoppelte und den Boden fruchtbarer machte. Der Ertrag wurde zusätzlich gesteigert durch neue Geräte, verbesserte Bewässerungsmethoden, vermehrte Düngung und gezielte Fütterung; Viehzucht und Feldbau erfolgten zunehmend nach wissenschaftlichen Standards.[57] Zwar blieb die Mechanisierung der Landwirtschaft bis zum Beginn des 20. Jahrhunderts noch rudimentär, doch erhöhte sich die Intensität, d. h. der Kapital- und Arbeitseinsatz pro Fläche, auf Basis der beschriebenen Modernisierungen deut-

51 Vgl. *Haupt*, S. 53; *Pierenkemper*, Haushalt, S. 165, 176, setzt in einer hypothetischen Ausgabenstruktur bürgerlicher Haushalte zwischen 1859 und 1913 einen Anteil von rund 31 % für Nahrungsmittel an, während er für Arbeiterhaushalte weiterhin von einem Anteil von 50 bis 70 % ausgeht. So auch *Tenfelde*, S. 254; *Laer*, S. 160, 162 f.

52 *Teuteberg*, Verzehr, S. 377 f.

53 *Bauer*, Verfälschung, S. 101; *Vogel*, S. 129 f.

54 *Laer*, S. 165; *Pierenkemper*, Haushalt, S. 166–169; *Tenfelde*, S. 249 f.

55 *Brock*, Weg, S. 142.

56 *Achilles*, S. 91–162; *Henning*, Industrialisierung, S. 44–63.

57 *Abel*, Agrarkrisen, S. 173 f., 268; *Achilles*, insbesondere S. 221–226.

lich.[58] Bis 1870 verdreifachten sich die durchschnittlichen Erntemengen an Getreide gegenüber 1770, bis 1910 stiegen sie auf das Vierfache des Mittels um 1850, Schlachtgewicht und Milchleistung nahmen zu.[59] Da die Bevölkerung sich in dieser Zeit nur etwa verdoppelte, fand eine erhebliche Verbesserung der Versorgungssituation statt.

Allerdings prägten sich im selben Zeitraum zwischen Ländern und Regionen Differenzen deutlicher aus, es bildeten sich Schwerpunkte in der Landwirtschaft, so in Dänemark und den Niederlanden in der Viehwirtschaft, in Deutschland, Frankreich und Italien im Getreidebau.[60] Vor diesem Hintergrund erfuhr der Nahrungsmittelmarkt eine deutliche räumliche Ausdehnung. Die Regionen wurden von der Produktion vor Ort unabhängiger, das Warenangebot wurde nicht nur um Produkte aus anderen Teilen Deutschlands, sondern auch aus anderen Ländern erweitert. Es kam zu einer Intensivierung der internationalen Austauschbeziehungen.[61] In Abkehr von der merkantilistischen Wirtschaftspolitik wurden erstmalig nicht mehr nur teure Genussmittel und Gewürze, sondern auch Grundnahrungsmittel importiert.[62]

Wesentlich begünstigt wurde diese Entwicklung durch die verkehrs- und kommunikationstechnischen Innovationen sowie die modernen Kühl- und Konservierungsmethoden. Mit Hilfe der in den 1850er Jahren entwickelten Kältemaschinen Carl Lindes konnte allmählich eine Kühlkette aufgebaut werden, die vor dem Ersten Weltkrieg schon bis zu den Großabnehmern wie Warenhäusern, Krankenanstalten und Hotels reichte.[63] Neben der Überführung der traditionellen Konservierungsverfahren in die industrielle Produktion entstanden mit der von Nicolas François Appert bereits Anfang des 19. Jahrhunderts entwickelten Hitzesterilisation in Autoklaven und der Patentierung der Konservierung in gelöteten Weißblechdosen neue Methoden, die ab den 1880er Jahren in größerem Umfang in der Industrie eingesetzt wurden.[64] Konsequenz war zumindest für einige Bevölkerungsteile eine weniger jahreszeitabhängige Nahrungsmittelversorgung[65] – ein weiterer Faktor dafür, dass die Nahrungsmittelknappheit zu einem untergeordneten Problem wurde.

58 *Abel*, Agrarkrisen, S. 268 f.

59 *Henning*, Industrialisierung, S. 83, 86; Das Schlachtgewicht bei Rindern stieg von rund 100 kg auf 190 kg (1870/75), bei Schweinen von 40 kg auf 75 kg im selben Zeitraum. Die Milchproduktion erhöhte sich von 600 bis 700 l pro Jahr und Kuh auf 1150 l, *Teuteberg*, Ernährungsrevolution, S. 14.

60 *Abel*, Agrarkrisen, S. 268 f.

61 *Rossfeld*, Ernährung, S. 28 f.; *Tanner*, Times, S. 34.

62 *König*, Geschichte, S. 138.

63 Zu Linde und der Entwicklung der Kältemaschinenindustrie s. v. a. *Dienel*.

64 *Appert*; *Escher*, S. 87–90; *Humbert*, S. 26–39; *Strahlmann*, S. 198 f.

65 *Sandgruber*, S. 134; s. auch *König*, Geschichte, S. 139 ff.

3. Fleischextrakt und Tengelmann: Industrialisierung und Professionalisierung des Nahrungsmittelgewerbes

Die rasch anwachsende Nachfragekonzentration in den industriellen Ballungszentren sprengte die traditionellen Versorgungsstrukturen und bedingte damit eine starke Ausdehnung des kommerziellen Nahrungsmittelsektors. Nahrungsmittel wurden nun immer weniger deshalb angefertigt, weil sie für das Leben des Produzenten direkt notwendig waren, sondern um verkauft zu werden. Zugleich vollzog sich eine Trennung der Agrarwirtschaft von ihrer Verarbeitung, die Landwirtschaft wurde allmählich zum Rohstofflieferanten der Nahrungsmittelindustrie.[66]

Zuvor in der einzelnen Haushaltung hergestellte Nahrungsmittel wurden ab ca. 1850 zunächst zunehmend gewerblich, dann sukzessive industriell produziert. Erste Schritte waren die Ausweitung des städtischen Marktwesens und die Anlegung neuer kommunaler Schlacht- und Viehhöfe sowie eine deutliche Ausdehnung des Fleischer- und Bäckerhandwerks. An der Peripherie der Großstädte entstanden sogenannte Abmelkwirtschaften, aus denen sich Großmolkereien und Milchgenossenschaften entwickelten.[67] Vorreiter der Fabrikproduktion waren die aus merkantilen Zuckersiedereien entstandene Rübenzuckerindustrie sowie die Getreide- und Ölmühlen.[68] Die auf der Basis der technischen Innovationen im Mühlengewerbe enorm ausgeweitete Mehlproduktion war ihrerseits Ausgangspunkt der Industrialisierung weiterer Branchen wie der Brot-, Keks- und Teigwarenherstellung.[69] Auch die neu entstehende Trockensuppenproduktion hing eng mit der Weiterentwicklung des Mühlengewerbes zusammen: Auf der Grundlage von Leguminosenmehl wurden immer mehr Produkte hergestellt, die der steigenden Nachfrage nach schnell zuzubereitenden Nahrungsmitteln entsprachen. Am Anfang stand die 1872 erfundene Erbswurst,[70] der die Firma Knorr bald weitere Suppengrundlagen aus Getreide, Erbsen, Linsen und Bohnen sowie Teigwaren, Kartoffelflocken und Suppenwürze hinzufügte – letztgenannte in Konkurrenz zur schweizerischen Firma Maggi, die ab 1887 auch in Deutschland ansässig war.[71] Neben der Suppenwürze wurde der aus hydrolysierten Pflanzenproteinen hergestellte Suppenwürfel zu Maggis erfolg-

66 *Bruch*, S. 2.

67 Ebd.; *Teuteberg*, Ernährungsrevolution, S. 29.

68 Vgl. *Petersson*, insbesondere S. 241–245; *Zatsch*.

69 *Mollenhauer*, S. 183 ff.; *Teuteberg*, Ernährungsindustrie, S. 294 f.

70 Sie bestand aus einem Gemisch aus Erbsenmehl, Speck, Gewürzen und Salz. Sie war lange haltbar, leicht transportierbar sowie einfach und schnell zuzubereiten, s. *Mollenhauer*, S. 177 f.

71 *Ellerbrock*, Geschichte, S. 362–368; *Teuteberg*, Fleischextrakt, S. 58–65; zu Maggi: *Schmidt*, Maggi, S. 111 ff.

reichstem Produkt.[72] Ein Meilenstein auf diesem Gebiet war die Entwicklung des Fleischextrakts, der ab 1863 in Südamerika industriell hergestellt wurde.[73]

Neben den Umstellungen in der Herstellungsweise hatten die veränderten Konsumgewohnheiten somit auch die Herausbildung neuer, an die Bedürfnisse der Industriegesellschaft angepasster Marktsegmente zur Folge. Es wurden nicht nur neuartige technische Verfahren bei der Fabrikation bekannter Nahrungsmittel genutzt, sondern auch neue Produkte aus naturalen Beständen sowie organischen und anorganischen Zugaben auf den Markt gebracht, die die sich wandelnden Konsumbedürfnisse befriedigen und anstacheln sollten. Die Nahrungsmittelindustrie stellte sich mit neuen Erzeugnissen auf die geschilderten Beschränkungen der Küchenarbeit durch Geld-, Zeit- und Platzmangel ein. Neuartige Surrogate ermöglichten es auch den weniger vermögenden Bevölkerungsteilen, konsumtiven Wünschen nachzugehen. Ein prominentes Beispiel ist die in den 1860er Jahren in Frankreich erfundene Margarine, die seit den 1870er Jahren in wachsendem Umfang auch im Deutschen Reich hergestellt wurde.[74]

Der Übergang zur industriellen Massenproduktion im Nahrungsmittelgewerbe erfolgte in der Zeit vor dem Ersten Weltkrieg, als Elektromotoren die eher unflexiblen Dampfmaschinen ablösten.[75] Doch auch schon vor diesem Schritt implizierte die Mechanisierung zuvor handwerklich vollzogener Produktionsschritte grundlegende Veränderungen. Die organischen Ausgangsprodukte mussten an die Produktionsbedingungen angepasst werden. Der Einsatz von Hilfsstoffen wurde erforderlich, da sonst die Bearbeitung des Endproduktes nicht gelang. Ruhe- und Reifezeiten konnten nicht in demselben Maß wie in der vorindustriellen Nahrungsmittelherstellung berücksichtigt werden.[76] Chemische Verfahren und Zusätze fanden zunehmend Eingang in die Produktion. Die traditionellen enzymatischen und mikrobiologischen Verfahren konnten auf Basis wissenschaftlicher Forschungen nun kontrolliert eingesetzt werden.[77] Zur Verbesserung von Aussehen und Geschmack wurden Zusatzstoffe erfunden, der Fundus an künstlichen Zusätzen wuchs ständig an, bedingt durch die Fortschritte der Chemie. Eine große Rolle spielten synthetische Farbstoffe,[78] daneben konnten allmählich Aromastoffe isoliert und künstlich fabriziert werden.[79] Da in der maschinellen Herstellungsweise nicht ohne Weiteres auf Ungleichheiten reagiert werden konnte, hatte diese eine Standardisierung der Waren zur Folge, die sich auf die Konsistenz und Größe, aber auch auf den Geschmack bezog. Der gleichbleibende Geschmack erhielt eine Orientierungsfunktion für den Käufer, ab dem Ende des 19. Jahrhunderts zunehmend unterstützt durch Mar-

72 *Strahlmann*, S. 202.
73 S. vor allem *Teuteberg*, Fleischextrakt, S. 12–21.
74 Dazu s. ausführlich Kap. III 6.2.
75 *Ellerbrock*, Geschichte, S. 433 f.
76 *Bruch*, S. 3.
77 *Strahlmann*, S. 200.
78 Dazu s. *Schmauderer*, Wandlungen.
79 *Strahlmann*, S. 201 f.

kennamen, für deren Etablierung die »Selbstgleichheit« der Produkte wiederum eine wesentliche Voraussetzung war.[80]

Die längeren Transportwege und die Zunahme der Fertigung von nicht direkt zum Verzehr bestimmten Nahrungsmitteln führten zu einer stärkeren Inanspruchnahme und auch ständigen Verbesserung der Konservierungstechniken. Ab Mitte der 1870er Jahre wurde z. B. die in den öffentlichen Debatten stark umstrittene Salizylsäure als Konservierungsmittel industriell hergestellt.[81] Die nach ihrem Erfinder Louis Pasteur benannte Pasteurisierung gewann an Bedeutung, ebenso die Erfindung und Anwendung der schon angesprochenen Hitzesterilisierung. Mit dieser wurde die Grundlage zur Konservenindustrie gelegt, die in der historischen Ernährungsforschung vielfach als Schlüsselbranche der Industrialisierung des Nahrungsmittelgewerbes gekennzeichnet wird.[82] War die sich aus handwerklichen Anfängen entwickelnde deutsche Konservenindustrie zunächst fast ausschließlich als Heereslieferant von Bedeutung, erfuhr sie vor allem in den ersten Jahren des 20. Jahrhunderts einen starken Aufschwung; ihre Produktionsmenge stieg zwischen 1907 und 1914 fast auf das Dreifache an.[83] Schwerer als das ökonomische Wachstum des neuen Industriezweiges wiegt jedoch der symbolische Wert der Konserve als Signum der industrialisierten Nahrungsmittelproduktion und Ernährungsweise.[84]

Parallel zur Expansion der Nahrungsmittelmärkte durchlief also die Nahrungsmittelherstellung eine deutliche Industrialisierung. Der Übergang von der Dominanz der Selbstversorgung zur Marktproduktion ist unter anderem abzulesen an der ständigen Zunahme der Produktionsmengen der Nahrungsmittelindustrie, die sogar die der Stahlindustrie in der Zeit der Einführung der Massenstahlverfahren übertrafen.[85] Auch die steigende Zahl der im Nahrungsmittelgewerbe Beschäftigten ist ein Indikator dieses Prozesses: Die Zuwachsrate betrug insgesamt zwischen 1875 und 1907 rund 50 %.[86] Trotz eines Wachstums der durchschnittlichen Betriebsgröße um rund zwei Mitarbeiter in diesem Zeitraum war die Nahrungsmittelindustrie insgesamt zu Beginn des 20. Jahrhunderts mit durchschnittlich 6,1 Mitarbeitern aber immer noch stark kleinbetrieblich strukturiert. Die Betriebsgrößen schwankten zwischen den einzelnen

80 *Bruch*, S. 3; *Sieglerschmidt*, S. 350; dazu ausführlich Kap. V 1.1.

81 *Strahlmann*, S. 201.

82 Die Bezeichnung als »Konservenzeitalter« ist noch immer eine gängige, wenn auch nicht unumstrittene Charakterisierung des 19. Jahrhunderts, die *Teuteberg*, Kost, S. 358, prägte; ablehnend: *Treue*, Aufkommen; vermittelnd: *Ellerbrock*, Geschichte, S. 318 f., 375 f., der den Beginn des »Konservenzeitalters« kurz vor den Ersten Weltkrieg datiert.

83 *Ellerbrock*, Geschichte, S. 369–373; vgl. auch *Marcuse*.

84 *Budde*, S. 436.

85 *Ellerbrock*, Geschichte, S. 426 f.; *König*, Geschichte, S. 157 f.

86 Berechnet nach *Ellerbrock*, Geschichte, S. 162 f., 238. 1846 lag die Nahrungsmittelindustrie mit einem Anteil von 19,2 % aller Beschäftigten in Preußen an zweiter Stelle hinter der Textilindustrie, 1861 hielt sie diesen Platz mit 21,7 %. Im Deutschen Reich belegte sie zwar mit 8,7 % zunächst den fünften Platz, rutschte aber aufgrund des enormen Wachstums der Leitsektoren bis 1907 mit 6,5 % auf Platz neun ab.

Sektoren der Nahrungsmittelindustrie stark, und auch der betriebliche Konzentrationsprozess verlief höchst ungleichmäßig. Die höchste durchschnittliche Beschäftigtenzahl wies, wie Tabelle 1 zeigt, bis zum Ende des 19. Jahrhunderts die Zuckerindustrie auf, nach der Jahrhundertwende nahm die Schokoladeindustrie ihren Platz ein; die übrigen Sektoren blieben dahinter weit zurück.[87]

Tabelle 1: Entwicklung der durchschnittlichen Betriebsgröße in der deutschen Nahrungsmittelindustrie 1875–1907

Branche	**1875**	**1882**	**1895**	**1907**
Schokolade	30,6	23,2	52,1	96,3
Zucker	167,6	172,5	209,2	81,3
Margarine	-	-	26,3	36,7
Konserven	2,6	4,8	10,1	16,2
Teigwaren	3,7	4,4	7,8	13,8
Brauerei	4,3	4,3	8,2	11,0
Tabak	10,8	7,3	7,9	8,9
Sekt	4,3	2,7	2,6	3,6
Mineralwasser	3,6	3,8	4,0	3,5
Müllerei	2,2	2,3	2,5	2,7

Quelle: *Ellerbrock*, Geschichte, S. 244.

Zusätzlich bestanden innerhalb der einzelnen Sektoren der Nahrungsmittelindustrie starke Polarisierungen, viele Kleinbetriebe standen einigen wenigen Großbetrieben gegenüber. Die Durchschnittszahlen überdecken somit im Einzelfall den bis zur Wende zum 20. Jahrhundert erreichten Konzentrationsgrad: Die Kleinbetriebe dominierten zwar auch noch um 1900 mit 92,8 %, auf sie entfielen jedoch nur 38,1 % der Gesamtbeschäftigten. In den Großbetrieben, die lediglich 1,8 % der Gesamtbetriebszahl ausmachten, waren hingegen 41,7 % der Gesamtbeschäftigten tätig.[88]

Trotz der verhältnismäßig kleinen Betriebsgrößen wies die Nahrungsmittelindustrie ab Ende des 19. Jahrhunderts zudem die zweitstärkste Motorisierung auf und lag damit direkt hinter der Schwerindustrie. Seit 1875 war eine Technisierungswelle zu beobachten, die einen Entwicklungsvorsprung vor anderen

87 Ebd., S. 173, 244.
88 Ebd., S. 251.

Sektoren begründete, der bis 1907 weiter ausgebaut werden konnte.[89] Die Nahrungsmittelindustrie war damit weniger arbeits- und lohnintensiv als andere Industriezweige, dafür aber in hohem Maße technisiert.[90] Festzuhalten bleibt insgesamt das Bild eines aufstrebenden, aber in sich sehr heterogenen Industriezweigs mit starken inneren Strukturunterschieden: Kleine, nach überkommenen handwerklichen Methoden arbeitende Betriebe, die meist selbst den Warenverkauf an den Endkunden übernahmen, standen neben hochtechnisierten, arbeitsteilig organisierten und stark spezialisierten Großkonzernen, die über ausgefeilte Vertriebssysteme verfügten. Als Ganzes gesehen wies die Nahrungsmittelindustrie zudem keine räumlichen Konzentrationen auf, sondern war stark dezentralisiert – alles Umstände, die die Sicherung einheitlicher Qualitätsstandards nicht eben erleichterten.[91]

Doch nicht nur im Produktionssektor veränderten sich die Strukturen: Auch die Bedeutung des Nahrungsmitteleinzelhandels nahm zu. Bereits im frühen 19. Jahrhundert wuchs als Folge der neu eingeführten Gewerbefreiheit die Zahl der kleinen Viktualienhändler deutlich. Der Widerstand der traditionellen Nahrungsmittelhandwerker war wenig erfolgreich, die neuen Kleinhandelsbetriebe, deren Zahl sich zwischen 1875 und 1907 verdoppelte, zogen in den rasch expandierenden Städten den Handel an sich.[92] Sie ergänzten langsam den Handel auf den Straßen und die traditionellen Märkte, die ihrerseits zunehmend zentral organisiert und beaufsichtigt wurden.

Seit den 1880er Jahren wurden kommunale Markthallen mit fester Standzuteilung errichtet, die aus den ländlichen Gebieten beliefert wurden und die immer zahlreicher werdenden Zwischenhändler und Nahrungsmittelgrossisten versorgten.[93] Zunehmend etablierten sich auch Filial- und Kettenläden wie »Kaiser's« (gegr. 1880) und »Tengelmann« (gegr. 1893), die aus kleinen Kolonialläden hervorgingen und bald zahlreiche Filialen im gesamten Deutschen Reich besaßen.[94] Als neuartige Form des Einzelhandels wurden gegen Ende des 19. Jahrhunderts in größeren Städten Warenhäuser eröffnet, die durch die anonyme Präsentation von Waren zu verhältnismäßig niedrigen und weitestgehend stabilen Preisen dazu beitrugen, dass abgepackte Markenartikel an Bedeutung gewannen und damit nicht unwesentlich die Uniformierung des Konsums vorantrieben.[95] Dieser Prozess verlief parallel zur wachsenden Bedeutung der Werbung. Die zunehmend anonymisierten Marktbeziehungen und das wachsende Angebot ähnlicher Produkte ließen die massenmediale Vermittlung von Angebot und Nachfrage immer wichtiger erscheinen.[96] Bis zum frühen 20. Jahrhun-

89 Ebd., S. 261.

90 Ebd., S. 241 f.

91 *Prinz*, Brot, S. 234.

92 *Gellately*, S. 473, 478; *Grauert/Pfister*; *Hirschfelder*, S. 190.

93 *Burgholz*, insbesondere S. 103–106.

94 *Mollenhauer*, S. 68 ff.

95 *Gellately*, S. 474–477; *Spiekermann*, Basis, S. 363–382.

96 *Berghoff*, Unternehmensgeschichte, S. 334.

dert professionalisierte sich die Werbung mehr und mehr und erfuhr eine immer stärkere Ausdifferenzierung in ihren Medien.[97]

Die Konsequenzen der Industrialisierung für die Nahrungsmittelherstellung und die Ernährung waren mithin ambivalent: Einerseits verbesserten sich die Ernährungsbedingungen für weite Teile der Bevölkerung, die Nahrungsmittelversorgung wurde vielfältiger, gleichmäßiger und war nun weniger jahreszeitgebunden. Die Unterschiede zwischen den Sozialschichten verringerten sich, die Nahrung wurde neu funktionalisiert. Gleichzeitig aber zog die länger werdende Verteilungskette eine zunehmende Distanz des Konsumenten vom unmittelbaren Erzeuger und den Produktionsabläufen nach sich – Ellerbrock spricht in diesem Zusammenhang von einer »Entfremdung«.[98] Die geographische Herkunft der Nahrung war für die Konsumenten immer weniger nachzuvollziehen, ebenso ihre Zusammensetzung und Zubereitung. Die Abhängigkeit vom sich ausdifferenzierenden, anonymer werdenden Markt wuchs.[99] Tanner illustriert dies am Beispiel des Fleisches: Während ein Großteil der fleischessenden Bevölkerung vor der Industrialisierung noch eine Vorstellung davon gehabt hatte, was es heißt, ein Tier zu töten und zu zerlegen, so ging der Kontakt mit diesen Vorgängen im Lauf der Industrialisierung allmählich verloren, sie verschwanden gewissermaßen hinter den Kulissen; es kam zu einer, wie Tanner es nennt, »Bewußtseinsspaltung«.[100]

4. Diagnose: Wachsendes Misstrauen gegenüber der Nahrungsmittelqualität

Diejenigen Prozesse, die das Industrialisierungsgeschehen im Deutschen Reich prägten, riefen zugleich ein steigendes Problembewusstsein für die Qualität der Nahrung hervor. Wenn auch angenommen werden kann, dass die Art der Nahrungsmittelverfälschungen sich veränderte, kann ihre tatsächliche Quantität kaum erfasst werden. Es kann nur konstatiert werden, dass sich die Vorstellungen von Qualität und die Ansprüche an die Beschaffenheit der Nahrungsmittel offenbar zunehmend verschoben. Wie die Forschungsliteratur immer wieder betont, waren Nahrungsmittelverfälschungen kein neues Phänomen. Neu hingegen war, so die hier zugrunde liegende These, die Art ihrer Problematisierung. Für diese waren die zuvor beschriebenen Entwicklungen im Rahmen der Industrialisierung in verschiedener Weise ursächlich.

Die verbreitete Kritik am Zustand des Nahrungsmittelmarktes basierte insbesondere auf den Fortschritten der sich etablierenden Ernährungsforschung.

97 *Haas*, S. 298–303; *Schmidt*, Maggi, S. 129, 132.

98 *Ellerbrock*, Entwicklung, S. 82; vgl. dazu auch *Giddens*, S. 30–32, 85.

99 *Ellerbrock*, Entwicklung, S. 81 f.

100 *Tanner*, Times, S. 40.

Verfälschungen und ihre Folgen für die Gesundheit waren nun präziser zu analysieren, die Qualität der Nahrungsmittel schien objektiv messbar. Die Sensibilisierung der Öffentlichkeit wurde dadurch vorangetrieben, dass die Wissenschaftler bemüht waren, ihre Forschungen zu popularisieren, denn so konnten sie deren Notwendigkeit und Anwendungsmöglichkeiten unter Beweis stellen. Negativ gewendet, sorgten die Wissenschaftler für eine »Aufheizung« der Stimmung, so dass Befürchtungen, wie sie ein Reichstagsabgeordneter 1878 äußerte, nicht überraschen:

»Wenn nun die Leute thatsächlich in den Zeitungen ständig und ewig gefüttert werden mit haarsträubenden Dingen über gefälschte Nahrungsmittel usw., so bemächtigt sich des Publikums am Ende eine Panik; es glaubt in jedem Becher mit irgend welchem Getränke, den es vor sich hat, den Schierlingsbecher des Sokrates zu erblicken.«[101]

Diese Agitation wäre jedoch niemals so erfolgreich gewesen, wäre sie nicht auf fruchtbaren Boden gefallen. Die Nahrung erhielt im Laufe des 19. Jahrhunderts einen anderen Stellenwert als in den Jahrhunderten zuvor. Die zumindest quantitative Verbesserung der Ernährungssituation und die langfristige Beseitigung der Hungerkrisen führten zu einer erhöhten Aufmerksamkeit für die Beschaffenheit der Waren. Parallel zum Anstieg des Lebensstandards weiter Teile der Bevölkerung nahm das Qualitätsbewusstsein zu. Das breitere Angebot erlaubte eine größere Auswahl, die Ansprüche wuchsen zumindest in den mittleren und oberen Schichten. Nicht zuletzt beeinflussten die Betonung der Rolle der Nahrung als »Treibstoff« der »Maschine Mensch« und die Beschäftigung mit der qualitativen Zusammensetzung der einzelnen Nahrungsmittel die Bewertung.

Daneben kam der dargestellten »Entfremdung« von den Nahrungsmitteln eine entscheidende Bedeutung zu: Die wachsende Arbeitsteilung und die damit länger werdende Verteilungskette im Nahrungsmittelmarkt machten die Kontrolle der Waren für den einzelnen Konsumenten immer schwieriger.[102] Manipulationen schienen häufiger, da die technisierte Produktion und die wissenschaftlichen Fortschritte neue Methoden und Mittel zur Verfügung stellten. Die traditionellen Versorgungsstrukturen konnten die rasch anwachsende Nachfrage in den industriellen Ballungszentren nicht mehr befriedigen und mussten zunehmend durch den kommerziellen Nahrungsmittelsektor ergänzt werden. Die Nahrungsmittelproduktion erfuhr so einen strukturellen Wandel. Verfälschungen und Täuschungen, also opportunistische Ausnutzungen des Informationsvorsprungs der Produzenten und Händler, wurden somit zumindest aus Sicht der Konsumenten wahrscheinlicher.

101 Sten. Ber., 3. Leg., 2. Sess., 1878, 1. Bd., S. 635. Ähnliche Vorbehalte gab es gegen hygienische und medizinische Aufklärungskampagnen, von denen einige befürchteten, sie würden die Bürger zu Hypochondern erziehen, vgl. *Mesmer*, Gesundheit, S. 131.

102 Vgl. *Rossfeld*, Ernährung, S. 32; *Wengenroth*, S. 5.

Der Umstand, dass die Verbraucher über die Herkunft und Beschaffenheit der Nahrung in einer zuvor nicht gekannten oder zumindest nicht so präsenten Weise im Dunkeln blieben,[103] führte offenbar zu einer Verunsicherung. Dies spiegelt sich auch semantisch in den zahlreichen Publikationen zur Nahrungsmittelverfälschung wider, die häufig die Begriffe »Vertrauen« respektive »Misstrauen« und benachbarte oder eng verbundene Wortfelder verwendeten. Immer wieder war die Rede von einem »Mißbrauch des öffentlichen Vertrauens«[104], um sich greifender »Gewissenlosigkeit«[105] und einem Verlust von »Aufrichtigkeit, Wahrheit, Ehrlichkeit, Offenheit, Treue und Glauben«[106]. Das unbewusste Vertrauen in die Nahrungsmittelqualität, das gewissermaßen stillschweigend und selbstverständlich das Konsumieren von Nahrungsmitteln begleitete, erfuhr durch die Industrialisierung eine Erschütterung: Zunehmend wurden asymmetrische Informationsverhältnisse zwischen Konsumenten und Produzenten offensichtlich. Nahrungsmittel erschienen jetzt als »Erfahrungs-« oder gar »Vertrauensgüter«; ihre Eigenschaften ließen sich für den einzelnen Kunden – jedenfalls vor ihrem Verzehr – kaum mehr überprüfen.[107] Ein als bedrohlich empfundener Kontrollverlust war die Folge.[108] Gleichzeitig geriet die in der Vormoderne bestehende Verknüpfung von interpersonalem und Systemvertrauen ins Wanken. Das bisher bestehende Ineinandergreifen von formalen Regeln und sozialer Kontrolle setzte voraus, dass alle Beteiligten von einem gemeinsamen System übergreifender Normen, Werte und Regeln überzeugt waren[109] – was offensichtlich für den Nahrungsmittelmarkt mit der beginnenden Industrialisierung immer fragwürdiger wurde. Nicht umsonst nahmen an ständische Tugend- und Ehrkonzepte erinnernde Begrifflichkeiten wie »Treu und Glauben«, »Rechtschaffenheit«, »Ehrlichkeit« und »Wahrheit« zentrale Positionen in den appellativen Ansprachen der 1870er Jahre ein. Diese Werte, so die verbreitete Meinung, stellten die Grundlage jeglichen Handelsverkehrs dar, würden aber in jüngster Zeit durch den um sich greifenden Egoismus zerstört.[110] Die sich ständig steigernde Gewinnsucht wurde von vielen als ein signifikantes Merkmal der Gegenwart benannt, das immer mehr Gewerbetreibende zu Täuschungen verleite.[111] Die wachsende Konkurrenz führe zu einem allgemein niedrigen Ni-

103 Die Neue Institutionenökonomik bezeichnet diese Form der asymmetrischen Information als »hidden characteristics«, s. *Richter/Furubotn*, S. 174 ff. Probleme asymmetrischer Information vor Vertragsschluss, die ja beim Nahrungsmittelkauf gegeben waren, fasst sie unter den Begriff der »adversen Selektion«, s. ebd.

104 *Bresgen*, Handel, S. 207.

105 *Bauer*, Verfälschung, S. 3; *Walchner*, o. S.

106 *Löbner*, S. 81; ähnlich: *Averbeck*, S. 45.

107 Vgl. *Engel*, Vertrauen, S. 14; *Tietzel/Weber*, S. 9. Tietzel und Weber nennen als Beispiel eines Erfahrungsguts z. B. »Thunfisch in Dosen«.

108 *Tanner*, Ambivalenz, S. 191.

109 *Gorissen*, S. 112 f.

110 S. z. B. *Averbeck*, S. 38, 45; *Bresgen*, Fälschungsunwesen, S. 28; *Löbner*, S. 81.

111 Ein Beispiel: Politischer Tagesbericht, Ausschnitt Norddeutsche Allgemeine Zeitung, 18. August 1877, in: BA, R 86/2068.

veau der Moral, die Gewerbetreibenden würden so geradezu in den Betrug getrieben.[112]

Diese Kritik stand im Zusammenhang mit einem breiteren »untergründigen Unbehagen«, das den Aufschwung der kapitalistischen Wirtschaft begleitete und sich zumindest vereinzelt in pointierter öffentlicher Opposition niederschlug.[113] Auch parallel ablaufende Diskussionen in sozialistischen Kreisen und in der jüngeren historischen Schule der Nationalökonomie kreisten um einen ähnlichen Problemkreis: Gustav Schmoller z. B. diagnostizierte einen Interessenkonflikt zwischen unerfahrenen Privatleuten und geschäftserfahrenen Händlern, der bereits im täglichen Kleinverkehr zum Tragen käme, und forderte – angetrieben vom Idealbild einer »sittlichen Wirtschaft« – den Staat zum Schutz des Schwachen gegen die wachsenden Gefahren des Wirtschaftslebens auf.[114] Neben diese Kapitalismuskritik trat eine deutliche Skepsis gegenüber der industriellen Produktionsweise, den mit ihr verbundenen technischen Innovationen und den vielfach noch fremdartigen neuen Produkten sowie nicht zuletzt gegenüber den Fortschritten der Chemie: Während die Nahrungsmittelverfälschungen in früheren Jahrzehnten »handgreiflich und leicht erkennbar, von einer [...] naiven Urwüchsigkeit« gewesen seien, ermögliche »die mit den Fortschritten der Naturwissenschaften Schritt haltende industrielle Entwickelung [...] ein Raffinement in allen betrügerischen Manipulationen [...], welches früheren Zeiten unbekannt war.«[115] Diese Haltung stand nur scheinbar im Widerspruch zur allgemein wachsenden Technikbegeisterung und einem generellen Vertrauen in die Wirkmächtigkeit der Naturwissenschaften.[116] Dieselben sich so skeptisch zeigenden Autoren gestanden zu, dass erst durch die Entwicklung der Wissenschaft die sichere Aufdeckung der Verfälschungen überhaupt möglich geworden sei.[117] Das verstärkte Ungewissheitsempfinden war logische Folge der aufklärerischen Bemühungen.[118] Als »Schlüsselerlebnisse« zogen die Skandale die Aufmerksamkeit auf sich und wurden zu scheinbaren Beweisen da-

112 Ueber Verfälschungen von Nahrungsmitteln, Ausschnitt Rheinischer Herold No. 20, 1877, in: BA, R 86/2068; ähnlich: Verfälschung von Nahrungsmitteln; *Averbeck*, S. 8 f., 11; zu diesem »Gefangenendilemma« s. *Tietzel/Weber*, S. 15 f., die das Beispiel »panschender Winzer« wählen.

113 *Sieferle*, S. 146–152 (Zitat 151), ist der Auffassung, dass dieses Unbehagen nur sehr selten in der Öffentlichkeit pointiert artikuliert wurde und die Kritiker der Industrialisierung eher als Außenseiter galten. Jedoch konzentriert er sich auf einige wenige prominente Beispiele und lässt derartige Kritik, wie sie in den Abhandlungen zur Nahrungsmittelverfälschung zu finden ist, außer Acht.

114 *Schmoller*, S. 31–59; dazu *Geyer*, S. 176; ähnlich *Berghoff*, Zähmung, S. 149, mit Hinweisen auf Marx und Engels.

115 *Klencke*, Verfälschung, S. X; ähnlich *Bauer*, Verfälschung, S. 2; *Bresgen*, Fälschungsunwesen, S. 17.

116 *Gradmann*; *König*, Technikakzeptanz; *Sieferle*, S. 146.

117 *Averbeck*, S. 8; ähnlich: Verfälschungen der Nahrungsmittel und die Breslauer Sanitätspolizei, Ausschnitt Breslauer Zeitung No. 450/452, 1877, in: BA, R 86/2069.

118 Vgl. *Spiecker*, S. 26; vgl. *Giddens*, S. 162 f.

für, dass Misstrauen gerechtfertigt war.[119] Der wachsende Wissensbestand und die zunehmenden Entscheidungspotentiale der modernen Gesellschaft, so sieht es auch die soziologische Risikoforschung, förderten nicht nur das Gefühl der »Machbarkeit« der Welt, sondern auch das Risikobewusstsein, vor dessen Hintergrund immer neue riskante Konstellationen identifiziert wurden.[120]

Die sich im rasanten Aufstieg der freien Presse niederschlagende Etablierung einer kritischen Öffentlichkeit und zunehmend vernetzten Informationsgesellschaft verstärkte diese Entwicklung noch. Insbesondere das aufstrebende, selbstbewusste Bürgertum beanspruchte ein Mitspracherecht bei der Ausgestaltung der alltäglichen Lebensverhältnisse und begleitete überaus wachsam die sozialen, wirtschaftlichen und kulturellen Wandlungsprozesse der Gegenwart.[121]

119 *Luhmann*, Vertrauen, S. 92–101.
120 *Luhmann*, Soziologie; weiter auch *Bonss*, S. 222.
121 *Schrader*, S. 65–76; *Wehler*, S. 445f.

II. Regionale Disparitäten: Die Nahrungsmittelregulierung bis zum frühen Kaiserreich

Die öffentliche Debatte über die Nahrungsmittelqualität beschränkte sich nicht auf bloße Beschreibungen der als unhaltbar begriffenen Situation, es wurde auch eine intensive Ursachendiskussion betrieben. Als wesentlicher Faktor kristallisierte sich der Zustand der bestehenden obrigkeitlichen Nahrungsmittelkontrolle heraus. Die staatlichen und kommunalen Überwachungsmaßnahmen gerieten zunehmend ins Visier der Kritik.

Es herrsche eine »märchenhaft milde Rechtsanschauung«[1], die Fälscher triumphierten über die bestehenden, vielfach unpräzisen und widersprüchlichen Regelungen, so der Tenor.[2] Laxe Sanktionen führten dazu, dass immer mehr Gewerbetreibende eine Verurteilung billigend in Kauf nähmen oder sich ihrer eigentlich selbstverständlichen Pflicht zu Qualitätskontrollen entzögen.[3] Die geläufigsten Manipulationen bestünden in schlichten Wertverminderungen durch Zusetzen oder Entnehmen von Stoffen, deren langfristige Auswirkungen unterschätzt würden. Angesichts der Fortschritte der Ernährungswissenschaft wurde eine Berücksichtigung von Fälschungen angemahnt, die nur eine Verringerung der Qualität zur Folge hatten, nicht aber die Gesundheit gefährdeten.[4] Aufgrund fehlender Definitionen sei meist völlig unklar, wann ein Produkt als unverfälscht gelten könne.[5] Nicht zuletzt standen die Inflexibilität des bestehenden Rechts und seine Verhaftetheit an längst überholten wirtschaftlichen und gesellschaftlichen Strukturen im Fokus. Möglichkeiten, gegen noch un-

1 *Bresgen*, Handel, S. 198.

2 Kritik der Strafbestimmungen des bisherigen Strafgesetzbuchs, in: Zeitschrift gegen Verfälschung der Lebensmittel 1 (1877/78), S. 195–198; *Löbner*, S. 5.

3 Schreiben des Gerichtsassessors Dr. Rosenthal an das Kaiserliche Gesundheitsamt, Köln, 15. Oktober 1877, in: BA, R 86/2069; Zur Verfälschung der Lebensmittel, Ausschnitt Nationalzeitung, 15. August 1877, in: BA, R 86/2068; *Bauer*, Verfälschung, S. 5.

4 Der Kampf gegen die Lebensmittelverfälschung, Ausschnitt Handelsbeilage zur Allgemeinen Zeitung Augsburg, 30. September 1877, in: BA, R 86/2068; Zur Verfälschung der Lebensmittel, Ausschnitt Tribüne, 15. August 1877, in: ebd.; *Bresgen*, Fälschungsunwesen, S. 4; *Löbner*, S. 48 f.

5 Zur Verfälschung der Lebensmittel, Ausschnitt Nationalzeitung, 15. August 1877, in: BA, R 86/2068; ähnlich: Ueber die Zwecke, welche die Vereine gegen Verfälschung der Lebensmittel verfolgen, und über die Mittel, solche zu erreichen, in: Zeitschrift gegen Verfälschung der Lebensmittel 1 (1877/78), S. 345–347; *Geissler*, S. 4.

bekannte Herstellungs- und Verfälschungsmethoden vorzugehen, seien kaum vorhanden.[6]

Auch die Rechtsprechung und deren Auslegung gesetzlicher Bestimmungen wurden kritisch eingeschätzt. Zeitungen und Fachpublikationen warfen den Gerichten vor, durch schwerfällige Verfahren eine rasche und effektive Bestrafung der Schuldigen hinauszuzögern, wenn es angesichts der hohen Hürden der Verfahrenseinleitung überhaupt dazu käme.[7] Vehementer noch waren die Angriffe gegen die administrative Überwachung des Lebensmittelverkehrs: Das Fehlen eines flächendeckenden Netzes von amtlichen Untersuchungsstationen stellte sich als grundlegendes Manko dar, das eine Durchsetzung der staatlichen Regelungen verhinderte.[8] Man zeigte sich entsetzt über die mangelnde Einbeziehung wissenschaftlicher Forschungsergebnisse und die Vernachlässigung moderner Analyseverfahren sowie die dilettantische Ausführung der Kontrollen durch die auch zahlenmäßig völlig unzureichende Polizeibeamtenschaft.[9] Angesichts höchst unregelmäßiger und sehr beliebiger Visitationen sahen Kritiker vor allem in ländlichen Gemeinden akuten Handlungsbedarf.[10] Als zentrales Problem identifizierte man die starken Unterschiede zwischen den einzelnen Territorien, Distrikten und Gemeinden, die sowohl die rechtlichen Bestimmungen als auch die Organisation der Überwachung durchzögen. Was in der einen Stadt erlaubt sei, sei in der benachbarten verboten; es biete sich ein buntes Bild an unterschiedlichen Regelungen und Institutionen.[11]

Die bisherigen staatlichen Eingrenzungsversuche wurden somit von vielen Seiten für rudimentär gehalten. Die rechtlichen Regelungen und deren Umsetzung erschienen nicht mehr geeignet zur Sicherung des Vertrauens in die Nahrungsmittelqualität. Die Erosion des als grundlegend erachteten Wertegefüges, das seinerseits als vertrauensstützende Institution fungiert hatte, führte man maßgeblich auf die Schwächen des Kontrollsystems zurück.

6 Schreiben des Medizinprofessors Dr. Julius Vogel an das Kaiserliche Gesundheitsamt, Giebichstein bei Halle, 28. September 1877, in: BA, R 86/2069.

7 Gegen die Fälschung von Lebensmitteln, Ausschnitt Nationalzeitung, ohne Datierung, in: BA, R 86/2068.

8 Schreiben des Gerichtsassessors Dr. Rosenstein an das Kaiserliche Gesundheitsamt, Köln, 15. Oktober 1877, in: BA, R 86/2069; *Bauer*, Verfälschung, S. 20 f.

9 Der Kampf gegen die Lebensmittelverfälschung, Ausschnitt Handelsbeilage zur Allgemeinen Zeitung Augsburg, 30. September 1877, in: BA, R 86/2068; Zur Verfälschung der Lebensmittel, Ausschnitt Tribüne, 15. August 1877, in: ebd.; *Vogel*, S. VI.

10 Zum Kampf gegen die Lebensmittelfälschung, in: Zeitschrift gegen Verfälschung der Lebensmittel 1 (1877/78), S. 124 f.; Über Verfälschungen von Nahrungsmitteln, Ausschnitt Rheinischer Herold No. 20, 1877, in: BA, R 86/2068; *Vogel*, S. VI.

11 *Löbner*, S. 64 f.

1. Die Nahrungsmittelaufsicht als Teil der Medizinalpolizei und der Zunftkontrolle

Die Nahrungsmittelüberwachung in den Einzelstaaten war im 19. Jahrhundert in ihrem Aufbau und ihren Grundlagen stark geprägt durch weiterwirkende vormoderne Vorstellungen und Strukturen. Die Überwachung des Nahrungsmittelverkehrs gehörte zu der als »gute Ordnung« verstandenen »Policey« und damit zum klassischen Katalog der weit gefassten administrativen Aufgaben des vormodernen Staates.[12] Der Wohlfahrts- und Fürsorgegedanke im Sinne einer allgemeinen Rechtspflege mit einheitlichen Normen ließ die »Policey« gleichberechtigt die Gefahrenabwehr und den Schutz des Gemeinwohls umfassen.[13] Neben der Wirtschaftsordnung waren Maßnahmen zur Förderung der Gesundheit und der medizinischen Versorgung essentielle Bestandteile. Die im 18. Jahrhundert von der allgemeinen »Policey« abgetrennte »medicinische Policey« umfasste auch im 19. Jahrhundert noch alle Materien, die mit der Gesundheit der Bevölkerung in Zusammenhang standen.[14] Die zahlreichen Medizinalpolizeiordnungen befassten sich unter anderem mit der Sorge um die Reinlichkeit der Städte, der Seuchenverhütung, der Krankenhausverwaltung und der Regulierung von Arbeitszeiten sowie nicht zuletzt auch mit der Aufsicht über den Nahrungsmittelverkehr.[15]

Begleitet von zahlreichen Publikationen, die sich theoretisch mit dem System der Medizinalpolizei auseinandersetzten und gleichzeitig das medizinische Wissen und die gesetzlichen Grundlagen für die Verwaltungspraktiker aufzubereiten suchten,[16] war im 18. Jahrhundert das Konzept der »medicinischen Policey« ebenso wie die Medizinalgesetzgebung immer weiter ausgebaut worden.[17] Trotz umfassender Rationalisierungsbemühungen und einer massiven Ausweitung der Regulierungsdichte gelang es jedoch nicht, diese Regelungsgebiete zu systematisieren, so dass im frühen Kaiserreich eine stark fragmentierte, unübersichtliche Normmasse bestand, die vielfach nur partiell wahrgenommen wurde[18] – keine gute Voraussetzung für die Ausübung einer planvollen, einheitlichen Nahrungsmittelkontrolle. Die Kritik an dieser wurde zudem auch durch die intensive Auseinandersetzung mit dem »Policey«-Begriff seit Ende

12 *Krabbe*, Policey, S. 159; *Lüdtke*, S. 9ff.; *Stolleis*, Geschichte, Bd. 1, S. 369, mit weiteren Nachweisen.

13 *Dipper*, S. 238.

14 *Collin*, S. 6.

15 *Dipper*, S. 234; *Münch*, S. 23.

16 Zu nennen ist hier insbesondere *Frank*, System; dazu: *Labisch*, S. 88–90; *Exner/Pfingsten*, S. 245–247.

17 *Dinges*, S. 274–276.

18 Ebd., S. 279; *Stolleis*, Geschichte, Bd. 1, S. 373. Die Richter mussten sich vielfach mit veralteten Gesetzen behelfen, s. *Dipper*, S. 239.

des 18. Jahrhunderts bedingt.[19] Im Übergang zum Verfassungsstaat mit Gewaltenteilung und parallel zur wachsenden Bedeutung der Wirtschaft wurden die bisherigen umfassenden Eingriffsrechte der »Policey« und die Koexistenz von Wohlfahrtspflege und Gefahrenabwehr zunehmend in Frage gestellt. Die Rolle des Staates für den Schutz des Einzelnen musste neu definiert werden, liberale Marktorientierung und zentrale Planung rivalisierten miteinander.[20] In der policeywissenschaftlichen Literatur, aber auch in der Praxis schwankte der »Policey«-Begriff während des 19. Jahrhunderts zwischen seiner traditionell weit gefassten und einer modernen engeren Bedeutung und war stark abhängig von den jeweiligen politischen Bedingungen.[21]

Auf der einen Seite fand ein Übergang der »Policey« (oder auch »Polizei«, wie sie nun immer öfter geschrieben wurde) zur »konstitutionell und gesetzlich gebundenen ›Verwaltung‹« statt.[22] Die Prinzipien der Gewaltenteilung und der Gesetzesbindung, d. h. die Festlegung der polizeilichen Tätigkeitsfelder und Befugnisse durch parlamentarisch verabschiedete Gesetze, gewannen an Bedeutung.[23] In einer Reihe von Territorien wurden dementsprechend in den 1860er Jahren neue Polizeistrafgesetzbücher geschaffen, die vorsahen, dass die bisher in der Regel von den örtlichen Polizeibehörden auf der Grundlage bezirks- und ortspolizeilicher Vorschriften selbst festgesetzten Polizeistrafen nun nur noch aufgrund eines Gesetzes oder einer Verordnung und durch richterliches Urteil verhängt werden konnten.[24] Das Polizeirecht wurde durch das neue Verwaltungsrecht ersetzt, das die Rechtsbeziehung zwischen Staatsbürger und Staatsgewalt konkretisierte.[25] Auf kommunaler Ebene entstand durch diese Lösung der lokalen Verwaltung aus dem staatlichen Administrationssystem zunächst nur zögerlich, später deutlich systematischer eine eigenständige Polizeiverwaltung. Eine Trennung zwischen unabhängiger Vollzugspolizei und kommunaler Ordnungs- und Verwaltungspolizei fand statt.[26] Gerade die städtische Verwaltung zeigt aber die ungebrochene Bedeutung der Wohlfahrtspflege: Sie erfuhr im Rahmen der Urbanisierungs- und Industrialisierungsprozesse eine »rasante Vermehrung ihres Aufgabenbestandes«.[27] Die Hoheits- und Vermögensverwaltung wandelte sich ab der Jahrhundertmitte allmählich zur Leistungsverwaltung, die jedoch deutliche Verbindungslinien zur Tradition der »guten Policey« aufwies.[28]

19 *Matsumoto*; *Preu*, 3. Abschnitt.
20 *Van Laak*, S. 439 f.
21 *Stolleis*, Geschichte, Bd. 2, S. 243–265; *Krabbe*, Policey, S. 160.
22 *Stolleis*, Geschichte, Bd. 2, S. 263.
23 *Fuhrmann*, S. 258; *Stolleis*, Geschichte, Bd. 2, S. 259 f.
24 Vgl. *Reusch*, S. 46 f.
25 *Stolleis*, Geschichte, Bd. 2, S. 262–265.
26 *Krabbe*, Policey, S. 161.
27 Ebd., S. 167 f.; s. auch *Vögele* und *Jellinghaus*.
28 Vgl. *Reinke*, S. 19.

Auch bei der medizinischen Polizei lassen sich diese Tendenzen wiederfinden: Die »liberal zusammengestutzte Variante« der medizinischen Polizei blieb weiterhin ein umfassendes Projekt zur Verbesserung der Gesundheitsverhältnisse und der Hygiene im Alltag.[29] Dennoch war die Verknüpfung von privater und staatlicher Wohlfahrt, die umfassende Sorge des Staates für die Gesundheit des Einzelnen nicht mehr so selbstverständlich wie noch im 18. Jahrhundert, die genaue Ausgestaltung und Reichweite der staatlichen Gesundheitsverwaltung musste erst austariert werden. Es setzte sich die Einsicht durch, dass der Staat angesichts der zunehmenden Komplexität der Lebensbedingungen eine effiziente zentral-staatliche Steuerung sämtlicher gesundheitsrelevanter Sphären nicht mehr leisten konnte. Vor diesem Hintergrund entstand eine Ambivalenz zwischen liberalen und interventionistischen Elementen im Verständnis der staatlichen Aufgaben.[30] Man stellte die Gesundheit zunehmend in die Eigenverantwortung des Individuums. Nur im Falle akuter Gefahren für die »Volksgesundheit« und gegenüber besonders betreuungsbedürftigen Bevölkerungsschichten sollte der Staat tätig werden[31] – ein Prinzip, das sich auch in der Regulierung der Nahrungsmittelqualität wiederfindet.

Von großem Einfluss waren die Ideen und Bestrebungen der sogenannten »sozialen Medizin«, die sich im Umfeld der 1848er-Revolution formierte, sowie die erstarkende Hygienebewegung, die wissenschaftliche Forschung und gesellschaftspolitische Forderungen miteinander verknüpfte.[32] Es entstand der Begriff der »öffentlichen Gesundheit«, der von einer wechselseitigen Abhängigkeit der Gesundheit des Einzelnen und der allgemeinen Wohlfahrt ausging. Er wurde zum Leitkonzept der Aufgabenkataloge, die die Staatswissenschaft für die Medizinalverwaltung, deren Institutionen, Maßnahmen und Regelungen nun unter der Bezeichnung des »öffentlichen Gesundheitswesens« zusammengefasst wurden, formulierte.[33]

Neben der medizinalpolizeilichen Kontrolle spielte in der vormodernen Regulierung der Nahrungsmittelqualität die standeseigene Aufsicht der Zünfte eine nicht unbedeutende Rolle. In jedem Amtsbezirk hatten die vereidigten Zunftmeister den Auftrag, Visitationen der zugehörigen Gewerbebetriebe vorzunehmen. Sie waren verpflichtet, Verfehlungen und Missstände bei der zuständigen Polizeibehörde anzuzeigen.[34] Zusätzlich sahen viele Zunftprivilegien Visitationen der Werkstätten durch die Magistrate vor. Die Überwachung bezog sich auf die Einhaltung der Handelsbräuche und die Beachtung der Zunft-

29 *Dinges*, S. 266 f. (Zitat 267); s. auch *Frevert*, Krankheit, S. 67.

30 *Fuhrmann*, S. 263–283.

31 *Dinges*, S. 268. In dem Werk des Mediziners Johann Peter *Frank*, System, das seit den 1780er Jahren immer wieder aufgelegt wurde, ist die allmähliche Ab- und Begrenzung der Medizinalpolizei deutlich zu beobachten.

32 *Mannes*, S. 102 f.; zur Konzeption der Hygiene als gleichermaßen deskriptive wie normative Wissenschaft s. *Schrön*, S. 310–312.

33 *Stein*, S. 1 f.

34 *Reusch*, S. 40 f.; *Rohrscheidt*, S. 72 f.

regeln; bei den Nahrungsmittelgewerben waren neben den allgemein üblichen Material-, Maß- und Gewichtsnormierungen Vorschriften zur Hygiene von zentraler Bedeutung.[35] Verstöße wurden mit Sanktionen belegt, meist mit einem Ausschluss aus der Zunft.[36] Für qualitativ schlechte Produkte und Missachtungen von Zunftregeln wurden Strafzahlungen an den Magistrat festgesetzt.[37] Die internen Gütestandards, die nicht zuletzt in dem Bestreben wurzelten, unzünftige Konkurrenz zurückzudrängen, wurden somit durch staatliche und kommunale Regelungen gefestigt und einer externen Kontrolle unterstellt.[38] Die bei der Zunftschau verliehenen Gütezeichen boten eine für die Käufer sichtbare Garantie der Qualitätsstandards.[39] Nicht zuletzt stellten die Zünfte strikte Qualifikationsanforderungen für die Ausbildung ihrer Mitglieder auf: Während langer Lehr- und Gesellenzeiten wurden ihnen nicht nur handwerkliche Fähigkeiten und Kenntnisse, sondern auch der Ehrenkodex der Zünfte vermittelt.[40]

Der von den Zünften getragene Verbraucherschutz war in erster Linie ein noch dem mittelalterlichen Ordnungsdenken verhafteter Reflex des Schutzes der ständischen Gesamtrechtsordnung, in der Verstöße gegen die Austauschgerechtigkeit als Gefährdungen der objektiven Ordnung begriffen wurden.[41] In den Kämpfen der Zünfte gegen die sogenannten Freiheiten, wo sich konzessionierte, keiner Zunft angehörende Meister niederlassen durften, war der Terminus der »guten, unverfälschten Ware« zentral. Diese werde von den jungen und unerfahrenen Handwerkern auf den Freiheiten nicht gewährleistet, der Staat war aus Sicht der Zünfte deshalb in der Pflicht, gegen die Freimeister vorzugehen – der Schutz der Kunden und die Zurückdrängung unliebsamer Konkurrenz verbanden sich hier, ein Phänomen, das in der industrialisierten Wirtschaft aber durchaus weiterbestand.[42]

Die zunfteigene Kontrolle konnte jedoch staatliche Maßnahmen zur Qualitätsregulierung auf dem Nahrungsmittelmarkt nicht vollständig ersetzen, zumal der Einfluss der Zünfte aufgrund landesherrlicher Beschränkungen der Zunftprivilegien fast ausschließlich in den größeren Städten zur Geltung kam. In den meisten Staaten spielten die Zünfte im Rahmen der Nahrungsmittelüberwachung bereits in der ersten Hälfte des 19. Jahrhunderts augenscheinlich keine entscheidende Rolle mehr, in den territorialen Bestimmungen sind keine Bezüge auf die zünftige Warenkontrolle zu finden. Auch die zeitgenössischen

35 S. *Reusch*, S. 40 f.; *Reininghaus*, S. 67 f., weist aber darauf hin, dass die normativen Qualitätsvorgaben der Zunftordnungen nicht immer eins zu eins umgesetzt wurden.

36 *Wassermann*, S. 7.

37 *Rohrscheidt*, S. 70 ff.

38 Zum Verhältnis zwischen Zünften, städtischer und landesherrlicher Obrigkeit sowie zu den zunfteigenen Normen s. *Reininghaus*, S. 22–26, 66 f.

39 *Reininghaus*, S. 67 f.; *Wassermann*, S. 6 f.; *Stromer von Reichenbach*, S. 103 f.

40 *Stromer von Reichenbach*; *Wassermann*, S. 5.

41 *Duve*; *Simon*, Wirtschaftspolitik, S. 73 f.

42 *Rohrscheidt*, S. 96–100.

Publikationen erwähnen sie, wenn überhaupt, nur am Rande.[43] Mit Einführung der Gewerbefreiheit, die in den einzelnen Territorien spätestens Anfang der 1860er Jahre erfolgte, sanken die Zünfte schließlich völlig in die Bedeutungslosigkeit herab bzw. wurden nach und nach aufgelöst.[44] Auch wenn die zünftigen Qualitätsstandards keine tragende Funktion mehr besaßen, hinterließ der Bedeutungsverlust der Zünfte eine regulative Lücke, wie Klagen aus der Bevölkerung über steigende Preise, Betrügereien bei Gewichtsangaben und schlechte Qualität gerade in den Übergangszeiten zur Gewerbefreiheit zeigen. Diese beruhten zwar meist nicht auf tatsächlichen Missständen, wie Überprüfungen ergaben, verweisen aber erneut auf die wachsende Unsicherheit.[45] Die durch innerwirtschaftliche und staatliche Lenkungsmechanismen gesteuerte Wirtschaft wurde durch eine auf Konkurrenz beruhende freie Wirtschaft ersetzt. Durch die Auflösung der ständischen Wirtschaftsordnung und den Bedeutungsverlust des an diese geknüpften Regelsystems entfielen bisher maßgebliche vertrauenssichernde Institutionen, für die ein Ersatz gesucht werden musste.

2. Organisation der Nahrungsmittelüberwachung in den Territorien

Mit Ausnahme von Oldenburg, Schaumburg-Lippe und Lippe-Detmold verfügten Mitte der 1870er Jahre alle Bundesstaaten über landesherrliche oder allgemeine Ministerialverordnungen sowie bezirks-, distrikts- oder ortspolizeiliche Vorschriften zum gewerblichen Nahrungsmittelverkehr. Zwischen den Regelungen der einzelnen Territorien bestanden aber gravierende Unterschiede, wie eine im Auftrag der den Entwurf zum Nahrungsmittelgesetz beratenden Reichstagskommission durchgeführte Umfrage herausfand.[46]

2.1 Musterstaat Bayern und rückständiges Preußen

Als positives Beispiel wurde aufgrund seiner gründlichen und ausgewogenen Gesetzgebung und gut organisierten Kontrolleinrichtungen Bayern herausgehoben.[47] Hier wurde bereits seit dem frühen 19. Jahrhundert bewusst fachwissenschaftliche Expertise in die Gesundheitsverwaltung einbezogen: So wurde

43 *Rohrscheidt*, S. 162 f.

44 *Ellerbrock*, Entwicklung, S. 81.

45 *Rohrscheidt*, S. 556–586.

46 Bericht der XIII. Kommission über den Entwurf eines Gesetzes, betr. den Verkehr mit Nahrungsmitteln, Genussmitteln und Gebrauchsgegenständen, in: Sten. Ber., 3. Leg., 2. Sess., 1878, 4. Bd., Anlagen, Nr. 206, S. 1348–1382.

47 Ebd.

dem Innenministerium, dessen Geschäftsbereich die Medizinalpolizei zugeordnet war, ein aus Sachverständigen zusammengesetztes »Medizinalbureau« beigeordnet, das ab 1830 unter der Bezeichnung Obermedizinalausschuss geführt wurde.[48] Indem den Ärztekammern und Apothekergremien sowie den Universitäten das Recht verliehen wurde, an dessen Plenarsitzungen teilzunehmen, wurde eine feste Verbindung zu den an Einfluss gewinnenden Standesvertretungen und zur Wissenschaft etabliert. Daneben wurden externe Institutionen wie die Akademie der Wissenschaften um Gutachten zu wissenschaftlichen Fragen in der Medizinalaufsicht und -gesetzgebung gebeten.[49] Als Äquivalent zum Obermedizinalausschuss wurden bei den Kreisregierungen, denen auf Kreisebene die Medizinalpolizei zugeordnet war, zunächst eigene Medizinalräte, ab 1833 dann Kreismedizinalausschüsse eingesetzt.[50] Weiter bestanden für die Prüfung der Ärzte und Apotheker sowie zur Abgabe von gerichtsmedizinischen Gutachten Medizinalkomitees, die ab 1843 an den drei Landesuniversitäten als Senate angesiedelt waren.[51] Der bayerische Staat suchte auf diese Weise die für das Gebiet der Medizinalverwaltung notwendige fachliche Expertise in den Verwaltungsapparat zu integrieren und die Anwendung aktueller theoretischer Grundsätze und Erkenntnisse zu garantieren.[52]

Auch bei der konkreten Nahrungsmittelüberwachung, die als sogenannte Viktualienpolizei zu den Kernbereichen der Ortpolizei gehörte, wurde wissenschaftlicher Sachverstand systematisch eingebunden.[53] Bei Anzeigen oder im Rahmen der Routinevisitationen beauftragten die Polizeibehörden die »Physici« mit Gutachten. Da diese Amtsärzte immer öfter Apotheker und andere chemische Sachverständige heranzogen, um die komplexer werdenden Manipulationen zu beurteilen,[54] wurde 1837 die Einbeziehung der Apotheker in der Apothekerordnung auch rechtlich festgeschrieben.[55] 1857 ging man – die Diskrepanz zwischen der Ausbildung der Mediziner bzw. Apotheker und den für

48 Kabinets-Befehl an das königliche Staats-Ministerium des Innern vom 16. April 1817, in: BayRBl 1817, Sp. 369–380; Verordnung vom 24. Juli 1830, in: GBl Bayern 1830, Sp. 1013–1020; Verfügung des Staatsministeriums des Innern vom 11. Februar 1833, in: GBl Bayern 1833, Sp. 157 f.; dazu auch *Pappe*, S. 15–17.

49 *Pappe*, S. 17.

50 § 13 Organisches Edict über das Medicinalwesen im Königreiche Bayern vom 8. September 1808, in: *Döllinger*, S. 11–22; Königliche Verordnung vom 10. Jänner 1833, in: GBl Bayern 1833, Sp. 57–59; Königlich Allerhöchste Verordnung vom 24. Juli 1871, in: GBl Bayern 1871, Sp. 1489–1495.

51 Königlich Allerhöchste Verordnung vom 23. August 1843, in: GBl Bayern 1843, Sp. 585–589; Königlich Allerhöchste Verordnung vom 9. Jänner 1857, in: GBl Bayern 1857, Sp. 89–92; Königlich Allerhöchste Verordnung vom 19. September 1864, in: GBl Bayern 1864, Sp. 1265–1268.

52 Königlich Allerhöchste Verordnung vom 24. Juli 1871, in: GBl Bayern 1871, Sp. 1489–1495.

53 § 11 q Organisches Edict über das Medicinalwesen im Königreiche Bayern vom 8. September 1808, in: *Döllinger*, S. 11–22; dazu auch *Oegg*, S. 80 f.

54 *Pappe*, S. 29.

55 § 14 der Apothekerordnung vom 17. Januar 1837, in: *Döllinger*, S. 120–136.

umfassende Nahrungsmitteluntersuchungen notwendigen Kenntnissen erkennend – noch einen Schritt weiter, indem man die Gerichte anwies, sich direkt an die Medizinalkomitees zu wenden. Diesen wurden eigene Beisitzer für die Vornahme chemischer und mikroskopischer Untersuchungen zugeordnet.[56]

Allerdings bestanden selbst im Musterstaat Bayern bis in die 1880er Jahre keine öffentlichen, in die staatliche Verwaltung eingebundenen Anstalten zur Untersuchung der Nahrungsmittel. Wohl aber erhielten ab Ende der 1860er Jahre zahlreiche private Laboratorien und Untersuchungsanstalten quasi halbamtlichen Charakter; im Auftrag der Behörden nahmen sie Analysen vor und waren teilweise personell und organisatorisch eng mit der staatlichen Verwaltung verbunden. Die ersten Anstalten dieser Art waren die landwirtschaftlichen Versuchsstationen in Speyer und Würzburg, die im Auftrag der Vereine zwar in erster Linie Forschungen zur Weiterentwicklung der Landwirtschaft durchführten. Von Beginn an gehörten aber daneben Nahrungsmitteluntersuchungen – auch auf Antrag von Privatpersonen, Gerichten und Polizeibehörden – zu ihren zentralen Tätigkeitsfeldern.[57] Ursächlich für das Engagement der Landwirtschaft war die Sorge um die eigene Existenz: Gerade die zunehmende Surrogatwirtschaft stellte aus ihrer Sicht eine Bedrohung der herkömmlichen, landwirtschaftlich produzierten Nahrungsmittel dar.[58]

Ab Mitte der 1870er Jahre schloss eine Reihe von Städten Verträge mit Laboratorien, Apotheker- und Chemikerverbänden sowie mit Industrie- und Reallehrern, Universitätslaboratorien und -professoren. Gegen feste Jahreshonorare übernahmen diese die teils periodisch, teils auf besondere Anträge anfallenden Nahrungsmittelanalysen und führten auch selbständig Revisionen in Fabriken und Geschäften durch.[59] Nicht selten wurden den Wissenschaftlern öffentliche Laboratorien, zumeist von Real- und Gewerbeschulen, gegen geringe Mietpreise zur Verfügung gestellt, teilweise wurden Zuschüsse zum Unterhalt privater An-

56 Königlich Allerhöchste Verordnung vom 9. Jänner 1857, in: GBl Bayern 1857, Sp. 89–92; Königlich Allerhöchste Verordnung vom 19. September 1864, in: GBl Bayern 1864, Sp. 1265–1268; dazu auch *Guttstadt*, S. 15.

57 Schreiben der Regierung von Unterfranken und Aschaffenburg an das bayerische Innenministerium, Würzburg, 18. Dezember 1880, in: BayHStA, MInn 62585; Bericht der Untersuchungsstation von 1881, in: ebd.; Schreiben der bayerischen Regierung der Pfalz an das bayerische Innenministerium, Speyer, 29. Januar 1881, in: ebd.; zu beiden Stationen: *Pappe*, S. 124–126.

58 Verfälschung von Nahrungsmitteln.

59 Dazu s. Antworten der Bezirksregierungen auf ein Rundschreiben des bayerischen Innenministeriums bezüglich des Runderlasses des Reichsamtes des Innern vom 30. Juni 1880, in: BayHStA, MInn 62585. Einige Laboratorien bedienten gleich mehrere Städte mittels solcher Vereinbarungen, dazu s. u. a. Schreiben der bayerischen Regierung von Mittelfranken an das bayerische Innenministerium, Ansbach, 15. Januar 1881, in: ebd. In Oberfranken und Niederbayern sammelte die Freie Vereinigung der Apotheker Gutachten- und Analyseaufträge und verteilte sie an einzelne, auf bestimmte Untersuchungen spezialisierte Mitglieder, s. Schreiben der bayerischen Regierung von Oberfranken an das bayerische Innenministerium, Bayreuth, 13. Januar 1881, in: ebd.; dazu auch: *Pappe*, S. 120–124.

stalten geleistet.[60] Die Regierungen wiesen die Distriktspolizeibehörden explizit zur Nutzung der unter Vertrag genommenen Einrichtungen an.[61] Früh bestand somit in Bayern bereits eine enge Kooperation zwischen Staat und privaten Akteuren – private Einrichtungen füllten die spürbar werdenden Lücken in der staatlichen Überwachung und übernahmen so gewissermaßen die Modernisierung der Nahrungsmittelkontrolle.

Auch auf der rechtlichen Seite fand eine Systematisierung statt: Bis zur Jahrhundertmitte wurden zahlreiche Verordnungen zum Nahrungsmittelverkehr erlassen. Für die wichtigsten Grundnahrungsmittel wie Brot, Mehl und Fleisch sahen Königliche Verordnungen polizeiliche Taxbestimmungen vor, die Preise, Gewichte und Qualität der Waren festlegten, jedoch zunächst lose nebeneinander standen. Diese Regelungen wurden durch das Polizeistrafgesetzbuch, das 1861 gleichzeitig mit dem neuen bayerischen Strafgesetzbuch in Kraft trat und 1871 nochmals reformiert wurde, auf neue Grundlagen gestellt.[62] Indem es die Regelungsbefugnisse der Polizeiverwaltung festlegte, bildete es die Grundlage für den Erlass von Polizeivorschriften – anders als bei der Einführung von Qualitätsnormen zum wirtschaftlichen Schutz der Konsumenten war für Vorschriften zur Abwehr von gesundheitlichen Gefahren damit nicht die Zustimmung des Landtages notwendig.[63]

Auf die Nahrungsmittelüberwachung nahm das Polizeistrafgesetzbuch detailliert Bezug: In den Art. 131 bis 134 wurden für Verstöße gegen polizeiliche Vorschriften zum Nahrungsmittelverkehr, zur Fleischbeschau und zu sonstigen Gebrauchsgegenständen Geldstrafen, im Wiederholungsfall kurze Haftstrafen festgelegt. Ein eigener Abschnitt (Art. 194 bis 203) zu Polizeitaxen sowie zur Viktualien- und Marktpolizei umfasste Regeln zu Gewichten und Preisen, dem Verkauf von Nahrungsmitteln auf der Straße, dem Hausieren sowie dem Handel auf Getreide-, Vieh- und Viktualienmärkten, Messen und Jahrmärkten. Auffällig ist, dass das 1871 noch einmal reformierte Polizeistrafgesetzbuch ausdrücklich als Ergänzung zum Reichsstrafgesetzbuch konzipiert wurde und eine Strafe für Verstöße gegen Polizeivorschriften vorsah, die über die reichsweiten Bestimmungen hinausgingen (Art. 75).[64]

In den 1870er Jahren wurden als Konsequenz in sämtlichen Regierungsbezirken neue oberpolizeiliche Vorschriften erlassen, die – in ihren Grund-

60 S. z. B. Schreiben der bayerischen Regierung von Mittelfranken an das bayerische Innenministerium, Ansbach, 15. Januar 1881, in: BayHStA, MInn 62585.

61 Schreiben des bayerischen Innenministeriums an das Reichskanzleramt, München, 25. März 1878, in: BA, R 86/2075; Allerhöchste Verordnung vom 29. September 1878, in: GBl Bayern 1878, S. 435–438.

62 Polizeistrafgesetzbuch für das Königreich Bayern vom 10. November 1861.

63 *Pappe*, S. 36 f.

64 Das Polizeistrafgesetzbuch von 1871 behielt den Grundgedanken seines Vorgängers bei, die Regelungen zur Nahrungsmittelkontrolle fanden sich nun in Art. 74 bis 77 und 141 bis 147, Polizeistrafgesetzbuch für Bayern vom 26. Dezember 1871, in: GBl Bayern 1871, Sp. 9–80.

zügen meist sehr ähnlich gestaltet – den Verkehr mit Nahrungsmitteln und seine Kontrolle sowie die Aufbewahrung und Zubereitung von Waren regelten, Hygienerichtlinien aufstellten und Sonderbestimmungen zu einzelnen Nahrungsgruppen beinhalteten. Ergänzend wurden neue ortspolizeiliche Richtlinien geschaffen, die auf die speziellen lokalen Bedürfnisse zugeschnitten waren.[65] Es bildete sich somit ein System aus landes-, distrikts- und ortspolizeilichen Vorschriften heraus, die einander ergänzend den Nahrungsmittelverkehr regelten; das Polizeigesetzbuch legte die Sanktionen und Rahmenbedingungen fest.

Das Strafgesetzbuch von 1861[66] ergänzte die polizeistrafrechtlichen Bestimmungen. Die Einschlägigkeit der Gesetzbücher richtete sich nach der Schwere der Tat, eine genaue Trennung wurde aber nicht festgeschrieben. In der Formulierung der Tatbestände und Strafbewehrungen ging das bayerische Strafgesetzbuch wesentlich weiter als später das Reichsstrafgesetzbuch, indem es z.B. für den bewussten Verkauf von verfälschten und infolgedessen gesundheitsnachteiligen Nahrungsmitteln eine gegenüber dem einfachen Betrugsfall deutlich höhere Strafe verhängte (Art. 316 Nr. 8).[67] Daneben war das Verfälschen selbst strafbewehrt, auch wenn keine gesundheitsnachteiligen Stoffe verwendet wurden (Art. 325, 1. Abschnitt); bereits harmlose Fälschungen waren somit strafbar. Eine Strafbarkeit lag zudem auch dann vor, wenn Gewerbetreibende wissentlich gefälschte Nahrungsmittel in Lagern und Kellern etc. aufbewahrten (Art. 325, 2. Abschnitt). Das Strafgesetzbuch bezog so diese Räumlichkeiten in die polizeilichen Kontrollen mit ein und ging damit weiter als viele andere Staaten, die diese präventiven Maßnahmen auf die Verkaufsräume beschränkten.

Ein nicht unwichtiger Faktor dafür, dass Bayern im Vergleich der einzelstaatlichen Nahrungsmittelüberwachung derart gut abschnitt, dürfte die dortige Konzentration von führenden Vertretern der Hygiene, Ernährungslehre und -chemie wie Justus von Liebig, Carl von Voit und Max von Pettenkofer sowie die frühe Etablierung der Fächer an den bayerischen Hochschulen gewesen sein. Die Wissenschaftler trugen zu einer breiten Thematisierung der Nahrungsmittelkontrolle bei – zumal sie enge Verbindungen zur Staatsverwaltung besaßen, wie am Beispiel Max von Pettenkofers zu sehen ist, der Mitglied des Obermedizinalausschusses war.[68] Durch die starke Präsenz einschlägig arbeitender Wissenschaftler wurde früh ein Handlungsbedarf diagnostiziert, gleichzeitig boten sie auch die Infrastruktur und Kompetenzen zur Ausübung einer

65 Allein für die Stadt München waren 1878 14 ortspolizeiliche Vorschriften, eine oberpolizeiliche Anordnung und eine Magistrats-Bekanntmachung in Kraft, s. Schreiben des bayerischen Innenministeriums an das Reichskanzleramt, München, 25. März 1878, in: BA, R 86/2075.

66 Strafgesetzbuch für das Königreich Bayern vom 10. November 1861.

67 Festgeschrieben wurde eine Gefängnisstrafe von nicht unter zwei Monaten Haft, die noch verbunden werden konnte mit einer Geldstrafe bis zu 1.000 Gulden.

68 *Mesmer*, Konzepte, S. 43f.

effektiveren Überwachung an und ermöglichten somit eine rasche Umsetzung der Forderungen.[69] Diese Verzahnung zwischen wissenschaftlicher Arbeit und staatlicher Aktion beeinflusste wohl auch die Beurteilung des bayerischen Systems durch das Kaiserliche Gesundheitsamt und in Fachveröffentlichungen. Anhand des sich positiv abhebenden bayerischen Modells konnte die Unentbehrlichkeit wissenschaftlicher Methoden und Standards sowie darauf ausgerichteter Institutionen und fachlichen Personals nachgewiesen werden. Das im Aufbau befindliche Reichsgesundheitssystem sollte sich nach Meinung der Wissenschaftlerkreise am Vorbild Bayerns orientieren – von der bürokratischen Herangehensweise Preußens riet man hingegen Abstand zu nehmen.[70]

Preußen diente in vielen Meinungsäußerungen und Veröffentlichungen als negatives Gegenbeispiel zu Bayern. Die dortige Nahrungsmittelüberwachung wurde – so das Urteil von Zeitgenossen – im Verlauf der ersten Hälfte des 19. Jahrhunderts nicht wie in anderen Staaten ausgebaut und verbessert, sondern im Gegenteil weniger detailliert normiert und dabei laxer gehandhabt als noch zu Beginn des Jahrhunderts.[71]

Hatte das Allgemeine Preußische Landrecht von 1794 noch gleichermaßen den Schutz vor gesundheitlicher und wirtschaftlicher Schädigung berücksichtigt,[72] blieben das 1851 verabschiedete Preußische Strafgesetzbuch, dessen Bestimmungen 1870 in das Strafgesetzbuch des Norddeutschen Bundes sowie 1871 in das Reichsstrafgesetzbuch übernommen wurden, dahinter deutlich zurück: Zwar war für die vorsätzliche Vergiftung von Waren bzw. die Beimischung von gesundheitszerstörenden Stoffen sowie den wissentlichen Verkauf solcher Produkte eine Zuchthausstrafe von fünf bis 15 Jahren, im Falle der Todesfolge sogar die Todesstrafe vorgesehen (§ 304). Hinsichtlich des Verkaufs verfälschter oder verdorbener Nahrungsmittel enthielt das Gesetz aber nur die Möglichkeit einer Geld- oder sechswöchigen Haftstrafe (§ 345 Nr. 5).[73] Ausführliche Bestimmungen zum Marktverkehr, Handel auf den Straßen, zur Fleischbeschau etc. fehlten, und die polizeilichen Verordnungen wurden nicht in einem Polizeistrafgesetzbuch verankert. Mitte der 1850er Jahre angestoßene Pläne, neue gesetzliche Bestimmungen zum Nahrungsmittelverkehr zu erlassen, wurden bald wieder fallengelassen. Die Ministerien waren sich darin einig, dass die be-

69 Auch hier war es v. a. von Pettenkofer, der mit seinen Forschungen auf dem Gebiet der Hygiene Diskussionen sowie staatliches und kommunales Handeln beispielsweise auf dem Gebiet der sogenannten Assanierung anstieß, s. *Exner/Pfingsten*, S. 249 f.; *Jugel*, S. 36; Pettenkofer gründete schließlich im November 1879 auch eine Untersuchungsstation für Nahrungsmittel, die er seinem Universitätsinstitut angliederte.

70 So z. B. die Wortmeldung des Mediziners Zinn in der Beratung über die Gestaltung des Kaiserlichen Gesundheitsamtes, in: Sten. Ber., 2. Leg., 4. Sess., 1876, 2. Bd., S. 812.

71 Sten. Ber., 3. Leg., 2. Sess., 1878, 4. Bd., Anlagen, Nr. 206, S. 1348–1382.

72 Allgemeines Landrecht für die Preußischen Staaten, II. Theil, 20. Titel, §§ 722–732, 1441–1451

73 Strafgesetzbuch für die Preußischen Staaten vom 14. April 1851, in: GBl Preußen 1851, S. 101–178.

stehenden Regelungen den Behörden die notwendigen Mittel zum Einschreiten gegen Fälschungen bereits zur Verfügung stellten.[74] Einen Schritt in Richtung einer modernen Nahrungsmittelüberwachung stellte lediglich das 1868 erlassene Schlachthausgesetz dar, das für die Betreibung von Schlachthäusern eine behördliche Genehmigung vorschrieb und den Regierungen die Möglichkeit gab, die Durchführung von Schlachtungen ausschließlich in Schlachthöfen zu erlauben.[75] Die gesundheitspolizeilichen Verordnungen der Regierungen und lokalen Polizeibehörden erfassten in erster Linie besonders problematische und gefährliche Nahrungsmittel und Gebrauchsgegenstände wie Fleisch, Mehl, Bier, Wein, Branntwein und Wasser sowie Speisegeschirre und Verpackungen.[76] Ein ineinander greifendes System lokaler und territorialer Bestimmungen wie in Bayern bestand jedoch nicht. Die im bayerischen Polizeistrafgesetzbuch vorgenommene Zuweisung von Regelungskompetenzen an die verschiedenen Behördenebenen unterblieb. Nicht selten kam es gar zu widersprüchlichen Regelungen und Kompetenzstreitigkeiten.[77]

Organisatorisch war die Nahrungsmittelaufsicht im 19. Jahrhundert auch in Preußen Teil der Medizinalverwaltung.[78] Wie in Bayern wurden auf den verschiedenen Verwaltungsebenen wissenschaftliche Gremien eingerichtet, die die notwendige Expertise einbringen sollten. Auf ministerieller Ebene war dies die Wissenschaftliche Deputation für das Medizinalwesen.[79] In den Regierungsbezirken wurden den Abteilungen des Innern, denen das Medizinalwesen unterstellt war und die damit zum Erlass von Polizeiverordnungen berechtigt waren,[80]

74 Votum des Handelsministeriums, Berlin, 9. Mai 1856, in: GStAPK, I. HA, Rep. 120 C IX 1, Nr. 3, Bd. 3, Vol. 1.

75 Gesetz, betr. die Errichtung öffentlicher, ausschließlich zu benutzender Schlachthäuser, vom 18. März 1868, in: GBl Preußen 1868, S. 277–280; dazu auch *Burgholz*, S. 109 f.; *Lackner*, S. 95–98; *Seifert*, Geschichte, S. 54 f.

76 Vgl. die Zusammenstellung von Regelungen bei *Eulenberg*, S. 74–92, sowie bei *Rönne/Simon*, S. 31–77; ergänzend dazu Schreiben des Kultusministeriums an das Reichsjustizamt, Berlin, 11. April 1878, in: GStAPK, I. HA, Rep. 76 VIII B, Nr. 3094.

77 So kennzeichnete z. B. das Innenministerium nach Klagen von ortsansässigen Fleischern die Einführung des Schlachthauszwangs durch einige Regierungen als Überschreitung ihrer Befugnisse und erklärte sie für ungültig: Reskript des Ministeriums des Innern an die Regierung zu N. vom 13. März 1832, in: *Rönne/Simon*, S. 44 f.

78 Grundlegend zum folgenden Abschnitt *Eulenberg*, S. 1–5.

79 Vor dem Hintergrund wiederholter Auseinandersetzungen um die Rolle der Polizeiadministration innerhalb der Wohlfahrtspflege kam es mehrfach zu Zuständigkeitsverschiebungen und Kompetenzstreitigkeiten, bis die Medizinalverwaltung 1849 endgültig dem Kultusministerium unterstellt wurde, s. Allerhöchste Kabinetsorder vom 3. November 1817, in: GBl Preußen 1817, S. 289–292; Allerhöchster Erlass vom 22. Juni 1849 an den Minister der Unterrichts- und Medizinal-Angelegenheiten, in: GBl Preußen 1849, S. 335; *Eulenberg*, S. 3 f.; *Rönne*, S. 129–131; dazu auch *Münch*, S. 47–57, 66 f. Zur wissenschaftlichen Deputation: Instruction vom 23. Januar 1817, in: *Eulenberg*, S. 6–9; *Rönne*, S. 131.

80 § 13 der Verordnung wegen verbesserter Einrichtung der Provinzial-Behörden vom 30. April 1815; Instruction zur Geschäftsführung der Regierungen in den Königlich Preußischen Staaten vom 23. Oktober 1817, in: GBl Preußen 1817, S. 248–282.

1815 die sogenannten Medizinalkollegien zugeordnet.[81] Innerhalb der Kreise unterstützte der Kreis- bzw. Stadtphysiker die Landräte, die als oberste Kreispolizeibeamte die Verantwortung für die Medizinalpolizei trugen.[82] Jedoch dienten zumindest die erstgenannten Organe ausschließlich konsultativen Zwecken und wurden nach dem Ermessen des Ministeriums oder der Bezirksregierungen eingesetzt, so dass sie in der Praxis die Gestaltung des Gesundheitswesens nicht maßgeblich beeinflussen konnten.[83]

Die Durchführung der Revisionen lag bei den Ortspolizeibehörden, die wie in Bayern bei gesundheitlich bedenklichen Erscheinungen die »Physici« und für chemische Analysen Apotheker einschalteten.[84] Für die Fleischbeschau wurden teilweise geprüfte Fleischbeschauer eingesetzt.[85] Viele Bezirke unterließen es vollständig, Reglements zur Aus- und Vorbildung des Überwachungspersonals aufzustellen. Grobe Mängel in der Durchführung der Kontrollen waren offenbar die Folge.[86] Entsprechend den gesetzlichen Bestimmungen und Verordnungen beschränkte sich die praktische Kontrolle auf die Beaufsichtigung der Wochenmärkte und einige wenige Grundnahrungsmittel wie Milch und Fleisch. Eine präventive Nahrungsmittelkontrolle bestand kaum, meist wurden die Kontrolleure erst nach Anzeigen tätig, so dass die Konsumenten innerhalb der Nahrungsmittelüberwachung einen großen Teil der Verantwortung selbst trugen.[87]

Eine Zirkularanfrage des Gesundheitsamtes[88] belegt für viele Städte eine sehr geringe Kontrolldichte und vor allem ein starkes Gefälle zwischen den Städten (Tabelle 2). Die bayerischen Städte schnitten vielfach besser ab, wie der Vergleich der Untersuchungszahlen einiger ausgewählter Städte zeigt. Wenn auch der Aussagegehalt der Erhebung aufgrund der divergierenden zugrunde liegenden Kriterien eher gering ist, lässt diese dennoch auf eine wenig entwickelte und systematisierte Überwachung in Preußen schließen. Die Überprüfungen stützten sich zudem meist auf die Erfahrungswerte der Polizeibeamten und einfache Hilfsmittel, chemische Analysen wurden wohl auch aus Kostengründen eher selten durchgeführt.[89]

81 Dienstanweisung für die Medizinalkollegien vom 23. Oktober 1817, in: GBl Preußen 1817, S. 245–248.

82 *Eulenberg*, S. 576; *Rönne*, S. 266 f.

83 *Finkelnburg*, S. 7; *Münch*, S. 53, 55; *Rönne*, S. 229–231.

84 *Grüne*, S. 33.

85 S. z. B. §§ 3, 7 Polizeiverordnung für Magdeburg vom 12. Dezember 1865, in: *Eulenberg*, S. 75–79.

86 Dies zeigte sich beispielsweise im Regierungsbezirk Münster, als 1880 eine Prüfungspflicht der Fleischbeschauer durch die Kreisphysici eingeführt wurde, die erschreckende Kenntnislücken zutage förderte, s. *Grüne*, S. 101 f.

87 *Ellerbrock*, Entwicklung, S. 106.

88 Sten. Ber., 4. Leg., 2. Sess., 1879, 4. Bd., Anlagen, Nr. 7, Anlage A, S. 183–189.

89 Schreiben des Polizeipräsidiums zu Berlin an das Kultusministerium, Berlin, 29. Mai 1852, in: GStAPK, I. HA, Rep. 76 VIII A, Nr. 2741, Vol. 1.

Tabelle 2: Untersuchungen von Nahrungsmitteln in bayerischen und preußischen Städten 1878

Preußen		**Bayern**	
Berlin	75.867	München	90.693
Krefeld	905	Regensburg	1.240
Köln	149	Erlangen	1.679
Dortmund	20	Würzburg	1.155
Düsseldorf	12	Bamberg	167
Münster	12	Bayreuth	37

Quelle: Sten. Ber., 4. Leg., 2. Sess., 1879, Bd. 4, Anlagen, Nr. 7, Anlage A, S. 183–189.

Mit dem Übergang zur modernen städtischen Leistungsverwaltung kam auf lokaler Ebene in Preußen etwas Bewegung in die Entwicklung. Wohl auch als Reaktion auf die immer lauter werdenden Debatten wandten sich städtische Polizeibehörden verstärkt Fragen der Nahrungsmittelverfälschung und -kontrolle zu. Wie Ellerbrock am Beispiel Dortmunds zeigt, wurden in den 1870er Jahren neue Polizeiordnungen erlassen, die den Nahrungsmittelverkehr regelten und eine intensivierte polizeiliche Kontrolle vorsahen. Allerdings beließen auch diese es meist bei den bereits durch das preußische Strafgesetzbuch bzw. das Reichsstrafgesetzbuch geregelten Materien und kamen zudem im täglichen Kleinverkehr kaum zur Anwendung.[90] Dennoch ist eine gewisse Professionalisierung der Nahrungsmittelüberwachung festzustellen, die sich auch in der zunehmenden Beauftragung von Laboratorien mit chemischen Nahrungsmitteluntersuchungen niederschlug. Anfragen preußischer Städte an andere Kommunalverwaltungen über die Organisation der dortigen Kontrollen zeigen deutlich das Bestreben, die bestehenden Maßnahmen auszudehnen und zu systematisieren,[91] ebenso Bemühungen, die Polizeibeamten durch Chemiker in der Analyse der Nahrungsmittel unterweisen zu lassen.[92] Ähnlich wie in Bayern bestanden auch in Preußen lange keine staatlichen Untersuchungsanstalten für Nahrungsmittel. Seit den frühen 1870er Jahren wurden aber private oder im Nebenbetrieb geführte Einrichtungen begründet, die, wenn auch in noch deut-

90 *Ellerbrock*, Entwicklung, S. 106 f.

91 Ebd., S. 107.

92 Schreiben des Polizeipräsidenten der Stadt Frankfurt am Main an den Magistrat, Frankfurt am Main, 24. Mai 1877, in: ISG, Magistratsakten, R 1505; Schreiben des Magistrats der Stadt Frankfurt am Main an das Kaiserliche Gesundheitsamt, Frankfurt am Main, 25. Januar 1879, in: BA, R 86/2104.

lich geringerem Umfang als in Bayern, in die Nahrungsmittelüberwachung einbezogen wurden.[93]

Insgesamt ergibt sich für Preußen somit das Bild, dass die Nahrungsmittelüberwachung in Anbindung an die klassische »medicinische Policey« zwar als ein zentraler Aufgabenbereich der Medizinalverwaltung angesehen wurde. Es fehlten jedoch darüber hinausgehende systematische Regelungen und insbesondere Ausführungsvorschriften auf lokaler Ebene sowie konsequent durchgeführte Kontrollen. Grundlegende Einrichtungen, die in anderen Staaten längst etabliert waren, ließen lange auf sich warten.[94] Zudem bot das Strafgesetzbuch nicht die Sanktionsmöglichkeiten, wie sie beispielsweise in Bayern gegeben waren. An Stelle einer auf langfristige Qualitätssicherung abzielenden Politik fand durch die Einzelfallregelungen eher eine unstrukturierte Bekämpfung der dringlichsten Probleme statt. Viele Normierungen waren zudem eine Reaktion auf aktuelle Vorfälle.[95]

Dieser Befund gliedert sich in den sonstigen Zustand des staatlichen öffentlichen Gesundheitswesens in Preußen ein. Auch wenn Preußen eines der ersten deutschen Territorien war, das Anfang des 18. Jahrhunderts eine Sanitätsordnung einführte – im 19. Jahrhundert zeichnete es sich nicht länger durch eine rasche Reaktionsfähigkeit auf neue Anforderungen aus. Der Beitrag der Staatsmedizin zu den gesundheitlichen und sozialen Herausforderungen der Industrialisierung blieb weitgehend auf das individuell ausgerichtete Kassenwesen und den Ausbau des Militärsanitätswesens beschränkt. Die Gesundheitsverwaltung, die lange Zeit anderen Staaten als Vorbild gegolten hatte, verharrte über Jahrzehnte hinweg auf dem Stand des frühen 19. Jahrhunderts;[96] eine Anfang des Jahrhunderts anvisierte Neuordnung der Administration gelang in der Praxis nicht. Der Behördenapparat war noch zu sehr von den Vorstellungen des 18. Jahrhunderts geprägt, als dass die Reformen in adäquater Form auf die neuen Umstände hätten reagieren können. Stattdessen schufen sie stark bürokratisierte, zentralistische und unbewegliche Strukturen, in denen es immer wieder zu Kompetenzstreitigkeiten kam.[97] Ursächlich war nicht zuletzt

93 Auch hier spielte das Engagement der Landwirtschaft eine zentrale Rolle, wie das Beispiel der 1870 vom landwirtschaftlichen Provinzialverein gegründeten Landwirtschaftlichen Versuchsstation für die Provinz Westfalen zeigt, die unter der Leitung des Nahrungsmittelchemikers Joseph König zunehmend auch Nahrungsmitteluntersuchungen sowohl im Rahmen der Grundlagenforschung als auch der staatlichen Nahrungsmittelkontrolle durchführte, s. *Grüne*, v.a. S. 82–90.

94 Z.B. die Untersuchung des Fleisches auf Trichinen, *Bresgen*, Fälschungsunwesen, S. 10f.

95 So wurde in einer Reihe von Verordnungen Bezug auf die aktuellen Trichinenepidemien genommen, s. z.B. Verfügung, betr. die mikroskopische Fleischbeschau, vom 22. April 1873, in: *Eulenberg*, S. 86, und Verfügung, betr. den Import von amerikanischen Speckseiten, vom 21. Juni 1872, in: ebd., S. 85.

96 *Labisch*, S. 135f.

97 *Münch*, S. 53, 57f., 83–90.

wohl auch die Diversifiziertheit des Staates: Es galt nicht nur, Regelungen für ein sich immer wieder vergrößerndes Territorium zu schaffen, sondern auch völlig unterschiedlich strukturierte Regionen zusammenzubinden. Das aufstrebende Industrierevier Rhein/Ruhr wies mit seiner sehr heterogenen, ständig wachsenden Bevölkerung gänzlich andere Probleme auf als die der Landwirtschaft verhafteten ostelbischen Provinzen.

Bereits in der Medizinalreformdebatte der 1840er und 50er Jahre war eine Modernisierung unter stärkerer Einbindung der Wissenschaft in die Verwaltungsgestaltung gefordert worden.[98] Die schwache Stellung der sachverständigen Behörden, ihre lediglich referierende Funktion und ihre Konstruktion als »Anhängsel an die entsprechende Instanz der Polizeiverwaltung« wurden als entscheidende Mängel des preußischen Systems empfunden.[99] Kurzum: Preußen verfügte zwar über eine ähnlich differenzierte Gesundheitsverwaltung wie Bayern, die Regulierung der Nahrungsmittelüberwachung war jedoch wenig systematisch und blieb in weiten Teilen reaktiv. Vor allem haperte es an einer konsequenten Umsetzung der rechtlichen Bestimmungen.

2.2 Die übrigen Territorien: Kurzüberblick

Die übrigen territorialen Gesetze und Regelungen bewegten sich zwischen den beiden Extremen Preußen und Bayern. Lobend hervorgehoben wurden in den Berichten der Reichstagskommission Sachsen, Braunschweig, Württemberg und Sachsen-Meiningen sowie Hessen-Darmstadt. Diese Staaten verfügten ebenfalls über relativ ausführliche Bestimmungen zum Nahrungsmittelverkehr. Besonders fortschrittlich war das 1871 erlassene württembergische Polizeistrafgesetzbuch, das das fahrlässige Beimischen von schädlichen Stoffen zu Nahrungsmitteln unter Strafe stellte. Es bezog zudem – wie auch das hessische Polizeistrafgesetzbuch – Stoffe ein, die die Gesundheit lediglich beschädigen und nicht zerstören.[100] Eine Besonderheit stellte die württembergische Gewerbeordnung von 1862 dar, die vorsah, dass für einzelne Gewerbezweige spezielle Polizeivorschriften aufgestellt werden konnten – insbesondere für die Aufsicht über die Produktion und den Verkauf von unentbehrlichen Nahrungs- und Arzneimitteln. Werkstätten und Magazine, aus denen erwiesenermaßen schädliche Fabrikate stammten oder gegen die ein ausreichender Verdacht auf eine Gefährdung der Allgemeinheit vorlag, konnten regelmäßig überprüft werden. Auch ermöglichte sie es, die Namen der Produzenten, die sich betrügerischer oder gemeinschädlicher Anfertigungen schuldig gemacht hatten, öffentlich

98 Ebd., S. 50–52, 66–90.

99 *Finkelnburg*, S. 8.

100 Art. 28 des Gesetzes, betr. die Änderungen des Polizeistrafrechts bei Einführung des Strafgesetzbuches für das Deutsche Reich von 1871, in: RBl Württemberg 1871, S. 391–411; Art. 311 Hessisches Polizeistrafgesetz, in: RBl Hessen 1855, S. 449–534.

bekannt zu geben – eine Sanktion, die Kritiker in anderen Staaten vielfach schmerzlich vermissten.[101]

Die Nahrungsmittelüberwachung der meisten Staaten ähnelte jedoch eher dem preußischen Modell. Polizeistrafgesetzbücher, die Strafen für Verstöße gegen polizeiliche Verordnungen vorsahen, waren zwar in einer Reihe von Territorien vorhanden, häufig wurden sie jedoch nicht durch neu erlassene Verordnungen, sondern »eine bunte Vielfalt oft sehr alter Spezialverfügungen« flankiert.[102] Meist wandten sich die ministeriellen oder polizeilichen Verordnungen nur einzelnen, besonders problematischen Themenfeldern zu.[103] In der Regel wurde nur der Verkauf gesundheitsschädlicher bzw. -zerstörender, nicht aber in ihrem Nährwert herabgesetzter Waren sanktioniert. Die Strafen reichten von der Beschlagnahmung der beanstandeten Produkte über Geldbußen bis zu Haftstrafen, teilweise war der zeitweilige Entzug der Gewerbekonzession vorgesehen.[104] Das Gros der territorialen Bestimmungen war durch vorindustrielle Umstände und Denkweisen geprägt, zumal viele Regelungen in ihrem Kern noch aus dem ersten Drittel des 19. Jahrhunderts oder gar aus dem 18. und 17. Jahrhundert stammten.[105] Durch die Fokussierung auf Grundnahrungsmittel oder besonders fälschungsgefährdete Waren wie Brot, Mehl, Wein, Branntwein, Bier und Fleisch standen sie zumeist noch in der Tradition der überkommenen medizinalpolizeilichen und zünftigen Regelungen. Häufig blieben sie ausschließlich reaktiv und auf lokale Gegebenheiten zugeschnitten, die Tatbestände waren vielfach sehr vage gefasst. Auf neue Produktionsweisen, neuartige Zusätze und aktuelle Problemlagen konnte so kaum adäquat reagiert werden.[106] Nur gelegentlich wurde auf lokaler und regionaler Ebene eine Bereinigung des derart historisch gewachsenen Rechts durch eine geschlossene Neufassung vorgenommen.[107]

101 Gesetz, betr. die neue Gewerbeordnung, vom 12. Februar 1862, in: RBl Württemberg 1862, S. 67–89; dazu *Bullinger*, S. 15–19, mit Verweisen auf die ausführenden polizeilichen Vorschriften.

102 *Schmauderer*, Beziehungen, S. 163.

103 Auszugsweise Zusammenstellung der in den deutschen Bundesstaaten über den Verkehr mit Nahrungsmitteln, Genussmitteln und Gebrauchsgegenständen bestehenden Gesetze und allgemeinen Verordnungen, in: Sten. Ber., 3. Leg., 2. Sess., 1878, 4. Bd., Anlagen, Nr. 206, S. 1368–1382; s. dazu z. B. für Baden die Übersicht über die badischen bezirks- und ortspolizeilichen Verordnungen bei *Reusch*, S. 42–49; für Sachsen: *Wiener*, S. 484–498.

104 Z. B. Art. 316 des Criminalgesetzbuches des Königreichs Hannover vom 8. August 1840, in: Strafgesetze Hannover, S. 151.

105 *Schmauderer*, Beziehungen, S. 163.

106 *Bresgen*, Fälschungsunwesen, S. 12 f., führt in einer seiner Schriften zu den Nahrungsmittelfälschungen das Beispiel des Gallisierens an.

107 *Schmauderer*, Beziehungen, S. 164. Als neue wissenschaftliche Erkenntnis schlug sich einzig die Erforschung der Trichinen und ihres experimentellen Nachweises in den 1860er Jahren konsequent nieder, s. Auszugsweise Zusammenstellung der in den deutschen Bundesstaaten über den Verkehr mit Nahrungsmitteln, Genussmitteln und Gebrauchsgegenständen bestehenden Gesetze und allgemeinen Verordnungen, in: Sten. Ber., 3. Leg., 2. Sess., 1878, 4. Bd., Anlagen, Nr. 206, S. 1368–1382.

Organisatorisch war die Nahrungsmittelüberwachung in den meisten Territorien sehr ähnlich aufgebaut, wie bereits die Beispiele Preußens und Bayerns zeigen. Für die Ausführung der Untersuchungen und Revisionen waren die örtlichen Polizeibehörden in Zusammenarbeit mit den Physikatsärzten zuständig, unterstützt von Apothekern und chemischen Laboratorien.[108] Die 1878 durchgeführte Zirkularanfrage des Gesundheitsamtes an die Magistrate[109] ergab, dass lediglich eine kleine Gruppe von Städten die Analysen durch Dozenten der Chemie an wissenschaftlichen Lehranstalten durchführen ließ. Ähnlich gering war die Anzahl der Gemeinden, die die Untersuchungen besonderen Behörden wie Sanitätskommissionen oder landwirtschaftlichen Untersuchungsstationen überwiesen. Eine weit größere Anzahl von Städten hatte ex officio einen oder mehrere Sachverständige mit den Überprüfungen beauftragt. Auffällig ist, dass viele der öffentlichen wie auch privaten Untersuchungsanstalten Anfang der 1870er Jahre entstanden. Diese Gründungskonjunktur fügt sich in die ungefähr zeitgleich beobachtete Kulmination der öffentlichen Debatte über die Nahrungsmittelqualität ein.[110]

Es liegen kaum Quellen vor, die es erlauben, den Umfang und die Art der Kontrollen genauer einzuschätzen. Die aufgefundenen offiziellen Berichte der Ministerien sowie zeitgenössische Überblicksdarstellungen zum Medizinalwesen beschränken sich auf die Mitteilung der bestehenden Bestimmungen. Die in den Veröffentlichungen des Kaiserlichen Gesundheitsamtes angeführten Statistiken über Untersuchungen und daraus folgende Bestrafungen geben nur einen begrenzten Aufschluss über die Kontrolldichte, da die Angaben der Städte wenig verlässlich waren. Sie beruhten nicht nur auf unterschiedlichen Erhebungsmethoden, auch die Begutachtungen selbst waren sehr unterschiedlichen Vorgaben und Anforderungen unterworfen.[111] Die Umfrage ergab für 1878 in 83 Städten insgesamt ein Kontrollvolumen von 231.478 Untersuchungen,

108 *Schmauderer*, Beziehungen, S. 176.

109 Materialien zur technischen Begründung eines Gesetzentwurfs gegen die Verfälschung der Nahrungs- und Genussmittel und gegen die gesundheitswidrige Beschaffenheit anderweitiger Gebrauchsgegenstände, in: Sten. Ber., 4. Leg., 2. Sess., 1879, 4. Bd., Anlagen, Nr. 7, Anlage A, S. 183–189; BA, R 86/2104 beinhaltet die Antwortschreiben der einzelnen Magistrate auf die Anfrage des Gesundheitsamtes.

110 So z. B. das öffentliche Laboratorium der Stadt Dresden, s. *Geissler*; ebenso die Untersuchungsstelle des Vereins für öffentliche Gesundheitspflege in Braunschweig, s. *Beckurts*, S. 210. Offenbar entgingen der Umfrage des Kaiserlichen Gesundheitsamtes aber einige dieser Neugründungen, in der Auflistung von 1878 finden sich längst nicht alle Untersuchungsstationen wieder, von denen Veröffentlichungen existieren.

111 Das Gesundheitsamt erklärte die starken Abweichungen zwischen den einzelnen Gemeinden u. a. damit, dass von manchen Städten alle Marktuntersuchungen mitgezählt wurden, von anderen nur die bei genauerem Verdacht vorgenommenen analytischen Untersuchungen, s. Materialien zur technischen Begründung eines Gesetzentwurfs gegen die Verfälschung der Nahrungs- und Genussmittel und gegen die gesundheitswidrige Beschaffenheit anderweitiger Gebrauchsgegenstände, in: Sten. Ber., 4. Leg., 2. Sess., 1879, 4. Bd., Anlagen, Nr. 7, Anlage A, S. 183.

von denen lediglich 2,2 % zu Beanstandungen führten. Von diesen Verstößen seien wiederum 66 % bestraft worden. Für den süddeutschen Raum kam die Erhebung zu einem recht günstigen Ergebnis, dort bestand eine vergleichsweise regelmäßige Überwachung. Entsprechend der Fokussierung der gesetzlichen Bestimmungen auf die Grundnahrungsmittel wies die Übersicht für diese die größte Kontrolldichte auf. Die meisten Überprüfungen entfielen auf Milch (152.043 Untersuchungen), in einigem Abstand gefolgt von Fleisch und Wurst (21.380). Einen nennenswerten Umfang hatten sonst lediglich die Bier- (17.628) sowie die Brot- und Mehlkontrollen (17.202). Die Untersuchungen anderer Nahrungsmittel blieben weit dahinter zurück und erreichten mit Ausnahme der Gewürze (1.165) nicht mal eine vierstellige Zahl.[112] Nach Eberhard Schmauderers Einschätzung, die er allerdings nicht belegt, wurden die Kontrollen zumeist nur reaktiv nach Anzeigen oder Vergiftungs- und Krankheitsfällen vorgenommen. Regelmäßige Visitationen waren die Ausnahme, auch wenn sie in nicht wenigen Verfügungen und Regulativen explizit angeordnet wurden.[113]

Noch weniger zu beurteilen sind die angewandten Untersuchungsmethoden. Da nur zögerlich Chemiker mit Analysen beauftragt und wenige Laboratorien gegründet wurden, ist davon auszugehen, dass die Kontrollen zumeist noch auf reinen Sinnesbefunden beruhten und in der Regel zumindest im ersten Schritt ohne Zuhilfenahme technischer Instrumente und Laboruntersuchungen durchgeführt wurden. Nur in zweifelhaften Fällen wurden Proben entnommen und durch Laboranalysen genauer begutachtet. Jedoch begannen einige Territorien Mitte der 1870er Jahre, der Durchführung der Kontrollen stärkere Aufmerksamkeit zu schenken. Baden ließ beispielsweise durch einen Chemiker eine Instruktion für die Polizeibeamten ausarbeiten, die diese in der Untersuchung der Waren anleitete und ihnen den Umgang mit Hilfsmitteln erläuterte. Die Bezirksregierungen wurden zudem angewiesen, die notwendigen Instrumente und Reagenzien anzuschaffen und aufwendigere Analysen chemischen Laboratorien zu übertragen.[114] Viele Gemeinden zeigten auch großes Interesse an Instruktionen des Gesundheitsamtes für die Medizinalbeamten.[115] Andere Kommunen boten eigens Lehrkurse für mikroskopische Untersuchungsmethoden an.[116]

112 Übersicht über die Zahl und das Resultat der in einzelnen Städten des deutschen Reichs im Jahre 1878 vorgenommenen Untersuchungen von Nahrungsmitteln und Gebrauchsgegenständen, in: ebd., S. 184–189.

113 *Schmauderer*, Beziehungen, S. 176.

114 Schreiben des badischen Innenministeriums an die Bezirksämter Mannheim, Heidelberg, Karlsruhe, Pforzheim, Rastatt, Baden, Freiburg und Konstanz, Karlsruhe, 21. Dezember 1876, in: BA, R 86/2130; s. auch: Zum Kampf gegen die Lebensmittelfälschung, in: Zeitschrift gegen Verfälschung der Lebensmittel 1 (1877/78), S. 124 f.

115 Im Bestand des Kaiserlichen Gesundheitsamtes finden sich für die 1870er Jahre mehrere Anfragen von Kommunen in dieser Richtung, s. BA, R 86/2130.

116 Mitteilung Dr. Reinkes an das Kaiserliche Gesundheitsamt, Göttingen, 23. Januar 1878, in: ebd.

3. Regelungen des Reichsstrafgesetzbuches[117]

Mit der Reichsverfassung von 1871 (Art. 4 Nr. 13 und 15) übernahm das Reich die Beaufsichtigung und Gesetzgebung hinsichtlich des Strafrechts sowie der Medizinalpolizei, wozu auch die Überwachung des Nahrungsmittelverkehrs gehörte. Entsprechende Reichsgesetze gingen den Landesgesetzen vor.

Die Nahrungsmittelfälschung wurde bis zum Erlass des Nahrungsmittelgesetzes 1879 auf Reichsebene nur durch das Reichsstrafgesetzbuch erfasst, das noch eine Unterscheidung zwischen dem lediglich als Übertretung gekennzeichneten Verkauf verfälschter oder verdorbener Nahrungsmittel sowie dem unter die gemeingefährlichen Verbrechen subsumierten Herstellen bzw. Verkaufen gesundheitszerstörender Gegenstände vornahm. Erst im Nahrungsmittelgesetz von 1879 wurden die Aspekte schließlich vereinigt und somit der den Nahrungsmittelverfälschungen immanente Dualismus von betrügerischer Handlung und Verletzung der körperlichen Unversehrtheit berücksichtigt.[118]

Die erstgenannte Begehungsvariante fiel im Reichsstrafgesetzbuch unter den § 367 Nr. 7: Für den Verkauf und das Feilhalten von verfälschten oder verdorbenen Getränken und Esswaren, insbesondere von trichinenhaltigem Fleisch, war eine Geldstrafe oder Haft vorgesehen. Der Begriff der »Verfälschung«, der später bei den Beratungen zum Nahrungsmittelgesetz heftig umstritten war, umfasste nach dem 1873 erschienenen Kommentar des Berliner Oberstaatsanwalts Friedrich Christian Oppenhoff die nachträgliche Beimischung eines fremdartigen Stoffes.[119] Der Richter Ernst Traugott Rubo begrenzte diese Definition in seinem 1879 erschienenen Kommentar – möglicherweise bereits beeinflusst durch die Entwürfe zum Nahrungsmittelgesetz – auf Beimischungen, die dem Namen der Ware nicht entsprachen und die eine Verringerung des Wertes verursachten.[120] Bei weiterverarbeiteten Produkten war aber bereits laut Oppenhoff entscheidend, ob andere als die zur bestimmungsgemäßen Herstellung notwendigen Substanzen verwendet worden waren. Er vertrat zudem die Auffassung, dass eine Gesundheitsschädigung nicht Voraussetzung der Strafbarkeit war.[121] Als verdorben wurden Nahrungsmittel betrachtet, wenn sie nicht mehr in dem gewöhnlichen Zustand waren, in dem sie von Menschen üblicherweise genossen wurden. Die Strafbarkeit des Verkaufs derartiger Nahrungsmittel wurde nicht dadurch ausgeschlossen, dass dem Käufer die Verderbnis bekannt

117 Strafgesetzbuch für das Deutsche Reich vom 15. Mai 1871, in: RGBl 1871, S. 127–205.

118 *Liszt*, 2. Aufl., S. 471, charakterisierte die Warenfälschung in seinem Standardlehrbuch zum Strafrecht als »Brücke zwischen den gemeingefährlichen Verbrechen und den Fälschungen«.

119 *Oppenhoff*, S. 651.

120 *Rubo*, S. 1039.

121 *Oppenhoff*, S. 651; so konnte z. B. auch die Verdünnung von Milch mit Wasser unter diesen Tatbestand fallen.

gewesen war.[122] Die Bestimmung bezog sich jedoch nicht auf die Vornahme der Verfälschung selbst und sah mit fünfzig Talern oder einer nicht näher bestimmten Haft eine verhältnismäßig geringe Strafe vor.

Eine wesentlich höhere Strafe (bis zu zehn Jahre Zuchthaus) wurde verhängt, wenn Brunnen oder öffentlich verkaufte Gegenstände vergiftet bzw. ihnen Stoffe beigemischt wurden, die eine Zerstörung der Gesundheit zur Folge haben konnten (§ 324). Im Gegensatz zum Preußischen Strafgesetzbuch, das als Vorlage des Reichstrafgesetzbuches gedient hatte, wurden nicht nur Nahrungsmittel, sondern jegliche zum öffentlichen Verkauf oder Verbrauch bestimmten Gegenstände aufgenommen, also auch Gebrauchsgegenstände wie Tapeten, Spielwaren und Kleidungsstücke. Hatte die Veränderung den Tod eines Menschen zur Folge, wurde die Strafe auf Zuchthaus zwischen zehn Jahren und lebenslänglich ausgedehnt – unabhängig davon, ob der Tod bewusst oder gar vorsätzlich verursacht worden war.[123] Daneben konnte nach § 325 Polizeiaufsicht verhängt werden, die unter anderem auch Hausdurchsuchungen umfassen konnte. Für die fahrlässige Begehung der Tathandlungen drohte im Schadensfall eine Gefängnisstrafe bis zu einem Jahr, die im Todesfall auf bis zu drei Jahre auszudehnen war (§ 326). Die Einstufung eines Stoffes als Gift bzw. gesundheitszerstörend war nicht ganz unproblematisch und deshalb umstritten. Nach den Motiven zum Reichsstrafgesetzbuch sollte sie vor dem Hintergrund chemischer und medizinischer Grundsätze am Einzelfall orientiert erfolgen, d. h. von der Qualität und Quantität des Stoffes und der körperlichen Konstitution des Tatopfers abhängen.[124] Eine unschädliche Dosis eines im Allgemeinen als giftig einzustufenden Stoffes war laut Oppenhoff demnach nicht als Gift im Sinne des Tatbestands anzusehen.[125]

Entsprechend der Höhe der Strafe kamen ausschließlich höchste Grade der Körperbeschädigung in Betracht, und auch diese nur unter gewissen Beschränkungen: Eine Schädigungsabsicht war zwar nicht Voraussetzung, wohl aber musste der Verkäufer sich der gesundheitszerstörenden Eigenschaft bewusst sein und diese verschweigen, andernfalls blieb er schuldlos.[126] Weiter wurde auf den bestimmungsgemäßen Gebrauch abgehoben, Fälle, in denen Nahrungsmittel oder Gebrauchsgegenstände zweckentfremdet wurden, waren ausgeschlossen.[127] Allerdings war die Strafbarkeit auch schon bei einer nur theoretischen Gefährdung gegeben.[128] Einer Bestrafung entzogen blieben jedoch neben der Beimischung von Stoffen, die nur zu Körperbeschädigungen geeignet waren, die Fälle, in denen das Nahrungsmittel seine gesundheitszerstörende Eigenschaft nicht durch eine Beimischung, sondern durch die Art der Herstellung erhalten

122 *Löbner*, S. 41, mit Verweis auf eine Entscheidung des Preuß. Ober-Tribunals vom 5. Juli 1876.
123 *Oppenhoff*, S. 548.
124 Vgl. dazu auch *Rubo*, S. 788–791.
125 *Oppenhoff*, S. 377.
126 *Frank*, Strafgesetzbuch, S. 530.
127 *Löbner*, S. 42; *Liszt*, 3. Aufl., S. 486.
128 *Oppenhoff*, S. 561.

hatte oder sie als Ganzes besaß. Ebenso wurden Nahrungsmittel vernachlässigt, die nicht durch die Handlung eines Menschen, sondern durch Verderben gesundheitszerstörend wirkten, und Gegenstände, die nicht zum öffentlichen Verkauf bestimmt waren.[129]

Daneben konnte die Verfälschung von Nahrungsmitteln unter den Betrugstatbestand der §§ 263 und 264 Reichsstrafgesetzbuch fallen. Die Anwendbarkeit dieser Paragraphen war jedoch beschränkt, da außer dem subjektiven Moment der Bereicherungsabsicht in objektiver Beziehung die Vermögensschädigung eines anderen erforderlich war. Diese musste zudem durch das Hervorrufen eines Irrtums bewirkt werden, indem falsche Tatsachen vorgespiegelt bzw. wahre entstellt oder unterdrückt wurden.[130] Die Anwendung dieser Bestimmung im täglichen Kleinverkehr mit Nahrungsmitteln bereitete Schwierigkeiten: Die Feststellung eines Kausalzusammenhanges zwischen dem Irrtum des Käufers und der Vorspiegelung falscher Tatsachen durch den Verkäufer sowie der daraus resultierenden Vermögensschädigung war problematisch, da beim Nahrungsmittelkauf selten eindeutige Erklärungen abgegeben wurden und dieser zumeist eher aus konkludenten Handlungen bestand.[131] Eine bloße Ausnutzung eines Irrtums des Käufers reichte zur Erfüllung des Tatbestandes nach Arthur Löbners Kommentar von 1878 nicht aus, ebenso wenig wie die »allgemeinen, täglich vorkommenden Anpreisungen von Waaren und die allgemeinen Versicherungen«,[132] kurz: der Werbung wurden gewisse Übertreibungen und Schönfärbereien zugestanden. Auch konnte eine Vermögensschädigung im Einzelfall kaum nachgewiesen werden.[133] Aus ähnlichen Gründen war der Tatbestand der Körperverletzung (§§ 223 bis 226) selten einschlägig, da diese voraussetzte, dass der Täter unmittelbar auf den Körper einer bestimmten Person einwirkte. Beim öffentlichen Verkauf von gesundheitsschädlichen Nahrungsmitteln fehlte aber der notwendige Kausalnexus zwischen dem Verkauf und dem Eintritt einer Gesundheitsschädigung, da sich der Vorsatz des Verkäufers in der Regel nicht auf eine bestimmte Person richtete.[134]

Die §§ 324 bis 326 gehörten nach Löbner und Hermann Bresgen zu den Bestimmungen des Reichsstrafgesetzbuches, die am seltensten zur Anwendung kamen, eine Spruchpraxis zu ihnen bestand praktisch nicht.[135] Häufiger wurde auf Grundlage des Betrugstatbestands gegen Nahrungsmittelfälschungen vorgegangen. Jedoch wurden, so Löbner, meist nur »Anfänger und Pfuscher« belangt, die große Mehrzahl der Fälscher verstünde es indes, sich immer dicht an der Grenze der Strafbarkeit zu bewegen, so dass gegen sie nicht vorgegangen

129 *Schwarze*, S. 751 f.; *Würzburg*, S. 6 f.
130 *Frank*, Strafgesetzbuch, S. 429–442; *Löbner*, S. 44.
131 *Würzburg*, S. 4; dazu auch *Bresgen*, Fälschungsunwesen, S. 12 f.; *Geyer*, S. 87.
132 *Löbner*, S. 45.
133 *Würzburg*, S. 4.
134 *Bresgen*, Fälschungsunwesen, S. 5.
135 Ders., Handel, S. 113; *Löbner*, S. 45 f.

werden könne.[136] Der § 367 Nr. 7 komme zwar am meisten zur Anwendung, er zeitige jedoch auch den geringsten Erfolg. Als Ursache hierfür machte Löbner zunächst die niedrigen Strafen aus, die die Bestimmung vorsah. Einer dauerhaften Abschreckung stand aber vor allem der Ausschluss der Öffentlichkeit von dem in diesem Paragraphen vorgeschriebenen Strafverfahren entgegen. Erst ein Einspruch des Beschuldigten hatte eine öffentliche Verhandlung zur Folge, so dass es in seiner Hand lag, ob die Öffentlichkeit überhaupt Kenntnis von den Anschuldigungen erhielt.[137]

4. Fazit

Die Regelungen des Reichsstrafgesetzbuches steckten nur einen groben Rahmen für die Nahrungsmittelüberwachung ab. Das Strafgesetzbuch beschränkte sich auf repressive Maßnahmen; Vorgänge aufzudecken, die zur Anwendung dieser Strafbestimmungen führen konnten, blieb weiterhin den Einzelstaaten überlassen. Bis zur Schaffung eines reichseinheitlichen Nahrungsmittelgesetzes 1879 war die rechtliche Grundlage für die Nahrungsmittelüberwachung in Deutschland somit ein »historisch gewachsene[s] Konglomerat«[138] territorialer und städtischer Regelungen, die vom Reichsstrafgesetzbuch mehr schlecht als recht eingerahmt wurden. Übergeordneten landesgesetzlichen Bestimmungen standen regionale und lokale Regelungen gegenüber, die entsprechend den lokalspezifischen Gewohnheiten sehr unterschiedlich ausgeprägt waren. Eine einheitliche und systematische Kontrolle für das Reichsgebiet bestand nicht.

Gemeinsam waren den partikularstaatlichen Regelungen der vorwiegend reaktive Charakter und der Umstand, dass sie größtenteils hinter dem aktuellen naturwissenschaftlichen Kenntnisstand zurückblieben und einseitig auf auffällige, toxische Veränderungen ausgerichtet waren. In ihrer Struktur waren sie vielfach noch stark den Bestimmungen der Vormoderne verhaftet. Einige wenige Staaten begannen ab der Jahrhundertmitte, die Nahrungsmittelregulierung zu intensivieren und enger an die wissenschaftliche Entwicklung anzubinden. Insbesondere Bayern tat sich mit einer schon früh auf präventive Kontrollen setzenden Überwachung hervor – nicht zuletzt bedingt durch die dortige starke Präsenz einschlägig arbeitender Wissenschaftler, die die Reformierung vorantrieben und gleichzeitig die notwendige Infrastruktur boten. Hier zeigt sich die allgemein in der Medizinalpolizei zu beobachtende partielle Kompetenzverlagerung von der staatlichen Verwaltung auf die Wissenschaft, die mehr und mehr die leitenden Prinzipien der Gesundheitsverwaltung formulierte.

136 *Löbner*, S. 46.
137 Ebd., S. 47.
138 *Schmauderer*, Beziehungen, S. 159.

Ob eine einheitliche und systematische Nahrungsmittelkontrolle auf der Grundlage der bestehenden Bestimmungen theoretisch möglich gewesen wäre, ist ex post kaum zu beurteilen. Ebenso wenig ist die Frage zu klären, ob das geltende Recht tatsächlich völlig ungeeignet war, auf die durch die Industrialisierung und Urbanisierung ausgelösten Wandlungsprozesse zu reagieren, und es nicht bloß einer konsequenteren Durchführung bedurft hätte. Diese Vorstellung tauchte in der öffentlichen Diskussion immer wieder auf. Der Deutsche Landwirtschaftsrat beispielsweise kritisierte die bestehende Gesetzgebung zwar als lückenhaft, war aber der Ansicht, dass die Verfälschungen auch ohne grundlegende Änderungen eingedämmt werden könnten, wenn strengere Revisionen eingeführt und bessere Kontrolleinrichtungen geschaffen würden.[139] Selbst das Gesundheitsamt war zunächst noch der Auffassung, dass der Aufbau eines wirksamen Überwachungssystems Priorität habe und vorerst auf Basis der bestehenden Bestimmungen erfolgen könne.[140] Es setzte sich jedoch mehr und mehr die Ansicht durch, dass eine Reform der Gesetzgebung unumgänglich sei.

Es wird deutlich, dass Gesetzen und obrigkeitlicher Überwachung eine zentrale Bedeutung in der Regulierung des Nahrungsmittelmarktes zugewiesen wurde. Die in den Konzepten der »Policey« wurzelnde Vorstellung vom allseits fürsorgenden Staat, der die Verantwortung für die Sicherheit und Gesundheit seiner Bürger trug, wirkte fort und wurde auf die neuen Herausforderungen übertragen.[141] Die Ambivalenz zwischen liberalen und interventionistischen Elementen im Verständnis der staatlichen Aufgaben bestimmte auch die Sicht auf die Nahrungsmittelregulierung. Zwar sah man vielfach die kapitalistische Wirtschaftsform, die industrielle Produktionsweise und nicht zuletzt die Fortschritte der Chemie als wesentliche Faktoren der allgemeinen Verschlechterung der Nahrungsmittelqualität an. Doch erschien es vielen geradezu als logische Konsequenz, dass Fälschungen zunehmen, wenn die staatliche Steuerung unzureichend ist.

139 Verfälschung von Nahrungsmitteln.

140 BA, R 86/2071.

141 Die Verfälschung der Lebensmittel, Ausschnitt Donau-Zeitung, 15. November 1876, in: BayHStA, MInn Nr. 62583; Zum Kampf gegen die Lebensmittelfälschung, in: Zeitschrift gegen Verfälschung der Lebensmittel 1 (1877/78), S. 124; vgl. *De Swaan*, insbesondere S. 141 f.; *Stolleis*, Entstehung.

III. Staatliche Gefahrenabwehr: Die Entstehung der reichseinheitlichen Nahrungsmittelgesetzgebung

1. Das Nahrungsmittelgesetz von 1879

Angesichts der Diagnose, dass die bestehenden Sicherungsinstitutionen unzureichend waren oder zumindest nicht konsequent genutzt wurden, fühlten sich nicht wenige Verfasser von Denkschriften, Zeitungsschreiber, Redner und Interessenverbände berufen, ihre Kritik mit konkreten Vorschlägen zur Reform der Nahrungsmittelüberwachung zu verbinden. Dem Staat wurde von vielen Seiten geradezu selbstverständlich die zentrale Rolle im Rahmen der Regulierung der Nahrungsmittelqualität zugewiesen. Man sah ihn in der Verantwortung, die Missstände zu bekämpfen und seine Bürger vor Gesundheitsgefahren und Übervorteilungen im Nahrungsmittelverkehr zu schützen. Ein hartes und unnachsichtiges Vorgehen wurde verlangt.[1] Eine strengere Handhabung der bestehenden Gesetzgebung, verstärkte Kontrollen und konsequentere Bestrafungen erschienen als die einzig geeigneten Waffen im »Krieg gegen die Nahrungsmittelverfälscher«.[2] Naheliegenderweise verlangten vor allem wissenschaftsnahe Teilnehmer der öffentlichen Debatten eine stärkere Rezeption wissenschaftlicher Erkenntnisse – der Chemie wurde als »rächender Nemesis«[3] eine tragende Rolle in den teils schon recht detaillierten Entwürfen zu einem erneuerten Überwachungsmodell zugewiesen. Für präventive und regelmäßige, wissenschaftsbasierte Kontrollen wurde die flächendeckende Einrichtung von Untersuchungsstationen mit wissenschaftlich vorgebildeten Mitarbeitern als unumgänglich erachtet.[4]

Diese Appelle verdichteten sich zunehmend zur Forderung nach einer Revision der Strafgesetzgebung oder einem eigenständigen neuen Gesetz. In Anbe-

1 Zur Verfälschung der Nahrungsmittel der Lebensmittel, Ausschnitt Tribüne, 15. August 1877, in: BA, R 86/2068.

2 So z.B. Handelsbeilage zur Allgemeinen Zeitung Augsburg No. 230, 30. September 1877, in: ebd.; Forderungen des landwirtschaftlichen Vereins Rheinpreußen, wiedergegeben bei *Bresgen*, Handel, S. 34–45; Zitat aus einem gleichnamigen Artikel in der Pharmaceutischen Zeitung, 8. September 1877, in: BA, R 86/2068.

3 Ausschnitt Rheinischer Herold No. 20, 1877, in: BA, R 86/2068.

4 *Bresgen*, Feldzug, S. 7; Über Verfälschungen von Nahrungsmitteln, Ausschnitt Rheinischer Herold No. 20, 1877, in: BA, R 86/2068; Handelsbeilage zur Allgemeinen Zeitung Augsburg, No. 230, 30. September 1877, in: ebd.; Zur Verfälschung der Lebensmittel, Ausschnitt Nationalzeitung, 15. August 1877, in: BA, R 86/2069; *Löbner*, S. 66–68.

tracht des Befunds, dass das Reichsstrafgesetzbuch nur einen losen Rahmen für die zersplitterten territorialen Bestimmungen bildete, erschien eine reichseinheitliche Nahrungsmittelgesetzgebung notwendig. Diese sollte die Schwächen der bisherigen Gesetzgebung durch differenzierte, eindeutig formulierte Tatbestände und schärfere Strafen beheben. Vor allem die präventive Nahrungsmittelüberwachung sollte institutionell verankert und auf eine einheitliche Grundlage gestellt werden.[5] Die Interessen der Konsumenten wurden zum obersten Prinzip erklärt.[6] Die Gleichmäßigkeit der Gesetzgebung wurde aber auch als essentielle Voraussetzung für die Entwicklung der Wirtschaft angesehen.[7] Das gewünschte Gesetz sollte in dieser Sichtweise die Funktionsfähigkeit des Marktes sichern, der Staat mithin einen konfliktsteuernden Rahmen für den industrialisierten Warenverkehr schaffen.

Der Ruf nach einer Intensivierung der rechtlichen Nahrungsmittelregulierung zielte somit auf eine stärkere oder besser: eine veränderte institutionelle Stützung der Vertrauensbildung im Nahrungsmittelverkehr ab. Die Vereinheitlichung und Professionalisierung der staatlichen Nahrungsmittelüberwachung wurde zur bevorzugten Strategie, in ihr fand das wachsende Misstrauen seine Entsprechung.[8]

1.1 Expertengesetzgebung: Integrierung wissenschaftlichen Sachverstands in die Entscheidungsprozesse

Die vehementen Forderungen nach einem staatlichen Einschreiten in der Nahrungsmittelüberwachung waren 1876 wesentliche Gründe für die Errichtung des Kaiserlichen Gesundheitsamtes (auch Reichsgesundheitsamt genannt), das wenig später in den Aushandlungsprozessen um die Regulierung der Nahrungsmittel eine wesentliche Rolle spielte.[9] Das direkt dem Reichskanzleramt zugeordnete Amt wurde zu einem der wichtigsten wissenschaftlichen Beratungsorgane des jungen Deutschen Reiches.[10] Der wachsenden Bedeutung der Natur- und medizinischen Wissenschaften in Gesellschaft und Verwaltung Tribut zollend, schuf das Deutsche Reich so ein permanentes Expertengremium und inkorporierte den neben den traditionellen Verwaltungswissenschaften dringend notwendig gewordenen naturwissenschaftlichen und medizinischen Sachver-

5 Zur Verfälschung der Lebensmittel, Ausschnitt Nationalzeitung, 15. August 1877, in: BA, R 86/2069; Über Verfälschungen von Nahrungsmitteln, Ausschnitt Rheinischer Herold No. 20, 1877, in: BA, R 86/2068.

6 *Löbner*, S. 5, 56.

7 Ebd., S. 64 f.

8 Vgl. *Endreß*, S. 77 f.; s. auch *Giddens*, S. 126, der unter Misstrauen bezeichnenderweise eine »aktive negative Einstellung« versteht.

9 Zum Folgenden s. *Hardy*, Ärzte, insbesondere S. 183–201. Zum Gesundheitsamt neuerdings: *Hüntelmann*, Hygiene, insbesondere S. 27–108, 123–130, 177–189, 201–206.

10 Denkschrift über die Aufgaben und Ziele, S. 2; Reichsgesundheitsamt, S. 1; ähnliche Konstruktionen bestanden auch in anderen europäischen Staaten, z. B. in Belgien, s. *Scholliers*.

stand direkt in den Staatsapparat. Damit tat es einen Schritt, der auf einzelstaatlicher Ebene im Rahmen der Medizinalverwaltung längst vollzogen war.[11]

Zwei Aufgabenstränge bestimmten das Arbeitsgebiet des Gesundheitsamtes: Neben die geforderte eigene Grundlagenforschung und die Bündelung der Erkenntnisse anderer Forschungsinstitutionen trat die umfassende Information der Reichsleitung und die Umsetzung und Integrierung der Forschungsergebnisse in die Gesetzgebung und Verwaltungspraxis. Das Amt sollte so das Reich in der Aufsicht über die medizinal- und veterinärpolizeilichen Angelegenheiten unterstützen.[12] Auf Reichsebene waren für Fragen der Gesundheitsverwaltung bisher nur temporäre Sachverständigenkommissionen einberufen worden.[13] Weitere Einrichtungen, die auf anderen Regelungsfeldern eine ähnliche Bindegliedfunktion zwischen Staat und Wissenschaft übernahmen, folgten erst Jahre später.[14]

Nach und nach fand eine Professionalisierung und innere Differenzierung des Amtes statt. Entsprechend der wissenschaftlichen Durchdringung der öffentlichen Gesundheitspflege und der zunehmenden Ausdifferenzierung der »zuliefernden Fächer« wurde das Amt immer stärker interdisziplinär ausgerichtet, bekam mehr Abteilungen und Mitarbeiter.[15] Es gelang dem Gesundheitsamt offenkundig, sich als neutrale Instanz und wissenschaftliche Autorität zu behaupten, seine Mitarbeiter wurden in den hier im Fokus stehenden Aushandlungsprozessen um die Nahrungsmittelregulierung zu zentralen Figuren.[16] Die vom Amt herausgegebenen Schriftenreihen und Periodika,[17] die nicht nur die Intention hatten, den jeweils aktuellen Forschungsstand im Deutschen Reich zu

11 Denkschrift über die Aufgaben und Ziele, S. 3.

12 *Glaser*, S. 1 f.

13 So 1868 für die Erarbeitung einer gemeinsamen Pharmakopoe des Norddeutschen Bundes und 1873 zur Erforschung der Cholera, s. Reichsgesundheitsrath, in: ZUNG 4 (1901), S. 429–432.

14 Die 1898 gegründete Physikalische Reichsanstalt übernahm hinsichtlich der Elektrizitätsgesetzgebung eine ganz ähnliche Rolle wie das Reichsgesundheitsamt im Rahmen der Nahrungsmittelregulierung, *Vec*, Recht, S. 85 f.

15 Reichsgesundheitsamt, S. 7; vgl. zur öffentlichen Gesundheitspflege *Jellinghaus*.

16 Insbesondere die Leiter der 1896 begründeten, verschiedene Laboratorien zusammenfassenden naturwissenschaftlichen Abteilung, Dr. Sell (1894–1896), Dr. von Buchka (bis 1902), Dr. Paul (bis 1905) und Dr. Kerp (ab 1905), spielten eine wesentliche Rolle in den späteren Diskussionen um die Ausfüllung des Nahrungsmittelgesetzes und waren wichtige Bindeglieder zu den wissenschaftlichen Vereinigungen. Die von *Hüntelmann*, Kooperation, S. 42 f., konstatierte »feindselige[…] Konkurrenz« von Seiten der scientific community bestätigt sich hier nicht.

17 Seit 1877 gab das Amt eine eigene Wochenschrift unter dem Titel »Veröffentlichungen des Kaiserlichen Gesundheitsamtes« heraus. Im Laufe der Jahre wurde das Publikationsspektrum ausgebaut durch teils selbständige, teils als Beihefte zu den »Veröffentlichungen« erscheinende Schriften. Unter den weiteren Reihen waren für das Gebiet der Nahrungsmittelregulierung vor allem die ab 1881 in zwangloser Folge veröffentlichten Forschungsergebnisse des Gesundheitsamtes (»Mitteilungen aus dem Kaiserlichen Gesundheitsamt«, ab 1886 »Arbeiten aus dem Reichsgesundheitsamte«) sowie die »Übersichten über die Jahresberichte der öffentlichen Nahrungsmitteluntersuchungsanstalten« (1902–1911) von Bedeutung.

dokumentieren, sondern auch eigene Studien des Amtes präsentierten, gerieten vielfach zum Ausgangspunkt weiterer Debatten.

Inhaltlich erstreckte sich die Arbeit des Gesundheitsamtes auf die ganze Breite der öffentlichen Gesundheitspflege.[18] Kurz nach seiner Einrichtung begann das Amt mit der zu seiner zentralen Zielsetzung erklärten technischen Vorbereitung von Gesetzesvorhaben, darunter an erster Stelle die Vorarbeiten zu einem reichseinheitlichen Nahrungsmittelgesetz, die die Tätigkeit des Amtes in den ersten Jahren maßgeblich bestimmten.[19] Allerdings wurde diese Aufgabe von außen an das Gesundheitsamt herangetragen: In den Reichstagsdebatten um den Haushalt des Gesundheitsamtes 1876 forderten Abgeordnete nachdrücklich ein Vorgehen gegen die um sich greifenden Nahrungsmittelverfälschungen und proklamierten dieses als eine der wichtigsten Aufgaben des neu geschaffenen Amtes[20] – Anlass für den Reichskanzler, dem Amt zunächst die Überprüfung dieser Aussagen[21] und 1877 schließlich die Vorbereitung eines Entwurfs zu einem Nahrungsmittelgesetz zu übertragen.[22]

Neben dem durch die Etablierung einer wissenschaftlichen Reichsbehörde nun dauerhaft in die Staatsverwaltung integrierten wissenschaftlichen Sachverstand wurden für die Vorbereitung des Nahrungsmittelgesetzes zusätzlich externe Experten herangezogen: Das Gesundheitsamt berief zur Beratung über die reichsweite Nahrungsmittelregulierung 1877 eine Sachverständigenkommission. Neben drei Chemikern und einem Mediziner gehörte dieser lediglich ein Vertreter der Nahrungsmittelerzeugung an, der zudem nicht aus der vor allem in Frage stehenden industrialisierten Nahrungsmittelproduktion, sondern aus der Landwirtschaft stammte.[23] Der Gesetzentwurf wurde mithin entscheidend durch wissenschaftliche Experten geprägt – ein Umstand, der nach Erlass des Nahrungsmittelgesetzes für die industriellen Interessenverbände steter Anlass zur Klage war. Der Direktor des Gesundheitsamtes griff bei der Berufung der Kommissionsmitglieder in den meisten Fällen auf persönliche Kontakte oder Empfehlungen zurück und aktivierte ein bereits etabliertes Netzwerk von Wissenschaftlern, die sich auf dem Gebiet der Gesundheitspflege betätigten.[24]

18 Denkschrift über die Aufgaben und Ziele, S. 10.

19 Ebd., S. 10f., 13. f.; *Hüntelmann*, Hygiene, S. 201–206.

20 Insbesondere der Zentrumsabgeordnete Dr. Reichensperger und der linksliberale Arzt Dr. Löwe setzten sich dafür ein, s. Sten. Ber., 2. Leg., 4. Sess., 1876, 2. Bd., S. 811; Sten. Ber. 3. Leg., 1. Sess., 1877, 1. Bd., S. 149f.

21 BA, R 86/2071.

22 Sten. Ber., 3. Leg., 1. Sess., 1877, 1. Bd., S. 150ff.; BA, R 86/2072.

23 Die Mitglieder im Einzelnen: Geheimer Regierungsrat Dr. Hofmann aus Berlin, Geheimer Hofrat Dr. Fresenius aus Wiesbaden, Dr. Knapp aus Braunschweig (alle drei Chemieprofessoren), Dr. Varrentrapp aus Frankfurt, Dr. Zinn aus Eberswalde (beide Mediziner) und Ökonomierat Hausburg (Generalsekretär des Deutschen Landwirtschaftsrates).

24 Das belegt das Beispiel des Kommissionsmitglieds Dr. Georg Varrentrapp, der einer der führenden Köpfe im Verein für öffentliche Gesundheitspflege war und sich in seiner Heimatstadt Frankfurt intensiv für den Ausbau der medizinischen und sanitären Einrichtungen einsetzte. Zu Varrentrapp vgl. *Arnswaldt*, S. 82–102; *Hanauer*.

War bereits diese direkte Beteiligung externer Experten in ihrem Ausmaß bemerkenswert, bezog das Kaiserliche Gesundheitsamt zusätzlich noch deutlich weitere Kreise in die Diskussionen ein: Per Aufruf in allen großen Tageszeitungen bat es insbesondere Wissenschaftler und Praktiker der Nahrungsmittelüberwachung um die Zusendung von Hinweisen – zahlreiche Antworten unterschiedlichster Couleur gingen ein, die über alltägliche Erfahrungen berichteten und konkrete Vorschläge zur Ausgestaltung der rechtlichen Bestimmungen und zur Reform der Überwachungsorganisation beinhalteten.[25] Auch wenn nicht nachzuvollziehen ist, inwiefern diese im Einzelnen in den späteren Beratungen berücksichtigt wurden: Es wird deutlich, dass dem Gesundheitsamt daran gelegen war, die enge Anbindung an die wissenschaftliche Forschung und vor allem die Überwachungspraxis noch zu intensivieren und den Umstand wettzumachen, dass das Reich über keinerlei eigene Erfahrungen auf dem Gebiet der Nahrungsmittelüberwachung verfügte. Es zeigt sich hier somit die für die zweite Hälfte des 19. Jahrhunderts typische Abstützung staatlicher Entscheidungen durch wissenschaftliche Expertise, die parallel zur ständigen Ausweitung des Raums, der einer staatlichen Gestaltung zugänglich sein sollte, immer selbstverständlicher wurde.[26]

Die wachsende Komplexität der zu regulierenden Sachverhalte und ihre Verschränkung mit zahlreichen, teils konfligierenden Interessenlagen ließ die eigene Wissensbasis des Staates vielfach nicht mehr ausreichend erscheinen und erforderte den Rückgriff auf externes Wissen.[27] Die Einbindung wissenschaftlicher Experten in die Aushandlungsprozesse diente der Legitimierung der schließlich getroffenen Entscheidungen – die Rationalität der Wissenschaft sollte der Generierung von Vertrauen dienen. Die in der Presse nicht selten auch namentlich erwähnten Wissenschaftler wurden gewissermaßen zu »Zugangspunkten« des abstrakten Systems, in ihnen trafen sich gesichtsabhängiges und -unabhängiges Vertrauen.[28] Die sehr weit gehaltene, nicht an ein festes Gremium rückgebundene Befragung von Experten per Zeitungsaufruf legt zudem den Schluss nahe, dass sich im Rahmen der weitgehenden Übertragung von Entscheidungen auf wissenschaftliche Sachverständige auch die Entscheidungsprozesse veränderten. Sie wurden aus ihrer ausschließlichen Verankerung in der staatlichen Sphäre gelöst und für weitere Kreise geöffnet; die Produktion des notwendigen Wissens wurde somit stärker in die Gesellschaft hinein verlagert.

Das Gesundheitsamt verfasste eine umfangreiche Denkschrift, die das vorhandene Wissen ordnete, indem sie detailliert die gängigen Verfälschungen der wichtigsten Nahrungsmittel, ihre gesundheitlichen Konsequenzen und bisher bekannte Methoden zu ihrer Identifizierung vorstellte. Auch die bestehenden gesetzlichen Regelungen wurden zusammenfasst, ihre Lücken aufgezeigt und

25 BA, R 86/2072.

26 Vgl. *Collin/Horstmann*, Einleitung, insbesondere S. 21 f.

27 Ebd.; vgl. auch *Hüntelmann*, Hygiene, S. 119 f.

28 Vgl. *Giddens*, S. 107 ff.

erste Vorschläge zu ihrer Reformierung und der Reorganisation der Überwachung formuliert. Die kursierenden Gerüchte und Klagen über die Nahrungsmittelqualität wurden so auf ihren Wahrheitsgehalt überprüft, mit dem Ergebnis, dass Verfälschungen tatsächlich keine Seltenheit seien und für einen effektiveren Schutz eine Spezialgesetzgebung anzuraten sei.[29]

Auf Basis der Denkschrift arbeitete die Sachverständigenkommission konkrete Empfehlungen für die Gesetzgebung aus.[30] Zwar nahm die Kommission nicht explizit zu der Frage Stellung, ob lediglich das Reichsstrafgesetzbuch reformiert oder ein eigenständiges neues Gesetz geschaffen werden sollte. Indem sie aber Grundsätze nicht nur für die vorbeugende Kontrolle, sondern auch für völlig neue strafrechtliche Bestimmungen vorlegte, schuf sie die Grundlage für die letztgenannte Variante, die von vielen Seiten in den öffentlichen Debatten auch gefordert worden war.[31]

Das Reichsjustizamt überarbeitete den Entwurf nach internen Beratungen[32] und verband ihn mit der Denkschrift des Gesundheitsamtes, die in den Motiven des Gesetzentwurfs die sogenannten »technischen Materialien« zur Begründung der einzelnen Bestimmungen bildete. Im April 1878 ging der Entwurf dem Reichstag zur Beratung zu.[33] Die Beratungen zogen sich ein Jahr lang hin, da der Reichstag aufgrund der Auseinandersetzungen um das Sozialistengesetz 1878 aufgelöst wurde und der Gesetzentwurf entsprechend den veränderten Mehrheitsverhältnissen nicht nur durch eine, sondern zwei Reichstagskommissionen beraten wurde.[34] Erst im Mai 1879 konnte das Gesetz ratifiziert werden.

Auch wenn z. B. mit dem Direktor des Kaiserlichen Gesundheitsamtes sowohl im Reichstag selbst als auch in den beiden einberufenen Reichstagskommissionen weiterhin wissenschaftliche Experten an prominenter Stelle an den Aushandlungsprozessen zum Nahrungsmittelgesetz beteiligt waren: Anders als bei anderen wissenschafts- und techniknahen Regelungsmaterien überließ der Reichstag den Sachverständigen keineswegs völlig das Feld; die sonst häufig zu

29 BA, R 86/2071.

30 BA, R 86/2072.

31 Z. B. Über Verfälschungen von Nahrungsmitteln, Ausschnitt Rheinischer Herold No. 20, 1877, in: BA, R 86/2068; *Löbner*, S. 5.

32 Schreiben des Reichsjustizamtes an das Finanzministerium, Berlin, 17. Januar 1878, in: BA, R 1401/959; BA, R 86/2070, Anlagen B–I.

33 Sten. Ber., 3. Leg., 2. Sess., 1878, 3. Bd., Anlagen, Nr. 98, S. 766–830.

34 Bericht der XIII. Kommission über den Entwurf eines Gesetzes, betr. den Verkehr mit Nahrungsmitteln, Genußmitteln und Gebrauchsgegenständen, in: Sten. Ber., 3. Leg., 2. Sess., 1878, 4. Bd., Anlagen, Nr. 206, S. 1348–1382; Bericht der VII. Kommission über den Entwurf eines Gesetzes, betr. den Verkehr mit Nahrungsmitteln, Genußmitteln und Gebrauchsgegenständen, in: Sten. Ber., 4. Leg., 2. Sess., 1879, 4. Bd., Anlagen, Nr. 59, S. 540–550; zur von der ersten Kommission vorgelegten Überarbeitung des Gesetzentwurfs: Sten. Ber., 4. Leg., 2. Sess., 1879, 4. Bd., Anlagen, Nr. 7, S. 172–255. Auch die technischen Materialien zum Gesetzentwurf wurden überarbeitet und an den aktuellen Wissensstand angeglichen, s. BA, R 86/2072.

findende, auf Unwissen beruhende, bewusste Zurückhaltung[35] ist hier nicht zu beobachten. Im Gegenteil: Es kam zu ausdauernden, heftigen Debatten; der Entwurf der Sachverständigenkommission wurde eingehend diskutiert und keinesfalls kritiklos und ohne Änderungen übernommen. Offenbar hielten sich die Reichstagsabgeordneten durchaus für kompetent genug, die in Frage stehenden Regelungsgebiete durchdringen und beurteilen zu können. Dies war nicht zuletzt wohl dem Umstand geschuldet, dass die Nahrungsmittelregulierung nicht nur eine Vielzahl von Interessen berührte und im Kern ausnahmslos alle Mitglieder der Bevölkerung betraf, sondern dass sie – anders als technikrechtliche Materien – auch bereits ein überkommenes staatliches Regulierungsgebiet war, das aufgrund veränderter äußerer Umstände jetzt »nur« anders zu bewerten war. Die Notwendigkeit der Unterfütterung der Nahrungsmittelüberwachung mit modernen naturwissenschaftlichen Erkenntnissen wurde zwar generell akzeptiert und durch die Einbindung externer Experten auch gewährleistet, die neue Komplexität der zu regulierenden Sachverhalte jedoch möglicherweise von vielen noch unterschätzt. Wenn auch einige wenige Abgeordnete die Debatten beherrschten, waren dies größtenteils nicht etwa wissenschaftlich vorgebildete oder auf dem Gebiet der Gesundheitspflege engagierte Personen. Vielmehr fühlten sie sich offenbar aufgrund ihrer politischen Ausrichtung dazu berufen, ihren Standpunkt darzulegen.

1.2 Zentrale Diskussionspunkte

Das Bedürfnis nach einer Reform der Nahrungsmittelregulierung wurde von den Reichstagskommissionen und auch von der Mehrheit der sich zu Wort meldenden Abgeordneten im Reichstagsplenum grundsätzlich anerkannt; kaum ein Redner meldete Zweifel an der Berechtigung der Klagen über die Nahrungsmittelqualität an und hielt diese für übertriebene Panikmache. Doch nicht wenige Abgeordnete erachteten den Zeitpunkt des Eingreifens als zu früh – sowohl in Hinsicht auf die Ausgereiftheit der Untersuchungsanalytik und Beurteilungskriterien als auch auf die vorhandenen Kontrolleinrichtungen. Der Gesetzeserlass wurde als voreilig und deshalb kontraproduktiv bewertet, da durch das Fehlen gesicherter Kenntnisse auf vielen Feldern willkürlichen Entscheidungen Vorschub geleistet werde. Dies erzeuge eine ständige Unsicherheit insbesondere in der Wirtschaft.[36] Es gelte, erst die notwendigen organisatorischen Voraussetzungen und eine ausreichende wissenschaftliche Basis zu schaffen.[37]

35 Vgl. *Vec*, Recht, S. 199 f., für das Gesetz über die elektrischen Maßeinheiten von 1898.

36 So z. B. der nationalliberale Abgeordnete Rickert, Sten. Ber., 4. Leg., 2. Sess., 1879, 1. Bd., S. 774, 778; ähnlich Emanuel Mendel (Fortschrittspartei), ebd., S. 775 f. und Sten. Ber., 3. Leg., 2. Sess., 1878, 1. Bd., S. 627.

37 So der Angehörige der Fortschrittspartei Zimmermann, Sten. Ber., 4. Leg., 2. Sess., 1879, 1. Bd., S. 132 ff.

Auch Befürworter des Gesetzes gestanden immerhin zu, dass der Kenntnisstand hinsichtlich vieler Nahrungsmittel noch nicht ausreiche, um Verfälschungen eindeutig zu identifizieren. Doch waren sie der Auffassung, dass schon die bloße Existenz des Gesetzes eine »moralische Wirksamkeit« entfalten werde.[38] Sie verwiesen darauf, dass es bei Gesetzen, die technische und wissenschaftliche Fragen berührten, grundsätzlich nicht möglich sei, auf abschließende Forschungsergebnisse zu warten, da sich die Wissenschaft im »steten Fluß« befinde.[39]

Hier zeigt sich eine zentrale Problematik, die auch nach Erlass des Nahrungsmittelgesetzes virulent bleiben sollte: Auf welche Weise konnte der Staat dem Umstand Rechnung tragen, dass er es bei der Nahrungsmittelregulierung mit einer sich schnell verändernden oder sich zumindest ständig erweiternden Materie zu tun hatte? Wie konnten künftige technische Innovationen in der Nahrungsmittelproduktion, aber auch neue Erkenntnisse der Ernährungswissenschaften und daraus resultierende Verschiebungen in der Bewertung bestimmter Nahrungsmittel antizipiert und in das Gesetz eingebunden werden? Unvorhersehbare Konstellationen zu regeln war an sich kein Novum in der Gesetzgebung. Neu war aber die enge Verknüpfung der Nahrungsmittelregulierung mit dem technischen und wissenschaftlichen Fortschritt, die dazu führte, dass sich die weitere Entwicklung aufgrund des relativen Unwissens des Staates mit den überkommenen Instrumentarien nicht mehr fassen ließ. Nicht nur, dass Innovationen nicht einschätzbar waren, auch die langfristigen Folgen schon angewandter Produktionsverfahren und Stoffe waren nicht kalkulierbar. Ebenso wenig waren künftige Verschiebungen in der Bewertung und Akzeptanz einzelner Nahrungsmittel abzuschätzen.[40] Hinzu kam das allgemeine scheinbare Paradoxon, dass Wissen und Nichtwissen sich gleichzeitig vermehrten – jede neue Erkenntnis ließ neue Gefahren als möglich erscheinen, für deren Bewältigung noch keine ausreichenden Kenntnisse zur Verfügung standen.[41] Für die Rechtsetzung, die die Nahrungsmittelqualität nur statisch vor dem aktuellen zeitlichen Horizont regulieren konnte, waren diese Ungewissheiten ein Problem.[42]

Die Einbindung wissenschaftlicher Experten in die Rechtsetzung war als Mittel zur Sicherung der Entscheidungsfähigkeit des Staates bereits eng mit diesen Prozessen verknüpft. Jedoch konnte die derart verbreiterte Informationsbasis nicht die eigentliche Entscheidung unter Unsicherheit ersetzen, der Erlass des Gesetzes war angesichts der ungewissen Zukunftskonstellationen und des begrenzten Kenntnisstandes der Wissenschaft selbst eine mit Informationsdefiziten behaftete, allerdings bewusst gewählte Handlungsalternative.[43] Es galt aber, auch innerhalb der zu erlassenden Gesetze, Mechanismen zu etablieren,

38 Sten. Ber., 4. Leg., 2. Sess., 1879, 1. Bd., S. 778ff. (Zitat 777); dazu auch *Fleck*, Chemie, S. 6f.

39 Sten. Ber., 4. Leg., 2. Sess., 1879, 1. Bd., S. 781.

40 Dazu *Pitschas*, S. 74–76.

41 Vgl. *Ossenbühl*, S. 10f.

42 *Spiecker*, S. 1f.

43 Ebd., S. 2f.

mit denen auf die sich schnell wandelnden komplexen Problemlagen reagiert werden konnte. Die Unvereinbarkeit des per se auf Stabilität, Sicherheit, Beharrung und Dauerhaftigkeit setzenden sowie durch Begrenzung und Werterfüllung geprägten Rechts mit der durch eine hohe Eigendynamik und einen Expansionsdrang gekennzeichneten Wissenschaft und Technik musste zumindest in Teilen überbrückt werden.[44] Man war bestrebt, eine Möglichkeit zu finden, mit der aktuell nicht aufhebbaren Ungewissheit umzugehen, diese somit in kalkulierbare Risiken zu überführen.[45] Das in der rechtswissenschaftlichen Forschung verbreitete Bild von der auf Innovationen lediglich nachträglich reagierenden Gesetzgebung im Bereich der Technikregulierung[46] erscheint somit korrekturbedürftig.

Bereits die umstrittene Entscheidung, an Stelle einer Erweiterung und Reformierung der bestehenden Regelungen des Strafgesetzbuches ein Sondergesetz zu schaffen, kann als Tribut an die Ungewissheit und Unabgeschlossenheit des Regelungsgegenstandes angesehen werden: Ähnlich wie einige Zeit später beim Abzahlungsgesetz im Verhältnis zum fast zeitgleich geschaffenen Bürgerlichen Gesetzbuch entschied man sich auch im Nahrungsmittelrecht für eine Auslagerung dieser noch nicht befriedigend zu lösenden, durch neue Erscheinungen geprägten Materie aus den großen Strafrechtskodifikationen.[47] Diese wurden mithin, ähnlich wie Rückert es für das Zivilrecht feststellt, zunehmend ergänzt durch Spezialrecht.[48]

Innerhalb des Gesetzes stellte die Verankerung von ausfüllenden Verordnungen ein Instrument dazu dar, das prinzipiell auf bestimmten Feldern bestehende Nichtwissen aufzufangen und das Gesetz für künftige, nicht vorhersehbare Entwicklungen offenzuhalten. Schon die Denkschrift des Gesundheitsamtes, aber auch der Entwurf der Sachverständigenkommission sahen ergänzende, möglichst in enger Zusammenarbeit mit dem Gesundheitsamt zu erlassende Verordnungen als ideales Mittel zu einer flexiblen Gestaltung des Gesetzes an.[49] Diese sollten umfassende Vorschriften für die Herstellung, Aufbewahrung, Beschaffenheit und Bezeichnung von Nahrungsmitteln sowie die gewerbliche Hygiene enthalten und als Korrekturmöglichkeiten für den Fall späterer Wissenszugewinne dienen.[50] Verordnungen erschienen insbesondere deshalb als ge-

44 Vgl. *Ossenbühl*, S. 12f.

45 Vgl. *Collin/Horstmann*, Einleitung, S. 22–25.

46 So *Pitschas*, S. 83–85, 87, der aber erstaunlicherweise genau in diesem Zusammenhang nicht nur auf die Schwierigkeit der Antizipation neuen Wissens, sondern auch auf die vielfach sehr offen gehaltenen rechtlichen Bestimmungen hinweist. Weiter auch *Ogburn*, S. 86.

47 Vgl. dazu *Duve*, S. 215–231 (Rn. 70).

48 *Rückert*, S. 749–760. Das Verhältnis von Kodifikationen und Spezialgesetzen ist für weite Teile der Gesetzgebung außerhalb des Privatrechts noch nicht erforscht, vgl. *Vec*, Recht, S. 175f.

49 BA, R 86/2071; so auch die erste Reichstagskommission, s. Sten. Ber., 3. Leg., 2. Sess., 1878, 4. Bd., Anlagen, Nr. 206, S. 1349–1382.

50 Sten. Ber., 3. Leg., 2. Sess., 1878, 3. Bd., Anlagen, Nr. 98, S. 770f.

eignet für diesen Zweck, da sie nicht an die aufwendige Gesetzgebungsmaschinerie gebunden und so verhältnismäßig kurzfristig zu erlassen waren. Zudem signalisierten sie den Regelungsadressaten, dass sie keine absoluten und unveränderlichen Standards setzten, sondern einen eher vorläufigen Charakter besaßen.[51]

Im Reichstag stieß der Vorschlag der ausfüllenden Verordnungen zunächst auf Widerstand: Konservative Abgeordnete wollten die genannten Regelungsbereiche aufgrund ihrer Reichweite und essentiellen Bedeutung für die gesamte Bevölkerung im Gesetz geregelt sehen. Im Fall noch nicht ausgereifter und nicht ausreichend erforschter Materien sollte lieber ganz auf eine Regelung verzichtet werden; Provisorien oder ungenaue Bestimmungen wurden als unnötige Belastung für die Wirtschaft angesehen.[52] Der Widerstreit zwischen dem Prinzip möglichst frühzeitiger, aber kurzfristig änderbarer Verordnungen und dem Konzept genauer, auf umfassenden Erhebungen beruhender gesetzlicher Regelungen durchzog auch die nach dem Erlass des Nahrungsmittelgesetzes weiter andauernden Debatten – nicht zuletzt deshalb, weil der Reichstag sich zwar für die Verordnungen entschied, diese Möglichkeit jedoch in den Folgejahren kaum ausgenutzt wurde.[53]

Die Bedenken gegen die als provisorisch angesehenen Verordnungen fanden allerdings durchaus ihren Niederschlag: Das Verordnungsrecht wurde auf verbietende Vorschriften beschränkt – auch mit Rücksicht auf die Befürchtungen der Einzelstaaten, das Reich greife zu sehr in ihre Kompetenzbereiche ein.[54] Nachdem einzelne Territorialregierungen gegen die Zuweisung des Verordnungsrechts an den Kaiser protestiert hatten, wurde zudem eine zwingende Billigung durch den Bundesrat vorgeschrieben, um auf diese Weise eine gründliche Prüfung der zu regelnden Materie und eine weitreichende Berücksichtigung der territorialen Gegebenheiten zu gewährleisten.[55] Zusätzlich wurde festgelegt, dass die Verordnungen dem Reichstag zur Genehmigung vorzulegen waren – dadurch sollten sie einer hinreichenden parlamentarischen Kontrolle unterstellt werden.[56]

Ähnlich anderen eng mit der wissenschaftlichen und der industriellen Entwicklung verbundenen Gesetzen[57] sah das Nahrungsmittelgesetz eine weitgehende Flexibilität in der Normanwendung vor. Insbesondere die bewusste, wenn auch höchst umstrittene Entscheidung, unbestimmte Rechtsbegriffe aufzunehmen und deren Auslegung der Rechtsprechung zu überlassen, resultierte

51 Vgl. allgemein: *Spiecker*, S. 20 f.

52 Sten. Ber., 3. Leg., 2. Sess., 1878, 1. Bd., S. 624.

53 Dazu s. Kap. III 6.1 und VII.

54 Sten. Ber., 3. Leg., 2. Sess., 1878, 4. Bd., Anlagen, Nr. 206, S. 1353 f.

55 Ebd., S. 1349–1382.

56 Ebd., S. 1353 ff.; dazu auch die Ausführungen des Nationalliberalen Dr. Lasker, Sten. Ber., 4. Leg., 2. Sess., 1879, 1. Bd., S. 793.

57 Vgl. *Seckelmann*; *Pitschas*, S. 83–85.

aus diesem Bestreben.[58] An die Stelle einer generellen Norm wurde die auf den konkreten Einzelfall bezogene Entscheidung gesetzt, die Rechtsfindung wurde aus dem Gesetz ausgelagert und an individuelle, situationsbezogene Fakten statt an abstrakte Entscheidungskriterien gebunden. Die von Ossenbühl als modernes Phänomen missdeutete Abkehr von festen Regel-Ausnahme-Systemen hin zu Einzelfallabwägungen[59] war im Nahrungsmittelrecht des späten 19. Jahrhunderts – und nicht nur dort – bereits deutlich zu erkennen. Wie viele andere wirtschaftlich-technische Regelungen[60] sollte das Nahrungsmittelgesetz auf diese Weise anschlussfähig für außerhalb der genuinen staatlichen Rechtsetzung festgelegte Bewertungsmaßstäbe werden[61] – hier lag der Anknüpfungspunkt für die in dieser Arbeit noch zu beschreibenden privaten Normsetzungen.

Im Zentrum der Diskussionen stand die Tathandlung der »Verfälschung«, die in der ersten Vorlage der Sachverständigenkommission noch recht klar definiert wurde: Unter der Verfälschung eines Nahrungsmittels verstand die Kommission das Zusetzen oder Entnehmen von Stoffen, das eine Verschlechterung seiner Beschaffenheit zur Folge hatte oder diesem den Schein einer besseren Beschaffenheit verlieh.[62] Diese Formulierung erschien der Kommission hinreichend offen, um anschlussfähig für die fortschreitende wissenschaftliche Entwicklung zu sein. Sie blendete letztlich den in den ersten Vorlagen noch enthaltenen Richtwert der »natürlichen Beschaffenheit«[63] aus – möglicherweise auch, weil dieser angesichts der zunehmend industrialisierten Produktion paradox wirkte. Stattdessen ging sie von einer empirisch zu ermittelnden, ständig zu aktualisierenden »normalen« Beschaffenheit der Nahrungsmittel aus.

Im Lauf der Verhandlungen verlor der Begriff der Verfälschung jedoch immer mehr an Kontur und wurde schließlich ohne nähere Definition in das Gesetz aufgenommen. In die um ihn kreisenden langwierigen Debatten spielte nicht nur die Problematik hinein, Standards für eine ungewisse Zukunft setzen zu müssen. Prägend war daneben auch der in den Aushandlungsprozessen um die Nahrungsmittelregulierung allzeit präsente Konflikt zwischen den Befürwortern eines möglichst weitreichenden Verbraucherschutzes und den

58 So äußerte sich der an den Debatten teilnehmende Staatssekretär im Reichsjustizamt Dr. Friedberg zuversichtlich, dass die Richter diese Aufgabe lösen würden, s. Sten. Ber., 4. Leg., 2. Sess., 1879, 1. Bd., S. 805; vgl. dazu *Spiecker*, S. 20. Auch im Technikrecht wurden unbestimmte Rechtsbegriffe ganz bewusst gewählt, um das Recht anschlussfähig an neue wissenschaftliche und technische Entwicklungen und sich verändernde Bewertungsmaßstäbe zu halten, s. *Marburger*, S. 145–157, z. B. zum historisch geprägten Begriff der »allgemein anerkannten Regeln der Technik«.

59 *Ossenbühl*, S. 19.

60 Vgl. dazu *Vec*, Recht, insbesondere S. 288 f.

61 Vgl. *Ossenbühl*, S. 25, der für das moderne Technikrecht, das u. a. den bereits im 19. Jahrhundert verwendeten unbestimmten Rechtsbegriff des »Stands der Technik« benutzt, von »Verweisung auf metarechtliche Normen und Standards« spricht.

62 BA, R 86/2070, Anlage 1; Sten. Ber., 3. Leg., 2. Sess., 1878, 3. Bd., Anlagen, Nr. 98, S. 766.

63 BA, R 86/2070, Anlage B.

Vertretern einer nur minimalen staatlichen Steuerung, die auf die Selbstregulierung des Marktes vertrauten. Doch lassen sich die grob in zwei Richtungen einzuteilenden Positionen nicht einfach diesen beiden widerstreitenden Prinzipien zuschreiben, und das Eintreten für unbestimmte Rechtsbegriffe oder aber für exakte Definitionen fiel auch nicht unbedingt mit Parteizugehörigkeiten zusammen. Insbesondere unter den Vertretern der wirtschaftsliberalen Haltung bestand nicht zwangsläufig Einigkeit darüber, wie die freie Entfaltung der Wirtschaft am wirksamsten zu garantieren war. Einerseits befürchteten liberale Abgeordnete durch starre Definitionen eine Behinderung der wirtschaftlichen Entwicklung und des Warenverkehrs. Sie wollten es den Richtern überlassen, die Begriffe auszufüllen.[64] Keinesfalls aber lehnten sie alle, wie es die Dissertation von Marg darstellt, jegliche steuernden Eingriffe des Staates in die Wirtschaft ab.[65] Vielmehr waren die von Liberalen dominierte erste Reichstagskommission und auch einzelne Redner in den Plenumsdebatten der Auffassung, dass unbestimmte Rechtsbegriffe ein viel größeres Hindernis für die wirtschaftliche Entwicklung darstellten, da sie eine ständige Rechtsunsicherheit zur Folge hätten. Sie verlangten deshalb eine präzisere Fassung der Tatbestände und die Aufstellung von festen Beurteilungskriterien für einzelne Nahrungsmittelgruppen.[66]

Als Kompromiss zwischen einer möglichst unbestimmten Fassung der Tathandlungen und ihrer exakten Abgrenzung wurde die Einbindung der »Handels- und Geschäftsbräuche« in den Wortlaut vorgeschlagen. Ein Nahrungsmittel sollte – so die erste Reichstagskommission und einige von liberalen Abgeordneten eingebrachte Anträge im Reichstagsplenum[67] – nur dann als verfälscht anzusehen sein, wenn seine Herstellung und Beschaffenheit nicht den bestehenden Handelsbräuchen entsprach. Nicht wissenschaftliche, sondern wirtschaftliche Maßstäbe sollten ausschlaggebend für die Beurteilung der Nahrungsmittel sein – das Bemühen, eine ausschließliche Definitionsmacht der Wissenschaft auf dem Gebiet der Nahrungsmittelregulierung zu verhindern und die Wirtschaft als gleichberechtigten Akteur in die Aushandlungsprozesse einzubringen, wird hier überdeutlich.[68] Die Aufnahme der Handelsbräuche in das Gesetz stieß aber auch bei Abgeordneten auf Bedenken, die sonst durchaus für eine Schonung der Wirtschaft eintraten. Man befürchtete, dass die Orientierung an den Handelsbräuchen einer Sanktionierung von zweifelhaften Gewohnheiten gleichkomme. Angesichts der zahlreichen, regional variierenden und vielfach auch

64 So z.B. der Nationalliberale Karl Baer, s. Sten. Ber., 4. Leg., 2. Sess., 1879, 1. Bd., S. 796; ähnlich auch der Abgeordnete Flottwell, ebd., S. 807.

65 *Marg*, S. 33.

66 So der Nationalliberale Dr. Franz Armand Buhl, Sten. Ber., 3. Leg., 2. Sess., 1878, 1. Bd., S. 626f., und sein Parteifreund Dr. Karl Braun, s. ebd., S. 637f.; zur ersten Reichstagskommission: Sten. Ber., 3. Leg., 2. Sess., 1878, 4. Bd., Anlagen, Nr. 206, S. 1355f.

67 Sten. Ber., 3. Leg., 2. Sess., 1878, 4. Bd., Anlagen, Nr. 206, S. 1349–1382; Sten. Ber., 4. Leg., 2. Sess., 1879, 1. Bd., S. 787, 797, 808.

68 Sten. Ber., 3. Leg., 2. Sess., 1878, 1. Bd., S. 635.

widersprüchlichen Handelsbräuche erschien vielen Abgeordneten die Regelung wenig praktikabel.[69] Die Anträge hatten so letztlich keinen Erfolg.

Im Rahmen der Diskussionen um die strafrechtlichen Bestimmungen des Entwurfs wurde die Frage nach dem Sinn eines Sondergesetzes bzw. seinem systematischen Verhältnis zum Reichsstrafgesetzbuch aufgeworfen. Als grundsätzliches Problem wurde angeführt, dass Spezialgesetze nicht dieselbe parlamentarische Kontrolle durchliefen wie Abänderungen des Strafgesetzbuches. Hier spielte eine generelle Skepsis gegenüber der Arbeit der Sachverständigenkommission und vor allem der Vorbehalt der Juristen gegenüber der nunmehr maßgeblichen Beteiligung nichtjuristischer Experten hinein: die aus ihrer Sicht bestehenden Ungenauigkeiten und Fehler in den strafrechtlichen Teilen des Gesetzes waren vor allem den mangelnden Kenntnissen der Sachverständigen anzulasten.[70]

Die Kritik entzündete sich im Einzelnen insbesondere an Bestimmungen, in denen das Nahrungsmittelgesetz über das Reichsstrafgesetz hinausging bzw. geringere Voraussetzungen für die Erfüllung eines Tatbestands vorsah.[71] Auch die Schwere der Strafen, die das im Reichsstrafgesetzbuch vorgesehene Maß überschritten, wurde als unverhältnismäßig angegriffen.[72] Als Anträge zur Angleichung des Nahrungsmittelgesetzes an das Reichsstrafgesetzbuch scheiterten, forderten nationalliberale Abgeordnete, den gesamten strafrechtlichen Teil oder zumindest die fraglichen Bestimmungen zu streichen.[73] Es setzten sich aber die Befürworter einer Beibehaltung der engen Verbindung zwischen Prävention und Repression durch. Die praktische Zweckmäßigkeit der Strafbestimmungen wurde als vorrangig gegenüber der architektonischen Harmonie des Strafrechtssystems betrachtet.[74] Auf diese Weise wurde eine Querschnittsnormierung gebildet, die für die mit der Industrialisierung eng verbundenen Spezialgesetze typisch war: Wie zahlreiche andere technik- und wirtschaftsrechtliche Gesetze streiften die Nahrungsmittelgesetze durch die Verbindung öffentlich- und strafrechtlicher Regelungen gleich mehrere Rechtsgebiete.

Auch die präventiven Regelungen standen wiederholt im Fokus der Debatten um den Gesetzentwurf. Indem sie an die Spitze des Gesetzentwurfs gestellt wurden, sollte der Grundgedanke des Gesetzes – präventive Verhinderung von Verfälschungen statt nachträglicher Sanktionierung – betont werden.[75] Die

69 Sten. Ber., 4. Leg., 2. Sess., 1879, 2. Bd., S. 873 f.

70 Explizit begründete z. B. der nationalliberale Abgeordnete und Kreisgerichtsrat Baer seine Kritik an dem Vorhaben eines strafrechtlichen Sondergesetzes mit dem Umstand, dass dieses nicht durch Juristen, sondern durch medizinische und naturwissenschaftliche Experten beraten worden war, s. Sten. Ber., 4. Leg., 2. Sess., 1879, 1. Bd., S. 796, 880.

71 So z. B. §§ 12 und 13 Nahrungsmittelgesetz, die – anders als § 324 RStGB – auch gesundheitsschädigende Nahrungsmittel umfassten und das Verschweigen der Gesundheitsschädlichkeit nicht als Tatbestandsvoraussetzung aufführten.

72 Sten. Ber., 4. Leg., 2. Sess., 1879, 2. Bd., S. 874, 877.

73 Ebd., S. 878.

74 Ebd., S. 129, 879.

75 Sten. Ber., 3. Leg., 2. Sess., 1878, 3. Bd., Anlagen, Nr. 98, S. 770.

Reichweite der präventiven Überwachung wurde jedoch wiederholt angegriffen, insbesondere die vorgesehenen Visitationsrechte der Gesundheitspolizei hielten viele für zu weitreichend. Der Gesetzentwurf der Sachverständigen zog zwar der Überwachung klare Grenzen, indem er die Revisionen auf die Geschäfts- und Lagerräume beschränkte.[76] Dennoch waren gerade diese Bestimmungen Ansatzpunkt für eine Verurteilung des Entwurfs als einseitig. Der Schutz der Konsumenten ging vielen Abgeordneten – vor allem aus den liberalen Parteien – zu weit. Von einer ungesunden Machtkonzentration bei der Polizei, dauerhafter polizeilicher Kontrolle und polizeilicher Willkür war die Rede. Handel und Verkehr würden in einem unverhältnismäßigen Umfang beeinträchtigt, der in keinem Verhältnis zu den zu erwartenden Erfolgen der Kontrolle stünde.[77] Die Visitationen wurden schließlich auf die Verkaufsräume beschränkt.[78] Nicht geregelt wurden hingegen, wie es im Reichstag gefordert worden war, die Organisation der Kontrollen, ihre Frequenz und die Vorbildung sowie die Unterweisung der Überwachungsbeamten.[79]

Dies war einem weiteren Konflikt geschuldet, der die Diskussionen prägte: Die Frage der Kompetenzabgrenzungen zwischen Reich und Einzelstaaten. Ein wesentlicher Antrieb zur Schaffung eines Nahrungsmittelgesetzes war der sich ausweitende Warenverkehr, der – so der Befund – bereits innerhalb des Deutschen Reiches dadurch erheblich behindert werde, dass die Nahrungsmittelüberwachung regional und lokal sehr unterschiedlich ausgestaltet sei.[80] Die disparaten Regelungen zur Nahrungsmittelqualität einander anzugleichen lag deshalb vor allem im Interesse der Wirtschaft.[81] Das Gesetz sollte die Voraussetzungen für eine Angleichung der bundesstaatlichen Vorschriften schaffen, es stellte eine »potentielle ex-ante Harmonisierung« dar, wie Gerold Ambrosius es nennt.[82] Damit fügte es sich in die Reihe der zahlreichen, seit Anfang der 1870er Jahre erlassenen Gesetze ein, die Michael Stolleis unter dem Begriff der »inneren Reichsgründung« zusammenfasst[83] und die mindestens als Nebenaspekt das Ziel verfolgten, die durch die Reichsgründung verheißene Vereinheitlichung des Wirtschaftsraums voranzutreiben und Handelshemmnisse zu beseitigen.[84]

76 BA, R 86/2070, Anlage I, Abschnitt C. Leichte Veränderungen finden sich im schließlich dem Reichstag übergebenen Entwurf: Sten. Ber., 3. Leg., 2. Sess., 1878, 3. Bd., Anlagen, Nr. 98.
77 Sten. Ber., 3. Leg., 2. Sess., 1878, 1. Bd., S. 631 f.; Sten. Ber., 4. Leg., 2. Sess., 1. Bd., 1879, S. 129.
78 Sten. Ber., 4. Leg., 2. Sess., 1879, 4. Bd., Anlagen, Nr. 59, S. 541.
79 Sten. Ber., 4. Leg., 2. Sess., 1879, 1. Bd., S. 129.
80 Dazu s. Kap. II 2.
81 Vgl. dazu *Ambrosius*, Wettbewerb, S. 66 f.; *Di Fabio*, S. 3 f.
82 *Ambrosius*, Wettbewerb, S. 68
83 *Stolleis*, Reichsgründung, insbesondere S. 210–213.
84 *Wischermann/Nieberding*, S. 155; s. auch *Stolleis*, Reichsgründung, insbesondere S. 223 f.

Dies war im Bereich der Nahrungsmittelregulierung jedoch ein ständiges Vabanquespiel: Vor allem Bayern protestierte wiederholt gegen Bestimmungen, die seiner Ansicht nach zu sehr auf Gebiete übergriffen, die eigentlich der territorialen Regelung überlassen waren. Ausschlaggebend für diese Abwehrhaltung war wohl der Umstand, dass Bayern selbst die Reformierung der Nahrungsmittelüberwachung bereits sehr weit vorangetrieben hatte und dementsprechend nicht bereit war, die erst kürzlich vorgenommenen Regelungen erneut ändern zu müssen.[85] Immerhin konnte Bayern die Aufnahme der Feststellung ins Bundesratsprotokoll erreichen, dass das Gesetz die in den einzelnen Staaten bestehende Organisation der Nahrungsmittelkontrolle nicht zu ändern beabsichtige; erst danach stimmte es einer reichsrechtlichen Nahrungsmittelgesetzgebung zu.[86] Das Nahrungsmittelgesetz war somit auf eine Rahmengesetzgebung beschränkt: Zwar gingen reichsrechtliche Regelungen landesrechtlichen vor; dies galt jedoch nur für den Fall, dass bislang noch keine landesrechtlichen Bestimmungen zu der fraglichen Materie bestanden; die landesrechtliche Befugnis zum Erlass von Vorschriften auf gleichen Gebieten blieb außerdem unvermindert bestehen.[87] Das Gesetz bildete – auch durch die Festlegung, dass die ausfüllenden Kaiserlichen Verordnungen nur mit Zustimmung des Bundesrates zu erlassen waren – einen Kompromiss zwischen einer zentralstaatlichen und einer bundesstaatlichen Lösung.[88] Man erkannte an, dass die historisch gewachsenen Regelungen gerade im Bereich des Nahrungsmittelrechts eng mit der kulturellen Identität zusammenhingen, und beließ es deshalb bei der Festschreibung von Mindeststandards. Immerhin aber wurde das Ursprungslandsprinzip akzeptiert: Nahrungsmittel, die in einem Bundesstaat zugelassen waren, konnten ohne Hindernisse in anderen Einzelstaaten in den Verkehr gelangen.[89]

Etwas weiter vor wagten sich die Entwürfe zum Nahrungsmittelgesetz hinsichtlich der Überwachungsorganisation. Dem Gesundheitsamt wie auch der Sachverständigenkommission schwebte als »wohlausgerüsteter technischer Körper« der Nahrungsmittelüberwachung ein System aus lokalen Untersuchungsstationen mit einer Zentralstation an der Spitze vor.[90] Bereits innerhalb der Kommission wurden aber Warnungen hinsichtlich weitreichender Eingriffe in die Autonomie der Gemeinden und in die territoriale Gesetzgebung laut.[91] In Verbindung mit den Protesten Bayerns führte dies dazu, dass von den ursprünglich vorgesehenen detaillierten Regelungen schon im ersten Gesetzentwurf nur die Bestimmung übrig blieb, dass die für Vergehen gegen das Nahrungsmittel-

85 Vgl. dazu *Pappe*, S. 103f. Die »Blockadepolitik« Bayerns beruhte zudem auch darauf, dass es ihm aufgrund der Stimmverhältnisse im Bundesrat nur selten gelang, seine Wünsche durchzusetzen.

86 *Pappe*, S. 108f.; *Reusch*, S. 68f.

87 Sten. Ber., 3. Leg., 2. Sess., 1878, 3. Bd., Anlagen, Nr. 98, S. 769, 775.

88 *Ambrosius*, Wettbewerb, S. 68f.

89 Ebd.

90 BA, R 86/2071.

91 BA, R 86/2070.

gesetz verhängten Geldstrafen den Untersuchungsanstalten zukommen sollten.[92] Ebenso scheiterte in der ersten Reichstagskommission ein Antrag auf eine vom Reichskanzler zu erlassende Anweisung an die Regierungen, die diese zur Errichtung von Kontrollstationen sowie zur Verständigung über eine übereinstimmende Organisation der Überwachung anhalten sollte.[93] Konkrete Hinweise auf die Notwendigkeit der Einrichtung von Untersuchungsanstalten blieben somit den Motiven des Gesetzentwurfs vorbehalten, die auch Empfehlungen zur Zusammensetzung der Mitarbeiterstruktur und zur Finanzierung abgaben.[94]

1.3 Endgültige Fassung des Gesetzes

Das am 14. Mai 1879 schließlich ratifizierte Nahrungsmittelgesetz[95] war mit nur 17 kurzen Paragraphen deutlich knapper gefasst als die ersten Vorlagen der Sachverständigenkommission. Während die §§ 1 bis 4 die vorbeugende Kontrolle festsetzten, regelten die drei folgenden Paragraphen den Erlass von Ausführungsbestimmungen, die §§ 8 bis 16 enthielten die strafrechtlichen Tatbestände und Strafbewehrungen, § 17 betraf die Untersuchungsanstalten.

Die vorbeugende Kontrolle sollte durch die Beaufsichtigung des Nahrungsmittelverkehrs erreicht werden: Polizeibeamte wurden ermächtigt, in den Räumlichkeiten, in denen Nahrungsmittel angeboten wurden, oder an öffentlichen Verkaufsplätzen Proben zu entnehmen. Für bereits nach dem Nahrungsmittelgesetz Verurteilte wurde eine Revisionsbefugnis für die Aufbewahrungs- oder Herstellungsräume ausgesprochen. Die Zuständigkeit der Behörden und Beamten richtete sich nach Landesrecht. (§ 9). Durch Kaiserliche Verordnungen konnten spezielle Verbote erlassen werden, die bestimmte Herstellungs-, Verpackungs- und Aufbewahrungsarten, den Fleisch- und Viehverkauf und die Herstellung gewisser Gebrauchsgegenstände sowie den Petroleumhandel betrafen (§ 5). Auch das gewerbsmäßige Herstellen und Verkaufen von Gegenständen, die zur Fälschung von Nahrungs- und Genussmitteln verwendet wurden, konnte nach § 6 durch Kaiserliche Verordnungen verboten werden. § 8 bestimmte die Strafmaße für Übertretungen der auf dem Verordnungsweg erlassenen Verbote.

Das Nahrungsmittelgesetz erweiterte das Strafrecht im Bereich der Vorfeldhandlungen und dehnte die bisher bestehenden Gefährdungshandlungen aus: Nahezu alle Handlungen im Zusammenhang mit dem In-Verkehr-Bringen von Nahrungs-, Genussmitteln und bestimmten Gebrauchsgegenständen, die geeignet waren, die Gesundheit zu beeinträchtigen, oder der Täuschung dienten,

92 Ebd.

93 Sten. Ber., 3. Leg., 2. Sess., 1878, 4. Bd., Anlagen, Nr. 206, S. 1361 f.

94 Sten. Ber., 4. Leg., 2. Sess., 1879, 4. Bd., Anlagen, Nr. 7, S. 172–255.

95 Gesetz, betr. den Verkehr mit Nahrungsmitteln, Genußmitteln und Gebrauchsgegenständen, vom 14. Mai 1879, in: RGBl 1879, S. 145–148.

wurden unter Strafe gestellt. Umfasst waren somit nicht mehr nur das In-Verkehr-Bringen selbst, sondern auch dessen Vorbereitungshandlungen. Den zentralen Tatbestand enthielt § 10: Er legte die Strafmaße für das Nachmachen oder Verfälschen von Nahrungs- und Genussmitteln zum Zweck der Täuschung im Handel sowie für den wissentlichen Verkauf von nachgemachten, verfälschten oder verdorbenen Nahrungsmitteln unter Verschweigen dieses Umstands oder mit einer täuschenden Bezeichnung fest. In subjektiver Hinsicht reichte auch fahrlässiges Handeln aus (§ 11), so dass das Gesetz nun dem Verkäufer eine vielfach in den bisherigen Bestimmungen vermisste Sorgfaltspflicht auferlegte. Für die fahrlässige Erfüllung des Tatbestandes galt jedoch eine Strafmaßreduzierung. Ergänzend wurden als Erfolgsqualifikationen die Verursachung einer Gesundheitsschädigung, einer Gesundheitszerstörung, einer schweren Körperverletzung oder des Todes eines Menschen aufgenommen (§§ 12, 13), für die verschärfte Gefängnis- und Geldstrafen vorgesehen waren (§ 15). Auch bei den qualifizierten Tatbeständen waren abgemilderte Strafmaße für eine fahrlässige Begehung festgeschrieben (§ 14).

Neben je nach Schwere der Tat abgestuften Geld- und Haftstrafen bestanden Nebenstrafen bzw. sichernde Maßnahmen: Für den Verkauf oder die Herstellung gesundheitsschädlicher Nahrungs- und Genussmittel konnten neben der Gefängnisstrafe auch die bürgerlichen Ehrenrechte aberkannt werden. § 16 ermöglichte die öffentliche Bekanntmachung der Verurteilung sowie auf Wunsch des Angeschuldigten auch des Freispruchs. In § 17 wurde den jeweiligen öffentlichen Untersuchungsanstalten die auf Grund des Gesetzes verhängten Geldstrafen zugesprochen.[96] Das Gesetz wurde bis zum Erlass seines Nachfolgers im Jahr 1927 nur in einem Punkt modifiziert: 1887 wurde festgelegt, dass dem rechtskräftig Verurteilten auch die durch die polizeiliche Untersuchung entstandenen Kosten aufzuerlegen waren.[97]

Das Nahrungsmittelgesetz stellte zwar eine deutliche Anpassung der Vorschläge des Expertengremiums an die Interessen der Wirtschaft dar. Extrem wirtschaftsfreundliche Vorstellungen wie die Aufnahme der Handels- und Gewerbebräuche als orientierende Richtlinie für die Bewertung der Nahrungsmittelqualität konnten sich letztendlich aber nicht durchsetzen. Ausschlaggebend waren hier nicht nur die veränderten Konstellationen im Reichstag und der Kurswechsel Bismarcks, durch den die Koalition aus Zentrum und Konservativen in Gesetzgebungsfragen mehr Gewicht bekam. Vielmehr traten auch Liberale – insbesondere unter dem Eindruck der Gründerkrise – durchaus für ein gewisses Maß staatlicher Wirtschaftsregulierung ein. Gesetze wurden als Instrumente zur Sicherung der Funktionsfähigkeit des Marktes angesehen; der Staat sollte nicht nur die schwächeren Marktteilnehmer vor opportunistischem

96 Siehe zu diesen Abschnitten insbesondere: *Weber*, Entwicklung, S. 65–69.

97 Gesetz, betr. die Abänderung des Gesetzes über den Verkehr mit Nahrungsmitteln, Genußmitteln und Gebrauchsgegenständen vom 14. Mai 1879, vom 29. Juni 1887, in: RGBl 1887, S. 276.

Verhalten schützen, sondern auch die notwendigen Rahmenbedingungen für die Entfaltung der Wirtschaft bieten und Fehlentwicklungen auf den Märkten vorbeugen.[98] Von einer »ängstliche[n] Schonung des freien Verkehrs«, wie Geyer 2001 konstatiert, kann so keinesfalls gesprochen werden.[99] Die »vorsichtige Zurückhaltung«, die nach Geyer vor allem dort bestimmend war, wo es nicht um den Gesundheitsschutz ging,[100] war weniger dem Bestreben, die Wirtschaft zu schonen, sondern eher dem Bemühen geschuldet, das Gesetz möglichst flexibel und anpassungsfähig an künftige Entwicklungen zu gestalten.

2. Die Implementierung des Nahrungsmittelgesetzes in den Einzelstaaten

Entsprechend dem teils heftigen Beharren der Einzelstaaten auf ihren Kompetenzbereichen verblieb die Organisation der Nahrungsmittelüberwachung in der territorialen und kommunalen Verantwortung. Da jedoch gerade die uneinheitliche Ausführung der Überwachung ein Kernpunkt der Kritik an der bisherigen Nahrungsmittelgesetzgebung gewesen war, wurde parallel zu den Beratungen zum Nahrungsmittelgesetz eine zweite Expertenkommission eigens zu dem Zweck eingesetzt, einheitliche Richtlinien für die Organisation und Arbeitsweise der Untersuchungsanstalten, ein sogenanntes Normalstatut, auszuarbeiten.[101] Ein solches Vorhaben erschien umso dringlicher, als in vielen Regionen insbesondere Süddeutschlands angesichts der Vorbereitungen zum Nahrungsmittelgesetz neue Anstalten in unterschiedlicher Trägerschaft gegründet werden sollten. Wollte man eine weitere Zersplitterung verhindern und tatsächlich eine schlagkräftige, überall im Deutschen Reich nach den gleichen Prinzipien arbeitende Nahrungsmittelüberwachung schaffen, musste jetzt eine Richtung für die weitere Entwicklung vorgegeben werden, zumal viele der jungen Anstalten sich an das Kaiserliche Gesundheitsamt wandten und um Empfehlungen für ihre Organisation baten.[102]

Die von der Normalstatut-Kommission erstellte Denkschrift[103] schlug die Einrichtung von Gesundheitsausschüssen aus Sachverständigen verschiedener Disziplinen unter dem Vorsitz des örtlichen Polizeivorstehers vor. Die Aus-

98 Vgl. *Wischermann/Nieberding*, S. 155.

99 *Geyer*, S. 88; ähnlich auch *Ambrosius*, Wettbewerb, S. 68.

100 *Geyer*, S. 88.

101 Zu den Beratungen s. die Sitzungsprotokolle, in: BA, R 86/2106.

102 Schreiben des Kaiserlichen Gesundheitsamtes an das Reichskanzleramt, Berlin, 19. August 1877, in: BA, R 86/2105; Einladungsschreiben des Kaiserlichen Gesundheitsamtes für die Sitzungen der Sachverständigenkommission, Berlin, 30. November 1877, in: ebd.

103 Anlage A: Grundlagen zur Beantwortung der Frage, wo und wie städtische Anstalten zur Vornahme hygienisch-technischer Untersuchungen einzurichten seien, in: BA, R 86/2106; zu den im Folgenden dargestellten Beschlüssen der Kommission s. Anlagen B und C,

schüsse sollten bei allen für die Gesundheitspolizei maßgeblichen Anordnungen und Maßnahmen gehört werden und auch selbst derartige Vorhaben anstoßen. Als technische, ebenfalls interdisziplinär zu besetzende Hilfsorgane waren ihnen die Untersuchungsanstalten für alle hygienischen Belange beizuordnen; sie sollten die für die Überwachung vor Ort eingesetzten Polizeibeamten unterweisen. Eine zentrale Empfehlung der Kommission richtete sich darauf, den Untersuchungsanstalten amtlichen Charakter zu verleihen und die Mitarbeiter zu vereidigen. Vorgeschlagen wurden zudem zentrale staatliche Kontrollstationen; diese sollten in besonders prekären Fällen Obergutachten erteilen und die Ergebnisse der lokalen Anstalten zusammenfassen sowie Richtlinien für deren Arbeit aufstellen.

Eine direkte Umsetzung der von der Kommission festgesetzten Prinzipien in eine verbindliche Verordnung oder einen empfehlenden Erlass erfolgte jedoch nicht; es blieb in das Belieben der Einzelstaaten gestellt, inwieweit sie sich an den Vorgaben der Kommission orientierten. Vielfach ist zwar zu erkennen, dass Grundgedanken dieses Modells aufgegriffen wurden, doch setzten diese sich längst nicht in allen Staaten in der gleichen Art und vor allem nicht gleichermaßen schnell durch.

2.1 Bayern und Preußen: Systematisierung der Überwachung und aufholende Entwicklung

Nach Erlass des Nahrungsmittelgesetzes änderte sich in Bayern zunächst wenig: Zwar galt die Regulierung der Nahrungsmittelqualität hier als vorbildlich, ein einheitlich organisiertes Netz von Untersuchungsanstalten ließ aber auf sich warten.[104] Die Verträge zwischen Behörden und privaten bzw. universitären Laboratorien waren sehr unterschiedlich ausgestaltet, ebenso die Organisation der einzelnen Anstalten sowie die Art und Intensität der Kontrollen.[105] Zudem waren die Arrangements nicht auf Dauer gestellt und daher ständig in ihrem Bestand gefährdet. Die bestehende Kontrollpraxis wurde zunächst lediglich punktuell ausgeweitet, indem einige wenige Städte eigene neue Anstalten gründeten[106]

in: ebd. Die Mitgliederliste der Kommission findet sich in einem Schreiben des Kaiserlichen Gesundheitsamtes an das Reichskanzleramt, Berlin, 18. September 1877, in: BA, R 86/2105.

104 Als Übersicht zur bayerischen Nahrungsmittelgesetzgebung nach dem Erlass des Nahrungsmittelgesetzes: *Seydel*, 1. Aufl., Bd. 5.1, S. 136–140; ders., 3. Aufl., Bd. 2, S. 265–268.

105 So die Einschätzung des Innenministeriums in der Rückschau, s. Schreiben des bayerischen Innenministeriums an das bayerische Kultusministerium, München, 13. Juni 1883, in: BayHStA, MJu 17684; Schreiben des bayerischen Außenministeriums an das Reichsamt des Innern, München, 12. März 1881, in: BayHStA, MInn 62585.

106 So Lindau und Kaiserslautern, s. Schreiben der Regierung von Schwaben und Neuburg an das bayerische Innenministerium, Augsburg, 22. Januar 1881, in: BayHStA, MInn 62585.

und eine wachsende Zahl von Gemeinden Verträge mit Laboratorien über die regelmäßige Untersuchung von eingesandten Proben zu einem festen Jahressatz abschloss.[107] Die Untersuchungsanstalten dehnten ihre räumlichen Wirkungskreise mehr und mehr aus und die Zahl der Untersuchungen nahm zu.[108] In vielen Regierungsbezirken bestanden jedoch noch gar keine Einrichtungen zu regelmäßigen Nahrungsmitteluntersuchungen. Gerade die kleineren Gemeinden waren in dieser Hinsicht rückständig.[109] Nicht wenige Einrichtungen berichteten zudem von Schwierigkeiten, geeignetes Personal zu finden, die vor allem aus der abschreckend niedrigen bzw. schwankenden Besoldung resultierten. Die angespannte Finanzlage vieler Anstalten zwang diese zudem häufig dazu, ihre Tätigkeit einzuschränken.[110] Aus diesen Gründen bemühten sich private Anstalten bald nach der Verabschiedung des Reichsgesetzes, in staatliche Einrichtungen umgewandelt zu werden oder zumindest eine Zuweisung der Strafgelder im Sinne des § 17 des Nahrungsmittelgesetzes zu erwirken.[111]

Erfolg hatten sie mit diesem Anliegen vorerst nicht. Um die Versuchsstation in Würzburg und das oberfränkische Apothekerbureau entbrannte z. B. ein langwieriger Streit, nicht zuletzt auch zwischen verschiedenen bayerischen Ministerien. Die Zuwendung der Strafgelder wurde den Anstalten verweigert, da ihre rechtliche Stellung angeblich nicht den Anforderungen des Nahrungsmittelgesetzes entsprach. Gleichzeitig wurde aber auch die Umwandlung in staatliche Einrichtungen mit der Begründung abgelehnt, dass eine uniforme Gestaltung der Anstalten den unterschiedlichen Erfordernissen der einzelnen Kreise nicht gerecht werde. Otmar Pappe vermutet als wahre Hintergründe finanzielle Motive sowie interne Spannungen zwischen Kabinett und Abgeord-

107 1880 traf beispielsweise der Magistrat der Stadt München eine derartige Vereinbarung mit dem hygienischen Institut der Universität München und deren Leiter Max von Pettenkofer, und auch das bayerische Innenministerium nutzte die Station regelmäßig, s. Schreiben von Pettenkofers an das Innenministerium, München, 1. November 1879, in: BayHStA, MInn 62577; Antwort des Innenministeriums, München, 11. März 1880, in: ebd.

108 Schreiben der Regierung von Mittelfranken an das bayerische Innenministerium, Ansbach, 15. Januar 1881, in: BayHStA, MInn 62585; Antworten der Bezirksregierungen auf ein Rundschreiben des Innenministeriums bezüglich des Runderlasses des Reichsamtes des Innern vom 30. Juni 1880, der die Landesregierungen zum Bericht über die bestehenden Untersuchungsanstalten aufforderte, in: ebd.

109 Schreiben der Regierung der Oberpfalz und von Regensburg an das bayerische Innenministerium, Regensburg, 8. Januar 1881, in: BayHStA, MInn 68585; Schreiben des Bezirksamtes Rehau an die Regierung von Oberfranken, Rehau, 5. Januar 1881, in: ebd.; Schreiben A. Hilgers an das bayerische Innenministerium, Erlangen, 13. Dezember 1881, in: BayHStA, MInn 62577.

110 S. z. B. Bericht der Versuchsstation des unterfränkischen Weinbauvereins und des landwirtschaftlichen Vereins für Unterfranken über das Jahr 1880, in: BayHStA, MInn 65285.

111 Schreiben der Regierung von Unterfranken und Aschaffenburg an das bayerische Innenministerium, Würzburg, 26. Februar 1881, in: BayHStA, MInn 62585; Schreiben des Leiters der Untersuchungsstation des Weinbauvereins an das bayerische Innenministerium, Würzburg, 15. Mai 1881, in: ebd.

netenkammer.[112] Doch auch wenn sie nicht zum Erfolg führten, waren die Auseinandersetzungen ein weiterer Schritt in der Entwicklung des bayerischen Überwachungssystems, da sie zumindest Anlass boten, den Begriff der öffentlichen Anstalt zu reflektieren.[113]

Angestoßen durch ein Gutachten des Obermedizinalausschusses sowie Vorschläge des Erlanger Professors für Nahrungsmittelchemie Albert Hilger, wurde 1884 schließlich eine Königliche Verordnung in Kraft gesetzt.[114] Da es erneut zu internen Auseinandersetzungen um die Finanzierungsfrage gekommen war,[115] legte eine ergänzende Bekanntmachung genauere Regelungen zum Geschäftsgang der Untersuchungsanstalten, dem Gutachtenverfahren und insbesondere einen Gebührentarif fest.[116] Aus finanziellen Gründen wurde nicht für jeden Regierungsbezirk eine Untersuchungsanstalt errichtet, sondern die Verordnung erklärte die drei an den Universitäten München, Erlangen und Würzburg angesiedelten Laboratorien zu öffentlichen Untersuchungsanstalten im Sinne des Nahrungsmittelgesetzes und verlieh zusätzlich zwei landwirtschaftlichen Versuchsstationen einen ähnlichen Status.[117] Unter bestimmten Voraussetzungen eröffnete die Verordnung zudem die Möglichkeit, städtische Anstalten als öffentliche anzuerkennen. Noch im Erlassjahr 1884 verlieh das Innenministerium den Untersuchungsanstalten in Fürth und Nürnberg öffentlichen Charakter, 1905 folgte Regensburg, 1912 Ludwigshafen.[118]

112 *Pappe*, S. 132. Ebenso waren die Landräte aus finanziellen Gründen nicht zu einer Überführung in Kreisanstalten bereit, dazu Schriftwechsel in: BayHStA, MInn 62585, sowie zum gesamten Vorgang um die beiden Anstalten Schreiben des bayerischen Innenministeriums an das bayerische Kultusministerium, München, 13. Juni 1883, in: BayHStA, MJu 17684.

113 *Pappe*, S. 128f.

114 Gutachten des Obermedizinalausschusses vom 7. März 1882, in: BayHStA, MInn 62578; Schreiben Hilgers an das bayerische Innenministerium, Erlangen, 21. September 1879, in: BayHStA, MInn 62583; Schreiben Hilgers an das bayerische Innenministerium, Erlangen, 18. Dezember 1881, in: BayHStA, MInn 62578; Königlich Allerhöchste Verordnung vom 27. Januar 1884, in: GVBl Bayern 1885, S. 43–48.

115 Zu den Diskussionen im Einzelnen: Schreiben des bayerischen Finanzministeriums an das bayerische Innenministerium, München, 27. Juli 1883, in: BayHStA, MJu 17684; Schreiben des bayerischen Innenministeriums an die Regierung der Pfalz, München, 14. November 1883, in: ebd.; Schreiben des bayerischen Innenministeriums an das bayerische Kultusministerium, München, 14. November 1883, in: ebd.; Schreiben des bayerischen Finanzministeriums an das bayerische Innenministerium, München, 12. Dezember 1883, in: ebd.; Schreiben des Innenministeriums an das Justizministerium, München, 18. Dezember 1883, in: ebd.

116 Bekanntmachung, München, 2. Februar 1884, in: GVBl Bayern 1885, S. 49–52.

117 Schreiben des bayerischen Außenministeriums an das Reichsamt des Innern, München, 14. Juni 1897, in: BA, R 86/2110, dazu *Pappe*, S. 137–139.

118 Bekanntmachung vom 28. Januar 1884, in: GVBl Bayern 1884, S. 183; Bekanntmachung, vom 20. Mai 1905, in: GVBl Bayern 1905, S. 481f.; Bekanntmachung vom 18. Mai 1912, in: GVBl Bayern 1912, S. 635f.; *Weber*, Gesetz- und Verordnungen-Sammlung, Bd. XVI, S. 498f.

Alle Einrichtungen mussten auf Ersuchen der mit der Nahrungsmittelkontrolle betrauten Behörden technische Untersuchungen vornehmen und Gutachten über deren Ergebnisse abgeben; sie traten damit in der Nahrungsmittelüberwachung an die Stelle der Medizinalkomitees, waren aber entsprechend der strengen Trennung zwischen begutachtender Tätigkeit von Sachverständigen und der anordnenden Zuständigkeit der Polizeibehörden im bayerischen Recht mit keinerlei Hoheitsrechten und polizeilichen Befugnissen ausgestattet.[119] Jede Station erhielt einen festen Wirkungskreis.[120] Zwar gab das Innenministerium den finanziellen Rahmen vor, den Einrichtungen blieb es aber unbenommen, mit einzelnen Gemeinden Vereinbarungen über regelmäßige Untersuchungen zu treffen. Offenbar gelang es ihnen, ihren Betrieb zum größten Teil durch eigene Einnahmen, d.h. die zugewiesenen Geldstrafen, Pauschalvergütungen durch Vertragsgemeinden und Gebühren Privater, zu decken.

Die Verordnung von 1884 verstaatlichte die aus privaten Initiativen hervorgegangenen, bisher eher lose mit staatlichen Einrichtungen verbundenen Laboratorien und unterwarf sie einer einheitlichen Organisation und Führung. Einzelne private Laboratorien wurden damit aus der Vielzahl der bestehenden Einrichtungen herausgehoben und autorisiert; der Staat übernahm die Gewähr für ihre Vertrauenswürdigkeit und fachliche Qualifikation. Behörden und Privaten wurde auf diese Weise die Auswahl der Sachverständigen und Ansprechpartner erleichtert oder gar abgenommen.[121] Eine Arbeitsteilung fand statt: Der Territorialstaat schuf den rechtlichen und organisatorischen Rahmen, in dem ehemals private, nun staatlich autorisierte Institutionen die reichsrechtlichen Normen in die tägliche Überwachungspraxis überführten. Die Grundlagen dieses Systems wurden in der Folgezeit wenig berührt. Verschiedene Verordnungen der 1890er Jahre nahmen neben der Aufstellung neuer Gebührentarife lediglich Änderungen hinsichtlich der Amtsbezeichnungen der Vorstände und der Hierarchien innerhalb der Anstalten vor.[122]

119 Deshalb wurde auch der Titel »Anstalt« (statt Amt oder Behörde) gewählt, um den Anschein einer neuen Behörde mit exekutiver Gewalt zu vermeiden, s. dazu z.B. Schreiben des bayerischen Innenministeriums an das bayerische Justizministerium, München, 18. Dezember 1883, in: BayHStA, MJu 17684.

120 Im Falle der Münchener Einrichtung waren dies die Regierungsbezirke Oberbayern, Niederbayern, Schwaben und Neuburg; der Einzugsbereich der Anstalt zu Erlangen erstreckte sich auf die Regierungsbezirke Mittelfranken, Oberpfalz und Regensburg, derjenige der Würzburger Station auf den Regierungsbezirk Unterfranken und Aschaffenburg.

121 Vgl. *Kayser*, S. 151.

122 Bekanntmachung vom 7. März 1890, in: JMBl Bayern 1890, S. 53f.; Ministerialbekanntmachung vom 25. Juli 1890 mit neuem Gebührentarif, in: GVBl Bayern 1890, S. 517; Königlich Allerhöchste Verordnung vom 5. Juli 1892, in: GVBl Bayern 1892, S. 435–437; Königlich Allerhöchste Verordnung vom 26. Juni 1898, in: GVBl Bayern 1898, S. 351–353. 1908 wurde außerdem festgelegt, dass die Leiter der pharmazeutischen Institute und Laboratorien für angewandte Chemie an den Universitäten der jeweiligen Standorte der Unter-

Die einheitliche Organisation der Untersuchungsstationen gewährleistete allein jedoch noch keine effektive Überwachung des Nahrungsmittelmarktes. Ein zentrales Problem stellten die Probeentnahmen und Voruntersuchungen durch die Polizeibeamten dar, die nach Ansicht der Wissenschaftler nicht fachgerecht durchgeführt wurden. Nach wenig erfolgreichen Bemühungen, Polizeibeamte in Lehrkursen zu schulen,[123] setzte sich schließlich das von Seiten der Wissenschaft favorisierte Modell der sogenannten ambulanten Kontrolle durch,[124] d. h., die Sachverständigen übernahmen neben Nahrungsmittelüberprüfungen auch hygienische Kontrollen in den Betrieben vor Ort.[125]

Die Einbindung der Untersuchungsanstalten verlief jedoch zunächst nicht ohne Schwierigkeiten, da die Gemeindebehörden vielfach nicht willig waren, die verlangten Preise zu bezahlen, und vielerorts die polizeiliche Überwachung gefürchtet wurde. Allmählich aber wurde die Arbeit der Anstalten respektiert und ihre Notwendigkeit erkannt; sie nahmen nach und nach alle Gemeinden Bayerns unter Vertrag. Auch wenn es sich um freiwillige Vereinbarungen handelte, bildeten diese doch das Rückgrat der Kontrolle und die finanzielle Basis der Untersuchungsstationen.[126] Die Jahresberichte konstatieren regelmäßig eine Zunahme des Auftragsvolumens, aber auch der Beanstandungen vor Gericht.[127]

Die von der Verordnung von 1884 vorgeschriebenen regelmäßigen Berichte der Anstalten dienten auch dazu, auf besonders dringende Missstände hinzuweisen und mögliche Lücken in der Gesetzgebung und Regulierung aufzuzeigen. Auf ihrer Basis ergingen wiederholt Anweisungen des Innenministeriums an die Distriktsbehörden, die beispielsweise zur Intensivierung der polizeilichen Kontrollen oder zur verstärkten Verfolgung bestimmter Übertretungen des Nahrungsmittelgesetzes aufforderten, präventive Visitationen anmahnten

suchungsanstalten in Nebenfunktion automatisch den Vorstand der Untersuchungsanstalten übernahmen, s. Königlich Allerhöchste Verordnung vom 10. Dezember 1908, in: GVBl Bayern 1908, S. 1051–1064.

123 S. dazu verschiedene Schreiben der Untersuchungsanstalten in: BayHStA, MInn 62610.

124 Verschiedene Schreiben in: StaatsA München, LRA Nr. 149050; Dienstanweisung für die Kontrolle der Nahrungsmittel in den Gemeinden durch die Beamten der Untersuchungsanstalten sowie Schriftwechsel von 1897 dazu, in: BayHStA, MInn 62610; dazu auch *Pappe*, S. 166f.

125 Sendtner, Über die Bedeutung der ambulanten Thätigkeit bei der Ausübung der Lebensmittelkontrolle, in: ZUNG 4 (1901), S. 1106–1115.

126 Bericht über die Tätigkeit der Kgl. Untersuchungsanstalt zu Erlangen vom 1. März bis 31. Dezember 1884, in: BayHStA München, MInn 62614.

127 Schreiben der Regierung von Oberbayern an die Distriktspolizeibehörden des Regierungsbezirkes, München, 6. Mai 1893, in: StaatsA München, LRA Nr. 149050; Schreiben der Regierung von Oberbayern an die Distriktspolizeibehörden des Regierungsbezirkes, München, 21. April 1894, in: ebd. Die Regierung von Oberbayern stellte beispielsweise für die Zeit zwischen 1885 und 1895 ein Anwachsen der untersuchten Gegenstände von 4.512 auf 25.985 und einen Anstieg der Besuche auswärtiger Gemeinden von 94 auf 1.291 fest, s. Schreiben Regierung von Oberbayern, München, 4. Mai 1895, an die Distriktspolizeibehörden des Regierungsbezirkes, in: ebd.

und um eine regelmäßige Beachtung der Ergebnisse der Untersuchungsstationen baten.[128] Traten bestimmte Manipulationen vermehrt auf, wurden zeitweilig unvermutete Besuche bestimmter Gewerbezweige angeordnet.[129] Auch neue Verordnungen basierten nicht zuletzt auf den Erfahrungsberichten der Untersuchungsanstalten. Die ministeriellen Vorschriften, ober-, distrikts- und ortspolizeilichen Regelungen räumten zwar wie in der Zeit vor dem Erlass des Nahrungsmittelgesetzes den Grundnahrungsmitteln aufgrund ihrer weiten Verbreitung oder besonderen Problemanfälligkeit Vorrang ein. Sie nahmen aber zudem neue Erkenntnisse, Methoden und Erfahrungen aus der Untersuchungspraxis auf und beschrieben detailliert die Untersuchungsmethodik.[130]

In Preußen ließen einheitliche Regelungen zur Ausübung der Nahrungsmittelkontrolle sowie die Herausbildung eines tiefgreifenden Überwachungssystems deutlich länger auf sich warten. Bis in die 1880er Jahre bestanden nur wenige staatliche oder kommunale Untersuchungsanstalten (s. Tabelle 3), die meisten Gemeinden beauftragten weiterhin private Laboratorien und Einzelpersonen mit Untersuchungen. Insbesondere viele kleinere Kommunen verfügten trotz Erlass des Nahrungsmittelgesetzes lange Zeit über keine systematische Nahrungsmittelüberwachung; der Mangel an Untersuchungsanstalten blieb ein ständiger Vorwurf der Wissenschaftler an die preußische Regierung.[131] Die meisten Provinzen wiesen eine verschwindend geringe Anzahl an Überprüfungen auf, lediglich Brandenburg und die Rheinprovinz und einzelne größere Städte stachen heraus.[132] Die Mehrzahl der Gemeinden beschränkte sich auf die Beaufsichtigung der Wochenmärkte und vereinzelte Probeentnahmen in Ladengeschäften; besonders wenig ausgebildet war das Überwachungssystem in den östlichen, stark der Landwirtschaft verhafteten Regionen.[133] Mehr noch

128 Dazu s. z. B. Schreiben des bayerischen Innenministeriums an die Regierungen, München, 25. April 1896, in: ebd.; Schreiben der Regierung von Oberbayern an die Distriktspolizeibehörden des Regierungsbezirkes, München, 11. Oktober 1896, in: ebd.; Schreiben des bayerischen Innenministeriums an die Untersuchungsanstalt von München, München, 1. April 1899, in: BayHStA, MInn 62610.

129 Schreiben des bayerischen Innenministeriums an die Regierungen, München, 27. Januar 1906, in: BayHStA, MInn 62587.

130 Z. B. zur Milch: Anweisung vom 20. Juli 1887, in: ABl Inn Bayern 1887, S. 244–253. 1888 wurde diese ergänzt durch die Bekanntmachung vom 5. März 1888, in: ABl Inn Bayern 1888, S. 96–100. Zum Fleisch: Bekanntmachung vom 24. Oktober 1903, in: ABl Inn Bayern 1903, S. 497–500; Anweisung des bayerischen Innenministeriums an alle Regierungen, München, 21. November 1906, in: BayHStA, MInn 62587.

131 Vgl. *Dennstedt*, S. 403; hierzu und zum Folgenden auch *Hüntelmann*, Kooperation, S. 36.

132 Gutachten der Wissenschaftlichen Deputation für das Medizinalwesen, Berlin, 11. März 1885, in: BA, R 86/2073: Von den gerichtlichen Untersuchungen entfielen 35 % auf Brandenburg, 27 % auf die Rheinprovinz; bei den polizeilichen Kontrollen war die Konzentration auf Brandenburg noch signifikanter: 77 % entfielen auf diese Provinz, 6 % auf die Rheinprovinz.

133 Schreiben des Handels-, Kultus- und Innenministeriums an das Landwirtschaftsministerium, Berlin, 13. Januar 1896, in: GStAPK, I. HA, Rep. 120 C IX 1, Nr. 3, Bd. 3, Vol. 4; weitere Nachweise bei *Grüne*, S. 286.

als in Bayern konzentrierte man sich auf die besonders verfälschungsanfälligen Grundnahrungsmittel – nicht nur bei der praktischen Ausführung der Kontrollen, sondern auch in der Rechtsetzung: Der Großteil der Regelungen betraf die Ausführung der reichsweit erlassenen Sondergesetze[134] und beschränkte sich weiterhin fast ausschließlich auf die Grundnahrungsmittel sowie einfache Festsetzungen zur Hygiene; sie waren mithin weiter stark den vorindustriellen Bestimmungen verhaftet.[135] Immerhin wurde 1881 auf Drängen des Niederrheinischen Vereins für öffentliche Gesundheitspflege – und damit ist auch dieses Gesetz ein Beispiel für den maßgeblichen Einfluss externer Expertenvereinigungen – das preußische Schlachthofgesetz novelliert: Indem ein Untersuchungszwang für von auswärts eingeführtes Fleisch festgesetzt wurde, war die Fleischbeschau fortan nicht länger durch die Verlegung der Schlachthöfe umgehbar.[136]

Die preußische Regierung betrachtete die Errichtung und Unterhaltung von Untersuchungsanstalten nach wie vor als eine Angelegenheit der Gemeinden – als Argument führte sie an, dass so den lokalen Bedürfnissen und den Interessen der Bevölkerung am ehesten Rechnung getragen werden könne.[137] Die Gemeinden hielten jedoch die bestehende Überwachung für ausreichend, Anregungen oder direkte Aufforderungen, mehr staatlich geprüfte Chemiker vertraglich zu verpflichten, wurden abgewiegelt.[138] Erst unter dem Einfluss eines dezidier-

134 Einige Beispiele: Cirkular an die Oberpräsidenten vom 28. Januar 1884, in: Preußen 1884, S. 23–27; Allgemeine Verfügung vom 18. November 1897, in: MBlInn Preußen 1898, S. 6f.; Allgemeine Verfügung vom 21. Juli 1898, in: ebd., S. 154; Runderlass vom 27. Mai 1899, in: Veröffentlichungen des Kaiserlichen Gesundheitsamtes 1899, S. 905; Gesetz, betr. Ausführung des Schlachtvieh- und Fleischbeschaugesetzes, vom 28. Juni 1902, in: GBl Preußen 1902, S. 229–233; Erlass vom 10. Nov. 1902, in: MBlMed Preußen 1903, S. 8f.; Erlass vom 20. März 1903, in: ebd., S. 167f.; Erlass vom 29. Juni 1911, in: MBLMed Preußen 1911, S. 225f.; Runderlass des Innenministeriums an die Oberpräsidenten, Berlin, 26. Juli 1912, in: GStAPK, I. HA, Rep. 84 A, Nr. 2443; Erlass vom 26. Juli 1912, in: MBlMed Preußen 1912, S. 246.

135 S. z.B. die eigentlich als vorbildlich geltende Polizeiverordnung, betr. den Verkauf von Nahrungs- und Genussmitteln im Landkreis Recklinghausen, in: GStAPK, I. HA, Rep. 76, VIII B, Nr. 3097, sowie einen Entwurf für eine neue Berliner Polizeiverordnung über den Handelsverkehr mit Nahrungs- und Genussmitteln, in: GStAPK, I. HA, 76 VIII B, Nr. 3098.

136 *Burgholz*, S. 110f.; *Lackner*, S. 95–98; *Seifert*, Geschichte, S. 55; 1900 wurde das preußische Gesetz durch ein reichseinheitliches Gesetz abgelöst, das 1903 in Kraft trat, Gesetz, betr. die Schlachtvieh- und Fleischbeschau, vom 3. Juni 1900, in: RGBl 1900, S. 547–555.

137 *Kerp*, Übersicht, S. 13; s. dazu Cirkular an sämtliche Königliche Regierungen und Landdrosteien sowie an den Königlichen Polizeipräsidenten, 2. August 1879, in: MBlInn Preußen 1879, S. 231; diverse Voten der Ministerien, in: GStAPK, I. HA, Rep. 120 C IX 1, Nr. 3, Bd. 3, Vol. 2; Schreiben des Staatssekretärs des Innern an das Kaiserliche Gesundheitsamt, Berlin, 3. Oktober 1886, in: BA, R 86/2073; Schreiben des Innenministeriums an den Reichskanzler, Berlin, 21. August 1886, in: ebd.

138 S. die Antworten der Provinzialregierungen auf ein Rundschreiben des Kultusministeriums vom 28. Dezember 1883, in: GStAPK, I. HA, Rep. 76, VIII B, Nr. 3153.

ten Plädoyers des Reichskanzlers[139] beriet die preußische Regierung 1887 nochmals über die bislang vor allem an den Kosten gescheiterte Errichtung von staatlichen Untersuchungsanstalten.[140] Als Ergebnis erging 1893 ein neuer Erlass, der die direkt nach dem Nahrungsmittelgesetz erfolgten Erlasse wieder aufgriff und die Provinzialregierungen nachdrücklich zur Einrichtung von öffentlichen, staatlich beaufsichtigten Untersuchungsanstalten aufforderte.[141] Dieser Erlass blieb vorerst jedoch weitgehend wirkungslos, wie Jutta Grüne am Beispiel des Regierungsbezirks Münster zeigt.[142] Zwar versandte der Münsteraner Regierungspräsident Rundschreiben an die Landräte mit der Aufforderung, gegen die Leistung einer Pauschalvergütung regelmäßige Untersuchungen durch die bestehenden Laboratorien vornehmen zu lassen. Die Resonanz aber war sehr unterschiedlich. Einige Kreise folgten dem Appell, andere verweigerten die regelmäßigen Visitationen aus Kostengründen und hielten an Untersuchungen im Verdachtsfall fest.[143]

Angesichts der mangelnden Umsetzung der Erlasse wurde das Ringen zwischen den preußischen Ministerien und den Kommunalverwaltungen sowie den Provinzial- und Kreisverbänden um die Verantwortung und insbesondere die Finanzierung neuer Anstalten fortgesetzt. Eine auf dem Weg der Zwangsetatisierung durchgesetzte Gründung kommunaler Anstalten stieß auch unter den Ministern auf Vorbehalte. Ein zentraler Streitpunkt war zudem, ob die Laboratorien öffentlichen Charakter haben mussten, und wenn ja, welche Voraussetzungen sie zur Anerkennung als öffentliche Einrichtungen zu erfüllen hatten.[144] Ein 1905 aus diesen Beratungen hervorgehender Erlass an die Oberpräsidenten[145] fand hier schließlich eine Lösung: Indem die Regierungen nunmehr nicht nur zur Errichtung öffentlicher Untersuchungsanstalten aufgefordert, sondern auch dazu verpflichtet wurden, jährlich eine bestimmte Anzahl von Nahrungsmittelproben von öffentlich anerkannten Laboratorien analysieren zu lassen, wurde der Bestand der Untersuchungsanstalten garantiert. Neben die Finanzierung

139 Schreiben des Reichskanzlers an das Innenministerium, Berlin, 14. Juni 1887, in: GStAPK, I. HA, Rep. 84 A, Nr. 2438.

140 Dazu z. B. Votum des Kultusministeriums an das Handels-, das Innen- und das Justizministerium, Berlin, 27. Dezember 1887, in: ebd.

141 Cirkular an sämmtliche Königliche Regierungspräsidenten, sämmtliche Königliche Ober-Präsidenten vom 26. Juli 1893, in: MblInn Preußen 1893, S. 265 f.

142 Zum Folgenden: *Grüne*, S. 101–126.

143 Typischerweise handelte es sich beispielsweise bei der Münsteraner Anstalt um ein privates Laboratorium eines Apothekers, das vertraglich zu regelmäßigen Untersuchungen verpflichtet wurde, dessen Inanspruchnahme durch die Gemeinden, Landräte und Kreisphysici jedoch stark schwankte, s. *Grüne*, S. 120–126.

144 Schreiben des Handel-, des Kultus- und des Innenministeriums an das Landwirtschaftsministerium, Berlin, 13. Januar 1896, in: GStAPK, I. HA, Rep. 120 C IX 1, Nr. 3, Bd. 3, Vol. 4; Beratungsprotokoll der Verhandlungen am 29. Oktober 1896 über die Errichtung von Untersuchungsanstalten in Preußen, in: BA, R 86/2073; Schreiben des Landwirtschaftsministeriums an den Reichskanzler, Berlin, 28. Februar 1897, in: ebd.

145 Erlass vom 20. September 1905, in: MBlHandel Preußen 1905, S. 294–297.

durch die Zuweisung der Strafgelder trat mit den fest zu vereinbarenden Gebührensätzen für die Durchführung der amtlichen Kontrolle eine weitere Einnahmequelle, die allzu große weitere Zuschüsse entbehrlich machen und die Unabhängigkeit der Anstalten garantieren sollte. Als ihre Träger sollten Kommunen, kommunale Verbände oder öffentliche Einrichtungen wie die Landwirtschaftskammern fungieren – der preußische Staat wurde weiterhin nur in Ausnahmefällen in die Finanzierung einbezogen. Jede Gemeinde stand vor der Wahl, sich einer bereits bestehenden Untersuchungsanstalt zuteilen zu lassen, sich vertraglich an eine von einer anderen öffentlichen Körperschaft noch zu gründende Station zu binden oder aber eine eigene Einrichtung ins Leben zu rufen. Die Anzahl der zu untersuchenden Proben wurde je nach den regionalen Verhältnissen und der Einwohnerzahl festgelegt.

Der Erlass von 1905 stellte gewissermaßen die Initialzündung zum Aufbau einer regelmäßigen und systematischen Nahrungsmittelkontrolle in Preußen dar und kam somit in etwa der bereits 21 Jahre früher verabschiedeten Königlichen Verordnung in Bayern gleich. In den folgenden Jahren wurden zahlreiche neue Anstalten gegründet; während zu Beginn der 1890er Jahre 61 öffentliche Anstalten vorhanden waren,[146] verzeichnete die Statistik von 1906 insgesamt 111 staatliche, landwirtschaftliche und private, aber öffentlich anerkannte Untersuchungsstationen.[147] Weiterhin dominierte das Modell der vertraglichen Verpflichtung privater Laboratorien, sie machten über die Hälfte der Anstalten aus. Im Lauf der nächsten Jahre wurden sie aber immer enger an die Gemeindeverwaltungen gebunden oder ganz in Gemeindebesitz überführt und mit öffentlichem Charakter ausgestattet. Zwar engagierte sich der Staat nunmehr mit immerhin 14 Untersuchungslaboratorien, die zumeist hygienischen oder chemischen Universitätsinstituten angegliedert oder mit Laboratorien für die Auslandsfleischbeschau verbunden waren,[148] die Kommunen blieben aber die hauptverantwortlichen Träger der Überwachung. Sie nahmen das staatlich vorgegebene Organisationsmodell der Nahrungsmittelüberwachung nun deutlich besser an – zum einen aufgrund der jetzt gesicherten Finanzierung, zum anderen aber wohl auch, weil es ihnen in den noch andauernden Auseinandersetzungen um die Organisation der preußischen Polizei die Möglichkeit gab, ihr ureigenstes Aufgabenfeld, die Wohlfahrtspolizei, als Mittel der Steuerung der Stadtentwicklung und Basis des sogenannten Munizipalsozialismus zu verteidigen.[149]

Auch ein fünf Jahre später folgender Erlass bestätigte den Erfolg seines »Vorgängers«, indem er die nun bestehende Anzahl an Untersuchungsanstalten als

146 Schreiben des Handels-, des Kultus- und des Innenministeriums an das Landwirtschaftsministerium, Berlin, 13. Januar 1896, in: GStAPK, I. HA., Rep. 120 C IX1, Nr. 3, Bd. 3, Vol. 4.

147 Tabelle 3.

148 *Kerp*, Übersicht, S. 13.

149 *Jessen*, S. 91–101.

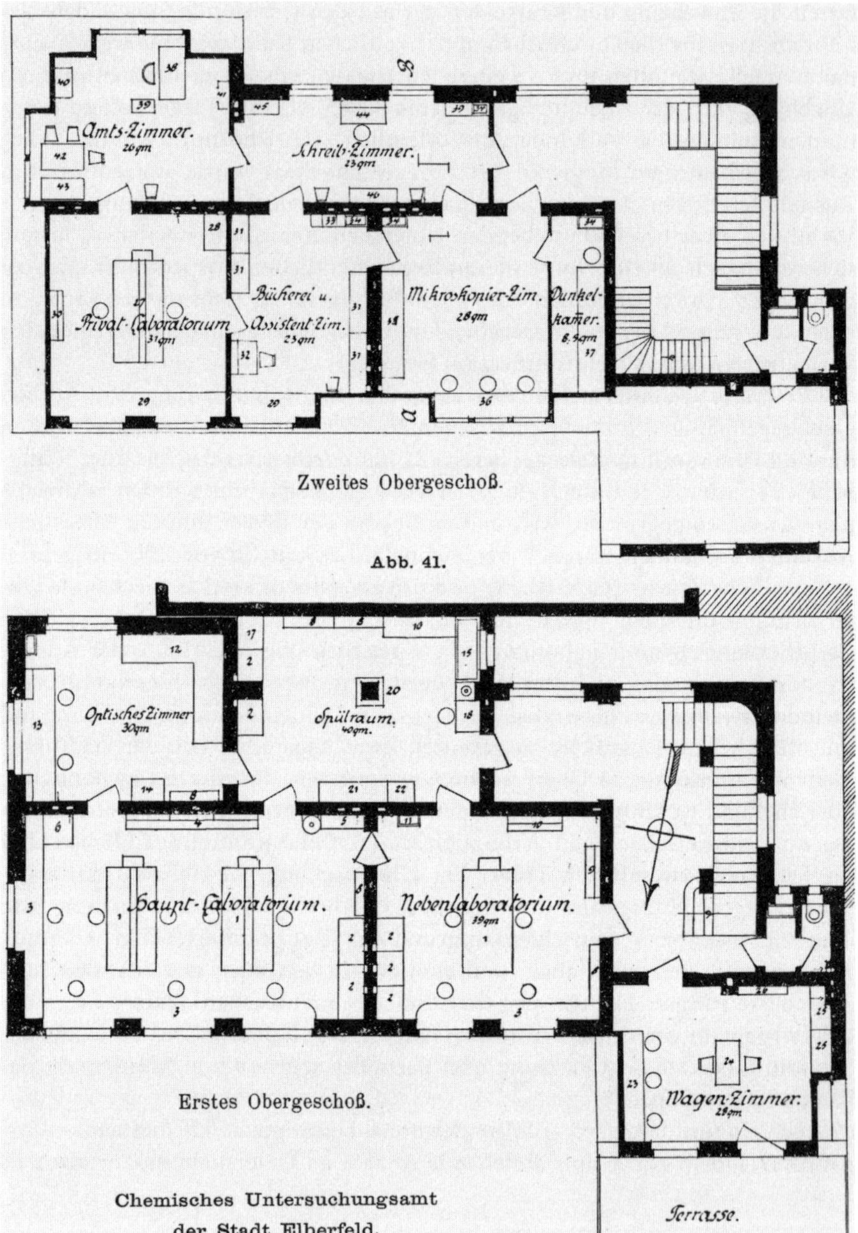

Abb. 2: Grundriss des Chemischen Untersuchungsamtes der Stadt Elberfeld, 1909.

ausreichend erachtete und dementsprechend eine Anerkennung privater Laboratorien als öffentliche Anstalten nur noch in begründeten Einzelfällen erlaubte. Die 1905 aufgestellten Prinzipien wurden bekräftigt und lediglich in einigen Punkten präzisiert. Wichtigste Neuerung war, dass nun die in Bayern schon lange übliche ambulante Kontrolle durch die Nahrungsmittelchemiker selbst eingeführt wurde.[150]

Es hatte offenbar ein Bewusstseinswandel stattgefunden: Während die ersten ministeriellen Verfügungen gewissermaßen vorsichtige Ratschläge an die Regierungen erteilten, wurden die späteren Erlasse konkreter und erteilten verpflichtende Anweisungen. Vor dem Erfahrungshintergrund der ersten Jahre nach dem Erlass des Nahrungsmittelgesetzes setzte sich die Erkenntnis durch, dass eine wirksame Durchführung der Nahrungsmittelkontrolle nur durch bindende Verpflichtungen und ein straff organisiertes, auf einheitlichen Prinzipien gründendes System erreicht werden konnte. Preußen schloss sich damit dem in anderen Staaten bereits etablierten Modell eines flächendeckenden Überwachungssystems mit arbeitsteilig arbeitenden, mittels Verträgen an die Kommunen gebundenen und durch Gebühren und Strafgelder finanzierten Untersuchungsanstalten an.[151]

Allerdings: Auch wenn die »Verspätung« Preußens von über zwanzig Jahren beachtlich ist, scheint seine in der zeitgenössischen Literatur, aber auch in der neueren Forschung[152] immer wieder hervorgehobene Rückständigkeit etwas übertrieben. Wie bereits in Kapitel II betont, hatte Preußen in der Nahrungsmittelüberwachung nicht nur ganz andere Dimensionen hinsichtlich der räumlichen Ausdehnung des Staates und seiner Einwohnerzahl zu bewältigen; es musste zusätzlich sehr unterschiedlich geprägte Regionen zusammenfassen. Auffällig ist zudem, dass Bayern nach 1884 keine größeren Änderungen in der Nahrungsmittelüberwachung mehr vornahm und sich auch der Bestand der Untersuchungsanstalten nicht wesentlich ausdehnte. Selbst unter Berücksichtigung der unterschiedlichen Größenverhältnisse und Bevölkerungszahlen erscheint die Zahl der bayerischen Anstalten erstaunlich gering – während Preußen 1906 insgesamt über 111 Stationen verfügte, waren es in Bayern acht (Tabelle 3). Allerdings arbeiteten die bayerischen Anstalten durch ihre frühzeitige Einbindung in ein einheitliches System wohl deutlich effizienter und machten damit die Errichtung neuer Anstalten entbehrlich. Grüne hebt zudem hervor, dass die preußische Überwachung dezentral organisiert blieb und weiterhin auf sehr unterschiedlichen Arten von Untersuchungsstationen basierte, so dass sie auch über den Untersuchungszeitraum hinaus noch stark durch regionale Besonderheiten geprägt war.

150 Erlass vom 2. März 1910, in: MBlMed Preußen 1910, S. 129–133.

151 Vgl. *Grüne*, S. 207.

152 *Ellerbrock*, Entwicklung; *Grüne*; *Prinz*, Brot, S. 234 f.; *Spiekermann*, Nahrung.

In den übrigen Staaten bewegte sich die Nahrungsmittelkontrolle hinsichtlich ihres Organisationsgrades und ihrer Intensität auch nach 1879 zunächst weiterhin zwischen den beiden Polen Bayern und Preußen. Spätestens seit dem Erlass von 1905 markierte Preußen allerdings nicht weiter das untere Ende der Skala; durch die nun erfolgende systematische Anbindung der Kommunen an Untersuchungsanstalten ließ es andere Staaten weit hinter sich. Nach wie vor bestanden erhebliche Unterschiede zwischen den einzelnen Staaten hinsichtlich der Häufigkeit und der Art der Kontrollen. Die Einschätzung Teutebergs, dass eine allmähliche Angleichung zwischen den Territorien stattfand,[153] erscheint angesichts der zeitgenössischen Klagen aus Wissenschaft und Wirtschaft über die willkürliche, unberechenbare und regional sehr unterschiedliche Beurteilung der Nahrungsmittel als nicht zutreffend.[154]

Vielmehr verstärkte sich das Gefälle in der Intensität und der Ausprägung der Kontrollen sogar noch, wie z.B. eine Übersicht des Kaiserlichen Gesundheitsamtes über das Verhältnis zwischen der Anzahl der Nahrungsmitteluntersuchungen und der Einwohnerzahl in den Territorien ergab (Tabelle 4). Insbesondere die östlichen Staaten entfalteten weiterhin wenig Aktivitäten; sie verfügten vielfach über lediglich eine Anstalt, die als »Einzelkämpfer« für den gesamten Staat zuständig war und deren Bestand selten durch die Verpflichtung der Kommunen zu regelmäßigen Untersuchungen abgesichert war. Demgegenüber trieben die Staaten, die bereits vor der Verabschiedung des Nahrungsmittelgesetzes erste Ansätze zum Aufbau eines Überwachungssystems gezeigt hatten, diesen in der Regel weiter voran.

Ähnlich wie zunächst in Preußen fehlten vielen Staaten grundlegende Richtlinien, die eine einheitliche und flächendeckende Überwachungsorganisation garantierten. Die Träger der Untersuchungsanstalten waren weiterhin äußerst unterschiedlicher Art: Neben einigen wenigen staatlichen, meist Universitäten angegliederten Anstalten bestand eine geringe Anzahl an Provinzialuntersuchungsämtern, weiter einige von landwirtschaftlichen Verbänden finanzierte Untersuchungsstationen sowie zwei Typen städtischer Anstalten: Ein geringerer Prozentsatz wurde direkt aus Mitteln der Kommunen unterhalten und mit städtischen Beamten besetzt; in der Regel hatten die Laboratorien aber keinen offiziellen Charakter, sondern wurden per Vertrag mit den Kommunen zu regelmäßigen Untersuchungen verpflichtet und deckten ihre Kosten vor allem

153 *Teuteberg*, Food Adulteration, S. 154.

154 Abel, Über die Bedürfnisse der Nahrungsmittelgesetzgebung, in: ZUNG 14 (1907), S. 613–621. Auch die Wirtschaft bemängelte diesen Umstand, so beklagte sich noch 1906 die Berliner Handelskammer darüber, dass die strenger und häufiger kontrollierten Gebiete in den Ruf kämen, hier sei eine stärkere Überwachung notwendig, s. Handelskammer zu Berlin, Ausschnitt Berliner Tageblatt, 13. Oktober 1906, in: BA, R 86/5412.

Tabelle 3: Untersuchungsanstalten des Deutschen Reiches bis 1906

	Staatlich	Kommunal	Landwirtschaftl.	Privat	Insges.
PREUSSEN					
vor 1879	3	1	1	7	12
1882	4	3	9	18	34
1906	15	28	10	58	111
BAYERN					
vor 1879	2	–	1	2	5
1882	5	–	1	3	9
1906	3	4	1	–	8
SACHSEN					
vor 1879	–	–	–	4	4
1882	2	–	–	7	9
1906	2	3	–	15	20
WÜRTTEMBERG					
vor 1879	–	1	–	1	2
1882	–	1	–	3	4
1906	2	1	–	5	8
BADEN					
vor 1879	1	–	–	–	1
1882	2	–	–	1	3
1906	1	5	–	2	8
HESSEN					
vor 1879	–	–	–	1	1
1882	–	–	–	3	3
1906	–	3	–	2	5
DEUTSCHES REICH					
vor 1879	8	2	2	18	30
1882	4	4	10	36	64
1906	27	49	10	88	174

Quelle: Behre, Nahrungsmittelkontrolle, in: Zeitschrift für angewandte Chemie 21 (1908), S. 1229–1234; *König*, Bestand; Übersicht über die Jahresberichte; *König/Juckenack*. Die Angaben schwanken zumeist stark, in vielen anderen Quellen finden sich abweichende Angaben.

Tabelle 4: Zahl der Nahrungsmitteluntersuchungen im Deutschen Reich zwischen 1904 und 1908

	1904	1906	1908
Preussen			
Total	80.780	115.053	161.633
Einwohnerzahl pro Untersuchung*	462	324	231
Bayern			
Total	101.637	128.397	151.989
Einwohnerzahl pro Untersuchung	64	51	43
Sachsen			
Total	109.702	113.865	123.896
Einwohnerzahl pro Untersuchung	41	39	36
Württemberg			
Total	3.472	7.288	9.585
Einwohnerzahl pro Untersuchung	663	315	240
Baden			
Total	12.442	15.305	14.595
Einwohnerzahl pro Untersuchung	161	131	138
Hessen			
Total	16.657	16.025	15.697
Einwohnerzahl pro Untersuchung	73	75	77
Übrige Bundesstaaten (Durchschnitt)			
Total	2.782**	2.980	3.309
Einwohnerzahl pro Untersuchung	284	240	262
Deutsches Reich			
Total	349.730	428.712	513.802
Einwohnerzahl pro Untersuchung	173	141	114

Quelle: *Kerp*, Lebensmittelgesetzgebung, S. 17 f.

* Anders als Teuteberg angibt, handelt es sich nicht um die Untersuchungszahlen pro Kopf, sondern auf die angegebene Einwohnerzahl entfiel je eine Untersuchung.

** Für Sachsen-Altenburg und Schwarzburg-Sonderhausen liegen in diesem Jahr keine Angaben vor.

durch private Aufträge ab.[155] Dieser Umstand wurde insbesondere von der die amtlichen Chemiker vertretenden Freien Vereinigung deutscher Nahrungsmittelchemiker scharf kritisiert – sie sah durch die unsichere Finanzierung die Unabhängigkeit der Anstalten und damit die Objektivität der Nahrungsmittelüberwachung gefährdet.[156] Daneben vermisste sie die aus ihrer Sicht unentbehrliche enge Zusammenarbeit der Nahrungsmittelkontrolle mit der Wissenschaft – unabhängig von der territorialen Entwicklung im Einzelnen seien die Kontrollen vielfach noch von vorindustriellen Standards geprägt, indem sie sich auf Markt- und Ladenvisitationen konzentrierten und die Überprüfung der Fabrikationsbetriebe vernachlässigten.[157]

Das Kaiserliche Gesundheitsamt bewertete die Lage ähnlich und handelte entsprechend: Nachdem das 1877 formulierte Normalstatut für die Untersuchungsanstalten kaum in die Praxis umgesetzt worden war, unternahm das Amt um die Jahrhundertwende mit Hilfe eigens einberufener Sachverständigenkommissionen zweimal erneut den Versuch, reichseinheitliche Normativbestimmungen für die Organisation der Nahrungsmittelüberwachung aufzustellen.[158] Man schloss sich – nicht zuletzt aufgrund personeller Verflechtungen – den Forderungen der Chemikerverbände an und postulierte wie diese die dringende Notwendigkeit, den Bestand an unabhängigen, am besten in staatlicher Trägerschaft stehenden und von geprüften Nahrungsmittelchemikern geführten Untersuchungsanstalten aufzustocken und sie stärker in die Nahrungsmittelkontrolle vor Ort einzubinden. Grundlegende Richtlinien für Kontrollen und Gutachten wurden festgelegt und eine Bindung der Anstalten an bestehende einheitliche Vereinbarungen (gemeint waren die Festsetzungen der Freien Vereinigung Deutscher Nahrungsmittelchemiker)[159] verlangt. Durch die Veröffentlichung von Jahresberichten und fachlichen Beobachtungen sollten die Untersuchungsanstalten zudem die ständige Weiterentwicklung der Nahrungsmittelkontrolle vorantreiben.

155 Vgl. z.B. Bärwinkel, Zur Frage der Nahrungsmittelkontrolle im Fürstentum Schwarzburg-Sonderhausen, in: Zeitschrift für öffentliche Chemie 15 (1909), S. 81–85; *Mezger*, S. 7–25.

156 Schreiben Joseph Königs an das Kaiserliche Gesundheitsamt, Münster, 27. Mai 1899, in: BA, R 86/2107.

157 Bärwinkel, Zur Frage der Nahrungsmittelkontrolle im Fürstentum Schwarzburg-Sonderhausen, in: Zeitschrift für öffentliche Chemie 15 (1909), S. 81–85; *Dennstedt*, S. 403; Hilger, Das Forschungsgebiet unserer Zeitschrift in seiner Entwicklung, in: Forschungsberichte über Lebensmittel 1 (1893/94), S. 3–5.

158 Zum Folgenden s. Einladungsschreiben des Kaiserlichen Gesundheitsamtes, Berlin, 1. Oktober 1898, in: BA, R 86/2105; Protokoll der Beratungen über den Erlass einheitlicher Normativbestimmungen für öffentliche Anstalten zur Untersuchung von Nahrungs- und Genußmitteln am 31. Oktober und 1. November 1898, in: ebd. Teilnehmer waren Mitarbeiter und Leiter verschiedener Untersuchungsanstalten, private Chemiker, Vertreter verschiedener Ministerien und Mitglieder des Gesundheitsamtes. Weiter s. auch *Hüntelmann*, Kooperation, S. 40–42.

159 Dazu s. Kap. IV 4.

Diese Überlegungen trafen sich mit einer Resolution des Reichstages, die nach dem Vorbild der englischen »inspectors of nuisances« eine von den Landesregierungen ausgehende Anstellung besonderer sachverständiger Beamter als Aufsicht über den Nahrungsmittelverkehr forderte[160] – eine Idee, die bereits in den Debatten um das Nahrungsmittelgesetz diskutiert worden war. Diese Beamten sollten – ähnlich wie die Gewerbeaufsichtsbeamten – in zugewiesenen Distrikten die Unternehmen regelmäßig und unangemeldet kontrollieren.[161] Zwar stimmten die einschlägigen preußischen Ministerialressorts bei kommissarischen Beratungen im Reichsamt des Innern den meisten vorgeschlagenen Punkten zu,[162] doch da sich die Territorialregierungen überwiegend skeptisch bis ablehnend äußerten,[163] kam das Vorhaben im Untersuchungszeitraum nicht mehr zum Abschluss – die Diskrepanzen in der Einschätzung der Situation durch die Reichsleitung und die Territorien sowie die Weigerung Letzterer, weitgehende Vorgaben des Reiches für die Nahrungsmittelüberwachung hinzunehmen, standen einer einvernehmlichen Lösung nach wie vor im Weg. Offenbar bewegten die wiederholten Diskussionen aber doch etwas: Nach der Jahrhundertwende entfalteten viele Staaten mehr Aktivität (vgl. Tabelle 3). Die Staaten schrieben grundlegende Kriterien für die Zulassung von Anstalten zur amtlichen Kontrolle fest und stellten Regelungen für ihren Geschäftsbetrieb, ihre Organisation und die Gebührensätze sowie die Qualifikation der Mitarbeiter auf.[164]

Parallel zum Ausbau der Untersuchungsanstalten erfuhr auch die Zahl der Verurteilungen einen Anstieg: Die Zahl der verurteilten Personen pro 100.000 Personen der strafmündigen Bevölkerung wuchs nach der Jahrhundertwende deutlich an und steigerte sich ab dem zweiten Jahrfünft nochmals. Die verschärften Kontrollen fanden somit einen direkten Niederschlag (Tabelle 5). Ein besonders hoher Anteil von zu beanstandenden Nahrungsmitteln lag in den Kategorien vor, die in den Vorjahren kaum kontrolliert worden waren; vielfach stieg die Zahl der Beanstandungen zunächst an, um dann wieder abzusinken[165] – was wohl als direkter Erfolg der Untersuchungsanstalten zu wer-

160 Anlage zum Bericht der 13. Kommission zum Entwurf eines Gesetzes, betr. den Verkehr mit Wein, in: Sten. Ber., 10. Leg., 2. Sess., 1900/1902, 3. Anlagenbd., Nr. 303, S. 2117–2181.

161 Schreiben des Kaiserlichen Gesundheitsamtes an den Staatssekretär des Innern, Berlin, 13. Januar 1902, in: BA, R 86/5411.

162 Schreiben des Staatssekretärs des Innern an das Kaiserliche Gesundheitsamt, Berlin, 12. Mai 1903, in: ebd.; zu den Beratungen: Schreiben Dr. Gallenkamps [Vertreter des Reichsamtes des Innern] an das Kaiserliche Gesundheitsamt, Berlin, 24. Juni 1903, in: ebd.; Vorläufiger Entwurf eines Gesetzes, betr. den Verkehr mit Nahrungsmitteln, Genußmitteln und Gebrauchsgegenständen, in: ebd.

163 Bericht über die Sitzung der Vereinigten Ausschüsse für Handel und Verkehr und für Justizsachen des Bundesrates vom 22. April 1902, in: ebd.; Schreiben des Finanzministeriums an den Reichskanzler, Berlin, 23. Juni 1902, in: ebd.

164 Vgl. z. B. *Reusch*, S. 91 f., 137 f.

165 Dazu s. z. B. für den Regierungsbezirk Münster/Westf. *Grüne*, S. 225–252, die die Entwicklung des Untersuchungsvolumens für die wichtigsten Nahrungsmittelgruppen nachzeichnet.

ten ist, die dafür sorgten, dass Beanstandungen aufgedeckt wurden, gleichzeitig durch ihre Tätigkeit aber aufklärten und abschreckten, so dass die Verfälschungen konsequenterweise zurückgingen.

Tabelle 5: Verurteilungen wegen Verstößen gegen die Nahrungsmittelgesetze im Deutschen Reich 1884–1912

Jahr	Verurteilungen nach Strafhandlungen	Verurteilte Handlungen auf 100.000 strafmündige Einwohner
1884	718	1,6
1886	1.207	2,6
1888	754	1,6
1890	1.155	2,4
1892	1.332	2,7
1894	1.574	3,1
1896	1.223	2,3
1898	1.586	2,9
1900	1.906	3,4
1902	3.278	5,7
1904	3.061	5,2
1906	3.265	5,4
1908	3.973	6,4
1910	5.266	8,2
1912	7.853	12,0

Quelle: Kriminalstatistik für das Jahr 1896, S. II.22; Kriminalstatistik für das Jahr 1901, S. II.22 f., Kriminalstatistik für das Jahr 1912. S. II.20 f.

Wie die Umsetzung der öffentlichen Gesundheitspflege in die kommunale Daseinsvorsorge durch einzelne herausragende Wissenschaftler und wissenschaftliche Vereinigungen vorangetrieben wurde,[166] gingen auch beim Ausbau der

166 Maßgeblichen Einfluss übte der schon mehrfach erwähnte Verein für öffentliche Gesundheitspflege aus, der z. B. das preußische Schlachthofgesetz entscheidend vorantrieb, s. *Labisch*, S. 127 f.

territorialen und kommunalen Nahrungsmittelüberwachung wesentliche Impulse von wissenschaftlichen Experten aus. Unaufgefordert eingereichte Ausarbeitungen zu einheitlichen Überwachungsstandards wurden zur Grundlage neuer Regelungen, gleichzeitig suchten die Regierungen ganz bewusst externe Sachverständige in die Entscheidungen über die Ausgestaltung des Überwachungswesens einzubeziehen, indem sie immer wieder Gutachten einforderten und Expertenkommissionen einberiefen. Auch der Aufbau der Untersuchungsanstalten erfolgte in der Regel durch Wissenschaftler – zumeist auf deren eigene Initiative. Mehr und mehr Kommunen schlossen Verträge mit den Untersuchungsanstalten ab – teils nach mehrfacher Aufforderung durch die Regierungen, vielfach aber auch freiwillig, weil sie erkannten, dass die Einbindung von Experten in die Nahrungsmittelüberwachung unverzichtbar geworden war. Durch territoriale Verordnungen wurden die Untersuchungsstationen in ihrer Organisation und in ihrer Funktionsweise an einheitliche Standards gebunden und unter zentrale Aufsicht gestellt; aus in der Regel als Nebenbeschäftigung betriebenen, zumeist auf dem Engagement Privater beruhenden Laboratorien wurden staatlich überwachte Anstalten. Private Initiative wurde in staatliche Einrichtungen und Normsetzungen überführt oder als staatliche Auftragsarbeit weitergeführt.

Ein markantes Beispiel für diese Entwicklung bietet Sachsen, wo ab 1901 die Ortspolizeibehörden zur Untersuchung einer bestimmten Anzahl von Proben pro 1.000 Einwohner verpflichtet wurden. Zur Ausführung dieses Auftrags sollten die Gemeinden mit dem Verein öffentlicher analytischer Chemiker zusammenarbeiten, der die privaten Laboratorien und Chemiker Sachsens vertrat. Den einzelnen Chemikern wurden feste Kontrollbezirke zugeteilt, in denen sie unter staatlicher Aufsicht Proben entnahmen und analysierten.[167] Der in vielen Fällen bereits jahrzehntelang bestehenden faktischen Kooperation zwischen sächsischen Kommunen und privaten Laboratorien wurde damit ein offizieller institutioneller Rahmen gegeben, der das Modell langfristig sicherte.

Obwohl somit nach und nach alle deutschen Staaten die Nahrungsmittelkontrollen verstetigten und allmählich an die Vorreiter anglichen, blieb die Nahrungsmittelüberwachung auch nach der Jahrhundertwende in den Territorien sehr verschiedenartig – sowohl hinsichtlich der Ausformung ihrer tragenden Institutionen als auch in Bezug auf die Art und Intensität der Kontrollen. Die Ausführung der auf dem Nahrungsmittelgesetz aufsetzenden Überwachung wurde im überwiegenden Teil der deutschen Staaten weiterhin den Kommunen zugewiesen und von diesen, wie am preußischen Beispiel gesehen, trotz der Streitigkeiten um die Finanzierung der Untersuchungsanstalten auch als ihre Aufgabe akzeptiert. Die allmähliche Etablierung einer regelmäßigen Nahrungsmittelkontrolle gliederte sich somit in den Ausbau der kommunalen Leistungs-

167 *Kerp*, Übersicht, S. 14; *Kraus*, S. 23.

verwaltung und Daseinsvorsorge ein. Parallel zur fortschreitenden Industrialisierung wurde die städtische Infrastruktur ständig verbessert[168] und in enger Verbindung damit die Tätigkeitsfelder der öffentlichen Verwaltung ausgeweitet, in denen die Gewerberegulierung und Sicherung der öffentlichen Hygiene und somit auch die Sorge für gesunde, unverfälschte Nahrungsmittel eine zentrale Bedeutung einnahmen.[169] Unter den ab den 1880er Jahren neu gegründeten oder von privaten Anbietern übernommenen kommunalen Unternehmen nahmen die Schlachthäuser und Markthallen eine bedeutende Position ein, da sie nicht nur der Versorgung der immer mehr vom Markt abhängigen Bevölkerung dienten, sondern zugleich auch eine wesentliche Vereinfachung und Systematisierung der Nahrungsmittelkontrollen bedeuteten.[170] Die steigende Zahl entsprechender Polizeibestimmungen und -strafen bildete das ordnungspolizeiliche Pendant zur expandierenden kommunalen Leistungsverwaltung.[171] Wohlfahrts- und Polizeiarbeit fielen somit nach wie vor in weiten Teilen zusammen, die Entpolizeilichung des Wohlfahrtsbereichs fand erst in der Weimarer Republik statt. Gerade die Nahrungsmittelüberwachung bildet ein augenfälliges Beispiel für diese Überschneidungen, nicht umsonst war auch kurz vor dem Ersten Weltkrieg noch von der Nahrungsmittelpolizei die Rede.[172]

3. Der Blick auf das Ausland: Orientierung, Abgrenzung und erste Ansätze zur Kooperation

Die mit dem Zusammenwachsen regionaler Märkte verbundene Problematik, die das Deutsche Reich im Inneren zu lösen hatte, bestand auf internationaler Ebene in noch verschärftem Maße. Nicht selten akzeptierten Staaten die Produktionsstandards anderer Länder nicht und führten für einzelne Produkte oder gar für das gesamte Warensortiment bestimmter Provenienz verschärfte Kontrollen an den Grenzen ein oder verweigerten schlichtweg ganz die Einfuhr. Wenn ein Staat den Eindruck erweckte, die Beurteilungsstandards für Nahrungsmittel zu niedrig anzusetzen oder über ein mangelhaftes Überwachungssystem zu verfügen, konnte er sich schnell als Wettbewerber disqualifizieren. Qualitätsfestsetzungen konnten ausländische Wareneinfuhren ebenso wirksam behindern wie Einfuhrzölle, sie wurden als nichttarifäre Handelshemmnisse

168 *Pohl*, Einführung, S. 7f.; allgemein: *Vögele*; *Jellinghaus*.

169 Vgl. *De Swaan*, S. 134–160.

170 Anfang 1900 bestanden in Berlin 14 Markthallen, in Köln und Düsseldorf je eine, in Frankfurt drei und in Nürnberg zwei, s. *Burgholz*, S. 105, weiter zur Errichtung der Schlachthäuser und Markthallen s. ebd., S. 103–106, sowie *Lackner*.

171 *Jessen*, S. 222f.

172 *Reinke*, S. 13, 16f.

auch zum Instrument dafür, ausländische Anbieter vom eigenen Markt fernzuhalten.[173]

Bereits in den öffentlichen Debatten im Deutschen Reich vor Erlass des Nahrungsmittelgesetzes wurde dies deutlich: Die Untätigkeit der Reichsregierung in der Nahrungsmittelregulierung erschien insbesondere deshalb dramatisch, weil andere Staaten längst gehandelt hatten.[174] Als Argument für strengere Überwachungsregelungen wurde häufig die Befürchtung angeführt, dass ausländische Produzenten ohne diese leichtes Spiel hätten, minderwertige Fabrikate im Deutschen Reich abzusetzen.[175] Diese Überlegung war auch für die Wirtschaft ein Grund, mehr und mehr für die Festlegung von Qualitätsnormen einzutreten und teils auch eigene Mindeststandards einzuführen.[176] Keine der beteiligten Interessengruppen war bereit, das innerhalb des Reiches nun geltende Ursprungslandprinzip auch gegenüber dem Ausland uneingeschränkt gelten zu lassen; andererseits wurde nur für einige wenige Nahrungsmittel explizit das Bestimmungslandprinzip und damit die Beurteilung importierter Waren nach deutschem Recht festgelegt – vielfach war die Situation mithin unklar.[177]

Es konnte zu regelrechten Blockadeschlachten kommen, wie das Beispiel einer deutsch-amerikanischen Auseinandersetzung um die Fleischbeschau an der Wende zum 20. Jahrhundert zeigt: Aufgrund von Gerüchten über die unhygienischen Zustände in amerikanischen Fleischfabriken, aber auch als Konsequenz einiger handfester Vergiftungsfälle, die durch amerikanische Corned-Beef-Konserven ausgelöst worden waren, bestanden in einzelnen deutschen Territorien und Kommunen Einfuhrverbote und strenge Kontrollrichtlinien.[178] Forciert durch den Druck der deutschen Landwirtschaft, schloss schließlich das

173 Vgl. *Ambrosius*, Wettbewerb, S. 65 ff; *Bolenz*, S. 31.

174 Sogar das »verlotterte Frankreich« beschäme auf dem Gebiet der Nahrungsmittelüberwachung das »kriegslorbeerumkränzte deutsche Reich« durch entschlosseneres Handeln, so ein Seitenhieb der Donau-Zeitung auf aktuelle politische Animositäten, Die Verfälschung der Lebensmittel, in: Donau-Zeitung vom 15. November 1876, in: BayHStA MInn Nr. 62583. S. auch *Ambrosius*, Wettbewerb, S. 67.

175 Sten. Ber., 7. Leg., 1. Sess., 1887, 1. Anlagenbd., Nr. 16, S. 221–223; s. auch Sten. Ber., 7. Leg., 1. Sess., 1887, 2. Bd., S. 678–682; Schreiben des Handelsministeriums an das Landwirtschafts- und das Kultusministerium, Berlin, 17. Februar 1885, in: GStAPK, I. HA, Rep. 76 VIII B, Nr. 3171.

176 S. z. B. einen Wortbeitrag des Landwirts Robbe in den Reichstagdebatten zum ersten Margarinegesetz, Sten. Ber., 7. Leg., 1. Sess., 1887, 2. Bd., S. 678–682; Sten. Ber., 3. Leg., 2. Sess., 1878, 4. Anlagenbd., Nr. 206, S. 1349–1382; Sten. Ber., 4. Leg., 2. Sess., 1879, 2. Bd., S. 815; s. auch *Ambrosius*, Wettbewerb, 74.

177 *Ambrosius*, Wettbewerb, S. 69.

178 S. z. B. zu den Ressentiments gegenüber amerikanischen Fetten: Sten. Ber., 7. Leg., 1. Sess., 1887, 2. Bd., S. 678–682. Die hygienischen Verhältnissen in den amerikanischen Fleischfabriken schildert außerdem eindrucksvoll Upton Sinclairs 1906 erschienener Roman »The Jungle«, der durchaus in den deutschen Debatten wahrgenommen wurde, so druckte ihn *Wagner*, Konserven, in Auszügen in seinem Anhang ab.

1900 in Kraft tretende reichsweite Gesetz zur Fleischbeschau amerikanische Fleischwaren fast ganz vom deutschen Markt aus. Hygienische Schutzmaßnahmen und Agrarprotektionismus verbanden sich miteinander.[179] Auffällig ist, dass im Zeitraum der Vorbereitungen des Fleischbeschaugesetzes Spannungen zwischen dem Deutschen Reich und den USA einsetzten: Die USA drohten, ein kurz zuvor verabschiedetes Gesetz zum Import verfälschter Waren gezielt gegen deutsche Produkte einzusetzen.[180] Zusätzlich wurden nach der Jahrhundertwende Berichte der amerikanischen Konsuln veröffentlicht, die eine unermesslich hohe Zahl an Nahrungsmittelverfälschungen im Deutschen Reich konstatierten. Sie meldeten 6.000 Strafverfolgungen pro Jahr, die Dunkelziffer sei jedoch noch viel höher, da viele Firmen Chemiker ausschließlich zu dem Zweck beschäftigten, neue Verfälschungen zu entwickeln.[181] Das Deutsche Reich setzte sich mit der Veröffentlichung eines vom Gesundheitsamt zusammengestellten Vergleichs der deutschen und der amerikanischen Nahrungsmittelregulierung zur Wehr, in dem die USA deutlich schlechter abschnitten und zum »klassische[n] Land der Nahrungsmittelverfälschung« erklärt wurden.[182]

Das ganz anders gelagerte deutsch-britische Verhältnis, das vor allem aus gegenseitigen Mitteilungen über aufgedeckte Verfälschungen importierter Waren bestand,[183] verweist darauf, dass sich bereits in den 1870er Jahren ein lebhafter informeller Austausch zwischen verschiedenen werdenden Industrienationen über die Nahrungsmittelregulierung zu entwickeln begann – sahen diese sich doch mit ähnlichen Problemstellungen konfrontiert. Seit den ersten Überlegungen zur Schaffung eines reichseinheitlichen Nahrungsmittelgesetzes rich-

179 Gesetz, betr. die Schlachtvieh- und Fleischbeschau, vom 3. Juni 1900, in: RGBl 1900, S. 547–555.

180 Dazu s. *Ambrosius*, Wettbewerb, S. 81.

181 Das US-Konsulat hatte 1899 beim Kaiserlichen Gesundheitsamt Erkundigungen über die deutschen Regelungen zum Import amerikanischer Nahrungsmittel eingezogen. In sehr scharfem Ton ergingen daraufhin Erlasse, die die deutschen Verwaltungsbehörden ausdrücklich anwiesen, von jeglicher Auskunftserteilung abzusehen. Man befürchtete bereits, dass derartige Angaben für Verleumdungskampagnen genutzt werden könnten, s. Schreiben des Consulate of the United States of America an das Kaiserliche Gesundheitsamt, Magdeburg, 24. August 1899, in: BA, R 86/5411; Abdruck eines Geheimen Erlasses des damaligen Regierungspräsidenten in Düsseldorf, Düsseldorf, 24. Juli 1899, in: ebd.; Schreiben des Kultusministeriums an das Innenministerium, Berlin, 22. Juni 1899, in: GStAPK, I. HA, Rep. 76 VIII B, Nr. 3096; Abschrift des Berichts des amerikanischen Konsuls, Daily consular and trade reports, Washington D. C., July 16, 1906, in: BA, R 86/2068; Deutschen Tageszeitungen zufolge behaupteten amerikanische Berichte auch, Deutsche äßen Hundefleisch, s. Ausschnitt Deutsche Tageszeitung, 30. Juli 1906, in: ebd.

182 Schreiben des Kaiserlichen Gesundheitsamtes an den Staatssekretär des Innern, Berlin, 19. November 1906, in: BA, R 86/2068; Schreiben des Staatssekretärs des Innern an das Kaiserliche Gesundheitsamt, 13. Dezember 1906, in: ebd.; vgl. *Ambrosius*, Wettbewerb, S. 81.

183 Abschrift eines Schreibens der Kaiserlichen Deutschen Botschaft an den Reichskanzler, London, 10. September 1910, in: BA, R 86/5411; dazu: Schreiben des Kaiserlichen Gesundheitsamtes an den Staatssekretär des Innern, Berlin, 29. November 1910, in: ebd.

tete man im Deutschen Reich den Blick auf das Ausland, sowohl in Wirtschaft und Wissenschaft als auch innerhalb der Staatsverwaltung. So wurde in die technischen Materialien zum ersten Gesetzentwurf eine umfangreiche Darstellung der ausländischen Gesetzgebung integriert.[184]

In der überwiegenden Zahl der europäischen Nachbarstaaten waren bei der Erstellung dieser Übersicht im Jahr 1876 bereits Regelungen zur Nahrungsmittelverfälschung existent. Teilweise waren diese wie im Deutschen Reich in die allgemeinen Strafgesetzbücher integriert, in einer Reihe von Staaten, so in Frankreich, Belgien und insbesondere in England, bestanden aber auch schon ergänzende Sondergesetze.[185] Das Urteil Jutta Grünes, Deutschland sei den meisten anderen europäischen Staaten mit dem Nahrungsmittelgesetz vorangegangen, bedarf somit einer Korrektur.[186] Auffällig ist, dass sich auch außerhalb Deutschlands seit Ende der 1860er Jahre die Aktivitäten auf dem Gebiet der Nahrungsmittelregulierung verstärkten. Viele der bestehenden Normierungen stammten aus dieser Zeit oder wurden in dieser Periode überarbeitet – häufig gab auch hier die Agitation der erstarkenden Nahrungsmittelchemie den Anstoß.[187]

Auch wenn einige Staaten früher als das Deutsche Reich über eine spezielle Nahrungsmittelregulierung verfügten: Präventive Überwachungsmaßnahmen oder die Einrichtung eines Kontrollsystems waren in der Regel noch nicht vorgesehen bzw. befanden sich gerade erst in einem frühen Planungsstadium. Neben England hatten einzig die Schweiz und Italien Regelungen, die auch vorbeugende Maßnahmen gegen die Nahrungsmittelverfälschung umfassten. Allerdings waren sie nicht Gegenstand gesonderter Gesetze, sondern fügten sich in den Rahmen weiter gefasster Gesetze zur öffentlichen Gesundheitspflege ein, die die Organisation der Medizinalverwaltung regelten. Die übrigen Staaten beschränkten sich wie zunächst auch das Deutsche Reich auf Strafbestimmungen, jedoch sahen diese vielfach nicht nur schärfere Strafen, sondern auch ein stärker differenzierendes Strafsystem vor. Viele der im Deutschen Reich diskutierten, aber schließlich nicht ins Nahrungsmittelgesetz aufgenommenen Strafarten wie die Entziehung der Gewerbezulassung, die Verschärfung des Strafmaßes im Wiederholungsfall und die Veröffentlichung der Namen der Verurteilten waren in anderen Staaten längst Usus. Auch die Tatbestände waren teils deutlich weiter gefasst – so sahen die französischen und belgischen Bestimmungen die

184 Sten. Ber., 3. Leg., 2. Sess., 1878, 3. Bd., Anlagen, Nr. 98, S. 801–830; Basis waren Informationen, die eine Reihe europäischer Regierungen zulieferte, s. Schreiben des Auswärtigen Amtes an das Reichskanzleramt, Berlin, 20. Juli 1877, in: BA, R 1401/958.

185 Sten. Ber, 3. Leg., 2. Sess., 1878, 3. Bd., Anlagen, Nr. 98, S. 801–830.

186 *Grüne*, S. 287, 294.

187 In England spielten z. B. wissenschaftliche Publikationen Schlüsselrollen in den Diskussionen – insbesondere eine Artikelserie der Zeitschrift »The Lancet« Anfang der 1850er Jahre und die später auch ins Deutsche übersetzte Schrift des Chemikers Friedrich *Accum*; dazu s. *Burnett*; *French/Phillips*; *Oddy*. Ähnliche Beobachtungen für Belgien macht *Scholliers*.

Verhängung von Geldstrafen auch für den Verkauf oder die bloße Lagerung von Stoffen, die zur Verfälschung von Nahrungsmitteln geeignet waren, vor. Angesichts dessen verwundert es nicht, dass der Jurist Hermann Bresgen in einer Schrift von 1877 zu der Schlussfolgerung kam, die Materie sei in den »weitaus meisten europäischen Staaten [...] ungleich strenger geregelt«.[188]

Insbesondere das schon 1860 ausgebildete englische Modell wurde in den Debatten um die deutsche Nahrungsmittelgesetzgebung immer wieder als Orientierungspunkt herangezogen. Die Befürworter einer umfassenden Regulierung führten die Erfolge des englischen Systems als Argument für eine Kombination aus repressiven und präventiven Maßnahmen sowie einen systematischen Ausbau des Überwachungssystems an.[189] Wiederholt verwiesen aber auch Gegner bestimmter Regelungen auf die englische Entwicklung und nutzten diese als Beleg ihrer Position – insbesondere wenn es sich um ältere englische Bestimmungen handelte, die in den neueren Gesetzen bereits überarbeitet oder gestrichen worden waren.[190] England wurde somit zum Referenzmodell verschiedenster Argumentationsstränge. Doch blieb es nicht nur bei der bloßen Zitierung der englischen Regelungen: Nicht wenige Elemente der Entwürfe zum deutschen Nahrungsmittelgesetz und einige tatsächlich verabschiedete Bestimmungen waren dem englischen Gesetz fast wortwörtlich entlehnt,[191] und auch die Vorbereitung des Nahrungsmittelgesetzes ähnelte dem Vorgehen in England: Wie später im Deutschen Reich hatte auch in England eine von der Regierung berufene Kommission, der hervorragende Chemiker, Beamte und allerdings im Unterschied zum Deutschen Reich auch Gewerbetreibende angehörten, zunächst den Ist-Zustand der Nahrungsmittelüberwachung dokumentiert und auf dieser Basis konkrete Vorschläge zur Verbesserung aufgestellt.[192]

Der Blick ins Ausland blieb auch nach Erlass des Nahrungsmittelgesetzes selbstverständlich. Die Entwicklungen in anderen europäischen Staaten und in den USA wurden genau beobachtet, insbesondere wenn neue Phänomene und Probleme in der deutschen Nahrungsmittelregulierung auftraten und im Rahmen der Vorbereitung neuer Gesetzesvorhaben. Die Erfahrungen anderer Staaten flossen in die Überlegungen häufig mit ein, wurden in den Debatten über

188 *Bresgen*, Fälschungsunwesen, S. 31.

189 S. Sten. Ber., 3. Leg., 1. Sess., 1877, 1. Bd., S. 149 f.; Sten. Ber., 3. Leg., 2. Sess., 1878, Bd. 1, S. 621 f.; Sten Ber., 4. Leg., 2. Sess., 1879, 1. Bd., S. 787. Als Beispiele aus der Presse und Literatur: Jakobsthal, Über die Verfälschung der Nahrungs- und Genußmittel, Zeitungsausschnitt, in: BA, R 86/2068; Politischer Tagesbericht, Ausschnitt Norddeutsche Allgemeine Zeitung, 18. August 1877, in: ebd.; *Averbeck*, S. 43; *Klencke*, Lexikon, S. VI f.

190 Ein Beispiel ist die Veröffentlichung der Namen der Verurteilten, s. Sten. Ber., 3. Leg., 2. Sess., 1878, 1. Bd., S. 631 f.; weitere Beispiele: Sten. Ber., 3. Leg., 1. Sess., 1877, 1. Bd., S. 153; Sten. Ber., 4. Leg., 2. Sess., 1879, 1. Bd., S. 794; Sten. Ber., 4. Leg., 2. Sess., 1879, 1. Bd., S. 792.

191 So z. B. die Verpflichtung der Überwachungsbeamten, eine versiegelte Belegprobe beim kontrollierten Unternehmen zurückzulassen, s. *Baer*, S. 51.

192 Sten. Ber, 3. Leg., 2. Sess., 1878, 3. Bd., Anlagen, Nr. 98, S. 810–814, 817–830.

verschiedene Modelle als Argumentationshilfe genutzt und dienten als Matrix der eigenen Entscheidungen für bestimmte Lösungen.[193]

Im Rahmen umfangreicher rechtsvergleichender Studien zur Vorbereitung der geplanten Strafrechtsreform nach der Wende zum 20. Jahrhundert wurden die Regelungen der europäischen Nachbarstaaten und der USA zur Nahrungsmittelüberwachung erneut systematisch zusammengetragen und mit den deutschen Nahrungsmittelgesetzen verglichen. Im Ergebnis gehörte das Deutsche Reich zwar nicht wieder zu den Schlusslichtern, mehrere ausländische Gesetzgebungen gingen jedoch deutlich über die deutschen Regelungen hinaus. Die meisten untersuchten Staaten verfügten mittlerweile über Spezialgesetze zur Nahrungsmittelregulierung, die teilweise deutlich weitere Tatbestände umfassten, genauere Umschreibungen oder sogar Legaldefinitionen enthielten und härtere Strafformen vorsahen.[194] Wie im Deutschen Reich bestanden auch in anderen Staaten ergänzende Normierungen, die Beurteilungskriterien für die einzelnen Nahrungsmittel aufstellten; anders als im Deutschen Reich waren diese jedoch teils durchaus rechtsverbindlich – so das »Schweizerische Lebensmittelbuch«, das von deutschen Wissenschaftlern immer lobend hervorgehoben wurde.[195]

Es blieb aber nicht bei einseitigen Erkundigungen von deutscher Seite, ebenso häufig finden sich Anfragen ausländischer Regierungen nach deutschen Normierungen und Erfahrungen.[196] Teilweise kam es zu langen Schriftwechseln über bestimmte Problemkreise.[197] Vielfach diente das deutsche Nahrungsmittelgesetz seinerseits als Vorbild im Rahmen der Ausarbeitung von Nahrungsmittelgesetzen. Besonders Österreich orientierte sich an den deutschen Be-

193 In den Akten des Kaiserlichen Gesundheitsamtes finden sich zahlreiche Schriftwechsel zur Informationsbeschaffung aus dem Ausland, Berichte über die Regelungen einzelner Staaten, Auszüge aus ausländischen Gesetzen und vergleichende Übersichten, s. z. B. Beratungen der Weinkommission Februar 1899, Übersicht über die Gesetzgebung des Auslandes, betr. Wein, in: BA, R 86/2082; Schreiben des Staatsekretärs des Innern an das Kaiserliche Gesundheitsamt, Berlin, 20. Januar 1903, in: ebd.; s. auch den Gesetzentwurf für das erste Margarinegesetz, in dessen Begründung eine Auflistung der Bestimmungen in den Nachbarstaaten enthalten war, Sten. Ber., 7. Leg., 1. Sess., 1887, 1. Anlagenbd., Nr. 16, S. 220–251.

194 Vergleichende Darstellung, S. 533–554.

195 Schweizerisches Lebensmittelbuch; zu den Stellungnahmen der Wissenschaftler s. z. B. Juckenack, Die Regelung der Lebensmittelüberwachung in der Schweiz, in: Bericht über die achte Hauptversammlung der Freien Vereinigung Deutscher Nahrungsmittelchemiker 1909, S. 6–13; dazu auch *Rossfeld*, Schokolade, S. 183; der Codex Alimentarius Austriacus war hingegen ebenfalls eine unverbindliche Richtlinie.

196 Allgemeine Anfragen dieser Art stellten z. B. die Legation Royale Le Pay-Bas, Berlin, 27. Januar 1905, und die Königlich Spanische Gesandtschaft, 17. Juni 1908, in: BArch, R 86/5412. Ein Beispiel für Erkundigungen zu bestimmten Stoffen: Anfrage des englischen Botschafters, Berlin, 19. August 1899, in: BArch, R 86/5411.

197 So z. B. zwischen der bayerischen Regierung und Frankreich über die Salizylsäure als Zusatzstoff, s. Schriftwechsel von 1886/1887, in: BayHStA, MA 61377.

stimmungen bei der Schaffung des 1897 in Kraft tretenden »Gesetzes über den Verkehr mit Lebensmitteln und einigen Bedarfsgegenständen«.[198]

Der kursorische Überblick zeigt, dass für das Gebiet der Nahrungsmittelregulierung somit Ähnliches galt, wie Michael Prinz es für die Geschichte der Sozialreform herausgearbeitet hat und wie es auf vielen Rechtsgebieten mit technischem und wirtschaftlichem Bezug zu beobachten ist: Ausländische Vorbilder setzten vielfach bestimmte Entwicklungen überhaupt erst in Gang oder verliehen diesen Konsistenz. Die Erfahrungen anderer Staaten demonstrierten die Realisierbarkeit theoretischer Entwürfe und verliehen abstrakten Diskussionen empirische Grundlagen.[199] Die Rechtsvergleichung gewann mithin an Bedeutung, der Blick ins Ausland versprach, Regelungsmodelle für neuartige rechtspolitische Fragestellungen zu finden, die die eigene Rechtsordnung nicht zur Verfügung stellte.[200]

Gleichzeitig wirkten die Regelungen anderer Staaten aber auch als Herausforderung und Ansporn, wie die dargestellten zwischenstaatlichen Auseinandersetzungen zeigen. Die europäische Gesellschaft verhielt sich, so Prinz, ab der Mitte des 19. Jahrhunderts nicht nur hinsichtlich des technologischen Fortschritts, sondern auch in Bezug auf den Austausch von sozialpolitischen Informationen – und zu diesen können im weitesten Sinne auch gesundheitspolitische Sachverhalte gezählt werden – wie »ein System kommunizierender Röhren«.[201] Die vielfach parallel und strukturell ähnlich verlaufenden Entwicklungen in der Nahrungsmittelgesetzgebung und -überwachung, die sich nicht nur in ähnlich angelegten Gesetzen, sondern z. B. auch in der seit den 1840er Jahren ganz Europa überziehenden Einrichtung von öffentlichen Schlachthäusern[202] zeigte, belegt dies deutlich.

Häufig waren es jedoch nicht diplomatische Wege, auf denen sich solche Informationstransfers vollzogen, vielmehr bildeten sich parallel Experten-Netzwerke heraus, die zu maßgeblichen Trägern des Kontaktes wurden. Auch konkrete Bemühungen zur internationalen Harmonisierung der nahrungsmittelrechtlichen Bestimmungen fanden vorerst nur auf diesen – gewissermaßen als »halbamtlich« zu bezeichnenden – Ebenen statt. Die Wissenschaftler rezipierten nicht nur gegenseitig ihre wissenschaftlichen Veröffentlichungen, sondern tauschten sich auf den immer zahlreicher werdenden internationalen Kongressen regelmäßig auch direkt aus. Nicht nur die neuesten Forschungsergebnisse

198 Merres, Die Organisation der Lebensmittelkontrolle im Auslande, in: ZUL 62 (1931), S. 17 ff. Das österreichische Gesetz ging aber über sein deutsches Vorbild hinaus, indem es genauere Bestimmungen zur Probeentnahme und zur Organisation der Untersuchungsanstalten aufnahm und festlegte, dass bisher nicht verwendete Stoffe einer Genehmigung bedurften.

199 *Prinz*, Brot, S. 33.

200 Vgl. *Stolleis*, Nationalität, insbesondere S. 189 f., ders., Geschichte, Bd. 3, S. 42; *Coing*, Rechtsvergleichung, S. 161.

201 *Prinz*, Brot, S. 33; vgl. auch *Coing*, Neugestaltung, S. 46 f.

202 *Lackner*; *Theves*, insbesondere S. 102–106.

und neue Untersuchungsmethoden waren Thema, man sprach auch über neue Produkte, Herstellungsverfahren und Zusatzstoffe sowie weitere staatenunabhängig auftretende Fragen der Überwachungspraxis. Einige Kongresse hielten eigene Sektionen zur Rechtslage in den beteiligten Staaten ab, in denen verschiedene Modelle verglichen und Neuerungen vorgestellt wurden.[203] Ein weiteres Forum bildeten internationale Zeitschriften, wie das »British Food Journal« und die Annalen der Weiß-Kreuz-Gesellschaft, die sich ähnlich den nationalen Fachzeitschriften der Forschung auf dem Gebiet der Nahrungsmittelanalyse sowie Problemen der Nahrungsmittelüberwachung widmeten und von Korrespondenten aus verschiedenen Ländern beliefert wurden.[204]

In diesen Kreisen kursierte auch die Idee, staatsübergreifende einheitliche Richtlinien für die Organisation der Nahrungsmittelkontrolle sowie für die Analyse und Beurteilung der Nahrungsmittel aufzustellen. Meist blieb es nur bei theoretischen Diskussionen,[205] doch zwei Umsetzungsversuche wurden schon recht konkret: Der alle zwei Jahre stattfindende »Internationale Kongress für angewandte Chemie« setzte 1894 eine interne Kommission ein, die ein internationales Nahrungsmittelbuch vorbereiten sollte.[206] 1906 wurde ein erster Entwurf vorgelegt, der auf verschiedenen nationalen wissenschaftlichen und amtlichen Normwerken beruhte.[207] Da dieser Regelungskatalog jedoch Makulatur bleiben musste, wenn er nicht offiziell legitimiert wurde, forderte die Versammlung die betreffenden Regierungen auf, die Kommission zu bevollmächtigen, auf dieser Basis einen internationalen Codex auszuarbeiten. Dieser sollte in Zukunft die einzige normative Grundlage für die Untersuchungsmethoden und Beurteilungskriterien in

203 Z.B. XIV. Internationaler Kongress für Hygiene und Demographie Berlin, 23.–29. September, Organisations-Komitee, Berlin, im Januar 1907, in: ISG, Magistratsakten, S 2287; XIV. Internationaler Kongress für Hygiene und Demographie, in: Zeitschrift für öffentliche Chemie 13 (1907), S. 232f.

204 Annales; British Food Journal; zu Letzterem: *Oddy.*

205 1er Congrès International organisé par la Société scientifique d'Hygiène alimentaire et de l'alimentation rationelle, in: GStAPK, I. HA, Rep. 76 VIII B, Nr. 4383; Internationaler Kongreß für Nahrungsmittelhygiene und zweckmäßige Ernährung des Menschen, in: ZUNG 10 (1905), S. 328; Internationaler Kongress für Nahrungsmittelhygiene und zweckmäßige Ernährung in Paris 1906, in: Zeitschrift für öffentliche Chemie 11 (1905), S. 463; I. Internationaler Kongreß für Nahrungsmittelhygiene und zweckmäßige Ernährung des Menschen, in: ZUNG 12 (1906), S. 512; II. Internationaler Kongreß für Nahrungshygiene und rationelle Ernährung des Menschen in Brüssel, in: ZUNG 20 (1910), S. 239f.

206 Daran beteiligten sich Vertreter aus Belgien, Argentinien, Spanien, Frankreich, Ungarn, Brasilien, Bulgarien, Schweden, den USA, Großbritannien, Luxemburg, Italien, den Niederlanden, Portugal, Schweiz, Russland und Rumänien sowie dem Deutschen Reich. Für Letzteres saßen Joseph König und Wilhelm Fresenius in der Kommission, s. Schreiben des Kaiserlichen Gesundheitsamtes an den bayerischen Staatssekretär des Innern, Berlin, 22. Januar 1908, in: BayHStA, MInn 62590; Bericht des Kaiserlichen Gesundheitsamtes über den 7. internationalen Kongress für angewandte Chemie in London vom 27. Mai bis 2. Juni 1909, in: BA, R 86/906; Broschüre: Seventh International Congress of Applied Chemistry, London, May 27 to June 2, 1909, in: ebd.; Commission; *André*; *Piutti.*

207 Commissione.

den sich anschließenden Staaten darstellen.[208] Doch selbst Wissenschaftler hielten den Zeitpunkt für ein solches Vorhaben noch für zu früh, da die wissenschaftlichen Arbeitsweisen, die Produktionsverfahren und die Warenarten in den beteiligten Staaten zu unterschiedlich seien und dementsprechend nur sehr weite und damit in der Praxis wenig hilfreiche Festsetzungen alle nationalen Besonderheiten berücksichtigen könnten. Die Argumentation erinnert an die Einwände, die einige Jahre zuvor gegen ein reichsweites Nahrungsmittel zu hören gewesen waren – das Prinzip einer möglichst weitgehenden Vereinheitlichung der Beurteilungsstandards als Voraussetzung eines ungehinderten grenzüberschreitenden Warenverkehrs lag erneut im Widerstreit mit dem einer möglichst weitreichenden Bewahrung regionaler beziehungsweise nationaler Gegebenheiten. Die Regierungen standen den Plänen der Kommission ähnlich skeptisch gegenüber, so dass es bei der Fortführung lediglich unverbindlicher Vorarbeiten blieb, die aufgrund des Kriegsausbruchs 1914 schließlich aber auch ausgesetzt wurden.[209]

Ähnlich verliefen die Bemühungen des seit 1908 jährlich vom Weißen Kreuz veranstalteten »Internationalen Kongreß[es] zur Unterdrückung der Verfälschung der Nahrungsmittel und pharmazeutischen Produkte«. Dieser zielte ebenfalls auf die Aufstellung internationaler Beurteilungsstandards und Begriffsbestimmungen für unverfälschte Nahrungsmittel ab, lud aber neben Wissenschaftlern und Praktikern der Nahrungsmittelkontrolle sowie Regierungsvertretern auch Gewerbetreibende zu den Beratungen ein – auf internationaler Ebene war dies ein Novum.[210] Die Standpunkte der einzelnen Interessengruppen wurden zunächst getrennt voneinander eruiert, mit dem Ziel, die auf dieser Basis ausformulierten Richtlinien in einem Normwerk zusammenzuführen. Das Interesse der nationalen Regierungen war sehr unterschiedlich, während Frankreich, die Schweiz und eine Reihe anderer europäischer Staaten regelmäßig Vertreter entsandten, verfolgte die deutsche Reichsleitung das Vorhaben nur von ferne.[211]

208 Schreiben des Kaiserlichen Gesundheitsamtes an den bayerischen Staatssekretär des Innern, Berlin, 22. Januar 1908, in: BayHStA, MInn 62590.

209 Ebd.; Schreiben des Reichsamtes des Innern an das bayerische Innenministerium, Berlin, 17. Februar 1909, in: BayHStA, MInn 62590; Seventh International Congress of Applied Chemistry, London, May 27 to June 2, 1909, in: BA, R 86/906.

210 Schreiben des Kaiserlichen Gesundheitsamtes, Berlin, 22. Januar 1908, an den bayerischen Staatssekretär des Innern, in: BayHStA, MInn 62590; I. internationaler Kongreß zur Unterdrückung der Verfälschung von Nahrungsmitteln und pharmazeutischen Produkten, in: Zeitschrift für angewandte Chemie 21 (1908), S. 2201–2203; Erster internationaler Kongreß zur Bekämpfung der Nahrungsmittelverfälschung und Kurpfuscherei, in: ZUNG 16 (1908), S. 768; s. zu den Kongressen auch *Rossfeld*, Schokolade, S. 184 f.

211 Als offizieller Gesandter aus dem Deutschen Reich war nur ein Vertreter der Stadt Hamburg anwesend, s. Erster internationaler Kongreß zur Bekämpfung der Nahrungsmittelverfälschung und Kurpfuscherei, in: ZUNG 16 (1908), S. 768; Schriftwechsel zwischen dem Reichskanzler und dem Kultus-, dem Landwirtschafts- und dem Handelsministerium, Berlin, 1./8. Oktober 1909, in: GStAPK, I. HA, Rep. 76 VIII B, Nr. 4384; Immerhin ließ sich die Reichsleitung von der Deutschen Botschaft regelmäßig Bericht erstatten, Schreiben der Kaiserlichen Deutschen Botschaft an den Reichskanzler, Paris, 17. Oktober 1910, in: ebd.

Deutsche Wissenschaftler waren für das Vorhaben aber voll des Lobes;[212] ebenso brachte sich die deutsche Nahrungsmittelwirtschaft vielfach ein, auch wenn einzelne Branchenverbände nach Meinungsverschiedenheiten mit ausländischen Unternehmern die Teilnahme verweigerten.[213] Die geplante Vereinigung der gewerblichen und wissenschaftlichen Festsetzungen kam jedoch nicht mehr zustande, wiederum stellte der Erste Weltkrieg eine Zäsur dar.[214]

Doch es war nicht nur der Erste Weltkrieg, der die ersten Bemühungen, einheitliche grenzüberschreitende Standards zu schaffen, zum Stocken brachte. Zu sehr dachte man offenbar noch in nationalen Dimensionen und befürchtete, regionale und nationale Unterschiede und damit die Eigenheiten des eigenen Staates einzuebnen. Unterschiedliche Wissenschafts-, und Rechtstraditionen beeinflussten die Vorstellungen von einer idealen Regulierung der Nahrungsmittelqualität und führten zu inhaltlichen Differenzen – so sehr man sich auch an ausländischen Modellen orientiert hatte. Hinzu kam das in den geschilderten deutsch-amerikanischen Auseinandersetzungen um die Fleischbeschau deutlich werdende Konkurrenzdenken: Die Furcht vor Nachteilen im internationalen Handelsverkehr verhinderte allzu offene Aussprachen und letztlich auch konkretere Verhandlungen über gemeinsame Standards. Selbst die sonst so kritischen Wissenschaftler äußerten sich auffällig zurückhaltend über Mängel der Nahrungsmittelüberwachung in ihren Heimatstaaten.[215] Die Bemühungen um eine Verständigung setzten zudem schlichtweg zu spät ein: Während eine Harmonisierung im Eisenbahn- und Postwesen und im Wechsel-, Handels-, Versicherungs- und Arzneimittelrecht bereits in den 1890er Jahren abgeschlossen oder zumindest weit vorangebracht worden war,[216] steckte diese auf dem Gebiet der Nahrungsmittelregulierung noch in den Kinderschuhen, da die einzelnen Staaten zunächst auf nationaler Ebene das Problem in den Griff zu bekommen suchten. Der Erste Weltkrieg erstickte so die ersten Ansätze fast noch im Keim.

212 Erster internationaler Kongreß zur Bekämpfung der Nahrungsmittelverfälschung und Kurpfuscherei, in: ZUNG 16 (1908), S. 768; I. internationaler Kongreß zur Unterdrückung der Verfälschung von Nahrungsmitteln und pharmazeutischen Produkten, in: Zeitschrift für angewandte Chemie 21 (1908), S. 2201–2203.

213 Insbesondere in der Schokoladeindustrie kam es zu Verstimmungen, deren Verhandlungen sind besonders gut dokumentiert, s. *Greiert*, S. 26f.; *Fincke*, Chemikertätigkeit, S. 29.

214 Schreiben des Kaiserlichen Gesundheitsamtes an den bayerischen Staatssekretär des Innern, Berlin, 22. Januar 1908, in: BayHStA, MInn 62590; I. Internationaler Kongreß zur Unterdrückung der Verfälschungen der Nahrungsmittel und pharmazeutischen Produkte, in: ZUNG 16 (1908), S. 384; Erster internationaler Kongreß zur Bekämpfung der Nahrungsmittelverfälschung und Kurpfuscherei, in: ZUNG 16 (1908), S. 768. I. internationaler Kongreß zur Unterdrückung der Verfälschung von Nahrungsmitteln und pharmazeutischen Produkten, in: Zeitschrift für angewandte Chemie 21 (1908), S. 2201–2203.

215 *Kerp*, Bericht.

216 *Berghoff*, Zähmung, S. 148f.; *Hickel*, S. 248f.

4. Partieller Kompetenzverlust: Rechtsprechung und juristische Literatur

Ein Berufsstand bleibt in den bisher dargestellten, aber auch in den im weiteren Verlauf dieser Arbeit analysierten Aushandlungsprozessen gleichsam unsichtbar: die Juristen. Dies resultiert vor allem wohl aus der spezifischen Natur des Juristenberufes: Juristen waren in den unterschiedlichsten Funktionen – als Reichstagsabgeordnete, Regierungsmitglieder, Verwaltungsbeamte sowie Vertreter von Verbänden – mit der Nahrungsmittelregulierung befasst, selten aber als geschlossene, durch den Beruf definierte Gruppe. Trotz ihrer zentralen Rolle und Allgegenwart bei den Aushandlungsprozessen traten sie so kaum als eine Interessengruppe in Erscheinung, die eigene Vorstellungen entwickelte. Doch auch auf ihren genuinen Arbeitsfeldern hielten sie sich mit Stellungnahmen zur Thematik der Nahrungsmittel sehr zurück. Obwohl die Juristen sich in ihrem klassischen Arbeitsgebiet, der Verwaltung, im Gefolge der Industrialisierung zunehmend mit neuen Aufgaben konfrontiert sahen,[217] fanden die neu entstehenden Regelungsmaterien und -formen in der Rechtswissenschaft keine adäquate Entsprechung. Dies galt auch für das Nahrungsmittelrecht, das so bestätigt, was die neuere Forschung für die eng an die Industrialisierung gekoppelten Rechtsgebiete herausgestellt hat: Das Verhältnis von Recht und Industrialisierung wurde selten systematisch beleuchtet,[218] die universitäre Rechtswissenschaft beschäftigte sich zunächst nur wenig mit den neuen Normierungen auf Sonderrechtsgebieten abseits der großen Kodifikationen.[219]

Die Vorarbeiten zum Nahrungsmittelgesetz wurden immerhin durch eine Reihe von Publikationen begleitet, die aus rechtshistorischer Perspektive einen Überblick über das Phänomen der Nahrungsmittelverfälschungen und die Strategien zu seiner Bekämpfung gaben und die aktuellen Diskussionen und die bestehenden Reichs- und territorialen Gesetze sowie ihre Implementierung nachzeichneten.[220] Dezidierte Stellungnahmen zu den umstrittenen Punkten fanden sich mit wenigen Ausnahmen jedoch nicht.[221] Auch nach Erlass des Nahrungsmittelgesetzes blieb das theoretische und historische Interesse der Rechtswissenschaft an diesem Rechtsgebiet verhalten – bis zur Wende zum 20. Jahrhundert erschienen zwar einige Kommentare, aber nur sehr wenige wissenschaftliche Studien zum Nahrungsmittelgesetz. Obwohl es zum klassischen Regelungsgebiet der medizinischen Polizei gehörte, war es offenbar als Teil des Nebenstrafrechts zu weit entfernt von den großen Fragen der Gesetzgebungslehre und in seiner Materie zu speziell, um ein weitergehendes theoretisches Interesse zu

217 *Wehler*, S. 735.

218 *Stolleis*, Geschichte, Bd. 3, S. 44–48; *Vec*, Technik, S. 122, mit weiteren Nachweisen.

219 Dazu *Henne/Kretschmann*; *Ossenbühl*, S. 21; *Vec*, Recht, Kap. II 6.

220 *Elben*; *Löbner*; *Wassermann*.

221 *Bresgen*, Handel; ders., Fälschungsunwesen.

wecken. Da das Nahrungsmittelrecht eng mit vielen Aspekten aus dem Kompetenzbereich der Medizinalverwaltung und öffentlichen Gesundheitspflege verbunden war, fühlten sich Rechtswissenschaftler zudem vielfach schlichtweg nicht zuständig und überließen die Thematik den aufstrebenden Natur- und Medizinalwissenschaften.[222] Anders als diese mussten sich die Juristen zudem nicht erst als Profession etablieren, sondern monopolisierten seit Jahrhunderten die Staats- und Kommunalverwaltungen. Somit hatten sie nicht ein derart starkes Standesinteresse, sich in öffentlichen Debatten zu profilieren. Erst kurz vor dem Ersten Weltkrieg wurden – möglicherweise forciert durch die Debatten um eine allgemeine Strafrechtsreform – mehrere Arbeiten veröffentlicht, die sich ausschließlich mit der Nahrungsmittelgesetzgebung beschäftigten.[223] Somit ging im Fall der Nahrungsmittelregulierung nicht die Rechtswissenschaft der Rechtsanwendung voraus und gab ihr Orientierungshilfen; das Nahrungsmittelgesetz wurde vielmehr zunächst in der Praxis erprobt und dann nachträglich wissenschaftlich analysiert – auch und vor allem in seiner Anwendung durch die Rechtsprechung.

Gemeinsam war den Untersuchungen die meist weniger diskursive als deskriptive Darstellungsweise. Grundlage der Arbeiten waren ausschließlich die Entwürfe zum Nahrungsmittelgesetz, juristische Kommentare sowie die Entscheidungen des Reichsgerichtes, die sie jedoch nicht in den Kontext der zeitgenössischen Debatten einordneten. Eher selten thematisierten die Studien widerstreitende Meinungen oder Entwicklungen in der Auslegungspraxis. Nichtstaatliche Regulierungen und die Aktivitäten der verschiedenen Interessenverbände aus Wissenschaft und Wirtschaft fanden keinerlei Erwähnung, nicht einmal die Untersuchungsstandards der Fachverbände der Nahrungsmittelchemie, die in der Überwachungspraxis von immenser Bedeutung waren.[224] Die Autoren gingen von einem engen Normbegriff aus und fixierten sich ausschließlich auf den Staat als Regulator. Es schien, als seien private Normsetzungen gar nicht existent, ebenso wenig wie die seit Jahren andauernden Diskussionen um die Auslegung des Gesetzes.

Zwar wandten sich die Autoren durchaus einigen der neuralgischen Punkte des Gesetzes wie z. B. der Abgrenzung der Tathandlungen zu.[225] Doch andere Fragen, die in der Praxis und in den öffentlichen Debatten über die Nahrungsmittelqualität kaum oder gar nicht problematisiert wurden, spielten eine mindestens ebenso große Rolle. Auch näherten sich die Autoren Problemen jedweder Art immer aus einer rein dogmatischen Perspektive. Teils wurden regelrechte Scheindebatten um Begrifflichkeiten ausgefochten, die in der Pra-

222 So verwies der Mitarbeiter des Reichsjustizamtes Friedberg auf die Schwierigkeiten der Juristen, den technisch-wissenschaftlichen Hintergrund einschätzen zu können, s. Sten. Ber., 4. Leg., 2. Sess., 1879, 1. Bd., S. 775.

223 Beispiele: *Otto*; *Schick*, Reichsgesetz.

224 Dazu Kap. IV 4.

225 Z. B. *Schick*, Reichsgesetz, S. 40–64.

xis keine Rolle spielten.[226] Einige Studien zum Nahrungsmittelgesetz gestanden immerhin die Begrenztheit allgemein-abstrakter juristischer Definitionen ein und verwiesen darauf, dass der Kern der Schwierigkeiten hinsichtlich der Begrifflichkeiten des Nahrungsmittelgesetzes nicht auf juristischem, sondern auf technischem Gebiet liege. Sie zogen sich damit aber auch aus der Verantwortung, indem sie behaupteten, generelle Grundsätze über die Normalbeschaffenheit der Waren seien aus rechtswissenschaftlicher Perspektive nicht formulierbar.[227]

Auf derartigen Überlegungen beruhte wohl auch eine besondere Art von Kommentaren und Handbüchern zum Nahrungsmittelgesetz, die – herausgegeben als Gemeinschaftspublikationen von Medizinern bzw. Chemikern und Juristen – der spezifischen Bindung des Nahrungsmittelrechts an die Naturwissenschaften dadurch gerecht zu werden suchten, dass sie explizit die Sichtweisen der Rechts- und der Naturwissenschaften verbanden.[228] Sie kommentierten in klassischer Manier die für das Gebiet der Nahrungsmittelregulierung und -überwachung relevanten Rechtsvorschriften, fügten aber Abschnitte zu einzelnen Nahrungsmitteln an, die wie naturwissenschaftlich ausgerichtete Kompendien und Handbücher auf deren Herkunft und Herstellung, gewöhnliche Zusammensetzung, typische Kennzeichen und Verfälschungen eingingen, um dann die konkrete Bedeutung der rechtlichen Bestimmungen, gängige Auslegungen und spezielle Regelungen für das besprochene Produkt darzulegen.[229]

Auch bei den klassischen Kommentaren zum Nahrungsmittelgesetz, deren Verfasser aus der Gerichts- oder Verwaltungspraxis stammten,[230] ist zu beobachten, dass sie sich weniger dogmatischen Fragen und theoretischen Konzepten widmeten, als dies die erwähnten theoretischen Studien taten, aber auch als es in der sonstigen strafrechtlichen Kommentarliteratur der Fall war. Vielmehr stand die Anwendungsbezogenheit des Nahrungsmittelrechts im Vordergrund. Praktiker schrieben für Praktiker, häufig sogar für Nicht-Juristen, um diesen Hilfestellungen im Umgang mit der Nahrungsmittelgesetzgebung in ihrem beruflichen Alltag zu geben.[231] Die Unterstützung der Gerichte in der Auslegung des Gesetzes und die Aufklärung der Beamten der Nahrungsmittelüberwachung sowie nicht zuletzt auch häufig der Gewerbetreibenden standen gleichberechtigt nebeneinander.

226 Ein prägnantes Beispiel ist die 1902 erschienene Abhandlung Fritz Liebermanns zur Unterscheidung zwischen den Begriffen »Verfälschen« und »Nachmachen« im Nahrungsmittelgesetz, Tathandlungen, die im Nahrungsmittelgesetz auf einer Stufe standen und mit derselben Strafe belegt waren, s. *Liebermann*.

227 Ebd., S. 32, 55; *Otto*, S. 27.

228 *Meyer/Finkelnburg*; *Zinn*; *Zinn/Haas*.

229 S. als Beispiel die Richtlinien im Abschnitt »Milch«: *Lebbin/Baum*, S. 231–246.

230 *Baer*; *Bauer*, Reichs-Gesetze; *Coermann*, Weingesetz; *Höinghaus*; *Fleischmann*; *Menzen*; *Schmidt-Mülheim*; *Zimmermann*.

231 Dies illustrieren z. B. der Zusatz im Titel von *Coermann*, Weingesetz: »gemeinverständlich erläutert«, oder von *Schmidt-Mülheim*: »für Fleischer, Fleischbeschauer, Thierärzte«.

Unabhängig von ihrer Positionierung in den Auseinandersetzungen um die Ausgestaltung der Nahrungsmittelüberwachung suchten die Kommentare insbesondere die unklaren Begrifflichkeiten der Nahrungsmittelgesetze zu klären. Sie definierten die umfassten Gegenstände sowie die Begriffe »Verkaufen« und »Feilhalten«, grenzten die Tathandlungen des »Nachmachens« und »Verfälschens« möglichst knapp ein und erläuterten die qualifizierenden Tatbestandsmerkmale. Notwendigerweise blieben die Ausführungen sehr abstrakt – generelle, vom einzelnen Nahrungsmittel losgelöste Definitionen der Begriffe »Verfälschung« und »Nachmachen« konnten lediglich eine grobe Richtung vorgeben. Für Händler und Produzenten sowie die Nahrungsmittelüberwachung war aber die Auslegung im Einzelfall entscheidend.[232] Zwangsläufig mussten die Kommentare Hilfskonstruktionen wie den »berechtigten Handelsbrauch« und die »Normalbeschaffenheit« verwenden. Jedoch verhielten sich die klassischen ebenso wie die von Naturwissenschaftlern und Juristen gemeinsam herausgegebenen Kommentare und die rechtswissenschaftlichen Studien in der Bezugnahme auf private Standardisierungen recht zurückhaltend.[233]

Eine Ausnahme stellte der 1879 erschienene Kommentar des badischen Kreisgerichtsrates Karl Ernst Baer dar, der sich für Begriffsabgrenzungen zu einzelnen Nahrungsmitteln auf Beschlüsse wissenschaftlicher Versammlungen, wie z.B. des 1874 in Brüssel tagenden internationalen ärztlichen Kongresses zu Bier, bezog.[234] Dennoch sprach sich Baer deutlich dagegen aus, privaten Akteuren, insbesondere aus der Wissenschaft, die materielle Füllung des Gesetzes zu überlassen; wissenschaftliche Standards konnten aus seiner Sicht bindende Verordnungen nicht ersetzen.[235] Baer war damit aber einer der wenigen Rechtswissenschaftler, die dieser Möglichkeit überhaupt Beachtung schenkten.[236]

Seine Kollegen hingegen rezipierten fast ausschließlich die innerhalb der Rechtswissenschaft und der staatlichen »Sphäre« ablaufenden Diskussionen und dort produziertes Wissen. So kamen zur Ausfüllung der abstrakten Normsetzungen nur die Ergebnisse der Reichstagsdebatten, die Motive zu den jeweiligen Gesetzen und die juristische Literatur sowie insbesondere die Rechtsprechung in Frage. Als naturwissenschaftlich-medizinische Standards wurden einzig die vom Kaiserlichen Gesundheitsamt – also einem staatlichen Or-

232 Eben aufgrund des Dilemmas, dass die Reichweite von Definitionen immer begrenzt ist, hatte man sich bei der Abfassung des Nahrungsmittelgesetzes ja bewusst gegen die Aufnahme von Definitionen dieser Begrifflichkeiten entschieden.

233 Lediglich in Coermanns Kommentar zum Weingesetz findet sich an einer Stelle eine Bezugnahme auf private Normierungen, indem er im Rahmen der Definition von »Kognak« Beschlüsse des Verbandes deutscher Kognakbrenner von 1901 zitiert, *Coermann*, Weingesetz, S. 64.

234 *Baer*, S. 63–77, zum Ärztekongress s. S. 66.

235 Ebd., S. 23–25.

236 Ebd., S. 28, 99f.

gan – herausgegebenen Materialien zum Entwurf des Nahrungsmittelgesetzes herangezogen; diese stellten aufgrund ihrer regelmäßigen, häufig auch wortwörtlichen Zitierung in der Kommentarliteratur, aber auch in der frühen Rechtsprechung lange eine Art autoritative Richtlinie dar – ungeachtet dessen, dass ihr wissenschaftlicher Kenntnisstand längst überholt war.

Dies deckt sich mit Beobachtungen auf dem Gebiet des Technikrechts: Die Juristen anerkannten zwar einen aus der Industrialisierung folgenden Normierungsbedarf und konstatierten eine Ausweitung der juristischen Aufgabenfelder, die nicht zuletzt auch Auswirkungen auf die Juristenausbildung haben musste. Sie hielten jedoch an den bisherigen Normierungsparadigmen fest, die von den drei Säulen Gesetzgebung, Verwaltung und völkerrechtliche Verträge, somit den »hergebrachten Modellen staatlich-imperativer Steuerung« ausgingen.[237] Man klammerte die stark auf den Einzelfall bezogenen, den aktuellen wissenschaftlichen und technischen Stand widerspiegelnden, flexiblen Normsetzungen der wissenschaftlichen und wirtschaftlichen Verbände aus und versäumte es lange Zeit, theoretische Instrumentarien zu entwickeln, mit denen diese neuen Regelungen zu fassen waren. Theorie und Praxis klafften auseinander, die These von der »kulturellen Verspätung« der Rechtswissenschaft[238] bestätigt sich auf dem Gebiet der Nahrungsmittelregulierung.

Anders verhielt es sich bei der Rechtsprechung – dem zweiten genuinen Arbeitsgebiet der Juristen: Naturgemäß konnten die Gerichte gar nicht umhin, sich von abstrakten Prinzipien zu lösen. Gerade weil das Nahrungsmittelgesetz keine klaren Begriffsbestimmungen aufwies und auch in den Folgejahren kaum rechtsverbindliche Normierungen zur Zusammensetzung und Beurteilung der Nahrungsmittel aufgestellt wurden, erhielt die Rechtsprechung ein starkes Gewicht. Von ihr wurde erwartet, dass sie die Begriffe ausfüllte und für den Einzelfall darüber entschied, ob eine Verfälschung oder Nachahmung vorlag oder nicht. Auf dem Weg der Rechtsprechung, so die Vorstellung bei der Abfassung des Gesetzes, sollte sich allmählich ein Konsens darüber etablieren, welche Kriterien für die Beurteilung der einzelnen Nahrungsmittel entscheidend waren. Dies entsprach der allgemeinen Tendenz in der Jurisdiktion, die gerade auf neuen Rechtsfeldern immer selbstbewusster auftrat und rechtsschöpferisch tätig wurde, wo der Gesetzgeber schwieg.[239] Ebenso konzedierte die rechtswissenschaftliche Literatur eine Verwandtschaft zwischen Gesetz und Gerichtsurteil:[240] Rudolf von Jhering wies im Strafrecht – anders als im Zivilrecht – dem Richter die Aufgabe zu, »zwischen dem geschriebenen Recht, der formalen und der über derselben stehenden materiellen Gerechtigkeit« zu vermitteln. Die Rechtsprechung stellte in seiner Sicht den besten Weg zur

237 *Vec*, Technik, S. 127–130.
238 Ebd., S. 127; vgl. *Ogburn*; *Ossenbühl*, S. 12f.
239 *Henne/Kretschmann*.
240 Z.B.: *Laband*, S. 334f.

Fortbildung des Rechts dar.[241] Besonders weit ging hier der Zivilprozessrechtler Oskar von Bülow, der die rechtsschöpferische Funktion der Gerichte als notwendige Reaktion des Staats auf Normierungsdefizite der modernen Gesellschaft verstand. Insbesondere im Rahmen neuer Regelungsmaterien müsse der Richter im Weg der »richterlichen Rechtsbestimmung« »allgemein verbindliche« Regelungen des Gesetzgebers vorbereiten – als Beispiel wählte Bülow gerade das »Recht der Industriegesellschaft«, somit vor allem technische Rechtsfragen.[242]

Auch im Rahmen der Auseinandersetzungen um die Rolle des Sachverständigen vor Gericht, die seit Beginn des 19. Jahrhunderts virulent waren,[243] gewannen Vorstellungen die Oberhand, die den Richtern eine weitgehende Entscheidungsfreiheit zubilligten: Die Reichsstrafprozessordnung überließ die Auswahl der Sachverständigen den Richtern und stellte es diesen frei, die Sachverständigen bei ihren Untersuchungen anzuleiten. Auch waren die Richter im Rahmen des sich durchsetzenden Grundsatzes der freien Beweiswürdigung nicht an die Gutachten gebunden, sie sollten diese vielmehr überprüfen und im Zweifelsfall weitere Sachverständige hinzuziehen. Die Entscheidung darüber, welches Gutachten schließlich ausschlaggebend sein sollte, blieb ebenfalls in das Belieben der Richter gestellt.[244]

So weit das Ideal der Theorie, die Realität jedoch sah anders aus: Angesichts der Tatsache, dass die Sachverhalte im Nahrungsmittelrecht immer komplexer wurden und sich mehr und mehr der Beurteilung eines Laien entzogen, waren die Richter der ihnen gestellten Aufgabe, die unbestimmten Rechtsbegriffe für den Einzelfall auszufüllen, offenbar immer weniger gewachsen. Die Folge war eine steigende Abhängigkeit von externen Sachverständigen, deren Sprache sie immer weniger verstanden,[245] so dass sie nichts anderes tun konnten, als sich auf die Gutachten zu verlassen oder sie im Zweifelsfall durch weitere Gutachter überprüfen zu lassen. Diese Entwicklung wurde als eine wesentliche Ursache der vielbeklagten Rechtsunsicherheit empfunden.[246] Tatsächlich ist ein hoher Anteil von Verfahren festzustellen, die durch mehrere Instanzen gingen und nicht selten von diesen unterschiedlich entschieden wurden. Der Umgang mit den Sachverständigengutachten zum Nahrungsmittelrecht ist aus heutiger Perspektive nicht mehr genau nachzuvollziehen, da die Gutachten selbst nicht überliefert sind. Auffällig ist, dass die Urteile die Gutachten teils zwar in extenso wieder-

241 *Jhering*, S. 431; zu Jherings Positionen und zu anderen Beispielen der theoretischen Auseinandersetzung mit der Rolle des Richters s. *Falk*.

242 *Bülow*, S. 31; dazu: *Ogorek*, S. 259 f.; s. auch *Henne/Kretschmann*.

243 Dazu *Poppen*, S. 224–232.

244 Die Frage nach der Rechtsnatur des Sachverständigenbeweises wurde durch die RStPO nicht beantwortet, er wurde zusammen mit dem Augenscheinbeweis in den §§ 72–93 geregelt und grundsätzlich den Zeugen gleichgestellt, dazu auch *Poppen*, S. 247–254.

245 Unverständliche Sachverständigengutachten waren immer wieder Gegenstand von Beschwerden, s. *Poppen*, S. 241 f.

246 So z. B. *Liebermann*, S. 32.

gaben, doch Abwägungen zwischen verschiedenen Analysemethoden und -ergebnissen in der Regel nur vornahmen, wenn die angeklagten Gewerbetreibenden mit Hilfe von Gegengutachtern die Sachverständigenexpertisen angriffen. Die Beurteilung der Nahrungsmittel wurde vielfach auf die Kompatibilität mit bestimmten Grenzwerten reduziert.[247] Die Richter erlitten mithin einen Kompetenzverlust im eigenen Gerichtssaal, von einer freien Beweiswürdigung im originären Sinn konnte nicht mehr die Rede sein. Die Rechtsprechung fungierte lediglich als Katalysator naturwissenschaftlichen Sachverstands, der so wieder für die Rechtsfortbildung nutzbar gemacht wurde.

So wurde in juristischen Kreisen moniert, dass die Richter nicht – wie es der Grundsatz der freien Beweiswürdigung eigentlich verlange – unter Abwägung aller anderen Be- und Entlastungsmomente und aufgrund ihrer eigenen Sinneswahrnehmung eine freie Entscheidung träfen, sondern sich blind auf die Experten verließen.[248] Die Autoren taten damit keineswegs den wissenschaftlichen Sachverstand vor Gericht als überflüssig ab, doch plädierten sie dafür, die Chemie wieder stärker in die Grenzen ihrer Rolle als »technisch-wissenschaftliche Beratherin«[249] zu weisen. Auch Vertreter der Nahrungsmittelchemie selbst, die eigentlich ein starkes Interesse daran hatte, den Stellenwert wissenschaftlicher Gutachten vor Gericht und damit eines ihrer zentralen Arbeitsfelder zu erhalten, forderten eine größere Eigenständigkeit der Richter: Max Dennstedt beklagte beispielsweise in seinem 1910 erschienenen Lehrbuch zur forensischen Chemie das Desinteresse der Juristen an der Nahrungsmittelgesetzgebung und äußerte die Ansicht, dass eine wirksame Regulierung nur dann möglich sei, wenn es gelänge, die Juristen zur aktiven Beteiligung anzuhalten. Doch setze dies eine gewisse naturwissenschaftliche Bildung der Juristen voraus.[250] Dementsprechend wandte sich Dennstedt mit seinem Lehrbuch vor allem an die Richter.[251] Er suchte diese in die Grundlagen der Chemie, die gebräuchlichsten Analysemethoden sowie die wichtigsten Beurteilungskriterien für gerichtlich relevante Sachverhalte einzuführen,[252] damit sie die Gutachten verstehen und möglichst auch überprüfen konnten. Er wollte sie zudem in die Lage versetzen, aus den einander immer häufiger widersprechenden Stellungnahmen der Sachverständigen »die Wahrheit herauszuschälen«.[253] Fachkollegen waren eher skeptisch, was die Reichweite seiner Ausführungen und deren Umsetzbarkeit durch die mit der Lektüre auf sich gestellten Juristen anging. Sie be-

247 Zahlreiche Beispiele finden sich in: Auszüge aus gerichtlichen Entscheidungen.

248 Ein deutsches Nahrungsmittelbuch, Ausschnitt aus der Deutschen Warte, 15. Oktober 1903, in: BA, R 86/5413; Abel, Die Überwachung des Nahrungsmittelverkehrs, in: ZUNG 21 (1911), S. 449–466; *Bresgen*, Fälschungsunwesen, S. 23.

249 *Bresgen*, Fälschungsunwesen, S. 23.

250 *Dennstedt*, S. 407.

251 Ebd., S. V–VII.

252 Ebd., S. 331–399.

253 Ebd., S. 333.

fürworteten deshalb Vorträge und Demonstrationen im Laufe des juristischen Studiums.[254]

Ob nun aber aus eigener Kraft oder in Kooperation mit wissenschaftlichen (und übrigens auch gewerblichen) Sachverständigen oder nur als Mittler deren Vorstellungen: Die Richter mussten gezwungenermaßen die Begrifflichkeiten des Nahrungsmittelgesetzes abgrenzen und interpretieren. Dementsprechend rezipierte nicht nur die Kommentarliteratur üblicherweise die wichtigsten Urteile, die Beobachtung der Rechtsprechung war auch selbstverständlicher Bestandteil der Tätigkeit der verschiedenen Interessenzusammenschlüsse. In deren Publikationsorganen fanden sich regelmäßig Auszüge aus Urteilen.[255]

Auch von staatlicher Seite wurde die Rechtsprechung zur Nahrungsmittelgesetzgebung in mehrfacher Hinsicht publizistisch begleitet, indem spezielle Urteilskompendien zu den Nahrungsmittelgesetzen initiiert wurden. Am umfangreichsten waren die seit 1892 als Beihefte zu den Veröffentlichungen des Kaiserlichen Gesundheitsamtes herausgegebenen »Auszüge aus gerichtlichen Entscheidungen zum Gesetze, betr. den Verkehr mit Nahrungsmitteln, Genußmitteln und Gebrauchsgegenständen«, die ohne Kommentierung die wichtigsten Passagen aus einschlägigen Urteilen aller Instanzen mitsamt ihren Begründungen wiedergaben und die zentralen Punkte des Verfahrens zusammenfassten.[256]

Allen Sammlungen war gemeinsam, dass sie sowohl dem Nahrungsmittelgewerbe als auch den Überwachungsinstanzen Orientierungshilfen an die Hand zu geben suchten: den einen für eine gesetzes- und rechtsprechungskonforme Produktion, den anderen für eine einheitliche Auslegung des Nahrungsmittelgesetzes im Rahmen der praktischen Kontrollen und Untersuchungen. Vor allem aber hoffte man, durch das umfassende Informationsangebot den Richtern die Übersicht über die Rechtsauffassungen ihrer Kollegen zu erleichtern und so eine indirekte Verständigung über gemeinsame Prinzipien und Standards zu erzielen, um endlich das langersehnte Ziel einer einheitlicheren Rechtsprechung zu erreichen.[257] Die Sammlungen sollten auf diese Weise ihrerseits standardisierend wirken und Informationsgefälle ausgleichen. Sie entsprachen damit Forderungen aus der Nahrungsmittelwirtschaft, die auf eine Verbesserung der Kommunikation der Gerichte untereinander drängte.[258]

254 So eine Rezension von König, in: ZUNG 22 (1912), S. 543.

255 So veröffentlichte die ZUNG ab 1909 als fortlaufende Beilage eine Sammlung von Gesetzen und Verordnungen sowie Gerichtsentscheidungen zur Nahrungsmittelgesetzgebung. Ein ähnliches fortlaufendes Nachschlagewerk war ab 1912 *Coermann*, Nahrungsmittel-Gesetzgebung, das nicht nur Urteile zum Nahrungsmittelgesetz und seinen Ergänzungsgesetzen, sondern auch zum Wettbewerbs- und Warenzeichengesetz sowie zum allgemeinen Straf-, Zivil- und Verwaltungsrecht, soweit es Nahrungsmittel betraf, enthielt.

256 Auszüge aus gerichtlichen Entscheidungen.

257 Vorwort, in: Auszüge aus gerichtlichen Entscheidungen, o. S.

258 Grundsätze für die Nahrungsmittelüberwachung, in: DNR 11 (1913), S. 365–368, und DNR 12 (1914), S. 4 f., 19 f.

Angesichts der stetig fortschreitenden Entwicklung der Nahrungsmitteltechnik und -chemie und darauf aufsetzend der Rechtsauffassung und -praxis sollten sie möglichst immer den aktuellen Stand dokumentieren.[259] Damit erhielten die Sammlungen den Charakter fortlaufend aktualisierter Kompendien von Beurteilungsmaßstäben und kompensierten zumindest bis zu einem gewissen Grad das Fehlen jeglicher rechtsverbindlicher Bestimmungen für die Beurteilung der Nahrungsmittel. Einer Erhebung in den Stand allgemein anerkannter Standards stand jedoch die Varianz der Gesetzesauslegung sowie die starke Prägung der Urteile durch die spezifischen Gegebenheiten des Einzelfalls und auch die starke Kritik von Seiten beteiligter Interessenzusammenschlüsse insbesondere des Nahrungsmittelgewerbes entgegen. Allenfalls boten die Entscheidungen in einer Gesamtschau, wenn sie gewissermaßen auf das Destillat ihrer verallgemeinerbaren Erkenntnisse reduziert wurden, die Grundlage für zu schaffende Normativbestimmungen. Es blieb dabei, dass Richter zwar die umlaufenden Standards prägten und ihre Standpunkte in die Diskussionen und Aushandlungsprozesse über die Nahrungsmittelregulierung einflossen; die aktive Normsetzungsarbeit jedoch übernahmen andere.

5. Die Bewertung des Gesetzes durch verschiedene Interessenkreise

Die kurze Analyse der Rechtsprechung illustriert bereits, dass das Nahrungsmittelgesetz seit seinem Erlass und auch noch Jahre später auf vielfache Kritik verschiedenster Interessenkreise stieß. So unterschiedlich diese im Detail ausfiel und so unterschiedlich die damit verbundenen Forderungen waren: Die Ansatzpunkte der Kritik waren in der Regel sehr ähnlich und blieben auch über den gesamten Untersuchungszeitraum konstant, weitgehend ungeachtet der wiederholten Lösungsversuche des Staates und anderer Akteure.

Als fundamentaler struktureller Mangel des Gesetzes wurde die im Reichstag lange diskutierte Entscheidung empfunden, keine Legaldefinitionen zu integrieren. Durchaus bewusst war der Rechtsprechung ein weitreichender Spielraum eingeräumt worden, den diese jedoch – wie im vorigen Abschnitt dargestellt – aus Sicht vieler nur unzureichend erfüllte. Eine ständige Klage richtete sich auf die widersprüchliche Rechtsprechung. Ein und derselbe Sachverhalt, so die Beschwerden vor allem aus Gewerbekreisen, erfahre immer wieder unterschiedliche Behandlungen. Nicht nur die verhängten Strafmaße seien schwankend, auch die Einstufung bestimmter Herstellungsverfahren oder Zusätze hänge vom einzelnen Richter bzw. Sachverständigen ab. Gleichzeitig aber

259 Vorworte zu den Ergänzungslieferungen, in: *Coermann*, Nahrungsmittel-Gesetzgebung, o. S.

sei auch die Beurteilungsweise der einzelnen Richter in sich inkonsistent und inkonsequent.[260]

Eng verbunden mit diesen Vorwürfen war die Kritik an den Sachverständigen: Die schwankende Rechtsprechung beruhte aus Sicht der Industrie vor allem auf den widersprüchlichen Gutachten der Sachverständigen, die sich nicht nur unterschiedlicher Untersuchungsmethoden bedienten, sondern sich auch in der Beurteilung der Befunde häufig uneinig seien.[261] Diese Rechtsunsicherheit wirke sich aber äußerst negativ auf Handel und Industrie aus, Hersteller und Händler seien völlig im Unklaren über das, was erlaubt sei.[262] Die Nahrungsmittelwirtschaft fühlte sich angesichts des Fehlens eindeutiger, jedermann zugänglicher Richtlinien den willkürlichen Abwägungen einzelner Personen ausgeliefert und prognostizierte auch für Fälle, in denen sich im Lauf des Gerichtsverfahrens die Unschuld des Beschuldigten herausstellte, irreparable Rufschädigungen des betroffenen Unternehmens.[263] Rechtsschutzverbände für die Nahrungsmittelindustrie wurden gegründet, die gegen die aus ihrer Sicht ungerechte Härte der Nahrungsmittelüberwachung agitierten und ihren Mitgliedern im konkreten Fall eines drohenden Prozesses wegen Nahrungsmittelverfälschung kostengünstige Gutachter zur Verfügung stellten.[264]

Skeptisch äußerten sich Gewerbevertretungen auch gegenüber den von der Sachverständigenkommission zusammengestellten technischen Materialien zum ersten Entwurf des Nahrungsmittelgesetzes, die mangels anderer Richtlinien häufig von der Nahrungsmittelkontrolle als Anhaltspunkte für die Beurteilung

260 S. z. B. Eingabe des Bundes Deutscher Nahrungsmittel-Fabrikanten und -Händler an den Reichstag, Nürnberg, 27. April 1908, in: BA, R 86/5412; Eingabe des Verbandes der Nahrungsmittel-Interessenten an das Reichsamt des Innern, Leipzig/Hamburg/Magdeburg, im Oktober 1910, in: GStAPK, I. HA, Rep. 84 A, Nr. 2442; Eingabe der Handelskammer Augsburg an das bayerische Außenministerium, Augsburg, 27. März 1911, in: BWA, K 2, IX, B 2, I. Akt; mit ähnlichem Tenor: Neufeld, Zur Neuregelung der Lebensmittelgesetzgebung im Deutschen Reiche, in: Bericht über die neunte Hauptversammlung der Freien Vereinigung Deutscher Nahrungsmittelchemiker 1910, S. 6–23; Abel, Die Überwachung des Nahrungsmittelverkehrs, in: ZUNG 21 (1911), S. 449–466.

261 Als eines von vielen Beispielen für widersprüchliche Gutachten der Sachverständigen s. Reichsgericht, Urteil vom 3. April 1912 wider den Kaufmann W., den Fruchtzuckerfabrikanten F. und dessen Lagermeister M., in: Auszüge aus gerichtlichen Entscheidungen, Bd. 9, S. 541–550.

262 Eingabe des Bundes Deutscher Nahrungsmittel-Fabrikanten und -Händler an den Reichstag, Nürnberg, 27. April 1908, in: BA, R 86/5412.

263 S. z. B. Eingabe der Handelskammer Bielefeld an das Handelsministerium, Bielefeld, 6. Mai 1881, in: GStAPK, I. HA, Rep. 120 C IX 1, Nr. 3, Bd. 3, Vol. 2; Eingabe des Deutschen Zentralverbandes für Handel und Gewerbe an den Bundesrat, Leipzig, 18. April 1914, in: GStAPK, I. HA., Rep. 76 VIII B, Nr. 3095.

264 Der Rechtsschutzverband für das Nahrungsmittelgewerbe, in: Deutsche Lebensmittel-Zeitung 1 (1910), S. 17–19. Der Herausgeber der Zeitung, der im September 1910 gegründete Rechtsschutzverband für das Nahrungsmittel-Gewerbe, war der umfassendste dieser Verbände, der alle Branchen des Nahrungsmittelgewerbes vereinigte. Einzelne Branchen verfügten über eigene Verbände dieser Art.

der Nahrungsmittel genutzt wurden. Diesen käme damit eine Bedeutung zu, die nie intendiert gewesen sei – was aus Sicht der Wirtschaft vor allem deshalb problematisch war, weil sie ausschließlich auf den Ansichten von Wissenschaftlern beruhten und keine gewerblichen Sachverständigen zu ihrer Beratung hinzugezogen worden waren. Zudem stützten sich die Materialien – und hier war man sich mit wissenschaftlichen Experten einig – vielfach nur auf erste Vermutungen und beinhalteten keineswegs endgültige und durch umfassende Forschungen abgesicherte Beurteilungskriterien.[265] Hier wird deutlich, was Giddens als Kehrseite der schon mehrfach erwähnten »Zugangspunkte« zu abstrakten Expertensystemen beschreibt: Durch die Erfahrungen an Zugangspunkten – hier im Umgang mit den als Vertretern des Expertensystems auftretenden Sachverständigen – konnte das Vertrauen in die abstrakten Systeme beeinflusst werden. »Dadurch, daß Zugangspunkte Orte darstellen, an denen es zu Spannungen zwischen der Skepsis von Laien und dem Sachverstand der Fachleute kommen kann, werden sie zu anerkannten Ursachen der Verwundbarkeit abstrakter Systeme«, so Giddens.[266]

War man sich in der Diagnose des Problems vielfach einig, gingen die daran anknüpfenden Forderungen hingegen nur teilweise in ähnliche Richtungen. Wissenschaftliche Verbände setzten sich bereits kurz nach Erlass des Gesetzes für ergänzende Verordnungen, Sondergesetze und Untersuchungsstandards ein, die das Nahrungsmittelgesetz für einzelne Nahrungsmittel ausfüllen sollten. Sie forderten damit die Verwirklichung des hinter den unbestimmten Rechtsbegriffen und dem kaiserlichen Verordnungsrecht stehenden Programms und drangen auf eine enge Anbindung der Nahrungsmittelüberwachung an den wissenschaftlichen Fortschritt. Als deutlich wurde, dass das kaiserliche Verordnungsrecht de facto ins Leere lief,[267] griff etwa die Freie Vereinigung Deutscher Nahrungsmittelchemiker die bereits im Reichstag diskutierte Lösung des Erlasses von Ausführungsbestimmungen durch den Bundesrat wieder auf. Auch forderte sie eine Ausdehnung des bisher auf Verbote begrenzten Verordnungsrechts auf positive allgemeine Verkehrsvorschriften und die Festsetzung von Beurteilungskriterien.[268] Entscheidenden Anteil an der Vorbereitung solcher Regelungen sollten ihrer Ansicht nach Vertreter der Wissenschaft haben.

Die Industrie nahm in diesem Zusammenhang keineswegs einen so einheitlichen und konsistenten Standpunkt ein, wie es in der Forschung bisher dargestellt wird.[269] Vielmehr war man sich auch in Gewerbekreisen – wie schon in den wirtschaftsnahen Fraktionen im Reichstag – nicht einig darüber, welche Form

265 Z.B. Eingabe der Kaufmannschaft von Berlin an den Staatssekretär des Innern, Berlin, 17. April 1882, in: GStAPK, I. HA, Rep. 120 C IX 1, Nr. 3, Bd. 3, Vol. 2.

266 *Giddens*, S. 116.

267 Dazu s. Kap. III 6.1.

268 Abel, Über die Bedürfnisse der Nahrungsmittelgesetzgebung, in: ZUNG 14 (1907), S. 613–621; König, Bedürfnisse der deutschen Nahrungsmittelgesetzgebung, in: ebd., S. 621–636.

269 Vgl. z.B. *Ellerbrock*, Lebensmittelqualiät; *ders.*, Entwicklung, und *Teuteberg*, Food adulteration; *Grüne*.

der Qualitätsregulierung für die wirtschaftliche Entwicklung förderlich sei. Die Frage, ob der wirtschaftlichen Bewegungsfreiheit oder der Planungssicherheit für die Unternehmen Priorität einzuräumen sei, wurde unterschiedlich beantwortet, nicht wenige Verbände vollzogen in diesem Punkt zudem mehrfach einen Sinneswandel – wohl auch unter dem Eindruck der konjunkturellen Entwicklungen. In den ersten Jahren des Vollzugs des Nahrungsmittelgesetzes stellten sich die schwankenden Beurteilungen bestimmter Herstellungsmethoden und Zusätze als das größte Problem dar. Hinzu trat die Beobachtung, dass die Verbraucher hohe Qualitäten nicht wirklich honorierten, sondern vor allem nach dem Preis kauften, da sie die Nahrungsmittel nicht mehr eigenständig beurteilen konnten. Die wachsenden Informationsasymmetrien führten somit dazu, dass sich als Marktpreis der Preis durchsetzte, der der niedrigen durchschnittlichen Qualität der am Markt gehandelten Waren entsprach.[270]

Deshalb stimmten mehr und mehr Eingaben aus der Industrie in der Sache mit den Forderungen der Wissenschaft überein und forderten Richtlinien für den eigenen Gewerbezweig oder die Nahrungsmittelherstellung im Allgemeinen, die genau verbotene Zusätze und Herstellungsweisen benennen, Grenzwerte für zulässige Stoffe festsetzen und Vorschriften für die Ausführung der Untersuchungen aufstellen sollten.[271] Die Produzenten suchten so offensichtlich Marktfunktionen zu externalisieren; die staatliche Regulierung sollte den vielfach mit hohen Kosten verbundenen Qualitätsnachweis ersetzen und auf diese Weise eine konstitutive Rolle für die Durchsetzung von Märkten für bessere Qualitäten übernehmen.[272] Auffällig ist, dass wiederholt Verbände die staatliche Regulierung für ihre Zwecke zu instrumentalisieren suchten, indem sie das Verbot bestimmter Herstellungsverfahren oder Produktarten forderten, um den eigenen Produktionsmethoden eine exklusive Stellung zu verschaffen und sich der nach anderen Prinzipien produzierenden Konkurrenz zu entledigen.[273]

Nach der Jahrhundertwende änderten viele industrielle Verbände ihren Kurs: Offenbar waren sie selten zufrieden mit den inzwischen erlassenen Sondergesetzen und Verordnungen, da diese die gewerblichen Interessen zu wenig berücksichtigt und keine wesentlichen Fortschritte in Richtung einer einheitlichen

270 Vgl. *Akerlof*; dazu s. Kap. V 1.

271 Schreiben der Ältesten der Kaufmannschaft Berlin an den Staatssekretär des Innern, Berlin, 17. April 1882, in: GStAPK, 1. HA, Rep. 120 C IX 1, Nr. 3, Bd. 3, Vol. 2; Eingabe der Handelskammer zu Kiel an das Kultusministerium, Kiel, 19. Mai 1882, in: GStAPK, I. HA, Rep. 76, VIII B, Nr. 3095; Eingabe Dr. Aumanns, Obst- und Beerenwein Kelterei, an das Justizministerium, Ilversgehofen, 31. Mai 1903, in: GStAPK, I. HA, Rep. 84 A, Nr. 2440.

272 *Sinn*, u. a. S. 287.

273 So propagierte eine Petition der »Leipziger Bienenzeitung« ein Gesetz zum Verkehr mit Honig, das vor allem die Herstellung von Kunsthonig verbieten sollte, Eingabe zum Verkehr mit Honig, unterbreitet im Auftrage von Interessenten der Kunsthonig- und Zucker-Industrie, in: GStAPK, I. HA, Rep. 84 A, Nr. 2440. Das prominenteste und gewichtigste Beispiel ist jedoch die von der Landwirtschaft forcierte Margarinegesetzgebung, dazu s. Kap. III 6.2.

Regelung und Handhabung der Kontrollen im Reich gebracht hätten.[274] Zwar hielten die meisten Zusammenschlüsse an der Auffassung fest, dass eindeutige Richtlinien für Nahrungsmittelüberwachung und -produktion geschaffen werden müssten, doch wuchs ihr Unbehagen gegenüber rechtsverbindlichen Standards erneut – diese wurden angesichts der sich ständig ändernden Gegebenheiten in Wissenschaft und Technik als zu inflexibel und damit fortschrittsfeindlich betrachtet. Zudem hatte nun eine Reihe von Wirtschaftsverbänden Selbstnormierungen aufgestellt, die sie möglichst auch als verbindliche Grundsätze der amtlichen Nahrungsmittelkontrolle berücksichtigt sehen wollten.[275]

Die Aktivitäten der Verbände nahmen deutlich zu: Der Deutsche Handelstag setzte 1903 eine Sonderkommission zum Verkehr mit Nahrungs- und Genussmitteln ein,[276] ebenso wie der Bund der Industriellen 1910 einen ständigen Ausschuss der Nahrungsmittel-Fabrikanten und -Interessenten einberief.[277] Von diesen Institutionen gingen wesentliche Impulse für die weiteren Debatten aus. Sie suchten nach einem Mittelweg zwischen einengenden, fremdgesteuerten Produktionsstandards und einer völligen Regelungsfreiheit. Aus ihrer Sicht konnte eine Lösung nur darin bestehen, dass zwar Richtlinien für die Nahrungsmittelproduktion, -untersuchung und -beurteilung aufzustellen waren, dabei jedoch gewerbliche Sachverständige an prominenter Stelle mitzuwirken und die überkommenen und berechtigten Handelsbräuche in die Normierungen einzufließen hatten.[278]

Bereits in den Beratungen zum Nahrungsmittelgesetz war vereinzelt das Modell einer Zentralstelle mit letztinstanzlicher Autorität entworfen worden; damals war noch das Kaiserliche Gesundheitsamt als Träger dieser Funktion gehandelt worden.[279] Anfang der 1890er Jahre wurde diese Idee neu belebt, indem die Schaffung einer Reichs-Nahrungsmittel-Untersuchungsstelle oder aber eine Umbildung des Unterausschusses für Ernährungswesen des 1901 neu gegründeten Reichsgesundheitsrates zu einer solchen Institution vorgeschlagen wurde.[280]

274 Eingabe des Verbandes der Nahrungsmittel-Interessenten an das Reichsamt des Innern, Leipzig/Hamburg/Magdeburg, im Oktober 1910, in: GStAPK, I. HA, Rep. 84 A, Nr. 2442; Eingabe der Handelskammer Liegnitz an den Deutschen Reichskanzler, Liegnitz, 27. September 1913, in: GStAPK, I. HA, Rep. 76 VIII B, Nr. 3095.

275 Dazu s. Kap. V 2.

276 Dazu s. z. B. Entwurf eines Berichts des Deutschen Handelstages über die Sitzung der Sonderkommission betr. Verkehr mit Nahrungs- und Genußmitteln vom 25. Februar 1904, Berlin, 9. März 1904, in: BA, R 86/5411.

277 Bericht über die Sitzung des ständigen Ausschusses der Nahrungsmittel-Fabrikanten.

278 Erklärung betr. Verkehr mit Nahrungs- und Genußmitteln, abgegeben von der Vollversammlung des Deutschen Handelstages am 19. Februar 1913, in: BA, R 86/2074.

279 Z. B. Politischer Tagesbericht, Ausschnitt Norddeutsche Allgemeine Zeitung, 25. August 1877, in: BA, R 86/2068.

280 Schreiben des Kaiserlichen Gesundheitsamtes an den Staatssekretär des Innern, Berlin, 29. Januar 1890, in: BA, R 86/2073; Zur Schaffung einer Reichs-Untersuchungsstelle: Die Schaffung eines Beirates der Reichsbehörde für Nahrungsmittelgesetzgebung, in: DNR 5 (1907), S. 209–212; Die Eingabe des Bundes Deutscher Nahrungsmittel-Fabrikanten und

In Gewerbekreisen fand ab Ende des 19. Jahrhunderts die Idee eines Nahrungsmittelbeirates als völlig neu zu schaffende Instanz, die Obergutachten erstellte und gleichzeitig flexible Richtlinien für die Überwachung und Beurteilung von Nahrungsmitteln festlegte, immer mehr Fürsprecher.[281]

Als ein weiterer Schwachpunkt des Gesetzes erschien dem Nahrungsmittelgewerbe die Auswahl und Qualifikation der in der Nahrungsmittelkontrolle eingesetzten Sachverständigen. Ursächlich für die widersprüchlichen oder gar falschen Gutachten seien nicht nur die fehlenden Beurteilungsrichtlinien, sondern vielen Sachverständigen mangele es schlichtweg an Erfahrungen und Kenntnissen.[282] In diesem Punkt mit führenden Wissenschaftlern einig, zog die Nahrungsmittelindustrie jedoch gänzlich andere Schlüsse aus dieser Misere: Sie verlangte die regelmäßige Hinzuziehung gewerblicher Sachverständiger sowohl bei den Untersuchungen, die überhaupt erst zur Anklageerhebung führten, als auch vor Gericht.[283] Teilweise ging sie sogar so weit, die Anhörung der gewerblichen Sachverständigen zeitlich der der Chemiker voranzustellen, so dass die Entscheidung über die Einleitung eines Strafverfahrens von Vertretern des Nahrungsmittelgewerbes selbst getroffen werden sollte.[284] Nur jeweils in der betroffenen Branche kundige gewerbliche Sachverständige könnten, so die Begründung, die Frage klären, ob ein Nahrungsmittel den üblichen Handelsbräuchen, die man weiterhin als die maßgebliche Richtlinie betrachtete, entsprach.

Amtliche Chemiker waren aus Sicht der Wirtschaft keineswegs gegen Parteinahmen gefeit, zumal sie durch die Abhängigkeit von Untersuchungsgebühren und die Finanzierung der Untersuchungsanstalten durch die Strafgelder ein ureigenes Interesse an einer möglichst hohen Zahl von Verurteilungen hätten.[285] Mehrfach verlangten Eingaben deshalb, dass die Strafgelder nicht weiter als

-Händler vom 27. April 1908 betr. »Bestehender Bedürfnisse der Gesetzgebung für den Verkehr mit Nahrungsmitteln, Genußmitteln und Gebrauchsgegenständen«, in: DNR 7 (1909), S. 115f.; zur Umgestaltung des Reichsgesundheitsrates: Eingabe wegen Abänderung des Nahrungsmittelgesetzes, in: ebd., S. 123f.; Entwurf eines Berichts des Deutschen Handelstages über die Sitzung der Sonderkommission betr. Verkehr mit Nahrungs- und Genußmitteln vom 25. Februar 1904, Berlin, 9. März 1904, S. 11–14, in: BA, R 86/5411.

281 S. dazu Kap. VII 1.

282 Eingabe der Handelskammer Bielefeld an das Handelsministerium, Bielefeld, 6. Mai 1881, in: GStAPK, I. HA, Rep. 120 C IX 1, Nr. 3 Bd. 3, Vol. 2.

283 Eingabe der Handelskammer für den Reg.-Bez. Oppeln an das Justizministerium, Oppeln, 2. März 1903, in: GStAPK, I. HA, Rep. 84 A, Nr. 2440; Eingabe des Deutschen Zentralverbandes für Handel und Gewerbe an den Bundesrat, Leipzig, 18. April 1914, in: GStAPK, I. HA., Rep. 76 VIII B, Nr. 3095.

284 Z.B. Eingabe des Verbandes deutscher Großhändler der Nahrungsmittel und verwandten Branchen an das Reichsamt des Innern, Berlin, 4. Juni 1912, in: BA, R 86/5410.

285 Eingabe des Reichsverbandes deutscher Molkerei- und Käsebesitzer und -Pächter E. G.m.b.H. zu Berlin, Geschäftsstelle Liegnitz, an das Justizministerium, Liegnitz, 5. Februar 1913, in: GStAPK, I. HA, Rep. 84 A, Nr. 2443.

Finanzierung der Anstalten verwendet werden sollten,[286] und forderten eine Verteilung der prozesseinleitenden Gutachten und der im Prozess abgegebenen Stellungnahmen auf zwei verschiedene Personen.[287] Dies sollte auch dazu beitragen, eine größere Distanz des Sachverständigen zum Verfahren zu gewinnen – entstünde doch häufig der Eindruck, so die »Deutsche Nahrungsmittel-Rundschau«, »als handle es sich hie und da für den Sachverständigen um eine Art von Jagdausübung, bei der es eine zwingende Ehrensache sei, das von ihm aufgestöberte Wild auch zu Schuß und zur Strecke zu bringen.«[288]

Die Aufgabe der Nahrungsmittelchemiker sahen die Verbände der Nahrungsmittelindustrie darauf beschränkt, die chemische Zusammensetzung der fraglichen Waren zu konstatieren. Die vielfach darüber hinausgehenden Gutachten, die auch Stellung zur Gesundheitsschädlichkeit und zur Bewertung des Nahrungsmittels nahmen, waren ihrer Meinung nach eine klare Kompetenzüberschreitung der Chemiker.[289] Über diese Auffassung kam es zu ständigen Streitigkeiten mit Vertretern der Nahrungsmittelchemie, die eine verpflichtende Befragung gewerblicher Sachverständiger als unzulässige Beteiligung einer direkt betroffenen und damit voreingenommenen Partei betrachteten.[290] Die Handelskammern gehörten zu den eifrigsten Befürwortern der zwingenden Anhörung gewerblicher Sachverständiger. Sie boten vielfach ihre Hilfe bei der Auswahl seriöser und unparteiischer Gutachter an und stellten durch die Einrichtung besonderer Ausschüsse, an die sich die Behörden für die Erstellung von Gutachten wenden konnten, ihr eigenes Know-how zur Verfügung[291] oder engagierten eigene »Handelschemiker«, die in Preußen z.B.

286 Zu den Vorarbeiten für ein neues Nahrungsmittelgesetz, in: Deutsche Lebensmittel-Zeitung 2 (1911), S. 21–23.

287 Eingabe des Deutschen Zentralverbandes für Handel und Gewerbe an den Bundesrat, Leipzig, 18. April 1914, in: GStAPK, I. HA., Rep. 76 VIII B, Nr. 3095.

288 Der Sachverständige vor Gericht, in: DNR 6 (1908), S. 25f. (Zitat 26).

289 Eingabe des Deutschen Handwerks- und Gewerbekammertags an den Reichstag und die Bundesregierungen, Hannover, 22. November 1910, in: BA, R 86/2074; Grundsätze für die Nahrungsmittelüberwachung, in: DNR 11 (1913), S. 365–368, und DNR 12 (1914), S. 4f., 19f.

290 König, Über die einer geregelten Lebensmittelkontrolle zurzeit noch entgegenstehenden Hindernisse, in: Bericht über die fünfte Jahres-Versammlung der Freien Vereinigung Deutscher Nahrungsmittelchemiker 1906, S. 4–9; *Neufeld*, Nahrungsmittelchemiker, S. 4; Auch das Reichsgesundheitsamt vertrat diese Auffassung, Schreiben des Reichsgesundheitsamtes an den Staatssekretär des Innern, Berlin, 11. Mai 1911, in: BA, R 86/5410.

291 Nahrungsmittel-Kontrolle, Ausschnitt Berliner Tageblatt, 4. Juli 1910, in: BA, R 86/5412; Zweiter Münchner Handelskammertag, Ausschnitt Münchener Neueste Nachrichten, 21. September 1909, in: BA, R 86/2075; Anträge zu Punkt 3 der Tagesordnung des II. Bayerischen Handelskammertages, in: BWA, K 2, IX, B 2, I. Akt. Als Vorbild wurde immer wieder das Beispiel der Handelskammer in Elberfeld angeführt, die es hatte durchsetzen können, dass sie regelmäßig von Behörden und Gerichten konsultiert wurde, z.B. Eingabe des Verbands deutscher Großhändler der Nahrungsmittel- und verwandter Branchen an das Reichsamt des Innern, Berlin, 4. Juni 1912, in: BA, R 86/5410.

durch das Gesetz über die Handelskammern von 1897 als öffentlich angestellte und beeidigte Chemiker in den Sachverständigenlisten der Gerichte geführt wurden.[292]

Eng verbunden mit der Kritik an der Qualifikation der Sachverständigen waren Beschwerden über die Arbeitsweise der Überwachungsbeamten: Die Wirtschaft kritisierte das schlampige und ungenaue Vorgehen bei der Probeentnahme und Gutachtenerstellung sowie die mangelnde Beachtung der Rechte der Gewerbebetreibenden.[293] Insbesondere das Gefälle zwischen den Territorien in der Häufigkeit der Kontrollen stieß den gewerblichen Vertretungen auf, verschiedentlich wurde eine Festlegung der zu entnehmenden Probenanzahl pro 1.000 Einwohner gefordert, um eine gewisse Einheitlichkeit zu erzielen und nicht die Unternehmer bestimmter Regionen zu bevorzugen oder die Aufdeckung von Verfälschungen zu Zufallsfunden werden zu lassen.[294]

Die Verbände der Nahrungsmittelchemie ihrerseits warnten vor einer kritiklosen Übernahme von Handelsbräuchen als Beurteilungsmaßstäbe.[295] Die Tatsache, dass ein Handelsbrauch »alt und eingebürgert« sei, sage noch nichts über dessen Berechtigung und Ungefährlichkeit aus.[296] Damit wussten sich die Chemiker im Einklang mit der rechtswissenschaftlichen Literatur, die zwar die Beurteilung der Nahrungsmittelqualität eng an die bestehenden Handelsbräuche knüpfte, diese jedoch als Schnittmenge der Interessen der Produzenten und der Verbraucher fasste. Voraussetzung für die Anerkennung einer Produktionsweise als berechtigter Handelsbrauch war in dieser Sichtweise mithin deren allgemeine Akzeptanz unter den Konsumenten.[297] Doch auch eine derartige Konstruktion des Handelsbrauchs war nicht ganz unproblematisch – warf doch die Freie Vereinigung Deutscher Nahrungsmittelchemiker den Fabrikanten z.B. vor, sich mit dem Argument aus der Affäre zu ziehen, die Nachfrage der Konsumenten zwänge sie zu bestimmten Herstellungsmethoden. Dabei werde völ-

292 Vgl. dazu z.B. Über die Erfahrungen, welche seither bei der Handhabung der Vorschriften für die öffentlich angestellten und beeidigten Handelschemiker gesammelt worden sind, in: Zeitschrift für öffentliche Chemie 12 (1906), S. 410–416.

293 Eingabe des Verbandes der amtlichen Handelsvertretungen Posens und Westpreußens an das Innenministerium, Bromberg, 13. Juni 1912, in: GStPK, I. HA, Rep. 76 VIII B, Nr. 3098; Eingabe der Handelskammer Frankfurt, abgedruckt in: Zeitschrift für öffentliche Chemie 19 (1913), S. 196.

294 Handelskammer zu Berlin, Ausschnitt Berliner Tageblatt, 13. Oktober 1906, in: BA, R 86/5412; Zur Frage der Nahrungsmittelkontrolle, in: DNR 7 (1909), S. 52–55; Grundsätze für die Nahrungsmittelüberwachung, in: DNR 11 (1913), S. 365–368, und DNR 12, S. 4f., 19f.

295 Bericht über die dritte Jahres-Versammlung der Freien Vereinigung Deutscher Nahrungsmittelchemiker 1904, S. 58–61.

296 Abel, Die Überwachung des Nahrungsmittelverkehrs, in: ZUNG 21 (1911), S. 449–466.

297 *Otto*, S. 27f.; *Schick*, Reichsgesetz, S. 44–46, beide mit Verweisen auf die Rechtsprechung des Reichsgerichtes.

lig außer Acht gelassen, dass die Industrie selbst die Ernährungsgewohnheiten fördere, wenn nicht überhaupt erst schaffe.[298] Ein konkreter Sachverhalt, an dem sich solche Diskussionen entzündeten, war das Färben der Wurst, das von den jeweiligen Branchen als unschädlicher und vom Kunden gewünschter Brauch verteidigt, von Nahrungsmittelchemikern aber als gesundheitsschädlich, überflüssig und täuschend angeprangert wurde.[299]

Wohl weil sie derartige Debatten als Ausweis des mangelnden Verantwortungsbewusstseins der Gewerbetreibenden ansahen, forderten Wissenschaftler eine strikte Aufsicht über die Nahrungsmittelbetriebe. Unter anderem wurde die bereits vor Erlass des Gesetzes diskutierte, in vielen anderen europäischen Staaten als Sanktion für Verstöße gegen die Nahrungsmittelgesetze eingeführte Untersagung eines Gewerbebetriebs eingefordert und mit dem Vorschlag verbunden, für besonders grundlegende und in hygienischer Hinsicht prekäre Gewerbezweige wie den Milchhandel Anmelde- oder Konzessionspflichten oder gar einen Befähigungsnachweis einzuführen.[300] Die Wissenschaftler setzten sich primär für die flächendeckende Einrichtung von amtlichen Untersuchungsanstalten oder für systematische Vertragsabschlüsse mit privaten Laboratorien ein.[301] Für die Etablierung einer regelmäßigen Nahrungsmittelüberwachung sei der chemische Sachverstand unverzichtbar; nur dessen Integration in den Überwachungsapparat gewährleiste eine unvoreingenommene und gerechte

298 Bericht über die dritte Jahres-Versammlung der Freien Vereinigung Deutscher Nahrungsmittelchemiker 1904, S. 58–61; ähnlich: *Neufeld*, Nahrungsmittelchemiker, S. 32f. Ein Beispiel für eine solche Argumentation mit Kundenwünschen: Eingabe der Handelskammer zu Osnabrück an das Handelsministerium, Osnabrück, 10. September 1907, in: GStAPK, I. HA, Rep. 120 C IX 1, Nr. 3, Bd. 3, Vol. 8.

299 Bericht des Königl. Kammergerichtes über die Beschwerde der Freien Vereinigung selbständiger Fleischmeister Berlins und Umgegend über ungleichmäßige Handhabung des Reichsgesetzes vom 14. Mai 1879 und des § 367 Nr. 7 StGB, Berlin, 11. Juli 1896, in: GStAPK, I. HA, Rep. 120 C IX 1, Nr. 3, Bd. 3, Vol. 4; Schreiben des Reichskanzlers an das Kultus-, das Landwirtschafts- und das Handelsministerium, Berlin, 30. Januar 1897, in: GStAPK, I. HA, Rep. 120 C IX 1, Nr. 3, Bd. 3, Vol. 5; Erlass des Handelsministeriums an die Handelskammern, Berlin, 13. März 1897, in: ebd.; Zusammenstellung aus den Berichten der Handelskammern und Kaufmännischen Korporationen über das Färben der Wurst, in: ebd.; Petition des Vorstands des Vereins Deutscher Wurstfabrikanten an den Hohen Bundesrath, ohne Datum, in: GStAPK, I. HA, Rep. 84 A, Nr. 2440; Denkschrift über das Färben der Wurst.

300 Nicht nur im Ausland sei eine Konzessionspflicht für einzelne Gewerbezweige bereits vorgesehen, auch im Deutschen Reich sei sie in bestimmten Branchen – wie für den Betrieb von Gaststätten – ja bereits üblich, s. Abel, Über die Bedürfnisse der Nahrungsmittelgesetzgebung, in: ZUNG 14 (1907), S. 613–621; ders., Die Überwachung des Nahrungsmittelverkehrs, in: ZUNG 21 (1911), S. 449–466.

301 Kayser/Kaemmerer, Die Staatsprüfung für Chemiker, in: Bericht über die sechste Versammlung der Freien Vereinigung bayerischer Vertreter der angewandten Chemie 1887, S. 63–79; Behre, Nahrungsmittelkontrolle, in: Zeitschrift für angewandte Chemie 21 (1908), S. 1229–1234.

Nahrungsmittelkontrolle.[302] Die Finanzierung der Untersuchungsanstalten ausschließlich durch die Untersuchungsgebühren und Strafgelder berge die Gefahr von tendenziösen Gutachten und verhindere die dringend notwendige Planungssicherheit. Sie mache außerdem die Zuteilung eines großen Einzugsgebiets notwendig, um abzusichern, dass ausreichend Gebühren flossen.[303]

6. Spätere Korrektive zum Nahrungsmittelgesetz

6.1 Verordnungen und Sondergesetze

Das schnellste und einfachste Mittel, den Klagen über Bestimmungen des Nahrungsmittelgesetzes und seine Handhabung zu begegnen, waren Erlasse, Verfügungen und Bekanntmachungen verschiedener Instanzen. Regelmäßig machten die Reichsleitung sowie in noch größerem Umfang die Territorialregierungen hiervon Gebrauch, häufig als direkte Reaktionen auf Petitionen verschiedener Interessengruppen.

Prägnante Beispiele sind verschiedene Erlasse, mit denen auf die von zahlreichen Wirtschaftskorporationen ausgehende Beschwerde über die Einseitigkeit der Sachverständigengutachten reagiert wurde. Bereits im April 1883 forderte der Reichskanzler die Bundesregierungen in einem Rundbrief unter direkter Bezugnahme auf die Eingaben dazu auf, regelmäßig gewerbliche Sachverständige heranzuziehen und die wissenschaftlichen Gutachten auf die Feststellung der chemischen Zusammensetzung zu begrenzen.[304] Eine stringente Umsetzung erfuhr das Anliegen des Reichskanzlers jedoch nicht: Zwar ergingen z. B. in Preußen und in Bayern Runderlasse der Justizministerien, die die Gerichte zur Berücksichtigung der vom Kanzler aufgestellten Prinzipien anhielten, doch waren diese nicht bindend.[305] Kurzzeitig gelang es den Verbänden

302 Eingabe des Vereins analytischer Chemiker an den Bevollmächtigten im Bundesrat, Magdeburg, 15. Juli 1884, in: GStAPK, I. HA., Rep. 120 C IX 1, Nr. 3, Bd. 3, Vol. 3; Abel, Über die Bedürfnisse der Nahrungsmittelgesetzgebung, in: ZUNG 14 (1907), S. 613–621; Neufeld, Zur Neuregelung der Lebensmittelgesetzgebung im Deutschen Reiche, in: Bericht über die neunte Hauptversammlung der Freien Vereinigung Deutscher Nahrungsmittelchemiker 1910, S. 6–23.

303 Verband geprüfter Nahrungsmittelchemiker zur Förderung der wirtschaftlichen Standesinteressen, in: Zeitschrift für öffentliche Chemie 13 (1907), S. 480 f.; IV. Verbandstag des Verbandes geprüfter Nahrungsmittelchemiker, in: ZUNG 21 (1911), S. 574 f.; Verband geprüfter Nahrungsmittelchemiker zur Förderung der wirtschaftlichen Standesinteressen, in: ZUNG 22 (1912), S. 328.

304 Rundschreiben des Reichskanzlers an sämtliche Bundesregierungen, Berlin, 21. April 1883, in: GStAPK, I. HA, Rep. 84 A, Nr. 2438.

305 Runderlass des preußischen Justizministers an die Präsidenten der Oberlandesgerichte und die Oberstaatsanwälte, Berlin, 5. Juni 1883, in: BA, R 86/2073; Runderlass des baye-

in Preußen zwar, eine Verpflichtung zur Beiziehung gewerblicher Sachverständiger durchzusetzen,[306] die – offenbar unter dem Eindruck der Proteste der Nahrungsmittelchemie und abweichender Haltungen anderer Territorialregierungen[307] – jedoch 1910 wieder fallengelassen wurde.[308]

Weniger eine Reaktion auf aktuelle Kritik als die Wahrnehmung der bewusst in das Nahrungsmittelgesetz integrierten Möglichkeit zur späteren Korrektur war der Erlass von Verordnungen und Sondergesetzen. Wie gesehen überließ das Gesetz spezielle und detaillierte Regelungen zu einzelnen Nahrungsmitteln und zur Ausführung der Nahrungsmittelüberwachung ausfüllenden Kaiserlichen Verordnungen. Deren Vorbereitung fiel in den Zuständigkeitsbereich des Reichskanzleramtes, das weiterhin eng mit dem Kaiserlichen Gesundheitsamt zusammenarbeitete.[309] Dieses trug bereits während der letzten Reichstagsberatungen zum Nahrungsmittelgesetz technisches Material für künftige Verordnungen zusammen.[310] Bis 1882 wurde auf dieser Grundlage unter Einbeziehung einer Sachverständigenkommission ein Entwurf für eine allgemeine Verordnung zur Verwendung gesundheitsschädlicher Stoffe bei der Herstellung von Nahrungs- und Genussmitteln ausgearbeitet. Für die Grundnahrungsmittel und besonders häufig verfälschte Produkte schloss dieser bestimmte Stoffe von der Produktion aus und setzte Grenzwerte für erlaubte Zusätze fest.[311] Ganz

rischen Justizministeriums an die Oberstaatsanwälte bei sämtlichen Oberlandesgerichten, München, 16. August 1883, in: ebd.; in Preußen erging zusätzlich eine Zirkularverfügung des Handels-, des Innen- und des Kultusministeriums, Berlin, 14. September 1883, in: ebd.

306 Erlass vom 22. Februar 1904, in: MBlMed Preußen 1904, S. 92 f.; zu den Beratungen über die Erlasse s. diverse Schriftwechsel in: GStAPK, I. HA, Rep. 84 A, Nr. 2441.

307 Schreiben des bayerischen Innenministeriums an das Reichsamt der Justiz, München, 2. Juli 1903, in: BayHStA, MInn 62586; Schreiben des bayerischen Innenministeriums an die Handels- und Gewerbekammer für Oberbayern, München, 9. April 1908, in: BayHStA, MInn 62589.

308 Allg. Verfügung des Justizministers vom 28. Dezember 1910, in: MBlMed Preußen 1911, S. 74. Heftige Proteste des Nahrungsmittelgewerbes hatten keine Wirkung, der Standpunkt wurde vielmehr noch bekräftigt, s. Erlass des Handels-, des Kultus-, des Landwirtschafts- und des Innenministeriums vom 1. Dezember 1910, in: MBlHandel Preußen 1910, S. 575.

309 Schreiben des Reichsjustizamtes an das Reichskanzleramt, Berlin, 7. Juni 1879, in: BA, R 86/2076.

310 Dazu s. Schreiben des Kaiserlichen Gesundheitsamtes an das Reichskanzleramt, Berlin, 10. Juli 1879, sowie Antwort des Reichskanzleramtes, Berlin, 15. Juli 1879, in: ebd.; weiter auch *Hüntelmann*, Hygiene, S. 203 f.

311 Verordnung, betr. die Verwendung gesundheitsschädlicher Stoffe zur Herstellung von Nahrungs- und Genußmitteln, in: BA, R 86/2076; Zusammenstellung der gutachterlichen Äußerungen in einem Schreiben des Kaiserlichen Gesundheitsamtes an den Staatssekretär des Innern, Berlin, 10. November 1882, in: ebd.; Schreiben des Kaiserlichen Gesundheitsamtes an den Staatssekretär des Innern, Berlin, 26. Juli 1882, in: ebd.; Zusammenstellung von Gutachten über den Entwurf einer Verordnung über die Verwendung gesundheitsschädlicher Stoffe zur Herstellung von Nahrungsmitteln pp., in: ebd.

bewusst hielt man sich auch hier die Möglichkeit offen, auf der Basis der wissenschaftlichen Fortschritte Aktualisierungen vorzunehmen.[312]

Trotz der weit fortgeschrittenen Vorarbeiten kam es nie zur Verabschiedung der Verordnung: Ein Grund war die desinteressierte Haltung der Territorien. Nicht wenige Provinzialregierungen äußerten die Auffassung, dass zunächst keine weiteren Ausführungsverordnungen vonnöten seien.[313] Wie ein Gutachten der preußischen Wissenschaftlichen Deputation für das Medizinalwesen zeigt,[314] war auf territorialer Ebene zudem die Auffassung durchaus verbreitet, dass die Festsetzung von Grenzwerten und Untersuchungsmethoden zum aktuellen Zeitpunkt verfrüht sei, da die Wissenschaft noch nicht über ausreichende experimentelle Erfahrungen verfüge. Das Problem der Entscheidung unter Unsicherheit war somit in den Diskussionen weiterhin präsent, die bisher gewählte Strategie der vorläufigen, schnell zu aktualisierenden Verordnungen stellte offenbar nicht für alle Akteure die Wunschlösung dar. Bemerkenswerterweise schlug die Deputation zur Lösung dieses Problems vor, Untersuchungsstandards nach englischem Vorbild durch wissenschaftliche Fachvereinigungen festlegen zu lassen – damit griff sie einer Entwicklung vor, die wenig später – allerdings nicht durch die Initiative des Staates, sondern durch die normierenden Wissenschaftsverbände selbst – in Gang gesetzt wurde.[315] Sie verlegte gewissermaßen die Korrektur des Gesetzes und seine Anpassung an aktuelle Entwicklungen aus der staatlichen in die wissenschaftliche Sphäre. Direkte Konsequenzen hatte das Gutachten jedoch nicht.

Die skeptische Haltung gegenüber den Verordnungen bestimmte im gesamten Untersuchungszeitraum die Verordnungspolitik des Reiches: Die geplante Generalverordnung wurde fallen gelassen, stattdessen beschränkte man sich auf besonders prekäre Problemkreise: den Verkehr mit Petroleum und die Verwendung von Farben bei der Nahrungsmittelproduktion.[316] 1891 folgte eine Verordnung über Maschinen zur Herstellung künstlicher Kaffeebohnen und 1908 eine zum Essigverkehr.[317]

312 Schreiben des Staatssekretärs des Innern an das Kaiserliche Gesundheitsamt, Berlin, 1. September 1882, in: ebd.

313 Antwort des Polizei-Präsidiums Berlin an das Kultusministerium, Berlin, 26. April 1882, in: GStAPK, I. HA, Rep. 76 VIII B, Nr. 3095; Schreiben des Reichskanzlers an das Kultusministerium, Berlin, 1. März 1882, in: ebd.; Votum des Innenministeriums, Berlin, 20. Juni 1882, in: ebd.

314 Gutachten der Wissenschaftlichen Deputation für das Medizinalwesen, Berlin, 26. Juli 1882, in: ebd.

315 Dazu s. Kap. IV 4.

316 Kaiserliche Verordnung über das gewerbsmäßige Verkaufen und Feilhalten von Petroleum vom 24. Februar 1882, in: RGBl 1882, S. 40 f.; Verordnung, betr. die Verwendung giftiger Farben, vom 1. Mai 1882, in: ebd., S. 55 f.

317 Kaiserliche Verordnung, betr. das Verbot von Maschinen zur Herstellung künstlicher Kaffeebohnen, vom 1. Februar 1891, in: RGBl 1891, S. 11; Kaiserliche Verordnung, betr. den Verkehr mit Essigsäure, vom 14. Juli 1908, in: RGBl 1908, S. 475–477. Alle bis 1912 erlassenen Sondergesetze und Verordnungen finden sich bei *Buchka*, Nahrungsmittelgesetzgebung.

Zwar dürften sich die Bedenken hinsichtlich der Ausgereiftheit der wissenschaftlichen Methodik mit der fortschreitenden Entwicklung der Nahrungsmittelchemie allmählich zerstreut haben, das allgemeine Unbehagen insbesondere der Industrie gegenüber der Festschreibung von exakten Grenzwerten aber flackerte immer wieder auf. Ein weiteres Hindernis für den Erlass von Verordnungen war die Beschränkung des Verordnungsrechts auf Verbote von Stoffen und Herstellungsmethoden, die direkt gesundheitsschädlich waren: Die meisten als normierungsbedürftig angesehenen Materien schlossen vorrangig oder zumindest gleichberechtigt solche Bestimmungen ein, die sich auf die Unterbindung betrügerischer und wettbewerbsschädigender Handlungen im Nahrungsmittelverkehr, also den Schutz wirtschaftlicher Interessen der Konsumenten und anderer Interessengruppen bezogen.[318] Diese konnten nur per Gesetz geregelt werden und erforderten somit ein aufwendiges Verfahren. Da jedoch die Klagen über die Unbestimmtheit der Begrifflichkeiten des Nahrungsmittelgesetzes aus den verschiedenen Lager nicht abrissen, entschied man sich in besonders dringend erscheinenden Fällen für den Erlass von Sondergesetzen.

Mehr noch als beim Nahrungsmittelgesetz selbst wurden bei der Vorbereitung und Abfassung der Verordnungen und Sondergesetze wissenschaftliche Experten einbezogen, mehrfach wurden externe Wissenschaftler zur Ausarbeitung von Vorschlägen und zur Mitteilung ihrer Erfahrungen aus der Untersuchungspraxis aufgefordert.[319] Insbesondere die immer umfangreicher werdenden Ausführungsbestimmungen zu den Verordnungen und Gesetzen, die häufig sehr detaillierte Angaben zur Durchführung der Kontrollen und den Untersuchungsmethoden enthielten,[320] waren ohne die Mitwirkung von wissenschaftlichen Sachverständigen gar nicht denkbar. Teilweise wurden spezielle Gremien eingerichtet, die in regelmäßigen Abständen tagten und sich aus wissenschaftlichen, aber auch gewerblichen Experten zusammensetzten.[321] Die Nahrungsmitteluntersuchungsanstalten wurden zu »gewichtigen Ratgebern« in Fragen der Nahrungsmittelüberwachung, sie lösten mehr und mehr die überkommenen Gremien der Medizinalverwaltung ab.[322] Entsprechend der Ausdifferenzierung der Wissenschaften wurden die Experten nun gezielter ausgesucht, die Medizin besaß nicht länger das alleinige Beratungsmonopol in sämtlichen Fragen der Gesundheitsverwaltung.

318 Vgl. Entwurf eines Gesetzes, betr. den Verkehr mit Kunstbutter, Sten. Ber., 7. Leg., 1. Sess., 1887, 3. Bd., 1. Anlagenbd., Nr. 16, S. 220–251.

319 S. z. B. für das Farbengesetz: *Sell*, S. 291 f.

320 S. als Beispiel die Bekanntmachung, betr. Vorschriften für die chemische Untersuchung des Weins, in: Centralblatt für das Deutsche Reich 1896, S. 197, die detaillierte Beschreibungen für die Bestimmung des spezifischen Gewichts, des Alkoholgehalts, des Extrakt- und Zuckergehalts, des Gerbstoffgehalts und verschiedener Säurearten sowie für den Nachweis verschiedenster Bestandteile wie Farbstoffe, Glyzerin und Stärkezucker etc. umfasste.

321 Ergebnisse der Konferenz in Sachen der Weingesetzgebung, in: ZUNG 12 (1906), S. 719 f.

322 *Pappe*, S. 203.

Auch die Zusammenarbeit der Reichsleitung mit dem Kaiserlichen Gesundheitsamt verfestigte sich. Das Amt lieferte weiterhin das notwendige wissenschaftliche Material für staatliche Eingriffe und stieß mit seinen Beobachtungen und Analysen regelmäßig Verordnungen und Bekanntmachungen an.[323] Die Beauftragung des Amtes mit den wissenschaftlichen und technischen Vorarbeiten zu Gesetzes- und Verordnungsvorhaben im Bereich der Nahrungsmittelregulierung wurde selbstverständlich. 1887 ergingen mit dem Blei-, dem Farben- und dem ersten Margarinegesetz die ersten Ergänzungsgesetze; alle drei beruhten auf mehrjährigen experimentellen Vorarbeiten des Kaiserlichen Gesundheitsamtes. Weitere Sondergesetze zum Wein (1892, 1901 und 1909), zur Fleischbeschau (1900) sowie zu künstlichen Süßstoffen (1898 und 1902) folgten.[324] Gemeinsam war den Sondergesetzen neben der starken Beeinflussung durch wissenschaftliche Experten, dass sie vorrangig besonders umstrittene, schwer zu beurteilende sowie neuartige Produkte behandelten.[325]

Die Sondergesetze füllten die unbestimmten Begriffe des Nahrungsmittelgesetzes insofern aus, als sie für die betreffenden Nahrungsmittel bzw. Zusatzstoffe Definitionen und feste Bezeichnungen festlegten, bestimmte Zusätze und Herstellungsverfahren ausschlossen oder aber Grenzwerte für deren Verwendung benannten. Teilweise enthielten die Gesetze auch Bestimmungen zur Durchführung der Kontrollen. Auffällig ist, dass bei den Sondergesetzen mehr noch als beim Nahrungsmittelgesetz selbst einzelne Interessengruppen Einfluss auf die Abfassung der Regelungen zu nehmen suchten, ja überhaupt erst dafür sorgten, dass ein Handlungsbedarf gesehen wurde. Besonders engagiert war die Landwirtschaft. Die Mehrzahl der Sondergesetze ging auf ihre Lobby-

323 Dazu s. Reichsgesundheitsamt, S. 90–122; *Hüntelmann*, Hygiene, S. 329 f.; ders., Kooperation, S. 38 f.; Die Ergebnisse seiner Forschungen und Erhebungen veröffentlichte das Amt regelmäßig in seinen Schriftenreihen. Daneben wurden zu besonders prekären Nahrungsmitteln Denkschriften und Merkblätter für Gewerbetreibende und Konsumenten herausgegeben, die Angaben zur Normalbeschaffenheit, den wichtigsten Analysemethoden und einschlägige rechtliche Bestimmungen sowie Auszüge aus Gerichtsurteilen umfassten., s. z. B. Bekanntmachung, betr. gesundheitsschädliche und täuschende Zusätze zu Fleisch und dessen Zubereitungen, vom 18. Februar 1902, in: RGBl 1902, S. 48.

324 Gesetz, betr. den Verkehr mit blei- und zinkhaltigen Gegenständen, vom 5. Juni 1887, in: RGBl 1887, S. 277–280; Gesetz, betr. die Verwendung gesundheitsschädlicher Farben bei der Herstellung von Nahrungsmitteln, Genußmitteln und Gebrauchsgegenständen, vom 5. Juli 1887, in: ebd., S. 293–295; Gesetz, betr. Verkehr mit Wein, weinhaltigen und weinähnlichen Getränken, vom 20. April 1892, in: RGBl 1892, S. 597–600; Gesetz, betr. den Verkehr mit Wein, weinhaltigen und weinähnlichen Getränken, vom 24. Mai 1901, in: RGBl 1901, S. 175–181; Weingesetz vom 7. April 1909, in: RGBl 1909, S. 393–402; Gesetz, betr. den Verkehr mit künstlichen Süßstoffen, vom 6. Juli 1898, in: RGBl 1898, S. 919 f.; Gesetz, betr. die Schlachtvieh- und Fleischbeschau, vom 3. Juni 1900, in: RGBl 1900, S. 547–555; Süßstoffgesetz vom 7. Juli 1902, in: RGBl 1902, S. 243–256.

325 Entsprechend den stark divergierenden Auffassungen über zulässige Behandlungsweisen und Zusätze bei der Weinherstellung und den sich rasch fortentwickelnden Methoden der Weinanalyse war das Weingesetz mit drei Novellen im Untersuchungszeitraum das am häufigsten überarbeitete Sondergesetz.

arbeit zurück, sie hatte ein vitales Interesse daran, die industrialisierte Nahrungsmittelherstellung in ihre Grenzen zu weisen. Immer mehr erwiesen sich die neuen Massenprodukte als gefährliche Konkurrenz für die herkömmlichen, landwirtschaftlich produzierten Waren – dementsprechend schlugen sich landwirtschaftliche Interessenverbände zusehends auf die Seite der wissenschaftlichen Fachvereinigungen, die strengere Regelungen forderten. Die Interessenpolitik der Landwirtschaft war maßgeblicher Motor für den Erlass der Wein- und Süßstoffgesetze[326] und prägte auch die Fleischbeschauregelungen. Die augenfälligsten Beispiele für den Einfluss der Landwirtschaftsverbände stellen jedoch die Margarinegesetze dar, die hier als Beispiel ausführlicher dargestellt werden sollen.

6.2 Die Margarinegesetze von 1887 und 1897

1869 im Auftrag Naopelons III. durch den Nahrungsmittelchemiker Hippolyte Mège-Mouriès entwickelt,[327] war die Margarine – oder Kunstbutter, wie sie in Deutschland bis zur offiziellen Festlegung dieses Namens durch das erste Margarinegesetz zunächst hieß – wohl eines der prominentesten neu entwickelten Industrieprodukte. Bereits Anfang der 1870er Jahre wurden in den Niederlanden die ersten Margarinefabriken gegründet, kurze Zeit später folgten Betriebe in Deutschland.[328] 1886 bestanden bereits 45 Betriebe im Deutschen Reich, bis 1895 wuchs ihre Zahl auf 73 an, 1907 wurden 125 verzeichnet.[329] Der nur eine grobe Tendenz angebende, insbesondere schichtspezifische Differenzierungen vernachlässigende jährliche Margarineverbrauch pro Kopf stieg vom Jahr der Erfindung der Margarine 1869 bis 1913 von 2,4 kg auf 5,2 kg an.[330]

Die Margarinefabrikation trat nicht nur an die Stelle des bis dahin in den weniger vermögenden Schichten vornehmlich konsumierten Schweineschmalzes, sondern ermöglichte auch eine Perfektionierung der bereits länger gebräuchlichen sogenannten »Mischbutter«.[331] Dieser Umstand lieferte landwirtschaftlichen Interessenverbänden ein willkommenes Argument dafür, auch die Margarinefabrikation anzugreifen, die zunehmend als Konkurrenz und Bedrohung angesehen wurde, zumal sich die Verhältnisse der deutschen Landwirtschaft wenig günstig gestalteten: Ausländische Konkurrenz, sinkende Getreidepreise

326 Zur Süßstoffgesetzgebung s. *Olep* und *Fahlberg*, insbesondere S. 647–657; dazu auch *Merki*.

327 Für viele andere: *Pelzer/Reith*, S. 17–19; zu den verwendeten Rohstoffen: S. 29–36.

328 *Herbst*, S. 16–20; *Pelzer/Reith*, S. 22. Ironischerweise war es die von der Landwirtschaft bewirkte Schutzzollpolitik, die der deutschen Margarineproduktion half, sich gegen ausländische Konkurrenz, insbesondere aus den Niederlanden, durchzusetzen, s. *Hager*, S. 7 f.

329 *Ellerbrock*, Geschichte, S. 320; *Fleischmann*, S. 2, 4. Eine regionale Konzentration entwickelte sich im Rheinland, in Schleswig-Holstein, Hamburg und Bayern, s. *Herbst*, S. 19 f.

330 *Pelzer/Reith*, S. 20. Insbesondere in den industriellen Ballungsgebieten fand die Margarine zunehmenden Absatz, s. *Ellerbrock*, Geschichte, S. 320; *Fleischmann*, S. 2, 4.

331 *Hager*, S. 8; *Pelzer/Reith*, S. 23.

und der daraus resultierende wachsende Wettbewerb auf dem Buttermarkt, der als Alternative zu dem nicht mehr lukrativen Getreidesektor begriffen wurde, führten zu einer anhaltenden Krisenstimmung.[332] In der Darstellung der Landwirte jedoch war die wachsende Margarineproduktion ein mindestens gleichberechtigter Faktor für den Preisverfall der Butter, sie unterschied nicht zwischen sich im offenen Wettbewerb mit der Butter befindlichen Erzeugnissen und solchen, die fälschlich als Naturbutter ausgegeben wurden. Unter dem Vorwand des Verbraucherschutzes suchte die Landwirtschaft sich missliebiger Konkurrenten zu entledigen.[333] Das allgemeine, immer wieder aufschimmernde Misstrauen gegenüber Industrie- und Kunstprodukten wurde genutzt, indem z.B. ganz gezielt Gerüchte über angeblich unhygienische Zustände bei der Margarineproduktion gestreut wurden.[334]

Das Besitzstanddenken der Landwirtschaft, das sich bereits in den Debatten um die Schutzzölle äußerte, trat auch bei der Margarinefrage zutage: Die Interessenvereinigungen und ihre Lobbyisten im Reichstag erwarteten vom Staat einen Schutz der Landwirtschaft. Die Wahrung des landwirtschaftlichen Absatzmarktes wurde geradezu selbstverständlich als staatliche Aufgabe angesehen; eine Schädigung der Landwirtschaft habe auf lange Sicht eine gefährliche Abhängigkeit des Deutschen Reiches vom Ausland zur Folge.[335] Da ihrer Meinung nach die bestehenden rechtlichen Regelungen nicht ausreichten, um die Butterverfälschungen einzudämmen, stellten die landwirtschaftlichen Verbände massive Forderungen an die Gesetzgebung[336] – und erreichten, dass 1887 ein erstes und, als dies nicht den gewünschten Erfolg brachte, 1897 ein zweites, verschärftes Gesetz zum Butterverkehr erlassen wurde. In den Diskussionen um Letzteres spielte insbesondere der 1893 gegründete Bund deutscher Landwirte eine zentrale Rolle, der aufgrund der wachsenden Existenzangst der Bauern regen Zulauf erhielt und durch seine enge Verflechtung mit den konservativen Parteien zu einer der einflussreichsten pressure groups des Reiches

332 *Achilles*, S. 316–339; *Feld*, S. 136, 144f. Die deutsche Butterausfuhr sank von 140.735 Doppelzentnern im Jahr 1885 auf 123.941 Doppelzentner im Jahr 1886, s. Sten. Ber., 7. Leg., 1. Sess., 1887, 1. Bd., S. 275.

333 Eine knappe Zusammenfassung der Debatten innerhalb und außerhalb des Reichstages um die beiden Gesetze sowie ein Vergleich mit der Entwicklung anderer Staaten findet sich bei *Pelzer/Reith*, S. 24–28.

334 Sten. Ber., 9. Leg., 4. Sess., 1895/97, 1. Bd., S. 272; *Feld*, S. 145. Offenbar blieb die Agitation nicht ohne Erfolg: Kunstbutter und auch Margarine galten vielfach als bloß notgedrungen gekaufte Nahrungsmittel, deren man sich schämte, s. *Pelzer/Reith*, S. 36–38.

335 Sten. Ber., 7. Leg., 1. Sess., 1887, 1. Bd., S. 277; Sten. Ber., 7. Leg., 1. Sess., 1887, 2. Bd., S. 663, 667, 669–694; Resolution des Deutschen Landwirtschaftsrates betr. den Gesetzentwurf betr. den Verkehr mit Kunstbutter, Berlin, 7. Januar 1887, in: GStAPK, I. HA, Rep. 84 A, Nr. 2449; vgl. *Achilles*, S. 308–339.

336 S. z.B. Schreiben des Landwirtschaftsministeriums an das Handelsministerium Berlin, 11. Oktober 1883, in: GStAPK, I. HA, Rep. 76 VIII B, Nr. 3171; Petition des Milchwirthschaftlichen Vereins, angehend den Gesetzentwurf, betr. den Verkehr mit Kunstbutter, Berlin, 15. März 1887, in: GStAPK, I. HA, Rep 84 A, Nr. 2449; vgl. *Fleischmann*, S. 3.

wurde.[337] Die Agitation gegen die Margarine fügte sich in die radikale Opposition des Bundes zur Caprivi'schen Industrieförderungs- und Handelsvertragspolitik ein. Mittels Einflussnahme auf die Gesetzgebung suchte er den Status quo des Deutschen Reiches zu bewahren und sich gegen die de facto schon vollzogene Entwicklung zum Industriestaat zu stemmen.[338]

Bei den Beratungen zu den Margarinegesetzen war von Beginn an klar, dass die geplanten Regulierungen weniger auf gesundheitliche Aspekte abstellen sollten als auf den Schutz des Verbrauchers vor Betrug.[339] Von wissenschaftlicher Seite war mehrfach betont worden, dass in sanitätspolizeilicher Hinsicht kein Anlass bestand, die Kunstbutterfabrikation besonderen Einschränkungen zu unterwerfen.[340] Jedoch schätzten auch Wissenschaftler das Verfälschungspotential der Kunstbutter und damit die wirtschaftlichen Schädigungen der Konsumenten als sehr hoch ein.[341]

Die Landwirtschaft versuchte fortlaufend, Einfluss auf die Beratungen im Reichstag zu nehmen; zahlreiche Petitionen mit teils sehr restriktiven Vorschlägen gingen ein, die allesamt eine wesentliche Beschränkung, wenn nicht gar die Verhinderung der Margarineproduktion bedeutet hätten.[342] Auffällig ist, wie häufig sich die Eingaben – insbesondere im Rahmen der Diskussionen um das zweite Margarinegesetz – auf wissenschaftliche Forschungsergebnisse und Studien stützten; nicht nur der Staat konsultierte somit externen wissenschaftlichen Sachverstand.[343] Den wachsenden Stellenwert wissenschaftlicher Erkenntnisse in der Nahrungsmittelüberwachung erkennend, verwendete die Landwirtschaft gezielt wissenschaftliche Forschungsergebnisse als Argumente im Kampf gegen die Margarine, um sich so vom Verdacht der rein egoistischen Interessenpolitik reinzuwaschen. Sie gab Studien in Auftrag, schrieb Preise für die Weiterentwicklung der Fettanalyse aus, stellte dauerhaft eigene Experten ein

337 *Puhle*, Agrarbewegungen, S. 63f. Bereits 1894 hatte er über 200.000 Mitglieder; 1898 waren von 397 Reichstagsabgeordneten 118 dem Bund deutscher Landwirte aufgrund dessen Unterstützung im Wahlkampf verpflichtet, 76 waren Mitglieder des Bundes, s. *Puhle*, Interessenpolitik, S. 143, 288f.; *Wehler*, S. 835.

338 *Achilles*, S. 339–347; *Ambrosius*, Wettbewerb, S. 81; *Wehler*, S. 834, 1005f.

339 Schreiben des Landwirtschaftsministeriums an das Handelsministerium, Berlin, 11. Oktober 1883, in: GStAPK, I. HA, Rep. 76 VIII B, Nr. 3171; Schreiben des Handelsministeriums an das Landwirtschaftsministerium und das Kultusministerium, Berlin, 17. Februar 1885, in: ebd.

340 Viele Nahrungsmittelchemiker distanzierten sich deshalb von den Regelungen und verlangten eine rechtliche Gleichbehandlung von Butter und Kunstbutter, s. z.B. *Soxhlet*; *Lavalle*, S. 239f., 243. Sie kamen vielfach sogar zu dem Ergebnis, dass in den Kunstbutterfabriken eine »musterhafte Reinlichkeit [und] penible Sorgfalt« herrschte, s. Sten. Ber., 7. Leg., 1. Sess., 1887, 3. Bd., 1. Anlagenbd., Nr. 16, S. 220–251, 276 (Zitat 231).

341 Gutachten der Königl. Technischen Deputation für Gewerbe an das Handelsministerium, betr. die Kunstbutterfabrikation, Berlin, 11. Oktober 1884, in: GStAPK, I. HA, Rep. 76 VIII B, Nr. 3171; Sten. Ber., 7. Leg., 1. Sess., 1887, 3. Bd., 1. Anlagenbd., Nr. 16, S. 220–251.

342 S. dazu das Petitionenverzeichnis Sten. Ber., 7. Leg., 1. Sess., 1887, 2. Bd., S. 950–952.

343 S. z.B. ebd., S. 666, 671.

oder machte sich den Umstand zunutze, dass sie durch ihre verbandlichen Forschungseinrichtungen bereits in die ernährungswissenschaftliche Forschung und teilweise auch in die amtliche Nahrungsmittelkontrolle eingebunden war.[344] Immer wieder betonten die Interessenverbände und die landwirtschaftsnahen Abgeordneten im Reichstag zudem, dass die geforderten Einschränkungen des Kunstbutterhandels vor allem auf einen Schutz der Verbraucher abzielten.[345] Da die Verbraucher nicht über ausreichend Warenkenntnisse verfügten, um die Erzeugnisse adäquat beurteilen zu können, müsse der Staat sich als »Inbegriff aller Konsumenten« schützend vor diese stellen.[346]

Anders als beim Nahrungsmittelgesetz sind in den Reichstagsdebatten um die Margarinegesetze recht klare Frontstellungen zwischen den vor allem aus dem konservativen Lager stammenden Verfechtern detaillierter Regelungen und den Liberalen zu erkennen, die regulierende Eingriffe möglichst auf ein Minimum zu beschränken suchten. Letztere wehrten sich gegen eine staatliche Einmischung in den wirtschaftlichen Wettbewerb zugunsten der Naturbutter – die Gesetzgebung müsse sich auf den Schutz des Verbrauchers beschränken und dürfe die Landwirtschaft lediglich von illoyaler, nicht aber von jeglicher Konkurrenz befreien und ihr damit eigene Bemühungen zur Steigerung der Wettbewerbsfähigkeit abnehmen.[347] Die Liberalen suchten zudem die aus ihrer Sicht übertriebene Darstellung des Konkurrenzverhältnisses zwischen Butter und Kunstbutter zurechtzurücken: Die jährliche Produktionsmenge der Butter bewege sich in ganz anderen Dimensionen als die der Margarine. Bemerkenswerterweise sei der Butterimport in den vergangenen Jahren zurückgegangen, von einem Niedergang des Molkereiwesens könne deshalb nicht die Rede sein.[348] Die Margarineindustrie hatte in dieser Sichtweise ihrerseits ebenfalls einen Anspruch auf eine staatlich garantierte freie Entfaltung, da sie insbesondere der weniger bemittelten Bevölkerung als gesundes und günstiges Ersatzmittel diene – allerdings nicht für Butter, sondern für Schweineschmalz.[349]

Ähnlich argumentierten auch die Margarinefabrikanten selbst, die sich unter dem Druck der Landwirtschaft enger zusammenschlossen.[350] Sie wiesen da-

344 Vgl. dazu *Pappe*, S. 203.

345 Sten. Ber., 7. Leg., 1. Sess., 1887, 2. Bd., S. 666.

346 Sten. Ber., 7. Leg., 1. Sess., 1887, 1. Bd., S. 284.

347 So die nationalliberalen Abgeordneten Peters und Witte, Sten. Ber., 7. Leg., 1. Sess., 1887, 1. Bd., S. 280 f. sowie 286; ähnlich ihr Parteifreund Dr. Bamberger in der Debatte über den überarbeiteten Entwurf: Sten. Ber., 7. Leg., 1. Sess., 1887, 2. Bd., S. 660.

348 Sten. Ber., 7. Leg., 1. Sess., 1887, 1. Bd., S. 279; Sten. Ber., 7. Leg., 1. Sess., 1887, 2. Bd., S. 686.

349 Sten. Ber., 7. Leg., 1. Sess., 1887, 1. Bd., S. 278 f.; Sten. Ber., 7. Leg., 1. Sess., 1887, 2. Bd., S. 660.

350 1896 wurde in Frankfurt die Vereinigung deutscher Margarine-Fabrikanten zur Wahrung der gemeinsamen Interessen gegründet, die zahlreiche Petitionen gegen die Änderungswünsche der Landwirtschaft einreichte, s. *Herbst*, S. 61 f., 65.

rauf hin, dass eine Einschränkung der Kunstbutterproduktion auch der Landwirtschaft schade, indem sie wichtige Abnehmer – von tierischen Fetten und Milch – schwäche.[351] Weitgehende Verbote verhinderten zwar die Konkurrenz durch die deutsche Kunstbutterproduktion, ein strenges Gesetz fördere aber nur die Einfuhr minderwertiger Produkte und provoziere durch die Einschränkungen der ehrlichen Produktion geradezu Betrügereien.[352] Argumentierten die Landwirtschaftslobbyisten mit der Natürlichkeit und Unverfälschtheit der Butter, brandmarkten die Verteidiger der Margarine Regelungen zur Einengung deren Produktion als fortschrittsfeindlich. Die Margarine werde in der Regel unter strenger Beachtung von Hygienerichtlinien hergestellt und offen als Kunstprodukt verkauft und sei keineswegs mit der Mischbutter gleichzusetzen.[353]

Der erste Entwurf zum ersten Margarinegesetz schloss sich im Kern der Argumentation der Landwirtschaft an, war jedoch noch vergleichsweise moderat. In seiner Begründung wurde betont, dass der Kunstbutterhandel keineswegs ganz unterbunden werden solle, sondern vielmehr eine klare Trennung zwischen Naturbutter und Kunstbutter bzw. Margarine das Ziel sei.[354] Im Zentrum standen Vorschriften zur klaren Kennzeichnung der Kunstbutter, unter der alle der Milchbutter ähnlichen Zubereitungen gefasst wurden, deren Fettgehalt nicht ausschließlich der Milch entstammte.[355] Vor dem Hintergrund des Zusammengehens Bismarcks mit den konservativen Parteien und der starken Vertretung landwirtschaftsnaher Kreise im Reichstag gewannen die Vorstellungen der Landwirtschaft jedoch immer mehr Einfluss in den Reichstagsdebatten und der Entwurf wurde deutlich verschärft.[356] So wurde ein Verbot der Mischung von Butter mit Kunstbutter sowie die Festlegung von Grenzwerten für den Milchfettgehalt der Kunstbutter festgeschrieben – wenn auch erst nach heftigen und teils sehr emotionalen Debatten.[357] Ebenfalls durchsetzen konnten sich die Vorschrift, dass Kunstbutter nur in Würfelform verkauft werden durfte,[358] sowie die Einführung eines neuen Namens für die Kunst-

351 Sten. Ber., 7. Leg., 1. Sess., 1887, 2. Bd., S. 683.

352 Eingabe J. G. Hatjes, Hamburg, im April 1887, in: GStAPK, I. HA, Rep 84 A, Nr. 2449; Petition der deutschen Margarinbutter-Fabrikanten betr. den Gesetz-Entwurf über den Verkehr mit Kunstbutter, Ehrenfeld bei Köln, 12. April 1887, in: ebd.

353 Sten. Ber., 7. Leg., 1. Sess., 1887, 1. Bd., S. 278 f.

354 Sten. Ber., 7. Leg., 1. Sess., 1887, 3. Bd., 1. Anlagenbd., Nr. 16, S. 220–251 (v. a. 221–223); Sten. Ber., 7. Leg., 1. Sess., 1887, 2. Bd., S. 678–682.

355 Sten. Ber., 7. Leg., 1. Sess., 1887, 1. Anlagenbd., Nr. 16, S. 220.

356 Sten. Ber., 7. Leg., 1. Sess., 1887, 2. Bd., S. 660. Die mit der Gesetzesvorlage befasste, 1887 eingesetzte Reichstagskommission wurde ihrerseits ebenfalls stark dominiert durch Abgeordnete, die in der Landwirtschaft verankert waren, s. Bericht der XII. Kommission über den derselben zur Vorberathung überwiesenen Gesetz-Entwurf, betr. den Verkehr mit Kunstbutter – Nr. 16 der Drucksachen –, in: Sten. Ber., 7. Leg., 1. Sess., 1887, 4. Bd., 2. Anlagenbd., Nr. 112, S. 938–947.

357 Sten. Ber., 7. Leg., 1. Sess., 1887, 2. Bd., S. 669–694.

358 Zum Antrag und zur Abstimmung: ebd., S. 691 f.

butter.[359] Vor allem liberale Abgeordnete sprachen sich zwar gegen eine zwanghafte Steuerung des Sprachgebrauchs aus, die ein weiterer Versuch sei, den Konsumenten den Kauf der Kunstbutter zu verleiden.[360] Die Reichstagsmehrheit befand aber die Verwendung von Komposita des Begriffs Butter als irreführend. Deshalb leitete man aus dem Grundstoff der Kunstbutter, dem Oleomargarin, die neue Bezeichnung »Margarine« ab, die gleichzeitig auch die gewünschte Unterscheidung von der verbotenen Mischbutter verdeutlichte.

Besonders heftige Kontroversen entstanden um die Verpflichtung zur Einfärbung der Kunstbutter – als Farbvorschlag war im Reichstag ein »sanftes Hellblau« in der Diskussion, das bei einer Mischung mit Butter in grau, die »Farbe der Sünde«, umschlagen müsse.[361] Vor allem nationalliberale Abgeordnete fassten die Färbepflicht als indirektes Verbot auf, da sie einzig und allein den Zweck habe, die Nachfrage nach Kunstbutter zu unterbinden. Sie warnten davor, die Käufer der Margarine auf diese Weise bloßzustellen.[362] Trotz der veränderten Konstellationen im Reichstag konnte sich die Färbepflicht letztlich aber nicht durchsetzen. Ebenfalls nicht mehrheitsfähig waren die Verpflichtung zur öffentlichen Bekanntgabe der Kunstbutterverwendung in Gastwirtschaften, Hotels etc. und die Vorschrift einer bestimmten Farbe der Kunstbuttergefäße. Dennoch zeigte sich die Landwirtschaft insgesamt mit dem Erreichten vorerst zufrieden.[363] So wurde der Entwurf am 1. Oktober 1887 schließlich in Kraft gesetzt.[364]

Doch die Zustimmung währte nicht lange. Schon bald stellten sich einige Schwächen des Gesetzes heraus: So waren wie schon im Nahrungsmittelgesetz die Begrifflichkeiten nicht eindeutig.[365] Problematisch war weiter, dass die vorgeschriebenen Kennzeichnungen und Warntafeln in den Geschäften wie auch die neue Bezeichnung »Margarine« vom Publikum vielfach nicht oder missverstanden wurden. Viele Vorschriften des Gesetzes wurden im täglichen Verkehr missachtet.[366] Zwar ergingen in einigen Staaten bereits Ende der 1880er Jahre Erlasse zu einer schärferen Durchführung des Margarinegesetzes, die Klagen

359 Dies hatte auch die Landwirtschaft gefordert, s. Petition des landwirthschaftlichen Central-Vereins für den Regierungsbezirk Potsdam, betr. den Gesetzentwurf über den Verkehr mit Kunstbutter, Berlin, 30. Dezember 1886, in: GStAPK, I. HA, Rep. 84 A, Nr. 2449; Resolution des Deutschen Landwirtschaftsrates betr. den Gesetzentwurf betr. den Verkehr mit Kunstbutter, Berlin, 7. Januar 1887, in: ebd.

360 Sten. Ber., 7. Leg., 1. Sess., 1887, 2. Bd., S. 660–662, 664 f.

361 Sten. Ber., 7. Leg., 1. Sess., 1887, 1. Bd., S. 284. Empörte Protestbriefe von Seiten der Kunstbutterfabrikanten waren die Folge, s. *Pappe*, S. 186 f.

362 Der Nationalliberale Witte forderte ironisch, eine Farbe auszuwählen, die auch gleich den Konsumenten mit einfärbe. Sten. Ber., 7. Leg., 1. Sess., 1887, 1. Bd., S. 286.

363 Ebd., S. 666, 664; zu den Petitionen: ebd., S. 693 f.

364 Gesetz, betreffend den Verkehr mit Ersatzmitteln für Butter vom 12. Juli 1887, in: RGBl 1887, S. 375 f.

365 *Pappe*, S. 191.

366 Ebd., S. 195–197.

über die Unwirksamkeit des Gesetzes rissen jedoch nicht ab.[367] Zur aufgebrachten Stimmung der Landwirte trugen der weitere Preisverfall des Getreides in den 1890er Jahren sowie die Schutzzollsenkungen durch Caprivi bei.[368]

Unter dem Druck der Landwirtschaft ging deshalb 1894 nach einer Vorlage konservativer Abgeordneter[369] ein Bundesrats-Entwurf zur Reform des Margarinegesetzes im Reichstag ein.[370] Dieser kam den Vorstellungen der Landwirtschaft bereits mehr entgegen als das erste Kunstbuttergesetz, indem er deutlich weitergehende Kontrollmöglichkeiten, strengere Deklarationsvorschriften, eine Anmeldepflicht von Margarinefabriken und ein Verbot der Herstellung und Aufbewahrung von Butter und Kunstbutter in denselben Räumlichkeiten vorsah. Färbege- oder -verbote sowie Deklarationspflichten für Bäcker, Gastwirte und Konditoren wurden jedoch außen vor gelassen.[371] Genau an diesen Punkten aber entzündeten sich die darauffolgenden Debatten, nahezu alle beim ersten Gesetz letztlich abgelehnten Vorschläge wurden wieder aufgegriffen, ebenso wie die Argumentationsmuster der verschiedenen Lager wenig variierten.[372] Zentral war erneut die Färbepflicht, die unter dem Eindruck der inzwischen von dem Agrikulturchemiker Franz von Soxhlet entwickelten sogenannten latenten Färbung nochmals diskutiert wurde. Der verpflichtende Zusatz eines im Normalzustand der Kunstbutter nicht erkennbaren, aber durch die Reaktion mit einer zuzugebenden Kontrollsubstanz sichtbar werdenden Stoffes sollte die Kunstbutter schnell identifizierbar machen, ohne sie zu stigmatisieren.[373] Trotz praktischer Bedenken hielten viele die latente Färbung für die bessere Variante gegenüber der echten Färbung.[374]

Einen weiteren Streitpunkt stellten die Art und Durchführung der Kontrollen dar. Die im Bundesratsentwurf enthaltene Verschärfung der Kontrollen und die Einführung weitgehender Auskunftspflichten der Fabrikanten über Roh-

367 Dazu s. z. B. Schreiben des Innenministeriums, Berlin, 14. August 1889, an sämtliche Regierungspräsidenten, Polizeipräsidenten von Berlin und die königlichen Regierungen zu Posen und Bromberg, in: GStAPK, I. HA, Rep. 76 VIII B, Nr. 3171; *Lavalle*, S. 216 f.

368 *Achilles*, S. 316–339.

369 Sten. Ber., 9. Leg., 3. Sess., 1894/95, 2. Anlagenbd., Nr. 313, S. 1297; zu der vom Deutschen Landwirtschaftsrat vorbereiteten Vorlage: Rundschreiben des Landwirtschaftsministeriums an sämtliche Königliche Staatsministerien, Berlin, 13. Dezember 1894, in: GStAPK, I. HA, Rep. 84 A, Nr. 2449.

370 Sten. Ber., 9. Leg., 4. Sess., 1895/97, 1. Anlagenbd., Nr. 72, S. 290–336.

371 Ebd., S. 292. Die Territorialregierungen traten vielfach sogar für das Beibehalten des bestehenden Gesetzes bei verschärften Kontrollen ein und sahen den vorgelegten Entwurf bereits als maximale Erweiterung an. Nicht selten bestanden aber innerhalb der Territorialregierungen Uneinigkeiten, s. Sitzungsprotokoll der preußischen Ministerien, Berlin, 20. Februar 1895, in: GStAPK, I. HA, Rep. 84 A, Nr. 2449.

372 Selbst die Anekdoten zur Untermalung der Forderungen wurden nahezu unverändert wieder aufgegriffen, s. z. B. Sten. Ber., 9. Leg., 4. Sess., 1895/97, 1. Bd., S. 267.

373 *Soxhlet*, S. 144–148.

374 Sitzungsprotokolle der preußischen Ressorts, Berlin, 24. Februar 1896 und 11. Mai 1896, in: GStAPK, I. HA, Rep. 84 A, Nr. 2450.

materialen, Fabrikationsumfang, Geschäftsführung etc. stießen auf starke Bedenken. Weitgehend einig war man sich aber darüber, dass die Ortspolizeibehörden in der Regel mit den Visitationen überfordert waren. Zeitweilig wurde die Einrichtung besonderer Behörden für die Butterkontrolle diskutiert; zur Finanzierung war die Einführung einer niedrigen Margarinesteuer im Gespräch, die gleichzeitig der Verbrauchs- und Produktionslenkung dienen sollte – ein Vorhaben, das heftige Proteste nach sich zog, da dies eine Benachteiligung der einheimischen Margarine gegenüber importierten Produkten zur Folge gehabt hätte.[375] Stärker in den Fokus rückte die bereits beim ersten Gesetz andiskutierte Trennung der Verkaufs- und Herstellungsräume von Margarine und Butter. Konservative Abgeordnete bemängelten die Beschränkung des Trennungsgebots im Bundesratsentwurf auf die Herstellungsräume und forderten eine Einbeziehung der Verkaufsräume sowie eine lückenlose Geltung für alle Arten von Unternehmen. Sie sahen diese Regelung als die einzig geeignete Maßnahme zur Verhinderung nachträglicher Mischungen durch den Händler an.[376] Kritiker der Trennungspflicht führten als Gegenargument an, dass diese in kleinen Städten und Landgemeinden zumindest für den Verkauf in den typischen Detailläden kaum praktikabel sein dürfte.[377]

Neu war der Vorschlag, öffentlichen Korporationen wie Molkereigenossenschaften, Molkereirevisionsverbänden und Landwirtschaftskammern in Fällen, in denen sie zur Ahndung von Vergehen gegen das Gesetz beitrugen, das Recht zur Nebenklage und zur Einforderung eines Bußgeldes zuzusprechen.[378] Eine Umsetzung dieser Forderung hätte eine gewisse Gleichstellung der Korporationen mit den amtlichen Untersuchungsanstalten bedeutet – erneut zeigt sich hier die selbstverständliche Reklamation eines Mitwirkungsrechts der Landwirtschaft bei der Nahrungsmittelregulierung. Jedoch erarbeiteten sich ihre Verbände dieses – anders als die Vereinigungen aus Nahrungsmittelchemie und -wirtschaft[379] – nicht durch selbstgesetzte, die staatliche Regulierung ergänzende Normierungen und damit gewissermaßen von unten, sondern suchten die staatliche Nahrungsmittelüberwachung für ihre Zwecke zu instrumentalisieren.

Die Reichstagsdebatten zogen sich insgesamt über zwei Jahre hin. Schließlich wurde nach einer Weigerung des Bundesrates, den im Laufe der Beratungen

375 Rundschreiben des Landwirtschaftsministeriums an sämtliche Königliche Staatsministerien, Berlin, 13. Dezember 1894, in: GStAPK, I. HA, Rep. 84 A, Nr. 2449; s. weiter die Voten der verschiedenen Ministerien zu dem Rundschreiben, in: ebd.; Sitzungsprotokoll der Ministerien, Berlin, 20. Februar 1895, in: ebd.; Sten. Ber., 9. Leg., 4. Sess., 1895/97, 1. Bd., S. 269 f.

376 Sten. Ber., 9. Leg., 4. Sess., 1895/97, 1. Bd., S. 267, 272

377 Sitzungsprotokoll der preußischen Ressorts, Berlin, 24. Februar 1896, in: GStAPK, I. HA, Rep. 84 A, Nr. 2450; Sitzungsprotokoll der preußischen Ressorts, Berlin, 11. Mai 1896, in: ebd.; Sitzung des Innenministeriums, Berlin, 6. Januar 1897, in: ebd.

378 Sten. Ber., 9. Leg., 4. Sess., 1895/97, 1. Bd., S. 273.

379 Zu den Normierungen der wirtschaftlichen und wissenschaftlichen Verbände s. Kap. IV 4 und V 2 bzw. 3.

deutlich verschärften Entwurf[380] anzunehmen, ein Kompromissvorschlag eingebracht, der zwischen den Vorstellungen der Reichstagsmehrheit und denen des Bundesrates zu vermitteln suchte.[381] Daraufhin fand ein regelrechter Kuhhandel um die umstrittenen Bestimmungen statt.[382] Das Färbeverbot wurde fallengelassen, die Verpflichtung zur latenten Färbung hingegen aufgenommen. Die ebenfalls umstrittene Vorschrift, die Verkaufsräume von Butter und Margarine zu trennen, wurde auf Orte mit mehr als 5.000 Einwohnern beschränkt.[383] Auch eine auffälligere Beschriftung der Margarineprodukte in Kombination mit einem umlaufenden roten Streifen auf ihrer Verpackung wurde nun durchgewunken, ebenso wie die zwingende Anmeldung von Margarinefabriken bei der örtlichen Polizeibehörde und umfangreiche Auskunftspflichten.[384] Neu war auch eine Festsetzung von Höchstgrenzen für den Wasser- und Salzgehalt der Butter; für den Fettgehalt wurde ein Mindestwert bestimmt. Das Gesetz enthielt zudem deutlich detailliertere Begriffsbestimmungen und Abgrenzungen als sein Vorgänger sowie verfeinerte und ausgedehnte Strafmaßnahmen.[385] Damit übernahm das Gesetz zwar nicht alle Forderungen der landwirtschaftlichen Verbände, stellte aber eine deutliche Verschärfung gegenüber dem ersten Gesetz von 1887 dar.

Das Gesetz trat am 1. Oktober 1897 in Kraft.[386] Auf Reichsebene und in den einzelnen Territorien erging eine Reihe von Ausführungsbestimmungen, die die neuen Kennzeichnungs- und Färbepflichten der Margarinefabrikanten und ausführliche Anweisungen für die Kontrollen enthielten.[387] In den Folgejahren

380 Zusammenstellung des Entwurfs eines Gesetzes, betr. den Verkehr mit Butter, Käse und Schmalz und deren Ersatzmitteln – Nr. 72 der Drucksachen –, in: Sten. Ber., 9. Leg., 4. Sess., 1895/97, 3. Anlagenbd., Nr. 343, S. 1780–1782.

381 Antrag v. Kardorff, Liebermann, v. Sonnenberg, Freiherr v. Manteuffel, v. Ploetz, Entwurf eines Gesetzes, betr. den Verkehr mit Butter, Käse, Schmalz und deren Ersatzmitteln, in: Sten. Ber., 9. Leg., 4. Sess., 1895/97, 5. Anlagebd., Nr. 613, S. 2873–2875; Antrag Graf v. Hompesch und Genossen: Entwurf eines Gesetzes, betr. den Verkehr mit Butter, Käse, Schmalz und deren Ersatzmitteln, in: ebd., Nr. 614, S. 2876–2878. Die Antragsteller hatten zuvor Erkundigungen eingezogen, unter welchen Bedingungen der Bundesrat dem Gesetzentwurf doch noch zustimmen könnte, und ihre Änderungen diesen angepaßt, s. *Pappe*, S. 206

382 Sten. Ber., 9. Leg., 4. Sess., 1895/97, 6. Bd., S. 4813–4823; Protokoll Sitzung des Innenministeriums, Berlin, 6. Januar 1897, in: GStAPK, I. HA, Rep. 84 A, Nr. 2450.

383 Sten. Ber., 9. Leg., 4. Sess., 1895/97, 7. Bd., S. 5479–5491, 5508–5511; Sten. Ber., 9. Leg., 4. Sess., 1895/97, 8. Bd., S. 5812–5820, 5387–5844.

384 Als Korrektiv wurde den Kontrollbeamten immerhin eine Verschwiegenheitspflicht auferlegt, s. *Fleischmann*, S. 46–50.

385 Neben einer Definition des Begriffs »Margarine« wurden die Bezeichnungen »Margarinekäse« und »Kunstspeisefett« näher eingegrenzt.

386 Gesetz, betreffend den Verkehr mit Butter, Käse, Schmalz und deren Ersatzmitteln, vom 15. Juni 1897, in: RGBl 1897, S. 475–480.

387 Bekanntmachung des Reichskanzlers, betr. Vorschriften für die chemische Untersuchung von Fetten und Käsen, vom 1. April 1898, in: Centralblatt für das deutsche Reich 1898, S. 201–216; Grundsätze, betr. die Trennung der Geschäftsräume für Butter usw. und Mar-

erließen die Territorialregierungen auf Drängen der Landwirtschaft zudem regelmäßig Verfügungen, die die lokalen Regierungen und Polizeibehörden zur sorgfältigen Durchführung des Margarinegesetzes anhielten und Empfehlungen für die Kontrollen gaben.[388] Die Landwirtschaft setzte dennoch ihre Forderungen nach weiteren Verschärfungen der Gesetzgebung fort, ebenso wie ihre Versuche, die Margarine zu diffamieren[389] – offenbar zeigte das Gesetz noch immer nicht die von ihr erhoffte Wirkung. Vertreter der Nahrungsmittelchemie hingegen kamen durchaus zu positiven Urteilen: Dank der wissenschaftlichen Weiterentwicklung der Fettanalyse und auf der Grundlage des Gesetzes von 1897 sei es gelungen, die Verfälschung der Butter durch Margarine nahezu völlig zu beseitigen.[390]

Grund zu ihrer fortgesetzten Agitation hatte die Landwirtschaft somit eigentlich nicht, zumal die dem Gesetz zugrunde liegenden Annahmen durch die weitere Entwicklung des Butter- und Margarinemarktes erheblich in Frage gestellt wurden: Der zunehmende Wohlstand rief eine wachsende Nachfrage nach Butter und damit steigende Butterpreise[391] hervor; ein stärkerer Butterimport wurde notwendig, der durch die Gestattung eines höheren Milchfettgehalts der Margarine möglicherweise hätte unterbunden werden können.[392] Damit war eines der wichtigsten Argumente im Kampf gegen die Margarine entkräftet. Doch gegen die ausländische Butter, so eine Studie von 1922, wurde »bei weitem nicht so die Lärmtrommel gerührt wie gegen die eingebildete vernichtende Konkurrenz der Margarine«.[393]

Trotz dieser Entwicklung, die die strikten Regelungen des Margarinegesetzes ad absurdum führte, unternahmen die Margarinefabrikanten kaum Versuche,

garine usw. §4 des Gesetzes, betr. den Verkehr mit Butter, Käse, Schmalz und deren Ersatzmitteln, vom 15. Juni 1897, in: RGBl 1897, S. 591; Bekanntmachung, betr. Bestimmungen zur Ausführung des Gesetzes über den Verkehr mit Butter, Käse, Schmalz und deren Ersatzmitteln, vom 6. Juli 1897, in: ebd., S. 591f.

388 Z.B. für Preußen: Allgemeine Verfügung vom 13. Juli 1898, betr. die Ausführung des Gesetzes über den Verkehr mit Butter, Käse, Schmalz und deren Ersatzmitteln, in: MBlInn Preußen 1898, S. 199f.; Allgemeine Verfügung vom 7. November 1898, betr. die Ausführung des Gesetzes über den Verkehr mit Butter, Käse, Schmalz und deren Ersatzmitteln, in: ebd., S. 252f.; Allgemeine Verfügung vom 21. April 1899, betr. die Überwachung der Margarinefabriken, in: MBlInn Preußen 1899, S. 79f. Verfügung vom 14. April 1902, betr. die Herstellung von Kunstspeisefetten, in: MBlInn Preußen 1902, S. 92.

389 *Feld*, S. 155.

390 Während in seinem Wirkungskreis in Dresden 1896 noch mehr als der zehnte Teil aller untersuchten Butterproben durch die Beimischung von Margarine verfälscht gewesen seien, hätten sich 1909 unter 632 Proben nur noch 6 solcher Falsifikate gefunden, damit also weniger als 1%, so der Nahrungsmittelchemiker Adolf *Beythien*, Nahrungsmittelverfälschung, S. 44, 47.

391 In Berlin stieg beispielsweise der Butterpreis zwischen 1902 und 1913 von 106,52 Mark pro 50 kg Butter auf 119,90 Mark an, s. *Feld*, S. 154.

392 *Herbst*, S. 72f. Das Deutsche Reich blieb ein Buttereinfuhrland, die Einfuhrüberschüsse stiegen zwischen 1900 und 1913 von rund 14.100 auf 54.000 Tonnen.

393 *Feld*, S. 154.

die Aufhebung des Gesetzes zu erwirken – offenbar befürchteten sie, dass der Eindruck entstehen könne, sie wollten in Zukunft minderwertige Stoffe verwenden. Diese Beobachtung verweist aber auch auf eine positive Nebenfolge des Gesetzes für die Margarineproduzenten: Mit dem eigentlich ganz andere Zielsetzungen verfolgenden Gesetz war ein faktischer Imagegewinn verbunden. Die strenge Überwachung und die äußere Kennzeichnung verlieh der Margarineherstellung ungewollt eine staatliche Zertifizierung.[394] Ähnlich der in England ebenfalls als Stigma verstandenen Markierung deutscher Produkte mit der Bezeichnung »Made in Germany« enthalte die Deklaration »Margarine« quasi eine Garantie für eine überprüfte einwandfreie Qualität, so ein Autor der 1920er Jahre.[395] Der Staat überbrückte auf diese Weise die Informationsasymmetrien zwischen Produzenten und Verbrauchern und verhalf der Margarineindustrie dazu, qualitätsgerechte Preise durchzusetzen.[396]

Unter diesen Vorzeichen stieg die Produktion der Margarineindustrie bis zum Ausbruch des Ersten Weltkrieges weiter an. Die Absatzkreise konnten erweitert werden, und gleichzeitig wuchsen die Unternehmen zu Mittel- und Großbetrieben an.[397] Zusehends wurde Wert auf die Fabrikation von Qualitätswaren gelegt, viele Produzenten suchten Markenartikel zu etablieren. Auch eine Differenzierung der Produktangebote nach Qualitätsgraden, unterschiedlichen Geschmacksrichtungen, regionalen Konsumgewohnheiten und Verwendungsmöglichkeiten fand statt.[398] So nahm mit den Margarinegesetzen eine bis weit in die Zeit nach dem Zweiten Weltkrieg andauernde Entwicklung ihren Anfang: Die Margarine wandelte sich unter dem Schutz der Gesetze allmählich von einem vornehmlich von den ärmeren Bevölkerungsschichten konsumierten Nahrungsmittel mit einer Surrogat- und Brückenfunktion zu einem eigenständigen, hochwertigen und als besonders gesund geltenden Nahrungsmittel.[399] Obwohl es eine andere Intention hatte, zeigt das Margarinegesetz damit sehr eindrücklich, dass die Institutionalisierung von Misstrauen eine vertrauenssichernde Funktion besaß. Regelmäßige staatliche Kontrollen – eigentlich Ausdruck des Misstrauens gegenüber der Margarinequalität – zerstreuten anscheinend die Skepsis hinsichtlich dieses Nahrungsmittels.

394 Ebd., S. 158.

395 *Hager*, S. 9; zustimmend *Pelzer/Reith*, S. 27 und *Herbst*, S. 74.

396 Vgl. wieder *Akerlof* und *Sinn*.

397 *Hager*, S. 11.

398 Ebd., S. 10 f.; *Pelzer/Reith*, S. 38–42. Selbst die Lebensreformbewegung griff die Margarineproduktion auf und begann nach der Wende zum 20. Jahrhundert, rein pflanzliche Margarinen herzustellen.

399 *König*, Geschichte, S. 166–171 (insbesondere 170 f.).

Die bevorzugte Strategie, den zunehmenden Klagen über die Qualität der Nahrungsmittel zu begegnen, war die Systematisierung, Professionalisierung und Intensivierung der staatlichen Nahrungsmittelüberwachung, kurz: eine stärkere Verrechtlichung der Marktbeziehungen im Nahrungsmittelverkehr. Diese zielte auf eine Neuorientierung der institutionellen Absicherung des präreflexiven Vertrauens in die Nahrungsmittelmittelqualität, die in einer verstärkten Institutionalisierung von Misstrauen bestand.[400] Das Nahrungsmittelgesetz und die hier verankerten Überwachungsanstalten können mit Endreß als »Mißtrauensagenturen«[401] betrachtet werden, die das Vertrauen in die Nahrungsmittelqualität stützen sollten.

Diese Konzeption ging wesentlich auf die in den öffentlichen Debatten als Wortführer agierenden Vertreter der erstarkenden Natur- und medizinischen Wissenschaften zurück, die auch an den eigentlichen Aushandlungsprozessen um die Gestaltung der staatlichen Regulierung maßgeblichen Anteil hatten. Aufgrund der engen Verknüpfung mit den wissenschaftlichen und technischen Fortschritten war bereits für die Beurteilung des zur Verfügung stehenden Wissens naturwissenschaftlicher und medizinischer Sachverstand vonnöten. Um diesen dauerhaft in den Staatsapparat zu inkorporieren, schuf der Staat gezielt neue Organe, die seine Entscheidungsfähigkeit erhalten sollten. Die Nahrungsmittelregulierung ist damit ein typisches Beispiel für die gegen Ende des 19. Jahrhunderts zunehmende Legitimierung von politischen Entscheidungen durch wissenschaftliche Expertise.[402]

Neben dem Kaiserlichen Gesundheitsamt, das als eines der ersten ständigen zentralen wissenschaftlichen Beratungsorgane des jungen Reiches eine bedeutende Rolle in der Vorbereitung der reichsweiten Nahrungsmittelgesetze und bei ihrer permanenten Ergänzung und Fortentwicklung übernahm, wurden befristet eingesetzte Kommissionen aus externen Sachverständigen hinzugezogen, die sich aus den bereits etablierten Netzwerken einschlägig arbeitender Wissenschaftler rekrutierten. Indem durch Zeitungsaufrufe zusätzlich Wissenschaftler und Praktiker der Nahrungsmittelkontrolle zu Stellungnahmen aufgefordert wurden, löste man den Entscheidungsprozess über die künftige Nahrungsmittelregulierung aus seiner ausschließlichen Verankerung in der staatlichen Sphäre und verlagerte die Produktion des notwendigen Wissens stärker in die Gesellschaft. Die Entscheidungsstrukturen veränderten sich mithin unter dem Einfluss der naturwissenschaftlichen Experten. Dies wird auch anhand der nun systematisch betriebenen, sich vielfach bereits bestehender informeller, wissenschaftlicher Netzwerke bedienenden Rechtsvergleichung im

400 Vgl. dazu *Endreß*, S. 78; *Frevert*, Vertrauen, S. 47.
401 *Endreß*, S. 78.
402 Vgl. *Weisker*, S. 398.

Rahmen der Vorbereitung der Nahrungsmittelgesetze deutlich, die gegen Ende des 19. Jahrhunderts in verstärkte, im Untersuchungszeitraum aber erfolglos bleibende Bemühungen um eine internationale Harmonisierung der Beurteilungsmaßstäbe und Untersuchungsmethoden für Nahrungsmittel mündete.

Die Rolle der Naturwissenschaftler wurde dadurch weiter gestärkt, dass die Rechtswissenschaft zur Nahrungsmittelregulierung lange Zeit schwieg. Erst nach der Jahrhundertwende wurden in nennenswertem Umfang theoretische Studien publiziert, die sich systematisch mit der Nahrungsmittelregulierung auseinandersetzten. Die Rechtswissenschaft hinkte der Gesetzgebung und Rechtsanwendung somit deutlich hinterher und gab ihr keineswegs Orientierungshilfen, sondern analysierte sie vielmehr nachträglich. Wie bei anderen eng mit der Industrialisierung verbundenen Materien konzentrierten sich die rechtswissenschaftlichen Arbeiten zudem auf dogmatische Aspekte und ließen die zentralen Probleme der Praxis unberücksichtigt. Die Kommentarliteratur orientierte sich zwar deutlich stärker an der Rechtsanwendung, entwickelte aber ebenfalls keine eigenen Richtlinien, sondern fasste lediglich die aktuelle Rechtsprechung sowie die Reichstagsdebatten und Materialien zum Gesetzentwurf zusammen. Die Rechtswissenschaftler zogen sich gewissermaßen aus der Verantwortung und überließen naturwissenschaftlichen Experten das Feld, was aber nicht bedeutete, dass sie sich mit deren Regulierungen inhaltlich oder rechtstheoretisch auseinandersetzten. Vielmehr ignorierten sie konsequent, dass mit dem Vordringen neuer wissenschaftlicher Experten neue normgebende Akteure und Strukturen von Normsetzungen auftraten.

Anders das Parlament: Von dem auf anderen neuen Sonderrechtsgebieten der Industriegesellschaft zu beobachtenden Stillhalten des Reichstages war im Rahmen der Nahrungsmittelgesetzgebung wenig zu spüren. Vielmehr kam es zu heftigen und langwierigen Debatten; den Vorgaben der Sachverständigen wurde nicht selten mit Skepsis und Kritik begegnet. Dies war dem Umstand geschuldet, dass die Nahrungsmittelregulierung eine Vielzahl verschiedener Interessen berührte und letztlich die gesamte Bevölkerung betraf; zudem war sie ein tradiertes staatliches Regelungsgebiet.

Dieses war allerdings aufgrund der gesellschaftlichen, wissenschaftlichen und wirtschaftlichen Entwicklungen nun anders anzugehen: Die noch ungewohnte enge Verknüpfung mit dem wissenschaftlichen und produktionstechnischen Fortschritt beeinflusste nachhaltig die Ausgestaltung des Gesetzes. Ähnlich anderen technik- und wirtschaftsrechtlichen Spezialgesetzen stellte es schließlich eine Querschnittsnormierung dar, indem es präventive und repressive Maßnahmen und damit öffentlich- und strafrechtliche Regelungen verband. Das zentrale und dementsprechend heftig diskutierte Problem lag darin, dass der Staat es mit einer Materie zu tun hatte, die sich in einem bisher ungekannten Tempo veränderte und ständig neu zu bewerten war. Durch die Heranziehung wissenschaftlichen Sachverstands konnte dieser Umstand zwar abgemildert werden, die zukünftige Entwicklung blieb aber ungewiss und dementsprechend schwer zu fassen. Es wurden deshalb innerhalb des Gesetzes

Mechanismen installiert, mit denen auf sich wandelnde komplexe Problemlagen reagiert werden konnte. Die Möglichkeit zu ergänzenden Verordnungen und die Entscheidung für unbestimmte Rechtsbegriffe, die durch die Rechtsprechung zu füllen waren, sollten das Gesetz flexibel gegenüber künftigen Entwicklungen halten. Mit diesen Instrumenten wurde die Keimzelle der für die neuen Sonderrechtsgebiete der Industrialisierung so typischen Zersplitterung geschaffen.

Die Entscheidung für dieses Konzept war höchst umstritten: Der Widerstreit zwischen möglichst frühzeitigen, aber kurzfristig änderbaren Regelungen auf dem Verordnungsweg und mittels der Rechtsprechung sowie genauen, auf umfassenden Erhebungen beruhenden gesetzlichen Bestimmungen bestand auch nach Erlass des Gesetzes fort und zog sich quer durch alle Interessengruppen und Parteien. Die Auseinandersetzungen waren nicht so sehr dem Gegensatz zwischen liberalen, wirtschaftsnahen Akteuren einerseits und für einen starken Staat eintretenden Gruppierungen andererseits geschuldet. Vielmehr bestanden auch unter Liberalen und innerhalb der Wirtschaft unterschiedliche Auffassungen darüber, ob eine durch flexible Bestimmungen zu erzielende weitreichende Wirtschaftsfreiheit den wirtschaftlichen Erfolg der Nahrungsmittelbranche am effektivsten fördere oder ob nicht vielmehr eine größtmögliche Rechtssicherheit und -einheitlichkeit den notwendigen Rahmen für eine ungestörte wirtschaftliche Entwicklung biete. Diese Frage wurde von den unterschiedlichen Interessengruppen im Zeitverlauf immer wieder anders beantwortet.

Virulent blieb sie vor allem deshalb, weil die staatlicherseits unternommenen Versuche, das Gesetz auszufüllen, für die meisten Beteiligten unbefriedigend waren. Insbesondere die Rechtsprechung stand immer wieder in der Kritik. Aus Sicht vieler Interessengruppen war sie uneinheitlich und inkonsistent und wurde so ihrer Aufgabe, die unbestimmten Rechtsbegriffe fallweise zu füllen und auf diese Weise allmählich einen Konsens darüber zu etablieren, welche Kriterien für die Beurteilung der einzelnen Nahrungsmittel entscheidend sein sollten, keinesfalls gerecht. Vielmehr gerieten die Richter in eine immer größere Abhängigkeit von wissenschaftlichen Sachverständigen, da sich die zu beurteilende Materie zunehmend der Beurteilung eines Laien entzog. Die Gutachten der Sachverständigen waren, so jedenfalls die Klagen insbesondere der Wirtschaft, ihrerseits schwankend in ihren Bewertungen. Dies resultierte nicht zuletzt daraus, dass einheitliche Richtlinien für die Untersuchung und Beurteilung der Nahrungsmittel auf dem Wege der Verordnung ausblieben. Zwar ergingen zahlreiche Erlasse und Verfügungen an die Territorialregierungen, deren Umsetzung war aber in das Belieben der Adressaten gestellt. Das Instrument der Reichsverordnungen hingegen wurde kaum genutzt, da sich die Territorien desinteressiert zeigten bzw. weiterhin Bedenken hinsichtlich einer Festschreibung verbindlicher Prinzipien hegten.

Stattdessen wurde eine Reihe von Sondergesetzen für einzelne Nahrungsmittel erlassen. Auffällig ist, dass diese sich vor allem Gebieten zuwandten, in denen sich Interessengruppen stark engagierten. Ein Großteil der Gesetze ging auf die Agitation der Landwirtschaft gegen konkurrierende Industrieprodukte zurück. In die Aushandlungsprozesse um die Nahrungsmittelregulierung mischte sich somit der Konflikt um die Transformation der überkommenen agrarisch geprägten Gesellschaft zur modernen Industrienation, wie am Beispiel der Auseinandersetzungen um die Margarinegesetze deutlich zu sehen ist. Durch ihre zahlreichen Verflechtungen mit den konservativen Parteien und politischen Gremien setzte die Landwirtschaft, insbesondere im zweiten Margarinegesetz von 1897, eine Reihe von restriktiven Regelungen für die Margarineproduktion durch. Doch hatten diese faktisch einen gegenteiligen Effekt: Die Margarineproduktion ging keineswegs zurück, sondern erfuhr in den Folgejahren einen weiteren Aufschwung, der auch durch den auf der strikten staatlichen Kontrolle beruhenden Imagegewinn begründet war. Obwohl in diesem Fall nicht erwünscht, griff hier genau das Prinzip, das letztlich Ziel aller qualitätsregulierenden Bestimmungen war: Die staatlichen Kontrollinstitutionen wurden zu Vertrauensintermediären, die Institutionalisierung des Misstrauens in Form einer permanenten Überwachung generierte Vertrauen. Der Staat übernahm eine konstitutive Rolle in der Sicherung der Funktionsfähigkeit der Märkte.

Dies gelang in Hinsicht auf andere Nahrungsmittel nur bedingt. Das Margarinegesetz und seine reichsweiten Ausführungsbestimmungen schrieben recht detailliert vor, wie die Kontrollen auszusehen hatten. Anders das Nahrungsmittelgesetz: Dieses blieb eine reine Rahmengesetzgebung. Die Einzelstaaten beharrten im Bundesrat insbesondere hinsichtlich der Überwachungsorganisation auf ihrer Eigenständigkeit. Dies hatte zur Folge, dass die Implementierung des Gesetzes von der Initiative der Territorien und vor allem ihrer Bereitschaft zur finanziellen Investition in ein umgreifendes Netz von Kontrolleinrichtungen abhing.

So bewirkte das Nahrungsmittelgesetz zunächst wenig Änderung. Regionale Gewohnheiten prägten weiterhin die Nahrungsmittelbeurteilung, die Überwachung erfolgte nach wie vor in sehr unterschiedlicher Intensität und Ausführung. Erst mit Fortschreiten der öffentlichen Diskussionen und aufgrund des wachsenden Problemdrucks systematisierten insbesondere nach der Wende zum 20. Jahrhundert mehr und mehr Staaten die Kontrollen. Die Anzahl der amtlichen Laboratorien wuchs, einheitliche Grundsätze wurden aufgestellt und die Organisation schrittweise professionalisiert. Obwohl einzelne, zuvor unterentwickelte Staaten wie Preußen stark aufholten, verstärkte sich das Gefälle zwischen den Staaten allerdings eher noch. Versuche der Vereinheitlichung, etwa durch die Vorgabe eines Normalstatuts für die Untersuchungsanstalten, scheiterten. Von einer effektiven, reichsweit operierenden Nahrungsmittelkontrolle konnte so vor dem Ersten Weltkrieg noch keine Rede sein. Immerhin aber waren erste Schritte in Richtung einer Etablierung einheitlicher Prinzipien gemacht. Die Initiative vor Ort lag hierbei vielfach bei einzelnen Wissenschaftlern oder wissenschaftlichen Fachverbänden. Die Untersuchungsanstalten wurden oft zunächst in privater Trägerschaft betrieben und erst allmählich durch territoriale oder kommunale Verordnungen in ihrer Funktionsweise an einheitliche Standards gebunden und unter eine zentrale Aufsicht gestellt.

Das Nahrungsmittelgesetz legte zwar die Grundlagen für eine reichseinheitliche Regelung des Nahrungsmittelverkehrs und reihte sich somit unter die Gesetze ein, die die sogenannte innere Reichsgründung stützen sollten. Doch von einem »neuen Staatsinterventionismus«[403] konnte hier nicht die Rede sein: Nicht nur, dass das Gesetz von begrenzter Reichweite blieb, da es die starke Autonomie der Territorien nicht anrührte. Daneben bot es durch die zwar bewusst erfolgende, aber nicht konsequent umgesetzte Entscheidung für eine Verlagerung von konkreten Einzelfallregelungen auf die Rechtsprechung und den Verordnungsweg Einfallstore für nichtstaatliche Normierungen und damit parallele Formen der institutionellen Vertrauensgenerierung. Das Gesetz ist einerseits ein Beispiel für die im Gefolge der Reichsgründung und insbesondere der Gründerkrise stattfindende verstärkte wirtschafts- und sozialpolitische Steuerungs- und Regulierungstätigkeit des Staates, für die Veränderung der Institutionenordnung und die Installation neuen Rechts im Bereich der Wirtschaft.[404] Doch gleichzeitig zeigt es, dass der Staat auf immer mehr Feldern nicht ohne private Regulierungen auskam. Eine faktische Verlagerung der Nahrungsmittelregulierung von der Gesetzesebene auf untergesetzliche Stufen und insbesondere in außergesetzliche und gesellschaftliche Bereiche fand statt.[405]

403 *Wehler*, S. 872.
404 Vgl. *Stolleis*, Entstehung, S. 253–282.
405 Vgl. *Ossenbühl*, S. 26.

IV. Anwälte der Verbraucher? Wissenschaftliche Regulierungen der Nahrungsmittelchemie

1. Vom Forschungsfeld zur eigenständigen Disziplin: Die Professionalisierung der Nahrungsmittelchemie

Im Himmel »[...] saß auf einer Bank ein anscheinend den besseren Ständen angehörender Mann und weinte bitterlich. Teilnahmsvoll blickten Petrus und seine Engelschar ihn an, denn herzzerbrechend traf des Mannes Klage ihr Ohr. Nach einer Weile trat Petrus zu ihm und indem er seine Hand begütigend auf des Mannes Schulter legte, sprach er ›Was warst Du auf Erden? Und warum weinst Du?‹ Da antwortete ihm der Mann unter erneutem Tränenausbruch: ›Nahrungsmittelchemiker‹ – Dann weinten Petrus und seine Engel mit ihm.«[1]

Mit dieser selbstmitleidig anmutenden »Anekdote« leitete Alfred Hasterlik, Leiter der Untersuchungsanstalt München, 1911 einen langen Vortrag über die Situation der Nahrungsmittelchemie auf der Jahresversammlung der Freien Vereinigung Deutscher Nahrungsmittelchemiker in Dresden ein. In der breiten Bevölkerung, so Hasterlik, sei die Nahrungsmittelkontrolle völlig unbekannt, das Nahrungsmittelgewerbe hingegen bekämpfe sie als höchst unsympathisches Instrument, und selbst die Verwaltung betrachte sie lediglich als notwendiges Übel. Es sei seiner Disziplin, so Hasterliks Fazit, bisher nicht gelungen, ihre Bedeutung zu vermitteln und die erschreckende Unkenntnis über die menschliche Nahrung zu beseitigen.[2] Wenn auch eine derart pessimistische Einschätzung der eigenen Lage zu diesem Zeitpunkt nicht mehr unbedingt repräsentativ war, spiegeln Hasterliks Ausführungen doch die Befindlichkeit des Faches für einen langen Zeitraum wider.

Die Nahrungsmittelchemie durchlief im 19. Jahrhundert einen typischen Professionalisierungsprozess.[3] Sie löste sich – wie im ersten Kapitel dieser Arbeit bereits angerissen – allmählich aus der allgemeinen Chemie und entfaltete sich als eigenständige Disziplin mit einem klar abgegrenzten Forschungsgebiet und einer eigenen Methodik. Die wissenschaftliche Entwicklung fand bald ihre institutionelle Entsprechung in der Begründung eigener Lehrstühle. 1894 erfolgte

1 Hasterlik, Wege unserer Aufklärungsarbeit, in: Bericht über die zehnte Hauptversammlung der Freien Vereinigung Deutscher Nahrungsmittelchemiker 1911, S. 73–81 (Zitat 73).

2 Ebd., S. 74.

3 Vgl. zum Konzept der Professionalisierung für viele andere: *Rüschemeyer* und *Stichweh*; für die Chemie im allgemeinen: *Burchardt*.

die Einführung eines reichsweit gültigen Examens, das einheitliche Qualifikationsanforderungen schuf und damit den Zugang zum Beruf des Nahrungsmittelchemikers limitierte.[4] Nicht zuletzt weil die Nahrungsmittelchemie als Grenzwissenschaft zwischen verschiedenen Disziplinen stand, waren die Ausbildungswege derjenigen, die in der Nahrungsmittelforschung und -kontrolle tätig waren, bis dahin höchst unterschiedlich gewesen. Neben universitär ausgebildeten Chemikern mit unterschiedlichen Spezialgebieten waren dies vor allem Apotheker, aber auch Chemielehrer sowie Mediziner und Veterinäre.[5]

Doch auch nach Erlass der einheitlichen Ausbildungsbestimmungen blieb das Fach heterogen, da das Beschäftigungsfeld nach wie vor sehr weit war: Nahrungsmittelchemiker waren in der staatlichen und kommunalen Nahrungsmittelüberwachung tätig und betrieben private Untersuchungslaboratorien, die Aufträge von Konsumenten, Gewerbetreibenden und Behörden entgegennahmen. Sie wurden aber auch in zunehmendem Umfang von der Industrie beschäftigt, die sich wie der Staat bemühte, wissenschaftlichen Sachverstand zu inkorporieren.[6] Von »den Nahrungsmittelchemikern« zu sprechen, ist insofern eine Verkürzung und Verallgemeinerung, hinter dieser Berufsbezeichnung verbargen sich sehr unterschiedliche Tätigkeitsgebiete und Interessen. Anders als vergleichbare wissenschaftliche Professionen wie die Ingenieure nahmen die Nahrungsmittelchemiker deshalb nicht quasi automatisch für technische Innovationen und ökonomische Interessen Partei,[7] ihre Haltungen hingen von ihrer beruflichen Stellung ab. In der Wirtschaft beschäftigte Nahrungsmittelchemiker standen deren Produktionsmethoden sicherlich deutlich weniger kritisch gegenüber als die mit der Aufdeckung von Verfälschungen beauftragten amtlichen Nahrungsmittelchemiker. Während Erstere nicht selten sogar maßgeblich an der Entwicklung neuer Produkte, Surrogate und künstlicher Zusätze beteiligt waren, waren ihre Fachkollegen aus der Nahrungsmittelkontrolle für die Aufdeckung von Manipulationen zuständig, die durch solche Hilfsmittel überhaupt erst ermöglicht wurden, und traten dementsprechend für eine strikte Überwachung des Gewerbes ein.

Hinzu kamen weitere, wenn auch weniger starke Gegensätze zwischen den an den Universitäten tätigen Theoretikern und den Praktikern der Nahrungs-

4 Voten der verschiedenen Ressorts sowie Zusammenstellungen der Anträge zum Entwurf der Ausbildungsverordnung, in: GStAPK, I. HA, Rep. 76 VIII B, Nr. 3129; zu den Beratungen und zur Ausgestaltung der Verordnung: *Reusch*, S. 251–278. Man nahm aus Zeitgründen von einer Reichsverordnung Abstand; stattdessen erging im März 1894 ein Runderlass des Reichsamtes des Innern an alle Bundesregierungen, der sie zur Einführung von Prüfungsvorschriften nach den zuvor gemeinsam verabschiedeten Grundsätzen aufforderte. Sukzessive kamen die Einzelstaaten dem Erlass nach, bis 1895 war er in allen Territorien vollzogen, s. ebd., S. 279–285.

5 *Wiegert*, S. 15–49.

6 Zur industriellen Forschung und ihrer engen Anbindung an die freie Wissenschaft allgemein: *Marsch* und *Reinhardt*, Forschung.

7 *Lundgreen*, S. 6ff.

mittelkontrolle sowie zwischen amtlich Angestellten und selbständig Tätigen. Doch waren dies alles keine feststehenden, unversöhnlichen Positionen, vielmehr waren die Grenzen zwischen den einzelnen Untergruppen fließend. Nicht selten wechselten Einzelpersonen im Laufe ihres Berufslebens die »Seiten« oder waren nicht eindeutig einem Tätigkeitsfeld zuzuordnen – auch bedingt durch die immer enger werdende Verzahnung von wissenschaftlichem und praktischem Wissen.[8] Parallel zur Abschließung des Faches durch einheitliche Ausbildungsbestimmungen fand somit eine interne Differenzierung statt. Im Mittelpunkt dieses Kapitels soll aber nun die Gruppe der in der Nahrungsmittelkontrolle und universitären Forschung tätigen Nahrungsmittelchemiker stehen.

Diese grenzten sich zunehmend von anderen, in ihrem Wirkungsfeld aktiven Berufsgruppen ab. Sie suchten die Nachfrage nach ihren spezifischen Kenntnissen und Kompetenzen zu wecken und zu intensivieren, um den Markt dieser Leistungen anschließend zu monopolisieren.[9] In einem ersten Schritt distanzierten sie sich von Personen, die über keinerlei chemische Ausbildung oder nur wenig Erfahrungen in der praktischen Analyse verfügten. Das Anliegen, diese, aber auch die Apotheker aus der Nahrungsmittelkontrolle zu verdrängen und die Marktzutrittsbarrieren zu erhöhen, bestimmte wesentlich die Agitation für die Festschreibung einer eigenen Ausbildungsverordnung.[10] Unter Verweis auf die Komplexität ihres Wirkungsgebietes versuchten die Nahrungsmittelchemiker, dieses exklusiv für sich zu beanspruchen, indem sie ihre spezifischen Kompetenzen hervorhoben. Chemische Kenntnisse könnten nicht nebenbei erworben werden, sondern setzten ein gründliches Studium voraus, »ja, die Lebensarbeit eines Mannes«.[11] Gleichzeitig betonte man die zwingende Notwendigkeit der Befragung von Experten in Nahrungsmittelprozessen: Der Richter könne ohne diese kein sinnvolles Urteil fällen, da die Sachverhalte nur in seltenen Ausnahmen für Laien verständlich seien.[12] Die Nahrungsmittelchemiker präsentierten sich mithin als unverzichtbare Gehilfen der Rechtsprechung, ja

8 Es gab auch schillernde Persönlichkeiten, die sowohl in der Nahrungsmittelkontrolle als auch in Verbänden der Nahrungsmittelindustrie eine führende Rolle übernahmen. Dazu auch *Reinhardt*, Forschung, insbesondere S. 22–24, 330–334, der sich u.a. auf das in den 1970er Jahren entwickelte Konzept der »Hybridkarrieren« von Naturwissenschaftlern bezieht, das diese nicht eindeutig der Naturwissenschaft oder technischen Praxis zuzuordnenden Karrieren zu fassen sucht. Reinhardt korrigiert – unter Verweis auf Liebig – Borscheids Auffassung, die Universitätschemiker hätten aus idealistischen Vorbehalten enge Verbindungen mit der Industrie gescheut, s. *Borscheid*, S. 111–135, insbesondere 113f.

9 Vgl. *Rüschemeyer*.

10 Nach deren Erlass setzten sich die Verbände der Nahrungsmittelchemiker massiv dafür ein, dass ausschließlich geprüfte Nahrungsmittelchemiker an den staatlichen Nahrungsmitteluntersuchungsanstalten beschäftigt wurden, vgl. dazu *Meyer-Thurow*, S. 588; *Stichweh*, S. 282.

11 Beythien, Die Nahrungsmittelchemie in ihrer Bedeutung für die Volksgesundheit und Volkswohlfahrt, in: Bericht über die zehnte Hauptversammlung der Freien Vereinigung Deutscher Nahrungsmittelchemiker 1911, S. 8–24 (Zitat 11).

12 *Reichardt*; ähnlich *Fleck*, Chemie, S. 10–12.

als die maßgeblichen Figuren der Nahrungsmittelprozesse, da sie als Einzige in der Lage seien, die in Frage stehenden Tatgegenstände adäquat zu beurteilen.[13] Vor allem wehrte sich die junge Disziplin gegen Forderungen, die Gutachten der Chemiker auf die Wiedergabe der Analyseergebnisse zu beschränken und die Bewertung der Befunde Medizinern, gewerblichen Sachverständigen und den Richtern zu übertragen.[14] Die Nahrungsmittelchemiker beharrten auf ihrer Beurteilungsautonomie und werteten deren Beschneidung als Versuch, sie auf bloße »Analysiermaschinen«[15] zu reduzieren.

Nur konsequent scheint daher, dass die Verbände der Nahrungsmittelchemie sich jahrzehntelang nicht nur für einen einheitlichen Gebührentarif für Nahrungsmitteluntersuchungen einsetzten,[16] sondern darüber hinaus auch forderten, die Nahrungsmittelchemiker anderen akademischen Berufen in Rangstellung und sozialer Versorgung sowie vor allem in der Besoldung gleichzustellen.[17] Nur durch die Einführung geregelter Gehälter sei die Unabhängigkeit und sorgfältige Arbeit der Untersuchungsanstalten und die Rekrutierung von qualifiziertem Personal dauerhaft zu sichern.[18]

Hieran schloss sich die Forderung nach einer angemessenen Vertretung der Nahrungsmittelchemiker in der Verwaltung an. Ganz gezielt drängten sie in die staatliche Verwaltung hinein und suchten dort eine vergleichbare Position wie die Mediziner und Ingenieure zu erlangen, die bis dato die einzigen dort vertretenen Berufsgruppen neben den Juristen darstellten.[19] Anders als diese verbanden die Chemiker ihr Streben nach mehr Einfluss jedoch nicht mit vehementen Angriffen auf die machtvolle Expertenelite der Juristen.[20] Sie sahen sich

13 König, Über die einer geregelten Lebensmittelkontrolle zurzeit noch entgegenstehenden Hindernisse, in: Bericht über die fünfte Jahres-Versammlung der Freien Vereinigung Deutscher Nahrungsmittelchemiker 1906, S. 4–9.

14 *Kerp*, Übersicht, S. 20.

15 *Neufeld*, Nahrungsmittelchemiker, S. 4.

16 Beispiele: Sitzung des Ausschusses zur Wahrung der gemeinsamen Interessen des Chemikerstandes, in: ZUNG 13 (1907), S. 437f.; Eingabe an den Staatssekretär des Innern, den Preußischen Minister des Inneren und den Preußischen Justizminister, Elberfeld, 21. November 1911, in: ZUNG 23 (1912), S. 42–48.

17 S. z.B. Verband geprüfter Nahrungsmittelchemiker zur Förderung der wirtschaftlichen Standesinteressen, in: Zeitschrift für öffentliche Chemie 13 (1907), S. 480f.; Eingabe der Freien Vereinigung Deutscher Nahrungsmittelchemiker an das Reichsamt des Innern, Münster, 22. Januar 1908, in: BA, R 86/5412. Hier und auch in anderen Petitionen forderte man eine Angleichung an die Gehaltssätze für Oberlehrer.

18 Eingabe der Freien Vereinigung Deutscher Nahrungsmittelchemiker an das Reichsamt des Innern, Münster, 22. Januar 1908, in: BA, R 86/5412; Denkschrift des Verbandes geprüfter Nahrungsmittelchemiker, in: GStAPK, I. HA, Rep. 76 VIII B, Nr. 3133.

19 Sitzung des Ausschusses zur Wahrung der Gemeinsamen Interessen des Chemikerstandes, in: ZUNG 14 (1907), S. 767f.

20 Die Ärzte waren im 18. und frühen 19. Jahrhundert gegen die Juristendominanz in der Verwaltung Sturm gelaufen und hatten sich erst ihre nun gesicherte Stellung erkämpfen müssen, vgl. *Frevert*, Krankheit, S. 43. Zu den Ansprüchen der Ingenieure s. *Vec*, Technik, S. 116–120, sowie ders., Recht, S. 352–371.

offenbar weniger in Konkurrenz zu diesen als zu den Medizinern, deren monopolistische Stellung in der öffentlichen Gesundheitspflege sie als »mittelalterlichen Zopf, der endlich abgeschnitten werden muß« bezeichneten.[21]

Zur Legitimierung ihrer Ansprüche verwiesen die Nahrungsmittelchemiker auf ihren essentiellen Beitrag zur öffentlichen Gesundheitspflege. Sie betonten den Stellenwert der Nahrung für die Gesundheit der Bevölkerung und griffen die Volksgesundheit als wichtigste Voraussetzung der Wehrhaftigkeit einer Nation auf.[22] Auch volkswirtschaftlich wurde argumentiert: Angesichts der Tatsache, dass die Mehrheit der Bevölkerung 50 bis 70 % ihres Einkommens für Nahrungsmittel ausgab, wies man auf die erheblichen Schädigungen der Verbraucher durch Verfälschungen hin.[23] Die Fürsorge für eine gesunde Ernährung sei in einem industrialisierten Staat von zentraler Bedeutung. Die Allgemeinheit müsse den Schutz des Einzelnen übernehmen – gestützt auf die Hilfsmittel der modernen Wissenschaft, also der Nahrungsmittelchemie. Sie allein biete das notwendige Instrumentarium, Verfälschungen und Manipulationen aufzudecken.[24] Ihre Aufgabe beschränkte sich in dieser Sicht keineswegs auf die Aufdeckung von Missständen, sondern umfasste auch den Auftrag, die Prinzipien der Hygiene und Gesundheitspflege in der breiten Bevölkerung zu verankern sowie den reellen Handel vor betrügerischer Konkurrenz zu schützen.[25]

Die Nahrungsmittelchemiker bauten somit ein öffentliches Image ihrer Profession auf, das sie als streng wissenschaftlich-rational urteilende Experten präsentierte.[26] Die Loslösung von jeglichen Eigeninteressen prädestiniere sie vor allen anderen zur Ausführung der Nahrungsmittelüberwachung: »Wir sind

21 König, Die Bedeutung der Chemie in wissenschaftlicher wie wirtschaftlicher Hinsicht und die soziale Stellung der Chemiker, in: Bericht über die achte Hauptversammlung der Freien Vereinigung Deutscher Nahrungsmittelchemiker in Heidelberg 1909, S. 179–188 (Zitat 184).

22 So z. B. Fünfte ordentliche Hauptversammlung des Verbandes selbständiger öffentlicher Chemiker Deutschlands, in: ZUNG 3 (1900), S. 798–800; V. Verbandstag des Verbandes geprüfter Nahrungsmittelchemiker, in: ZUNG 24 (1912), S. 251 f.

23 Denkschrift des Verbandes geprüfter Nahrungsmittelchemiker, in: GStAPK, I. HA, Rep. 76 VIII B, Nr. 3133. Man bezifferte den volkswirtschaftlichen Schaden sogar für einzelne Nahrungsmittel: So entspreche die Verfälschung der verbrauchten Jahresmenge an Milch durch einen Wasserzusatz von 5 % einer jährlichen Einbuße von 100 Millionen Mark, *Kerp*, Übersicht, S. 5.

24 Beythien, Die Nahrungsmittelchemie in ihrer Bedeutung für die Volksgesundheit und Volkswohlfahrt, in: Bericht über die zehnte Hauptversammlung der Freien Vereinigung Deutscher Nahrungsmittelchemiker 1911, S. 8–24.

25 Denkschrift des Verbandes geprüfter Nahrungsmittelchemiker, in: GStAPK, I. HA, Rep. 76 VIII B, Nr. 3133; Beythien, Die Nahrungsmittelchemie in ihrer Bedeutung für die Volksgesundheit und Volkswohlfahrt, in: Bericht über die zehnte Hauptversammlung der Freien Vereinigung Deutscher Nahrungsmittelchemiker 1911, S. 8–24; Hasterlik, Wege unserer Aufklärungsarbeit, in: ebd., S. 73–81.

26 Bericht über die zwölfte Versammlung der Freien Vereinigung bayerischer Vertreter der angewandten Chemie 1893, S. 3.

keine Interessenten. […] Wir sind daher in der Lage, uns […] ein objektives Urteil zu bilden«, behauptete der Vorstand der staatlichen Nahrungsmitteluntersuchungsanstalt Berlin, Adolf Juckenack, 1913.[27] Die Nahrungsmittelchemiker verstanden sich als »Vertreter« der Konsumenten[28] und »Wächter des Gesetzes«.[29]

2. Selbstorganisation einer Wissensdisziplin: Institutionalisierung von Fachverbänden

Seit Beginn der 1880er Jahre entstand in der Nahrungsmittelchemie entsprechend ihrer beschriebenen inneren Differenzierung eine Reihe von Fachvereinigungen, die teils gegensätzliche Interessen vertraten, teils kooperierend ähnliche Ziele verfolgten. Zu einem der bedeutendsten Zusammenschlüsse entwickelte sich die Freie Vereinigung bayerischer Vertreter der angewandten Chemie. Vom Titel her zwar auf eine breitere Zielgruppe ausgerichtet, zog sie von Beginn an vor allem Nahrungsmittelchemiker an, wohl weil sie maßgeblich auf die Initiative von Nahrungsmittelchemikern zurückging.[30] Anlass der Verbandsgründung 1883 waren die Pläne der bayerischen Regierung, staatliche Untersuchungsanstalten zu gründen – hier wollten die Fachvertreter ihren Einfluss geltend machen. Dass gerade in Bayern früh Ansätze zur Institutionalisierung eines Fachverbandes der Nahrungsmittelchemie zu beobachten sind, hing eng damit zusammen, dass sich insbesondere in München führende Wissenschaftler der Ernährungswissenschaften sammelten und den Ausbau der Nahrungsmittelkontrolle vorantrieben, die ihrerseits als Katalysator der Professionalisierung der Nahrungsmittelchemie wirkte.[31]

27 Juckenack, Zu der in Aussicht genommen Änderung des Nahrungsmittelgesetzes, in: Bericht über die zwölfte Hauptversammlung des Vereins Deutscher Nahrungsmittelchemiker in Breslau 1913, S. 8–17 (Zitat 17).

28 König, Über die einer geregelten Lebensmittelkontrolle zurzeit noch entgegenstehenden Hindernisse, in: Bericht über die fünfte Hauptversammlung der Freien Vereinigung Deutscher Nahrungsmittelchemiker 1906, S. 4–9.

29 *König*, Bestand, S. 156.

30 Bericht über die Verhandlungen der Versammlung bayerischer Nahrungsmittelchemiker in München 1883, undatiert und unsigniert, in: BayHStA, MInn 62609. Neben den Initiatoren der ersten Versammlung E. List, Leiter der Weinbau-Versuchsanstalt zu Würzburg, und Robert Kayser, Vorsteher des Laboratoriums am Nürnberger Gewerbemuseum, fungierte der Erlanger Universitätsprofessor Albert Hilger, wohl einer der tonangebenden bayerischen Wissenschaftler dieser Zeit, viele Jahre als Vorsitzender. Nach seinem Tod übernahm der Münsteraner Professor Joseph König, gewissermaßen sein norddeutsches Pendant, den Vorsitz, ihm folgte 1912 Heinrich Beckurts, Untersuchungsamtsleiter in Braunschweig. Zu König s. *Grüne*; zu Hilger s. *Wiegert* und *Rhein*.

31 *Behre*, Geschichte, S. 10.

Noch im Gründungsjahr wuchs die Mitgliederzahl der Vereinigung auf neunzig an. Ab 1886 wurden auch außerhalb Bayerns wohnende Chemiker als Mitglieder aufgenommen; ihre Zahl vergrößerte sich ständig.[32] Durch die gemeinsame Arbeit mit norddeutschen Wissenschaftlern an reichsweiten Standardisierungen zur Nahrungsmitteluntersuchungen und -beurteilung[33] wurde die regionale Abgrenzung des Zusammenschlusses weiter aufgeweicht und schließlich seine Umwandlung in eine gesamtdeutsche Organisation, die Freie Vereinigung Deutscher Nahrungsmittelchemiker, beschlossen.[34] Damit gewann die Vereinigung an Schlagkraft, sie war nicht länger nur ein regionaler Zusammenschluss einiger versprengter Vertreter einer noch zaghaft auftretenden neuen Wissenschaftsdisziplin, sondern vereinigte nun einen Großteil der deutschen Ernährungsforscher auf sich. Die Erweiterung demonstrierte eine weitgehende Geschlossenheit und setzte ein äußeres Zeichen der Etablierung des Faches. Hatten schon von Beginn an Regierungen und Behörden den bayerischen Aktivitäten Aufmerksamkeit geschenkt, taten sie dies erst recht bei einem reichsweiten Fachverband.[35]

Die Mitgliederstruktur der Freien Vereinigung spiegelt deutlich die Entwicklung der Nahrungsmittelchemie als Disziplin wider: In den ersten Jahren war die Zusammensetzung äußerst heterogen; dominierend waren Apotheker und in der Nahrungsmittelüberwachung tätige Reallehrer. Daneben finden sich Vorsteher kommunaler, staatlicher und landwirtschaftlicher Untersuchungsanstalten, Mediziner und Universitätsdozenten in den Mitgliederlisten – somit die typischen Vertreter der noch wenig institutionalisierten, eher als Nebentätigkeit betriebenen Nahrungsmittelüberwachung.[36] Im Zuge der Professionalisierung des Faches und der Vereinheitlichung der Ausbildungswege wurde die Mitgliederschaft etwas homogener: Die Vereinigung sammelte zunehmend die hauptamtlichen Vertreter der staatlichen Nahrungsmittelkontrolle. Sie nahm hinsichtlich der intern diskutierten Themen, ihrer Tätigkeitsfelder und der Mitgliederstruktur eine Zwischenstellung zwischen Wissenschafts- und Berufsverband ein – nicht zuletzt deshalb, weil viele in der Forschung tätige Mitglieder gleichzeitig praktische Aufgaben in der Nahrungsmittelüberwachung übernahmen. Theoretiker und Praktiker sollten zusammengebracht werden,

32 Bericht über die fünfte Versammlung der Freien Vereinigung bayerischer Vertreter der angewandten Chemie 1886, S. 4. Während 1886 von 113 Mitgliedern elf in anderen Territorien tätig waren, waren es 1893 von 192 immerhin 45, s. Bericht über die zwölfte Versammlung der Freien Vereinigung bayerischer Vertreter der angewandten Chemie 1893, S. 5.

33 Dazu s. unten Kap. IV 4.

34 Beythien, 25 Jahre Verein Deutscher Nahrungsmittelchemiker, in: ZUNG 52 (1927), S. 10–22. 1912 wurde die Vereinigung in Verein Deutscher Nahrungsmittelchemiker umbenannt.

35 Bericht über die achte Versammlung der Freien Vereinigung bayerischer Vertreter der angewandten Chemie 1889, S. 4.

36 Die Bezeichnung »Nahrungsmittelchemiker« führte kaum ein Mitglied – was aber auch dadurch begründet war, dass in der Regel die Funktion und nicht die Ausbildung angegeben wurde.

um der gleichermaßen wissenschaftliche Fragen und praktische Probleme aufwerfenden Nahrungsmittelkontrolle gerecht zu werden.[37]

Gleichzeitig suchte die Vereinigung bewusst Kooperationen mit anderen Berufsgruppen und Zusammenschlüssen und suggerierte Offenheit für andere Auffassungen, um den Eindruck zu vermeiden, dass sie einseitige, durch Standesinteressen bedingte Positionen verfocht. Nahrungsmittelproduzenten machten einen zwar verhältnismäßig unbedeutenden, jedoch immerhin stabilen Anteil an den Mitgliedern aus. Gleichzeitig verstärkte sich die Zusammenarbeit mit den Verbänden des Nahrungsmittelgewerbes ständig, immer häufiger nahmen ihre Vertreter als Gäste an den Versammlungen der Vereinigung teil. Explizit wurden auch Verwaltungsjuristen zu den Versammlungen eingeladen, um ihnen die Möglichkeit zu geben, ihr Fachwissen in die Beratungen einzubringen, dieses Angebot wurde aber nur selten wahrgenommen.[38]

Schon in der konstituierenden Versammlung der Freien Vereinigung standen detaillierte inhaltliche Diskussionen über spezielle Probleme der Untersuchung und Einschätzung einzelner Nahrungsmittel im Mittelpunkt. Das Plenum benannte zudem bereits Referenten für die Ausarbeitung erster Entwürfe zu eigenen Untersuchungsstandards. Auf ihrer Vorarbeit fußten schließlich die 1885 veröffentlichten, unten noch eingehender thematisierten »Vereinbarungen über einheitliche Untersuchungsmethoden«,[39] die fortan die Grundlage für die vereinigungsinternen Diskussionen auf den an wechselnden Orten abgehaltenen Jahresversammlungen bildeten. Die regelmäßigen Treffen ermöglichten es den Vereinigungsmitgliedern, ihren Wissensbestand ständig zu erweitern, indem sie den Kontakt und Wissensaustausch untereinander in einen festen Rahmen überführten und eine »face-to-face-Diffusion neuerer Erkenntnisse« ermöglichten.[40]

Die Vereinigung institutionalisierte gewissermaßen die Verbreitung des für die Nahrungsmittelkontrolle relevanten Wissens und leistete damit einen Beitrag zur Reduktion der Komplexität des sich ständig erweiternden Wissensbestandes.[41] Im Zentrum der Versammlungen standen Vorträge von einschlägig arbeitenden Referenten zu bestimmten Problemkreisen der Analyse, Überwachung und Forschung, die anschließend – nicht selten kontrovers – im Plenum diskutiert wurden. Doch nicht nur das Bilanzieren, Zusammentragen und Ordnen des bestehenden Wissensfundus war Ziel, auch dessen Weiterentwicklung und Erweiterung: Die Versammlungen sollten weitere Forschungen und die Entwicklung neuer Lösungsstrategien für virulente Probleme anregen und gleichzeitig den Anstoß zur Überprüfung lange überlieferter Verfahren und

37 Ähnliches hatte bereits der Verein für öffentliche Gesundheitspflege versucht, vgl. dazu *Hardy*, Arzt, S. 95–97 sowie dies., Ärzte, Kap. 7.1.

38 Bericht über die neunte Versammlung der Freien Vereinigung bayerischer Vertreter der angewandten Chemie 1890, S. 4.

39 S. Kap. IV 4.

40 *Gizycki*, S. 95 f.

41 Vgl. ebd., S. 95 f., 136 f.

Erfahrungswerte geben.[42] Unterstützt wurde dieses Bestreben durch die rege Publikationstätigkeit der Vereinigung: Neben ausführlichen Berichten über die Jahresversammlungen und intern zirkulierenden inoffiziellen Mitteilungen brachte sie die »Zeitschrift für die Untersuchung der Nahrungs- und Genußmittel« heraus, die zwar auch standespolitische Fragen und Verbandsangelegenheiten thematisierte, vor allem aber fachbezogene Berichte und Mitteilungen enthielt.

Im Unterschied zu vielen anderen Wissenschaftsverbänden stand die Anwendungsbezogenheit immer im Vordergrund – es ging nicht in erster Linie um theoretische Grundlagenforschung mit einer langfristigen Entwicklungsperspektive, sondern um konkrete Aspekte der alltäglichen Überwachungspraxis und kurzfristig zu lösende Probleme. Vielfach waren die Referate darauf gerichtet, umfassend über ein bestimmtes Nahrungsmittel zu informieren: Die Zuhörer wurden auf der Basis des aktuellen Wissensstandes und der gesetzlichen Bestimmungen über seine gängigen Verfälschungen sowie die als »normal« anzusehenden Charakteristika informiert. In aller Kürze erhielten sie zudem Hinweise für die Analyse und die Auswertung der Untersuchungsergebnisse sowie Ratschläge für die Kontrolle der Betriebe.[43] Einen weiteren großen Anteil machten Referate aus, die neue Untersuchungsmethoden vorstellten, ihre Anwendung erläuterten und ihre Vorzüge oder auch Nachteile gegenüber den bisher gängigen Verfahren herausarbeiteten.[44] Auch neue Gerätschaften und Reagenzien zur Analyse wurden präsentiert.[45]

Dass der praktischen Arbeit das hauptsächliche Engagement der Vereinigung galt, spiegelt sich auch in der Aufstellung von vereinsinternen Kommissionen für einzelne Regionen ihres Einzugsgebiets wider. Diese sollten in jährlichen Statistiken die Zahl der Untersuchungen, den Prozentsatz der Verfälschungen, die Art der Manipulationen und die Verwertung der Gutachten in Gerichtsprozessen dokumentieren.[46] Die Vereinigung übernahm damit de facto die Funktion einer übergeordneten Kontrollinstanz und ermöglichte es so, die lokale Überwachungspraxis strukturell und vergleichend zu hinterfragen. Hinzu traten Kommissionen für die Erstellung regelmäßiger Berichte über Produkte,

42 Bericht über die zehnte Versammlung der Freien Vereinigung bayerischer Vertreter der angewandten Chemie 1891, S. 125 f.

43 Juckenack/Prause, Untersuchung und Beurteilung der Marmeladen, Fruchtmuse, Gelees und ähnlicher Erzeugnisse der Obstverwertungsindustrie, in: ZUNG 8 (1904), S. 26–34.

44 S. z. B. Beckmann, Beitrag zur Milchanalyse, in: Bericht über die dreizehnte Versammlung der Freien Vereinigung bayerischer Vertreter der angewandten Chemie 1894, S. 16–18.

45 Z. B. Omeis, Neue, besonders für analytische Arbeiten geeignete Filtrirgestelle, in: Bericht über die fünfzehnte Versammlung der Freien Vereinigung bayerischer Vertreter der angewandten Chemie in Nürnberg 1896, S. 3 f.

46 Bericht über die siebente Versammlung der Freien Vereinigung bayerischer Vertreter der angewandten Chemie 1888, S. 72–74; Bericht über die achte Versammlung der Freien Vereinigung bayerischer Vertreter der angewandten Chemie 1889, S. 100–106; Bericht über die fünfzehnte Versammlung der Freien Vereinigung bayerischer Vertreter der angewandten Chemie 1896, S. 58–60.

die häufig manipuliert wurden bzw. in ihrer Zusammensetzung naturgemäß Schwankungen unterworfen waren, etwa Wein und Fruchtsäfte.[47]

Ebenfalls schon in der konstituierenden Versammlung erkennbar war ein zweiter Schwerpunkt der Verbandsaktivitäten: Die Vereinigung suchte von Beginn an auf die Verbesserung der Nahrungsmittelkontrolle hinzuwirken und insbesondere die weitere institutionelle Ausgestaltung der Organisation zu beeinflussen. In der ersten Versammlung wurden zwei Resolutionen verabschiedet, die die Errichtung von öffentlichen Untersuchungsanstalten zur notwendigen Voraussetzung einer erfolgreichen Handhabung des Nahrungsmittelgesetzes erklärten und die Einführung einheitlicher Untersuchungs- und Beurteilungsmethoden forderten.[48] Auch in den Folgejahren war die amtliche Überwachung regelmäßig Thema.[49] Kontinuierlich verfolgte man die Rechtsprechung, prüfte die Auslegung der Gesetze und beobachtete die Reaktionen des Marktes auf die Urteile.[50] Die Gesetzgebung anderer Staaten wurde akribisch analysiert und der deutschen gegenübergestellt, um aus der vergleichenden Perspektive grundsätzliche Probleme der Nahrungsmittelüberwachung zu identifizieren und zu lösen.[51] Auf dieser Basis nahm die Vereinigung immer wieder öffentlich zu Mängeln der Gesetzgebung, Rechtsprechung und Überwachungsorganisation Stellung und stellte intern diskutierte Lösungsvorschläge vor.[52] Dem oben skizzierten Selbstverständnis der Disziplin entsprechend sah sie ihre Aufgabe nicht nur in der Unterstützung ihrer Mitglieder bei der täglichen Arbeit, sondern ging auch von einem politischen Gestaltungsauftrag hinsichtlich der staatlichen Nahrungsmittelüberwachung aus.

Wie bei anderen wissenschaftlich-technischen Vereinen dieser Zeit[53] galt das hauptsächliche Interesse der Freien Vereinigung eindeutig den inhaltlichen

47 Bericht über die sechste Versammlung der Freien Vereinigung 1887, S. 5–7; Bericht über die neunte Versammlung der Freien Vereinigung bayerischer Vertreter der angewandten Chemie 1890, S. 7–10; Kommission zur Bearbeitung einer deutschen Weinstatistik, in: ZUNG 4 (1901), S. 486–480; Fruchtsaft-Statistik 1907, in: ZUNG 15 (1908), S. 65 f.

48 Vereinbarungen betreffs der Untersuchung, S. VII.

49 Z. B. Juckenack, § 367 des Strafgesetzbuches und die §§ 10, 11 des Nahrungsmittel-Gesetzes vom 14. Mai 1879, in: Bericht über die dritte Jahres-Versammlung der Freien Vereinigung Deutscher Nahrungsmittelchemiker in Stuttgart 1904, S. 4–10.

50 Neufeld, Zur Handhabung des Gesetzes betr. den Verkehr mit künstlichen Süßstoffen vom 6. Juni 1898, in: Bericht über die neunzehnte Versammlung der Freien Vereinigung bayerischer Vertreter der angewandten Chemie 1900, S. 19–29.

51 Juckenack, Die Regelung der Lebensmittelüberwachung in der Schweiz, in: Bericht über die achte Hauptversammlung der Freien Vereinigung Deutscher Nahrungsmittelchemiker 1909, S. 6–13; s. auch als weitere Beispiele: Neufeld, Die Lebensmittelgesetzgebung in den Vereinigten Staaten von Nordamerika, in: Bericht über die siebente Hauptversammlung der Freien Vereinigung Deutscher Nahrungsmittelchemiker 1908, S. 111–128.

52 Beythien, 25 Jahre Verein Deutscher Nahrungsmittelchemiker, in: ZUNG 52 (1927), S. 10–22.

53 Unter den wissenschaftlich-technischen Vereinigungen des 19. Jahrhunderts nahmen die der Chemiker eine herausragende Stellung ein, sie überragten zahlenmäßig jede andere naturwissenschaftliche Disziplin, s. *Lundgreen*, S. 4.

Fragen der Nahrungsmittelchemie und -kontrolle.[54] Doch daneben spielten Standesinteressen eine wachsende Rolle im Rahmen der Vereinstätigkeit, was nicht zuletzt durch die Gründung konkurrierender Zusammenschlüsse innerhalb des Faches bedingt wurde. Nach der Wende zum 20. Jahrhundert richtete die Vereinigung deshalb eigene Kommissionen für Standesfragen ein. Im selben Zeitraum wurden Planungen für die Bildung einer Unterstützungskasse und einer Kollektiv-Unfallversicherung der Nahrungsmittelchemiker an öffentlichen Anstalten aufgenommen.[55] Gleichzeitig trieb die Vereinigung die Abfassung reichsweit gültiger Ausbildungsbestimmungen zum Beruf des Nahrungsmittelchemikers maßgeblich mit voran.[56] Als Sammlungsbewegung insbesondere der staatlich und kommunal angestellten Nahrungsmittelchemiker setzte sie sich für eine möglichst exklusive Stellung der amtlichen Untersuchungsanstalten in der Nahrungsmittelüberwachung ein, die anders als die privaten Laboratorien aufgrund ihrer öffentlichen Finanzierung weitgehend immun gegenüber Einflussnahmen von außen seien.[57]

Wie die Nahrungsmittelchemie im Allgemeinen, suchte auch die Freie Vereinigung ein bestimmtes Image in der Öffentlichkeit aufzubauen. Sie bot in ihrer Selbstbeschreibung nicht nur ein Forum für hochwissenschaftliche, weitestgehend von persönlichen Interessen befreite Diskussionen,[58] sondern erschien auch als Wissens-Multiplikatorin für die Öffentlichkeit. Uneigennützig stelle sie ihre Forschungsergebnisse und Erfahrungswerte der Gesellschaft zur Verfügung, wirke dadurch anregend auf Theorie und Praxis und liefere wertvolle Grundlagen und Impulse für die Ausgestaltung und Implementierung der Reichsgesetzgebung.[59] Die Vereinigung konstruierte sich somit selbst als »Vertrauenswächter«, der mittels seiner spezifischen Kenntnisse und Fähigkeiten

54 So wurde es auch in den neu gefassten Statuten von 1908 nochmals betont, s. Bericht über die siebente Hauptversammlung der Freien Vereinigung Deutscher Nahrungsmittelchemiker 1908, S. 43–45.

55 Bericht über die siebente Hauptversammlung der Freien Vereinigung Deutscher Nahrungsmittelchemiker 1908, S. 45; Bericht über die neunte Hauptversammlung der Freien Vereinigung Deutscher Nahrungsmittelchemiker 1910, S. 74; 5. Jahresversammlung der Vereinigung deutscher Nahrungsmittelchemiker, 26. Mai 1906, in: StadtA Nürnberg, Stadtchronik, F 2, Nr. 20, S. 940.

56 König, Die Bedeutung der Chemie in wissenschaftlicher wie wirtschaftlicher Hinsicht und die soziale Stellung der Chemiker, in: Bericht über die achte Hauptversammlung der Freien Vereinigung Deutscher Nahrungsmittelchemiker in Heidelberg 1909, S. 179–188; Bericht über die neunte Hauptversammlung der Freien Vereinigung Deutscher Nahrungsmittelchemiker 1910, S. 76–78.

57 So Abel, Die Überwachung des Nahrungsmittelverkehrs, in: ZUNG 21 (1911), S. 449–466.

58 Bericht über die sechste Versammlung der Freien Vereinigung bayerischer Vertreter der angewandten Chemie 1887, S. 4; Bericht über die siebente Versammlung der Freien Vereinigung bayerischer Vertreter der angewandten Chemie 1888, S. 3.

59 Bericht über die erste Jahres-Versammlung der Freien Vereinigung Deutscher Nahrungsmittelchemiker, S. 2 f.

die Informationsasymmetrien zwischen Nahrungsmittelgewerbe und Verbrauchern und damit die Betrugswahrscheinlichkeit verringerte.[60]

Im Bewusstsein, dass die Disziplin nach wie vor sehr heterogen war, wurde 1896 mit dem Verband selbständiger öffentlicher Chemiker ein zweiter großer Zusammenschluss gegründet, der die Vertreter des Faches sammelte, die bisher in der Freien Vereinigung eher am Rand gestanden hatten, nämlich die Betreiber privat finanzierter Untersuchungsstellen. Vertreter der öffentlichen Gesundheitspflege konnten nur außerordentliche Mitglieder mit beratender Stimme werden.[61] Nach seinen eigenen Angaben vereinigte der Verband 1913 etwa 71 % aller selbständigen Fachkollegen auf sich.[62] Der Antrieb zu seiner Gründung lag deutlich stärker als bei der Freien Vereinigung in dem Bestreben, die Interessen des eigenen Standes zu vertreten.[63] Dies erklärt sich durch die verhältnismäßig schwache Position der auf eigene Rechnung tätigen Nahrungsmittelchemiker in der Öffentlichkeit – sie verfügten nicht über die guten Verbindungen der amtlichen Nahrungsmittelchemiker zur Ministerialbürokratie und den Regierungen.[64] Nicht nur aufgrund ihrer Abhängigkeit von privaten Aufträgen hatten die selbständigen Chemiker stärker ihre Existenzberechtigung unter Beweis zu stellen.

Große Anstrengungen galten deshalb dem Aufbau eines positiven öffentlichen Images: Der Verband distanzierte sich von zweifelhaften Laboratoriumsbetreibern ohne ausreichende fachliche Qualifikation und stellte sich als vertrauensstiftende Instanz dar. Die Mitgliedschaft im Verband bescheinigte dem jeweiligen Chemiker Seriosität. Man stellte den Verband als integre Organisation mit gemeinsamen hohen Idealen und einem streng überwachten Ehrenkodex dar. Die Mitglieder nutzten ihre Verbandszugehörigkeit als Nachweis ihrer Integrität und Fähigkeiten und warben mit ihr. Dementsprechend gaben sich die Aufnahmerichtlinien betont streng,[65] und auch für die Gutachtertätig-

60 Vgl. dazu *Fiedler*, S. 589, sowie *Shapiro*, S. 635.

61 Verfassung des Verbandes selbständiger öffentlicher Chemiker, in: WWA, K2, Nr. 988; Mitgliederverzeichnis des Verbandes selbständiger öffentlicher Chemiker, in: ebd.; Verband selbständiger öffentl. Chemiker Deutschlands, e. V., Mitglieder-Verzeichnis, in: Zeitschrift für öffentliche Chemie 19 (1913), Einlage. Zu ähnlichen Tendenzen bei den Ingenieuren s. *Gispen*, S. 322–328. Auch in England bestand eine organisatorische Trennung zwischen den Regierungschemikern und den »public analysts«, die in der Society of Public Analysts vereinigt waren, vgl. *Oddy*. Entsprechend der engeren Zusammenarbeit mit der Industrie war aber auch der Anteil von Unternehmern und Firmenangestellten wesentlich höher als in der Freien Vereinigung – ebenso wie die Mitarbeiter der amtlichen Nahrungsmittelkontrolle erhielten diese Mitgliedergruppen jedoch kein Stimmrecht.

62 Von 220 nichtamtlichen öffentlichen Laboratorien im Deutschen Reich waren 156 Verbandsmitglieder, s. Jonscher, Zur einheitlichen Organisation der selbständigen öffentlichen Chemiker, in: Zeitschrift für öffentliche Chemie 19 (1913), S. 372–377.

63 Verfassung des Verbandes selbständiger öffentlicher Chemiker, in: WWA, K 2, Nr. 988.

64 17. ordentliche Hauptversammlung des Verbandes selbständiger öffentlicher Chemiker Deutschland e. V., 1912, in: Zeitschrift für öffentliche Chemie 19 (1913), S. 41–54.

65 Verfassung des Verbandes selbständiger öffentlicher Chemiker, in: WWA, K 2, Nr. 988. Der Verband selbst konstatierte allerdings 1911, dass seit der Gründung noch kein Mitglieds-

keit der Mitglieder wurden genaue Richtlinien festgelegt: Gutachten, die für Reklame verwendet werden sollten, waren möglichst abzulehnen oder nur unter Verpflichtung des Auftraggebers zu einer wortgetreuen Wiedergabe anzunehmen. Die Durchführung der Analysen sollte nach vereinbarten einheitlichen Methoden des Verbandes vollzogen werden – es ist allerdings nicht belegt, dass der Verband eigene Untersuchungsrichtlinien schuf, er orientierte sich vielmehr an denen der Freien Vereinigung.[66] Der Verband forcierte auf diese Weise eine Standardisierung der Gutachten und der Untersuchungsmethodik. Verstöße gegen die Verbandsverfassung wurden durch ein Ehrengericht geahndet, das Sanktionen wie einen zeitlichen oder auch dauerhaften Ausschluss aus dem Verband verhängen konnte.[67]

Auch nach außen betätigte sich der Verband mehr als Standesvertretung denn als Wissenschaftsvereinigung: Er zog mit der Freien Vereinigung an einem Strang, wenn es darum ging, die Nahrungsmittelchemie gegenüber anderen Berufsgruppen abzugrenzen, ihre Tätigkeitsfelder zu monopolisieren und einheitliche Prüfungsbestimmungen zu schaffen. Gleichzeitig aber suchte er die Verstaatlichung des Untersuchungswesens aufzuhalten[68] und warb für die Integrierung privater Laboratorien in die Nahrungsmittelüberwachung, die besser auf die jeweiligen Bedürfnisse der auftraggebenden Gemeinden eingehen könnten als die amtlichen Anstalten. Die staatliche Aufsicht über das Untersuchungswesen und der Befähigungsnachweis gewährleisteten, dass ausschließlich kompetente und integre Chemiker herangezogen würden. Der Verband bot sich zusätzlich als Vermittlungsinstanz bzw. als Pool qualifizierter und erfahrener Chemiker mit einwandfreiem Ruf an.[69] Gleichzeitig suchte er den eigenen Besitzstand, die Aufträge von Privatpersonen und Unternehmen, zu verteidigen.[70] Doch neben dem standespolitischen Engagement widmete sich auch der Ver-

antrag abgewiesen worden sei – offen gelassen ist damit, ob die Aufnahmebestimmungen nur formales Instrument waren oder ob sie tatsächlich nie auf die Bewährungsprobe gestellt wurden, s. Bericht über die 16. ordentliche Hauptversammlung des Verbandes selbständiger öffentlicher Chemiker Deutschlands e. V. 1911, in: Zeitschrift für öffentliche Chemie 17 (1911), S. 342–346.

66 S. unten Kap. IV 4.

67 Ob diese Institution tatsächlich als sanktionierende Instanz auftrat oder ob sie durch ihre bloße Existenz eine abschreckende Wirkung zeitigen sollte oder gar nur als ein weiteres Imageinstrument fungierte, ist schwer nachvollziehbar.

68 18. ordentliche Hauptversammlung des Verbandes selbständiger öffentlicher Chemiker Deutschlands e. V. 1913, in: Zeitschrift für öffentliche Chemie 19 (1913), S. 363–377; s. auch Die Errichtung staatlicher Untersuchungs-Anstalten in Deutschland, in: Zeitschrift für öffentliche Chemie 3 (1897), S. 1–5.

69 Eingabe des Preußischen Bezirksvereins des Verbandes selbständiger öffentlicher Chemiker Deutschlands e. V. an das Preußische Abgeordnetenhaus, Hannover, 14. Januar 1905, in: BA, R 86/5412; Zur Jahreswende, in: Zeitschrift für öffentliche Chemie 15 (1909), S. 1 f.

70 Die Errichtung staatlicher Untersuchungs-Anstalten in Deutschland, in: Zeitschrift für öffentliche Chemie 3 (1897), S. 1–5; Forster, Der selbständige öffentliche Chemiker, in: Zeitschrift für öffentliche Chemie 9 (1903), S. 348–355.

band selbständiger öffentlicher Chemiker inhaltlichen Fragen der täglichen Arbeit seiner Mitglieder. Die Hauptversammlungen des Verbandes schlossen wie bei der Freien Vereinigung immer auch fachliche Referate und Debatten ein.[71]

Neben den beiden tonangebenden Verbänden der Nahrungsmittelchemie wurde eine Reihe weiterer kleinerer Zusammenschlüsse gegründet, die regionale Schwerpunktsetzungen vornahmen oder sich bewusst als Ergänzung zu den beiden großen Verbänden verstanden, indem sie stärker Standespolitik betrieben.[72] Auch die größeren, fachübergreifenden Zusammenschlüsse wandten sich Fragen der Nahrungsmitteluntersuchung und -kontrolle zu und richteten teilweise eigene Untergruppen zur angewandten und Nahrungsmittelchemie ein – so der Verein Deutscher Chemiker, der die Gesellschaft für angewandte Chemie gründete.[73] Auch die Vereine für öffentliche Gesundheitspflege griffen als stark interdisziplinär ausgerichtete Zusammenschlüsse früh Themen der Ernährungsforschung auf.[74]

Während die kleineren Neugründungen von den bereits etablierten Verbänden der Nahrungsmittelchemie häufig skeptisch beäugt und vielfach als Konkurrenz wahrgenommen wurden, die zu einer unnötigen Zersplitterung der Kräfte führe,[75] begegneten sich die großen Zusammenschlüsse im allgemeinen in gegenseitiger Akzeptanz.[76] Zwar verfochten sie entsprechend den Interessen

71 S. z.B. Fünfte ordentliche Hauptversammlung des Verbandes selbständiger öffentlicher Chemiker Deutschlands, in: ZUNG 3 (1900), S. 798–800; 12. Hauptversammlung des Verbandes selbständiger öffentlicher Chemiker Deutschlands, in: ZUNG 14 (1907), S. 252 und 612, sowie 14. ordentliche Hauptversammlung des Verbandes selbständiger öffentlicher Chemiker Deutschlands e.V., in: Zeitschrift für öffentliche Chemie 15 (1909), S. 261f. Die Tätigkeit des Verbandes erstreckte sich auf alle Gebiete der angewandten Chemie, so auch auf die Analyse und Begutachtung von Gebrauchsgegenständen, Baumaterialien, Futtermitteln, Textilien und Chemikalien.

72 Z.B. der Verband geprüfter Nahrungsmittelchemiker zur Förderung der wirtschaftlichen Standesinteressen, der Verband staatlich geprüfter Nahrungsmittel-Chemiker der Rheinprovinz, die Vereinigung beamteter Nahrungsmittelchemiker Sachsens und die Vereinigung Württembergischer Nahrungsmittelchemiker.

73 Deutsche Gesellschaft für angewandte Chemie, Zum Mitgliederverzeichnis, in: Zeitschrift für angewandte Chemie 1 (1898), S. 35f.

74 Deutscher Verein für öffentliche Gesundheitspflege, in: ZUNG 5 (1902), S. 288; Deutscher Verein für öffentliche Gesundheitspflege, in: ZUNG 12 (1906), S. 144; Jahresversammlung des Deutschen Vereins für öffentliche Gesundheitspflege, in: ZUNG 15 (1908), S. 768; Verein für öffentliche Gesundheitspflege Nürnberg: Vortragsabende 1902/03, in: StadtA Nürnberg, C 7/V, Nr. 486; *Kuttenkeuler*, S. 510.

75 Jonscher, Zur einheitlichen Organisation der selbständigen öffentlichen Chemiker, in: Zeitschrift für öffentliche Chemie 19 (1913), S. 372–377; Verband geprüfter Nahrungsmittelchemiker zur Förderung der wirtschaftlichen Standesinteressen, in: Zeitschrift für öffentliche Chemie 13 (1907), S. 480f.

76 S. z.B. 14. ordentliche Hauptversammlung des Verbandes selbständiger öffentlicher Chemiker Deutschlands e.V. 1909, in: Zeitschrift für öffentliche Chemie 15 (1909), S. 342–347; Bericht über die elfte Hauptversammlung des Vereins Deutscher Nahrungsmittelchemiker 1912, S. 6.

ihrer jeweiligen Klientel nur allzu oft unterschiedliche Standpunkte hinsichtlich der Organisation der Nahrungsmittelüberwachung. Nicht selten jedoch kam es auch zu Kooperationen in der Verbandsarbeit, gerade wenn es um die Vertretung des Faches nach außen, d.h. gegenüber anderen Berufsgruppen und den Behörden, ging.[77] Die Annäherungen rührten nicht zuletzt auch daher, dass es vielfach zu Mitgliedschaftsüberschneidungen kam: Nicht wenige Wissenschaftler waren in mehreren Verbänden Mitglied – zeitlich versetzt, da sie beispielsweise die berufliche Position wechselten, aber auch zeitgleich.[78]

Die Regierungen und Behörden verfolgten die Aktivitäten der verschiedenen Verbände von Beginn an aktiv. Regelmäßig wurden amtliche Vertreter zu den Versammlungen der verschiedenen Vereinigungen entsandt.[79] Nicht nur das Gesundheitsamt lobte die konstruktive und »ersprießliche« Zusammenarbeit,[80] auch verschiedene Ministerien betonten die Berührungspunkte zwischen ihrer Politik und der Arbeit der Verbände und attestierten insbesondere der Freien Vereinigung hohe Professionalität.[81] Möglicherweise kann die Unterstützung der verbandlichen Aktivitäten als Teil der generellen Bemühungen in der öffentlichen Gesundheitspflege gewertet werden, private Initiativen, die aufgrund der zaudernden staatlichen Reformpolitik entstanden waren,[82] zu fördern. So sollte ein Gegengewicht zur »gesundheitspolitischen Abstinenz des Staates« geschaffen werden.[83]

Schon in den Anfangsjahren der Freien Vereinigung gehörten dieser auch zwei Mitarbeiter des Kaiserlichen Gesundheitsamtes als ständige Mitglieder an.[84] Bis zum Ersten Weltkrieg vergrößerte sich die Gruppe der Behördenvertreter ständig – ihr Interesse ging offenbar über ein rein dienstliches, durch die Teilnahme an den Versammlungen zu befriedigendes hinaus. An diesen

77 So waren die Freie Vereinigung und der Verband selbständiger Chemiker beide Mitglied im »Ausschuß zur Wahrung der gemeinsamen Interessen des Chemikerstandes«, der ab 1905 u.a. auch wichtige Anliegen der Nahrungsmittelchemie vertrat, s. Protokoll der Sitzung des Ausschusses zur Wahrung der gemeinsamen Interessen des Chemikerstandes, in: Zeitschrift für öffentliche Chemie 13 (1907), S. 451–453.

78 18. ordentliche Hauptversammlung des Verbandes selbständiger öffentlicher Chemiker Deutschlands e.V. 1913, in: Zeitschrift für öffentliche Chemie 19 (1913), S. 363–377, 383–399, 403–420 (363).

79 S. z.B. Bericht über die sechste Jahres-Versammlung der Freien Vereinigung Deutscher Nahrungsmittelchemiker 1907, S. 3.

80 Bericht über die fünfte Jahres-Versammlung der Freien Vereinigung Deutscher Nahrungsmittelchemiker 1906, S. 3.

81 Bericht über die achte Versammlung der Freien Vereinigung bayerischer Vertreter der angewandten Chemie 1889, S. 4f.; Bericht über die zehnte Versammlung der Freien Vereinigung bayerischer Vertreter der angewandten Chemie 1891, S. 4.

82 Zum Engagement insbesondere bürgerlicher Vereine im Bereich der Gesundheitsversorgung s.u.a. *Jungblut*.

83 *Labisch*, S. 159f.; vgl. *Wehler*, S. 490.

84 Mitglieder-Verzeichnis der Freien Vereinigung bayerischer Vertreter der angewandten Chemie, in: Bericht über die fünfte Versammlung der Freien Vereinigung bayerischer Vertreter der angewandten Chemie 1886, S. 101–103.

Einzelpersonen zeigen sich die engen Verflechtungen zwischen Wissenschaft, Standesvertretungen, Praktikern und staatlichen Behörden. Sie übernahmen eine konstitutive Rolle für den informativen Austausch zwischen Wissenschaft und Staat. Gefestigt wurden die Beziehungen zudem dadurch, dass man von Seiten der Regierungen im Rahmen der Vorbereitung von Gesetzen und Verordnungen sowie beim Aufbau der Kontrollinstanzen immer wieder auf die Expertise der Verbände zurückgriff.[85] Während in den Jahrzehnten vor den Vereingründungen der wissenschaftliche Sachverstand vor allem über einzelne Wissenschaftler eingeholt wurde, kanalisierten und konzentrierten die Verbände nun gewissermaßen das fachliche Wissen und überführten die zuvor an Einzelpersonen geknüpften, losen informellen Netzwerke in feste Institutionen. Insbesondere die Freie Vereinigung wurde als Experten-Pool genutzt, sie war in der Regel die erste Anlaufstelle für fachliche Fragen im Bereich der Nahrungsmittelkontrolle.

Dennoch spielten einzelne Wissenschaftler insbesondere in den Anfangsjahren der Fachverbände weiterhin eine große Rolle. Ihr öffentliches Auftreten und ihre interne Organisation wurden stark beeinflusst durch einige wenige Personen, die bereits in den Diskussionen um das Nahrungsmittelgesetz mehrfach hervorgetreten waren. Sie übernahmen regelmäßig die Rolle der Wortführer, indem sie grundlegende strukturelle und organisatorische Entscheidungen innerhalb der Verbände steuerten und zentrale Funktionen in den Vorständen, internen Arbeitsgruppen und Kommissionen innehatten. Vielfach taten sie sich auch durch Publikationen hervor, die sich zu Standardwerken der Nahrungsmittelchemie entwickelten – standespolitischer Einfluss und wissenschaftliche Reputation gingen oft Hand in Hand.[86] Neben Joseph König und Robert Kayser wurden vor allem Max von Pettenkofer, Albert Hilger, Wilhelm Fresenius, Adolf Beythien, Aloys Bömer, Karl von Buchka, Rudolf Sendtner und Wilhelm Kerp zu solchen »Zugpferden«, deren Einfluss sich auch darin zeigt, dass sie meist in mehreren Verbänden entscheidende Stellen besetzten und damit Bindegliedfunktionen zwischen den Interessengruppierungen übernahmen.

85 So wurden leitende Persönlichkeiten aus der Freien Vereinigung in den Reichsgesundheitsrat berufen, s. Bericht von Regierungsrat Dr. Günther über den Verlauf der 13. Hauptversammlung des Vereins Deutscher Nahrungsmittelchemiker am 22. und 23. Mai 1914 in Coblenz, in: BA, R 86/4482.

86 Vgl. *Gizycki*, S. 133 f.

3. Fachlicher Wissensaustausch und Wissensvermittlung

Wesentliche Bestandteile der Tätigkeit der verschiedenen wissenschaftlichen Vereinigungen waren der Austausch und die Vermittlung von praktischem Wissen. Die tägliche Überwachungspraxis erforderte vielseitige Kenntnisse: Durch ihre zahlreichen Verbindungen zu Nachbarfächern verlangte die Nahrungsmittelchemie bereits ein sehr komplexes und heterogenes Wissen sowie eine ständige Orientierung über die Fortschritte auch dieser Disziplinen. Aufgrund der engen Wechselwirkung zwischen Theorie und Praxis mussten die Nahrungsmittelchemiker aber auch mit den Produktionstechniken, der Warenzusammensetzung, den lokalen Handelsbräuchen und örtlichen Gegebenheiten in Fabriken und Läden vertraut sein und zudem die rechtlichen Rahmenbedingungen einschätzen können. Insbesondere die Entwicklung neuer Zusatzstoffe, wie beispielsweise der synthetischen Farbstoffe, stellte die Prüfungsinstrumentarien immer wieder vor neue Herausforderungen.[87] Die Verfälschungsmethoden waren nicht selten denen der wissenschaftlichen Analyse einen Schritt voraus und tauchten nach gelungener Entlarvung in neuer Variation wieder auf – ein kaum zu durchbrechender Prozess, der wohl auch darauf beruhte, dass ausgebildete Chemiker in wachsender Zahl in die Entwicklung von Verfälschungsmethoden involviert waren.[88]

Dadurch, dass einheitliche Ausbildungsrichtlinien lange fehlten und die Praktiker der Nahrungsmittelüberwachung aus einer Vielzahl verschiedener Fächer stammten, herrschte eine bunte Methodenvielfalt in der Ausübung der Kontrollen.[89] Der Gesetzgeber schuf hier, wie gesehen, keine Abhilfe, und autoritative Instanzen, die eine Richtung hätten vorgeben können, existierten nicht. Das Kaiserliche Gesundheitsamt übernahm bis zu einem bestimmten Punkt diese Funktion – ihm sprangen allmählich die Nahrungsmittelchemikerverbände bei, die auf verschiedenen Wegen die Unsicherheiten bei der Analyse und Beurteilung der Nahrungsmittel zu beseitigen oder doch wenigstens zu mindern versuchten.

3.1 Wissensstandardisierung durch Publikationen und Fortbildungsangebote

Als eine Reaktion auf die Überforderung der einzelnen Wissenschaftler erschienen immer mehr Handbücher, Kompendien und Überblicksdarstellungen, die es sich zum Ziel setzten, insbesondere die Praktiker der Nahrungsmittel-

87 *Schmauderer*, Wandlungen.

88 *Dennstedt*, S. 402.

89 *Hilger*, Verfälschungen, S. 239; vgl. *Wiegert*, S. 82–84.

kontrolle bei der Bewältigung des gegebenen Informationsdickichts zu unterstützen.[90] Sie fassten das sich im Umlauf befindende Wissen des Faches zusammen, selektierten, ordneten und gewichteten es und überführten auf diese Weise vereinzelte und vielfach noch als vorläufig betrachtete Annahmen in kollektive, allgemeingültige Vorgaben für weitere Forschungen und die praktische Anwendung.[91] Das wohl am meisten herangezogene Standardwerk war Joseph Königs »Die Chemie der menschlichen Nahrungs- und Genussmittel«. Dieses zunächst zweibändige Werk bot erstmals eine ausführliche Überblicksdarstellung über die Nahrungsmittelforschung seit Mitte des 19. Jahrhunderts und stellte jahrzehntelang die Grundlage weiterer Forschungen, der praktischen Anwendung und vor allem der universitären Ausbildung dar.[92]

An König anknüpfend erschien eine Reihe weiterer Lehrbücher, deren Fokus darauf lag, Studierenden oder noch wenig erfahrenen Nahrungsmittelchemikern einen systematischen Überblick über ihr Fachgebiet und dessen Anwendung in der Praxis zu geben. Nach allgemeinen Ausführungen zur systematischen Einordnung der Nahrungsmittelchemie und zu ihrem Aufgabengebiet stellten sie die grundlegenden Analyseverfahren vor und erläuterten die zu verwendenden Apparate und Reagenzien sowie allgemeine Regeln für die Arbeit im Laboratorium.[93] In speziellen Abschnitten folgten Ausführungen zu den wichtigsten Nahrungsmittelgruppen – häufig durch Zeichnungen von Versuchsaufbauten und Apparaten, Mikroskopiebilder etc. illustriert und um Übungsbeispiele ergänzt.[94] Ähnlich strukturiert waren allgemeine Lehrbücher zur analytischen, öffentlichen oder gerichtlichen Chemie,[95] die allerdings einen umfassenderen Zugang wählten und alle Gebiete behandelten, die potentiell Gegenstand chemischer Expertise im Rahmen eines Gerichtsverfahrens werden konnten. Auch in den zahlreichen Kompendien zur Hygiene und öffentlichen Gesundheitspflege nahmen die Nahrungsmittel breiten Raum ein.[96] Die meist von einem Kollektiv führender Wissenschaftler verfassten Sammelwerke umfassten gemäß dem weiten Zuständigkeitsverständnis der Hygiene zahlreiche Aspekte der

90 Vgl. eine Übersicht bei *Wiegert*, S. 165–170.

91 Vgl. *Fleck*, Entstehung, S. 158 f.

92 *König*, Chemie. Auch im Ausland weite Verbreitung findend, erschien der »Große König« zwischen 1879 und 1923 in fünf Auflagen. Sein Umfang wuchs ständig, zuletzt umfasste er sieben Bände, darunter als zwei Hauptteile stets die tabellarische Zusammenstellung von Zahlenmaterial über die durchschnittlichen minimalen und maximalen Gehalte der Nahrungsmittel an bestimmten Stoffen und eine nach Nahrungsmitteln geordnete Darstellung der Methodik der Nahrungsmittelanalyse. Kontinuierlich entwickelte König die Untersuchungsverfahren fort und richtete sie an aktuellen Neuerungen der Produktionstechnik und neuesten Forschungen aus.

93 *Bujard/Baier*, S. 3–29; *Varges*, S. 239–244.

94 *Röttger*; *Thoms/Gilg*; einzelne Lehrbücher widmeten sich ganz der Darstellung eines einzigen Nahrungsmittels und gingen auf dessen Besonderheiten deutlich detaillierter ein: *Prior*; *Schneidemühl*; *Stieger*.

95 Z. B. *Baumert*; *Dragendorff*.

96 *Dammer*; *Pettenkofer/Ziemsen*; *Rubner*, Handbuch.

Gesundheitsvorsorge, des Schulwesens, des Städtebaus, der Gewerbeaufsicht und benachbarter Tätigkeitsfelder.

Wiesen bereits die bisher besprochenen Standardwerke einen starken Praxisbezug auf und suchten aus den zahlreichen Spezialstudien das Wichtigste herauszufiltern, war dieser bei der wachsenden Zahl von Handbüchern und Anleitungsschriften, die explizit auf den »Handgebrauch«[97] bei der Ausübung der Nahrungsmittelkontrolle zugeschnitten waren, das hauptsächliche Anliegen. Bewusst setzten sie sich von den auf Vollständigkeit bedachten Lehrbüchern und Kompendien ab und richteten sich neben Fachkollegen auch an andere in den Überwachungsapparat einbezogene Berufsgruppen – Ärzte, Apotheker, Polizeibeamte, Fleischbeschauer etc.[98] Die Mehrzahl der Autoren war selbst an Untersuchungsanstalten tätig – somit trugen Praktiker für Praktiker das aus ihrer Sicht notwendige Rüstzeug zusammen.[99]

Je nach den primär angesprochenen Berufsgruppen variierten Länge, Detailliertheit und Anspruch der Darstellungen.[100] Oberste Prämisse war in jedem Fall, den Lesern einen schnellen Zugriff auf die für ihre Berufsausübung notwendigen Informationen zu ermöglichen. Dies schloss auch grundlegende Ausführungen zur Ausrüstung der Polizeibeamten und den im Labor notwendigen Apparaturen und Reagenzien ein.[101] Die Abgrenzung unterschiedlicher Gutachtenarten gehörte ebenso dazu wie Richtlinien für deren Abfassung und Verhaltensmaßregeln für das Auftreten vor Gericht.[102] Abgerundet wurden diese Ausführungen durch kurze Erläuterungen zum rechtlichen Rahmen der Nahrungsmittelüberwachung.[103] Ob spezielle Lehrbücher zur Nahrungsmittelchemie, breiter angelegte chemische Werke, Hygienehandbücher oder praktische Anleitungshandbücher: die meisten Publikationen enthielten spezielle Abschnitte zu einzelnen Nahrungsmitteln, die vielfach in der Art von Warenlexika nach unterschiedlichen Rohstoffgruppen angeordnet waren. Das Spektrum der erfassten Nahrungsmittel variierte, während die Lehrbücher zumeist auch entlegenere Waren behandelten, enthielten die Handbücher in der Regel nur Ausführungen zu Grundnahrungsmitteln wie Milch, Brot, Butter, Fleisch und Wasser und zu häufig verfälschten Waren wie Schokolade, Konserven und Bier.

97 *Rupp*, Vorwort zur 2. Aufl., o.S.

98 *Raumer/Spaeth*, S. VI; *Lohmann*; *Beythien*, Nahrungsmittelverfälschung, S. VI; *Fleck*, Chemie. Teils wurden auch Fabrikanten und Konsumenten angesprochen.

99 Nicht umsonst hieß beispielsweise das von dem Inspektor der Untersuchungsanstalt München publizierte Handbuch »Die praktische Lebensmittelkontrolle«, *Hasterlik*, Lebensmittelkontrolle; ebenso: *Elsner*, Praxis; auch *Neufeld*, Nahrungsmittelchemiker, S. VI, betonte, dass sein Werk »aus der Praxis geschrieben« sei.

100 So *Hilger*, Nahrungs- und Genußmittel, und *Birnbaum*, die sich in erster Linie an Polizeibeamte wandten.

101 *Treue*, Kontrolle, S. 67f.

102 *Beythien u.a.*; *Elsner*, Praxis, S. 5–8; *Neufeld*, Nahrungsmittelchemiker, S. 8–37.

103 S. z.B. *Hasterlik*, Lebensmittelkontrolle, S. 3–9; *Lohmann*, S. 1–12; *Treue*, Kontrolle, S. 9–65; besonders ausführlich: *Neufeld*, Nahrungsmittelchemiker, S. 37–74.

Die auf ausgebildete Wissenschaftler oder Studierende zugeschnittenen Lehrbücher gingen ausführlich auf Herkunft, Produktionsmethoden und Charakteristika der Nahrungsmittel sowie ihre abnormen Veränderungen und deren Identifikation ein. Sie legten Wert darauf, ihre Leser über natürliche Schwankungen der Beschaffenheit der Nahrungsmittel aufzuklären und abweichende Auffassungen über das, was als »normal« zu bezeichnen war, sowie verschiedene Bewertungen bestimmter Produktionsverfahren und -stoffe wenigstens anzudeuten.[104] Derartige Differenzierungen verschwanden in den praxisorientierten Handbüchern ganz oder wurden auf ein Minimum reduziert. Sie entschieden sich pragmatisch für eine der diskutierten Möglichkeiten und verzichteten auf wissenschaftliche Argumentationen und längere Diskussionen der zur Verfügung stehenden Analysemethoden. Sie extrahierten gewissermaßen das aus ihrer Sicht für den Arbeitsalltag Wesentliche aus den großen Lehrbüchern und Fachzeitschriften und beschränkten sich auf die in der Praxis tatsächlich angewandten Methoden und praktische Fragen hinsichtlich der Kontrollausübung.[105]

Die meisten Lehr- und auch Handbücher erschienen in mehreren, recht schnell aufeinanderfolgenden Auflagen und suchten so immer auf dem Stand der Wissenschaft zu bleiben.[106] Diesem Bestreben konnte ein anderes Medium noch deutlich besser gerecht werden, weil es schneller publiziert werden konnte und leichter verfügbar sowie für den Leser kostengünstiger war: die Fachzeitschriften, die zugleich eine diskursive Plattform boten.[107] Neben eigens gegründeten Spezialzeitschriften, die oft einem der erwähnten Fachverbände nahestanden, schenkten auch die bereits etablierten Periodika der benachbarten Fächer den Nahrungsmitteln immer mehr Aufmerksamkeit.[108] Die Zeitschriften diskutierten neue Theorien und Forschungsergebnisse, setzten sich mit Untersuchungsmethoden sowie praktischen Problemen der Analyse auseinander und beschäftigten sich mit der Abgrenzung von Begrifflichkeiten und Definitionen, Feste Rubriken wurden der Rezension von neueren Publikationen und Besprechung technischer Entwicklungen und neuer Erzeugnisse der Nahrungsmittelproduktion gewidmet. Die Periodika stellten in gewisser Weise laufend

104 S. als Beispiel das Kap. »Milch«, in: *König*, Chemie, und den Artikel »Butter«, in: *Varges*, S. 24–36; ähnlich aufgebaut: *Bujard/Baier*, S. 48–270, sowie *Thoms/Gilg*, S. 194–212.

105 *Rupp*, Vorwort zur 2. Aufl., o.S.; *Elsner*, Praxis, S. 17. Als beispielhafte Kapitel s. Abschnitt »Milch«, in: *Rupp*, S. 6–10; vgl. »Milch« bei *Beythien*, Nahrungsmittelverfälschung, S. 163–236, und »Milch (Kuhmilch)« bei *Virchow*, S. 10–17.

106 S. z.B. *Bujard/Baier*, S. VII f.; *Röttger*, Vorworte zur zweiten, dritten und vierten Auflage, o.S.; *Rupp*, Vorwort zur 2. Aufl.

107 Vgl. dazu *Fleck*, Entstehung, S. 156f.

108 Beispiele: Centralblatt für Nahrungs- und Genussmittel-Chemie; Forschungsberichte über Lebensmittel; Vierteljahresschrift über die Fortschritte auf dem Gebiete der Chemie der Nahrungs- und Genussmittel; Jahresberichte über die Fortschritte in der Untersuchung der Nahrungs- und Genussmittel; Zeitschrift für analytische Chemie; Zeitschrift für angewandte Chemie; Zeitschrift für öffentliche Chemie; ZUNG.

aktualisierte Kompendien dar, die einen schnellen Zugriff auf die aktuellen Entwicklungen boten.[109] Anwendungsbezogenes Wissen und der Erfahrungsaustausch standen im Vordergrund. Dies zeigt sich auch in der regelmäßigen Wiedergabe und Besprechung von Gerichtsurteilen, Gesetzesänderungen und neuen rechtlichen Regelungen, die für die Praxis des Nahrungsmittelchemikers relevant waren. Die Tätigkeit der Untersuchungsanstalten und die Entwicklung der Nahrungsmittelkontrolle einzelner Territorien wurden regelmäßig dokumentiert, vielfach erschienen kurze Jahresberichte und Zusammenstellungen über die Untersuchungsergebnisse.

Das Postulat der ständigen Weiterbildung fand schließlich kurz vor dem Ersten Weltkrieg seine institutionelle Entsprechung in Form von Fortbildungskursen. In anderen Berufsständen, die ebenso wie die Nahrungsmittelchemiker von schnell veraltendem, eng mit dem wissenschaftlichen Fortschritt verknüpftem Wissen abhängig waren, hatten sich derartige Einrichtungen bereits etabliert, so bei den Medizinern, Juristen und Apothekern.[110] 1912 setzte ein Trio prominenter Nahrungsmittelchemiker, die an Reichs- und Territorialbehörden tätig und zudem Mitglieder der Freien Vereinigung waren,[111] die bereits seit Längerem diskutierte Idee erstmals auch für Nahrungsmittelchemiker um. Der Kurs suchte wie schon die rasch aufeinanderfolgenden Neuauflagen der Hand- und Lehrbücher und Fachzeitschriften eine Brücke zwischen praktischer Anwendung und wissenschaftlicher Fortentwicklung zu schlagen.[112] Die Referenten, darunter vor allem Professoren, Mitglieder des Kaiserlichen Gesundheitsamtes und Mitarbeiter staatlicher und kommunaler Untersuchungsanstalten, aber auch privater Laboratorien,[113] boten deshalb sowohl einen Einblick in neue Forschungsergebnisse[114] als auch eine umfassende Auffrischung der notwendigen Kenntnisse für die Nahrungsmittelüberwachung. Daneben wurde ein Überblick über den Stand der Nahrungsmittelgesetzgebung und die Organisation der Überwachung gegeben. Der Praxisbezug war das leitende Axiom, den Zuhörern sollte direkt verwertbares Wissen vermittelt werden.[115] Deshalb umfasste der Kurs auch praktische Übungen sowie Besichtigungen einschlägiger

109 Editorial der ersten Ausgabe der ZUNG von A. Hilger, Dezember 1897, in: BA, R 86/2130.

110 Vgl. *Buchka*, Einleitung, S. XXIX.

111 Es waren dies Karl von Buchka, Rat im Reichsschatzamt und Vorstand der Kaiserlich Technischen Prüfungsstelle, der Direktor der chemisch-hygienischen Abteilung des Kaiserlichen Gesundheitsamtes Wilhelm Kerp sowie Theodor Paul, Direktor des Laboratoriums für angewandte Chemie sowie der Untersuchungsanstalt für Nahrungsmittel an der Universität München.

112 Die Fachversammlungen eigneten sich aus Sicht der Organisatoren nur bedingt dafür, Wissenschaftler auf dem neuesten Stand zu halten, da sie weniger auf die Vermittlung von Grundlagen als auf die Diskussion spezieller, gerade aktueller Probleme ausgerichtet waren, s. *Buchka*, Einleitung, S. XXVIII, XXIX.

113 *Kerp*, Einleitung, S. XIII, XV.

114 *Buchka*, Einleitung, S. XV, XXIX f.

115 *Kerp*, Einleitung, S. XI.

staatlicher und kommunaler Einrichtungen.[116] Neben dem Auffrischen der fachlichen Kenntnisse erklärten die Veranstalter explizit auch den Meinungsaustausch zum Ziel des Kurses. Er sollte dazu dienen, persönliche Kontakte aufzubauen und strittige Fragen zu klären, um so die Nahrungsmittelkontrolle weiter zu vereinheitlichen.[117] Die Veranstalter werteten den ersten Kurs mit insgesamt 138 Besuchern als großen Erfolg und wurden dadurch darin bestärkt, derartige Angebote zu einer regelmäßigen Einrichtung zu machen.[118] Ein zweiter, ganz ähnlich strukturierter und mit 154 Teilnehmer ebenso erfolgreicher Kurs fand 1914 statt, diesmal beteiligte sich die Freie Vereinigung offiziell an der Organisation und verschiedene territoriale Ministerien förderten ihn.[119]

Den verschiedenen Publikationen und Weiterbildungsangeboten war gemeinsam, dass sie eine Art Orientierungsfunktion im Meinungsdschungel zu übernehmen suchten, um die Fachkollegen davor zu bewahren, durch voreilige und falsche Schlüsse angreifbar zu werden.[120] Sie strebten eine Vereinfachung ihres Arbeitsalltags und somit eine Rationalisierung der Nahrungsmittelkontrolle an. Dazu gehörte angesichts der zunehmenden räumlichen Ausdehnung des Nahrungsmittelverkehrs und ständiger Klagen aus der Industrie über schwankende Beurteilungsmaßstäbe vor allem eine Vereinheitlichung und Vergleichbarkeit der Methodik. Im Zentrum stand stets die »Normalbeschaffenheit« des jeweils beschriebenen Nahrungsmittels, sie war Ausgangspunkt der Beurteilung, an ihr hatten sich alle Einstufungen zu orientieren, Abweichungen deuteten auf Manipulationen oder Verderbnis hin.

Nahrungsmittel wurden in dieser Sichtweise zu standardisierten, stets nach gleichen Grundsätzen zu beurteilenden Waren, die Nahrungsmittelbeurteilung passte sich gewissermaßen der industriellen, rationalisierten Produktion an. Damit schlossen sich die Nahrungsmittelchemiker dem auch auf anderen wissenschaftsnahen Gebieten zu beobachtenden Trend zur Rationalisierung und »Vernormung« an – insbesondere im Bereich der Technik ist in der zweiten Jahrhunderthälfte ein frappierendes Wachstum an betriebsübergreifenden Standardisierungen festzustellen, die in wissenschaftlich-technischen Regelwerken zu-

116 Neben einer eingehenden Führung durch das Kaiserliche Gesundheitsamt wurden die Institute für Zuckerindustrie, für Gärungsgewerbe und Stärkefabrikation, eine Kläranlage, ein Wasserwerk und ein Krankenhaus sowie eine Groß-Meierei besichtigt. Gewerbliche Betriebe hatten sich nicht zur Besichtigung bereit erklärt, *Kerp*, Einleitung, S. XIV, XX f.

117 Ebd., S. X. Der Kurs richteten sich auch an andere Berufsstände wie Ärzte, Richter und Verwaltungsbeamte.

118 Ankündigung eines Fortbildungskursus in der Nahrungsmittelchemie für Nahrungsmittelchemiker, Apotheker, Ärzte, Juristen, Verwaltungsbeamte, gewerbliche und kaufmännische Sachverständige, in: GStAPK, I. HA, Rep. 120 C IX 1, Nr. 3, Bd. 3, Vol. 9.

119 Schreiben Prof. Dr. Beckurts, Vorsitzender des Vereins Deutscher Nahrungsmittelchemiker, an das Innenministerium, Braunschweig, 15. September 1913, in: GStAPK, I. HA, Rep. 76 VIII B, Nr. 3135; Schreiben der Freien Vereinigung Deutscher Nahrungsmittelchemiker an das Innenministerium, Münster, 4. März 1912, in: ebd.; Bericht über die dreizehnte Hauptversammlung des Vereins Deutscher Nahrungsmittelchemiker, S. 4.

120 *Dragendorff*, S. III–V; *Fleck*, Chemie, S. 17.

sammengefasst wurden und sich auch sprachlich niederschlugen. Die Rede von »Normen«, »Normalien«, »Normalisierungen«, »Normalverzeichnissen«, »Normalteilen« und »Normalverträgen« etc. war allgegenwärtig, ganze »Normalienabteilungen« und »Normenbüros« entstanden.[121] In der Medizin war die »Normalität« bereits Mitte des 19. Jahrhunderts zu einem zentralen Begriff geworden. Exakte Messungen und auf diesen basierende Durchschnittswerte schieden Pathologisches und Normales, das statistisch Normale wurde zum ständigen Referenzpunkt und erfuhr vielfach »normative Aufladungen«.[122] Eng verbunden war dies mit dem Aufstieg der Physiologie zur Leitwissenschaft der Medizin, so dass es nicht verwundert, dass diese Entwicklung, wie beim Voit'schen Kostmaß gesehen, schon früh auf das Gebiet der Ernährungslehre übergriff.[123]

Der Terminus der »Normalbeschaffenheit« oder »Normalzusammensetzung« der Nahrungsmittel oder – wie es in gewerblichen Kreisen hieß: der »Normalnahrungsmittel« – fügte sich in diesen Zusammenhang nahtlos ein. Er suggerierte eine objektive, jederzeit nachprüfbare Beurteilung der Nahrungsmittel.[124] Die Verwendung des Begriffes reduzierte die komplexe Bewertung eines Nahrungsmittels letztlich auf die durch Negation aufeinander bezogenen Optionen normal/anormal.[125] Die Veröffentlichung der Kriterien der »Normalbeschaffenheit« ließ die Beurteilungsprozesse transparent erscheinen und eröffnete zumindest scheinbar die Möglichkeit der Mitsprache und Beteiligung. Auf diese Weise wurden dem abgehobenen Expertenwissen offene Entscheidungskriterien zugrunde gelegt, um Vertrauen zu stiften.[126] Ausgehend von diesen Tendenzen in der Ernährungswissenschaft, übernahmen auch die Wirtschaft und die Rechtswissenschaft die Begrifflichkeit: In den Regelwerken der industriellen Verbände und auch in juristischen Kommentaren sowie der Rechtsprechung war das »Normale« ebenfalls stets Maßstab für die Bewertung eines Nahrungsmittels.[127]

Auf diese Weise beeinflussten die verschiedenen Formen von Publikationen wohl bis zu einem gewissen Maß die Ausübung der Nahrungsmittelkontrolle, indem sie die Vorstellung vom »normalen« Nahrungsmittel prägten und vermutlich so manchen Fachvertreter bei der Wahl seiner Analysemethoden und der anschließenden Beurteilung eines Nahrungsmittels lenkten. So kam ihnen eine steuernde Funktion zu, das Fehlen verbindlicher Regeln und die Heterogenität der Untersuchungsmethoden und Beurteilungskriterien wurden durch

121 *Vec*, Recht, S. 345 f.; zur innerbetrieblichen Normung s. *Kocka*, S. 373 ff.

122 *Hess*, Messen, S. 266–280.

123 Dazu s. Kap. I 1.

124 Vgl. dazu v. a. *Fleck*, Entstehung, insbesondere S. 53–70, 109 f., der wissenschaftliche Tatsachen als »denkstilgemäße Begriffsrelationen« (110) auffasst, mithin als Artefakte bestimmter, durch soziale Denkkollektive geprägter Denkstile.

125 Vgl. *Luhmann*, Wissenschaft, S. 173–175, 194–209; dazu auch *Hüntelmann*, Hygiene, S. 387–395.

126 Vgl. *Hess*, Ökonomie, S. 222–243.

127 Zur Rechtswissenschaft z. B. *Menzen*, u. a. S. 85, mit zahlreichen weiteren Hinweisen; zu den wirtschaftlichen Regelwerken s. Kap. V 2 und 3.

ihr Angebot kompensiert. Die Wissensvermittlung und -vereinheitlichung mittels verschiedener Medien war mithin eine Strategie, die Beurteilungsmaßstäbe und damit die Nahrungsmittelregulierung zu standardisieren.

3.2 Der Aufbau wissenschaftlicher Netzwerke: Kongresse und Ausstellungen

Ein weiteres Medium des Wissensaustauschs und der Wissensvermittlung stellten Kongresse und Tagungen dar, die in allen Fachdisziplinen an Anzahl und Umfang zunahmen. Diese »neue Form der wissenschaftlichen Selbstorganisation«[128] trat seit dem frühen 19. Jahrhundert neben oder auch an die Stelle gegenseitiger Besuche einzelner Forscher, bündelte und koordinierte gewissermaßen zahlreiche Einzelreisende auf einem gemeinsamen Forum. Zunächst vor allem auf das Knüpfen von Kontakten sowie die Ausbildung einer gemeinsamen Identität noch junger Disziplinen ausgerichtet, entwickelte sich die Institution des Kongresses zunehmend auch zu einem Mittel, öffentliche Aufmerksamkeit und gesellschaftliches Interesse zu erzielen.[129]

In der Nahrungsmittelchemie waren es vor allem die Jahresversammlungen der verschiedenen Fachvereinigungen, die diese Funktionen übernahmen. Daneben fanden aber auch bereits früh wissenschaftliche Zusammenkünfte statt, die nicht direkt an einen Verband geknüpft waren. Die Mehrzahl der für Nahrungsmittelchemiker relevanten Kongresse war international ausgerichtet und setzte sich ausdrücklich den länderübergreifenden Wissensaustausch zum Ziel.[130] Waren internationale wissenschaftliche Netzwerke zunächst vor allem über Einzelpersonen, die im Ausland studierten oder Forschungsreisen unternahmen, aufgebaut worden,[131] stellten die Kongresse diese nun auf eine regelmäßige Basis und überführten den persönlichen grenzüberschreitenden Kontakt in einen institutionalisierten Rahmen. Viele Tagungen wurden zu regelmäßigen Einrichtungen; Tagungs- und Geschäftsordnungen wurden installiert, feste Gremien traten neben die wechselnden lokalen Organisationskomitees – kurz: eine Professionalisierung fand statt.[132]

Eigenständige Kongresse zur Nahrungsmittelchemie waren im 19. Jahrhundert noch eher selten, vielmehr waren Aspekte ihres Fachgebiets zunächst Teil großer disziplinenübergreifender Kongresse, wo sie sich aber allmählich eigene Sektionen erkämpfte – so z. B. bei der Tausende von Wissenschaftlern

128 Vgl. *Riemer*, S. 79.
129 Ebd., S. 86 f.
130 In den Quellen finden sich bemerkenswerterweise kaum Hinweise auf national begrenzte Kongresse – die jährlichen Versammlungen der nationalen Nahrungsmittelchemikervereinigungen scheinen das Bedürfnis nach identitätsstiftenden Veranstaltungen der deutschen »scientific communitiy« vollends befriedigt zu haben.
131 S. dazu *Wolfensberger*, Labor, S. 68 f.
132 Vgl. *Riemer*, S. 86 f.

anziehenden »Versammlung deutscher Naturforscher und Ärzte«, die als eine der ältesten Veranstaltungen dieser Art für viele andere Kongresse lange Zeit eine Vorbildfunktion übernahm,[133] sowie bei den seit der Jahrhundertmitte stattfindenden »Internationalen Kongressen für Hygiene und Demographie«.[134] Auch die großen internationalen Chemikerkonferenzen widmeten sich nahrungsmittelchemischen Themen. Da sie vor allem anwendungsbezogene chemische Forschungen thematisierten, waren insbesondere die »Internationalen Kongresse für angewandte Chemie«, die seit 1894 alle zwei, ab 1900 alle drei Jahre in wechselnden Gastgeberländern abgehalten wurden, einschlägig für Nahrungsmittelchemiker. Sie entwickelten sich schnell zu regelrechten Großveranstaltungen – 1903 wurden nahezu fünfhundert Vorträge in über siebzig Sektionen gehalten; die Teilnehmerzahl stieg von etwa hundert im ersten Veranstaltungsjahr auf rund dreitausend im Jahr 1903.[135]

Speziell auf das Gebiet der Nahrungsmittelanalyse zugeschnittene Kongresse fanden erst nach der Jahrhundertwende statt, ein Beispiel ist der erstmals 1906 in Paris abgehaltene »Internationale Kongreß für Nahrungsmittelhygiene und rationelle Ernährung«.[136] Während zu diesem nur Gelehrte und Fachleute zugelassen waren und Vereine nur je einen Vertreter entsenden durften,[137] beteiligten sich die großen wissenschaftlichen Spezial- und disziplinenübergreifenden Vereinigungen, aber auch gewerbliche Zusammenschlüsse rege an der Organisation und Finanzierung der anderen genannten Konferenzen.[138] Die Zusammenarbeit der wissenschaftlichen Vereinigungen mit einschlägigen Gewerbeverbänden und industriellen Forschungsinstitutionen in diesem Kontext zeigt einmal mehr, dass kein durchgängiger Antagonismus zwischen den Positionen der Wissenschaft und denen der Industrie bestand, sondern vielmehr Annäherungen und Kooperationen stattfanden.[139] Daneben wurden Vertreter der na-

133 Die 71. Versammlung deutscher Naturforscher und Ärzte, in: ZUNG 2 (1899), S. 544; s. auch *Wolfschmidt u. a.*, S. 29.

134 XIV. Internationaler Kongress für Hygiene und Demographie, Berlin 23.–29. September, Organisations-Komitee, Berlin, im Januar 1907, in: ISG, Magistratsakten, S 2287; weitere Kongressprogramme in: ebd.

135 V. Internationaler Kongress für angewandte Chemie in Berlin 1903, in: ZUNG 5 (1902), S. 735 f.

136 Bericht des Kaiserlichen Deutschen Konsulats, Paris, den 19. September 1905, in: GStAPK, I. HA, Rep. 76 VIII B, Nr. 4383; II. Internationaler Kongreß für Nahrungshygiene und rationelle Ernährung des Menschen in Brüssel, in: ZUNG 20 (1910), S. 239 f.

137 Bericht des Kaiserlichen Deutschen Konsulats, Paris, den 19. September 1905, in: GStAPK, I. HA, Rep. 76 VIII B, Nr. 4383.

138 V. Internationaler Kongress für angewandte Chemie in Berlin 1903, in: ZUNG 5 (1902), S. 735 f.; Auszug aus dem Protokoll der ersten Sitzung des deutschen Ausschusses zur Vorbereitung des VIII. Internationalen Kongresses für angewandte Chemie zu Washington und New York im Jahre 1912, in: ZUNG 22 (1912), S. 438–440.

139 So wurde beim Berliner Kongress 1903 die Sektion VIII »Hygiene. Medizinische und pharmazeutische Chemie. Nahrungsmittel« von Emanuel August Merck aus Darmstadt geleitet, Präsident der 1. Untergruppe Nahrungsmittelchemie war Karl von Buchka,

tionalen Regierungen sowie staatlicher und kommunaler Behörden eingebunden – die Bemühungen, offizielle Stellen für die Arbeit der Wissenschaftler zu interessieren, fruchteten offenbar.

Bei allen Kongressen dominierten Fragen der täglichen Untersuchungs- und Überwachungspraxis, der Schwerpunkt lag eindeutig auf Problemen der Analyse und Beurteilung von Nahrungsmitteln. Neue Untersuchungsmethoden wurden dargestellt, alte kritisiert, Grenzwerte diskutiert und Nachweise neuartiger Zusätze erläutert. Wichtig war für die Teilnehmer auch der Austausch mit ausländischen Kollegen über jüngst beobachtete, neu auftretende Manipulationen und Fälschungsmethoden. Die enge Verbindung zur Praxis zeigt sich zudem im wissenschaftlichen Rahmenprogramm, das regelmäßig Besichtigungen von Fabriken, Brauereien und Instituten einschloss, die in der anwendungsbezogenen Forschung tätig waren.[140]

Neben der Besprechung konkreter Details aus der Alltagspraxis wurden auch Grundsatzreferate zur Entwicklung und Bedeutung der Nahrungsmittelüberwachung gehalten, die nationale Gesetzgebungswerke und informelle wissenschaftliche Standardisierungen vorstellten. Die Teilnehmer debattierten über bisher erzielte Erfolge, mögliche Verbesserungen der bestehenden Überwachungssysteme und generell zu beobachtende Lücken und Schwierigkeiten.[141] In diesem Rahmen kam es durchaus auch zu kontroversen Diskussionen – so z. B. beim Kongress für angewandte Chemie in der Frage der gesetzlichen Festsetzung von Grenzwerten, die die Engländer uneingeschränkt befürworteten, ihre belgischen und deutschen Kollegen aber als Einengung des Beurteilungsspielraums der Chemiker und inflexibles, wenig dem Einzelfall angepasstes Instrument ablehnten. Diese Debatten wurden nicht ohne Grund sehr heftig geführt, sollten sie doch auch in Resolutionen an die Regierungen münden.[142]

s. Broschüre V. Internationaler Kongress für Angewandte Chemie zu Berlin 2.–8. Juni 1903, S. 81, in: BA, R 86/906.

140 S. zum Programm und seinem Themenspektrum z. B. III. internationaler Kongress für angewandte Chemie 1898 in Wien, in: ZUNG 1 (1898), S. 148 f.; 4. Internationaler Kongress für angewandte Chemie zu Paris, in: ZUNG 3 (1900), S. 725–727; Broschüre V. Internationaler Kongress für Angewandte Chemie zu Berlin 2.–8. Juni 1903, in: BA, R 86/906; Bericht über den Verlauf des 7. internationalen Kongresses für angewandte Chemie in London vom 27. Mai bis 2. Juni 1909, in: ebd.

141 1er Congrès International organisé par la Société scientifique d'Hygiène alimentaire et de l'alimentation rationelle, in: GStAPK, I. HA, Rep. 76 VIII B, Nr. 4383; V. Internationaler Kongreß für angewandte Chemie zu Berlin 1903, in: ZUNG 6 (1903), S. 527 f.; Internationaler Kongreß für Nahrungsmittelhygiene und zweckmäßige Ernährung des Menschen, in: ZUNG 10 (1905), S. 328; Internationaler Kongress für Nahrungsmittelhygiene und zweckmäßige Ernährung in Paris 1906, in: Zeitschrift für öffentliche Chemie 11 (1905), S. 463; II. Internationaler Kongreß für Nahrungshygiene und rationelle Ernährung des Menschen in Brüssel, in: ZUNG 20 (1910), S. 239 f.

142 Vom V. internationalen Kongress für angewandte Chemie in Berlin, in: Zeitschrift für öffentliche Chemie 9 (1903), S. 192 f.; Bericht über den Verlauf des 7. internationalen Kongresses für angewandte Chemie in London vom 27. Mai bis 2. Juni 1909, in: BA, R86/906.

Die internationale Ausrichtung der Kongresse versprach den Eingaben größeres Gewicht zu verleihen. Man hatte nun nicht mehr nur die nationalen Kollegen, sondern gleich eine ganze »Armee« hochkarätiger internationaler Wissenschaftler hinter sich und erzielte eine wesentlich größere Aufmerksamkeit, da die Regierungen sicherlich genau die Reaktionen der anderen Staaten verfolgten.

Nicht selten wurden die Kongresse verknüpft mit Ausstellungen, die häufig wohl zunächst den Zweck hatten, die Konferenzen um anschauliche Demonstrationen und Aufbauten zu ergänzen.[143] Neben diesen begleitenden Präsentationen wurden insbesondere auf dem Gebiet der Hygiene auch zahlreiche Ausstellungen ohne eine direkte Anbindung an einen Kongress, wohl aber unter Einschluss zahlreicher wissenschaftlicher Vorträge veranstaltet – so die seit 1883 veranstaltete »Allgemeine Deutsche Ausstellung für Hygiene und Rettungswesen« oder die »Internationale Ausstellung für Körperliche Erziehung, Gesundheitspflege und Sport«.[144] Internationale Ausstellungen für Nahrungsmittel im Allgemeinen oder für einzelne Sparten der Nahrungsmittelwirtschaft vervollständigen das Bild. Teilweise wurden diese Sonderausstellungen in dauerhafte Einrichtungen überführt – so entstand aus der »Internationalen Hygieneausstellung« 1912 das Dresdner Hygienemuseum.[145]

Zu den Ausstellern und Organisatoren gehörten vor allem wissenschaftliche Vereinigungen und Institutionen, sozialreformerische Gesellschaften und Behörden.[146] Sie stellten die Ergebnisse der modernen Ernährungslehre vor, aber auch die Regulierung des Nahrungsmittelmarktes durch zentralisiertes und institutionalisiertes Eingreifen.[147] Für fachlich interessierte Wissenschaftler und Praktiker, aber wohl auch, um Laien die Bedeutung der Nahrungsmittelüberwachung und ihre Funktionsweise näherzubringen, erklärte man die Apparate und Analyseverfahren zur Nahrungsmitteluntersuchung – einige Ausstellungen umfassten ganze Laboratoriumsaufbauten, in denen die Arbeit der Nahrungs-

143 S. z. B. XIV. Internationaler Kongress für Hygiene und Demographie. Hygiene-Ausstellung Berlin 1907, in: GStAPK, I. HA, Rep. 76 VIII B, Nr. 4383; Exposicion de Higiene Congreso Internacional Americano de Medicinae Higiene 1910, in: ebd., Nr. 4384; IV. internationaler Kongress für Hygiene und Demographie, in: ZUNG 1 (1898), S. 152; V. Internationaler Kongress für angewandte Chemie in Berlin 1903, in: ZUNG 5 (1902), S. 735 f.

144 Boerner; Prospekt: Internationale Ausstellung für Körperliche Erziehung, Gesundheitspflege und Sport sowie deren einschlägige Industrie- und Gewerbezweige, Innsbruck/Tirol, Mai–Okt. 1896, in: ISG, Magistratsakten, S 2287; *Schrön*.

145 Dazu vor allem *Poser*, S. 140–158; *Warnke*.

146 *Poser*, S. 141 f.

147 S. z. B. XIV. Internationaler Kongress für Hygiene und Demographie. Hygiene-Ausstellung Berlin 1907, in: GStAPK, I. HA, Rep. 76 VIII B, Nr. 4383; Bericht über die Internationale Ausstellung für das Rothe Kreuz, Armeebedarf, Hygiene, Volksernährung und Kochkunst in Leipzig vom 4. bis 9. Februar 1892, in: BA, R 86/891; IV. Internationaler Kongress für Hygiene und Demographie, in: ZUNG 1 (1898), S. 152; Allgemeine Ausstellung für hygienische Milchversorgung in Hamburg, in: ZUNG 5 (1902), S. 831 f.

mittelchemiker demonstriert wurde.[148] Wie die Kongresse dienten so auch die Ausstellungen der Wissensvermittlung und dem Erfahrungsaustausch unter Fachkollegen sowie der Orientierung über die wissenschaftlichen Entwicklungen und der Strukturierung des vorhandenen Wissens.[149] Gleichzeitig aber ermöglichte die Anschaulichkeit eine Erweiterung des Adressatenkreises und die Nutzung der Veranstaltungen für die Popularisierung des eigenen Faches. Die Fortschrittsverheißungen der Naturwissenschaften, ihre Unentbehrlichkeit im Alltag und ihr Beitrag zu einer modernen, gesunden Gesellschaft – all dies sollte durch immer aufwendiger gestaltete Inszenierungen vermittelt werden.[150] Sie machten das Wissen der Disziplin und auch die Funktionsweise der Nahrungsmittelüberwachung der Öffentlichkeit zugänglich und schufen damit gewissermaßen Zugangspunkte zu dem Expertensystem, das die Qualitätskontrolle stützte.[151] Auch Entscheidungsträger aus Politik und Verwaltung wurden als Besucher erwartet: Die vielfach geradezu enzyklopädischen Überblicksdarstellungen sollten ihnen vor allem die zentrale Funktion der Wissenschaften für den Aufbau einer modernen Gesundheitsverwaltung vor Augen führen sowie auch Handlungsanweisungen für die Organisation der Gesundheitspolitik geben.[152] Den Ausstellern schwebte somit keine homogene Gruppe von Besuchern vor, man suchte vielmehr den Dialog zwischen Wissenschaft und Praxis, Forschern und Anwendern jeglicher Couleur zu etablieren.[153]

4. Allmähliche Verstaatlichung privater Normsetzung: Richtlinien zur Nahrungsmittelbeurteilung und -untersuchung

Letztlich verfolgten die unzähligen Publikationen, Kongresse und Ausstellungen neben anderen Zielen vor allem das Anliegen, Nahrungsmittelchemikern die allgemeingültigen Richtlinien für die Nahrungsmitteluntersuchung und -beurteilung an die Hand zu geben, die ihnen die Nahrungsmittelgesetzgebung »verweigerte«. Eben die Tatsache, dass diese Orientierungshilfen so zahlreich auftraten, konterkarierte aber dieses Anliegen und dokumentierte erneut die Vielfalt der Lehren und Meinungen, über die sich vor allem Gewerbekreise laut-

148 S. dazu diverse Korrespondenzen des Reichsgesundheitsamtes sowie Bericht über die Dienstreise nach Dresden am 28. und 29. April 1911, in: BA, R 86/887.

149 Vgl. Äußerungen des Dresdner Oberbürgermeisters und des maßgeblichen Ausstellungsinitiators, des Odol-Herstellers Karl August Lingner, zu den Zielen der Dresdner Internationalen Hygiene-Ausstellung, zitiert bei *Poser*, S. 151 f.

150 XIV. Internationaler Kongress für Hygiene und Demographie. Hygiene-Ausstellung Berlin 1907, in: GStAPK, I. HA, Rep. 76 VIII B, Nr. 4383.

151 Vgl. *Giddens*, S. 107 ff.

152 *Poser*, S. 152; *Schrön*, S. 318.

153 Vgl. z. B. den Bericht über die Allgemeine Ausstellung für hygienische Milchversorgung in Hamburg, in: ZUNG 6 (1903), S. 624.

stark beschwerten, da sie sich in ihrer Ansicht nach widersprüchlichen Gutachten niederschlugen. Mehr und mehr gestanden auch die Nahrungsmittelchemiker diesen Umstand öffentlich ein; sie suchten ihn zu rechtfertigen mit den rasend schnellen Entwicklungen in Wissenschaft und Nahrungsmittelproduktion sowie den wechselnden Handelsbräuchen und verwiesen auf die zahlreichen Spielarten der Zusammensetzung von Nahrungsmitteln und ihre natürlichen Schwankungen, die eine Einstufung mitunter sehr erschwerten.[154] Die Strategien der Vereinheitlichung durch die Publikation von Forschungsergebnissen und empfehlenswerten Untersuchungsverfahren sowie die interne Verständigung in Verbänden und auf Kongressen schienen allein nicht auszureichen; ebenso brachte die Einrichtung der Untersuchungsanstalten nicht den von vielen erhofften Effekt einer Angleichung der Arbeitsweisen. So entstand parallel die Idee der expliziten Festschreibung einheitlicher Standards für die Untersuchung der Nahrungsmittel.

4.1 Die »Vereinbarungen« der Freien Vereinigung bayerischer Vertreter der angewandten Chemie (1885)

Die Freie Vereinigung bayerischer Vertreter der angewandten Chemie erklärte schon in ihrer konstituierenden Sitzung 1883 die Ausarbeitung einheitlicher Untersuchungsmethoden und Beurteilungskriterien zu einem ihrer Hauptziele und verfolgte dies seitdem kontinuierlich. Es wurden bereits hier Referenten benannt, die für einzelne Nahrungsmittelgruppen Untersuchungs- und Beurteilungsmethoden ausarbeiten sollten.[155] Bei juristischen Fragen wurden sie von Vertretern der bayerischen Staatsministerien beraten – erneut zeigt sich hier die enge Verflechtung mit staatlichen Organen.[156] Bei der im Herbst 1883 stattfindenden ersten regulären Zusammenkunft der Vereinigung lagen die Verhandlungsergebnisse der einzelnen Referentengruppen vor und wurden nach eingehender Besprechung vom Plenum angenommen.[157] Den Kern der Vereinbarungen machten Festsetzungen von Untersuchungsmethoden und Beurteilungskriterien aus, die mit knappen Worten und unter Verweis auf publizierte Forschungsergebnisse die von den Referenten präferierten Verfahren benannten. Hinzu kamen kurze Bemerkungen zu den zu verwendenden Instrumenten und Apparaturen sowie zu Entnahme, Transport und Aufbewahrung der Proben und zum administrativen Verfahren.[158] Zusätzlich enthielten die Vereinbarungen Erläuterungen, die wie beim Nahrungsmittelgesetz als »Motive«

154 *Kayser*, S. 49.

155 Vereinbarungen betreffs der Untersuchung, S. VII; Bericht über die Verhandlungen der Versammlung bayerischer Nahrungsmittelchemiker in München 1883, undatiert, in: BayHStA, MInn 62609.

156 *Kayser*, S. 151.

157 Vereinbarungen betreffs der Untersuchung, S. VIII.

158 S. z. B. den Abschnitt »Milch«, in: ebd., S. 1 f.

bezeichnet wurden und vor allem die Aufgabe hatten, die Berechtigung der getroffenen Auswahl an Untersuchungsmethoden zu verdeutlichen.[159] Sie steckten Begrifflichkeiten ab, zählten potentielle Fälschungen und deren Hilfsmittel auf, referierten den Stand der Forschung zu dem jeweiligen Nahrungsmittel, gingen auf Vor- und Nachteile einzelner Methoden ein und beschrieben typische Fehler bei ihrer Handhabung. Auch Ursachen der Verfälschungen sowie spezifische Fragen bei der Kontrolle der einzelnen Produkte wurden besprochen. Knappe Leitsätze rundeten die Ausführungen ab und fassten die wesentlichen Punkte noch einmal zusammen. Zentral war hier erneut die Definition der »normalen Beschaffenheit« der einzelnen Nahrungsmittel als Ausgangspunkt aller weiteren Erklärungen.

Zwar hatten die Vereinbarungen keinen verpflichtenden Charakter für die Mitglieder der Freien Vereinigung, dennoch bildeten sie in Zukunft eine wesentliche Grundlage ihrer Gutachtertätigkeit. Und auch über die Freie Vereinigung hinaus fanden sie innerhalb des Faches hohe Aufmerksamkeit – und zwar von Anfang an reichsweit und sogar international.[160] Sie wurden in zahlreichen Fachorganen besprochen und bildeten einen festen Bezugspunkt für weitere Forschungen; ein Wissenschaftler, der sich mit der Nahrungsmittelanalyse beschäftigen wollte, konnte nicht umhin, sie zur Kenntnis zu nehmen und in irgendeiner Form Stellung zu ihnen zu beziehen. Viele Hand- und Lehrbücher bezogen sich auf die Vereinbarungen, griffen ihre Methoden auf, grenzten die eigenen Vorschläge von ihnen ab oder verwiesen für eingehende Informationen einfach auf diese. So sorgten sie für eine weitere Diffusion der Vereinbarungen und trugen entscheidend zu ihrer Akzeptanz bei. Auch innerhalb anderer, vielfach konkurrierender Zusammenschlüsse der Nahrungsmittelchemie waren die Vereinbarungen Gegenstand der Diskussion; die Verbände übernahmen Teile daraus oder legten sie eigenen Normierungen zugrunde.

Zwar gab es mehrfach Versuche, ergänzende oder parallele Standards zu schaffen – so z.B. von Seiten der Vereinigung öffentlicher analytischer Chemiker Sachsens.[161] Auch war die Freie Vereinigung nicht die erste Fachvereinigung, die ein derartiges Projekt anging: 1882 einigten sich rheinische Chemiker auf einheitliche Methoden bei der Weinuntersuchung, 1883 stellte der Verein analytischer Chemiker ebenfalls Vereinbarungen zur Weinanalyse auf, weitere Verbände folgten mit Normierungen für bestimmte Produkte und/oder Regionen.[162] Doch erzielten diese bei weitem nicht eine derartige Präsenz wie die Vereinbarungen der Freien Vereinigung, die erstmals auf umfassende Standards

159 S. dazu die Einleitung in: ebd., S. IX.

160 Bericht über die achte Versammlung der Freien Vereinigung bayerischer Vertreter der angewandten Chemie 1889, S. 4.

161 Die X. Hauptversammlung der Vereinigung öffentlicher analytischer Chemiker Sachsens, in: ZUNG 1 (1898), S. 76–80; Die Vereinigung öffentlicher analytischer Chemiker Sachsens, in: Zeitschrift für öffentliche Chemie 11 (1905), S. 435 f.; Vereinigung beamteter Nahrungsmittelchemiker Sachsens, in: ZUNG 20 (1910), S. 664.

162 *Kuttenkeuler*, S. 512.

für das gesamte Gebiet des Nahrungsmittelverkehrs abzielten und von Beginn an überregional angelegt waren. Erst die Regulierungen der Nahrungsmittelindustrie traten in direkte Konkurrenz zu ihnen, innerhalb des eigenen Fachgebiets besaß die Freie Vereinigung jedoch ein kaum umstrittenes Normierungsmonopol.

Wie ihre permanente Zitierung zeigt, entwickelten sich die Vereinbarungen faktisch zu wissenschaftlichen Paradigmen, oder genauer: sie überführten wissenschaftliche Paradigmen in ein institutionalisiertes Normensystem – anders als bei der sich eher implizit und schrittweise vollziehenden Herausbildung wissenschaftlicher Paradigmen ging ihnen aber ein expliziter Entscheidungs- und Einigungsprozess voraus. Sie vollzogen eine Reduktion der Komplexität, indem sie mit der Auswahl der »richtigen« Methoden dem einzelnen Wissenschaftler eine Strategie selektiven Verhaltens in der alltäglichen Untersuchungspraxis ermöglichten.[163] Zudem bewirkten die Vereinbarungen eine Beschleunigung des Austauschs unter den Fachkollegen, da sie fortan den Ausgangspunkt wissenschaftlicher Diskussionen darstellten. Gleichzeitig sorgten sie für eine tendenzielle Angleichung der Wissensverteilung – wenig vernetzten Fachkollegen war es nun auch ohne eingehendes und regelmäßiges Studium von Zeitschriften, Hand- und Lehrbüchern möglich, den aktuellen, weitgehend anerkannten Stand der Analytik zu rezipieren. Auf diese Weise führten die Vereinbarungen die Vereinheitlichung der Praktiken bei der Nahrungsmittelüberwachung weiter – ein Fachvertreter konstatierte 1910 freudig und allem weiter bestehenden Lamento der Industrie zum Trotz, dass unter den Nahrungsmittelchemikern eine deutlich höhere Übereinstimmung in der Beurteilung ihrer Untersuchungsgegenstände herrsche, als es sonst unter Sachverständigen eines Faches der Fall sei.[164] Mit dem Bewusstsein dieses fachinternen Konsenses boten die Vereinbarungen einen Schutz gegen externe Angriffe, sie konnten als autoritative Richtlinien zur Legitimation des eigenen Vorgehens angeführt werden und dienten als ständiges Argument der wissenschaftlichen Beweisführung.

Dies verweist bereits auf die über das eigene Fach hinausgehende intendierte Wirkung der Vereinbarungen: Zwar setzten sie gerade durch ihre Kürze Fachkenntnisse und praktische Erfahrungen voraus und richteten sich zumindest in der Beschreibung der Untersuchungsmethoden in erster Linie an Fachkollegen. Jedoch waren die Vereinbarungen nicht nur auf eine fachinterne Komplexitätsreduktion ausgerichtet, sondern suchten mit ihren Qualitätsdefinitionen von Beginn an allgemeingültige Standards für den Nahrungsmittelverkehr zu setzen. Der Adressatenkreis ging somit weit über die Wissenschaftler hinaus. So wurde auch auf die Unterweisung der Polizeibeamten durch die Nahrungsmittelchemiker eingegangen, die als notwendig für eine wirkungsvolle Nahrungs-

163 Vgl. *Gizycki*, S. 134 f.

164 Neufeld, Zur Neuregelung der Lebensmittelgesetzgebung im Deutschen Reiche, in: Bericht über die neunte Hauptversammlung der Freien Vereinigung Deutscher Nahrungsmittelchemiker 1910, S. 6–23.

mittelkontrolle erachtet wurde. Die Festsetzungen schlossen zudem eigene Anweisungen für die Polizeibeamten ein, die die Probeentnahmen beschrieben, sie zur peinlich genauen Protokollierung anhielten und sie ermahnten, das endgültige Urteil über das Vorliegen einer Fälschung dem Chemiker zu überlassen.

Hieran wird deutlich, dass die Vereinbarungen – wie bereits die Fachpublikationen – immer auch die Interessen der Profession vertraten und zumindest indirekt Standespolitik betrieben. Die zentrale, unentbehrliche Funktion der ausgebildeten Nahrungsmittelchemiker, ihre Monopolstellung in der Nahrungsmittelkontrolle wurde auch in diesem Rahmen unterstrichen und ihre natürliche Autorität als Urheber grundlegender Standards betont. Aus diesem Selbstverständnis heraus wiesen die Vereinbarungen auch auf Missstände in der Überwachungsorganisation hin und schlugen Verbesserungen vor – so z. B. die Einrichtung von Kommissionen aus Verwaltungsbeamten und Chemikern für die Milchüberwachung.[165]

Auch nach der Veröffentlichung der Vereinbarungen trugen neun ständige Kommissionen für die einzelnen Nahrungsmittelgruppen die Erfahrungen aus der Überwachungspraxis sowie aktuelle Forschungsergebnisse zusammen und erstellten auf dieser Basis Vorschläge zur Ergänzung und Korrektur der Vereinbarungen, über die auf den jährlichen Mitgliedersammlungen beraten und abgestimmt wurde. Wie auch bei anderen wissenschaftlichen Zusammenschlüssen zu beobachten, wurden intern zwar unterschiedliche Meinungen und kontroverse Diskussionen zugelassen, nach außen aber trat die Vereinigung nach Möglichkeit mit einem einheitlichen Standpunkt auf und argumentierte rational und rein wissenschaftlich. Man bevorzugte provisorische Festlegungen gegenüber ausgefeilten, nach allen Seiten abgesicherten Positionen.[166] Grundlage der Beschlüsse war ein ständiges internes Abwägen verschiedener Aspekte und die Suche nach tragbaren Kompromissen zwischen wissenschaftlicher Genauigkeit und Notwendigkeiten der Praxis. Verbesserungen waren aus Sicht der Vereinigung nur durch Erfahrung zu erzielen. Forderungen nach vollkommenen Lösungen waren vor dem Hintergrund des permanenten wissenschaftlichen Fortschritts, sich wandelnder Produktionsweisen, des sich stetig erweiternden Warenangebots und wechselnder Konsumvorlieben utopisch. Die Vereinbarungen wurden folglich nicht als Dogma, sondern als Richtlinien praktischen Handelns verstanden, die auf Veränderung und Weiterentwicklung angelegt waren. Bewusst setzten sie sich mit dieser Anschmiegsamkeit von gesetzlichen Regelungen ab und suchten gerade deren Manko der Schwerfälligkeit und der ständigen »Verspätung« auszugleichen.[167]

165 Abschnitt Milch, in: Vereinbarungen betreffs der Untersuchung, S. 1 f.

166 Vgl. z. B. Bericht über die elfte Versammlung der Freien Vereinigung bayerischer Vertreter der angewandten Chemie 1892, S. 4; ähnlich *Hardy*, Arzt, S. 116, für den »Verein für öffentliche Gesundheitspflege«.

167 Vgl. *Vec*, Technik, S. 127.

Mit einer derart kompromissbereiten und pragmatischen Haltung wollte sich die Vereinigung nicht zuletzt auch gegen den öffentlichen Eindruck zur Wehr setzen, Wissenschaftler nähmen grundsätzlich unpraktische und kaum finanzierbare Positionen ein und ließen sich von hohen, aber nicht operationalisierbaren Idealen leiten. Sie wollten in ihren Ansichten ernst genommen werden und die praktische Relevanz ihrer Arbeit unter Beweis stellen.[168] Dies gelang offenbar durchaus: Die Vereinbarungen wurden nicht nur in kürzester Zeit innerhalb der Wissenschaft anerkannt, sondern entwickelten sich auch zu relativ selbstverständlichen Hilfsmitteln in der staatlichen und kommunalen Nahrungsmittelüberwachung, wenn auch kaum nachzuhalten ist, inwieweit der einzelne Nahrungsmittelchemiker sich auf die Festsetzungen stützte und wie genau er ihre Vorgaben befolgte. Sie prägten die Vorstellung von der »normalen« Zusammensetzung vieler Nahrungsmittel und vom schwer fassbaren, abstrakten Qualitätsbegriff, indem sie mehr und mehr die Funktion der Motive zum Nahrungsmittelgesetz übernahmen, die bis dahin regelmäßig als Beurteilungsgrundlage herangezogen worden waren. Gezielt sorgte die Vereinigung dafür, dass die Festsetzungen möglichst weit verbreitet wurden, und schickte sie direkt nach ihrer Veröffentlichung an Behörden und Ministerien mit der Bitte, sie den Medizinalbehörden, Untersuchungsämtern und Gerichten zu empfehlen.[169] Die von Beginn an enge Verbindung der Vereinigung mit dem Kaiserlichen Gesundheitsamt und anderen zentralen Behörden sowie die Einbeziehung bayerischer Ministeriumsmitarbeiter in die Beratungen taten ihr Übriges; schnell erlangten die Vereinbarungen auch reichsweite Bekanntschaft über die Fachkreise hinaus. Die Resonanz war offenbar weitestgehend positiv; das bayerische Innenministerium beispielsweise empfahl den zuständigen Stellen tatsächlich die Nutzung der Vereinbarungen.[170] Die Wissenschaftler selbst sahen ihre Arbeit vor allem dadurch bestätigt, dass kurz nach der Verabschiedung der Vereinbarungen in Bayern die schon seit Längerem geplante Einrichtung staatlicher Untersuchungsanstalten erfolgte, sie werteten den zugrunde liegenden Erlass als direkte Folge ihrer Aktivitäten. Besonders offensichtlich wurde die staatliche Anerkennung der Vereinbarungen bei den Untersuchungsmethoden für Wein, die 1884 durch eine vom Kaiserlichen Gesundheitsamt eingesetzte Kommission ausgearbeitet wurden und sich weitestgehend mit den entsprechenden Bestimmungen der Vereinbarungen deckten.[171]

Ein weiterer Beleg für die Bedeutung und weitreichende Anwendung der Vereinbarungen ist der Widerstand, den die Industrie ihnen entgegenbrachte. Sie beobachtete die Normierungen der Freien Vereinigung genau, druckte Be-

168 Vgl. *Hardy*, Arzt, S. 115f.

169 S.u.a. Schreiben A. Hilgers an das bayerische Innenministerium, Erlangen, 2. November 1885, in: BayHStA, MInn 62610.

170 Schreiben des bayerischen Innenministeriums an Hilger, München, 4. Dezember 1885, in: BayHStA, MInn 62610; Schreiben an die Regierungen und Vorstände der Untersuchungsanstalten für Nahrungs- und Genußmittel, München, 4. Dezember 1885, in: ebd.

171 *Kayser*, S. 151f.

richte über deren Versammlungen in ihren Fachzeitschriften ab und kommentierte jede Neuerung ausführlich. Häufig kam es auch zu wütenden Protesten und öffentlichen Stellungnahmen, weil die wissenschaftlichen Bestimmungen die Interessen der Wirtschaft angeblich zu wenig berücksichtigten.[172] Die Freie Vereinigung wies solche Angriffe als unbegründet zurück und betonte, dass die internen Referenten sich wiederholt mit Gewerbevertretern in Verbindung gesetzt hätten, um deren Ansichten kennenzulernen und in ihre Beratungen einzubeziehen.[173] Die Vereinbarungen entsprächen den ureigensten Interessen derjenigen Gewerbetreibenden, die von sich aus bestrebt seien, qualitativ hochstehende Waren zu liefern. – Auf diese Weise diskreditierte man jegliche Kritiker als potentielle oder bereits praktizierende Fälscher.

Tatsächlich zeigten die Vereinbarungen durchaus Kompromissbereitschaft, indem sie sich insbesondere bei wissenschaftsintern strittigen Fragen und wenig erforschten Problemen zurückhielten. Man betonte stets das Ziel des Ausgleichs zwischen den berechtigten Anliegen der Industrie und den Interessen der Verbraucher.[174] Insbesondere in späteren Jahren ging die Vereinigung auch auf Zuschriften von gewerblichen Verbänden ein, die Abänderungen bestimmter Vorschriften oder die Abfassung neuer Bestimmungen in Absprache mit ihnen forderten.[175] Offensiv suchte die Freie Vereinigung sich auch gegenüber der Industrie als ernst zu nehmender Gesprächspartner und nicht als Gruppe verklärter Sozialromantiker ohne jeglichen Realitätsbezug darzustellen. Man wusste genau, dass allzu strikten Regelungen von vornherein die Chance verwehrt blieb, sich in der gewünschten Weise auch außerhalb des eigenen Faches durchzusetzen – eine gewisse Konsensfähigkeit war die Voraussetzung für eine breite

172 Natürliches und künstliches Mineralwasser. Nachklänge zur Dresdener Versammlung, in: Zeitschrift für die gesamte Kohlensäure-Industrie 6 (1906), S. 672f.; Die dritte Jahresversammlung der freien Vereinigung deutscher Nahrungsmittelchemiker zu Stuttgart am 13. und 14. Mai 1904, in: DNR 2 (1904), S. 224–226; Über Dessertweine. Zu den Breslauer Beschlüssen des Vereins Deutscher Nahrungsmittel-Chemiker, in: DNR 11 (1913), S. 306.

173 König, Über die einer geregelten Lebensmittelkontrolle zurzeit noch entgegenstehenden Hindernisse, in: Bericht über die fünfte Jahres-Versammlung der Freien Vereinigung Deutscher Nahrungsmittelchemiker 1906, S. 4–9.

174 Raumer, Welche Anforderungen sind an die im Verkehr vorkommenden Fruchtsäfte und Limonaden zu stellen, in: Bericht über die dreizehnte Versammlung der Freien Vereinigung bayerischer Vertreter der angewandten Chemie 1894, S. 40–44.

175 So im Fall des Verbandes Deutscher Kaffee-Importeure und Kaffee-Röstereibesitzer HANSA, mit dem die Freie Vereinigung gemeinsame, dem Handel durchaus entgegenkommende Grundsätze zu Fragen der Kaffeeverarbeitung und des -handels erarbeitete, s. Die Methoden der Untersuchung und die Beurteilung der Kaffeesurrogate, in: Bericht über die dreizehnte Versammlung der Freien Vereinigung bayerischer Vertreter der angewandten Chemie 1894, S. 6–15; Bericht über die vierzehnte Versammlung der Freien Vereinigung bayerischer Vertreter der angewandten Chemie 1895, S. 3–9; Die Regelung des Verkehrs mit Kaffee und Kaffeesurrogaten, in: Bericht über die fünfzehnte Versammlung der Freien Vereinigung bayerischer Vertreter der angewandten Chemie 1896, S. 28–57.

Anerkennung. Hinzu kam, dass die Nahrungsmittelchemiker wie viele andere junge akademische Professionen wohl auch an einer sozialen Aufwertung interessiert waren und sich als Teil des Bildungsbürgertums verstanden wissen wollten. So können eher milde, gewerbefreundliche Haltungen darauf hindeuten, dass sie jeglichen Verdacht abwehren wollten, mit sozialdemokratischen Ideen zu sympathisieren, der bei einem Eintreten insbesondere für die Interessen der einfachen, weniger gut bemittelten Verbraucher nicht allzu fern lag.[176] Diese Annahme wird durch das Engagement von Nahrungsmittelchemikern auf dem Gebiet der Verbraucherbelehrung noch unterstrichen, ebenso wie durch die von einigen Fachvertretern geäußerte Auffassung, die Konsumenten provozierten Verfälschungen durch ihr Kaufverhalten.[177] Auch der Wechsel wichtiger Funktionsträger wie Robert Kayser von der Freien Vereinigung zum Bund Deutscher Nahrungsmittel-Fabrikanten, der, soweit erkennbar, keineswegs auf Kritik oder Unverständnis in Reihen der Fachkollegen stieß, bestätigt diese Eindrücke.

Das Bestreben, die Vereinbarungen ständig dem aktuellen Wissensstand und der Fortentwicklung der Produktionsverfahren anzupassen, hatte zur Folge, dass schon bald nach ihrer Erst-Publikation eine überarbeitete Neuauflage für dringend notwendig gehalten wurde.[178] Vereinzelte Resolutionen und ergänzende Beschlüsse[179] konnten den raschen Wandel der äußeren Gegebenheiten nicht adäquat auffangen. 1890 wurde mit den Vorarbeiten in den Referentengruppen begonnen, erste Entwürfe wurden erstellt.[180] Die endgültige Abfassung der neuen Standardisierungen zögerte sich jedoch hinaus, nicht zuletzt, weil die Idee aufkam, durch ein Zusammengehen mit Fachvertretern anderer Territorien nun reichsweit gültige Vereinbarungen zu schaffen.[181]

4.2 Die »Reichsvereinbarungen« (1897–1911)

Diese Idee wurde schnell konkreter: Auf Initiative des Vorsitzenden der Freien Vereinigung wurde für 1894 eine Versammlung von Nahrungsmittelchemikern aus dem gesamten Reichsgebiet in Eisenach anberaumt – mit dem Ziel, reichseinheitliche Standards für die Nahrungsmitteluntersuchung zu schaffen. Am Vorbild des Deutschen Arzneimittelbuches orientiert, das in einer ersten

176 Vgl. *Hardy*, Arzt, S. 121 f.

177 Dazu s. Kap. VI 1.

178 Bericht über die siebente Versammlung der Freien Vereinigung bayerischer Vertreter der angewandten Chemie 1888, S. 71 f.

179 S. z. B. zum Abschnitt Bier, Bericht über die zehnte Versammlung der Freien Vereinigung bayerischer Vertreter der angewandten Chemie 1891, S. 10–22.

180 Bericht über die elfte Versammlung der Freien Vereinigung bayerischer Vertreter der angewandten Chemie 1892, S. 74.

181 Schreiben Albert Hilgers an das Kaiserliche Gesundheitsamt, München, 17. Dezember 1893, in: BA, R 86/911.

Fassung vom Allgemeinen Deutschen Apotheker-Verein konzipiert und dann in ein offizielles Regelwerk überführt worden war,[182] wurden von Beginn an staatliche Stellen an den Planungen beteiligt: Das Kaiserliche Gesundheitsamt übernahm die Koordination der Verhandlungen und benannte zwölf anerkannte Wissenschaftler als Teilnehmer dieser ersten Zusammenkunft. Zehn weitere Delegierte entstammten der Freien Vereinigung.[183] Die Reichsleitung verfolgte die Beratungen von Anfang an sehr genau,[184] und auch einzelne Territorialregierungen entsandten staatlich angestellte Nahrungsmittelchemiker als Beobachter.[185]

Die versammelten Nahrungsmittelchemiker beschlossen, eine feste Kommission unter dem Vorsitz des Gesundheitsamtdirektors zu bilden, die jährlich zusammentreten sollte, um den Fortschritt der Ausarbeitung zu besprechen. Sie legten außerdem die zu behandelnden Gegenstände der geplanten Vereinbarungen fest, einigten sich bereits auf den Grundaufbau der einzelnen Kapitel und bestimmten nach dem bewährten Modell der Freien Vereinigung Spezialreferenten für die einzelnen Nahrungsmittelgruppen.[186] Basis der Verhandlungen war die bereits in einem ersten Entwurf vorliegende Neuauflage der Vereinbarungen der Freien Vereinigung, die der Eisenacher Versammlung das gesamte zugrunde liegende Material zur Verfügung stellte.[187] Der Entwurf der Freien Vereinigung wurde damit in die reichsweiten Festsetzungen überführt.[188] Auch wurden den Referenten für die einzelnen Kapitel Mitglieder der Freien Vereinigung zur Seite gestellt, die bereits an der Erstellung der bayerischen Vereinbarungen mitgewirkt hatten; die Freie Vereinigung erhielt mithin eine privilegierte Rolle innerhalb der Beratungen. Das Gesundheitsamt nutzte das Vertrauen, das sich die Freie Vereinigung mittlerweile erarbeitet hatte, zur Legitimierung der eigenen Entscheidungen.[189] Nach einer Korrektur durch die

182 *Collin*, S. 9 ff.; *Hickel*, v. a. S. 12 f.

183 Schreiben Albert Hilgers an das Kaiserliche Gesundheitsamt, München, 17. Dezember 1893, in: BA, R 86/911; Schreiben des Kaiserlichen Gesundheitsamtes an Hilger, Berlin, 24. Dezember 1893, in: ebd.

184 Schreiben des Reichskanzlers an das bayerische Außenministerium, Berlin, 13. August 1897, in: BayHStA MA 95798.

185 Schreiben des bayerischen Innenministeriums an die Untersuchungsanstalt für Nahrungs- und Genußmittel zu München, München, 23. Mai 1894, in: BayHStA, MA 95798; Schreiben des bayerischen Innenministeriums an die Regierung der Pfalz, München, 23. Mai 1894, in: ebd.

186 Dazu s. Protokoll über die Versammlung deutscher Sachverständiger der Nahrungsmittelchemie am 4. August 1894, in: BA, R 86/5391. Die Protokolle über die weiteren Sitzungen der Kommission finden sich in: ebd.

187 Protokoll über die Versammlung deutscher Sachverständiger der Nahrungsmittelchemie am 4. August 1894, in: BA, R 86/5391; Bericht über die dreizehnte Versammlung der Freien Vereinigung bayerischer Vertreter der angewandten Chemie 1894, S. 5.

188 Die verbandsinternen Beratungen liefen in den Folgejahren weiter, obwohl die reichsweiten Festsetzungen die Vereinbarungen substituierten.

189 Vgl. *Weisker*, S. 397 ff.

ständige Kommission überarbeitete ein geschäftsführender Ausschuss die Beschlüsse erneut.[190]

Diese endgültigen Ausarbeitungen zu den einzelnen Nahrungsmittelgruppen wurden parallel zu den bis 1901 laufenden Verhandlungen durch das Gesundheitsamt sukzessive veröffentlicht – bewusst wurde ihr Entwurfscharakter betont, um alle Fachkollegen zu Kritik zu ermuntern.[191] Insgesamt erschienen zwischen 1897 und 1902 drei Bände.[192] Die Überführung in eine endgültige Fassung ließ lange auf sich warten, da man sich bemühte, eingegangene Kritik und Anregungen zu berücksichtigen. Die Entwürfe wurden deshalb ab 1905 erneut beraten, und auch die Freie Vereinigung erstellte Vorlagen für die Neubearbeitung auf der Grundlage aktueller Forschungen.[193] Parallel dazu fanden experimentelle Nachprüfungen im Gesundheitsamt statt.[194] Die Festsetzungen wurden so nochmals einer vollständigen Revision unterzogen und die einzelnen Abschnitte zum Teil deutlich verändert.[195]

Der allgemeine Aufbau und die Darstellungsweise der Vereinbarungen wurden jedoch beibehalten, man war von der ursprünglichen Konzeption nach wie vor überzeugt: Die Entwürfe beschränkten sich weiterhin darauf, in kurzen und prägnanten Hinweisen lediglich Richtlinien im Methodendickicht zu schaffen, die den allgemeinen Konsens des Faches über die anzuwendenden Verfahren und die Interpretation der Untersuchungsergebnisse widerspiegelten.[196] Neu war, dass man nun systematisch die Standpunkte der Industrie berücksichtigte und damit auf deren wiederholte Forderungen, ihre Bedürfnisse nicht zu ignorieren, reagierte.[197] Bewusst wurden nun gewerbliche Standardisierungen in

190 Die Protokolle über die Sitzungen des geschäftsführenden Ausschusses finden sich ebenfalls in BA, R 86/5391. In den verschiedenen Gremien und Diskussionsstadien kam es mehrfach durchaus noch zu grundlegenden Änderungen.

191 Z.B. Protokoll über die Plenar-Versammlung der Kommission zur Vereinbarung einheitlicher Verfahren für die Untersuchung von Nahrungsmitteln u.s.w. in Coburg vom 3. und 4. Oktober 1896, in: BA, R 86/5391.

192 Vereinbarungen zur einheitlichen Untersuchung und Beurtheilung von Nahrungs- und Genußmitteln.

193 Dazu s. z.B. Schreiben der Freien Vereinigung Deutscher Nahrungsmittelchemiker an das Kaiserliche Gesundheitsamt, München, 27. Juli 1904, in: BA, R 86/2057; Bericht über die vierte Jahres-Versammlung der Freien Vereinigung Deutscher Nahrungsmittelchemiker 1905, S. 16–37, 51–80.

194 Schreiben des Kaiserlichen Gesundheitsamtes an die Freie Vereinigung Deutscher Nahrungsmittelchemiker, Berlin, 22. August 1904, in: BA, R 86/2057.

195 S. z.B. die Beratungen über die Abschnitte »Speisefette« und »Gewürze«, in: Bericht über die vierte Jahres-Versammlung der Freien Vereinigung Deutscher Nahrungsmittelchemiker 1905, S. 16–37, 51–80, sowie in: Bericht über die fünfte Jahres-Versammlung der Freien Vereinigung Deutscher Nahrungsmittelchemiker 1906, S. 10–26.

196 Bericht über die elfte Versammlung der Freien Vereinigung bayerischer Vertreter der angewandten Chemie 1892, S. 74.

197 Zur Kritik an einzelnen Bestimmungen und der Forderung nach einer stärkeren Beteiligung von Gewerbevertretern z.B.: Eingabe des Verbandes Deutscher Teigwaren-Fabrikanten e.V. an den Reichskanzler, Frankfurt a.M., 22. November 1903, in: GStAPK, I. HA,

die Diskussionen um einzelne Nahrungsmittel einbezogen. So setzten sich die Wissenschaftler bei der Neubearbeitung des Abschnittes »Schokolade« auf der Basis der Bestimmungen des Verbandes deutscher Schokoladefabrikanten[198] kritisch mit den eigenen Richtlinien auseinander und glichen diese in Teilen sogar an.[199] Auch schriftliche Stellungnahmen einzelner Branchenverbände zu den bisherigen wissenschaftlichen Richtlinien waren Gegenstand ausgiebiger Beratungen.[200]

Doch nicht nur das, die Kommissionen traten auch in direkten Kontakt mit Vertretern des Nahrungsmittelgewerbes und suchten möglichst einen Konsens über die Beurteilungsmaximen zu erlangen. So berieten Mitglieder der Freien Vereinigung zwischen 1907 und 1909 in Frankfurt gemeinsam mit verschiedenen Branchenverbänden über die Festsetzungen zu Marmeladen, Fruchtsäften und anderen Obstkonserven.[201] Da die Bestimmungen dem vom Bund Deutscher Nahrungsmittel-Fabrikanten herausgegebenen Nahrungsmittelbuch[202] konträr gegenüberstanden und es wiederholt zu gegenseitigen Vorwürfen der mangelnden Kompetenz gekommen war,[203] lag es im Interesse beider Seiten, zumindest in einigen Punkten eine gemeinsame Linie zu finden, um in Zukunft langwierige Prozesse zu vermeiden. Nach einigem Hin und Her wurden 18 Leitsätze aufgestellt, die 1910 veröffentlicht wurden und in umfassender Weise Mindest- und Höchstbestandteile der Produkte festlegten und klare Deklarationsvor-

Rep. 84 A, Nr. 2440; Bericht des Deutschen Handelstages über die Sitzung der Sonderkommission betr. Verkehr mit Nahrungs- und Genußmitteln, Berlin, 9. März 1904, S. 5, in: BA, R 86/5411; Eingaben verschiedener Handelskammern aus den Jahren 1904 und 1905, in: BA, R 86/5398.

198 Zu diesen ausführlich Kap. V 2.1.

199 Als z.B. festgestellt wurde, dass selbst die Kakaopulver angesehener deutscher Schokoladenfabriken mehr Kaliumkarbonat aufwiesen, als in den Vereinbarungen vorgesehen war, korrigierte man diese entsprechend, s. Bericht über die fünfte Jahres-Versammlung der Freien Vereinigung Deutscher Nahrungsmittelchemiker 1906, S. 63–87.

200 So eine Stellungnahme des Fleischerverbandes, in: Bericht über die achte Hauptversammlung der Freien Vereinigung Deutscher Nahrungsmittelchemiker 1909, S. 36–54.

201 Zum Folgenden: Bericht über die gemeinschaftliche Beratung von Mitgliedern der Freien Vereinigung Deutscher Nahrungsmittelchemiker mit Vertretern der Industrie von Obsterzeugnissen am 15. September 1908 in Frankfurt a.M., Druckschrift, in: BA, R 86/4482; Bericht über die siebente Hauptversammlung der Freien Vereinigung Deutscher Nahrungsmittelchemiker 1908, S. 77–92; Bericht über die achte Hauptversammlung der Freien Vereinigung Deutscher Nahrungsmittelchemiker 1909, S. 54–92; Die Nahrungsmittelgesetzgebung und die Forderung der Deklaration, in: Konserven-Zeitung 12 (1911), S. 161f.; Die Heidelberger Beschlüsse, in: ebd., S. 346.

202 Zum Nahrungsmittelbuch s. Kap. V 3.

203 Der Begriff Marmelade, in: Zeitschrift für öffentliche Chemie 13 (1907), S. 274f.; Fresenius/Mayrhofer, Der Stärkesyrup bei Zubereitung von Nahrungs- und Genußmitteln, in: ZUNG 2 (1899), S. 43; Juckenack/Prause, Untersuchung und Beurteilung der Marmeladen, Fruchtmuse, Gelees und ähnlicher Erzeugnisse der Obstverwertungsindustrie, in: ZUNG 8 (1904), S. 26–34.

schriften aufstellten.[204] Man einigte sich auf eine Reihe von Kompromissen, teilweise kam es zu regelrechten Tauschhandeln.[205]

Weniger konstruktiv war die Zusammenarbeit mit Verbänden des Fleischergewerbes: Der Deutsche Fleischerverband betonte zwar, dass ihm sehr viel daran gelegen sei, dass die Gutachten gewerblicher und wissenschaftlicher Sachverständiger in Zukunft nicht mehr kollidierten. Jedoch waren die Standpunkte zum Zusatz von Mehl und anderen Bindemitteln zur Wurst sowie dessen Deklarierung weitgehend unversöhnlich: Der Deutsche Fleischerverband signalisierte zwar Zustimmung zu der von der Freien Vereinigung in den Entwürfen zu den reichsweiten Vereinbarungen festgelegten limitierenden Grenze von 2 %. Doch sollte die Verwendung von Mehl dort, wo sie den örtlichen Handelsbräuchen entsprach, in jeder Menge zulässig sein.[206] Bestimmte Fleischarten erforderten einen Mehlzusatz, da sie sich sonst nicht zu einer verarbeitungsfähigen Masse verbinden ließen, so der Fleischerverband, der zudem, wie so oft, mit dem Interesse der Verbraucher an einem möglichst billigen Volksnahrungsmittel argumentierte. Es kam zu langen Auseinandersetzungen, in denen die Freie Vereinigung mehrheitlich die Ansicht vertrat, dass die Verwendung von Mehl zumeist in der betrügerischen Absicht erfolge, ein höheres Gewicht zu erzeugen. Sie verwies darauf, dass auch in Gewerbekreisen unterschiedliche Ansichten über diese Frage bestünden, und lehnte deshalb die Vorschläge des Fleischerverbandes ab.[207]

Trotz solch unnachgiebiger Haltungen in einzelnen Punkten, die zum großen Teil wohl aber auch durch die uneinheitlichen Auffassungen in der Industrie selbst bedingt waren, signalisierten die Freie Vereinigung und die reichsweite Kommission in der Regel Kompromissbereitschaft. Sie betonten, dass die Vereinbarungen vor allem Normen für die Untersuchung und Beurteilung von Nahrungsmitteln bereitstellen und damit eine Grundlage für die prak-

204 Protokoll und Beschlußfassung der abschließenden Verhandlungen von 1909, in: ZUNG 18 (1909), S. 54–77.

205 So erklärten sich die Vertreter der Fruchtsaftindustrie bereit, Obsterzeugnisse mit mehr als 25 % Stärkesirup zu deklarieren, wenn die Chemiker im Gegenzug eine einheitliche Untersuchungsmethode und eine Toleranzgrenze akzeptierten. Gerade der letztgenannte Punkt war lange umstritten – schließlich wurde eine Fehlertoleranz von 1/10 des konstatierten Wertes festgelegt. Die Industriellen ließen sich zudem auf verschiedene weitere Zugeständnisse ein, so eine Deklarierungspflicht für alle wertlosen Zusätze. Aber auch die Freie Vereinigung zeigte Entgegenkommen: Sie präzisierte einzelne Formulierungen und ließ Ausnahmeregelungen zu, s. Beythien, Über die Kennzeichnung von Marmeladen, Fruchtsäften und anderen Obstkonserven, in: ZUNG 16 (1908), S. 77–90.

206 Vgl. dazu Vorschläge des Deutschen Fleischerverbandes zur Abänderung des Abschnittes »Wurstwaren« der Vereinbarungen, in: BA, R 86/4482.

207 Vorschläge des Ausschusses zur Abänderung des Abschnittes »Wurstwaren« der Vereinbarungen (Heft I, S. 38–43), in: Bericht über die achte Hauptversammlung der Freien Vereinigung Deutscher Nahrungsmittelchemiker 1909, S. 36–54; Schlußberatung des Abschnittes Wurstwaren der Vereinbarungen, in: Bericht über die zehnte Hauptversammlung der Freien Vereinigung Deutscher Nahrungsmittelchemiker 1911, S. 66–71.

tische Nahrungsmittelkontrolle bilden wollten, nicht jedoch ein »Rezeptbuch, nach dem sie nun jeden Fall einregistrieren« könnten.[208] Die Frage, welche Verfälschungen zu beanstanden seien, werde von den Vereinbarungen gar nicht berührt – dies sei eine reine Rechtsfrage. Man habe es stets vermieden, positive Vorschriften zu erlassen, um nicht in das Gebiet der Rechtsprechung einzugreifen, gab die Vereinigung sich bescheiden. Mit diesem demonstrativen Rückzug auf das Gebiet der wissenschaftlichen Normsetzung wollte sie offenbar die Gewerbevertreter beruhigen und den Weg für ein Zusammengehen ebnen.[209]

Dennoch fühlte die Industrie sich vielfach nicht genügend einbezogen, sah die Vereinbarungen nicht als gemeinsam ausgehandelte Standards, sondern nach wie vor als Festsetzungen der Wissenschaft an, die deren Allmacht in den Gerichtssälen noch verstärkten.[210] Dementsprechend wehrten die Gewerbeverbände sich vehement dagegen, den Vereinbarungen in unveränderter Form Rechtskraft zu verleihen.[211] Die enge Verflechtung der Freien Vereinigung mit staatlichen Stellen, ihre allgemeine Anerkennung als zentrale Autorität auf dem Gebiet der Nahrungsmittelkontrolle beäugte man mit Skepsis. Es werde vielfach vergessen, dass die Freie Vereinigung ein rein privater Zusammenschluss sei, der sich den Rang und die Wirkung einer Behörde anmaße, obwohl er nur »Erlasse voll Widersprüche« herausgebe, die »mehr Schaden als Nutzen« stifteten, so der Verband der Nahrungsmittel-Interessenten in einer Eingabe an das Reichsamt des Innern 1910. Keinesfalls könnten Handel und Industrie derartige Privat-Vereinbarungen als verbindlich ansehen.[212]

Aller Kritik zum Trotz erlangten diese neuen Vereinbarungen – mehr noch als die ihnen zugrunde liegenden Festsetzungen der Freien Vereinigung – eine über das Fach hinausgehende Geltung und mauserten sich noch im Entwurfsstadium zu wichtigen Grundlagen der Nahrungsmittelbeurteilung und entscheidenden Orientierungshilfen der Rechtsprechung. Parallel zu ihrer weiteren Beratung und Überarbeitung wurden die Reichsvereinbarungen bereits täglich praktisch angewandt – und als selbständige Version der eigentlich noch ausstehenden endgültigen reichsweiten Vereinbarungen angesehen.[213] Sachverständige und Behörden beriefen sich regelmäßig auf sie, wenn der Gesetzgeber schwieg.[214] Ihre hohe Akzeptanz resultierte nicht nur daraus, dass sich erneut

208 Bericht über die siebente Hauptversammlung der Freien Vereinigung Deutscher Nahrungsmittelchemiker 1908, S. 80.

209 Ebd., S. 77–92.

210 Vgl. Bericht des Deutschen Handelstages über die Sitzung der Sonderkommission betr. Verkehr mit Nahrungs- und Genußmitteln, Berlin, 9. März 1904, S. 5, in: BA, R 86/5411.

211 Zur Nahrungsmittelkontrolle, in: DNR 8 (1910), S. 65–68.

212 Zentralstelle zur Begutachtung von Nahrungs- und Genußmitteln, in: ebd., S. 164–166.

213 Als Bezeichnung bürgerte sich dementsprechend der Kurztitel »Vereinbarungen« ein, wie er bereits für die bayerischen Standardisierungen verwendet worden war.

214 S. z. B. dazu Entwürfe zu Festsetzungen, Heft 1, S. III.

andere Verbände der Nahrungsmittelchemie hinter sie stellten,[215] sondern war vor allem durch den Umstand begründet, dass ihre Abfassung nun unter der Regie des Kaiserlichen Gesundheitsamtes stattfand. Die Freie Vereinigung übernahm zwar weiterhin eine zentrale Rolle und wurde in dieser auch von den Behörden voll und ganz akzeptiert.[216] Doch alle organisatorischen und letztlich auch die inhaltlichen Entscheidungen lagen beim Gesundheitsamt, das seinerseits die Vorarbeiten der Freien Vereinigung als zwar begrüßenswerte und weit fortgeschrittene Vorlagen, jedoch nicht als endgültige Entscheidungen ansah.[217] Das Gesundheitsamt trat zudem als verantwortlicher Herausgeber der Entwürfe und ihrer Überarbeitungen auf, während die Freie Vereinigung im Titel nicht mehr genannt wurde. Es verlieh den privaten Normsetzungen der Wissenschaftler somit einen offiziellen Stempel und rückte sie in die Nähe der auf dem Verordnungsweg erlassenen Ausführungsbestimmungen zu den Nahrungsmittelgesetzen – eine amtliche Anerkennung oder gesetzliche Verankerung erfuhren sie indes vorerst nicht.

Diese Tatsache blieb mithin ein Makel der Vereinbarungen, der immer dann von Bedeutung war, wenn es zum Streit über einzelne Bestimmungen kam. Die offizielle Haltung drückt sich wohl am besten in einer Stellungnahme des Kaiserlichen Gesundheitsamtes von 1906 aus: Es verneinte klar eine rechtliche Bindung durch die Vereinbarungen; jedoch seien sie, so das Amt, als die zur Zeit empfehlenswerten Untersuchungs- und Beurteilungsmaßstäbe anzusehen.[218] Genau diese unklare Stellung der Vereinbarungen warfen die Nahrungsmittelproduzenten in die Waagschale, wenn ein auf ihrer Grundlage geführtes Verfahren zu Ungunsten eines Unternehmens auszugehen drohte. Stellten die wissenschaftlichen Normierungen zwar in der Regel willkommene Stützen für die Urteilsfindung dar, so entschieden die Gerichte doch gerade in Fällen, wo

215 Z. B. Bericht über die Thätigkeit der Vereinigung öffentlicher analytischer Chemiker Sachsens im Vereinsjahre November 95 bis November 96, in: Zeitschrift für öffentliche Chemie 3 (1897), S. 24–26.

216 Z. B. Aussagen von Abgeordneten der gastgebenden Regierungen: Bericht über die dritte Jahres-Versammlung der Freien Vereinigung Deutscher Nahrungsmittelchemiker 1904, S. 3; Bericht über die sechste Jahres-Versammlung der Freien Vereinigung Deutscher Nahrungsmittelchemiker 1907, S. 3; Bericht über die zehnte Hauptversammlung der Freien Vereinigung Deutscher Nahrungsmittelchemiker 1911, S. 6. Ein Vertreter der Stadt Würzburg verstieg sich 1912 bei der Jahresversammlung der Freien Versammlung sogar zu folgender Aussage: »Wenn man vielleicht sagen wollte, Sie wären unsere Gehilfen beim Vollzug der Nahrungsmittelpolizei, so glaube ich, wäre die Sache auf den Kopf gestellt. Sie, meine Herren, leisten die Hauptsache, und wir tun nichts weiter, als dass wir Ihnen unsere polizeiliche Hand leihen«, s. Bericht über die elfte Hauptversammlung des Vereins Deutscher Nahrungsmittelchemiker 1912, S. 6.

217 Bericht des Vertreters des Kaiserlichen Gesundheitsamtes über die 9. Hauptversammlung der Freien Vereinigung Deutscher Nahrungsmittelchemiker am 17. und 18. Juni 1910, in: BA, R 86/4482.

218 Schreiben des Kaiserlichen Gesundheitsamtes an den Volkswirtschaftlichen Verein für Obst- und Gemüse-Verwertung, Berlin, 12. September 1906, in: BA, R 86/2057.

die Angeklagten mit überzeugenden Gegengutachten die Festsetzungen auszuhebeln suchten, nicht selten auch gegen die Empfehlungen der Wissenschaftler.[219]

Hinzu kam der provisorische Charakter der Vereinbarungen: 1902 erschien der letzte Teil der Entwürfe; erst neun Jahre später wurden sie durch eine neue Version ersetzt: Die Ergebnisse der Verhandlungen und experimentellen Überprüfungen wurden ab 1911 veröffentlicht,[220] doch verdeutlichte schon ihr Titel »Experimentelle und kritische Beiträge zur Neubearbeitung der Vereinbarungen«, dass es sich auch hier noch um ein »work in progress« handelte. Ursächlich für dieses neue Provisorium waren zwischenzeitliche Pläne, nun doch amtliche Richtlinien für die Nahrungsmittelkontrolle zu verabschieden – wohl auch, weil das Problem der unklaren Position der Vereinbarungen erkannt wurde.[221] Doch dieses Vorhaben erforderte umfassendere Vorbereitungen, die dem zwischenzeitlich gegründeten Reichsgesundheitsrat übertragen werden sollten, was sich deutlich länger hinauszögerte als geplant. Ungeduldige Anfragen der Freien Vereinigung belegen schon für 1905 solche Überlegungen, doch noch 1908 antwortete das Gesundheitsamt ausweichend; der entsprechende Ausschuss des Reichsgesundheitsrates war noch immer nicht einberufen.[222] Erst mit der Veröffentlichung des ersten Bandes der Experimentellen Beiträge wurde die neue Phase der Beratungen über reichseinheitliche Vereinbarungen eingeleitet – diesmal mit der festen Absicht, ihnen Rechtskraft zu verleihen. Beide Vorhaben liefen gewissermaßen parallel, der zweite und dritte Band der Experimentellen Beiträge erschienen erst 1914 und 1923; sie wurden als Grundlage der weiteren Beratungen für rechtsverbindliche Richtlinien nach dem Krieg genutzt. Da hier nun die Initiative und gewissermaßen die »Aktionshoheit« auf Seiten des Staates lag, sollen diese Aushandlungsprozesse jedoch in einem eigenen Kapitel behandelt werden.[223] Schon an dieser Stelle wird aber deutlich, dass die privaten Vereinbarungen der Freien Vereinigung schrittweise in den Hoheitsbereich des Staates überführt wurden. Von einer rein verbandsinternen Verwendung über eine faktische Anerkennung durch staatliche Organe gerieten sie allmählich in den Status von Vorarbeiten zu genuin staatlich gesetzten Normierungen.

219 *Dennstedt*, S. 407.

220 Experimentelle und kritische Beiträge.

221 Dazu s. z. B. Entwurf des Reichsgesundheitamtes für einen Arbeitsplan nebst Zeiteinteilung für die Neubearbeitung der Vereinbarungen, 21. März 1905, in: BA, R 86/5398.

222 Schreiben der Freien Vereinigung Deutscher Nahrungsmittelchemiker an das Kaiserliche Gesundheitsamt, München, 1. Mai 1905, in: ebd.; Eingabe der Freien Vereinigung Deutscher Nahrungsmittelchemiker an das Reichsgesundheitsamt, 3. Juli 1908, in: ebd.; Antwort des Reichsgesundheitsamtes, Berlin, 29. Juli 1908, in: ebd.

223 Kap. VII.

5. Fazit

Hatten die Nahrungsmittelchemiker im Deutschen Kaiserreich tatsächlich ein so mitleiderregendes Schicksal, wie es die zu Beginn des Kapitels wiedergegebene »himmlische Anekdote« weismachen will? Die sich gerade erst etablierende Disziplin der Nahrungsmittelchemie musste zunächst um Anerkennung kämpfen und ihre Unentbehrlichkeit unter Beweis stellen. Diesem Bestreben entsprang neben der Agitation für eine Reglementierung der Ausbildung und die Monopolisierung des Tätigkeitsfelds vor allem die Gründung mehrerer Fachverbände, die entsprechend der inneren Differenzierung des Faches mit unterschiedlicher Schwerpunktsetzung Standespolitik betrieben. Indem sie gleichermaßen Wissenschaftler und Praktiker vereinigten, leisteten sie der Verzahnung von wissenschaftlicher und nichtwissenschaftlicher Praxis Vorschub.

Gleichzeitig spielten die Fachverbände eine wesentliche Rolle in der Sammlung, Ordnung und Vereinheitlichung des für die Ausführung der Nahrungsmittelkontrolle notwendigen Wissens: An einem Punkt angelangt, an dem für den einzelnen Nahrungsmittelchemiker das akkumulierte Wissen der Profession unübersichtlich wurde, leisteten sie einen Beitrag zur Reduktion der Komplexität. Indem sie den Aufbau wissenschaftlicher Netzwerke für den persönlichen Ideenaustausch vorantrieben, mit ihren Publikationsorganen ein Forum für Diskussionen über Forschungs- und Anwendungsprobleme boten und gezielte Weiterbildungsmaßnahmen etablierten, institutionalisierten sie die Wissensdiffusion, stellten sie auf eine permanente Basis und wirkten steuernd auf sie ein.[224] Dadurch schufen sie wie viele andere wissenschaftlich-technische Vereinigungen dieser Zeit einen gemeinsamen Wissens- und Erfahrungsbestand innerhalb der Disziplin, was letztlich auch eine Angleichung der Methoden in der Untersuchungspraxis bewirkte.[225]

Ähnliche Zielsetzungen hatten auch die immer zahlreicher erscheinenden, durch Neuauflagen ständig aktualisierten Fachpublikationen, unter denen praxisorientierte Handbücher, die schnell abrufbare Informationen für die alltägliche Arbeit boten, einen gewichtigen Anteil ausmachten. Ganz bewusst blendeten diese wissenschaftliche Diskussionen aus und trafen in der Empfehlung der anzuwendenden Methodik pragmatische Selektionen – auch dies ein wesentlicher Schritt in der Vereinheitlichung der wissenschaftlichen Grundlagen der Nahrungsmittelbeurteilung. Parallel zur »Vernormungs«-Tendenz auf anderen wissenschaftlich-technischen Feldern erhielt der Begriff der »Normalbeschaffenheit« der Nahrungsmittel zentrale Bedeutung, Nahrungsmittel wurden zu standardisierten Objekten, die stets mit den gleichen Instrumentarien zu beurteilen waren. Auf diese Weise schufen die Nahrungsmittelchemiker

224 Vgl. dazu *Gizycki*, S. 95 f., 130 f.
225 Vgl. *Lundgreen*, S. 10, 13 ff.

zumindest scheinbar objektivierte Qualitätsinformationen und machten sie zu öffentlichen Gütern.[226]

Blieb die Vereinheitlichung der Methoden und Beurteilungskriterien durch Fachpublikationen nicht zuletzt wegen ihrer ständig anwachsenden Fülle eher zufällig, zielte ein anderes Instrument auf eine ausdrückliche Einigung über gemeinsame Standards ab: Mehrere Fachverbände verabschiedeten einheitliche Normen für die Nahrungsmitteluntersuchung – ähnlich den Normierungen der Society of Public Analysts in England, die rund zehn Jahre älter waren.[227] Führend war die Freie Vereinigung Deutscher Nahrungsmittelchemiker, die mit ihren sogenannten »Vereinbarungen betreffs der Untersuchung und Beurteilung von Nahrungsmitteln« auf der Basis interner Diskussionen und demokratischer Abstimmungen Empfehlungen für die anzuwendenden Methoden und die Interpretation der Analyseergebnisse aufstellte. Mit diesen destillierte sie aus der Vielfalt der Lehren und Meinungen einen gemeinsamen Konsens, um in Zukunft Differenzen zwischen den Untersuchungsergebnissen zu vermeiden und nicht zuletzt die Fachkollegen auch in Auseinandersetzungen mit der Industrie zu stützten. Die gesetzten Normen wurden jedoch nicht als feststehend und unverrückbar betrachtet, sondern markierten lediglich den Beginn eines fortdauernden Aushandlungsprozesses. Genau in dieser Anpassungsfähigkeit bestand auch der Vorteil gegenüber allen Regelungen auf dem Gesetz- oder Verordnungswege – ein Vorzug, der zwar aus der Not der mangelnden gesetzlichen Definitionen und Abgrenzungen geboren worden war, der aber offenbar zunehmend geschätzt und bewusst gewählt wurde.

Es gelang der Freien Vereinigung rasch, die Methodennormierung zu monopolisieren, in kürzester Zeit wurden ihre Standards von den Fachkollegen im gesamten Deutschen Reich anerkannt. Auf diese Weise entwickelten sich ihre Festsetzungen zu immer selbstverständlicheren Grundlagen der täglichen Überwachungspraxis, sie standardisierten die wissenschaftliche Basis der Nahrungsmittelkontrolle und drangen so gewissermaßen in die staatliche Nahrungsmittelregulierung ein. Sie füllten de facto die Begrifflichkeiten des Nahrungsmittelgesetzes aus und wurden – wie Schmidt-Preuß ähnliche Konstruktionen der Gegenwart benennt – zu »selbstregulativen Auslegungsofferten«,[228] indem sie eine Orientierungs- und Stabilisierungsfunktion für die Fachkollegen, die Wirtschaft und Konsumenten ebenso wie für die Behörden und Gerichte einnahmen. Jedoch entfalteten sie keine rechtlich bindende Wirkung, der Staat behielt sich die Entscheidung, ob er sich die Annahmen der privaten Normsetzung zu Eigen machte oder nicht, vor.

Die hohe Akzeptanz von Seiten der Gesundheitsverwaltung und der Regierungen zeigte sich insbesondere an der Neuauflage der Vereinbarungen durch das Kaiserliche Gesundheitsamt, die in enger Zusammenarbeit mit der Freien

226 Vgl. *Sinn*, S. 288.
227 *Oddy*.
228 Vgl. *Schmidt-Preuß*, S. 256.

Vereinigung erfolgte. Die Vereinbarungen wurden gewissermaßen in einen amtlichen Rahmen überführt und erhielten dadurch ein noch deutlich stärkeres Gewicht in der Überwachungspraxis. Eine faktische Verschränkung privater und staatlicher Standardisierung fand statt. »Die [...] Vereinbarungen [...] haben eine kleine Ähnlichkeit mit Gesetzen«,[229] klagte so auch die Industrie, die den Festsetzungen trotz ihrer verstärkten Beteiligung an der Abfassung eher skeptisch gegenüberstand. Anders als auf anderen technik- und wissenschaftsnahen Regelungsgebieten[230] kam es allerdings nicht zu einer vollständigen Gewaltenteilung zwischen Staat und organisiertem Sachverstand. Vielmehr füllten die Nahrungsmittelchemiker nur den rechtlichen Rahmen und übten die Nahrungsmittelüberwachung stets im Staatsauftrag aus.

Die Freie Vereinigung forcierte den Prozess der »Verstaatlichung« ihrer Normierungen. Zwischen staatlichen und wissenschaftlich-technischen Regelungsstrukturen kam es auf dem Gebiet der Nahrungsmittelregulierung nicht zu dem »Kulturkampf«, den Vec in der technischen Normung beobachtet.[231] Anders als die Ingenieure, die ihre selbstgesetzten Standards als Gesetzessubstitute ansahen, lehnten die Nahrungsmittelchemiker staatliche Regelungen keineswegs ab. Vielmehr forderten sie eine engere Zusammenarbeit zwischen Wissenschaft und Staat. Sie strebten nicht wie die Techniker eine Regelungsautonomie an, sondern verlangten eine Integration ihrer Standards in die Gesetzgebung. Ihr Engagement entsprang weniger dem Wunsch, Regelungsbereiche zu markieren, als dem Versuch, die täglich offenbar werdenden Lücken der Gesetzgebung auszufüllen. Es fügt sich damit in die innerhalb der Gesundheitspflege seit Beginn des Jahrhunderts andauernden Bestrebungen wissenschaftlich-bürgerlicher Kreise ein, die Untätigkeit des Staates auszugleichen. Die enge Bindung der Nahrungsmittelchemiker an den Staat, die sich auch darin niederschlug, dass die meisten der agierenden Fachvertreter staatliche oder kommunale Angestellte waren, war ebenfalls ein Grund dafür, dass sie keine autonomen Regelungsgebiete für sich proklamierten.

Dennoch waren die Notwendigkeit, die eigene berufliche Position zu sichern, und das Ziel, eine autoritative Stellung in der Nahrungsmittelkontrolle aufzubauen, ständig mitklingende Motive. Diesem Zweck diente auch die Selbstdarstellung als unermüdlich im Dienst der Allgemeinheit arbeitende Experten, deren Stellenwert für die Volksgesundheit und Wehrhaftigkeit der Nation unermesslich war. Die Nahrungsmittelchemiker verstanden sich als »Vertreter« der Konsumenten, nur sie konnten objektiv und unbefangen deren Interessen gegenüber Staat und Industrie vertreten. Sie zeichneten ein Bild von sich, das sie als »Vertrauenswächter«[232] beschrieb, die Informationsasymmetrien auf dem Nahrungsmittelmarkt überbrückten, indem sie Informationen über die Nah-

229 Selbsthilfe oder Polizei, in: DNR 10 (1912), S. 65–67 (Zitat 66).
230 *Lundgreen*, S. 14f.; *Marburger*, S. 151–154, 183–194; *Vom Feld*.
231 *Vec*, Recht, S. 363.
232 *Fiedler*; *Tietzel/Weber*.

rungsmittelbeschaffenheit zu einem öffentlichen Gut machten und den schwächeren Marktteilnehmern, den Konsumenten, ihr Know-how zur Verfügung stellten.

Die eingangs zitierten resignativen Einschätzungen des öffentlichen Ansehens der Nahrungsmittelchemie bestätigen eigentlich nur, dass ihre Vertreter tatsächlich die selbst gewählte Rolle ausfüllten. Einer der Autoren brachte es selbst – allerdings eher ironisch – auf den Punkt: Das breite Publikum würdige die Arbeit der Nahrungsmittelchemie nicht, jedoch sei das Vertrauen, das die Konsumenten in die Nahrungsmittelkontrolle setzten, indirekt an der immer wieder zu beobachtenden ungeheuren Überraschung über die seltenen Nahrungsmittelskandale erkennbar.[233] Die Nahrungsmittelchemiker waren in dieser Lesart die Garanten einer sorgenfreien, geregelten Nahrungsmittelversorgung, deren uneigennütziges Wirken im Verborgenen stattfand. Zumindest in der eigenen Wahrnehmung gelang es ihnen, das präreflexive Vertrauen in die Nahrungsmittelqualität wiederherzustellen. Indem sie mit ihrem wissenschaftlichen Sachverstand die Nahrungsmittelkontrolle stützten, überführten sie die Unsicherheiten bezüglich der Nahrungsmittelqualität in kalkulierbare Risiken, der Staat und die Verbraucher delegierten gewissermaßen die Risikoevaluation an die Nahrungsmittelchemiker als Experten mit einem Spezialisierungsvorteil.[234] Die Präsenz des die Nahrungsmittelüberwachung stützenden Expertensystems vermittelte offenbar der Öffentlichkeit ein Gefühl von Sicherheit und stellte eine »Alles-läuft-normal-Haltung« her.[235] In der Empörung über einzelne Skandale zeigte sich die allmählich selbstverständlich werdende Verkopplung der Alltagshandlungen mit dem Expertensystem, die auf dessen Funktionsfähigkeit verwies.[236] Durch ihre spezifischen Kenntnisse und Fähigkeiten, die durch staatliche Zertifikate äußerlich erkennbar wurden, traten die Nahrungsmittelchemiker als vertrauenssichernde Instanzen neben die staatliche Nahrungsmittelkontrolle bzw. waren deren integraler Bestandteil und ergänzten damit vorindustrielle Mechanismen der Vertrauensgenese.[237]

233 Beythien, Die Nahrungsmittelchemie in ihrer Bedeutung für die Volksgesundheit und Volkswohlfahrt, in: Bericht über die zehnte Hauptversammlung der Freien Vereinigung Deutscher Nahrungsmittelchemiker 1911, S. 8–24.

234 Vgl. *Berghoff*, Zähmung, S. 157.

235 Vgl. *Giddens*, S. 107 ff., 144 (Zitat 109).

236 Ebd., S. 142.

237 Ebd., S. 107.

V. Zwischen Selbstverteidigung und Vertrauensbildung: Regulierungsstrategien der Nahrungsmittelwirtschaft

Die »Deutsche Lebensmittel-Zeitung« gab der zu Anfang des vorigen Kapitels wiedergegebenen Geschichte vom Nahrungsmittelchemiker im Himmel 1911 eine überraschende Wendung:

»Als Petrus und seine Engel und der Nahrungsmittelchemiker keine Träne mehr fanden und ihre vom Weinen geröteten Augen erhoben, sahen sie einen abgehärmten Menschengeist auf sich zuschwanken, aus dessen irren Blicken die Verzweiflung zu sprechen schien. Mild, wie Petrus nun einmal ist, frug er auch diesen, offenbar großes Leid tragenden ehemaligen Menschen nach dem, was ihn bedrückte. ›Ich war, erwiderte der Schemen mit gebrochener Stimme, auf Erden in Deutschland Detaillist der Nahrungsmittelbranche und werde nun selbst hier im Himmel das Gespenst der Polizeistrafenfurcht, das mir bereits mein irdisches Leben verkürzte, nicht los. Stets verfolgten mich noch immer die Fragen ›Waren deine Teigwaren richtig deklariert? [...] War die Macisblüte echt? [...] hatte der Essig mindestens 3 ½ % Säure? [...] Hatten die Marmeladen auch nicht zu viel Stärkesirup [...], der Himbeersaft etwa Nachpresse, die gedörrten Aprikosen auch nicht zu viel schwefliger Säure? [...] War dein Einwickelpapier zur Margarine nach gesetzlicher Vorschrift – deine Butter nicht etwa zu wasserhaltig? [...] Konnten deine Gewichte vor dem Auge des Eichmeisters stets Gnade finden oder hatte nicht vielmehr ein Messinggefäß durch das Putzen etwas eingebüßt? War –‹ Mit dem Entsetzensschrei ›Halt ein‹ hemmte Petrus gesträubten Haares den Redestrom des Unglücklichen [...]. Mit tiefsten Trostesworten [...] reichte ihm der geknickte Nahrungsmittelchemiker seine Rechte und bat ihm brünstig ab, was er jemals im Leben unbewußt an ihm gesündigt hatte. Die Englein [...] nahmen den bedauernswerten Detaillistengeist der Nahrungs- und Genußmittelbranche auf ihre Flügel, trugen ihn an den stillsten Ort des Himmels und sangen ihm ihr schönstes Wiegenlied, auf dass er im traumlosen Schlaf das fürchterliche Gespenst der Polizeistrafenfurcht vergäße.«[1]

Diese Variante der himmlischen Begegnung wurde der in Chemikerkreisen erzählten Ursprungsversion entgegengesetzt. Hier waren nicht die Nahrungsmittelchemiker die bedauernswerte, missachtete Profession, sondern diese machten ihrerseits dem rechtschaffenen Nahrungsmittelgewerbe mit zahlreichen unnötigen, kleinkarierten Vorschriften das Leben schwer. Opfer- und Täterrollen verkehrten sich somit. Die Nahrungsmittelchemie trug aus Sicht der Wirtschaft

1 Nahrungsmittelchemiker und Nahrungsmittelhändler im Himmel, in: Deutsche Lebensmittel-Zeitung 2 (1911), S. 125 f.

mit ihren übertriebenen Ansprüchen und ihrem eigenen Geltungsdrang maßgeblich zum wachsenden Misstrauen der Bevölkerung gegenüber Nahrungsmittelhandel und -industrie bei.

Tatsächlich wurde das Nahrungsmittelgewerbe in den öffentlichen Debatten auf der Grundlage wissenschaftlicher Studien vielfach in einem sehr schlechten Licht dargestellt. Produzenten und Händlern wurden ständige vorsätzliche Betrügereien, planmäßige und mit erstaunlichem Erfindungsreichtum vertuschte Manipulationen sowie eine mangelhafte Aufklärung der Kunden unterstellt – aus Habsucht gefährdeten sie permanent gewissenlos Gesundheit und Leben ihrer Kunden, so das gängige Urteil.[2] Man sah das Nahrungsmittelgewerbe in der Pflicht, von sich aus bestimmte Regeln einzuhalten und Verantwortung für die Qualität der angebotenen Waren zu übernehmen.[3] Vielfach wurden eine explizite Festschreibung dieser Prinzipien und eine weniger gewerbefreundliche Handhabung der Fahrlässigkeitsregelungen des Nahrungsmittelgesetzes gefordert.[4]

Das Nahrungsmittelgewerbe erachtete derartige Forderungen als überflüssig, die verlangten Pflichten seien im täglichen Geschäft längst selbstverständlich. Doch obwohl es die Vorwürfe als verleumderisch und unhaltbar abtat,[5] waren sie durchaus ein Anlass zum Handeln: Den Produzenten war die Erschütterung des Vertrauens in die Nahrungsmittelqualität und die wachsende Macht der Verbraucher und der kritischen Öffentlichkeit bewusst; sie suchten deshalb gezielt nach Mitteln und Wegen, die überkommenen Mechanismen der Vertrauenssicherung neu zu beleben und ihnen neue Institutionen an die Seite zu stellen.

1. Marketingstrategien des Nahrungsmittelgewerbes

Die negative Wahrnehmung der industrialisierten Nahrungsmittel war ein wesentlicher Faktor dafür, dass die Absatzwirtschaft der deutschen Nahrungsmittelindustrie einen Wandel von der Produktions- zur Verkaufsorientierung durchlief und im Vergleich zu anderen Branchen schon sehr früh erste Schritte in Richtung einer Marketingorientierung unternahm.[6] Es waren nicht nur, wie

2 Habt Acht!, in: Zeitschrift gegen Verfälschung der Lebensmittel 1 (1877/78), S. 249 f.; Die Verfälschung der Lebensmittel, Ausschnitt Donau-Zeitung, 15. November 1876, in: BayHStA, MInn Nr. 62583; Über Verfälschungen von Nahrungsmitteln, Ausschnitt Rheinischer Herold No. 20, 1877, in: BA, R 86/2068; *Vogel*, S. VII; *Wittstein*, S. 20.

3 *Neufeld*, Nahrungsmittelchemiker, S. 32 f.

4 Kritik der Strafbestimmungen des bisherigen Strafgesetzbuchs, in: Zeitschrift gegen Verfälschung der Lebensmittel 1 (1877/78), S. 195–198.

5 Vielfach seien die Artikel dieser Art nichts anderes als Reklame von Nahrungsmittelchemikern, s. z. B. Nahrungsmittelfälschungen, die Presse als Pranger, in: DNR 4 (1906), S. 33–35.

6 Zu den einzelnen Phasen und ihrer Periodisierung in der Entwicklung der Absatzwirtschaft s. *Blaich*, S. 5–46.

Alfred Chandler es darstellt, die aus der technisierten Massenproduktion resultierende allmähliche Sättigung des Nahrungsmittelmarktes und die wachsende Substitutionskonkurrenz, die eine bewusste Absatzpolitik notwendig machten.[7] Vielmehr bestätigt sich am Beispiel der deutschen Nahrungsmittelindustrie die These Nancy F. Koehns, die davon ausgeht, dass die Entstehung systematischer Werbestrategien ebenso eine Reaktion auf nachfrageseitige Veränderungen sein kann.[8]

Koehn untermauert ihre Theorie mit dem Beispiel des 1869 gegründeten US-Konzerns Henry Heinz, dessen zentrale Absatzstrategie im Aufbau eines vertrauenswürdigen Images bestand, das Qualität und Geschmack zugleich versprach. Die Verwendung einwandfreier Rohstoffe und eine hygienische Produktion waren oberste Richtlinien des Konzerns. Heinz setzte auf Transparenz – angefangen bei durchsichtigen Verpackungsbehältern über Betriebsbesichtigungen bis zur massenhaften Verteilung von Kostproben. Ergänzend richtete das Unternehmen ein ausgedehntes Verkaufssystem mit sorgfältig geschulten, hygienisch gekleideten Vertretern ein, die im Einzelhandel auf die ästhetische Präsentation der Heinz-Produkte zu achten hatten. Die stets gleichbleibende Qualität fand schließlich ihre Entsprechung im 1896 eingeführten Markenzeichen »Heinz«.

Nahezu alle Elemente der Heinz'schen Absatzpolitik lassen sich in ähnlicher Form fast zeitgleich auch in den Marketingstrategien der deutschen Nahrungsmittelwirtschaft wiederfinden. Auch diese reagierte gezielt auf die durch die Massenproduktion hervorgerufenen Unsicherheiten der Konsumenten. So versuchte sie nicht zuletzt auch dem Phänomen entgegenzuwirken, das Georg Akerlof[9] in den 1970er Jahren in Anlehnung an die amerikanische Bezeichnung nicht erkennbar minderwertiger Gebrauchtwagen als »Lemon-Problem« tituliert hat: Aufgrund der wachsenden Informationsasymmetrien zwischen Produzenten und Verbrauchern scheint eine Differenzierung der Preise nach Qualitätsmerkmalen der Nahrungsmittel kaum mehr möglich gewesen zu sein. Da die Käufer die Nahrungsmittel nicht selbst beurteilen konnten, orientierten sie sich, so vielfach das Lamento aus der Wirtschaft, aber auch der Wissenschaft, vor allem am Preis – auf diese Weise musste sich ein niedriger Marktpreis durchsetzen, eine höhere Investition stellte für die unwissenden Konsumenten ein zu hohes Risiko dar. Die Nahrungsmittelproduzenten bemühten sich deshalb, Qualität glaubwürdig unter Beweis zu stellen und auf diese Weise Märkte für bessere Qualitäten zu etablieren.[10]

7 *Chandler*, S. 253.

8 Zum Folgenden: *Koehn*; s. neuerdings auch *Spiekermann*, Product Innovations.

9 *Akerlof*, S. 489f.

10 *Sinn*.

Ein erster Schritt waren Werbekampagnen, mit denen die Kunden von der Qualität der industriell gefertigten Waren und ihrer Ebenbürtigkeit mit den im eigenen Haushalt hergestellten Nahrungsmitteln überzeugt werden sollten. Diese Bemühungen fügten sich in eine breite Diskussion über die Qualität deutscher Waren seit der Weltausstellung 1876 ein, auf der deutsche Produkte größtenteils als billig und schlecht beurteilt worden waren. Die gesamte deutsche Industrie suchte durch technische Innovationen und eine verbesserte Ausbildung der Beschäftigten, aber auch durch eine zunehmend ästhetische Produktgestaltung und umfassende Werbestrategien systematisch gegen ihr schlechtes Image anzukämpfen.[11]

Was die historische Forschung für die Werbung anderer Branchen konstatiert, gilt erst recht für die um das Kundenvertrauen werbende Nahrungsmittelindustrie: Zwar verschob sich mit der Professionalisierung der Werbung der Akzent mehr und mehr zugunsten von Bildern und kurzen, prägnanten Schlagworten,[12] doch dominierte bis kurz vor dem Ersten Weltkrieg der »rationale Appell«.[13] Werbung war in erster Linie ein Mittel der Information und Aufklärung. Insbesondere neuartige Produkte und Genussmittel wurden deshalb beworben – ihr Wert war nicht direkt ersichtlich und musste zunächst erläutert werden. Die Werbung stellte kostenlose Informationen bereit und senkte auf diese Weise die Such- und Informationskosten der Verbraucher.[14] Den Verbrauchern wurden Teileinsichten in die vorhandene Wissensgrundlage gewährt, um ihnen so das Vertrauen in die Eigenschaften der Nahrungsmittel zu erleichtern.[15]

In den Werbeanzeigen der Nahrungsmittelindustrie nahmen Attribute wie »garantirt rein«, »gut«, »echt«, »unübertroffene Qualität«, »feinste Qualität« und »vorzüglich an Güte« zentrale Positionierungen ein.[16] Diese unbestimmten und abstrakten Begriffe galt es aber zu konkretisierten. Da die Bewertung der Nahrungsmittel mehr und mehr von den Modellen der Ernährungswissen-

11 *Teuteberg*, Produkte.

12 *Haas*; *Hansen/Bode*, S. 35; *Reinhardt*, Reklame, S. 100–128.

13 Vgl. *Berghoff*, Unternehmensgeschichte, S. 330 f.

14 *Selter*; vgl. auch *Wischermann/Nieberding*, S. 253.

15 Vgl. *Giddens*, S. 40.

16 Vgl. verschiedene Gerichtsverfahren: Landgericht Hamburg, Urtheil vom 14. April 1899 wider den Kaufmann J. zu H., in: Auszüge aus gerichtlichen Entscheidungen, Bd. 5, S. 229 f.; Strafkammer beim Amtsgericht Krefeld, Urteil vom 11. Oktober 1898 wider den Kaufmann und Fabrikbesitzer P. zu U., in: ebd., S. 269 f.; Landgericht Chemnitz, Urteil vom 29. Oktober 1906 wider den Geschäftsinhaber F. und dessen Geschäftsführer Z., in: Auszüge aus gerichtlichen Entscheidungen, Bd. 7, S. 416 f.; Landgericht Dresden, Urteil vom 4. März 1905 wider den Kolonialwarenhändler S., in: ebd., S. 417 f.; weitere Beispiele: Werbeanzeigen in der Deutschen Nahrungsmittel-Rundschau wie »Unerreicht – Delikateß-Pflanzenbutter«, in: DNR 11 (1913), S. 200; dazu auch *Schlegel-Matthies*, Anfänge.

schaften bestimmt wurde,[17] griff auch die Nahrungsmittelindustrie diese Vorstellungen in ihrer Werbung auf. Neben die schon lange übliche Verwendung von Auszeichnungen und Plaketten[18] traten wissenschaftliche Expertisen als Beleg für die Qualität der Waren. Vor allem bei neu entwickelten Produkten wurde versucht, ihre Bedeutung und Unbedenklichkeit mit nahrungsmittelchemischen Gutachten zu belegen, die teils sogar detailliert abgedruckt wurden, ungeachtet oder vielleicht auch ganz bewusst dessen, dass der normale Konsument diese nicht verstehen konnte.[19] Auch mit dem Hinweis, dass die Waren regelmäßigen und strengen Kontrollen von Sachverständigen unterlägen, wurde geworben.[20]

Nahrungsmittelchemiker fungierten als autoritative, objektive Bewertungsinstanzen, als Vertrauensintermediäre – mit ihrer Hilfe wurde das Problem der Glaubwürdigkeit im Rahmen des Aufbaus eigener Reputation zu überwinden versucht.[21] Die Industrie nutzte das von den Vertretern des Faches selbst forcierte Vertrauen in die Nahrungsmittelchemie als »Expertensystem«.[22] Das Zitieren einzelner Fachvertreter sollte das Vertrauen in das abstrakte System der Qualitätssicherung erleichtern – hier finden sich erneut die von Giddens beschriebenen Berührungen von gesichtsunabhängigem und gesichtsabhängigem Vertrauen.[23]

Die »akademisch untermauerte Reklame«[24] sollte dem Konsumenten den Eindruck vermitteln, er erhalte ein Produkt von gleichbleibender und wissenschaftlich überprüfter Qualität. Wissenschaftliche Expertise wurde zum Verkaufsargument – was auch das Beispiel Dr. Oetkers zeigt, der ganz bewusst mit seinem Doktortitel und seiner Apotheker-Ausbildung als Kennzeichen seiner

17 Vgl. *Klaushofer*, S. 94; zum Wandel des Qualitätsbegriff und dessen Abhängigkeit vom sozialen Wertewandel s. z. B. *Laitko*.

18 S. z. B. eine Werbeanzeige Maggis, abgedruckt bei: *Schmidt*, Maggi, S. 116; für Oetker: *Conrad*, S. 109, 145; allgemein: *Haas*, S. 299.

19 Anzeige der Firma B. Sprengel & Co. Hannover: Neueste Analyse unseres feinsten entölten Cacao's, in: RWWA 208-268-5; vgl. *Teuteberg*, Produkte, S. 151.

20 So durch die Berliner Molkereigenossenschaften, die sich freiwillig der Aufsicht der Untersuchungsanstalt des milchwirtschaftlichen Vereins unterstellten und darauf in ihren Verkaufsstellen hinwiesen, s. Der Butterkrieg, Ein Wort an unsere Hausfrauen, in: Deutsche Hausfrauen-Zeitung 21 (1894), S. 255 f.; dazu auch *Lavalle*, S. 218; weitere Beispiele: Bestätigung Dr. Vohls über die regelmäßige Begutachtung der Produkte Stollwercks vom 1. September 1869, in: RWWA 208-189-4; Werbeanzeige für Sinalco-Limonade, in: DNR 5 (1907), S. 175; Anzeige der Firma Franz Stollwerck & Söhne von 1869, in: RWWA 208-275-1. Häufig kam es aber auch zu Missbräuchen: Fabrikanten fälschten Gutachten, verwendeten nur die ihnen gelegenen Passagen, benutzten alte Expertisen etc., s. z. B. Landgericht Leipzig, Urteil vom 4./14. Dezember 1905 wider den Kaufmann S. und den Nahrungsmittelchemiker Dr. P. zu L., in: Auszüge aus gerichtlichen Entscheidungen, Bd. 7, S. 365–373.

21 Vgl. *Wendorf*, S. 89.

22 *Giddens*, S. 40 ff., 107 ff.

23 Ebd., S. 107.

24 So *Teuteberg*, Gesundbrunnen, S. 141.

Abb. 3: Werbung der Liebig Company, 1896.

Seriosität und Kompetenz warb.[25] Insbesondere Hersteller von Nahrungsmitteln, bei denen große Unterschiede in der Qualität bestehen konnten, gestalteten ihre Werbung betont informativ und sachlich, da sie daran interessiert waren, eine Differenzierung der Preise nach Qualität durchzusetzen.[26] Sie versuchten, die Qualität ihrer Produkte dadurch hervorzuheben, dass sie verdeutlichten, was aus Sicht verantwortlicher Fabrikanten als Verfälschung zu verstehen sei. Sie selbst distanzierten sich von derartigen Produktionsmethoden nicht nur, sondern wiesen zudem auf Methoden zur Identifikation solcher Manipulationen hin. Indem sie den Konsumenten so dazu befähigten, qualitativ hochstehende von minderwertigen Waren zu unterscheiden, suchten sie den ständig

25 *Conrad*, S. 110.
26 Vgl. erneut *Sinn*.

kritisierten Trend zur billigen Massenware aufzuhalten und ein breiteres Bewusstsein für die Qualität der Nahrungsmittel zu schaffen.[27]

Teilweise waren derartige Kampagnen auch Reaktionen auf konkrete Vorwürfe – so suchten sich Fabrikanten künstlicher Mineralwasser mit Broschüren und Flugblättern sowie Preis- und Geschmacksvergleichen in Anzeigenkampagnen gegen das schlechte Image ihrer angeblich gesundheitsschädlichen Produkte zu wehren.[28] Die Firma Sprengel warb mit vergleichenden Analysen, die die Überlegenheit ihres Kakaos gegenüber einer sehr erfolgreichen holländischen Marke beweisen sollten – gemeint war wohl die Firma van Houten, mit der sich die deutsche Schokoladeindustrie häufig um die Zulässigkeit bestimmter Zusätze stritt.[29] Gerade das letztgenannte Beispiel zeigt, dass die Abgrenzung gegenüber manipulierten Waren und die hohe Qualität eines Produktes als Instrument des wirtschaftlichen Konkurrenzkampfes und der Erhöhung der Markteintrittsbarrieren genutzt wurden. Gleichzeitig repräsentierten derartige Verkaufsargumente stellvertretend die vorgebliche Sorge der Produzenten um die Gesundheit und das Wohlergehen ihrer Kunden.[30]

Besonders rege war die Firma Dr. Oetker, die nicht nur über die kostenlose Verteilung von Rezeptheftchen den Bekanntheitsgrad ihrer Waren und deren Verwendungsmöglichkeit zu steigern suchte, sondern zudem informative Broschüren[31] und umfangreiche Ratgeber zur Haushaltsführung und Nahrungsmittelkunde publizierte, darunter der bis heute aufgelegte Klassiker »Dr. Oetker's Schul-Kochbuch«.[32] In der Tradition der wachsenden Zahl volksbelehrender

27 So gab eine Versammlung deutscher Weininteressenten Ende der 1870er Jahre eine Denkschrift heraus, die das Publikum über die Herstellung und die Eigenschaften reinen Weines und die berechtigten Anforderungen an diesen belehrte, s. Ueber die Zwecke, welche die Vereine gegen Verfälschung der Lebensmittel verfolgen, und über die Mittel, solche zu erreichen, in: Zeitschrift gegen Verfälschung der Lebensmittel 1 (1877/78), S. 345–347, insbesondere S. 345f. Ein weiteres Beispiel bietet eine Werbekampagne der Firma Franck von 1913, in: DNR 11 (1913), S. 72; vgl. aus aktueller theoretischer Perspektive: *Wendorf*, S. 83.

28 *Teuteberg*, Gesundbrunnen, S. 141.

29 Anzeige der Firma B. Sprengel & Co. Hannover: Neueste Analyse unseres feinsten entölten Cacao's, in: RWWA 208–268–5; zu van Houtens leicht löslichem Kakao s. *Mueller*, S. 135f.

30 *Rossfeld*, Schokolade, S. 176f. Einzelne Anzeigen griffen gezielt besonders umstrittene Stoffe auf und versicherten, dass ihr Produkt garantiert ohne deren Zusatz hergestellt worden sei, z.B. Anzeige der Nahrungsmittel-Centrale, in: DNR 7 (1909), S. 114.

31 1895 erschien als eine der ersten Schriften dieser Art »Für die Küche«, in der Grundlehren der Kochkunst und preisgekrönte Rezepte vorgestellt wurden. In den Folgejahren wurden »Dr. Oetker's Rezepte für Küche und Haus«, »Für jedes Haus«, »Ein heller Kopf«, »Sauberkeit und Ordnung im Haushalt« sowie Broschüren zu einzelnen Themen publiziert, s. *Conrad*, S. 126–128.

32 1891 erschien der »Almanach für Kranke«, 1905 kam das »Fortuna-Kochbuch« heraus, das 1910 durch den bis heute aufgelegten Klassiker »Dr. Oetker's Schul-Kochbuch« abgelöst wurde. »Dr. Oetker's Warenkunde« vervollständigte 1914 das Spektrum der Publikationen. Das Schulkochbuch erreichte bereits im ersten Erscheinungsjahr eine Auflage von 1,4 Millionen Stück, s. *Conrad*, S. 134–137.

Publikationen vermittelten sie grundlegende Regeln des Kochens, der hygienischen Haushaltsführung und der Krankenpflege sowie die zentralen Erkenntnisse der modernen Ernährungslehre; geschickt wurden betont nüchtern gehaltene Anpreisungen der Oetker-Produkte in diesen wissenschaftlichen Kontext eingebettet und so deren gesundheitsförderliche Wirkung, Fortschrittlichkeit und Qualität betont.[33] Die Oetker-Erzeugnisse sollten durch die firmeneigenen Publikationen im Alltag verankert werden, ihre Nutzung selbstverständlich werden. Das »Eindringen« Oetkers in die Lebenswelt der Konsumenten durch umfassende Ratschläge sollte das Produkt personalisieren und ein Vertrauensverhältnis zwischen dem zumindest in den Anfangsjahren immer persönlich als Autor auftretenden Unternehmer und seinen Kunden aufbauen[34] – erneut ein Hinweis auf die bewusste Strategie, Zugangspunkte als Schnittpunkte von interpersonalem und Systemvertrauen zu schaffen. Oetker, aber auch andere Unternehmen wie z. B. Maggi wandten zudem bereits früh Werbeformen an, bei denen die Konsumenten sich selbst von der hochstehenden Qualität der Produkte überzeugen sollten.[35] Vertreter erläuterten Händlern und Kunden die Vorzüge der Waren und verteilten Produktproben, um durch den direkten Kontakt eine möglichst große Kundennähe und damit Vertrauen aufzubauen. Auch »Degustationen« und kleine Warenausstellungen, bei denen Konsumenten kostenlos verschiedene Produkte probieren konnten, verfolgten diesen Zweck.[36]

Auch die Teilnahme an größeren Gewerbe- oder Wissenschafts-Ausstellungen hatte in erster Linie das Ziel, mit einer großen Zahl von Konsumenten in direkten Kontakt zu treten: Nahrungsmittelproduzenten beteiligten sich regelmäßig an den Weltausstellungen[37] sowie an internationalen und nationalen Ausstellungen sozialreformerischer und wissenschaftlicher Vereinigungen und wirkten an deren Organisation mit. Der Kontext derartiger Ausstellungen sollte ihren Erzeugnissen das Image gesunder, von wissenschaftlicher Seite autorisierter Produkte verleihen. Daneben organisierten Verbände der Nahrungsmittelproduktion und des -handels, des gastronomischen Gewerbes und der Landwirtschaft aber auch eigene Ausstellungen; seit den 1880er Jahren kam es zu einer regelrechten Ausstellungsflut. Mehr und mehr zielten diese nicht auf ein Fach-, sondern ein Massenpublikum, d. h. potentielle Kunden, ab. Die Skepsis gegenüber der industriellen Nahrungsmittelproduktion sollte durch die Ästhetisierung der Technik, aber auch durch ein umfassendes Informations-

33 Ebd., S. 134. Die Verteilung der Broschüren und der Verkauf der Ratgeber erfolgte häufig durch firmenfremde, »neutrale« Institutionen wie Hausfrauenvereine.

34 Auf Basis der genannten Schriften bot das Unternehmen ab den 1920er und 30er Jahren Back- und Kochkurse sowie sogenannte Backtage an und eröffnete in Kooperation mit der Firma Henkel eine »Oetker- und Persil-Schule«.

35 Vgl. *Wendorf*, S. 76.

36 *Conrad*, S. 196, 200 f.; *Teuteberg*, Fleischextrakt, S. 87.

37 Bericht über die neunzehnte Versammlung der freien Vereinigung bayerischer Vertreter der angewandten Chemie 1900, S. 46–58; zu den Weltausstellungen allgemein: *Wörner*.

angebot entkräftet werden, die Ausstellungen warben für die Akzeptanz der industrialisierten Nahrungsmittelwirtschaft.[38] Den Besuchern wurde so das Gefühl suggeriert, wissend auswählende Konsumenten zu sein.[39]

Eine Reihe von Ausstellungen richtete ganze wissenschaftliche Abteilungen ein, in denen hygienische Aspekte der Nahrungsmittelverarbeitung, aber auch Nahrungsmittelverfälschungen sowie Utensilien und Methoden zur Untersuchung von Rohstoffen und Endprodukten thematisiert wurden. Wissenschaftler wurden eingeladen, Vorträge über Methoden zur Unterdrückung der Nahrungsmittelverfälschung zu halten.[40] Auch vergleichende Demonstrationen verfälschter und nachgemachter Nahrungsmittel waren zu finden.[41] Mehr und mehr Ausstellungen umfassten Preisausschreiben, die Prämien für bestimmte Produkte vergaben und neben Haltbarkeit, Preis-Leistungs-Verhältnis, Innovativität, Verpackung und Geschmack vor allem die Qualität der Waren auszeichneten.[42]

Zu einem zentralen Werbeziel wurde die Identifizierung eines Produktes mit einer bestimmten Firma. Seine wirksamste Entsprechung fand dieses Bestreben in den Markenartikeln. Anknüpfend an bereits vor dem 19. Jahrhundert bestehende Formen der Warenmarkierung wurden seit den 1870er Jah-

38 *Grossbölting*, S. 395. Offenbar gaben sich nicht wenige Ausstellungen einen Anstrich von Wissenschaftlichkeit, wurden aber von professionellen Ausstellungsmachern ausschließlich zum eigenen Gelderwerb veranstaltet, s. Ausschnitt Frankfurter Zeitung, 14. Juli 1898, in: BA, R 86/891; Wohltätigkeitsvereine und wilde Ausstellungen, in: ebd.; Goldene Medaillen für altes Bier, in: DNR 6 (1908), S. 103; Vorsicht: Medaillenfabriken, in: DNR 7 (1909), S. 63.

39 Beispiele sind die »Ausstellung für Deutsche Kochkunst und verwandte Gewerbe« sowie die »Kochkunst-Ausstellung«, die vom Verband deutscher Köche bzw. vom Deutschen Gastwirths-Verband veranstaltet wurden, vgl. diverse Ausstellungskataloge, Programme und Ankündigungsschreiben in: GStAPK, I. HA, Rep. 76 VIII B, Nr. 4383; zu Industrie- und Gewerbeausstellungen jüngst *Grossbölting*.

40 I. Internationaler Weinmarkt verbunden mit einer Produkten und Nahrungsmittelausstellung vom 20. Mai bis 6. Juni 1892 in Berlin, in: BA, R 86/891; Broschüre: Allgemeine Ausstellung für Nahrungsmittel, Volksernährung mit Massenspeisungen, Armeeverpflegung und Hygiene, Berlin im Messpalast, 1897, in: ebd.

41 National-Zeitung vom 18. September 1894 über die Internationale Ausstellung für Volksernährung und Armeeverpflegung, in: BA, R 86/2068. In den USA fand nach der Jahrhundertwende eine Ausstellung statt, die sich ausschließlich der Präsentation reiner Waren widmete, die »Pure Food Show«, die durch eine von amerikanischen Firmen betriebene Gesellschaft in Zusammenarbeit mit staatlichen Behörden in St. Louis veranstaltet wurde. Ob deutsche Aussteller teilnahmen, ist nicht feststellbar, auf jeden Fall wies der Reichsanzeiger auf die Ausstellung hin: Ausschnitt Deutscher Reichsanzeiger: 2. Internationale Ausstellung von auf ihre Reinheit untersuchten Nahrungsmitteln und Getränken in St. Louis, in: BA, R 86/891.

42 Bericht über eine Dienstreise zur Teilnahme an der vom 17. Mai d.J. von der deutschen Landwirtschaftsgesellschaft in Bremen veranstalteten Prüfung der Dauerwaren, in: BA, R 86/891; Deutsche Landwirtschafts-Gesellschaft Schauordnung für die Wanderausstellung zu Danzig vom 9. bis 14. Juni 1904, in: ebd.

ren zunehmend unverwechselbare Schriftzüge, Zeichen, Siegel und Symbole verwendet. Diese wirkten nicht nur branchenintern, indem sie vor Imitationen durch Marktkonkurrenten schützten, sondern dienten insbesondere dem Aufbau einer direkten Kommunikation mit den Konsumenten.[43] Die Marken boten den Abnehmern Orientierungshilfen auf dem unübersichtlicher und anonymer werdenden, ständig expandierenden Markt.[44] Sie standen als Herstellernachweis für das Qualitätsversprechen des Warenanbieters.[45] »The trade mark eliminates the mystery«, fasst Mira Wilkins die Verbindung zwischen Qualität und Markenartikel zusammen.[46] Das Problem, dass der Konsument mit dem Kauf verpackter, nicht prüfbarer Ware über die Qualität des Artikels im Zweifel blieb, sollte durch die Marken gelöst werden.

Durch den Aufbau regelmäßiger und längerer Qualitätserfahrungen versprachen sich insbesondere die Hersteller uniformierter, maschinell hergestellter Massenartikel erhöhte Absatzchancen.[47] Das Qualitätsversprechen zeitigte eine hohe Vertrauenswirkung, war doch die Bildung von »Vertrauenskapital« wesentlicher Anreiz dafür, die Warenqualität konstant zu halten, da mit dem Markenartikel hochspezifische Investitionen verbunden waren, die im Fall eines Vertrauensverlustes zu »sunk costs« wurden.[48] Auf diese Weise wurde der in der Vormoderne zentrale Mechanismus der Reputation in die industrialisierte Wirtschaft überführt, Qualitätsabfälle hatten nachhaltige Schädigungen des Rufs zur Folge. Den Kunden wurden auf diese Weise Sanktionsmöglichkeiten an die Hand gegeben, so dass das zu ihren Ungunsten bestehende Machtungleichgewicht gemildert wurde. Das Risiko des Kaufs nicht zu beurteilender Ware wurde minimiert und damit das Eingehen einer Kundenbeziehung erleichtert[49] – die Neue Institutionenökonomik fasst dies unter der Bezeichnung »sich selbst durchsetzende Vereinbarungen«.[50] Die Marken wurden gewissermaßen zu Qualitätsindikatoren, die Produzenten signalisierten als besser informierte Marktteilnehmer ihren Kunden durch diese äußerlich sichtbaren Zeichen Ehrlichkeit.[51] Sie können damit als ein Beispiel der auf Vertrauen beruhenden symbolischen Zeichen angesehen werden, die von Giddens als charakteristischer »Entbettungsmechanismus« der Moderne aufgefasst werden, da sie dazu dienen, soziale Beziehungen von den unmittelbaren Gegebenheiten ihres Kontextes zu lösen.[52]

43 *Blaich*, S. 23; s. auch *Wadle*, Bd. 2, S. 379–388.
44 Vgl. *Sinn*, S. 284 f.
45 *Berghoff*, Unternehmensgeschichte, S. 316; *Conrad*, S. 9 ff., 40; *Haas*, S. 295.
46 *Wilkins*, S. 20.
47 *Wadle*, Bd. 1, S. 80.
48 *Berghoff*, Unternehmensgeschichte, S. 316–319; vgl. *Wendorf*, S. 78 f.
49 *Berghoff*, Zähmung, S. 160 f. Die Marken fungierten gewissermaßen als »Geiseln« in der Hand der Kunden, *Richter/Furubotn*, S. 262; s. auch *Akerlof*, S. 500.
50 *Richter/Furubotn*, S. 276–284.
51 *Tietzel/Weber*, S. 21.
52 *Giddens*, S. 34 ff., 42.

Mit zunehmender Etablierung fungierten die Marken zudem als Markteintrittsbarrieren – sie verwiesen mit ihrer kontinuierlichen Präsenz auf das Vorhandensein bestimmter Qualitätsstandards und erschwerten den Absatz billiger und qualitativ minderwertiger Waren.[53] Indem die Marken auch eine hygienische, nicht gesundheitsschädliche Produktion garantierten, ergänzten sie, so Wilkins, die staatliche Nahrungsmittelkontrolle.[54] Auch Mark Casson kommt für wenig entwickelte Systeme staatlicher Nahrungsmittelkontrolle – und um ein solches handelte es sich im Kaiserreich im Vergleich zur heutigen Nahrungsmittelüberwachung – zu dem Schluss, dass Marken hier eine zentrale Rolle übernahmen. Sie gewährleisteten zumindest die Einhaltung basaler Qualitätsstandards: »the higher that cultural standards of quality are relative to regulatory standards, the greater is the scope for brands in assuring quality«.[55] Mehr und mehr habe sich dieses Verhältnis historisch gesehen aber dahingehend entwickelt, dass der Staat die grundlegenden Qualitätsregulierungen übernahm, während die Marken wirklich hochstehende Qualitäten versprachen. Dies lässt den Umkehrschluss zu, dass die Entstehung der Marken eng verbunden war mit einem Regulierungsbedarf hinsichtlich der Warenqualität und dass die Nahrungsmittelindustrie auch deshalb – neben der chemischen, der Kosmetik- und der Pharmaindustrie – zu den ersten Branchen gehörte, die Marken etablierte. Unter den zwischen 1894 und 1913 beim Reichspatentamt eingetragenen 200.000 Warenzeichen machten Nahrungsmittel einen Anteil von 37 % aus.[56]

Wenn auch eine systematische wirtschaftstheoretische Auseinandersetzung mit dem Markenartikel und seiner Vermarktung erst nach dem Ersten Weltkrieg einsetzte,[57] wurden auch im ausgehenden 19. Jahrhundert bereits ausgeklügelte Werbestrategien an die Markenartikel gekoppelt.[58] Nach und nach trat an die Stelle der persönlichen Qualitätserfahrung mit einer bestimmten markierten Ware eine durch Werbung erzeugte und mit der Marke generell verbundene, gewissermaßen stabilisierte Qualitätserwartung.[59] Auf eine erste Periode der Firmenmarken folgten die Fabrikmarken, bei denen nicht länger der Herstellername, sondern ein Produkt mit einem bestimmten Warenzeichen im Vordergrund stand.[60] Bestimmte Produktformen und unverwechselbare Verpackungen wie z. B. die Maggiflasche sowie standardisierte einheitliche Präsentationsformen bei den Händlern sollten den Konsumenten die Marke ein-

53 *Casson*, S. 53.
54 Ebd., S. 25.
55 Ebd., S. 48.
56 Zwar lassen Warenzeichenanmeldungen nicht zwangsläufig auf Markenartikel schließen; dennoch belegen die Zahlen das Interesse der Industrie an der Eintragung von geschützten Zeichen, s. *Conrad*, S. 11; übereinstimmend: *Teuteberg*, Produkte, S. 163.
57 Dazu ausführlich *Conrad*, S. 27–46.
58 *Wilkins*, S. 19.
59 Vgl. *Haas*, S. 297.
60 *Wadle*, Bd. 2, S. 338–363.

prägen, um so die Verbindung zwischen Hersteller und Käufer zu stärken.[61] War die Massenproduktion Voraussetzung für die Entstehung des Markenartikels, hatte dieser seinerseits standardisierende Auswirkungen: Neben der gleichbleibenden Qualität und Quantität mussten die betreffenden Produkte eine gleichbleibende Aufmachung und Kennzeichnung aufweisen.[62]

Eine der ersten Marken brachte der Schokoladehersteller Stollwerck heraus, der seit etwa 1870 seinen Namen als »Qualitätsparole« verwendete.[63] Mit dem 1874 in Kraft tretenden und 1894 noch verschärften Markenschutzgesetz[64] wurden die rechtliche Grundlage zur weiteren Etablierung der Markenartikel und die Voraussetzungen für ihre Verwendung als »Vertrauensgaranten« geschaffen.[65] Der Staat unterstützte auf diese Weise die Qualitätsregulierung der Industrie und schaltete sich seinerseits als vertrauenssichernde Instanz ein. Indem er die Nachahmung geschützter Marken unter Strafe stellte, bewahrte er den Alleinstellungscharakter der Marken und trug damit zur Verhinderung des »Lemon-Problems« bei.

Die durch die Markenartikel gewissermaßen substituierten unmittelbaren Kontakte zwischen Hersteller und Verbraucher drängten den Handel in die Rolle eines nahezu unselbständigen Absatzvermittlers. Die Händler verloren hinsichtlich der Markenartikel einen großen Teil ihres Einflusses auf das Kaufverhalten der Kunden.[66] Der Markenartikel bot ein wirksames Instrument, neben der entbehrlich werdenden Kaufberatung weitere Funktionen des Handels wie die Abfüllung, Verpackung und Werbung und nicht zuletzt die Preisbildung in den Kompetenzbereich der Produzenten zurückzuführen.[67] Auf diese Weise zogen die Hersteller die ihnen im Lauf der Industrialisierung durch die länger werdenden Verteilungswege mehr und mehr abhanden gekommene Kontrolle über die Qualität ihrer Produkte wieder an sich und übernahmen die direkte Verantwortung für die Warenqualität. Bei den standardisierten, meist einzeln verpackten und eindeutig gekennzeichneten Markenprodukten war leichter als bei lose gehandelten No-Name-Produkten nachzuvollziehen, ob und wo gegebenenfalls Verfälschungen vorgenommen worden waren[68] – ein

61 *Mollenhauer*, S. 101 f.; zum gesamten Spektrum der Markenartikelwerbung s. *Conrad*.

62 *Sieglerschmidt*, S. 350–352; *Wilkins*, S. 21.

63 Daneben traten in den 1890er Jahren Marken wie Kaffee Hag (1892), Liebig's Fleischextrakt (1895/96), Kathreiners Malzkaffee (1894/95), Underberg, Backin und Sprengel (alle 1898), Franck's Chichorien-Extrakt sowie der Hellkopf von Dr. Oetker. Die Margarineindustrie brachte ebenfalls schon Ende der 1890er Jahre erste Markenprodukte auf den Markt – der Zusammenhang zum zweiten Margarinegesetz, das strenge Richtlinien zur Erzielung einer unverwechselbaren Produktidentität einführte, ist evident, s. *Pelzer/Reith*, S. 42–44.

64 Gesetz über Markenschutz vom 30. November 1874, in: RGBl 1874, S. 143; Gesetz zum Schutz der Waarenbezeichnungen vom 12. Mai 1894, in: RGBl 1894, S. 441; zur Entstehung der Gesetze: *Wadle*, Bd. 1, S. 240–272; ebd., Bd. 2, S. 387–399.

65 Zu den Begriffen »Markenschutz« und »Markenrecht«: *Wadle*, Bd. 2, S. 341 f.

66 *Berghoff*, Unternehmensgeschichte, S. 319.

67 *Blaich*, S. 23; *Hansen/Bode*, S. 49.

68 Vgl. dazu *Rossfeld*, Schokolade, S. 315; ähnlich auch *Schmidt*, Maggi, S. 131.

weiterer Anreiz für die Etablierung von Markenartikeln, lautete doch ein ständiger Vorwurf der Industrie an die Händler, dass diese die ursprünglich einwandfreien Waren manipulierten, um auf diese Weise ihre Gewinnspanne zu steigern.[69]

1.2 Gesundheit, Natürlichkeit und Fortschrittlichkeit

Eine weitere Strategie der Nahrungsmittelindustrie, Märkte für bessere Qualitäten zu etablieren, war die an den Bedürfnissen der Konsumenten orientierte Ausdifferenzierung des Produktangebots: Indem die Unternehmen beispielsweise in zunehmendem Maße die neu entwickelten Modelle der erstarkenden Ernährungswissenschaften rezipierten, zollten sie dem allgemein erhöhten Interesse an der eigenen Gesundheit Tribut, das auch eine wachsende Aufmerksamkeit hinsichtlich der Art und Zusammensetzung der Ernährung einschloss. Gerade das als Abnehmerschicht attraktive, da immer kaufkräftigere Bürgertum entwickelte ein lebhaftes Interesse an den Naturwissenschaften sowie einen ausgeprägten Glauben an die Problemlösungsfähigkeit wissenschaftlicher Konzepte und war dementsprechend empfänglich für wissenschaftsbasierte Produkte und rational argumentierende Werbung.[70]

So bezogen sich Nahrungsmittelproduzenten in ihrer Werbung bewusst auf wissenschaftliche Erkenntnisse und Grundannahmen der Hygienebewegung. Attribute wie »gesund«, »gesundheitsförderlich«, »nahrhaft« und »leicht verdaulich« traten neben die schon erwähnten Qualitätsanpreisungen.[71] Gleichzeitig suchte man der entstehenden Nachfrage nach gesunden Nahrungsmitteln nachzukommen: Hersteller herkömmlicher Nahrungsmittel nahmen zusätzlich »Gesundheitspräparate« sowie speziell auf die Ernährung von Kindern und Rekonvaleszenten zugeschnittene Produkte in ihr Sortiment auf, die häufig in enger Zusammenarbeit mit Nahrungsmittelchemikern und Medizinern konzipiert wurden.[72]

Teilweise stiegen Wissenschaftler auch selbst in die Herstellung ein. Ein klassisches Beispiel ist der Fleischextrakt, der von zentralen Figuren der neuen Ernährungswissenschaften, dem Chemiker Justus von Liebig und seinem Schüler Max von Pettenkofer, entsprechend der Einstufung des Fleisches als wichtigster Eiweißlieferant entwickelt und auch vermarktet wurde.[73] Der Fleischextrakt fand auch Verwendung bei der Herstellung anderer Gesundheitswaren, so

69 *Wadle*, Bd. 1, S. 391.

70 *Gradmann*; vgl. *Wehler*, S. 192.

71 *Conrad*, S. 109.

72 *Mollenhauer*, S. 44ff.; *Spiekermann*, Product Innovations, S. 297–301, u.a. für das Beispiel Joghurt, das aber zunächst nur begrenzten Erfolg hatte; *Teuteberg*, Fleischextrakt, S. 77.

73 Die großindustrielle Produktion des von Liebig besonders für die Rekonvaleszenz und gegen Erschöpfungszustände empfohlenen Fleischextrakts entstand in Uruguay seit 1863, dort konnte das billige südamerikanische Rindfleisch für den europäischen Markt weiter

wurden Gesundheitsschokoladen und -pastillen mit Fleischextraktzusatz produziert.[74] Führend in der Produktion von Gesundheitswaren war bereits in den 1830er Jahren die Firma Stollwerck, die neben ihren schon bald weit bekannten Brustkaramellen weitere Hausmittelchen aus Menthol, Lakritze und Eukalyptus und ab den 1880er Jahren »Sanitäts-Chocoladen«, Arznei- und diätetische Schokoladen vertrieb.[75] Andere Hersteller brachten Produkte wie den »Hämatogen-Nährkakao« und »Kraft-Chokolade« als Ersatz von Lebertran sowie »Nähr-Zwieback« und »Nährsalzkaffee« auf den Markt.[76] Auch Ersatzkaffees, wie der entkoffeinierte Kaffee der Bremer Kaffee-Handels-Aktiengesellschaft (HAG), wurden unter dem Aspekt der Gesundheitszuträglichkeit angepriesen.[77] Vollmundig versprachen Werbeanzeigen für diese verschiedenen Produkte Wirkungen wie die Förderung des Knochen- und Zahnwachstums bei Kindern sowie fleisch- und blutbildende und allgemein kräftigende Eigenschaften, die aber vielfach nicht eingelöst wurden. Es kam immer wieder zu Prozessen gegen die irreführende und täuschende Verwendung wohlklingender Phantasie-Bezeichnungen für simple oder gar gesundheitsschädliche Mischungen.[78]

Eng verbunden mit dem Versuch, über die Rezeption der Erkenntnisse der Ernährungslehre neue Abnehmerkreise zu erschließen, waren Werbestrategien, die sich die immer noch verbreitete Ablehnung gegenüber künstlich erzeugten und industriell verarbeiteten Nahrungsmitteln zunutze machten.[79] In Anzeigen wurden Waren als naturbelassen und frei von Farb- und Konservierungsstoffen deklariert sowie ihre Unverfälschtheit betont.[80] Besonders engagiert war die Mineralwasserherstellung: Die Produzenten von Heil- und Tafelwässern alteingeführter Brunnen suchten die Produktion von künstlichen Mineralwässern und Brauselimonaden zu unterbinden, da sie das Image der Branche als

erschlossen werden, s. vor allem *Teuteberg*, Fleischextrakt, S. 12–21. Ein weiteres Beispiel für die in enger Anbindung an die nahrungsmittelchemische Forschung erfolgende Entwicklung eines neuartigen Produktes ist das Saccharin, s. *Fahlberg*.

74 *Kuske*, S. 30; *Mollenhauer*, S. 42 ff.

75 *Fincke*, Chemikertätigkeit, S. 26, zitiert Preislisten von 1888 und 1894 und nennt unter anderem »Arrowroot-, Fleisch-Extract-, Guarana-, Isländisch-Moos-, Leguminose-, Pepton- und Reis-Chocolade« sowie »Hämabulin-, Ferratin-, Orexin-, Sulfonal-, Lävulose-, Mutase-Schokolade«; dazu auch *Kuske*, S. 30–32.

76 Vergütung des Rohkakaozolls bei Ausfuhr von Kakaowaaren mit Zusatz medizinischer Stoffe, in: Mitteilungen deutscher Schokoladefabrikanten 14 (1893/94), S. 56; Werbeanzeige H. O. Opel's Nährzwieback, in: Zeitschrift gegen Verfälschung der Lebensmittel 2 (1878/79), S. 320; Die Handhabung der Nahrungsmittelkontrolle, in: Konserven-Zeitung 12 (1911), 163 f., 269 f.

77 *Mollenhauer*, S. 132 f.

78 Z. B. 3. Urteil des Kammergerichts zu Berlin vom 13. Januar 1902 wider den Apotheker S. zu Sch., in: Auszüge aus gerichtlichen Entscheidungen, Bd. 6, S. 226–228; Der Fleischsaft »Puro«, in: DNR 6 (1908), S. 165; s. auch *Mollenhauer*, S. 42 ff.; *Mueller*, S. 125 f.

79 *Selter*, S. 199.

80 S. z. B. Werbeanzeige »Plochinger Apfelmoststoff«, in: DNR 5 (1906), S. 224; ähnlich: »Manegolds Advocaat«, in: DNR 7 (1909), S. 138, und »Naturreine süddeutsche Edelbranntweine«, in: DNR 9 (1911), S. 80.

»natürlich« und »gesund« zu unterlaufen drohte. Sie suchten sich von den billigen Kunstprodukten der immer zahlreicher werdenden neuen Erzeuger abzusetzen, indem sie z. B. die in ihrem Wasser naturgemäß enthaltenen Mineralien und Spurenelemente detailliert mit chemischen Formeln nachwiesen.[81] Viele Branchen betonten ihre handwerklichen Wurzeln, auch wenn sie sich längst von diesen gelöst hatten. Ein Beispiel sind die sogenannten Hausmacher-Nudeln, die mehrfach in der Kritik standen, da sie beim Verbraucher den irrtümlichen Eindruck erweckten, sie seien in Handarbeit hergestellt worden und zeichneten sich deshalb durch besonders gute Zutaten aus.[82] Selbst in der Werbung für neuartige, ausschließlich industriell produzierte Waren spielte die »Natürlichkeit« eine zentrale Rolle: So entwickelte die Margarineindustrie große Reklameserien, in denen die Ebenbürtigkeit der Margarine mit der »guten Naturbutter« herausgestellt wurde.[83] Die Produktion wurde als besonders natürlich und schonend dargestellt, während typische Eigenschaften der industriellen Massenware verschwiegen oder negiert wurden. Insbesondere nach der Jahrhundertwende wurden zunehmend auch Symbole genutzt, die für die Natürlichkeit und Frische der Produkte standen – so verwendete die Margarinewerbung Kühe und melkfrische Milch als Illustrationen und förderte damit ganz bewusst Assoziationen zur Butter.[84]

Daneben etablierte sich tatsächlich ein kleiner Markt für naturbelassene und »natürlich« hergestellte Nahrungsmittel, der speziell auf die entstehende Lebensreform- und Vegetarierbewegung zugeschnitten war. Diese vor allem im Bürgertum verankerten gesellschaftlichen Strömungen waren wohl der deutlichste Ausdruck der Kritik an der Industriegesellschaft, indem sie eine Rückkehr zu einer naturgemäßen Lebensweise propagierten.[85] Ihre Ordnungsmodelle für eine ideale, naturgemäße Ernährung, in der Roh- und Pflanzenkost dominierten, forderten spezielle Produkte, Anbaumethoden sowie Herstellungs- und Verarbeitungsverfahren. Als Konsequenz entstanden seit den 1880er Jahren besondere Anbieter wie vegetarische Restaurants und Nahrungsmittelläden, Reformhäuser sowie Versandgeschäfte. Ein großer Teil der Nachfrage wurde zudem über Obstanbaukollektive befriedigt.[86] Hier findet sich mit der Umgehung der industrialisierten Nahrungsmittelwirtschaft und Etablierung eines eigenen,

81 *Teuteberg*, Gesundbrunnen, S. 141.

82 Die Industrie wies solche Hintergedanken jedoch von sich und begründete den Produktnamen ausschließlich mit der Form der Nudeln – der Titel »Hausmacher« sei keineswegs eine Qualitätsbezeichnung, s. Verband Deutscher Teigwaren-Fabrikanten an den Reichskanzler, Frankfurt a. M., 22. November 1903, in: GStAPK, I. HA, Rep. 84 A, Nr. 2440; Gutachten des öffentlichen chemischen Laboratoriums Dr. Paul Trübsbach in Chemnitz, in: Mitteilungen deutscher Teigwarenfabrikanten 4 (1903/04), S. 6 f.; Hausmachernudeln, in: DNR 11 (1913), S. 243 f.

83 *Pappe*, S. 194 f., 196; *Pelzer/Reith*, S. 15, 44; *Teuteberg*, Produkte, S. 162; *Selter*, S. 199.

84 *Selter*, S. 199 f.

85 *Wirz*, S. 105 ff. (Zitat 106); vgl. auch *Krabbe*, Gesellschaftsveränderung, S. 77 f.

86 *Baumgartner*, S. 115–125; *Krabbe*, Gesellschaftsveränderung, S. 112–130.

streng an qualitativen Vorgaben orientierten Versorgungssystems somit eine ganz eigene Form der Qualitätsregulierung. Allerdings gingen auch herkömmliche Nahrungsmittelproduzenten mehr und mehr auf die Nachfrage der Anhänger der Lebensreformbewegung ein und suchten so neue Absatzmöglichkeiten zu erschließen, wie die ab 1904 von der Sana-Gesellschaft produzierte Pflanzenmargarine »Sanella« zeigt.[87]

Nicht selten knüpften Nahrungsmittelhersteller zudem an Ziele der Hygiene- und Volksgesundheitsbewegung an: So griff die ab 1887 auch in Deutschland ansässige schweizerische Firma Maggi die Bemühungen zahlreicher sozialreformerischer, konfessioneller und bürgerlich-philantropischer Vereine auf, den sich immer mehr verbreitenden Alkoholmissbrauch in den Arbeiterschichten einzudämmen. Diese waren bis dahin letztlich vor allem daran gescheitert, dass kein adäquater Ersatz für den Alkohol gefunden worden war.[88] Nach jahrelangem Experimentieren entwickelte Maggi ein Suppenpulver aus Bohnen, Erbsen, Linsen und kleberreichem Getreidemehl, das Fleisch, aber auch dessen Substitut Alkohol entbehrlich machen sollte.[89] Maggi schloss mit der »Schweizerischen Gemeinnützigen Gesellschaft« einen Vertrag, in dem das Unternehmen sich zu stabilen Preisen verpflichtete. Im Gegenzug warb die Gesellschaft für das neue Produkt. Die enge Zusammenarbeit mit der sozialreformerischen und Abstinenzbewegung war das beste Werbemittel für die Firma und verhalf ihr zu den notwendigen Verbindungen mit Multiplikatoren. Die Gesellschaft bescheinigte den Maggi-Produkten als neutrale Instanz Qualität. Nicht nur in klassischen Werbeanzeigen wurde mit der Empfehlung der Gesellschaft geworben, zusätzlich erschienen in schweizerischen, aber auch deutschen Fachzeitschriften zahlreiche Artikel, in denen das innovative Produkt beschrieben wurde; Koch- und Haushaltsbücher wiesen auf die Maggi-Produkte hin, und in den zahlreichen neu entstehenden Koch- und Haushaltungsschulen wurden sie in das Unterrichtsprogramm aufgenommen. In den Kreisen von Wissenschaftlern und Politikern bald hochgerühmt, wurden die Leguminosen zum Symbol moderner, wissenschaftsbasierter, vernunftgemäßer, haltbarer und leicht verwendbarer Nahrungsmittel und Julius Maggi zum gemeinnützigen Unternehmer schlechthin.[90]

87 Diese wurde zudem als Erfindung des Arztes Oscar Liebreich angepriesen, der eine vielbeachtete Schrift zum Nahrungsmittelgesetz veröffentlicht hatte, dazu: *Pelzer/Reith*, S. 42–44.

88 Insgesamt lag der deutsche Alkoholverbrauch 1873 50 % höher als der von 1850, vgl. *Tappe*, S. 194 ff.; *Ritter/Tenfelde*, S. 514 f., 658 ff. Auch die Firma Franz Kathreiner pries ihre Ersatzkaffees nicht nur als Alternative zum gesundheitsschädlichen Bohnenkaffee an, sondern förderte auch die Einrichtung von Kaffeeschänken durch die Abstinenzbewegung, s. *Becker*, S. 170 f.

89 Zu diesem Abschnitt: *Mesmer*, Ernährung, S. 341–343; *Schmidt*, Maggi, S. 114–118; *Teuteberg*, Fleischextrakt, S. 52–55; *Wolfensberger*, Normierung, S. 163–168.

90 Allerdings fassten die Produkte in den eigentlich angesprochenen Unterschichten nur langsam Fuß, der Konsum blieb hinter den Erwartungen zurück, andere Neukreationen der Firma Maggi, so die Suppenwürze, waren deutlich erfolgreicher.

Maggis Erfolg wäre nicht möglich gewesen ohne die jahrelange Zusammenarbeit mit dem Arzt Fridolin Schuler, einer zentralen Figur in der schweizerischen Ernährungswissenschaft.[91] Das Beispiel Maggi verweist darauf, dass eine wachsende Anzahl von Nahrungsmittelproduzenten regelmäßig mit Wissenschaftlern zusammenarbeitete. Vielfach erteilten Unternehmen oder Verbände privaten, aber auch kommunalen und staatlichen Laboratorien Aufträge zur Prüfung neuer Herstellungsverfahren, Zusatzstoffe und neu entwickelter Produkte. Einige Laboratorien spezialisierten sich auf Untersuchungen für bestimmte Branchen und schlossen längerfristige Vereinbarungen insbesondere mit Gewerbevereinigungen, die spezielle Tarife für deren Mitglieder beinhalteten.[92] Ein Beispiel ist das Laboratorium Fresenius, das sich insbesondere auf Mineralwasseruntersuchungen spezialisierte – dank der Herausgabe der »Zeitschrift für analytische Chemie« und eines Standardwerks zur Mineralwasseranalyse galten die Laboratoriumsinhaber gleichsam als »Päpste der Mineralquellenanalyse«.[93]

Parallel zur seit den 1880er Jahren zu beobachtenden allgemeinen Tendenz in der deutschen Industrie, durch die Etablierung von betriebsinternen Laboren die anwendungsbezogene Forschung von den Universitäten in die Unternehmen zu verlagern und auf diese Weise »industrielle Wissenssysteme« aufzubauen,[94] engagierten größere Firmen der Nahrungsmittelindustrie zunehmend auch dauerhaft (Nahrungsmittel-)Chemiker – wenn auch nicht in dem Ausmaß und derart systematisch wie die klassischen »science-based industries«, d.h. die chemische und die entstehende pharmazeutische Industrie.[95] Wie Marsch für die unternehmensinterne Forschung in ebendiesen Branchen konstatiert,[96] arbeiteten auch die Chemiker der Nahrungsmittelindustrie vor allem anwendungsbezogen: Sie waren an der Entwicklung neuer Produkte und Herstellungsverfahren beteiligt. Die Produktionsabläufe wurden auf der Basis ihres Wissens systematisch verwissenschaftlicht.[97]

91 *Mesmer*, Ernährung, S. 342.

92 Chronik des Bundesverbandes der Deutschen Süßwarenindustrie, S. 15; *Humbert*, S. 134f.; diverse Anzeigen in: DNR 11 (1913), S. 200, 325.

93 *Teuteberg*, Gesundbrunnen, S. 141.

94 *Marsch*, S. 195–202, 501–512 (Zitat 504); s. auch *Burchardt*, insbesondere S. 328–331, 339–345.

95 Vgl. *Rossfeld*, Ernährung, S. 30, sowie *Spiekermann*, Product Innovations. Eine systematische Übersicht über das Ausmaß der Beschäftigung von Chemikern in der Nahrungsmittelindustrie ist kaum zu erstellen, da diese von mittleren und kleinen Betrieben dominiert wurde, die ihre firmeneigene Forschung kaum dokumentierten, vgl. *Marsch*, S. 24. Die folgende Darstellung beruht deshalb auf Einzelfällen. Zum Begriff der »science-based industries« s. *Rossfeld*, Ernährung, S. 22–27, sowie *Reinhardt*, Forschung, S. 21f.

96 *Marsch*, S. 202.

97 *Sieglerschmidt*, S. 344–347, verdeutlich dies am Beispiel der Brotherstellung: Mehr und mehr wurden die Verfahren wissenschaftlich durchdrungen und die Zeiten für die Teigführung und das Backen auf der Basis systematischer Forschungen und Praxistests in Großmühlen und Laboratorien verkürzt.

Daneben wurden die Firmenchemiker als »Hüter von Treu und Glauben« dargestellt,[98] indem ihnen die Qualitätssicherung übertragen wurde: Sie hatten alle eingehenden Roh- und Zusatzstoffe auf die vertraglich mit den Zulieferern vereinbarte Beschaffenheit, ihre Qualität und die aus gesundheitlicher Sicht zu stellenden Anforderungen hin zu prüfen. Weiterhin waren sie für die Beaufsichtigung der Produktion zuständig, d.h., sie übernahmen die Verantwortung für die Einhaltung der notwendigen hygienischen Richtlinien. Zudem hatten die Wissenschaftler vielfach regelmäßige chemische Analysen der gefertigten Nahrungsmittel vorzunehmen, um so den Qualitätsstandard zu kontrollieren.[99] Zwar stand die praktische Zuarbeit für die Produktion im Vordergrund, dennoch fiel in einigen Branchen auch die Grundlagenforschung in den Aufgabenbereich der Unternehmenschemiker. So taten sich auch Industrie-Chemiker mit wissenschaftlichen Veröffentlichungen hervor und waren offenbar in der Wissenschaft – wenn auch auf kleineren, abgegrenzten und stark anwendungsbezogenen Gebieten – anerkannte Autoritäten. Industrieforschung und wissenschaftliche Forschung wurden zunächst kaum voneinander geschieden.[100]

Die Unternehmen versprachen sich von der Beschäftigung eines firmeneigenen Chemikers, die Denk- und Beurteilungsweisen der Nahrungsmittelchemiker besser kennenzulernen, um auf diese Weise grundlegende Erkenntnisse der modernen Ernährungslehre für ihre Produktion zu nutzen.[101] Die Expertise im eigenen Haus sollte zudem die Kompatibilität der Produkte mit den der Kontrolle zugrunde gelegten Beurteilungsmaßstäben garantieren. Dies deutet darauf hin, dass das Fachwissen der Chemiker sicherlich nicht allzu selten auch missbraucht wurde: Viele Fabrikanten suchten bewusst nach Wegen, ihre Manipulationen »analysefest« zu machen; sie bemühten sich, Verfälschungsmethoden zu entwickeln, die mit den gängigen Analyseverfahren noch nicht oder nur schwer aufzudecken waren.[102]

Gleichzeitig sollten die Firmenchemiker gegenüber ihren Fachkollegen Stellung nehmen und möglichst übertriebene Anforderungen zurechtrücken.[103] Sie wurden als Vermittler zwischen Nahrungsmittelkontrolle und Industrie eingesetzt und vertraten Letztere in allen Fragen der Nahrungsmittelqualität. Auf diese Weise hofften die Unternehmen offenbar, mit ihren Ansprüchen und

98 *Fincke*, Chemikertätigkeit, S. 22f. (Zitat 22).

99 Beispielhaft: Vertrag zwischen Aschinger's Aktiengesellschaft zu Berlin und Herrn Dr. Erich Kuliga, Charlottenburg, Berlin, den 8. Januar 1913, in: LandesA Berlin, A Rep. 225 Nr. 598; Mustervertrag zwischen der Firma Gebr. Stollwerck und einem Chemiker, in: RWWA 208-270-8; weiter zum Aufgabengebiet des bei Stollwerck angestellten Chemikers: *Fincke*, Chemikertätigkeit, S. 21–23.

100 *Marsch*, S. 26; s. auch *Reinhardt*, Forschung, S. 330f., zu den engen Beziehungen zwischen Hochschule und Industrie; vgl. *Fincke*, Chemikertätigkeit, S. 19, 23.

101 *Fincke*, Chemikertätigkeit, S. 22.

102 Kap. IV 3.

103 *Fincke*, Chemikertätigkeit, S. 22.

Vorstellungen ernster genommen zu werden – ein wissenschaftlich vorgebildeter Firmenvertreter konnte selbstverständlich viel überzeugendere Argumente in den Auseinandersetzungen um die Nahrungsmittelregulierungen liefern als ein fachfremder, vornehmlich von ökonomischen Interessen geleiteter Unternehmer. Er sprach dieselbe Sprache wie die Vertreter der amtlichen Nahrungsmittelüberwachung, verfügte über denselben Wissensstand und einen ähnlichen Werdegang, idealerweise besaß er zudem Kontakte in Fachkreisen und hatte sich hier vor oder während seiner Tätigkeit in der Industrie bereits einen Namen gemacht. Ganz bewusst schickten Firmen und Verbände »ihre« Chemiker auch auf wissenschaftliche Kongresse, um die Kontakte zu intensivieren, ihren Standpunkt zu verdeutlichen und Einfluss auf die dortigen Verhandlungen über Untersuchungs- und Beurteilungsstandards zu nehmen.[104]

Besonders früh und intensiv war die Zusammenarbeit mit der Forschung in den landwirtschaftsnahen Branchen des Nahrungsmittelgewerbes. Wohl eine der ersten Sparten, die Chemiker beschäftigte, war die Zuckerindustrie. Da sie bei der Herstellung und Reinigung des Zuckers bereits früh auf chemische Verfahren zurückgriffen, stellten einzelne Firmen und Vereine bereits um 1850 Chemiker an.[105] Auch verschiedene Branchenverbände beschäftigten eigene Chemiker – insbesondere für langfristige und kostspielige Forschungen, die über die institutionellen und finanziellen Möglichkeiten der Einzelunternehmen hinausgingen und grundlegenden Studien dienten.[106] Daneben standen die Verbandschemiker den Mitgliedsfirmen für Fragen zur Zulässigkeit bestimmter Produktionsverfahren und Zusätze zur Verfügung.[107] Neben der Beauftragung einzelner Wissenschaftler gründeten gewerbliche Zusammenschlüsse – insbesondere in der Brauerei- und Branntweinindustrie sowie der Milchwirtschaft – eigene Forschungsinstitute. Ein Beispiel ist das 1874 begründete »Institut für Gärungsgewerbe und Stärkefabrikation«, das ein regelrechtes Kooperationsprojekt verschiedener Vereine der Brau-, Brennerei-, Essig- und Stärkeindustrie war und durch die Eingliederung in die Königlich Landwirtschaftliche Hochschule zu Berlin in enger Zusammenarbeit mit staatlichen Institutionen betrieben wurde.[108]

Ebenfalls sehr aktiv war die Konservenindustrie: 1900 wurde eine »Versuchsstation für die Konserven-Industrie« eingerichtet, die sich bald zur beraten-

104 Vgl. z. B. Verhandlung des V. Internationalen Kongresses für angewandte Chemie über Pentosanbestimmung in Cacaoschalen und Cacaowaren, in: Mitteilungen deutscher Schokoladefabrikanten 3 (1903/04), S. 222 f.

105 Wie vielfach in der landwirtschaftlichen Forschung zu beobachten, fand auch hier eine enge Kooperation mit dem Staat statt, s. Verein der Zuckerindustrie, S. 239–243; *Krüger*, Interessenvertretungen, S. 154–159.

106 Ein Beispiel ist der Verein der Kurorte und Mineralquelleninteressenten Deutschlands, Österreich-Ungarns und der Schweiz, s. *Krüger*, Untersuchungen, S. 185; vgl. *Marsch*, S. 25.

107 Niederschrift der Verhandlungen des V. Verbandstages zu München am 12. September 1904, in: Mitteilungen deutscher Teigwarenfabrikanten 5 (1904/05), S. 2–5.

108 *Marsch*, S. 181.

den Instanz der gesamten Industrie entwickelte.[109] Die Anstalt nahm Analyseaufträge entgegen, erstattete Gutachten für Gerichtsverfahren und gab fachliche Anleitungen für die Produktion. Sie suchte Fabrikationsfehler zu ergründen und arbeitete neue Fabrikationsmethoden aus, die in einer eigenen Versuchsfabrik auf ihre Praxistauglichkeit getestet werden konnten. Ebenso wurden auf Versuchsfeldern Experimente zur qualitativen und quantitativen Verbesserung der Ernten sowie zur Düngung durchgeführt. Besonderes Interesse galt den Konservierungsmethoden und der Überprüfung von Konserven hinsichtlich ihrer Sterilisation.[110] So wurde ab 1909 eine großangelegte Studie durchgeführt,[111] in der über mehrere Jahre hinweg verschiedene Arten von Obst- und Gemüsekonserven auf ihre Qualitätsbeständigkeit hin untersucht wurden,[112] um die Faktoren häufig auftretender Mängel der Konserven zu ermitteln, über die man vielfach noch im Unklaren war.[113]

Unterstrichen wurde die Absicht verschiedener Branchen, die Produktionsweisen auf wissenschaftlicher Basis zu verbessern, durch Auftragsarbeiten oder auch Preisausschreiben, die für die Entwicklung bestimmter Herstellungs- und Weiterverarbeitungsverfahren, aber auch Nachweismethoden bestimmter Stoffe Prämien aussetzten.[114]

Neben der Beauftragung und Einstellung von Wissenschaftlern zu Forschungs- und Qualitätssicherungszwecken ist zu beobachten, dass diese – vielfach in Personalunion – auch zentrale Funktionen in Gewerbeverbänden einnahmen. Wissenschaftler schrieben regelmäßig in den Verbandsorganen, die sich in vielen Branchen auffällig stark auf Aspekte der Nahrungsmittelqualität

109 *Humbert*, S. 134f.

110 Seger, Jahresbericht 1912 des Laboratoriums der Versuchsstation für die Konservenindustrie, in: Konserven-Zeitung 14 (1913), S. 113f.; s. auch Düngungs- und Konservierungsversuche mit Weißkohl und Gurke, in: Konserven-Zeitung 13 (1912), S. 218; Bericht über die Hauptversammlung des Vereins Deutscher Konservenfabrikanten am 16. Januar 1914, in: Konserven-Zeitung 15 (1914), S. 25f.

111 Zum folgenden Abschnitt: Versammlung von Interessenten der Konservenbranche, in: Konserven-Zeitung 12 (1911), S. 77; Bericht über die bisherigen Ergebnisse der Untersuchungen der Qualitätsbeständigkeit der Gemüse und Obstkonserven, in: Konserven-Zeitung 15 (1914), S. 50–52.

112 Man suchte zu klären, welchen Veränderungen Obst und Gemüse in Dosen ausgesetzt waren. Eine Auswahl von insgesamt 3.600 Konservendosen wurde unter amtlichen Verschluss der Handelskammer Braunschweig genommen und nach einer ersten Überprüfung eingelagert. In den Folgejahren wurden die Konserven durch eine Kommission aus Vertretern der beteiligten Verbände und externen wissenschaftlichen Sachverständigen wiederholt untersucht.

113 *Humbert*, S. 103f.

114 So initiierte die »Leipziger Bienenzeitung« gleich zweimal ein Preisausschreiben für die Entwicklung eines Mittels, das es der Marktpolizei ermöglichen sollte, auf unkomplizierte und sichere Weise echten von gefälschtem Honig zu unterscheiden, s. Preisausschreiben betr. Honiguntersuchung, in: ZUNG 21 (1911), S. 448; ein weiteres Beispiel: Die Salizylsäure als Konservierungsmittel für Fruchtsäfte, in: DNR 4 (1906), S. 46.

und -überwachung konzentrierten.[115] Nicht selten fungierten Wissenschaftler als Redakteure oder Herausgeber der Blätter.

Erstaunlicher ist jedoch, dass Wissenschaftler auch leitende Positionen innerhalb der Fachvereinigungen einnahmen: Das prominenteste Beispiel ist der Bund der Nahrungsmittel-Fabrikanten, der den Chemiker und langjährigen Vorsitzenden der Freien Vereinigung bayerischer Vertreter der angewandten Chemie und des Verbandes selbständiger öffentlicher Chemiker, Robert Kayser, zum Geschäftsführer bestellte. Dieser Umstand zeigt, wie zentral das Thema Nahrungsmittelqualität in der Politik dieser Verbände war und wie dringend die Industrie das Know-how der Wissenschaftler benötigte. Gleichzeitig unterstreicht er die Vermutung, dass die Industrie Wissenschaftler anwarb, um Verbindungen zur Wissenschaft aufzubauen und ihre Forderungen bezüglich der Nahrungsmittelgesetzgebung fachlich zu untermauern.

2. Selbstregulierungen einzelner Branchen

Mit dem Aufstieg der Verbände traten zunehmend gebündelte Aktivitäten neben die bereits beschriebenen Strategien einzelner Unternehmen. Ein kollektives Vorgehen ermöglichte ganz andere Formen der Vertrauensgenerierung und -sicherung; das Qualitätsversprechen eines einzelnen Unternehmens sollte durch die Institution des Verbandes abgesichert werden. Damit einher ging vielfach das Bestreben, ein Gegengewicht zu den Verbänden der Nahrungsmittelchemie und deren Normierungen zu schaffen, denen die Industrie angesichts der Passivität des Staates nicht allein das Feld überlassen wollte. Sie beanspruchte ebenso wie diese das Recht, die Lücken der Gesetzgebung durch eigene Normsetzungen auszufüllen und die weitere staatliche Regulierung zu beeinflussen. Je größer der Handlungsbedarf war, den die Nahrungsmittelindustrie identifizierte, desto mehr schloss sie sich organisatorisch zusammen, um ihre Bedürfnisse gegenüber Legislative und Verwaltung zu artikulieren. Viele Verbandsgründungen der Nahrungsmittelindustrie wurden durch das Problem der Nahrungsmittelregulierung überhaupt erst angestoßen.

115 Beispiele: Änderung der Ausführungsbestimmungen zum Margarinegesetz, in: Deutsche Margarine-Zeitschrift 2, 8 (1913), S. 3f.; Verhaltensmaßregeln im Falle einer Beanstandung durch die Nahrungsmittelkontrolle, in: DNR 11 (1913), S. 289; Über Dessertweine. Zu den Breslauer Beschlüssen des Vereins Deutscher Nahrungsmittel-Chemiker, in: ebd., S. 306; Mehlzusatz zu Wurst, in: DNR 7 (1909), S. 180; Zur Bezeichnung der mit Kohlensäure imprägnirten Schaumweine, in: Zeitschrift für die gesamte Kohlensäure-Industrie 4 (1898), S. 62; Die Internationale Hygiene-Ausstellung Dresden, in: Konserven-Zeitung 12 (1911), S. 271.

2.1 Das »Qualitätskartell« des Verbandes deutscher Schokoladefabrikanten

Das wohl prominenteste Beispiel für wirtschaftsseitige Regulierungen der Nahrungsmittelqualität findet sich in der Schokoladeindustrie: 1876 wurde hier ein Verband gegründet, dessen Mitglieder sich auf eigene Qualitätsstandards für die Schokoladeproduktion verpflichteten – noch bevor die Überlegungen, ein reichseinheitliches Nahrungsmittelgesetz zu schaffen, konkret wurden.

Ursächlich war die prekäre Situation der Branche Anfang der 1870er Jahre: Die deutsche Schokoladeindustrie war in der zweiten Hälfte des 19. Jahrhunderts im Allgemeinen noch handwerklich geprägt, und auch das Kapitalaufkommen war zunächst sehr schwach.[116] Sie besaß wenig Entwicklungspotential und drohte mehr und mehr hinter der ausländischen Konkurrenz zurückzubleiben, begünstigt durch die Zollgesetzgebung des Deutschen Reiches: Der 1873 beschlossene Zolltarif legte eine derart geringe Spanne zwischen Rohkakaozoll und Fabrikatzoll fest,[117] dass der Wert der im Veredlungsverfahren anfallenden Abfallstoffe nicht aufgefangen werden konnte. Die Konsequenz war, dass ausländische Produzenten – insbesondere aus Frankreich – qualitativ gute Schokolade in Deutschland billiger anbieten konnten als ihre deutschen Mitbewerber, so dass die Konsumenten insbesondere bei den besseren Sorten ausländische Fabrikate bevorzugten. Dieses Missverhältnis stellte sich für die deutsche Industrie als »eine Bestrafung des inländischen Fabrikanten für die Verarbeitung von Rohkakao zu reiner Schokolade« dar.[118]

Um ihre Wettbewerbsfähigkeit zu erhalten, verwendeten viele deutsche Produzenten – so jedenfalls die öffentliche, aber auch die Eigen-Wahrnehmung der Branche[119] – in vermehrtem Umfang Surrogatstoffe wie Mehl, Stärkemehl, Reis, Bohnenmehl, Kalk und rote Erde zur Gewichtserhöhung. Gleichzeitig wurde die Kakaobutter durch wesensfremde Fette gestreckt oder ganz ersetzt.[120] Auch merkantilistische Traditionen, die die Substitution teurer Kolonialwaren durch billige Ersatzstoffe gefordert hatten, wirkten fort. Zudem spielte die zunehmende Verbreitung der Schokolade in weniger bemittelten Bevölkerungsschichten, die mit einer Nachfrage nach billigen Produkten einherging, eine Rolle in der Produktionspolitik der Schokoladehersteller.[121] Auch wenn möglicherweise nicht alle Verbraucher die derart gestreckte Schokolade nur als

116 *Fincke*, Chemikertätigkeit, S. 6; *Ellerbrock*, Geschichte, S. 315 f.

117 Für Kakaobohnen lag der Zollsatz für die Einfuhr ins Deutsche Reich bei 35 Mark, für Fertig- und Halbfertigerzeugnisse bei 42 Mark, s. *Greiert*, S. 32.

118 Ebd.

119 *Rüger*, S. 13.

120 BA, R 86/2071; vgl. *Bauer*, Verfälschung, S. 117 f.; *Fincke*, Chemikertätigkeit, S. 7. Eine Übersicht über die gängigen Verfälschungen findet sich bei *Mueller*, S. 141 f., der sich auf verschiedene Warenlexika stützt.

121 *Rossfeld*, Schokolade, S. 189–193. Diese Entwicklungen sind aber auch in anderen europäischen Ländern zu beobachten gewesen, s. ebd., S. 177–180.

billige Stellvertreter, sondern vielmehr als willkommene, da günstige Alternative ansahen:[122] Vielfach war zwischen den verschiedenen Qualitäten nicht zu differenzieren, so dass auch qualitativ hochwertigere Schokolade unter dem Generalverdacht der Verfälschung stand und nur zu niedrigen Preisen abgesetzt werden konnte. Auf lange Sicht musste dieser Prozess – zumindest bezogen auf den Markt für deutsche Schokolade – zu einer Verdrängung der Qualitätsprodukte und schließlich zu einem Zusammenbrechen des Marktes und somit der völligen Dominanz ausländischer Unternehmen führen.[123] Die Abgrenzung gegenüber verfälschter Schokolade und billiger Massenware war mithin nicht bloß eine Strategie zur Etablierung eines Marktes für höhere Qualitäten zu relativ höheren Preisen, sondern ein Mittel, um überhaupt einen Markt für deutsche Schokolade zu erhalten. Nicht umsonst bezeichnete der Verband der Schokoladefabrikanten Schokoladewaren als »Vertrauensartikel«.[124] Diese Sichtweise schlug sich schon darin nieder, dass Schokoladefabrikanten zu den Unternehmen gehörten, die früh Standards in der Werbung setzten und sich in der Produktion von Gesundheitsprodukten betätigten.[125] Der Staat sah offenbar keinen Handlungsbedarf – selbst in den von wissenschaftlichen Sachverständigen zusammengestellten Materialien zum Entwurf des Nahrungsmittelgesetzes wurden die Schokoladeverfälschungen als harmlos eingeordnet.[126] Umso auffälliger ist das frühe Engagement der Fabrikanten – die Initiative zu qualitätsregulierenden Maßnahmen ging ausschließlich von ihnen selbst aus, sie war die Antwort auf die passive Haltung des Staates.[127]

Anfang 1877 gegründet,[128] begegnete der Verband dem immer stärker werdenden Konkurrenzdruck durch ausländische Fabrikate, indem er nicht nur eine Änderung der Rahmenbedingungen der Schokoladeproduktion, sondern auch eine Verhaltensänderung auf Seiten der Industrie selbst zu erreichen suchte. Neben einer Agitation für eine Verbesserung der Zollregelungen, die er ab 1885 schrittweise durchsetzen konnte,[129] setzte er konsequent eine gezielte Qualitätspolitik um.[130] Noch im Jahr der Gründung berief der Verband eine interne Kom-

122 Ebd., S. 190–192. So war vielfach auch die Argumentation der Produzenten selbst.

123 Vgl. dazu *Akerlof*, S. 489f., 495f.

124 *Rüger*, S. 33.

125 *Ellerbrock*, Geschichte, S. 315f.

126 BA, R 86/2071.

127 Vgl. *Wehler*, S. 668.

128 *Rüger*, S. 4f. Dominierend waren zunächst Stuttgarter und Dresdner Firmen – die großen und bekannten Firmen der Branche wie Sprengel, Waldbaur, Hartwig & Vogel, Petzold & Aulhorn sowie Guth & Birnbaum waren allesamt bereits bei der konstituierenden Sitzung vertreten.

129 Nachdem zunächst die Differenz auf 25 Mark angehoben wurde, setzte der Verband 1902 eine weitere Anhebung des Zollsatzes für Fertigprodukte auf 80 Mark durch, die mit einer gleichzeitigen Senkung des Rohkakaozolls auf 20 Mark verbunden war. Zur Zollpolitik und den diesbezüglichen Bemühungen des Verbandes s. *Greiert*, S. 32–49; *Rüger*, S. 29–36.

130 *Kynast*, S. 50.

mission, die einen Katalog derjenigen Ersatz- und Füllstoffe ausarbeitete, die in Zukunft bei der Schokoladefabrikation ausgeschlossen werden sollten – darunter vor allem Zusätze wie Eichelmehl, Zichorien, Runkelrübenmehl, tierische Fette und mineralische Stoffe. Der Index wurde in den Folgejahren immer mehr ausgeweitet; 1893 wurden erstmals positive Bestimmungen aufgestellt. Neben der Formulierung von Mindestanforderungen definierten diese die »Normalzusammensetzung« der wichtigsten Rohstoffe und Erzeugnisse, legten fest, was als Verfälschung zu verstehen war und unterschieden verschiedene Qualitätsklassen. Genaue Grenzwerte für Zusätze und Mindestangaben für grundlegende Rohstoffe wurden ebenso aufgenommen wie Richtlinien für die Produktionsverfahren. Der Verband führte eine Deklarationspflicht für alle Stoffe ein, die Kakao- und Schokoladeprodukten zusätzlich zu den Grundstoffen Kakaobutter, Kakaomasse, Zucker und Gewürzen zugesetzt wurden, und verband sie mit genauen Kennzeichnungsvorschriften.[131] Gingen schon die ersten Festsetzungen des Verbandes über die in den Materialien zum Nahrungsmittelgesetz enthaltenen Prinzipien hinaus, taten die Richtlinien von 1893 dies erst recht.

Immer wieder präzisierte der Verband seine Standards und nahm auf Grundlage aktueller Entwicklungen in Forschung und Technik neue Details und Begriffsabgrenzungen auf. Er nahm zu neu entwickelten Produkten (z. B. Frucht- oder Trüffelschokolade) und Produktionsverfahren wie der sogenannten Alkalisierung des Kakaopulvers Stellung und schloss sie entweder für seine Mitglieder aus oder ließ sie unter bestimmten Bedingungen zu.[132] Eine grundlegende Neuerung fand 1905 statt: Zum ersten Mal wurde nun festgelegt, dass der Gehalt der Schokolade an Zucker und anderen zulässigen Zusatzstoffen nicht mehr als 70 % ausmachen durfte, mindestens 30 % der Schokolade sollten aus Kakaomasse bestehen.[133]

Bei der Verabschiedung der Bestimmungen und ihrer Änderungen kam es wiederholt zu internen Auseinandersetzungen. Einzelne Mitglieder befürchteten durch die strikten Richtlinien gegenüber externen Firmen benachteiligt zu werden – sie prophezeiten zudem eine Abschreckung potentieller Mitglieder durch die Standards.[134] Insbesondere gegen die Kennzeichnungspflicht des verbreiteten Mehlzusatzes regte sich Widerstand; es wurde behauptet, dass hiermit der Untergang der deutschen Schokoladeindustrie besiegelt werde, da auch

131 Abgedruckt in: *Greiert*, S. 10–12.

132 Bericht des Verbandes deutscher Chokolade-Fabrikanten über das 37. Verbandsjahr 1912/13, S. 2, in: BA, R 86/2045; Bericht des Verbandes deutscher Schokolade-Fabrikanten über das 38. Verbandsjahr 1913/14, S. 2, in: ebd.; verschiedene Gutachten zur Alkalisierung in: RWWA 208–268–5; Bestimmungen des Verbandes deutscher Schokolade-Fabrikanten über den Verkehr mit Kakao, Schokolade und Schokoladewaren. Fassung vom 16. September 1907 mit Ergänzungsbeschlüssen vom 12. September 1909, 18. Februar 1911 und 9. September 1911, in: BA, R 86/2043.

133 *Greiert*, S. 13.

134 Bericht über den XVIII. Verbandstag deutscher Chokolade-Fabrikanten in Frankfurt a. M., in: Mitteilungen deutscher Schokoladefabrikanten 14 (1893/94), S. 5–12.

unter den Konsumenten die Überzeugung verbreitet sei, Mehl verbessere die Schokolade. Genau gegen diese Vorliebe der Konsumenten wollte der Verband jedoch vorgehen und ein breites Bewusstsein für Qualität verankern.[135]

Mehr und mehr rezipierte der Verband wissenschaftliche Forschungsergebnisse und überarbeitete auf ihrer Basis laufend die Bestimmungen. Schon bald nach seiner Gründung führte er eigene Studien durch und setzte ab 1882 mehrere Preise für die Weiterentwicklung der Analyseverfahren und grundlegende Forschungen zu Kakaofabrikaten aus.[136] Wie die Preisausschreiben verdeutlichen, die teils unter Federführung des Vereins analytischer Chemiker durchgeführt wurden, kooperierte der Verband in seiner Forschungsarbeit eng mit bestehenden Überwachungs- und Forschungseinrichtungen sowie Fachverbänden der Nahrungsmittelchemie, die seine Arbeit und Richtlinien offenbar anerkannten. Bis der Zusammenschluss Anfang der 1890er Jahre einen eigenen Chemiker anstellte, beauftragte er private, verbandliche, staatliche und kommunale Laboratorien mit grundlegenden Forschungen zur Schokolade.[137] Diese bildeten auch die Grundlage für die regelmäßige Überprüfung der Erzeugnisse der Mitglieder, die der Verbandsvorstand ab 1878 verdeckt durchführen ließ. In Fällen, in denen der Sachverständige zu dem Ergebnis kam, es liege eine Verfälschung vor, wurde ein weiterer Chemiker befragt; als letzte Instanz wurde in Zweifelsfällen der Verein analytischer Chemiker hinzugezogen.[138]

Die umfassenden Kontrollen der Mitgliederfirmen waren notwendige Basis für eines der wichtigsten Instrumente der Verbandspolitik: die Verbandsmarken. 1878 eingeführt, wurden sie zum Identifikationsmerkmal der Verbandsfirmen und machten die internen Selbstverpflichtungen nach außen sofort erkennbar.[139] Erneut findet sich hier die von Giddens beobachtete Etablierung symbolischer Zeichen.[140] Alle Mitglieder, die sich durch ihre Unterschrift mit den Reinheitsbedingungen einverstanden erklärt hatten, konnten die in auffälligen Farben (rot für Schokolade- und blau für Kakaoprodukte) gehaltene Verbandsmarke beziehen und ihre Produkte damit kennzeichnen. Der ersten Verbandsmarke »Rein Cacao« wurden bald weitere zur Seite gestellt, um eine

135 *Rüger*, S. 14.

136 Als Erstes wurde ein Preis für eine umfassende Monographie zu Kakaofabrikaten ausgesetzt – 1887 wurde eine Arbeit von Dr. Paul Zipperer prämiiert: *Zipperer*, Untersuchungen. Zum Verbandsjubiläum 1901 wurde das Werk nach einer grundlegenden Neubearbeitung und Aktualisierung neu aufgelegt: ders., Chokolade-Fabrikation. Weitere Preisausschreiben, so zur Verfeinerung der Methoden der Kakaoschalen-Identifikation in Schokolade und zur Entwicklung einer Kakaoschalen-Reinigungsmaschine, folgten, s. *Greiert*, S. 18f.; Preisausschreiben des Verbandes betreffs besserer Ermittelung von Cacaoschalen in Cacao und Chocolade, in: Mitteilungen deutscher Schokoladefabrikanten 24 (1903/04), S. 154f.

137 *Fincke*, Chemikertätigkeit, S. 8; *Rüger*, S. 16, 18.

138 Abdruck der Erklärung in: *Greiert*, S. 8f.; dazu auch Chronik des Bundesverbandes der Deutschen Süßwarenindustrie, S. 46.

139 *Greiert*, S. 15.

140 *Giddens*, S. 34ff.

Abb. 4: Anzeige des Verbandes deutscher Schokoladefabrikanten, 1898.

Klassifikation nach der Güte der Fabrikate zu schaffen.[141] Durch die regelmäßigen Analysen wurde die »Markenwürdigkeit« der markierten Waren überprüft; bei Verstößen griff ein abgestuftes Sanktionssystem: Beim ersten Auffälligwerden wurde der betreffende Fabrikant lediglich verwarnt; bei einem zweiten Verstoß wurde eine Geldbuße von fünfzig bis hundert Mark verhängt. Wurde das Unternehmen ein drittes Mal ertappt, folgte der Ausschluss aus dem Verband, der zudem unter Angabe der Gründe in verschiedenen Tageszeitungen veröffentlicht wurde.[142]
In den Verbandsmitteilungen finden sich immer wieder Hinweise auf Verwarnungen von Mitgliedsfirmen ohne Nennung des Namens.[143] Die Angaben darüber, ob tatsächlich Firmen aus dem Verband ausgeschlossen wurden, gehen

141 1911 bestanden schließlich je drei Marken in den Abstufungen »gut«, »fein« und »sehr fein« für Kakaopulver und Schokolade, s. *Kynast*, S. 50; Eindruck von Verbandsmarken, in: Mitteilungen deutscher Schokoladefabrikanten 33 (1912/13), S. 289 f.; Verwendung der Verbandsmarken, in: Mitteilungen deutscher Schokoladefabrikanten 34 (1913/14), S. 210 f. Die Gestaltung der Marke, die einen stilisierten Reichsadler zeigte, lehnte sich an das Zeichen der Firma Stollwerck an, s. Chronik des Bundesverbandes der Deutschen Süßwarenindustrie, S. 45.

142 Abdruck der Erklärung von 1878, die das Strafsystem festlegte, in: *Greiert*, S. 8 f.

143 Z.B. Vorgehen des Verbandes gegen Verfälschung und falsche Bezeichnung von Cacaowaren, in: Mitteilungen deutscher Schokoladefabrikanten 23 (1902/03), S. 111.

jedoch auseinander: Während der langjährige Verbandsvorsitzende Otto Rüger 1901 mit »Genugthuung« konstatierte, dass die Verbandsleitung nie mit letzter Konsequenz gegen ein markiertes Fabrikat habe einschreiten müssen,[144] gab es nach einer Festschrift von 1926 in den ersten Jahren tatsächlich mehrfach Ausschlüsse. Jedoch sei es später nur ganz selten zu Verstößen gekommen – die Überzeugung von der Notwendigkeit der Reinheitsbestrebungen sei den Schokoladefabrikanten »in Fleisch und Blut übergegangen«.[145] Mehrfach wird über freiwillige Austritte aus dem Verband nach Mahnungen und Strafandrohungen wegen Verfälschungen berichtet.[146] Auch die Aufnahmerichtlinien waren offenbar restriktiv: Der Verband zog vor der Aufnahme eines neuen Mitglieds immer genaue Erkundigungen ein und beschied mehrfach Aufnahmeanträge abschlägig, zum Beispiel weil ein Unternehmen in der Vergangenheit wegen Nahrungsmittelfälschung angezeigt worden war.[147] Diese Sicherungsmaßnahmen dienten dazu, die Glaubwürdigkeit der durch die Gütezeichen ausgesprochenen Qualitätsversprechen zu erhöhen.[148]

Durch Beizettel zu den Produkten[149] und regelmäßige Inserate insbesondere in der bürgerlichen Presse und in Hausfrauenzeitschriften wurden die Kunden über die Bedingungen der Verleihung der Marken sowie die Sanktionen des Verbandes gegen die missbräuchliche Verwendung informiert.[150] Notwendig wurden diese Abgrenzungen insbesondere deshalb, weil die Verbandsmarken nicht rechtlich geschützt waren[151] und vielfach nachgeahmt wurden, was jedoch gerade die hohe Akzeptanz dieser Qualitätsgarantie und den Erfolg der Werbestrategie zeigt – ebenso wie der hohe Markenverbrauch, der in den

144 *Rüger*, S. 12.

145 *Greiert*, S. 12f., 20 (Zitat 13).

146 So die Firmen Robert Berger und Paul Wesenberg Sohn, s. Einschreiten wegen ungenügender Angabe des Mehlzusatzes auf Chokolade-Umhüllungen, in: Mitteilungen deutscher Schokoladefabrikanten 11 (1891/92), S. 19f.; Schreiben des Verbandes an das Königliche Polizeipräsidium, Abteilung IIa, Berlin, Dresden, 30. Mai 1904, in: GStAPK, I. HA, C IX 1, Bd. 3 Vol. 6.

147 Sitzungs-Niederschrift vom XVI. Verbandstag deutscher Chokoladefabrikanten, in: Mitteilungen deutscher Schokoladefabrikanten 11 (1891/92), S. 2–6; Bericht über den XIX. Verbandstag deutscher Chokolade-Fabrikanten am 8. September 1894 in Thale im Harz, in: Mitteilungen deutscher Schokoladefabrikanten 14 (1894/95), S. 6–11.

148 Vgl. *Wendorf*, S. 81.

149 Bericht des Verbandes deutscher Chokolade-Fabrikanten über das 36. Verbandsjahr 1911/12, S. 4, in: BA, R 86/2045.

150 Anzeigen wurden z. B. in den »Fliegenden Blättern«, der »Gartenlaube«, dem »Export« und in »Fürs Haus« sowie in der »Illustrirten Frauen-Zeitung« und in der »Modenwelt« lanciert, s. Sitzungs-Niederschrift vom XVI. Verbandstag deutscher Chokoladefabrikanten, in: Mitteilungen deutscher Schokoladefabrikanten 11 (1891/92), S. 2–6; Abdruck einer solchen Anzeige s. *Greiert*, S. 16.

151 Das Markengesetz erkannte nur Zeichen von Einzelfirmen oder Gesellschaften, nicht aber von Verbänden an, s. *Wadle*, Bd. 1, S. 89. Als Ausweg ließ der Verband deshalb die Verbandsmarken auf den Namen eines Mitgliedes eintragen, die Prozesse gegen Verletzungen des Markenrechts wurden dann jedoch auf Verbandskosten geführt.

ersten 25 Jahren des Verbandsbestehens bei 93 Millionen Stück lag und bis 1911 auf 147 Millionen anwuchs.[152] Auch die rasch wachsende Mitgliederzahl des Verbandes ist ein Beleg dafür: Bereits sieben Monate nach der Gründung zählte der Verband 45, 1908 hundert Mitgliedsfirmen; kurz vor dem Ersten Weltkrieg vereinigte er 80 % der gesamten deutschen Schokoladeindustrie auf sich.[153]

In der Rückschau wurde der Schokoladeverband häufig als »Qualitätskartell«[154] bezeichnet – und in der Tat hatte seine Konstruktion Züge eines Kartells, beruhte er doch auf der Einsicht, dass die Koordination des Verhaltens der Schokoladefabrikanten den kostengünstigeren Weg gegenüber ungeordneter Konkurrenz darstellte. Mit den Qualitätsmarken wurden Minimalpreise verbunden; daneben traten wie in anderen Kartellen Forschungs- und Investitionsabsprachen. Ab 1899 bemühte sich der Verband, eine Preiskonvention zu bilden, die jedoch nach mehreren Anläufen an der fehlenden Beteiligung der Mitglieder scheiterte.[155]

Der Verband strebte darüber hinaus eine weitere Verankerung der eigenen Qualitätsvorstellungen in der Öffentlichkeit an. Auch Nichtmitglieder wurden kontrolliert und im Fall von aufgedeckten Verfälschungen oder mangelnden Deklarierungen von Zusätzen angezeigt; wiederholt kam es infolgedessen zu Strafprozessen.[156] Damit untermauerte er seine Bemühungen, als autoritative Instanz in branchenspezifischen Fragen anerkannt zu werden und prägenden Einfluss auf die allgemeine Vorstellung von Schokoladequalität zu erhalten. In seiner Selbstdarstellung unterstrich der Verband stets die Vorzüge der Selbsthilfe, doch war er lange der Auffassung, dass zusätzlich eine staatliche Regulierung des Nahrungsmittelmarktes vonnöten sei.[157] Offenbar erschien es zumindest zeitweise so, als gelinge es mit Hilfe der eigenen Regulierungen nur begrenzt, das gewünschte Ziel eines Marktes für höhere Qualität durchzusetzen. Bereits seit den frühen 1880er Jahren suchte der Verband deshalb Einfluss auf die Nahrungsmittelgesetzgebung zu nehmen und die eigenen Standards dort zu

152 *Greiert*, S. 17; allerdings finden sich in den Verbandsmitteilungen auch mehrfach Berichte darüber, dass einige Mitglieder – darunter auch bedeutende Unternehmen – gar keine Marken bezogen, Bezug von Verbandsmarken, in: Mitteilungen deutscher Schokoladefabrikanten 12 (1891/92), S. 20; Verbandsmarken-Verkauf, in: Mitteilungen deutscher Schokoladefabrikanten 14 (1893/94), S. 35.

153 *Kynast*, S. 51.

154 Chronik des Bundesverbandes der Deutschen Süßwarenindustrie, S. 79.

155 *Rüger*, S. 11 f.; dazu s. auch *Kynast*, S. 54–58; zu Kartellen im allgemeinen vgl. *Plumpe*, Selbstverwaltung, S. 382, 384 f.

156 Z. B. Gerichtsverhandlung wegen Chokoladefälschung, in: Mitteilungen deutscher Schokoladefabrikanten 14 (1893/94), S. 28 f.; Vorgehen des Verbandes gegen Verfälschung und falsche Bezeichnung von Cacaowaren, in: Mitteilungen deutscher Schokoladefabrikanten 23 (1902/03), S. 111; Bezeichnung einer verfälschten Chocolade als Surrogat schützt nicht vor Strafe!, in: Mitteilungen deutscher Schokoladefabrikanten 24 (1903/04), S. 60.

157 S. z. B. Bericht des Verbandes deutscher Chokolade-Fabrikanten über das XVII. Verbandsjahr 1893, in: Mitteilungen deutscher Schokoladefabrikanten 14 (1893/94), S. 1–3.

verankern. Ähnlich anderen industriellen Zusammenschlüssen strebte er nach einer »Mittlerstellung zwischen Unternehmern und Staatsverwaltung«.[158] Er übte massive Kritik an den vielfach als Richtlinien der Nahrungsmittelkontrolle herangezogenen technischen Materialien zum Nahrungsmittelgesetz, die z. B. Mehl- oder Hammelfettzusätze als hygienisch unbedenklich einstuften, während der Verband bereits in seinen ersten Stellungnahmen die Verwendung solcher Fette ganz ausgeschlossen und für Mehl einen Deklarationszwang eingeführt hatte.[159] Auch das Nahrungsmittelgesetz selbst erhielt vom Verband aufgrund seiner unklaren Begrifflichkeiten und seiner mangelnden praktischen Durchsetzung nicht viel Lob.[160]

Mehrfach forderten die Schokoladefabrikanten amtliche Richtlinien oder eine Verordnung zur Schokoladefabrikation.[161] Als dies aufgrund der allgemeinen zögerlichen Haltung gegenüber dem Erlass von Verordnungen erfolglos blieb, arbeitete der Verband einen eigenen Gesetzentwurf zum Verkehr mit Kakaowaren aus, der 1893 dem Reichsamt des Innern vorgelegt wurde.[162] Die zum Gesetzesvorhaben befragten Einzelstaaten lehnten dieses jedoch als verfrüht ab; die vielfach schon zu beobachtende Angst vor einer Überregulierung kam hier wieder zum Tragen: Der Erlass eines eigenen Gesetzes zu Kakaowaren provoziere, so die Argumentation, Forderungen weiterer Industriezweige nach ähnlichen Sonderregelungen – es sei aber sehr schwer, eine Grenze zwischen überflüssigen und notwendigen Normierungen zu ziehen.[163]

Immerhin erzielte der Verband mit seinem Gesetzentwurf eine erhöhte Aufmerksamkeit für die Schokoladequalität – die Territorialregierungen hielten die Überwachungsinstitutionen zu strengeren Kontrollen an und versprachen, die Forschung voranzutreiben, um exaktere Grundlagen für die Kontrollen

158 Vgl. *Kaelble*, S. 8 f.

159 *Rüger*, S. 14 f.

160 Ebd., S. 21.

161 1882 reichte er z. B. eine Denkschrift ein, die im Reichstag einige Fürsprecher fand, jedoch nie umgesetzt wurde. Als das Reichsschatzamt 1887 für den Zollverkehr Vorschriften für die Beurteilung der Schokolade aufstellte, die sich stark an die Verbandsbestimmungen anlehnten, verlangte der Verband, diese als amtliche Richtlinien für die Rechtsprechung und die Nahrungsmittelüberwachung anzuerkennen. Die Reichsleitung sperrte sich jedoch dagegen, Bestimmungen der Reichsfinanzverwaltung als Auslegungsdirektiven des Nahrungsmittelgesetzes festzulegen, s. *Greiert*, S. 10; *Rüger*, S. 22, 24.

162 Entwurf eines Gesetzes betr. den Verkehr mit Kakaowaaren, einstimmig angenommen vom XVII. Verbandstag deutscher Chokolade-Fabrikanten in Leipzig am 11. Januar 1893, in: RWWA 208-270-8; Gesuch des Verbandes deutscher Chokolade-Fabrikanten um Erlass eines Gesetzes, betr. den Verkehr mit Kakao-Erzeugnissen, in: ebd.

163 Schreiben des bayerischen Außenministeriums an das Reichsamt des Innern in Berlin, München, 29. April 1894, in: BayHStA, MJu 17695; Gesetz-Entwurf, betr. den Verkehr mit Kakao-Erzeugnissen, in: Mitteilungen deutscher Schokoladefabrikanten 15 (1894/95), S. 25 f. Der Verband selbst gab der Formulierung der Anfrage an die Einzelstaaten die Schuld für die Ablehnung des Gesetzentwurfs, s. Berichtigung eines Gutachtens zum Gesetz-Entwurf über den Verkehr mit Kakaowaaren, in: Mitteilungen deutscher Schokoladefabrikanten 14 (1893/94), S. 56 f.

zu erhalten.[164] In der Rückschau stellte der Verband fest, dass sich das Fehlen staatlicher Verordnungen und Gesetze zur Schokoladefabrikation und -überwachung auf die Entfaltung der Industrie eher positiv ausgewirkt habe. So sei diese nicht durch starre Regelungen eingeengt worden, sondern habe sich selbst Bestimmungen geben können, die rasch an die aktuelle Entwicklung angepasst werden konnten.[165] Dementsprechend setzte der Verband sich nach der Jahrhundertwende zwar weiterhin für eine Verbesserung der Nahrungsmittelkontrolle ein, schloss sich aber jetzt den Forderungen nach der Einrichtung eines Nahrungsmittelbeirates als autoritative Instanz in zweifelhaften Fällen an und lehnte die Festsetzung von Verkehrsbestimmungen auf dem Verordnungsweg oder per Gesetz ab.[166] Er kam letztlich zu dem Schluss, dass die Ablehnung eines Schokoladegesetzes am besten den Erfolg seiner eigenen Qualitätsstandards belege. Nicht umsonst habe der Staatssekretär im Reichsamt des Innern, von Bötticher, die Ablehnung mit der funktionierenden Selbsthilfe der Branche begründet.[167]

So entwickelten sich die Verbandsbestimmungen mehr und mehr zu orientierenden Richtlinien für die amtliche Nahrungsmittelüberwachung und die Rechtsprechung.[168] Vertreter des Verbandes wurden zudem als Sachverständige in Strafprozessen gehört[169] – ähnlich den Wissenschaftsvereinigungen entwickelte der Verband sich somit zu einem Expertenpool. Förderlich war hier der ständige Kontakt mit den Reichsbehörden und Territorialregierungen.[170]

164 Schreiben des bayerischen Außenministeriums an das Reichsamt des Innern in Berlin, München, 29. April 1894, in: BayHStA, MJu 17695; bestätigend: Zum Gesetz-Entwurf über den Verkehr mit Kakaowaaren, in: Mitteilungen deutscher Schokoladefabrikanten 14 (1893/94), S. 25f.

165 *Greiert*, S. 12.

166 Der Verband trat hier sogar als einer der Wortführer auf und trieb maßgeblich Resolutionen der Nahrungsmittelindustrie in dieser Hinsicht voran, s. Bericht des Verbandes deutscher Chokolade-Fabrikanten über das 35. Verbandsjahr 1910/11, S. 2, in: BA, R 86/2045; Bericht des Verbandes deutscher Schokolade-Fabrikanten über das 37. Verbandsjahr 1912/13, S. 1, in: ebd.

167 *Greiert*, S. 22. An dieser Auffassung hielt die Regierung auch nach dem Ersten Weltkrieg fest, erst 1933 wurde auf Grundlage des neuen Lebensmittelgesetzes von 1927 eine Verordnung zu Kakaoerzeugnissen erlassen, s. Kakaoverordnung vom 15. Juli 1933, in: RGBl 1933, S. 504–514.

168 S. z.B. Landgericht Dresden, Urtheil vom 10. September 1897 wider den Chokoladenfabrikanten H., den Chokoladenarbeiter M., den früheren Chokoladenarbeiter, jetzigen Hausmann R., sämmtlich zu Dr. und den Konditor Ha. zu Re., in: Auszüge aus gerichtlichen Entscheidungen, Bd. 5, S. 227–229; Landgericht Leipzig, Urteil vom 8. März 1911 wider den Fabrikbesitzer H., dessen Prokuristen B. und Werkmeister L., in: Auszüge aus gerichtlichen Entscheidungen, Bd. 9, S. 504; s. auch *Greiert*, S. 12.

169 Gerichtsverhandlung wegen Chokoladefälschung, in: Mitteilungen deutscher Schokoladefabrikanten 14 (1893/94), S. 28f.; Vereidigte Sachverständige, in: Mitteilungen deutscher Schokoladefabrikanten 34 (1913/14), S. 210; Vereidigte Sachverständige, in: ebd., S. 248.

170 Bericht über den XVIII. Verbandstag deutscher Chokolade-Fabrikanten in Frankfurt a.M., in: Mitteilungen deutscher Schokoladefabrikanten 14 (1893/94), S. 5–12.

Hinzu kamen die enge Kooperation des Verbandes mit der Forschung[171] und der Umstand, dass zahlreiche Handbücher und Warenlexika ebenso wie Fachvereinigungen der Nahrungsmittelchemie und auch das Gesundheitsamt die Verbandsrichtlinien anerkannten und immer wieder lobend hervorhoben.[172] Die von der Freien Vereinigung deutscher Nahrungsmittelchemiker aufgestellten Vorgaben zur Schokolade- und Kakaountersuchung deckten sich zwar nicht immer mit den industriellen Standards, jedoch versuchte man von beiden Seiten, die Positionen einander anzunähern. Beide Zusammenschlüsse rezipierten jeweils die Grundsätze des anderen, nahmen Stellung zu diesen und bezogen sie in ihre Beratungen zur Neufassung der eigenen Richtlinien ein.[173] 1910 bildete die Freie Vereinigung z. B. eine Kommission, die gemeinsam mit Vertretern der Schokolade-Fabrikation einen Kompromiss über die Anforderungen an Milch- und Sahneschokolade ausarbeitete.[174]

Der Verband der Schokoladefabrikanten stellte mit seiner Qualitätspolitik eine der ersten Gütezeichengemeinschaften in der industrialisierten Wirtschaft dar. Er unterschied sich von anderen Urhebern kollektiver Zeichen darin, dass sich die Gemeinsamkeit seiner Mitglieder nicht in dem Hinweis auf eine gemeinsame betriebliche oder geographische Herkunft der Produkte erschöpfte. Ältere Formen der gemeinschaftlichen Warenkennzeichnungen hatten zwar auch bereits kollektive Qualitätsvorstellungen einbezogen, jedoch beruhten diese auf eingeschliffenen Traditionen[175] und nicht auf einem aktiven Akt der Setzung wissenschaftlich unterlegter und systematisch überwachter Standards. Die Qualitätsmarken des Schokoladeverbandes stellten ähnlich den Marken äußerlich sichtbare Zeichen der Bemühung um Ehrlichkeit dar.[176] Als übergeordnete Institution setzte der Verband gewissermaßen eine Prämie auf qualitativ gute Erzeugnisse aus und enthob damit die Käufer der für sie kaum mehr

171 Der Verband war z. B. Mitglied im Verein für angewandte Chemie, s. Abrechnung für das Verbandsjahr 1891/92, in: Mitteilungen deutscher Schokoladefabrikanten 12 (1892), S. 4 f.

172 Jahresbericht über die amtliche Kontrolle der Nahrungs- und Genußmittel sowie Gebrauchs-Gegenstände im Königreiche Sachsen auf das Jahr 1904, in: Zeitschrift für öffentliche Chemie 12 (1906), S. 81–92, hier wurden die Festsetzungen als »mustergiltig« bezeichnet.

173 S. z. B. Äußerungen zu dem Antrage auf Festlegung des Mindestgehaltes von Cacao in Chocoladewaren, in: Mitteilungen deutscher Schokoladefabrikanten 24 (1903/04), S. 3 f.; Rundschreiben des Verbandes an die deutschen Chemiker, in: ebd., S. 155 f.; Schreiben der Freien Vereinigung Deutscher Nahrungsmittelchemiker an den Staatssekretär des Innern, Berlin, 3. Februar 1911, in: BA, R 86/2045; dazu auch *Greiert*, S. 13, 24.

174 Bericht des Verbandes deutscher Chokolade-Fabrikanten über das 34. Verbandsjahr 1909/10, S. 1, in: BA, R 86/2045; Bericht des Verbandes deutscher Chokolade-Fabrikanten über das 35. Verbandsjahr 1910/11, S. 1 f., in: ebd.; Bericht des Verbandes deutscher Chokolade-Fabrikanten über das 36. Verbandsjahr 1911/12, S. 1 f., in: ebd.

175 S. dazu auch *Reith*.

176 *Tietzel/Weber*, S. 19–21; dazu s. wieder auch *Giddens*, S. 26, 80, 88.

möglichen Prüfung der Waren.[177] Er erschien als eine die Eigeninteressen der einzelnen Fabrikanten neutralisierende Instanz und damit besser geeignet als ein alleinstehendes Unternehmen, Vertrauen zu generieren. Die Schokoladefabrikanten waren nunmehr nicht nur den Käufern gegenüber zur Lieferung reiner Schokolade verpflichtet, sondern auch gegenüber dem Verband. Durch Verletzung des in sie gesetzten Vertrauens riskierten sie nicht mehr nur die Beziehung zu ihren Kunden, sondern auch die zu den anderen Verbandsmitgliedern. Der negative Anreiz zur Wahrung des Vertrauens wurde größer; gleichzeitig stellte der Schokoladeverband als Mittler zwischen dem einzelnen Fabrikanten und den Käufern eine Vertrauenskette her und bürgte mit seinem eigenen Sozialkapital für die Vertrauenswürdigkeit der Fabrikanten.[178] Hier wurde mithin versucht, das Vertrauen in die einzelne Person des Schokoladefabrikanten bzw. in das einzelne Unternehmen in das Vertrauen in eine Institution zu überführen.[179]

Neben der größeren Glaubwürdigkeit brachte die Verbandsmitgliedschaft den beteiligten Firmen weitere klare Vorteile: Recht schnell wurde eine interne Verbandsorganisation aufgebaut, auf die die angeschlossenen Unternehmen zahlreiche Funktionen und Aufgaben übertragen konnten.[180] Ähnlich anderen Industrieverbänden schuf der Schokoladeverband gezielt ein »Informations- und Begünstigungssystem« für seine Mitglieder.[181] Indem er den Werbeaktivitäten der beteiligten Unternehmen zu einer größeren Wirksamkeit verhalf,[182] bündelte er die vorhandenen Ressourcen, ebenso durch die verbandliche Forschungsarbeit. Der Verband stellte seinen Mitgliedern darüber hinaus umfangreiche Informationsmöglichkeiten wie seine seit 1889 erscheinenden Mitteilungen sowie spezielle Informationsschriften und Vorträge[183] zur Verfügung. Daneben gab der Verbandschemiker zu allen Fragen der Fabrikation und Gesetzgebung Auskunft[184] und der Vorstand führte »Schwarzlisten« über zahlungsunfähige oder -unwillige Geschäftspartner.[185] Für einzelne Zu-

177 Bericht des Vorstandes des Verbandes deutscher Chokolade-Fabrikanten über das XVI. und den Beginn des XVII. Verbandsjahres September 1891 bis Ende 1892, in: Mitteilungen deutscher Schokoladefabrikanten 13 (1892/93), S. 15–18; vgl. *König*, Entstehung, S. 173.

178 *Engel*, Vertrauen, S. 14; vgl. *Fiedler*, S. 586 f.

179 *Fiedler*, S. 588.

180 Vgl. *Plumpe*, Selbstverwaltung, S. 378.

181 Dazu s. *Kaelble*, S. 5–7.

182 Der Verband gab nicht geringe Summen für gemeinsame Anzeigenkampagnen aus, s. Verkauf von Verbandsmarken, in: Mitteilungen deutscher Schokoladefabrikanten 11 (1891), S. 20.

183 *Krüger*, Interessenvertretungen, S. 163.

184 Beispiele für solche Anfragen und Gutachten s. im Bericht des Verbandes deutscher Chokolade-Fabrikanten über das 36. Verbandsjahr 1910/11, S. 3 f., in: BA, R 86/2045; weiter s. Bericht des Verbandes deutscher Schokolade-Fabrikanten über das 38. Verbandsjahr 1913/14, S. 5, in: ebd.

185 S. z. B. Bericht über den XVIII. Verbandstag deutscher Chokolade-Fabrikanten in Frankfurt a. M., in: Mitteilungen deutscher Schokoladefabrikanten 14 (1893/94), S. 5–12; Abmachung mit einer Auskunftei, in: Mitteilungen deutscher Schokoladefabrikanten 13 (1892/93), S. 28; *Rüger*, S. 11.

satz- und Grundstoffe bildeten die Mitglieder eine Einkaufsgemeinschaft und konnten auf diese Weise Rabatte erzielen.[186] Auch über die Qualitäts- und Zollregulierung hinaus trat der Verband öffentlich für die Interessen der Branche ein.[187]

An die Stelle internalisierter Aktivitäten der einzelnen Unternehmen traten damit informelle, reziproke Beziehungen. Informationen und Innovationen, aber auch Risiken wurden innerhalb des »Schokolade-Netzwerkes« geteilt.[188] Die Einbindung in dieses Netzwerk und die damit verbundenen Vorteile wirkten letztlich auch prohibitiv hinsichtlich Verstößen gegen die Qualitätsbestimmungen des Verbandes – damit drohten nicht nur Abmahnungen und Geldbußen, sondern mit dem Ausschluss aus dem Verband auch der Verlust der Reputation sowie wichtiger Kontakte und die Ausgrenzung von der Nutzung der verbandlichen Infrastruktur.[189] Der Verband kombinierte somit Zwang und selektive Anreize, um, wie Bolenz ähnliche Modelle in der technischen Normung kennzeichnet, seine Mitglieder »quasi-gouvermental« zur Kooperation zu bewegen.[190] Die Bereitschaft der Unternehmen, sich am »Qualitätskartell« zu beteiligen, war eine Folge der Opportunitätskosten der Nichtbeteiligung – ganz bewusst sorgte der Verband dafür, dass diese stets die Kosten der Beteiligung überstiegen.[191]

Diese Mechanismen trugen offenbar dazu bei, dass eine starke innere Verbandsdisziplin aufgebaut werden konnte. Die Qualitätsrichtlinien stießen zwar allzu häufig auf interne Widerstände, wurden aber letztlich doch systematisch umgesetzt und überdauerten auch den Ersten Weltkrieg.[192] Trotzdem ist aber zu beobachten, dass die einzelnen Mitgliedsfirmen ihre spezifischen Fähigkeiten und Eigenheiten zu betonen suchten. Die Qualitätsrichtlinien sorgten dafür, dass Schokolade zu einem mehr und mehr standardisierten Produkt und der Schokolademarkt immer homogener wurde, zumal Mindestpreise den Wettbewerb erschwerten. Die auffällig starken Bemühungen in der Schokoladebranche, neue Produkte auf den Markt zu bringen, das Warenangebot auszudifferenzieren und möglichst Alleinstellungsmerkmale aufzubauen, müssen auch vor diesem Hintergrund gesehen werden. Gerade Schokoladefabrikanten schwammen auf der Welle der »Gesundheitsprodukte« mit – offenbar wurde die Adaption ernährungswissenschaftlicher Erkenntnisse als ein der Qualitätskampagne

186 Bericht des Verbandes deutscher Schokolade-Fabrikanten über das 37. Verbandsjahr 1912/13, S. 5, in: BA, R 86/2045; Bericht des Verbandes deutscher Schokolade-Fabrikanten über das 38. Verbandsjahr 1913/14, S. 4, in: ebd.

187 Ein Einigungsamt zur Beilegung von Streitigkeiten zwischen den Verbandsmitgliedern sowie ein einheitliches Vorgehen in der betrieblichen Sozialpolitik rundeten die gemeinsamen Aktivitäten ab, s. *Rüger*, S. 36.

188 Vgl. *Berghoff*, Vertrauen, S. 67.

189 Vgl. dazu *Casson*, S. 45 f.

190 *Bolenz*, S. 9; vgl. auch *Olson*, Aufstieg, S. 44.

191 Vgl. *Plumpe*, Selbstverwaltung, S. 386.

192 *Greiert*.

des Verbandes angemessenes Mittel der Produktdifferenzierung angesehen.[193] Die Produzenten hofften wohl auch auf die »Strahlkraft« der etablierten Qualitätsmarken, d. h., sie nutzten ihr Image als Mitglied des Verbandes und die verbreitete Anerkennung seiner Qualitätsstandards, um neuartige Waren einzuführen und das bisher erarbeitete Vertrauen der Kunden auch für diese zu gewinnen.

Das Modell der Qualitätsabsprachen korrelierte möglicherweise auch mit der Tatsache, dass die Schokoladeindustrie und insbesondere der Verband von familiengeführten Unternehmen dominiert wurden.[194] Neuere unternehmenshistorische Studien haben auf die spezifische Ausprägung der Marketingstrategien von familiär geführten Unternehmen hingewiesen, die bewusst das Image als Familienbetrieb nutzten.[195] Durch die enge Verknüpfung zwischen Unternehmerfamilie und Produkt erhielten Werte wie Qualität und Kundenvertrauen ein größeres Gewicht. Die Vermutung liegt nahe, dass sich auch in der Politik des Schokoladeverbandes unternehmerisches Kalkül und die persönlichen ethischen Werte der Unternehmer verbanden. Dies erklärt möglicherweise auch die Haltbarkeit des »Qualitätskartells«: Trotz einzelner Verstöße gegen die Verbandsnormierungen brach das System der Qualitätsabsprachen nicht zusammen. Die Sanktionen, der Ausschluss von den Verbandsleistungen und der Reputationsverlust waren wohl nicht die alleinigen Gründe für die Mehrheit der Mitglieder, nicht die individuell verlockende Strategie des Trittbrettfahrers zu wählen, die umso lohnender war, je mehr die anderen Verbandsmitglieder den gemeinsamen Standards entsprachen. Wahrscheinlich ist, dass nicht-utilitaristische Motive hinzutraten, die dazu beitrugen, dass ein »soziales Moralkapital« aufgebaut wurde, gewissermaßen eine verbandsinterne Ideologie.[196]

193 Die Verbindung kam aber auch darüber zustande, dass viele Schokoladehersteller gleichzeitig Süßwaren produzierten und dadurch schon länger Bonbons, Pastillen und Tabletten anboten, die medizinische Wirkung hatten oder haben sollten, s. *Mueller*, S. 124.

194 *Kynast*, S. 48; so befanden sich die Firmen Stollwerck, Sarotti und Hartwig & Vogel, die entscheidende Positionen im Verband besetzten, weitgehend im Besitz der Gründerfamilien. Vor allem die Firma Stollwerck, die von Beginn an starken Einfluss auf den Verband ausübte, war ein typisches Beispiel für ein patriarchalisch gelenktes Familienunternehmen, das stark auf Traditionen setzte und trotz zunehmender Ausdifferenzierung und Komplexität einer auf den Unternehmensgründer und seine Familie ausgerichteten Entscheidungspolitik verhaftet war, s. Chronik des Bundesverbandes der Deutschen Süßwarenindustrie, S. 79; *Kuske*, S. 84 f., 146.

195 *Rose*, S. 14; *Arnoldus*, S. 1, 13, spricht in diesem Zusammenhang von »›personal‹ marketing strategies«; *Berghoff*, Unternehmensgeschichte, S. 164 f., hat jüngst noch darauf hingewiesen, wie stark die ethischen Werte der Gründer die Strategien eines Unternehmens beeinflussen konnten – als Beispiel führt er mit der von Quäkern 1831 gegründeten Firma Cadbury ausgerechnet einen Schokoladehersteller an.

196 *Tietzel/Weber*, S. 29 f.; dazu s. auch *Hesse u. a.*, insbesondere S. 8 f., die den Ansatz der Neuen Institutionenökonomik, alle unternehmensbezogenen Prozesse unter dem Gesichtspunkt der Kosten und relativen Preise zu beschreiben, für einseitig halten. Zum Trittbrettfahrer-Phänomen: *Olson*, Logik.

Der Erfolg der Strategie des Verbandes, durch eine stringente Qualitätspolitik die Wettbewerbsfähigkeit der deutschen Fabrikanten gegenüber ihrer ausländischen Konkurrenz wiederherzustellen, ist – auch aufgrund der Voreingenommenheit der Quellen – nur schwer zu ermessen. Folgt man den Vereinspublikationen, nahmen die Verfälschungen im Lauf der Zeit deutlich ab; für die Zeit vor dem Ersten Weltkrieg vermelden sie nur noch vereinzelte Verwarnungen – ein Ergebnis, das auch die Untersuchungsämter bestätigt hätten.[197] Doch erzielte diese Verbesserung der Geschäftspraktiken tatsächlich die gewünschte Wirkung bei den Konsumenten und damit eine Konsolidierung der deutschen Schokoladeproduktion? Ab den 1880er Jahren – somit also im Gefolge der ersten Qualitätsregulierungen – ist immerhin ein allmählicher Aufschwung der Branche zu beobachten: In dieser Periode waren zahlreiche Firmenneugründungen zu verzeichnen – allein in einer Mitgliederliste des Schokoladeverbandes von 1926 sind sechzig Firmen verzeichnet, die in den 1880er und 1890er Jahren gegründet worden waren.[198] Der Verband selbst sprach von einem »riesigen Wachstum« der eigenen Branche.[199] Der Rohkakaoverbrauch stieg in diesen Jahren tatsächlich um ein Vielfaches an; Deutschland verdrängte allmählich Frankreich von der Spitzenposition.[200] Um die Jahrhundertwende wurden die ersten Aktiengesellschaften gegründet, unter denen sich einige finanzkräftige Großunternehmen befanden. Ein Übergang zur Mittel- und Großindustrie fand statt. Die größten Schokoladeproduzenten – darunter Stollwerck, Sarotti sowie Hartwig & Vogel – gehörten gar zur Großindustrie des Deutschen Reiches.[201] Zudem konnte der zuvor so problematische Export bis 1914 auf 25 % der Gesamtproduktion gesteigert werden.[202]

Als direkte Faktoren des Aufstiegs der Branche können der vermehrte Kakaoanbau, der mit sinkenden Preisen einherging, die Weiterentwicklung der Pro-

197 Bericht des Verbandes deutscher Chokolade-Fabrikanten über das 36. Verbandsjahr 1911/12, S. 3, in: BA, R 86/2045; Bericht des Verbandes deutscher Schokolade-Fabrikanten über das 37. Verbandsjahr 1912/13, S. 4, in: ebd.

198 Von den 178 Mitgliedsfirmen des Verbandes im Jahr 1926 bestanden 129 bereits länger als 25 Jahre, s. *Greiert*, S. 205–207.

199 Ebd., S. 119.

200 *Fincke*, Chemikertätigkeit, S. 6f. In den 1870er Jahren lag der Rohkakaoverbrauch um 56g pro Kopf, bis 1928 steigerte er sich auf das 23-Fache, s. ders., Ernstes und Heiteres vom Kampfe gegen die Verfälschung der Lebensmittel, insbesondere der Kakaoerzeugnisse, in: RWWA 208-275-1; *Mueller*, S. 127, geht von einer Steigerung des durchschnittlichen Pro-Kopf-Konsums um das 14-Fache zwischen 1850 (20 g) und 1900 (280 g) aus; *Hoffmann*, S. 651 f., konstatiert eine Steigerung des Gesamtverbrauchs von 1.690t auf 62.400t.

201 *Ellerbrock*, Geschichte, S. 315f. Insgesamt kamen die zwölf Aktiengesellschaften auf ein Aktienkapital von etwa 35 Mio. Mark und standen damit innerhalb der Ernährungsindustrie mit Abstand an erster Stelle. Die durchschnittliche Beschäftigtenzahl wuchs zwischen 1884 und 1914 von 30 auf 96,3 an. Die Firma Stollwerck beschäftigte 1895 schon rund 1.100 Mitarbeiter. 1910/11 arbeitete keine der Aktiengesellschaften mit Verlust, ihr Gesamtgewinn betrug 3,8 Mio. Mark.

202 *Mueller*, S. 127.

duktionsmethoden und der aufgrund der zunehmenden Kaufkraft steigende Verbrauch an Schokoladeprodukten ausgemacht werden. Letzterer hing jedoch nicht zuletzt wohl auch mit der systematischen Werbung und der immer stärker verwurzelten Vorstellung von Schokolade als gesundem »Volksnahrungsmittel« zusammen.[203] Der Verband konstatierte jedenfalls Mitte der 1890er Jahre in seinen Werbeanzeigen zufrieden: »Die [...] außerordentliche Entwickelung der Chokolade-Industrie ist in erster Linie die Folge des durch die Maßnahmen des Verbandes stetig wachsenden Vertrauens auf die Reinheit und Güte der deutschen Ware.«[204] Auch von außen stellte sich die Qualitätspolitik als erfolgreich dar, verschiedene verbandsfremde Publikationen sahen ihren Zweck eindeutig als erfüllt an.[205] Die Güte der deutschen Erzeugnisse habe allmählich wieder die der ausländischen erreicht, so eine Studie von 1921; die gezielte Qualitätspolitik des Verbandes habe die Vorbehalte der Verbraucher gegenüber deutscher Schokolade allmählich schwinden lassen.[206]

2.2 Qualitätsstandards als Wettbewerbsvorteil und Selbstschutz: Weitere Beispiele

Die Qualitätsregulierungen des Schokoladeverbandes blieben in ihrer umfassenden Ausgestaltung, ihrer systematischen Umsetzung und konsequenten Sanktionierung zwar exzeptionell, waren jedoch keinesfalls ein Einzelfall in der Nahrungsmittelindustrie. Aufgrund ihrer Heterogenität – mit 242 Verbänden wies die Branche 1911 unter den großen Industriezweigen die höchste Anzahl an Zusammenschlüssen auf[207] – kam es zu einer Vielzahl weiterer Normierungen sehr unterschiedlicher Ausprägung. Signifikant ist, dass zahlreiche Verbände – wenn auch mit unterschiedlicher Betonung – die Bekämpfung unlauterer Methoden in ihrer Branche sowie die Stärkung des Vertrauensverhältnisses zwischen Wirtschaft und Verbrauchern als zentrale Ziele benann-

203 *Fincke*, Chemikertätigkeit, S. 6f.

204 Werbeanzeige des Verbandes, abgedruckt in: Mitteilungen deutscher Schokoladefabrikanten 14 (1893/94), S. 8; ähnlich *Greiert*, S. 15.

205 Bereits um 1900 führte der Chemiker Alfred Hasterlik die deutlich verbesserte Stellung der deutschen Schokoladeindustrie auf deren Qualitätspolitik zurück, Hasterlik, Reiseeindrücke von der Pariser Weltausstellung 1900, in: Bericht über die neunzehnte Versammlung der freien Vereinigung bayerischer Vertreter der angewandten Chemie 1900, S. 46–58.

206 *Kynast*, S. 50; ähnlich: *Krüger*, Interessenvertretungen, S. 163.

207 Die Organisationsintensität des Nahrungsmittelgewerbes betrug 1911 29 %. Damit lag es an fünfter Stelle hinter der stark organisierten Textilindustrie (54 %), dem Metallgewerbe und Maschinenbau (52 %), dem Bergbau (41 %) und der Steine- und Erden-Industrie (31 %). Hinsichtlich der Verbändezahl nahm die Nahrungsmittelindustrie sogar die erste Stelle ein, s. *Kaelble*, S. 82; *Krüger*, Untersuchungen, S. 634, benennt 1909 106 Hauptverbände, die zusammen 1.069 Zweigverbände aufwiesen.

ten.[208] Nicht immer zog diese Absichtserklärung aber auch konkrete Maßnahmen zur Beseitigung von Manipulationen oder die Aufstellung einheitlicher Qualitätsrichtlinien nach sich.[209] Wurden Standards aufgestellt, war ihre Ausgestaltung recht unterschiedlich: Sie reichten von kurzen Stellungnahmen zu eng umgrenzten Problemfeldern[210] bis zu ausführlichen, differenzierenden Richtlinien, die, basierend auf wissenschaftlichen Ausarbeitungen, zentrale Begrifflichkeiten abgrenzten und detaillierte Vorschriften zur Deklarierung sowie zur hygienischen Produktion, Verpackung und Abfüllung aufstellten.[211] Vielfach ist nicht näher überliefert, ob die Einhaltung der Qualitätsvereinbarungen konsequent überprüft und Übertretungen sanktioniert wurden. Für einzelne Verbände ist nachweisbar, dass sie die oben bereits thematisierte Zusammenarbeit mit externen oder eigens angestellten Verbandschemikern zur Kontrolle der Produktqualität in den Mitgliedsfirmen nutzten.[212] Vereinzelt wurden nach dem Beispiel des Schokoladeverbandes auch Qualitäts- bzw. Schutzmarken verliehen – so z. B. durch den Verein Deutscher Mineralwasser-Fabrikanten.[213]

Häufig, so zeigt beispielsweise das Vorgehen des Verbandes Deutscher Teigwarenfabrikanten, der auf seinem ersten Verbandstag nach seiner Gründung 1900 eine Begriffsdefinition für Teigwaren festlegte, stellten wirtschaftliche Qualitätsabsprachen keine genuin neuen Normsetzungen dar; sie griffen vielmehr faktisch schon etablierte Praktiken auf und suchten diese zu institutionalisieren – der Teigwarenverband legitimierte in seinen Festlegungen unter anderem die umstrittene, aber dennoch gängige Färbung der Teigwaren.[214] Hinter den Standardisierungen der Verbände stand, so zeigt dieses Beispiel, viel-

208 Vgl. dazu z. B. Handbuch wirtschaftlicher Vereine und Verbände, S. 365–451; Auszug aus den Statuten des 1911 gegründeten Verband der Keks-, Waffel- und Lebkuchenfabrikanten, Berlin, in: Chronik des Bundesverbandes der Deutschen Süßwarenindustrie, S. 10.

209 Besonders eindrücklich: Auszug aus dem Statut des Vereins deutscher Senffabrikanten, in: BA, R 86/4481; dazu *Krüger*, Untersuchungen, S. 174.

210 Beispiele: Der Verband selbständiger deutscher Konditoren, in: ZUNG 10 (1905), S. 768; Reelle Herstellungsweise von Beerenwein, in: DNR 10 (1912), S. 154; Schreiben des Verbandes Deutscher Teigwaren-Fabrikanten an den Reichskanzler, Frankfurt a. M., 22. November 1903, in: GStAPK, I. HA, Rep. 84 A, Nr. 2440.

211 Beispiele: Schreiben des Vereins deutscher Senffabrikanten, Fahr (Rheinland), 16. Mai 1904, in: BA, R 86/4481; Vereinbarungen über die Herstellung und Bezeichnung von Weinessig, in: ebd.; Verein Deutscher Weinessigfabrikanten e. V.: Aufklärende Mitteilungen über den Gehalt von Weinsäure, Glycerin und Phosphorsäure im Weinessig und den Wert dieser Bestandteile für die Beurteilung desselben, in: BA, R 86/4482; Festsetzungen über Mineralwässer, in: DNR 9 (1911), S. 166–168; Der Verein deutscher Fruchtsaftpresser, in: ZUNG 5 (1902), S. 544.

212 Schreiben des Vereins deutscher Senffabrikanten, Fahr (Rheinland), 16. Mai 1904, in: BA, R 86/4481; Der Verband Deutscher Teigwaarenfabrikanten, in: ZUNG 5 (1902), S. 992.

213 Verein Deutscher Mineralwasser-Fabrikanten, in: Zeitschrift für die gesamte Kohlensäure-Industrie 6 (1906), S. 623 f.

214 Verband Deutscher Teigwaren-Fabrikanten an den Reichskanzler, Frankfurt a. M., 22. November 1903, in: GStAPK, I. HA, Rep. 84 A, Nr. 2440; Das Färben von Eierteigwaren, in: DNR 4 (1906), S. 126 f.

fach weniger eine gezielte Qualitätspolitik als eine Abwehr von aus ihrer Sicht ungerechtfertigten Übergriffen der Nahrungsmittelkontrolle. Mit der Festsetzung von Begriffsdefinitionen sollten Fakten geschaffen werden; die Integration fraglicher Herstellungsverfahren in den Kanon verbandlich genehmigter Grundsätze sollte ihre Unbedenklichkeit bekräftigen. Angesichts des so häufig in Frage stehenden Handelsbrauches schufen die Verbände Orientierungshilfen für die Unternehmen, aber auch die Rechtsprechung – und zwar in bewusster Konkurrenz zu den Beurteilungsstandards der wissenschaftlichen Fachverbände.[215] Es waren gar nicht so sehr gesetzliche Regelungen an sich, die die Industrie fürchtete, sondern vielmehr das drohende Szenario, dass diese durch die Maßstäbe der Nahrungsmittelchemiker dominiert werden könnten.[216]

Es gab aber gegenteilige Beispiele, die allerdings eher Ausnahmen darstellten: Der Verein der Kurorte und Mineralquellen-Interessenten nahm beispielsweise in seinen Beschlüssen ausdrücklich auf die von der Freien Vereinigung vorbereiteten Reichsvereinbarungen zur einheitlichen Nahrungsmitteluntersuchung Bezug und bezeichnete sie als »maßgebende Grundsätze«, die bei hygienischen Kontrollen der Mineralquellen zu berücksichtigen seien.[217] Auch kam es in einigen Branchen zu einem gemeinsamen Vorgehen der Industrie und der Nahrungsmittelchemiker, wie die im Kapitel zu den Normierungen der Nahrungsmittelchemie bereits erwähnten sogenannten »Heidelberger Beschlüsse« zur Obstkonservenfabrikation belegen.[218] Anhand dieser wird zudem deutlich, dass auch die von industriellen Verbänden gesetzten Standards innerhalb des sehr heterogenen Nahrungsmittelgewerbes keineswegs immer unangefochten blieben. Die Heidelberger Richtlinien wurden teils heftig angegriffen – so hielten Kritiker aus der Branche die restriktive Definition von Marmelade für unhaltbar und den bestehenden Produktionsgebräuchen entgegenstehend.[219] Besonders häufig umstritten waren regional unterschiedlich ausgeprägte Produktionsgewohnheiten;[220] nicht selten kam es auch zu Qualitätsvereinbarungen, die auf bestimmte Regionen begrenzt waren, oder zu konkurrierenden Standards.[221]

215 Die Nahrungsmittelgesetzgebung und die Forderung der Deklaration, in: Konserven-Zeitung 12 (1911), S. 161 f.

216 Selbsthilfe oder Polizei, in: DNR 10 (1912), S. 65–67.

217 Festsetzungen über Mineralwässer, in: DNR 9 (1911), S. 166–168 (Zitat 167).

218 Dazu s. bereits Kap. IV 4.2.

219 Die Heidelberger Beschlüsse, in: Konserven-Zeitung 12 (1911), S. 346.

220 So kam es z. B. innerhalb der Konservenindustrie zu Auseinandersetzungen zwischen süddeutschen und insbesondere Braunschweiger Konservenfabrikanten über die gegenseitige Anerkennung von Produktionsgrundsätzen, s. Eingabe der Handelskammer für das Herzogtum Braunschweig an die Handelskammer für Oberbayern im Juli 1907, in: BWA K 1, IX B 7, I. Akt; Verein Deutscher Konservenfabrikanten, in: Konserven-Zeitung 12 (1911), S. 131.

221 S. z. B. Verein deutscher Weinessigfabrikanten e. V.: Bericht über die Mitgliederversammlung des Vereins deutscher Weinessigfabrikanten e. V. in Frankfurt a. M. am 19. November 1904, in: BA, R 86/4481; Nahrungsmittelbuch, 1. Aufl., S. 59.

Eine besondere Position nahmen Vereinbarungen der Konservenindustrie ein. 1907 einigten sich Verbände der Obst- und Gemüsekonservenherstellung auf Produktions- und Absatzrichtlinien, die standardisierte Außenmaße und Rauminhalte der Dosen für Obst- und Gemüsekonserven umfassten.[222] Damit wurden detaillierte Festsetzungen zur Beschaffenheit der Doseninhalte und zur Deklarierung für über achtzig verschiedene Erzeugnisse verbunden; es wurden verschiedene Güte-Klassifizierungen sowie standardisierte Dosenbezeichnungen eingeführt und an genaue Angaben zu Stückzahl, Größe, Farbe etc. sowie Normal- und Mindestpreise gekoppelt.[223] Ausschlaggebend für die Normung der Konservendosen waren vor allem produktionstechnische Gründe und das Verhältnis zwischen Handel und Industrie: Eine Standardisierung der Dosen versprach eine stärkere Anpassung an die Bedingungen der maschinellen Fertigung und damit eine deutliche Beschleunigung der Fabrikation;[224] daneben sicherte man langfristig die Beziehungen zum Handel ab und schützte sich vor Mängelrügen, die ein drängendes Problem waren. Es ist zu vermuten, dass die Geschäftsbedingungen aber gleichzeitig auch ein Mittel dazu waren, das durch die zunehmende Verbreitung von Billigprodukten und eine Reihe von Skandalen angeschlagene Image der Konservenindustrie zu verbessern. Zwar betonte die Industrie immer wieder, dass es sich bei den aufgetretenen Vergiftungen durch Konserven um im Haushalt hergestellte Eigenprodukte bzw. unsachgemäß gelagerte Industriedosen sowie um aus den USA eingeführte und mittlerweile nahezu vom deutschen Markt ausgeschlossene Fleischkonserven gehandelt hätte; die Skepsis in der Bevölkerung aber blieb – geschürt durch Pressemeldungen über Massenvergiftungen und Bekanntmachungen einzelner Bundesregierungen zu den Gefahren des Konservenverzehrs.[225] Neben großangelegten Anzeigenkampagnen suchte die Industrie deshalb mit der Standardisierung und detaillierten Kennzeichnung der Produkte der bestehenden Unsicherheit entgegenzuwirken, die vor allem daraus resultierte, dass die Beschaffenheit des gekauften Guts von außen nicht erkennbar war. Die Erfahrung, dass in den Dosen

222 Schreiben der Handelskammer Herzogtum Braunschweig an die Handelskammer zu München, Braunschweig, 22. Mai 1907, in: BWA, K 1, IX, B 7, I. Akt; Versammlung von Interessenten der Konservenbranche, in: Konserven-Zeitung 12 (1911), S. 77.

223 Geschäftsbedingungen der Obst- und Gemüsekonservenbranche im Inlandsverkehr, in: Konserven-Zeitung 12 (1911), S. 471 f.; Verein Märkischer Konservenfabriken, in: ebd., S. 77; Der Verband Deutscher Konservenfabrikanten gab die Geschäftsbedingungen als Broschüre für seine Mitglieder heraus und ergänzte diese laufend, s. Bericht über die Hauptversammlung des Vereins Deutscher Konservenfabrikanten am 16. Januar 1914, in: Konserven-Zeitung 15 (1914), S. 25 f.

224 *Humbert*, S. 128 f.

225 Vgl. zu dem Abschnitt: Bericht über die Hauptversammlung des Vereins Deutscher Konservenfabrikanten am 16. Januar 1914, in: Konserven-Zeitung 15 (1914), S. 25 f.; *Humbert*, S. 123–125; *Spiekermann*, Normalität, S. 61–63; ders., Product Innovations, S. 307; ein Beispiel für eine Aufklärungskampagne zu den Gefahren des Konservenkonsums: Schreiben des Deutschen Vereins für Volkshygiene an das Reichsamt des Innern, Berlin, 6. April 1907, in: BayHStA, MInn 62588.

stets der gleiche, qualitativ einwandfreie Inhalt zu finden war, minimierte das Risiko der Käufer und sollte auf diese Weise Vertrauen generieren.

Voraussetzung dafür, dass die eigenen Standards echte Orientierungsrichtlinien für die Produktion werden und vorbeugend Beanstandungen verhindern konnten, war, dass die Leitsätze auch von den ausführenden Kontrolleuren und Gerichten anerkannt wurden. Dementsprechend offensiv vermarkteten die Fachvereinigungen ihre Regelwerke auch gegenüber den Reichsbehörden und forderten sie zur Weiterleitung an die Kontrollorgane auf.[226] Wie die Nahrungsmittelchemie versuchten die Verbände vor allem, der aus der Passivität des Staates resultierenden Rechtsunsicherheit entgegenzuwirken. Der Teigwarenverband benannte so als Ziel klar die Vermeidung solcher Konstellationen, »dass der Teigwaren-Fabrikant in Württemberg ungestraft tun darf, was dem Teigwaren-Fabrikanten in Westfalen eine Verurteilung wegen Nahrungsmittelfälschung einträgt«.[227] Virulent war dieser Umstand in der Teigwarenindustrie vor allem deswegen, weil die industriellen Großbetriebe mit zahlreichen handwerklichen Kleinbetrieben konkurrierten, die ihre Fabrikate lediglich auf lokalen Märkten absetzten und sich damit deutlich besser an den dortigen Verbrauchsgewohnheiten orientieren konnten. Dies konnten die Großfabriken nicht leisten; sie hatten somit ein Interesse an einer Standardisierung der Waren und suchten sich von der konkurrierenden handwerklichen Produktion abzusetzen. Die Propagierung technischer und hygienischer Standards, die die Kleinbetriebe gar nicht einzuhalten im Stande waren, erschien dabei als ein adäquates Mittel, Marktzutrittsbarrieren zu schaffen.[228] Doch auch das traditionell produzierende Gewerbe nutzte seinerseits das Qualitätsargument in der Abwehr der Konkurrenz durch neuartige Industriefabrikate, wie das Engagement der Verbände der Mineralwasserherstellung zeigt. Diese schrieben sich den Kampf gegen »Preisschleuderei und Pfuschertum« auf die Fahnen, womit vor allem künstlich hergestellte Mineral- und Tafelwasser sowie Limonaden gemeint waren.[229] Auch die nicht selten mit den Qualitätsnormierungen einhergehende Festsetzung von Mindestpreisen zeigt,[230] dass die Qualitätspolitik als Wettbewerbsinstrument verstanden und eingesetzt wurde.[231]

226 Eingabe des Verbandes Deutscher Teigwaaren-Fabrikanten an den Staatssekretär des Innern, Frankfurt a. M., 22. Oktober 1900, in: GStAPK, I. HA, Rep. 84 A, Nr. 2440; ähnlich: Resolution zur Frage der Senffärbung, in: BA, R 86/5398.

227 Eingabe des Verbandes Deutscher Teigwaren-Fabrikanten an den Reichskanzler, Frankfurt a. M., 22. November 1903, in: GStAPK, I. HA, Rep. 84 A, Nr. 2440.

228 Ebd.; Schreiben des Vereins deutscher Senffabrikanten, Fahr (Rheinland), 16. Mai 1904, in: BA, R 86/4481.

229 Verband der Bayerischen Mineralwasser-Fabrikanten, gegründet am 18. Oktober 1909, in: StadtA Nürnberg, C 7/V, Nr. 2870; weiter s. Handbuch wirtschaftlicher Vereine und Verbände, S. 409; vgl. Die Durchführung der Festsetzungen des Deutschen Nahrungsmittel-Buches über Mineralwasser, in: DNR 4 (1906), S. 6 f.

230 Selbsthilfe oder Polizei, in: DNR 10 (1912), S. 65–67.

231 Dazu *Stanziani*.

3. Branchenübergreifende Normsetzungen: Das »Deutsche Nahrungsmittelbuch«

Die Industrie schuf so zumindest in Teilen eigene Qualitätsrichtlinien, jedoch wurde durch die Vielzahl vereinzelter, teils sogar konkurrierender Bestimmungen keineswegs die so sehr beklagte Uneinheitlichkeit der Beurteilungsmaßstäbe und damit auch nicht die als großes Hindernis für die Weiterentwicklung der Nahrungsmittelproduktion empfundene Rechtsunsicherheit beseitigt. Dies war wohl einer der Hauptbeweggründe für den Bund Deutscher Nahrungsmittel-Fabrikanten und -Händler, als sein erstes und zentrales Projekt ein umfassendes Regelwerk für die gesamte Nahrungsmittelindustrie anzustoßen.

Als stark diversifizierte und eher mittel- bis kleinindustriell geprägte Branche erreichte die Nahrungsmittelindustrie längst nicht die organisatorische Geschlossenheit wie beispielsweise der Bergbau oder die Eisen- und Stahlindustrie.[232] Der 1901 gegründete[233] Bund der Nahrungsmittel-Fabrikanten suchte als erste spartenübergreifende Organisation ebendieser Zersplitterung in zahlreiche Einzelverbände mit parallelen und konkurrierenden Normierungen entgegenzuwirken und die gemeinsamen Interessen der gesamten Branche zu stärken.[234] Vor allem vereinte er, was sonst eher selten war, Produzenten und Händler, die einander häufig genug in Fragen der Nahrungsmittelqualität konträr gegenüberstanden und in gegenseitigen Schuldzuweisungen für die Missstände im Nahrungsmittelverkehr ergingen. Die Mitgliederzahl des Bundes wuchs bis 1903 bereits auf 168 Einzelfirmen und 18 Körperschaften mit 11.000 angeschlossenen Betrieben an.[235] Frappierend ist vor allem die starke Präsenz von Vertretern aus Branchen, deren Herstellungsmethoden und Produkte bereits vielfach im Mittelpunkt des öffentlichen Interesses gestanden hatten: Besonders in den ersten Jahren des Bundes stammten viele der Mitglieder aus der Konserven-, Mineralwasser-, Essig- und Teigwarenproduktion. Die Dominanz dieser Branchen spiegelte sich auch im geschäftsführenden Ausschuss wider,[236]

232 Vgl. *Plumpe*, Selbstverwaltung, S. 378 f.

233 Der Eintrag ins Vereinsregister beim Amtsgericht Nürnberg erfolgte im Dezember 1903, s. Vereinsregister der Stadt Nürnberg, StadtA Nürnberg, C 7/V X VR, Nr. 6; weiter dazu Schreiben an das königliche Amtsgericht Nürnberg durch den Stadtmagistrat Nürnberg, 10. Dezember 1903, in: StadtA Nürnberg, C 7/V, Nr. 3466.

234 § 1 der Satzung des Bundes der Deutschen Nahrungsmittel-Fabrikanten und -Händler vom 24. November 1901, in: StadtA Nürnberg, C7/V, Nr. 3466; vgl. Bericht über die Versammlung in Berlin, Dienstag, 18. Januar 1910, Beilage zur Deutschen Nahrungsmittel-Rundschau No. 7 vom 1. April 1910, S. 3.

235 Bericht über die dritte ordentliche Mitgliederversammlung des Bundes Deutscher Nahrungsmittel-Fabrikanten und -Händler zu Eisenach am 1. Oktober 1903, in: DNR 2 (1904), S. 9–29; 1906 waren es schon 548 Mitglieder, darunter 49 Körperschaften, s. Mitgliederverzeichnis von 1906, in: StadtA Nürnberg, C7/V, Nr. 3466.

236 Vgl. Mitglieder-Verzeichnis für 1903, in: DNR 2 (1904), S. 29–32; Mitglieder-Verzeichnis für 1904, in: DNR 3 (1905), S. 11–18, Mitglieder-Verzeichnis für 1905, in: DNR 4 (1906), S. 16–24.

so dass die Verbandspolitik durch Hersteller von Waren bestimmt wurde, die aufgrund ihrer Neuartigkeit, ihrer häufigen Verfälschungen und/oder schwierigen Beurteilung umstritten waren.

Der Bund blieb insgesamt ein eher loser, wenig hierarchisch organisierter Zusammenschluss. Die einzige gemeinsame feste Institution war die Zentralstelle, die den Mitgliedern zunächst vor allem als Auskunftsstelle zur Verfügung stand: Ähnlich den Gremien des Schokoladeverbandes versorgte sie die angeschlossenen Unternehmen mit Informationen über Veränderungen in Gesetzgebung und Rechtsprechung; begutachtete neue Produktionsmethoden, Deklarationsformen und Verpackungen in Hinblick auf ihre Kongruenz mit den amtlichen Bestimmungen und bot Auslegungshilfen für neue Regelungen – teils auch durch eigenständige Publikationen.[237] Der Bund war einer der Hauptakteure in den Auseinandersetzungen um die Auslegung des Nahrungsmittelgesetzes und die weitere Gestaltung der amtlichen Nahrungsmittelkontrolle, wobei er sich vor allem für die regelmäßige Anhörung von gewerblichen Sachverständigen in Fälschungsprozessen sowie die Einrichtung einer Zentralstelle zur Nahrungsmittelbegutachtung einsetzte.[238] Doch er präsentierte sich nicht nur als schlichte Vertretung von Nahrungsmittelindustrie und -handel, vielmehr erklärte er sich zum Vermittler zwischen Gewerbe und Konsumenten. In den Verbandszielen sticht die ausdrückliche Bezugnahme auf die Interessen der Konsumenten ins Auge: Dem Kampf für die Belange des Nahrungsmittelgewerbes wurden demonstrativ durch die Verbraucherinteressen gezogene Grenzen gesetzt und so die integren Zielsetzungen des Bundes betont. Indem der Zentralstelle als eine wichtige Aufgabe die Unterstützung der Behörden zugeschrieben wurde, erklärte der Bund sich sogar gewissermaßen zum Vertreter der Verbraucherbelange.[239] Diese geradezu altruistische Selbstdarstellung setzte er der eingangs geschilderten negativen Außenwahrnehmung des Nahrungsmittelgewerbes entgegen; er suchte auf diese Weise seine Tätigkeit als dem Gemeinwohl dienendes Engagement zu legitimieren und unterschied sich hier – wohl nicht zufällig – kaum von der Selbstbeschreibung der wissenschaftlichen Fachverbände. Lediglich gegen ungerechte und willkürliche, zum bloßen Selbstzweck ausartende Kontrollen wollte der Bund vorgehen und das Nahrungs-

237 S. z. B. Geschäftsbericht über das Jahr 1905, in: DNR 4 (1906), S. 65–74. Das Angebot der Auskunftsstelle wurde offenbar rege wahrgenommen, für 1906 berichtet der Bund von 845 Briefeingängen, für 1909 von rund 1.200, in denen die Mitglieder vor allem um Hilfe bei der Auslegung von Gesetzen, der sachgemäßen Bezeichnung von Nahrungsmitteln zur Vermeidung von Beanstandungen baten, s. Geschäftsbericht über das Jahr 1906, in: DNR 5 (1907), S. 41–44, und IX. Ordentliche Mitgliederversammlung des Bundes Deutscher Nahrungsmittel-Fabrikanten und -Händler am 15. April 1910 in Bamberg, in: DNR 8 (1910), S. 73–79.

238 Vgl. Kap. III 5.

239 §§ 2, 3 der Satzung des Bundes der Deutschen Nahrungsmittel-Fabrikanten und -Händler vom 24. November 1901, in: StadtA Nürnberg, C7/V, Nr. 3466; ähnlich: Geschäftsbericht über das Jahr 1905, in: DNR 4 (1906), S. 65–74.

mittelgewerbe vor notorischen Fehlern, groben Unsicherheiten und Unklarheiten des Gesetzes schützen. Offenbar konnte der Bund sich verhältnismäßig schnell eine gewisse Anerkennung nicht nur in Gewerbekreisen erarbeiten – er konstatiert in seinem Geschäftsbericht für 1905, dass neben Gewerbetreibenden auch Gerichte, Staatsanwaltschaften und Untersuchungsrichter in zunehmendem Maße die Zentralstelle für Gutachten in Anspruch nahmen.[240] 1903 gründete der Bund als Verbandsorgan die »Deutsche Nahrungsmittel-Rundschau«, die sich fast ausschließlich auf das Thema Nahrungsmittelqualität konzentrierte. Als weiteres Informationsmedium und Austauschforum dienten die Mitgliederversammlungen, bei denen regelmäßig Vorträge zu ähnlichen Themenkreisen gehalten wurden.[241]

Das vordringlichste Ziel war der Kampf gegen die Rechtsunsicherheit, »eines der schwersten aller wirtschaftlichen und moralischen Übel«.[242] Bereits bei der zweiten Bundesversammlung wurde die Herausgabe eines deutschen Nahrungsmittelbuches beschlossen. Als Leitgedanke dieser Sammlung von Begriffsbestimmungen und Handelsbräuchen wurde die Eingrenzung der Bedingungen, unter denen Nahrungsmittel als handelsübliche, unverfälschte und nicht gesundheitsschädliche Waren gelten sollten, ausgegeben.[243] Wie viele Standardisierungen einzelner Branchen wurde auch das Nahrungsmittelbuch als Korrektiv der weitestgehend unter Ausschluss des Nahrungsmittelgewerbes zustande gekommenen Reichsvereinbarungen konzipiert.[244]

Mit der Vorbereitung, der Koordination der Beratungen und der redaktionellen Ausarbeitung des Buches wurde der bereits mehrfach erwähnte Leiter der Nürnberger Zentralstelle des Bundes, der Nahrungsmittelchemiker Dr. Robert Kayser, beauftragt. In einem ersten Schritt arbeitete die Zentralstelle in Kooperation mit verschiedenen Branchenverbänden und Wissenschaftlern für einzelne Warengruppen Entwürfe aus.[245] Diese wurden anschließend in getrennt nach Nahrungsmittelgruppen abgehaltenen, nach eigenen Angaben sehr gut

240 Geschäftsbericht über das Jahr 1905, in: DNR 4 (1906), S. 65–74.

241 S. z.B. Vortrag R. Kaysers über das natürliche Vorkommen verbotener oder beanstandeter Stoffe wie Salizylsäure, Borsäure, Fluor u. a. m. in Nahrungsmitteln tierischer und pflanzlicher Abstammung, Bericht über die dritte ordentliche Mitgliederversammlung des Bundes Deutscher Nahrungsmittel-Fabrikanten und -Händler zu Eisenach am 1. Oktober 1903, in: DNR 2 (1904), S. 9–29.

242 Geschäftsbericht über das Jahr 1905, in: DNR 4 (1906), S. 65–74 (Zitat 74).

243 Schreiben des Bundes Deutscher Nahrungsmittel-Fabrikanten und -Händler, Nürnberg, 7. Oktober 1904, in: BWA, K 1, IX, B 7, I. Akt; Schreiben des Bundes Deutscher Nahrungsmittel-Fabrikanten und -Händler e. V. an das Kaiserliche Gesundheitsamt, Nürnberg, 1. Oktober 1904, in: BA, R 86/2053.

244 Bericht über die dritte ordentliche Mitgliederversammlung des Bundes Deutscher Nahrungsmittel-Fabrikanten und -Händler zu Eisenach am 1. Oktober 1903, Beilage zur Deutschen Nahrungsmittel-Rundschau 1, S. 14–16; vgl. *Ertheiler*, S. 50.

245 Rundbrief des Bundes Deutscher Nahrungsmittel-Fabrikanten und -Händler, Nürnberg, den 20. Juli 1904, in: BA, R 86/2053.

besuchten[246] Mitgliederversammlungen beraten. Es wurde viel Wert darauf gelegt, die Diskussionen und Abstimmungsverfahren transparent zu halten; die Anträge zu den einzelnen Abschnitten des Buches und die Ergebnisse der Beratungen wurden deshalb in der Nahrungsmittel-Rundschau veröffentlicht. Die zahlreich eingehenden Stellungnahmen gewerblicher Verbände und einzelner Gewerbetreibender, die sich detailliert mit den Entwürfen auseinandersetzten, Entscheidungen hinterfragten, Formulierungen präzisierten und Abänderungsvorschläge vorbrachten, wurden in die Aushandlungen einbezogen.[247] Daneben wurden bewusst auch Vertreter der Handels- und Landwirtschaftskammern sowie externe Firmen und Branchenverbände und vor allem Vertreter der Regierungen, Organe der amtlichen Nahrungsmittelkontrolle, namhafte Wissenschaftler sowie die wichtigsten Vereinigungen der Nahrungsmittelchemie eingeladen.[248] Insbesondere das Gesundheitsamt wurde mehrfach gebeten, Mitarbeiter zu den Beratungen zu schicken; auch das Reichsamt des Innern wurde aufgefordert, die Beamten der Nahrungsmittelkontrolle zur Teilnahme anzuhalten. Dabei betonte der Verband die Absicht, Bestimmungen schaffen zu wollen, die keine einseitige Parteinahme darstellten, sondern dem »allgemeinen und gemeinsamen Interesse von Handel, Industrie und Konsumenten« gerecht wurden.[249] Allerdings waren nur die Mitglieder des Bundes abstimmungsberechtigt – schließlich wollte der Bund Anreize für eine Mitgliedschaft schaffen und vermeiden, dass die Zielsetzungen des Nahrungsmittelbuches durch Nichtmitglieder unterlaufen wurden.[250]

246 Die Versammlungen in Frankfurt a. M. vom 14. bis 29. Novbr. Zur Beratung eines herauszugebenden Nahrungsmittelbuches, in: DNR 2 (1904), S. 269 f.

247 Anträge für die Beratungen zur Herausgabe eines Deutschen Nahrungsmittelbuches vom 14. bis zum 29. November 1904 in Frankfurt a. M., Beilage zur Deutschen Nahrungsmittel-Rundschau Nr. 21 vom 1. November 1904.

248 Nahrungsmittelbuch, 1. Aufl., S. 2 f.

249 Schreiben Dr. Kaysers an das Kaiserliche Gesundheitsamt, Nürnberg, 31. August 1907, in: BA, R 86/2053; Schreiben des Bundes Deutscher Nahrungsmittel-Fabrikanten und -Händler e. V. an das Reichsamt des Innern, Nürnberg, 31. August 1907, in: BayHStA, MA 95825; für die Beratungen zur zweiten Auflage: Das Deutsche Nahrungsmittelbuch und die Konsumenten, in: DNR 8 (1910), S. 50 f.; IX. Ordentliche Mitgliederversammlung des Bundes Deutscher Nahrungsmittel-Fabrikanten und -Händler am 15. April 1910 in Bamberg, in: ebd., S. 73–79.

250 Schreiben des Bundes Deutscher Nahrungsmittel-Fabrikanten und -Händler, Nürnberg, 7. Oktober 1904, in: BWA, K 1, IX, B 7, I. Akt; Schreiben des Bundes Deutscher Nahrungsmittel-Fabrikanten und -Händler e. V. an das Kaiserliche Gesundheitsamt, Nürnberg, 1. Oktober 1904, in: BA, R 86/2053. Obwohl immerhin Vertretern öffentlicher Körperschaften das Recht zugestanden wurde, ein Votum abzugeben, ohne dem Bund beizutreten, s. Geschäftsordnung der Versammlungen, in: BA, R 86/2053, erfuhr diese Einschränkung häufig Kritik, zumal die Statuten nur die Aufnahme von Einzelpersonen und Verbänden vorsahen, die der Nahrungsmittelindustrie oder dem -handel entstammten oder diesen zumindest eng verbunden waren, s. § 4 der Satzung des Bundes der Deutschen Nahrungsmittel-Fabrikanten und -Händler vom 24. November 1901, in: StadtA Nürnberg, C7/V, Nr. 3466.

Entsprechend der regelmäßig wiederholten Mahnung der Industrie, möglichst flexible, den Fortschritten der Produktionsmethoden ständig anpassbare Qualitätsregelungen zu schaffen, war auch das Nahrungsmittelbuch auf eine permanente Weiterentwicklung angelegt.[251] Zu diesem Zweck wurden bei den jährlichen Mitgliederversammlungen des Bundes ausführliche Berichte über die wissenschaftlichen und technischen Veränderungen in den einzelnen Branchen der Nahrungsmittelindustrie unter Einbeziehung der neuen Gesetzgebung und der Rechtsprechung vorgetragen, die zudem verschriftlicht und allen Mitgliedsfirmen zugestellt wurden.[252] Parallel widmete sich die Nahrungsmittel-Rundschau laufend den aktuellen Entwicklungen und Diskussionen. Zusätzlich wurden die Mitgliedsfirmen aufgefordert, Vorschläge zu neuen, ergänzenden Festsetzungen oder Korrekturen und Erweiterungen an die Zentralstelle zu senden.[253] Auf dieser Grundlage wurden in den Jahresversammlungen unter Hinzuziehung von einschlägigen Verbänden und Wissenschaftlern Änderungsbeschlüsse zu einzelnen Kapiteln des Nahrungsmittelbuches gefasst und als Nachträge herausgegeben. Von Beginn an war eine Neuauflage des Buches geplant, sobald die Nachträge einen »erheblichen Umfang« einnahmen. »Auf diese Weise ist volle Gewähr dafür geboten, dass der Inhalt des Nahrungsmittelbuches weder veralten noch rückständig oder gar einer Entwicklung der Nahrungsmittelgewerbe hinderlich werden kann«, so die Vorrede zur ersten Auflage.[254]

Die kritische Masse an Nachträgen war bald erreicht – bereits im Jahr nach Erscheinen der ersten Auflage wurde die Neuauflage anvisiert, zumal die erste Auflage nach Auskunft des Bundes im Herbst 1906 schon fast vergriffen war.[255] Erneut lud der Bund deshalb alle potentiell interessierten Kreise dazu ein, zu den bestehenden Bestimmungen Stellung zu nehmen und Änderungs- und Ergänzungswünsche zu äußern. Der Rücklauf an Anträgen und Stellungnahmen zu den Festsetzungen scheint noch deutlich umfangreicher als bei der Erstausgabe gewesen zu sein. Auch nach Herausgabe der zweiten Auflage begann man direkt wieder mit der Diskussion der einzelnen Abschnitte,[256] der Sammlung von Änderungen und der Veröffentlichung von Nachträgen, die ab 1912 Gegen-

251 Plan und Ausbau des Nahrungsmittelbuches, in: DNR 2 (1904), S. 129; Nahrungsmittelbuch, 1. Aufl., S. 3.

252 Nahrungsmittelbuch, 1. Aufl., S. 4.

253 Z. B. Erster Nachtrag zum Deutschen Nahrungsmittelbuch, in: DNR 4 (1906), S. 49.

254 Nahrungsmittelbuch, 1. Aufl., S. 4.

255 Es waren insgesamt 1.500 Exemplare gedruckt worden, von denen bereits 1.100 verkauft waren, s. Geschäftsbericht über das Jahr 1905, in: DNR 4 (1906), S. 65–74; diese Aussage wurde aber wohl auch aus Werbezwecken lanciert – ein Jahr später wurde immer noch davon gesprochen, dass die erste Auflage »fast vergriffen« sei, s. Geschäftsbericht über das Jahr 1906, in: DNR 5 (1907), S. 41–44.

256 S. z. B. die Beratungen über die Bestimmungen zu verschiedenen Alkoholarten, Versammlung des Bundes Deutscher Nahrungsmittel-Fabrikanten und -Händler. 24. Januar 1911, in: DNR 9 (1911), S. 25–29, 34–36; Tagesordnung für die Versammlungen des Bundes im Mai 1911, in: ebd., S. 33 f.

stand erneuter Beratungen wurden.[257] Kurz vor dem Ersten Weltkrieg war das Manuskript zur dritten Auflage des Nahrungsmittelbuches fertiggestellt, deren Erscheinen aufgrund des Kriegsausbruchs jedoch bis 1922 verschoben wurde.[258] An der grundsätzlichen Zielsetzung sowie der Einteilung des Buches änderte sich mit einigen kleineren Ausnahmen nichts,[259] die Korrekturen und Ergänzungen bezogen sich vor allem auf inzwischen eingetretene Veränderungen in der Produktion sowie neue wissenschaftliche Erkenntnisse; zudem wurde der Kreis der behandelten Nahrungsmittel erweitert.[260]

Ähnlich den wissenschaftlichen Handbüchern und Warenlexika war den eigentlichen Festsetzungen des Nahrungsmittelbuches ein ausführlicher allgemeiner Teil vorgeschaltet, der grundlegende Kenntnisse zur sachgemäßen Behandlung der Nahrungsmittel vermittelte. Neben Regeln zur hygienischen Herstellung, Aufbewahrung und Verpackung der Nahrungsmittel wurden die Anforderungen an die Beschriftung der Waren und die Deklaration von Zusätzen sowie die Aufklärungspflichten gegenüber den Käufern verdeutlicht.[261] Ab der zweiten Auflage beinhaltete dieses Kapitel zudem einen Abschnitt über die Grundlagen der menschlichen Ernährung in allgemein verständlicher Form.[262] Auf diese Weise demonstrierten die Herausgeber nicht nur, dass die Nahrungsmittelindustrie sehr wohl die wissenschaftlichen Diskussionen rezipierte und in ihre Festsetzungen einfließen ließ. Sie nutzten die Wiedergabe der Ernährungstheorien auch zur Begründung ihrer Positionierung in den Debatten um die Zulässigkeit bestimmter Verarbeitungsweisen und Zusätze.

So betonte das Nahrungsmittelbuch unter Rekurs auf neue ernährungswissenschaftliche Forschungen die Bedeutung der ästhetischen Gestaltung der Nahrungsmittel und wandte sich gegen eine rein chemische und energetische Bewertung der Nahrung. Die Zubereitung und die Darreichung der Nahrungsmittel hätten die wichtige Aufgabe, für die von Seiten der Ernährungslehre geforderte Abwechslung der Kost Sorge zu tragen und Stoffe zur Geltung zu bringen, die anregend und appetitweckend auf die Sinnesorgane wirkten.[263] Mit dieser Argumentationsführung rechtfertigte das Nahrungsmittelgewerbe nicht nur die Zusetzung von Stoffen, die allein der Verbesserung des Aussehens der

257 Schreiben des Bundes an das Kaiserliche Gesundheitsamt, Biebrich a. Rh., Januar 1914, in: BA, R 86/2053; Vorberatungen für die vom 3.–5. Juni d. Js. in München abzuhaltenden Versammlungen des Bundes Deutscher Nahrungsmittelfabrikanten und -Händler, in: DNR 10 (1912), S. 73–75; 3. Auflage des Deutschen Nahrungsmittelbuches, in: DNR 11 (1913), S. 113; Anträge für die III. Auflage des Deutschen Nahrungsmittelbuches, in: DNR 12 (1914), S. 73–79; III. Auflage des Deutschen Nahrungsmittelbuches, in: ebd., S. 103–107, 131–135.

258 Nahrungsmittelbuch, 3. Aufl., S. 5.

259 Ebd., 2. Aufl., S. 2.

260 Drucksache des Bundes Deutscher Nahrungsmittel-Fabrikanten und -Händler, Nürnberg, 9. Oktober 1906, in: BWA, K 1, IX, B 7, I. Akt.

261 Nahrungsmittelbuch, 1. Aufl., S. 8 f.

262 Nahrungsmittelbuch, 2. Aufl., Erster Teil, II. Abschnitt.

263 Ebd., S. 35.

Nahrungsmittel dienten, wie z. B. von künstlichen Farbstoffen, deren Verwendung hoch umstritten war. Es belegte gleichzeitig auch die eigene Unentbehrlichkeit für eine gesunde und ausgewogene Kost und bettete seine Forderungen geschickt in wissenschaftliche Theorien ein.

Die politische Ausrichtung des Nahrungsmittelbuches gerade in diesen Kapiteln wird weiter an den Ausführungen zur Preisbildung und zum Verhältnis Preis – Qualität deutlich: Die so häufig verwendete Formel von der Anpassung der Warenqualität und der Preise an die Bedürfnisse und die Nachfrage der Kunden findet sich auch hier. Die Herausgeber lehnten die Unterbindung des Verkehrs mit geringeren Warenqualitäten scharf ab. Dadurch werde die Versorgung der weniger kaufkräftigen Konsumenten erschwert oder gar gänzlich verhindert. Die Verschiedenheit der Kaufkraft der Kunden verlange auch verschiedene Verkaufspreise.[264] Eine fundierte Einordnung und Beurteilung der Preiswürdigkeit eines Nahrungsmittels sei zudem nur auf der Basis gründlicher Kenntnisse über die Produktions- und Handelsverhältnisse möglich – so das Fazit des Abschnittes, der damit die ständig präsente Forderung unterstützte, regelmäßig gewerbliche Sachverständige bei der Anklageerhebung wegen Nahrungsmittelfälschung heranzuziehen.[265]

Der besondere Teil des Nahrungsmittelbuches enthielt seinerseits Festsetzungen zu den einzelnen Nahrungsmittelgruppen auf Basis der Beschlüsse in den Gruppen- und Plenarversammlungen. Insgesamt wurden inklusive der Gebrauchsgegenstände 13 Obergruppen gebildet, denen jeweils enger gefasste Warengruppen zugeordnet wurden. Das Buch stellte Definitionen zu den jeweiligen Produkten auf, grenzte unterschiedliche Arten und Verarbeitungsverfahren voneinander ab, um dann die »normale Zusammensetzung« unter Berücksichtigung regionaler Besonderheiten anzugeben. Vor diesem Hintergrund schieden die Herausgeber zulässige von unzulässigen Beimischungen, bestimmten deklarationspflichtige Zusätze und charakterisierten als Verfälschungen zu verstehende Bearbeitungs- und Produktionsmethoden. Im Anmerkungsapparat wurde detaillierter auf spezifische Aspekte eingegangen – vielfach unter Verweis auf wissenschaftliche Arbeiten, Gesetze und Verordnungen sowie Festsetzungen, Eingaben und Resolutionen gewerblicher Zusammenschlüsse, aber auch die vom Kaiserlichen Gesundheitsamt herausgegebenen Vereinbarungen.[266]

Deutlich ist zu erkennen, dass vielfach die bereits bestehenden Normierungen einzelner Verbände in das Nahrungsmittelbuch einflossen; die Kapitel zur Schokolade[267] und zum Senf[268] gaben fast wörtlich die Festsetzungen der ent-

264 Nahrungsmittelbuch, 1. Aufl., S. 12.
265 Ebd., S. 12–14.
266 S. z. B. den Abschnitt zur Butter, ebd., S. 18–22.
267 Ebd., S. 108–111.
268 Ebd., S. 60 f.; vgl. Schreiben des Vereins deutscher Senffabrikanten, Fahr (Rheinland), 16. Mai 1904, in: BA, R 86/4481.

sprechenden Branchenverbände wieder. Wenn auch die Länge der Abschnitte je nach Stellenwert und Problempotential des Nahrungsmittels, aber teils auch unabhängig davon variierte,[269] beschränkten sich die Festsetzungen in der Regel somit keineswegs auf einfache Faustregeln, sondern reflektierten den einschlägigen Forschungs- und Diskussionsstand. Zwar waren sie immer darum bemüht, die Ausführungen den Kenntnissen der vorwiegend gewerblichen Nutzer anzupassen, insbesondere in den Anmerkungsapparaten zeigten sie aber die Handschrift eines Fachwissenschaftlers, eben des bereits seit Langen mit Qualitätsnormierungen befassten Robert Kayser. Dies bestätigt die obige Vermutung, dass die Nahrungsmittelproduzenten ganz bewusst Kooperationen mit Wissenschaftlern eingingen und diese dauerhaft an sich banden, um den wissenschaftlichen Standardisierungen ebenbürtige Richtlinien entgegensetzen zu können und als Verhandlungspartner ernst genommen zu werden.

Wie schon im allgemeinen Teil finden sich auch in den speziellen Abschnitten Stellungnahmen zu stark diskutierten Fragen der Nahrungsmittelkontrolle und Beurteilung einzelner Nahrungsmittel. Die Verteidigung der künstlichen Färbung wurde hier mehrfach wieder aufgenommen ebenso wie die Streitigkeiten um die Verwendung bestimmter Konservierungsmittel.[270] Das Buch wies auf die wirtschaftliche, aber vor allem auf die gesundheitliche Bedeutung der Konservierung hin, die nicht nur eine vielfältigere Ernährung ermögliche, sondern auch Gesundheitsschädigungen durch verdorbene Nahrungsmittel vorbeuge. Damit verbunden war eine generelle Kritik an der Arbeitsweise der Wissenschaftler, die in der Regel nicht mit repräsentativen Mengen arbeiteten und in der Bewertung von Zusatzstoffen immer von Kranken oder Konsumenten mit seltenen Unverträglichkeiten ausgingen.[271]

Jedoch standen die Normierungen des Nahrungsmittelbuches keineswegs immer konträr zu den wissenschaftlichen Standards, sondern bestätigten diese auch in vielen Punkten. So schrieb das Kapitel zu Wurstwaren z. B. eine Begrenzung des Mehlzusatzes auf 2 % vor – eine Ansicht, die, wie im Kapitel zu den Vereinbarungen der Freien Vereinigung Deutscher Nahrungsmittelchemiker deutlich wurde, keineswegs von allen Vertretern der Branche geteilt wurde.[272] Gegenüber amtlichen Regelungen verhielt sich das Nahrungsmittelbuch in der Regel zurückhaltend. Zwar wurde an der einen oder anderen Stelle Kritik geübt, doch offene oder versteckte Aufforderungen zur Umgehung von Bestimmungen

269 Besonders ausführlich waren z.B. die Abschnitte »Gewürze«, in: Nahrungsmittelbuch, 1. Aufl., S. 61–72, »Branntwein und Spirituosen«, in: ebd., S. 81–89, sowie »Kaffee«, in: ebd., S. 97–104, die teils noch eigene Unterkapitel enthielten. Erstaunlich kurz hingegen waren die Abschnitte »Milch«, in: ebd., S. 16–18, und Margarine, in: ebd., S. 24.

270 Ein Beispiel ist die Salizylsäure, bei der man eine andere Obergrenze angab als verschiedene wissenschaftliche Gutachten, s. Nahrungsmittelbuch, 1. Aufl., S. 140–142.

271 Nahrungsmittelbuch, 1. Aufl., S. 122–128 (v. a. 125–128).

272 Ebd., S. 114, 117; zur Kritik daran s. z. B. Schreiben der Innung der Metzgermeister München an die Handels- und Gewerbekammer von Oberbayern, München, 8. Nov. 1904, in: BWA, K 1, IX, B 7, I. Akt.

oder ihrer Boykottierung sind nicht zu finden. Sie wurden als gegebene, wenn auch durch Einflussnahme möglicherweise veränderbare Ausgangspunkte für die Nahrungsmittelproduktion angesehen. Oberstes Ziel war es, die Fabrikanten über die rechtlichen Regelungen und ihre gängige Anwendung zu informieren und ihnen Auslegungshilfen an die Hand zu geben, um ihnen so eine möglichst unbehelligte wirtschaftliche Tätigkeit zu ermöglichen. Deshalb wurden im letzten Teil des Buches auch alle zentralen Gesetze, Verordnungen und Bekanntmachungen für den Nahrungsmittelverkehr sowie grundlegende Entscheidungen des Reichsgerichtes abgedruckt.[273]

Konstatierte der Bund nach Erscheinen der ersten beiden Auflagen eine breite Rezeption der Bestimmungen des Nahrungsmittelbuches – sowohl in den beteiligten Kreisen als auch in der amtlichen Nahrungsmittelkontrolle und Rechtsprechung,[274] klang sein Resümee über den bisherigen Erfolg des Buches in dieser dritten Auflage deutlich weniger enthusiastisch: »Ein Werk, welches, wie das vorliegende, in vielen strittigen Fragen zu Kompromissen greifen musste, wird nicht die Ansprüche Aller befriedigen«, so das Vorwort.[275] Damit gestand der Bund trotzig ein, dass das Nahrungsmittelbuch nicht immer und überall auf uneingeschränktes Lob und Zustimmung stieß. Zwar wurden die »Missgriffe« der Nahrungsmittelkontrolle seiner Einschätzung nach merklich weniger,[276] doch gerade die so sehr erhoffte offizielle Anerkennung des Nahrungsmittelbuches blieb aus.

Insbesondere das Reichsgesundheitsamt verhielt sich ablehnend – es verweigerte die Teilnahme an den Verhandlungen, um dem Bund nicht die Möglichkeit zu geben, das Nahrungsmittelbuch als von amtlicher Seite autorisiert darzustellen.[277] Dieser kühlen Haltung schlossen sich auch Ministerien, der Reichskanzler und amtliche Untersuchungsanstalten an.[278] Der Fabrikantenbund traf somit auf dieselbe Skepsis innerhalb der Staatsverwaltung wie viele andere Industrieverbände; man vermutete, dass sie ausschließlich Partikularinteressen vertraten

273 Nahrungsmittelbuch, 1. Aufl., S. 170–240.

274 Schreiben des Bundes Deutscher Nahrungsmittel-Fabrikanten und -Händler, Nürnberg, 9. Oktober 1906, in: BWA, K 1, IX, B 7, I. Akt.

275 Nahrungsmittelbuch, 3. Aufl., o. S.; IX.

276 Geschäftsbericht über das Jahr 1906, in: DNR 5 (1907), S. 41–44 (Zitat 42).

277 Der Bund habe bereits die Anwesenheit eines Vertreters des Reichsschatzamtes bei zwei Verhandlungen der ersten Auflage immer wieder zu Werbezwecken genutzt, so ein Schreiben des Reichsgesundheitsamtes an den Staatssekretär des Innern, Berlin, 13. November 1904, in: BA, R 86/2053; Schreiben des Reichsgesundheitsamtes an den Staatssekretär des Innern, Berlin, 6. September 1907, in: ebd.; Schreiben des Reichsgesundheitsamtes an den Staatssekretär des Innern, Berlin, 22. April 1908, in: ebd.

278 Schreiben des Reichskanzlers an das Kultus-, das Handels-, das Innen-, das Landwirtschafts- und das Finanzministerium, Berlin, 12. September 1907, sowie zustimmende Voten der entsprechenden Ministerien in: GStAPK, I. HA, Rep. 120 C IX 1, Nr. 3, Bd. 3, Vol. 8; Schreiben des Reichskanzlers, Berlin, 12. September 1907, an das bayerische Außenministerium, in: BayHStA, MA 95825; Schreiben der Kgl. Untersuchungs-Anstalt für Nahrungs- und Genussmittel zu München, München, 6. September 1907, in: BayHStA, MInn 62588.

und ihr Engagement vor allem einem materiellen Egoismus diente.[279] Trotzdem nahm die Zahl der Wissenschaftler, die in offizieller Funktion an den Versammlungen teilnahmen, zu: Die Publikationen des Bundes verzeichnen mehrfach die Anwesenheit von Mitarbeitern amtlicher Untersuchungsanstalten und universitärer Einrichtungen bei den Verhandlungen.[280] Und auch das Gesundheitsamt verfolgte zumindest von außen die Beratungen des Bundes aufmerksam. 1905 stellte es eine Übersicht über die Verhandlungsergebnisse zusammen und setzte sich minutiös mit diesen auseinander. In vielen Punkten stufte es die Beschlüsse jedoch als zu lax, einseitig und falsch oder gar gesetzlichen Regelungen und Verordnungen widersprechend ein.[281] Das Amt war der Auffassung, dass das Nahrungsmittelbuch seine Zielsetzung, die Klärung der umstrittenen Fragen in der Nahrungsmittelkontrolle, nicht erreichen werde. Es sagte vielmehr eine Zunahme der Schwankungen in der Rechtsprechung voraus, da die Festsetzungen den Anschauungen der im amtlichen Auftrag arbeitenden Chemiker in vielem konträr gegenüberstünden. Auf diese Weise werde nur eine noch größere Verwirrung und Unsicherheit geschaffen.[282] Dennoch orientierten sich die Gerichte seiner Einschätzung nach vielfach an den gewerblichen Leitlinien, da es immer noch an amtlichen Ausführungsbestimmungen fehle.[283]

Aus Kreisen der Nahrungsmittelchemiker war sowohl Anerkennung als auch Kritik zu hören.[284] Die Verbände der selbständig tätigen Chemiker taten sich offenbar leichter, das »Hoheitsgebiet« der Produzenten und Händler zu betreten, sie nahmen an den Beratungen zum Nahrungsmittelbuch rege teil; ihre Vorschläge und wissenschaftlichen Veröffentlichungen dienten als Material für die Abfassung der einzelnen Abschnitte.[285] Die Freie Vereinigung Deutscher

279 *Wehler*, S. 668.

280 *Gerlach*, S. 52.

281 Schreiben des Reichsgesundheitsamtes an den Staatssekretär des Innern, Berlin, 13. November 1904, in: BA, R 86/2053; Schreiben des Reichsgesundheitsamtes an den Staatssekretär des Innern, Berlin, 6. September 1907, in: ebd.; Bericht des Reichsgesundheitsamtes an den Staatssekretär des Innern, Berlin, 11. März 1905, in: ebd.

282 Schreiben des Reichsgesundheitsamtes an den Staatssekretär des Innern, Berlin, 13. November 1904, in: BA, R 86/2053.

283 *Fendler*, Die Nahrungsmittelchemie in den Jahren 1906 und 1907, in: Zeitschrift für angewandte Chemie 21 (1908), S. 721–732, 769–777; ähnlich: Bericht über die neunte Hauptversammlung der Freien Vereinigung Deutscher Nahrungsmittelchemiker 1910, S. 75 f.

284 S. verschiedene Äußerungen: Bericht über die amtliche Kontrolle der Nahrungs- und Genußmittel im Königreich Sachsen 1904, in: Zeitschrift für öffentliche Chemie 12 (1906), S. 81–92; Neufeld, Zur Neuregelung der Lebensmittelgesetzgebung im Deutschen Reiche, in: Bericht über die neunte Hauptversammlung der Freien Vereinigung Deutscher Nahrungsmittelchemiker 1910, S. 6–23; König, Bedürfnisse der deutschen Nahrungsmittelgesetzgebung, in: ZUNG 14 (1907), S. 621–636.

285 S. z. B. Neue Fassung des Abschnittes des Deutschen Nahrungsmittelbuches über Kakao, Schokolade, Schokoladewaren, in: DNR 5 (1907), S. 153–155; 7. Versammlung des Bundes Deutscher Nahrungsmittel-Fabrikanten und -Händler. 24. Januar 1911, in: DNR 9 (1911), S. 25–29, 34–36.

Nahrungsmittelchemiker, die vor allem die staatsbediensteten Wissenschaftler repräsentierte, war hier noch etwas zurückhaltender, aber immerhin zu zweiseitigen Beratungen bereit. Die Öffnung der Wissenschaftsverbände gegenüber den Fabrikanten wirkte sich auch auf die Haltung der Reichsbehörden aus: Immer öfter zogen sie Vertreter des Bundes zu offiziellen Beratungen über Fragen der Nahrungsmittelqualität hinzu. Der Bund selbst wurde nicht müde, die Annäherungen zwischen Wissenschaft und Industrie sowie Staat und Industrie hervorzuheben. Er war zuversichtlich, dass sich die Auffassungen der beteiligten Interessengruppen über die Qualitätsstandards in absehbarer Zeit angleichen würden.[286]

Doch wie sah es mit der Akzeptanz des Nahrungsmittelbuches im Nahrungsmittelgewerbe selbst aus? Das Gesundheitsamt und auch die Freie Vereinigung wiesen wiederholt darauf hin, dass das Nahrungsmittelbuch auch innerhalb der gewerblichen Kreise keinesfalls uneingeschränkte Zustimmung erfahre.[287] Solange dies der Fall sei, habe das Nahrungsmittelbuch nur »platonischen Wert«.[288] Tatsächlich ist eine Reihe von Schreiben einzelner Unternehmer oder Verbände der Nahrungsmittelindustrie überliefert, die deutliche Kritik an einzelnen Festsetzungen oder aber der gesamten Konzeption des Buches übten. Einigen gingen die Bestimmungen nicht weit genug, sie forderten für bestimmte Produkte genauere Eingrenzungen und strengere Verbote einzelner Zusätze.[289]

Andere übten allgemeiner Manöverkritik: So wurde die Uneinheitlichkeit der Bestimmungen angegriffen, die stark die einzelnen Interessen der beteiligten Gruppen wiedergäben und teils sogar sich direkt widersprechende Anschauungen beinhalteten.[290] Die »Konserven-Zeitung« sah beispielsweise den Zeitpunkt für die Umsetzung eines derartigen Kompendiums als zu früh an. Angesichts der grundverschiedenen Auffassungen über die Nahrungsmittelqualität – auch unter den Vertretern ein und derselben Branche – sei kaum vorstellbar, dass man zu einer sinnvollen und für Theoretiker und Praktiker gleichermaßen akzeptablen Lösung kommen könne.[291] Das gegenüber gesetzlichen Regelungen vorgebrachte Argument der Inflexibilität und Verfrühtheit kam mithin auch hier zum Tragen. Die Einschätzung der Konserven-Zeitung wird dadurch be-

286 Bericht über die VII. Ordentliche Mitgliederversammlung des Bundes Deutscher Nahrungsmittel-Fabrikanten und -Händler am 14. Juni 1908 in München, in: DNR 6 (1908), S. 121–124.

287 Schreiben des Reichsgesundheitsamtes an den Staatssekretär des Innern, Berlin, 26. Januar 1904, in: BA, R 86/5413.

288 Neufeld, Zur Neuregelung der Lebensmittelgesetzgebung im Deutschen Reiche, in: Bericht über die neunte Hauptversammlung der Freien Vereinigung Deutscher Nahrungsmittelchemiker 1910, S. 6–23.

289 Z.B. Schriftwechsel zwischen dem Bund Deutscher Nahrungsmittel-Fabrikanten und -Händler und der Bad- und Mineralbrunnen-Verwaltung Ueberkingen in Geislingen-Steig zwischen dem 6. Februar 1905 und dem 13. März 1905, in: BA, R 86/2053.

290 S. z.B. Auszug aus: Das Weinblatt, Allgemeine Deutsche Weinzeitung von 1904, S. 407–409, in: ebd.

291 Ausschnitt aus der Konserven-Zeitung vom November 1904, in: ebd.

stätigt, dass parallel zum Nahrungsmittelbuch abweichende Bestimmungen zu einzelnen Nahrungsmitteln geschaffen wurden. So kam es hinsichtlich der Regulierungen zu Marzipanmasse und Marzipanwaren mit gleich zwei Verbänden, dem Verband der selbständigen deutschen Konditoren und dem Verband der Konfitürenhändler, zu Auseinandersetzungen, da der Bund der Nahrungsmittel-Fabrikanten deutlich niedrigere Qualitätsstandards anlegte als die genannten Verbände. Er wertete deren Standardisierungen als Interessenpolitik der auf feine Waren spezialisierten Geschäfte, die auf die weniger begüterten Bevölkerungsschichten keine Rücksicht nahmen[292] – ein typisches Beispiel für die internen Gegensätze zwischen Fabrikanten und Detailhändlern. Während Erstgenannte in der Regel einen weiten Spielraum für die Produktion anstrebten, traten Letztere für deutlich strengere Regelungen ein, da sie von der Nahrungsmittelkontrolle unmittelbar betroffen waren.[293]

Aus den kritischen Stellungnahmen zum Nahrungsmittelbuch und abweichenden Regulierungen auf eine allgemein kritische Tendenz in der Aufnahme des Buches in den Reihen der Nahrungsmittelindustrie zu schließen, ist jedoch problematisch – wird doch Kritik naturgemäß schneller und häufiger geäußert als Lob. Zudem stammen viele der negativ gefärbten Schreiben aus den Beständen des Reichsgesundheitsamtes, das, wie gesehen, eine sehr skeptische Position gegenüber dem Nahrungsmittelbuch einnahm, dementsprechend Kritikern eine Anlaufstelle bot und gleichzeitig Belege für seine ablehnende Haltung suchte. In den Überlieferungen der Handelskammern sowie unter den von der Zentralstelle des Bundes gesammelten Anträgen finden sich zwar auch negative Äußerungen, diese hätten dem Gesundheitsamt jedoch wenig Material geboten, äußerten sie doch gerade Missfallen über zu weitgehende und einschränkende Bestimmungen.[294] Dieser Trend kehrte sich allerdings bei den späteren Auflagen um, es wurden jetzt häufiger Forderungen nach detaillierteren und engeren Regelungen laut, insbesondere hinsichtlich deklarierungspflichtiger Zusätze.[295] Ob dies mit einem generellen Gesinnungswandel innerhalb der

292 Mitteilung des Vorstands des Verbandes selbständiger deutscher Konditoren, Berlin, 4. November 1905, in: BWA, K 1, IX, B 7, I. Akt; Schreiben der Allgemeinen Deutschen Conditor-Zeitung, München, 28. Dezember 1906, in: ebd.; Bericht des Verbandes deutscher Schokolade-Fabrikanten über das 37. Verbandsjahr 1912/13, S. 3, in: BA, R 86/2045; Bericht des Verbandes deutscher Schokolade-Fabrikanten über das 38. Verbandsjahr 1913/14, S. 3, in: ebd.; Erklärung, in: DNR 10 (1912), S. 302; Zur Marzipanfrage, in: DNR 11 (1913), S. 33 f.

293 Vgl. Nachdruck eines Artikels aus der Frankfurter Zeitung in der Apotheker-Zeitung, 14. Dezember 1904, in: BA, R 86/2053.

294 Z. B. Schreiben des Verbandes rheinhessischer Weinhändler, Mainz, 22. Oktober 1904, in: BWA, K 1, IX, B 7, I. Akt.; Anträge für die Beratungen zur Herausgabe eines Deutschen Nahrungsmittelbuches vom 14. bis zum 29. November 1904 in Frankfurt a. M., Beilage zur Deutschen Nahrungsmittel-Rundschau Nr. 21 vom 1. November 1904.

295 Beispiele: Anträge für die III. Auflage des Deutschen Nahrungsmittelbuches, in: DNR 12 (1914), S. 73–79.

Nahrungsmittelindustrie korrelierte, ist empirisch nicht nachweisbar; der Bund kam im Vorwort zur dritten Auflage des Nahrungsmittelbuches zu dem Ergebnis, dass sich bis zu deren Erscheinen eine deutlich strengere Auffassung hinsichtlich der Nahrungsmittelqualität durchgesetzt habe.[296]

Bei den meisten Stellungnahmen aus der Nahrungsmittelwirtschaft handelte es sich nur um kleinere Korrekturen der die eigene Branche betreffenden Bestimmungen, mit denen nicht zwangsläufig eine generelle Kritik des Kompendiums verbunden war. Im Gegenteil: Viele Fabrikanten begrüßten das Vorhaben ausdrücklich als einen eigentlich bereits seit Jahren dringend notwendigen Leitfaden für das Nahrungsmittelgewerbe und als unverzichtbare Orientierungshilfe für die Rechtsprechung und forderten eine möglichst rasche Anerkennung des Kompendiums durch die Behörden.[297] Nach Erscheinen der ersten Auflage nahm die Zustimmung noch zu.[298] Die starke Beteiligung der Branchenverbände an den Debatten sowie die regelmäßigen Stellungnahmen branchenübergreifender Vereinigungen wie des freihändlerischen Hansabundes und des Deutschen Handelstages zeigen nicht nur die Heterogenität der Interessen,[299] sondern auch den Wunsch der verschiedenen Zusammenschlüsse, Einfluss auf die Festsetzungen auszuüben.

Doch auch wenn das Nahrungsmittelbuch innerhalb der Nahrungsmittelwirtschaft auf weitgehende Zustimmung stieß und erstmals verschiedene gewerbliche Interessenkreise vereinte: Es kann nicht darüber hinwegtäuschen, dass weiterhin große Differenzen in den Auffassungen bestanden – so zwischen Handel und Industrie, Handwerk und Industrie sowie Groß- und Kleinhandel, aber auch innerhalb einzelner Gewerbezweige. Nicht zuletzt fielen Normsetzung und -anwendung teils weit auseinander: So konstatierte der Bayerische Handelskammertag nach Erscheinen der zweiten Auflage des Nahrungsmittelbuches, dass diese »vortreffliche Kodifikation der gesetzlichen und usancemäßigen Bestimmungen über den Nahrungsmittelverkehr« bei Fabrikanten und Großhändlern zwar »gut eingeführt« sei. Die Masse der Detailhändler jedoch nehme kaum Kenntnis von ihr.[300] Diesen Umstand nahmen einige Handelskammern und Verbände zum Anlass dafür, auf der Grundlage des Nahrungsmittelbuches sogenannte Merkblätter insbesondere für den Kleinhandel mit Nahrungsmitteln herauszugeben. Sie stellten – teils in Kooperation mit

296 Deutsches Nahrungsmittelbuch, 3. Aufl., o. S.

297 Z. B. Schreiben Anton Riemerschmids, Spiritus-, Liqueur- und Essig-Fabrik an die Handelskammer Oberbayern, München, 18. Dezember 1906, in: BWA, K 1, IX, B 7, I. Akt.

298 Z. B. Schreiben der Central-Molkerei München e. Gen.mbH an die Handelskammer von Oberbayern, München, 9. November 1906, in: BWA, K 1, IX B 7, I. Akt; Schreiben der Firma Kathreiners Malzkaffee-Fabriken, München, 10. Dezember 1906, in: ebd. Schreiben der Margarine-Fabrik E. Feuchtwanger an die Handelskammer von Oberbayern, München, 8. November 1908, in: ebd.

299 Dazu *Lichter*, S. 10–12.

300 Delegiertenkonferenz des Bayerischen Handelskammertages, München am 11. Februar 1911, S. 27–31, in: BWA, K 1, IX, B 7, III. Akt.

Sachverständigen lokaler Untersuchungsanstalten[301] – die wichtigsten Grundsätze zusammen, die der Handelspraxis in ihrem jeweiligen Wirkungsbereich entsprachen und mit der bestehenden Nahrungsmittelkontrolle und den rechtlichen Vorschriften in Einklang standen.[302] Während sich diese Blätter auf einen regional eng begrenzten Geltungsbereich beschränkten, wurden ab 1910 reichsweite Merkblätter lanciert – als Kooperationsprojekt verschiedener Institutionen.[303] Darunter war auch der Bund Deutscher Nahrungsmittel-Fabrikanten, der erkannte, dass das Nahrungsmittelbuch für viele kleine Händler zu unhandlich und wissenschaftlich-detailliert sowie vielfach wohl auch nicht erschwinglich war. Er wollte durch seine Mitwirkung an dem Projekt nicht nur der unsystematischen Verbreitung sich vielfach widersprechender Merkblätter entgegenwirken, sondern begriff sie auch als ideale Form der populären, schnell rezipierbaren und kostengünstigen Aufbereitung der Festsetzungen des Nahrungsmittelbuches.[304] Der Detailhandel nahm die Merkblätter gut an, sie erfreuten sich eines regen Absatzes.[305]

Den Merkblättern gelang es somit offenbar, das Nahrungsmittelbuch weiten Teilen des Nahrungsmittelgewerbes zu erschließen und stärker im alltäglichen Nahrungsmittelverkehr zu verankern. Doch verdeutlichen sie auch einmal mehr die Schere zwischen den engagierten großen Branchenverbänden, die die Normsetzung vorantrieben und maßgeblich prägten, und den einzelnen kleinen Gewerbetreibenden, die diese Normen höchstens zur Kenntnis nahmen, sich im Geschäftsalltag aber mit ganz anderen Problemen auseinanderzusetzen hatten. Die starken inneren Strukturunterschiede des Nahrungsmittelgewerbes schlugen sich auch in der Regulierung nieder: Kleine, nach überkommenen handwerklichen Methoden arbeitende Betriebe standen neben hochtech-

301 S. z. B. Rundschreiben des Verbandes der Großkaufleute zu Magdeburg e. V., Magdeburg, 18. Januar 1908, in: BWA, K 1, IX B 7, II. Akt.

302 1911 waren bereits acht Merkblätter von einzelnen Handelskammern und Verbänden publiziert worden, weitere zwei Handelskammern waren mit der Abfassung eines Merkblatts beschäftigt und 18 hatten erste Planungen aufgenommen, s. Rundschreiben des Verbandes der Großkaufleute zu Magdeburg e. V., Sonderabdruck aus »Der Materialist« vom 19. Oktober 1910, in: BWA K 1, IX, B 7, II. Akt; Rundschreiben des Verbandes der Rabatt-Spar-Vereine Deutschlands e. V. an die Handelskammern, Bremen im März 1911, in: BWA, K 1, IX, B 7, III. Akt.

303 Schriftwechsel zwischen verschiedenen bayerischen Handelskammern im Dezember 1910, in: BWA, K 1, IX, B 7, II. Akt; Schreiben der Handelskammer München an den Bund Deutscher Nahrungsmittel-Fabrikanten und -Händler, München, 21. April 1911, in: BWA, K 1, IX, B 7, III. Akt.; Handelskammer Augsburg: Protokoll der am 10. März 1911 abgehaltenen 15. öffentlichen Sitzung, S. 14 f., in: ebd.

304 Delegiertenkonferenz des Bayerischen Handelskammertages, München am 11. Februar 1911, S. 27–31, in: BWA, K 1, IX, B 7, III. Akt; Rundschreiben des Bundes Deutscher Nahrungsmittel-Fabrikanten und -Händler an die Handelskammern Deutschlands, Biebrich-Wiesbaden, Februar 1911, in: ebd.; Ausschnitt: Deutscher Handelstag, Nr. 14 der Mitteilungen an die Mitglieder vom 29. Juni 1911, in: BA, R 86/5410.

305 Rundschreiben des Verbandes der Großkaufleute zu Magdeburg e. V., Sonderabdruck aus »Der Materialist« vom 19. Oktober 1910, in: BWA, K 1, IX, B 7, II. Akt.

nisierten, arbeitsteilig organisierten und stark spezialisierten Großkonzernen, die über ausgefeilte Vertriebssysteme verfügten.[306] Diese Diskrepanzen suchte der Bund Deutscher Nahrungsmittel-Fabrikanten zu überdecken – im Vordergrund stand nicht das einzelne Unternehmen, sondern der Verband. Dieser sollte durch die Einigung auf gemeinsame Standards in seiner inneren Struktur, aber auch nach außen gestärkt werden – ganz im Sinn der von Wehler als maßgebliches Motiv der zahlreichen Verbandsgründungen beschriebenen Einsicht, dass es immer wichtiger wurde, politischen Einfluss auszuüben, da Staatsverwaltung und Parlament durch die Gesetzgebung künftige Chancen zuteilten oder blockierten.[307] Das Nahrungsmittelbuch suggerierte Geschlossenheit und Einigkeit, Kompromissbereitschaft und Handlungswillen – teils erscheint es so, als sei diese Botschaft nach außen der hauptsächliche Zweck des Buches gewesen. Die Herausgeber hätten schon zu Beginn ihrer Arbeit geahnt, dass das Nahrungsmittelbuch sich niemals als gleichwertiges Pendant zu den Vereinbarungen der Freien Vereinigung durchsetzen werde, so die etwas resignierte Einschätzung der Deutschen Nahrungsmittel-Rundschau. Dennoch habe man sich zur Fortsetzung des Vorhabens entschieden, um zu beweisen, »dass die Nahrungsmittelgewerbe sehr wohl in der Lage sind, durch zentrale Verhandlungen allseitig befriedigende Festsetzungen zustande zu bringen, die durchaus den Interessen des Konsums dienen«.[308] Anders als die Qualitätsrichtlinien des Schokoladeverbandes wurde das Nahrungsmittelbuch jedoch nicht systematisch durch verbandsinterne Sanktionen und Begünstigungen abgesichert. Dies resultierte einerseits aus der Größe des Verbandes und seiner trotz intensiver Bemühungen um Geschlossenheit weiter bestehenden Diversifizierung, die derartige Kontrollen schlichtweg unmöglich machten. Andererseits zielte der Bund darauf auch gar nicht ab: Das Nahrungsmittelbuch stellte keine verpflichtende Qualitätsabsprache dar, sondern blieb eine informelle Richtlinie, die vor allem auf Außenwirkung setzte, diese aber genau deshalb nicht in der Weise erzielen konnte, wie es z. B. dem Schokoladeverband mit seinen sanktionierten Richtlinien gelang.

4. Fazit

Die Fortsetzung der »himmlischen Episode« aus der Perspektive der Nahrungsmittelindustrie verdeutlicht einmal mehr einen zentralen Angelpunkt der Aushandlungsprozesse um die Regulierung der Nahrungsmittelqualität: den jahrzehntelang schwelenden Konflikt zwischen Wissenschaft und Wirtschaft um die richtigen Bewertungsmaßstäbe. Seine ironisierende Darstellung zeigt jedoch,

306 *Ellerbrock*, Geschichte, S. 251–253.
307 *Wehler*, S. 666 f.; s. auch *Stolleis*, Entstehung, S. 137.
308 Zentralstelle zur Begutachtung von Nahrungs- und Genußmitteln, in: DNR 8 (1910), S. 164–166 (Zitat 165).

dass dieser nicht selten auch übertrieben und als rhetorisches Mittel genutzt wurde. Er war – so oder so – ständiger Ausgangs- und Bezugspunkt verschiedener Aktivitäten beider Seiten.

Auch für die in diesem Kapitel untersuchten Normierungen der Nahrungsmittelindustrie war die Frontstellung zwischen Wissenschaftlern und Gewerbetreibenden konstitutiv: Als deutlich wurde, dass die Nahrungsmittelchemie ihren Einfluss auf die staatliche Überwachung der Nahrungsmittelqualität stetig vergrößern konnte, bemühte sich die Nahrungsmittelwirtschaft, eigene Qualitätsstandards zu lancieren. Ganz bewusst wurden diese den wissenschaftlichen Festsetzungen als Korrektiv entgegengesetzt. Sie sollten den dort zu wenig berücksichtigten Standpunkt der Industrie verdeutlichen, um auf diese Weise eine Deutungshoheit der Nahrungsmittelchemie zu verhindern oder doch wenigstens abzumildern. Die gewerblichen Normierungen dienten nicht nur als Richtlinien und Argumentationsgrundlagen für die Industrie selbst, sondern sollten möglichst auch zur Orientierungshilfe für die Nahrungsmittelüberwachung und die Rechtsprechung werden. Sie schienen der Industrie ein adäquates Mittel zu sein, allzu starre, innovationsfeindliche Regelungen zu vermeiden, aber gleichzeitig einen Beitrag zu einer größeren Rechtssicherheit und Einheitlichkeit der Rechtsprechung zu leisten.

Als branchenübergreifendes Kompendium von Handelsbräuchen und Richtlinien erschien 1905 die erste Auflage des Deutschen Nahrungsmittelbuches, die in den Folgejahren schrittweise aktualisiert und verbessert wurde. Herausgeber war der Bund Deutscher Nahrungsmittel-Fabrikanten und -Händler, der das Nahrungsmittelbuch als Projekt des Interessenausgleichs zwischen Wirtschaft und Konsumenten darstellte. Es wurde in dieser Lesart zum Ausweis der lauteren Absichten der beteiligten Industriezweige und damit zum Gegenbeweis der vielfach negativen Wahrnehmung der Handelspraktiken in der Öffentlichkeit. Um seine Verhandlungsbereitschaft zu dokumentieren, bemühte der Bund sich, neben einem möglichst breit gefächerten Spektrum an Verbänden und Unternehmen des Nahrungsmittelgewerbes auch Vertreter aus Wissenschaft, amtlicher Nahrungsmittelkontrolle und Staatsbehörden zur Teilnahme an den vorbereitenden Beratungen des Nahrungsmittelbuches zu bewegen.

Trotz erster gemeinsamer Beratungen blieb es im Untersuchungszeitraum jedoch bei einer Koexistenz der wirtschaftlichen und wissenschaftlichen Regelwerke, und die gegenseitige Einflussnahme beschränkte sich auf Empfehlungen aus der Position des Zaungastes. Anders als z.B. in der technischen Normung fand eine Trennung zwischen wissenschaftlich-technischer und wirtschaftlicher Normsetzung statt: Ernsthaft und aktiv eingebunden waren wissenschaftliche Experten bei der Abfassung der gewerblichen Standards nur als Mitglieder und Beauftragte der Gewerbevereinigungen, nicht aber als Vertreter wissenschaftlicher Fachverbände.[309] Die Wissenschaftler legten ausschließ-

309 Anders z.B. der Verein Deutscher Ingenieure, vgl. *Vec*, Recht, Kap. III 1; *Marburger*, S. 183–186; *Lundgreen*.

lich Normen für die Nahrungsmittelkontrolle fest, während die industriellen Normierungen ihrerseits vor allem auf die Produktion abzielten. Dennoch kam es zu einer engen Verquickung und gegenseitigen Beeinflussung und damit einer ständigen Konkurrenz zwischen den Regelwerken. Die Regierungen räumten den wissenschaftlichen Festsetzungen allerdings eindeutig einen Vorrang ein und blieben gegenüber dem Nahrungsmittelbuch skeptisch. Eine amtliche Anerkennung wurde von vornherein ausgeschlossen, das Nahrungsmittelbuch blieb ein privates, auf freiwilligen Absprachen beruhendes internes Instrument der Qualitätsregulierung. Dennoch erhielt es eine faktische Bedeutung in der amtlichen Nahrungsmittelkontrolle und vor allem in den weiteren Aushandlungsprozessen. Wissenschaft und Staat kamen immer weniger umhin, die Normierungen des Nahrungsmittelgewerbes zumindest zur Kenntnis zu nehmen.

Das Nahrungsmittelbuch führte vielfach bereits seit Längerem bestehende Standardisierungen zusammen. Schon Jahrzehnte früher hatten einzelne Branchenverbände damit begonnen, Richtlinien für die Produktion aufzustellen, die bestimmte Herstellungsverfahren und Zusätze ausschlossen, Hygienestandards vorschrieben und Deklarationspflichten einführten. Vielfach wurden Laboratorien mit der Kontrolle der Mitgliedsfirmen beauftragt. Die Einbindung in verbandliche Netzwerke wirkte prohibitiv hinsichtlich Verstößen gegen die Qualitätsbestimmungen des Verbandes: Mit dem Ausschluss aus dem Verband als Sanktion für wiederholte Verstöße gegen die selbstgesetzten Normierungen drohte auch der Verlust der Reputation sowie wichtiger Kontakte und »Dienstleistungen« des Verbandes. Besonders weit ging hier der Verband deutscher Schokoladefabrikanten, der als nach außen sofort sichtbares Zeichen seiner Reinheitspolitik Garantiemarken für die Fabrikate verlieh, die nach seinen Bestimmungen produziert worden waren.

Anders als dem Bund Deutscher Nahrungsmittel-Fabrikanten gelang es der Schokoladeindustrie, auch bei staatlichen Behörden eine weitreichende Zustimmung zu ihren Standards zu erzielen. Die Beobachtung, dass der Staat sich in der Normierung der Schokoladequalität trotz mehrfacher Aufforderungen von Seiten der Industrie selbst, staatliche Standards zu schaffen, äußerst passiv verhielt, bestätigt grundsätzlich den Befund Richard Tillys zur Unternehmermoral im 19. Jahrhundert: Tilly stellt fest, dass verhaltensleitende Wertvorstellungen in der Wirtschaft immer dann verrechtlicht wurden, wenn ihre Geltung als gemeinsam akzeptierte Moral in Frage stand.[310] Recht ist für Tilly offenbar ausschließlich staatlich gesetztes Recht; private Normsetzungen, die im weitesten Sinne auch als Recht betrachtet werden können und ebenfalls mit Sanktionen belegt sind, bleiben hier außen vor. Doch versteht man Tillys Theorie als Differenzierung zwischen staatlicher und privater Durchsetzung und Sicherung von gemeinsamen Wertvorstellungen, bestätigt sich diese für das Feld der Nahrungsmittelregulierung durchaus: Der Staat schuf in dem Moment eigene ver-

310 *Tilly*, S. 39.

trauenssichernde Institutionen, in dem allgemeine Wertvorstellungen ins Wanken kamen oder noch gar nicht existierten. Aus Sicht der Industrie stellte sich dieser Prozess jedoch vielfach auch in umgedrehter Kausalität dar: Ihre Regulierungsaktivitäten resultierten aus der Passivität des Staates.

Tilly geht zudem von einem langfristigen Trend zur Verbesserung der »Unternehmermoral« aus, unter der er die Ehrlichkeit im Geschäftsverkehr und die Einhaltung von Geschäftsvereinbarungen versteht.[311] Wie bereits mehrfach betont, will diese Arbeit keine Aussage zur tatsächlichen Entwicklung der Nahrungsmittelqualität treffen. Doch Tillys Begründung der zunehmenden Ehrlichkeit und des sich allmählich herauskristallisierenden Sets gemeinsamer Vorstellungen über Geschäftsgebräuche scheint auch als Erklärung für den Zuwachs an wirtschaftsinternen Qualitätsregulierungen und deren Stabilität plausibel: Die ständige Expansion des Geschäftsvolumens im Gefolge der Industrialisierung veränderte die Einstellung des Unternehmens zu einzelnen Transaktionen. Diese wurden mehr und mehr als Teil einer langen Kette angesehen, die als Ganzes einen langfristigen Vermögenszuwachs zeitigte.[312] Anders ausgedrückt: Ehrlichkeit stellte ein Kapital dar, das sich vor allem durch Verweilen am Markt dauerhaft amortisierte; Investitionen in die Reputation eines Unternehmens waren »sunk costs«, die Unternehmen gewissermaßen als »Haftungspotential« von Täuschungen abhielten.[313]

Diese Vermutung wird im Fall der Nahrungsmittelindustrie vor allem durch den Befund unterstrichen, dass die gewerblichen Qualitätsstandards sich in langfristig angelegte, auf eine dauerhafte Geschäftsbeziehung abzielende Marketingstrategien eingliederten. Systematisch suchten Nahrungsmittelproduzenten nach Instrumentarien, mit denen gegen den ständig präsenten Vorwurf der gewinnsüchtigen Manipulation vorzugehen war. Die Vertrauensbildung wurde zur bewussten unternehmerischen Strategie,[314] die Abgrenzung von verfälschter und billiger Massenware zunehmend als Chance zur Etablierung eines Marktes für hohe Qualitäten und Möglichkeit zur Errichtung von Marktzutrittsbarrieren begriffen.

Neben die durch soziale Netzwerke abgesicherten Selbstverpflichtungen trat die Heranziehung externer Instanzen als »Vertrauenswächter«. Entsprechend der Dominanz, die die Nahrungsmittelchemie in der Ausfüllung des Qualitätsbegriffs einnahm, suchte die Industrie vor allem Vertreter ihres Faches als neutrale Autoritäten zu gewinnen. Sie inkorporierte ähnlich dem Staat systematisch wissenschaftlichen Sachverstand und bemühte sich, auf dieser Basis die Produktionsabläufe ständig zu verbessern. Gleichzeitig suchte sie die

311 Ebd., S. 40, 43, 45. Tilly differenziert aber nach Branchen, Groß- und Kleinhandel sowie Handwerk und Industrie und spricht auch von der Kollision unterschiedlicher »moralischer Kodizes« zwischen verschiedenen Marktteilnehmern und den Unternehmern und ihren Beschäftigten.

312 Ebd., S. 40f.

313 Vgl. *Wendorf*, S. 77f.

314 Vgl. *Hesse*.

Werbung mit sachlicher Expertise nachhaltig zu untermauern – sie präsentierte sich als moderner, wissenschaftsbasierter, nach rationalen, aber auch gesundheitlichen Prinzipien produzierender Industriezweig. Zudem fungierten die Unternehmenschemiker als Vermittler zwischen der Nahrungsmittelkontrolle und der Industrie und sollten dazu beitragen, dass die Unternehmen sich als kompetente Verhandlungspartner in der Aushandlung von Qualitätsnormierungen positionieren konnten. Dies unterstreicht erneut die fließenden Grenzen zwischen Wissenschaft und Anwendung, Verbraucherschutz und Fortschrittsermöglichung. Eine enge Verbindung zwischen Nahrungsmittelchemie und Industrie bestand zwar sicher noch nicht, doch ganz so unüberwindlich, wie es Spiekermann in einem Aufsatz beschreibt[315] und wie es die heftigen zeitgenössischen Debatten zunächst glauben machen, war der Antagonismus zwischen Wissenschaftlern und Unternehmern nicht.

Durch die Ausdifferenzierung ihres Produktangebots griff die Branche das wachsende gesellschaftliche Interesse an der Gesundheit und das Unbehangen gegenüber der industriellen Produktion auf: Basierend auf den neuen Erkenntnissen der Ernährungswissenschaften wurden zahlreiche Gesundheitsprodukte auf den Markt gebracht und die »Natürlichkeit« der angebotenen Nahrungsmittel betont. Zunehmend wurden Werbeformen, die direkten Kontakt zu den Verbrauchern aufnahmen, eingesetzt. Als eine der ersten Branchen etablierte die Nahrungsmittelindustrie den Markenartikel als Substitut der persönlichen Beziehung zwischen Hersteller und Konsument und als Garant einer gleichbleibend hohen Produktqualität. Die Nahrungsmittelproduzenten griffen mithin auf vielfache Weise zu Instrumenten, die die Neue Institutionenökonomik als »market signaling« fasst.[316] Sie bildeten institutionelle Arrangements, die durch die Überbrückung der Informationsasymmetrien und offensichtliche Investitionen Vertrauen generieren sollten. Auffällig ist, dass die meisten Formen der wirtschaftlichen Regulierung vor allem darauf abzielten, trotz wachsender Informationsasymmetrien eine Marktdifferenzierung nach Qualitäten herbeizuführen. Während der Staat die grundlegende Qualitätsregulierung übernahm, wandte sich die Industrie vor allem der Generierung von Vertrauen in höherstehende Qualitäten zu.

315 *Spiekermann*, Pfade, S. 26.
316 Vgl. *Richter/Furubotn*, S. 258, 584.

VI. Unmündige Konsumenten? Verbraucher zwischen Belehrung und Selbsthilfe

Die breite öffentliche Debatte über die Qualität der Nahrungsmittel und die daran anknüpfenden Regulierungen von Staat und Wissenschaft zeigen ebenso wie die Bemühungen der Industrie um vertrauensbildende Maßnahmen, dass die Meinung der Verbraucher im letzten Drittel des 19. Jahrhunderts allmählich an Einfluss gewann. Die verschiedenen Normierungsversuche waren vor allem Reaktionen auf die kritische öffentliche Stimmung hinsichtlich der Nahrungsmittelqualität.

Bei der Lektüre der zahlreichen Publikationen rund um die Nahrungsmittelgesetzgebung entsteht dennoch mitunter der Eindruck, als blendeten diese ausgerechnet diejenigen Personen aus, um die es den meisten Interessengruppierungen vorgeblich in erster Linie ging: die Verbraucher. Zwar wurde immer und überall auf das Ziel verwiesen, diese schützen zu wollen – die Figur des »Konsumenten«, wie der überwiegende Sprachgebrauch war, blieb aber sehr abstrakt und konturlos. Der Begriff war allenfalls sehr vage definiert, er wurde in der Regel – auch im Rahmen von Diskussionen um den Verbraucherschutz auf anderen Rechtsgebieten – als Synonym für »Bevölkerung« genutzt, ohne dass er einen semantischen Inhalt erhielt.[1] Dies schlug sich schon darin nieder, dass nur äußerst selten darauf Bezug genommen wurde, dass selbstverständlich alle Beteiligten der öffentlichen Debatten – die Entscheidungsträger der Politik sowie Vertreter der unterschiedlichen Interessenverbände – auch selbst Konsumenten waren. Wenn überhaupt, wurde die Tatsache, dass eigentlich alle Diskussionsteilnehmer potentiell selbst von den diskutierten Problemen betroffen waren und damit veritable persönliche Interessen hatten, nur ironisch thematisiert.[2]

Ursächlich war wohl nicht nur der Umstand, dass der gänzlich abhängige Verbraucher ein noch recht junges Phänomen war, sondern auch das Auseinanderklaffen der Lebenssituationen der verschiedenen Bevölkerungsklassen, das sich nicht nur auf die Art und Häufigkeit der individuellen Betroffenheit auswirkte, sondern auch auf die Möglichkeiten, den Nahrungsmittelverfälschungen zu begegnen.[3]

1 *Davis*, S. 120–122; *Geyer*, S. 160 f., 177; s. auch *Nonn*, S. 221, 223.

2 So verwies der Abgeordnete Reichensperger im Reichstag zum Beweis, dass ein Nahrungsmittelgesetz dringend notwendig sei, darauf, dass auch das Bier im Reichstagbuffet ständig verfälscht sei, s. Sten. Ber., 2. Leg., 4. Sess., 2. Bd., 1876, S. 811.

3 Dazu vgl. *Brunner*, S. 37.

Die Verbraucher blieben bis zum Ersten Weltkrieg eine zersplitterte Gruppe, Verbraucherpolitik war vielfach partikulare Interessenpolitik. Auch wenn Christoph Nonn in einigen sozialen Gruppen des späten Kaiserreiches wie den Industriearbeitern, Angestellten und Beamten durchaus ein starkes Verbraucherbewusstsein feststellt,[4] sind sie auf dem Gebiet der Nahrungsmittelregulierung nur selten als aktive Teilnehmer an den öffentlichen Diskussionen, die eigene Interessen artikulierten und auf den politischen Meinungsbildungsprozess oder gar auf die Ausgestaltung der Gesetzgebung Einfluss nahmen, wahrzunehmen.[5] Ausschlaggebend waren vielmehr die Stellungnahmen von Wissenschaft und Wirtschaft, die ihrerseits zwar die Interessen der Konsumenten vielfach als unterstützendes Argument für die eigene Haltung nutzten, diesen aber selten eine eigene Position zubilligten. Die wenigen Verbraucherorganisationen wurden lediglich zur Kenntnis genommen, nicht aber als Gesprächspartner einbezogen. Vielleicht boten die Institutionen sich als solche auch gar nicht an, was es in diesem Kapitel zu klären gilt.

Diese Haltung gegenüber den Verbrauchern entsprach zwar einer vielfach ambivalenten Wertung des Konsums und insbesondere der »Nur-Konsumenten« im politischen Diskurs,[6] korrespondierte jedoch keineswegs mit der Einschätzung der Konsumentenrolle im Rahmen ökonomischer Theorien. Zwar war der Konsum auch hier lange als Vernichtung von Werten eher negativ bewertet worden, gegen Ende des 19. Jahrhunderts wurde er jedoch insbesondere von der liberalen Schule der Nationalökonomie zunehmend als entscheidend für die Ausgestaltung der Volkswirtschaft eingestuft. Erste Ansätze in England aufgreifend, wurde zwischen den Ausgaben und Einnahmen der einzelnen Konsumenten und der Entwicklung der Volkswirtschaft ein enger Zusammenhang konstatiert.[7] Ausgehend von den Studien Ernst Engels, suchte man, gestützt auf verschiedene methodologische Zugriffe, die Ausgabenstrukturen der Einzelhaushalte nachzuvollziehen.[8] Neben statistischen Erhebungen auf der Basis von Haushaltsrechnungen entstanden in wachsender Zahl Studien, die sich auf die jahrelange Beobachtung einzelner Haushalte und intensive Befragungen von Haushaltsmitgliedern stützten.[9]

4 *Nonn*, v. a. S. 225.

5 Vgl. *Spiekermann*, Lebensmittelqualität, S. 199; *Davis*, S. 120–122.

6 *Nonn*, S. 222.

7 *Nonn*, S. 222; *Wywra*, S. 750–752; zur verstärkten Auseinandersetzung mit der Struktur des Konsums s. *Dowe*, S. VII–XI, und *Pierenkemper*, Rechnungsbuch, S. 38–63, sowie ders., Haushaltsrechnungen, S. 14–17.

8 Geprägt durch sozialreformerische Anliegen galt das Hauptaugenmerk zunächst den Arbeitern, mit der zunehmenden Verwissenschaftlichung rückten nach 1900 auch die Haushalte der Mittel- und Oberschicht in den Blick. Nach der Jahrhundertwende bildete sich allmählich die amtliche Sozialstatistik heraus, neben dem Reich begannen auch die kommunalen Verwaltungen, sozialstatistische Bureaus einzurichten. Die erste Haushaltserhebung auf Reichsebene wurde 1907/08 vom Statistischen Reichsamt durchgeführt.

9 So *Brand*; *Fürth*; *Mulert*; *Rademann*; *Schnapper-Arndt*, Beschreibung; ders., Dorfgemeinden, S. 168–189; ders., Nährikele. Eine kommentierte Bibliographie der bis 1911 erschienenen deutschsprachigen Erhebungen bietet *Albrecht*, S. 51–62.

Parallel dazu schrieb man dem Verbraucher auch eine steuernde Wirkung auf das Angebot des Nahrungsmittelmarktes zu. Gewerbetreibende und Wissenschaftler vertraten in den öffentlichen Debatten um die Nahrungsmittelqualität gleichermaßen die Auffassung, die Warenbeschaffenheit hänge in erster Linie von der Art der Nachfrage der Konsumenten ab. Irrationale Geschmacksgewohnheiten und -vorlieben trügen dazu bei, dass eigentlich verzichtbare und teils gesundheitsschädliche Zusätze vorgenommen würden.[10] Unwahre und wohlklingende Bezeichnungen, marktschreierische Versprechungen, neue lockende Namen und Etiketten und »kühne« Reklamen versprächen im Wettbewerb um die Gunst der Käufer den größten Erfolg.[11] Die »Indifferenz« des Publikums war ein häufig gebrauchter Terminus – wenn die Konsumenten aufmerksamer und weniger bequem wären, könnten Verfälschungen deutlich schneller unterbunden werden, so die verbreitete Meinung.[12] So widersprüchlich die umlaufenden Bilder des »Konsumenten« auch waren, in allen spielte die Verführbarkeit und Schwäche gegenüber den lockenden Angeboten der übermächtigen Produzenten und Händler eine zentrale Rolle.[13]

Vor allem die zumeist völlig unrealistischen Vorstellungen hinsichtlich der Preise stellten sich in dieser Lesart als Ursache für die zunehmenden Betrügereien dar, wie eine Äußerung des Arztes Heinrich Averbeck von 1878 zeigt:

»Das Publikum, der größere Theil wenigstens, will immer nur billig kaufen, überall entscheidet das ›billig‹ und wenn das schließliche Resultat auch ein entgegengesetztes ist. In diesem Streben ist das Publikum so verblendet, dass Sachen für echt und gut gekauft werden zu einem Preise, bei welchem der gesunde Menschenverstand sich sagen muß, entweder die Waare ist nicht das, wofür sie ausgegeben wird, oder der Mann geht auf Betrug aus.«[14]

Wohl erkannten Averbeck und andere, dass der Preis häufig der einzige Anhaltspunkt bei der Warenauswahl war und zudem soziale Not ein anderes Kaufverhalten vielfach gar nicht zuließ. Dennoch verurteilten sie die Preisorientierung aufs Schärfste. Unter dem Eindruck der wachsenden Konkurrenz sähen sich die Händler und Produzenten angesichts einer derartigen Nachfrage geradezu zu Manipulationen gezwungen.[15] Das Desinteresse der Verbraucher zeige sich weiter darin, dass diese die Möglichkeit zum Einreichen von Warenproben

10 So z. B. Alaunbeimischungen zum Brot, die der Vorliebe für möglichst weißes Brot geschuldet seien, s. *Walchner*, S. 106; ähnlich Beobachtungen bei *Vogel*, S. 127.

11 *Averbeck*, S. 10, 21, 45 f.; ähnlich: *Klencke*, Lexikon, S. VI.

12 Z. B. Verfälschungen der Nahrungsmittel und die Breslauer Sanitätspolizei, Ausschnitt aus der Breslauer Zeitung Nr. 450 und 452, 1877, in: BA, R 86/2069; *Bauer*, Verfälschung, S. 2; König, Über die einer geregelten Lebensmittelkontrolle zurzeit noch entgegenstehenden Hindernisse, in: Bericht über die fünfte Jahres-Versammlung der Freien Vereinigung Deutscher Nahrungsmittelchemiker 1906, S. 4–9.

13 *Davis*, S. 120–122.

14 *Averbeck*, S. 10; ähnlich: *Fleck*, Chemie, S. 97 f.; *Holle*, S. 28; *Olep*, S. 6 f.

15 *Averbeck*, S. 10, 12; Klemens Merck's Warenlexikon, S. 239–242.

bei den Untersuchungsanstalten kaum nutzten.[16] Die Verbraucher wurden somit nicht ausschließlich als Opfer gesehen, sondern als aktive, maßgeblichen Einfluss ausübende Marktteilnehmer. Es sei keineswegs verwunderlich, so der Tenor, dass der Ausspruch »Die Welt will betrogen werden – also betrügen wir« zunehmend zum Wahlspruch der Gewerbetreibenden werde.[17]

1. Hilfe zur Selbsthilfe

Aus der Zuweisung mindestens einer Teilschuld an den angeblich zunehmenden Verfälschungen folgten zahlreiche Versuche, die Konsumenten zu einem rationalen Einkaufsverhalten zu erziehen und ihnen die Notwendigkeit des Selbstschutzes vor Augen zu führen. Wenn die Behörden versuchten, jeden Verkauf minderwertiger Nahrungsmittel zu unterbinden, so habe dies lediglich zur Folge, dass die Konsumenten »alle Verantwortlichkeit für das Wohl und Wehe der Gesellschaft auf die Schultern der Behörden« abwälzten.[18] Dies hielten viele für eine ungesunde Entwicklung.

Als wesentlicher Faktor der irrationalen Nachfrage der Konsumenten wurde die Tatsache identifiziert, dass diese sich in der Regel in völliger Unkenntnis über die normale Beschaffenheit der Nahrungsmittel und die Kennzeichen von Reinheit und Echtheit befänden – bedingt durch die unzureichende Schulbildung, aber auch die zunehmende Arbeitsteilung und das ständig wachsende Warenangebot.[19] Das Informationsgefälle zwischen Gewerbetreibenden und Konsumenten erschien als zentrales Problem des industrialisierten Nahrungsmittelverkehrs, das auch auf dem Weg der gesetzlichen Regulierung nicht zu beheben war, sondern zusätzliche Abhilfe forderte. Qua Vermittlung von Wissen sollten die Verbraucher in die Lage versetzt werden, nach Warenqualitäten zu differenzieren, und von ihrer alleinigen Orientierung am Preis abgebracht werden, die letztlich Ausfluss der Informationsasymmetrien war. In die Aufklärungsstrategie spielte zudem wohl auch das Motiv hinein, den Verbrauchern die Teileinsichten in die Wissensbasis des qualitätsregulierenden Expertensystems zu verschaffen, die zum Glauben an die den abstrakten Systemen zugrunde liegenden Prinzipien notwendig waren.[20]

16 Ähnlich Beobachtungen auch bei *Scholliers*.

17 *Averbeck*, S. 11.

18 *Fleck*, Chemie, S. 97; so auch *Löbner*, S. 68 f.

19 Abel, Die Überwachung des Nahrungsmittelverkehrs, in: ZUNG 21 (1911), S. 449–466; Verfälschung von Nahrungsmitteln; ähnlich auch der Abgeordnete Gehlert in den Debatten zum Margarinegesetz von 1887, Sten. Ber., 7. Leg., 1. Sess., 1887, 1. Bd., S. 283.

20 Vgl. *Giddens*, S. 40, 179 ff.

Bereits in der ersten Hälfte des 19. Jahrhunderts wurden erste Publikationen herausgegeben, die den Laien das notwendige Instrumentarium zum Selbstschutz vor Nahrungsmittelverfälschungen zur Verfügung stellen wollten, indem sie mögliche Manipulationen und ihre Identifikation erläuterten und detailliert Überprüfungsmethoden beschrieben.[21] Die Schriften fügten sich in das allgemeine Bestreben ein, die Naturwissenschaften durch Popularisierung in der Gesellschaft zu verankern.[22] Die Laien-Handbücher waren mithin ein Versuch, die Akzeptanz der vielfach zunächst skeptisch betrachteten Naturwissenschaften zu verbessern und diese als »Gewißheitsvermittler« und objektive Instanz darzustellen.[23] Popularisierung war in diesem Sinn Anleitung zur Selbsthilfe. Die Naturwissenschaften stellten sich als integrativ wirkende Kraft dar, die dem Einzelnen half, die Flut des Neuen zu beherrschen, und damit die Obrigkeiten in der Stabilisierung der Gesellschaft unterstützte.[24]

Vor diesem Hintergrund erscheint der in diesen frühen, aber auch in einer Reihe von Anleitungsschriften aus den 1870er und 80er Jahren noch zu findende Anspruch an die Lernfähigkeit der Leser nur konsequent: Die Autoren suchten den Lesern Möglichkeiten zur aktiven Teilnahme zu verschaffen, dadurch die Distanz zu den Naturwissenschaften zu verringern und auf diese Weise eine enge Verbindung zwischen Alltags- und naturwissenschaftlichem Wissen herzustellen.[25] Auch die liberale Aufladung der Populärwissenschaft bis in die 1870er Jahre spielte hier hinein; sie führte nicht nur dazu, dass eine breite Partizipation der Bevölkerung an wissenschaftlichen Prozessen, also eine Demokratisierung der Wissenschaft angestrebt wurde,[26] sondern prägte auch die Überzeugung von der Selbstverantwortlichkeit des Konsumenten entscheidend.

Doch schossen die Publikationen insbesondere in der ersten Jahrhunderthälfte dabei häufig über das Ziel hinaus: Zwar versprachen die Verfasser regelmäßig, die Untersuchungsmethoden leicht verständlich und eingängig darzustellen, so dass auch Leser ohne jegliche theoretische Vorkenntnisse sie anwenden könnten. Stattdessen fanden sich jedoch zahlenlastige und nicht

21 Ein Beispiel ist das dreibändige Werk von *Knoblauch*, das im Rahmen eines Preisausschreibens der Böhmischen Gesellschaft der Wissenschaften prämiiert wurde. Auch die Schriften von *Accum* und *Chevallier* verbanden die Darstellung ihrer Erhebungen in England resp. Frankreich mit kurzen Erläuterungen der experimentellen Prüfungen für die Nachahmung durch ihre Leser. Daran anknüpfend: *Klencke*, Verfälschung, S. VII; sowie *Griessmayer*, S. VI; *Walchner*, Vorwort; zu derartigen Schriften auch *Wiegert*, S. 17–20.

22 *Mesmer*, Anweisungsliteratur, S. 6, 10; zum Begriff der Popularisierung für viele andere: *Daum*, S. 33–41.

23 Vgl. dazu *Wolfensberger*, Labor, S. 81.

24 *Kretschmann*, Einleitung, S. 14; *Schwarz*, S. 230–233.

25 Vgl. *Schwarz*, S. 233 f.

26 *Daum*, S. 453 f., 470.

selten mit Fachbegriffen gespickte Anleitungen, die sich in Details verloren.[27] Sie präsentierten komplexe und langwierige Untersuchungsabläufe, für die verschiedene Reagenzien und Apparate notwendig waren. Den Benutzern wurde eine genaue Beobachtung von Einfärbungen, Schmelzpunkten, Abscheidungen etc. abverlangt sowie die exakte Bestimmung von Abmessungen, Gewichten und prozentualen Zusätzen.[28] Die meist aus Mediziner- und insbesondere Chemikerkreisen stammenden Autoren gingen davon aus, dass durch die wörtliche Befolgung der Anweisungen ohne Schwierigkeiten unzweifelhafte Ergebnisse zu erzielen seien.[29]

Die Illusion von einfachen, durch jedermann zu handhabenden Prüfmethoden blieb nicht auf Wissenschaftlerkreise beschränkt, sie wurde auch von Politikern aufgegriffen. So propagierte der Jurist August Reichensperger 1878 in den Debatten um das Nahrungsmittelgesetz die Laienanalyse und forderte die Verbreitung von Prüfungsanleitungen, die die Grundnahrungsmittel beschreiben, ihre »normalen« Kennzeichen und mögliche Verfälschungen benennen sowie ihre Aufdeckung mit »Hausmitteln« erläutern sollten. Die Ausarbeitungen der Sachverständigenkommission zum Nahrungsmittelgesetz böten bereits gute Grundlagen, die zumeist »nicht bloß von jedem Bürger, sondern sogar von jeder Hausfrau [...] ganz gut verstanden werden« könnten.[30]

Das Vertrauen in die Effektivität des Selbstschutzes und ihre Präferenz gegenüber staatlichen Regulierungen blieb jedoch nicht unangefochten.[31] Vor allem ab den 1870er Jahren erschienen deshalb zunehmend Handbücher, die sich zwar ebenfalls an Laien richteten, jedoch deutlich zurückhaltender in den Ansprüchen an die Lernfähigkeit und Eigenständigkeit ihrer Leser waren. Sie bezogen klar Stellung gegen chemische und mikroskopische Analysen durch Laien.[32] Das »Publikum, namentlich arme plebs, Arbeiter und Handwerker«, sei nicht in der Lage, selbst Manipulationen und Mängel zu konstatieren. Die Verbraucher könnten »unmöglich mit einem Reagenzglas hantieren«, zumal weiten Teilen der Bevölkerung schlicht das Geld fehle, um die dazu notwendigen Anschaffungen zu tätigen.[33]

27 So z. B. bei *Griessmayer* und *Wittstein*.

28 S. z. B. zur Überprüfung der Butter: *Chevallier*, S. 153–156. Häufig mussten lange Ruhezeiten bis zum Vorliegen eines Untersuchungsergebnisses eingehalten werden, so musste für die Ermittlung des Rahmgehaltes der Milch eine Milchprobe in einem graduierten Zylinder zwölf Stunden ruhen, um die Menge des abgeschiedenen Rahms zu ermitteln, s. *Wittstein*, S. 127–129. Einige Verfasser trauten den Konsumenten gar die Entdeckung von Finnen und Trichinen zu, die gewöhnlich eigens ausgebildeten Fleischbeschauern oder Tierärzten überlassen wurde, s. ebd., S. 80–83

29 *Klencke*, Verfälschung, S. IX f.

30 Sten. Ber., 4. Leg., 2. Sess., 1879, 1. Bd., S. 130 f.

31 *Schmauderer*, Nachweis.

32 *Artmann*, S. 286 f., 223; *Vogel*, S. III f., 37, 115.

33 *Bresgen*, Fälschungsunwesen, S. 19.

Die neueren Handbücher blieben zwar auf einem hohen inhaltlichen Niveau, nahmen aber eine bewusste Transformierung naturwissenschaftlicher Erkenntnisse in alltagstaugliches Wissen vor.[34] Sie stützten die Identifizierung von Verfälschungen auf rein physikalische Eigenschaften und versuchten so, es den Verbrauchern zu erleichtern, sich vor dem Kauf schlechter oder verfälschter Ware zu schützen.[35] Bewusst verzichteten sie auf die Erläuterung komplizierter Prüfungsverfahren und konzentrierten sich auf »einfache, für Jedermann fassbare und Jedermann interessierende Angaben«[36] sowie häufig beobachtete, einfache Manipulationen.[37] Nicht selten schalteten sie den speziellen Ausführungen zu einzelnen Nahrungsmitteln allgemeine Einführungen in die chemischen und physikalischen Grundlagen vor, um vorhandene Kenntnisse aufzufrischen oder wenigstens die basalen Voraussetzungen für die Untersuchungen zu schaffen.[38] Grundkenntnisse über die menschliche Verdauung, die ideale Zusammensetzung der Nahrung, Hygienestandards und unterschiedliche Konservierungsmethoden gewannen an Gewicht. Neben den äußeren Kennzeichen guter Ware und den Erkennungsmerkmalen bestimmter Verfälschungen lieferten die Kompendien grundlegende Eckdaten zur Bedeutung und Funktion der jeweiligen Nahrungsmittel, zu ihren verschiedenen Herstellungs- und Weiterverarbeitungsmöglichkeiten, Anmerkungen zu ihrer Lagerung und allgemeine Hygienevorschriften.[39] Verbunden wurde dies mit ganz praktischen, leicht anwendbaren und alltagstauglichen Hinweisen für den Warenbezug.[40]

Vorbeugendes Wissen, nicht nachträgliche Kontrolle wurde als adäquate Selbstverteidigung begriffen – die Verbraucher sollten durch sorgfältige Auswahl ihrer Nahrung von vornherein Übervorteilungen und Gesundheitsgefahren vorbeugen. Die Sicherheit vor Verfälschungen wuchs nach Meinung der Verfasser durch Kenntnisse über die physiologische Bedeutung der einzelnen Nahrungsmittel und die vorkommenden Veränderungen und Manipulationen. Einzelne Autoren integrierten hier umfassende Ernährungsprogramme und suchten ihren Lesern darüber Aufschluss zu geben, »bei welcher Ernährungsweise und Diätrichtung man am ehesten und leichtesten Verfälschungen und Verschlechterungen seiner Nahrung vermeidet«.[41]

Dies verweist auf den engen Zusammenhang der Aufklärung über Nahrungsmittelverfälschungen mit den Bemühungen, steuernd auf die Ernährungs- und Konsumgewohnheiten der Bevölkerung einzuwirken. Die Anleitung zum Selbstschutz gegen Nahrungsmittelmanipulationen fügte sich damit in den

34 Vgl. *Kretschmann*, Einleitung, S. 14.
35 *Capaun-Karlowa*, S. XII.
36 *Vogel*, S. IV.
37 *Capaun-Karlowa*, S. 88.
38 *Schnacke*, Vorrede zur ersten Auflage.
39 *Vogel*, S. 19.
40 *Averbeck*, S. 20.
41 So *Vogel*, S. V, 132 f., der der Lebensreform nahestand und eine möglichst fleischlose, naturnahe Ernährung propagierte.

größeren Rahmen der aufklärenden Gesundheitspflege ein, die als Grundlage des persönlichen Wohlbefindens, aber auch des nationalen Wohlstands betrachtet wurde. Auch anhand der zahlreichen Gesundheits- und Hygieneausstellungen, die sich bewusst auch an Laien wandten, wird diese Verknüpfung deutlich. Das als defizitär empfundene Bewusstsein für die Bedeutung der Gesundheitspflege sollte gestärkt, die Besucher zum hygienisch richtigen Verhalten angeleitet werden.[42] Häufig umfassten die Ausstellungen umfangreiche Warenpräsentationen, die auf gängige Verfälschungen und Surrogate sowie deren Identifikationsmethoden hinwiesen und verbreitete Manipulationsstoffe zeigten – nicht selten wurden »normale« und »verfälschte« Nahrungsmittel vergleichend nebeneinander ausgestellt, um die Unterschiede zu verdeutlichen.[43]

1.2 Die Frauen als Ansprechpartner

Ein konsequenter Schritt auf dem Weg zur Verankerung der Naturwissenschaften im Alltag war, dass sich die Aufklärung über eine rationelle, gesunde und unverfälschte Ernährung zunehmend an die Frauen richtete. So wenig abgegrenzt der Begriff der »Konsumenten« auch war: Zumeist wurden diese als weiblich angesehen;[44] als Hausfrauen und Mütter übten die Frauen den größten Einfluss auf die Ernährung der Bevölkerung aus und waren für die Gesundheit der Familie verantwortlich. Wollten Wissenschaftler und Sozialreformer steuernd auf die Ernährungsgewohnheiten einwirken, war die Kommunikation mit den Frauen am erfolgversprechendsten.[45] Die Ansprache der Frauen wurde umso mehr als dringlich empfunden, als Hygieniker, Mediziner, Ernährungswissenschaftler und Sozialreformer sich einig waren, dass die mündliche, innerfamiliäre Vermittlung der für die Führung eines Haushalts notwendigen Kenntnisse immer weniger ausgeprägt sei. Da sich die Anforderungen an die Hausfrauentätigkeit aufgrund der Industrialisierung und der veränderten Familienstrukturen deutlich verschoben hatten, wurde die Wissensweiter-

42 *Schrön*, S. 310–312.

43 S. z. B. Programm der Allgemeinen deutschen Ausstellung auf dem Gebiete der Hygiene und des Rettungswesens, Berlin 1882, S. 18f., in: GStAPK, I. HA, Rep. 76 VIII A, Nr. 2279; Allgemeine Deutsche Ausstellung auf dem Gebiete der Hygiene und des Rettungswesens, Berlin 1883. Nahrungs- und Genussmittel nebst deren Verfälschungen und Verunreinigungen, ausgestellt von dem Museum der landwirtschaftlichen Hochschule Berlin und der landwirthschaftlichen Versuchsstation Münster i. W., in: BA, R 86/2068; XIter Internationaler Medicinischer Congress: Internationale Medicinische und Hygienische Ausstellung, Rom, März–April 1894, in: ISG, Magistratsakten, S 2287; Ausstellung für soziale Fürsorge und Gesundheitspflege verbunden mit Sanitätswesen, Krankenpflege, Hygiene, Schule, Erziehung, Haus- und Küchengebieten, Back- und Kochkunst, Nahrungs- und Genußmittel vom 16. März, Berlin 1907, in: GStAPK, I. HA, Rep., 76 VIII B, Nr. 4383.

44 *Budde*, S. 412; *Davis*, S. 120.

45 *Allen*, S. 8; *Frevert*, Krankheit, S. 46–59.

gabe von Generation zu Generation aber ohnehin nicht mehr als ausreichend erachtet.[46] Die Einübung der Hausfrauenrolle wurde immer mehr als lernbares Buchwissen verstanden und damit stärker abhängig von äußeren Einflussnahmen.[47]

Während die Welle der Laien-Handbücher schon in den 1880er Jahren wieder abebbte, begann die Zahl der Haushaltslehren und Kochbücher in dieser Zeit in die Höhe zu schnellen. Eine fast unübersehbare Zahl von Publikationen erschien, die die Hausfrauen in ihre neuen Aufgabenfelder einzuweisen bzw. ihnen Hilfestellung für die veränderten Bedingungen der Hausarbeit zu geben suchten.[48] Publikationen, die sich mit der Vorbereitung höherer Töchter auf die Ehe beschäftigten, hatten bereits eine lange Tradition. Ab Mitte des Jahrhunderts betonten sie immer mehr die Notwendigkeit, dass Frauen nicht nur nach schöngeistiger Bildung, sondern auch praktischen Kenntnissen streben sollten. Alltagsbezogene Anleitungen zur Haushaltsführung ergänzten dementsprechend die klassischen Ratschläge für die Ehe und die bürgerlichen Regeln der Etikette.[49] Ebenso richteten sich die klassischen Hygienehandbücher vor allem an Hausfrauen und stellten ähnliche, wenn auch weniger praxisorientierte Handlungsanleitungen für deren Tätigkeiten auf.[50] Daneben traten immer mehr Haushaltslehrbücher, die explizit die besonders belehrungsbedürftigen jungen Arbeiterinnen ansprachen und auf ihre mutmaßlichen spezifischen Verhältnisse eingingen.[51] Die Ernährung der Familie nahm eine zentrale Position im Rahmen der praktischen Ratschläge zur Haushaltsführung ein. Die Publikationen trugen das gesellschaftlich verfügbare Wissen über die Ernährung zusammen und überführten es in – teils dekalogartig aufgebaute – Handlungsanweisungen. Rezeptsammlungen und nach unterschiedlichen Haushaltseinkommen differenzierende Wochenpläne mit Mahlzeitenabfolgen[52] sowie Regeln zur Küchenhygiene, Zeit- und Arbeitsorganisation wurden in theoretische Belehrungen über eine ausgewogene, nährwertbewusste Ernährung eingebettet.[53]

46 Vgl. Satzungen des hauswirtschaftlichen Seminars und der Haushaltungsschule Prinzessin Arnulf, München 1909, in: StaatsA München, Pol. Dir. 3553; Schreiben des Vereins für Hauswirtschaftliche Frauenbildung e. V. München an den Prinzen und Regenten, München, 2. Juni 1911, in: ebd.; dazu auch *Schlegel-Matthies*, Haus, S. 36 f.

47 *Tanner*, Fabrikmahlzeit, S. 118.

48 Zu Koch- und Haushaltslehrbüchern als historische Quellen s. *Thoms*, S. 9–50.

49 *Schlegel-Matthies*, Haus, S. 37; als Beispiel s. *Kübler*, Haushalt, S. 137 f.

50 Vgl. *Frevert*, Belagerung, S. 431 f., mit zahlreichen Nachweisen.

51 Ein Paradebeispiel für diese Zielsetzungen, die Ute Frevert unter dem Schlagwort der »fürsorglichen Belagerung« fasst, stellt das ab 1881 in verschiedenen, die speziellen Ernährungs- und Lebensgewohnheiten berücksichtigenden Regionalausgaben erschienene Büchlein »Das häusliche Glück« dar, das bei Schulentlassungsprüfungen, auf den Standesämtern sowie von Unternehmern verteilt wurde, *Frevert*, Belagerung.

52 *Berndt*, S. 6–148; Das häusliche Glück, S. 157–205; Dr. Oetkers Schul-Kochbuch, S. 19–21.

53 S. z. B. Das häusliche Glück, S. 65 f.; *Morgenstern*, Ernährung, S. 1–9; *Pache*, S. 27 f. Bis zur Jahrhundertwende wurden die Erläuterungen zur Ernährungslehre immer umfangreicher, z. B. *Wedell*, S. 54–64. Einige Publikationen fügten diese Aspekte nicht nur ergänzend

Wenn auch die Erkenntnisse der Ernährungslehre erst mit einiger zeitlicher Verzögerung aufgenommen wurden und einige Lehrbücher lange an bereits überholten Theorien festhielten,[54] ist bei einer Reihe der immer wieder neu aufgelegten und überarbeiteten Werke eine rasche Rezeption aktueller Forschungsergebnisse zu beobachten – nicht zuletzt deshalb, weil die Autoren häufig selbst Ärzte und Wissenschaftler waren.[55] Gerade die aus der Wissenschaft kommenden Verfasser erklärten es zu ihrem zentralen Ziel, die »Bildung des Weibes auf reelle naturwissenschaftliche und technische Kenntnisse« zu stellen.[56]

Indem die Ratgeber den Nahrungsmitteleinkauf zur wichtigsten Aufgabe der Hausfrauen erklärten,[57] zollten sie der schwindenden Bedeutung der Selbstversorgung Tribut. Da das an die Stelle der Eigenproduktion rückende Einkaufen durch das ständig anwachsende Warenangebot und die unübersichtlichen Marktbeziehungen immer komplexer werde, begriffen die Ratgeber es zunehmend als zu erlernende Tätigkeit, für die sie ihren Leserinnen gezielt Kompetenzen zu vermitteln suchten.[58] Ohne praktisches und theoretisches Wissen über die Nahrungsmittel könne die Hausfrau die Ernährungsbedürfnisse ihrer Familie nicht erfüllen oder gefährde gar deren Gesundheit, da sie ständig Gefahr laufe, verfälschte oder minderwertige Nahrungsmittel zu beziehen.[59] Die auch andernorts anzutreffende Auffassung, dass die Verbraucher selbst indirekt Verfälschungen hervorriefen, schwang in den Haushaltslehr- und Kochbüchern ebenfalls mit.[60]

Viele Werke integrierten deshalb warenkundliche Kapitel, die den Stellenwert einzelner Nahrungsmittel, ihre Herkunft und Verarbeitung erläuterten, die wichtigsten Kennzeichen für Frische und Unverdorbenheit charakterisierten und Anhaltspunkte für die Identifizierung von Manipulationen gaben. Wie in der Fachliteratur war die »normale Beschaffenheit« Ausgangspunkt aller Beurteilungen und Einordnungen. Die Einstufung bestimmter Produktionsmethoden als »Verfälschung« orientierte sich in der Regel an den Vorgaben der fachwissenschaftlichen Publikationen, eigenständige Definitionen waren eher

hinzu, sondern rückten sie in den Mittelpunkt ihrer Darstellung, so z.B. *Beck*, Kochbuch; *Jürgensen*; *Ruß*, Rathgeber; *ders.*, Waarenkunde; ders., Lexikon; allgemein dazu: *Schlegel-Matthies*, Haus, S. 77.

54 Wie bei den Anleitungsbüchern zur Selbstuntersuchung hielt sich auch hier bei einigen Autoren z.B. die Meinung, dass feines Weißbrot nahrhafter und gesünder sei als Roggenbrot oder Vollkornbrot, s. z.B. *Moeller*, S. 636–638. Ein ähnliches Beispiel findet sich bei *Oppermann/Laßmann*, S. 32, die darauf hinweisen, dass Obst aufgrund seines niedrigen Gehalts an Nährstoffen kein eigentliches Nahrungsmittel sei.

55 S. z.B. *Huperz*, u.a. S. 77; dazu auch: *Thoms*, S. 25f. Zwar wuchs die Zahl der weiblichen Verfasser, doch zogen auch diese häufig Wissenschaftler als Berater hinzu oder stützten sich auf deren Vorgaben, *Budde*, S. 414.

56 *Klencke*, Hausfrau, Einleitung; *Ruß*, Rathgeber, S. 50; *Schick*, Katechismus.

57 Das häusliche Glück, S. 52.

58 *Klencke*, Hausfrau, S. 177; vgl. *Budde*, S. 414; *Schlegel-Matthies*, Haus, S. 39.

59 Das häusliche Glück, S. 52; *Huperz*, S. 4; *Klencke*, Hausfrau, Einleitung.

60 *Berndt*, S. 332.

selten. Fielen diese Ausführungen in ihrer Länge und Detailliertheit zwar sehr unterschiedlich aus,[61] beschränkten sich doch nahezu alle Haushaltslehrbücher auf einfache und im Alltag handhabbare Hinweise. Die Überprüfung der Nahrungsmittel auf ihre Unverfälschtheit beruhte in der Regel auf einfachen Sinnesbefunden; Orientierungshilfen boten insbesondere die Farbe der Nahrungsmittel, ihre Konsistenz, ihr Geruch und Geschmack.[62] Eher selten wurden komplexe, nur mit speziellen Gerätschaften zu bewerkstelligende Untersuchungen dargestellt und die chemische Zusammensetzung der Nahrungsmittel ausführlich thematisiert.[63] Die kontroversen Diskussionen der Fachwelt wurden zumeist ausgeblendet und auf klare Gebote reduziert[64] – wie folgender Hinweis des »Katechismus der Haushaltungskunde und Naturlehre« zur Margarine illustriert: »wenn sie billiger ist als gutes Rinderfett, ist sie gefälscht«[65] – ein angesichts der von anderen Werken vorgeschlagenen langwierigen und komplizierten Prüfverfahren entwaffnend eingängiger Ratschlag.

In diese Richtung zielten auch allgemeine, von den einzelnen Nahrungsmitteln losgelöste Grundsätze für den Warenbezug: An vorderster Stelle stand die Ermahnung, auf das Preis-Leistungs-Verhältnis zu achten.[66] Ärmeren Haushalten wurde unter Nennung konkreter Empfehlungen angeraten, unerschwingliche Nahrungsmittel lieber bewusst durch Substitute zu ersetzen, als vorgeblich günstig die »echten« Produkte zu kaufen.[67] Ein weiterer Garant für gute,

61 Einige Werke beschränkten sich auf kurze Hinweise, z. B. *Holle*, S. 27–50, und *Wedell*, S. 154–166, andere gingen ausführlich auf die angewandten Manipulationsmethoden und Zusätze sowie ihre Konsequenzen für den menschlichen Organismus ein, so *Klencke*, Hausfrau, z. B. zur Butter, s. ebd., S. 348–356.

62 So galten bei der Butter eine auffällig blasse oder aber stark gelbe Färbung sowie eine körnige Konsistenz und ein bitterer Nachgeschmack als Kennzeichen möglicher Manipulationen, s. Das häusliche Glück, S. 55; *Moeller*, S. 266 f.; *Wedell*, S. 161. Für die Kontrolle der Milch auf Wasserzusatz wurde die von vielen Wissenschaftlern als ungenau kritisierte Fingernagelprobe aufgeführt, bei der ein Milchtropfen auf den Daumennagel zu geben und daraufhin zu beobachten war, ob er in einem kugelförmigen Tropfen zusammenhing oder auseinanderlief. Letzteres galt als Nachweis der Verdünnung, vgl. *Berndt*, S. 364; *Jürgensen*, S. 19.

63 *Huperz*, S. 77, erläuterte für die Untersuchung der Wurst auf Mehl- oder Fuchsinzusatz verschiedene Tests mit Alkohol, Jod, Essig- und Salzsäure; *Klencke*, Hausfrau, S. 436–440, beschrieb z. B. für die Überprüfung der Milch auf Wasserzusatz einen Lackmuspapiertest und empfahl seinen Leserinnen die Anschaffung einer »empirischen Milchwaage«, deren Verwendung er en détail darstellte. Besonders detailliert waren die Werke von Karl Ruß, s. die Ausführungen zur Überprüfung der Butter in: *Ruß*, Rathgeber, S. 374–384.

64 Vgl. *Mesmer*, Anweisungsliteratur, S. 9.

65 *Middeldorf*, S. 11.

66 *Davidis*, S. 2; *Pache*, S. 8. Zur Orientierung über das Preisniveau listeten z. B. *Oppermann/Laßmann*, S. 39 f., die Durchschnittspreise der wichtigsten Nahrungsmittel auf.

67 S. z. B. *Beck*, Kochbuch, S. 144; Das häusliche Glück, S. 72; *Holle*, S. 92–94. Einige Autoren stellten Einkaufsanleitungen auf, die die Hausfrauen über die sogenannten »Geldnährwerte« informierten: Ernährungswissenschaftliche und kommerzielle Informationen wurden kombiniert, indem der Nährstoffgehalt durch den Preis dividiert und so die Preiswürdigkeit eines Nahrungsmittels berechnet wurde. Dazu auch *Tanner*, Fabrikmahlzeit, S. 104 ff.

unverfälschte Waren war die sorgfältige Auswahl der Bezugsquellen: Vor marktschreierischen Inseraten und Versandgeschäften wurde gewarnt und stattdessen der Aufbau eines Vertrauensverhältnisses mit einigen wenigen Geschäften, möglichst den direkten Erzeugern der Waren, angeraten.[68] Weitere Maximen für den Warenbezug waren der Kauf wenig verarbeiteter Produkte[69] und die Orientierung an den Jahreszeiten.[70] Die Ratgeber zielten somit auf eine Kompensation der typischen Folgen der Urbanisierung und Industrialisierung. Die wachsende Distanz zwischen Verbrauchern und Produzenten und die anonymisierten Beziehungen erschienen als Hauptfaktoren des Betrugs im täglichen Warenverkehr.[71]

Als weitere Distributionsmöglichkeit von Wissen wurde wie auf vielen anderen gesellschaftspolitischen Feldern bald das Medium Zeitschrift entdeckt, das aufgrund der »häppchenweisen« Darstellung und der Mischung von Bildung und Unterhaltung eine größere Leserschaft zu erreichen versprach.[72] Die Ernährung war eines der zentralen, regelmäßig behandelten Themen – bereits stichprobenartige Auswertungen einiger Hausfrauenzeitschriften fördern eine Fülle an Artikeln zu diesem Themengebiet zutage.[73] Nahrungsmittelverfälschungen spielten in diesem Rahmen immer wieder eine Rolle, mit warenkundlichen Hinweisen wurden Kennzeichen von Manipulationen oder Verderbnis sowie auch einfache Überprüfungsmethoden erläutert und besonders problematische Nahrungsmittel behandelt.[74] Einzelne, insbesondere neuartige Produkte wurden kritisch besprochen und bewertet.[75]

Hier wie in der hauswirtschaftlichen Ratgeberliteratur wurden allerdings nur selten Missstände in der Nahrungsmittelwirtschaft ausführlicher thema-

68 *Kübler*, Haushalt, S. 190 f.; *Morgenstern*, Beruf, S. 44; *Wedell*, S. 153.

69 *Middeldorf*, z. B. S. 42; *Wedell*, z. B. S. 165.

70 *Berndt*, S. 295; *Klencke*, Hausfrau, S. 179 f.; teilweise nahmen sie Küchenkalender auf, die Auskunft über saisonales Gemüse und Fleisch gaben, s. *Wedell*, S. 167–170.

71 *Klencke*, Hausfrau, S. 180–185; ähnlich: *Berndt*, S. 295; *Morgenstern*, Beruf, S. 43 f.

72 Vgl. Prospectus, in: Allgemeine Hausfrauen-Zeitung 1 (1878), S. 1.

73 S. z. B. Die Ernährung des menschlichen Körpers unter Berücksichtigung des Nährwerthes der gebräuchlichen Nahrungsmittel, in: ebd., S. 150 f.; Vieth, Milch und Milcherzeugnisse als menschliche Nahrungsmittel, in: ebd., S. 17–19. Wiederholt finden sich ganze Artikelserien, die umfassende Anleitungen zur rationellen Ernährung lieferten und unmittelbar an die von Ernährungswissenschaftlern aufgestellten Leitlinien anschlossen, z. B. Morgenstern, Häusliche Gesundheitspflege, in: Deutsche Hausfrauen-Zeitung 16 (1889), u. a. S. 23 f., 35 f., 59 f., 81 f., 127 f., 151 f., 185 f., 197 f., 207 f., 219 f.; Über Brot: Briefe an eine Hausfrau II und III, in: Allgemeine Hausfrauen-Zeitung 1 (1878), S. 39 f., 46 f.; Über Zucker: Briefe an eine Hausfrau VI, in: ebd., S. 70 f.

74 Marées; Über Kunstbutter und ihre Bereitung, in: Allgemeine Hausfrauen-Zeitung 1 (1878), S. 33 f.; Milchprobe, in: Deutsche Hausfrauen-Zeitung 16 (1889), S. 28; Vergiftungen durch Kochgeschirre, in: Deutsche Hausfrauen-Zeitung 17 (1890), S. 94 f.; Das Prüfen des Essigs, in: Fürs Haus 14 (1895), S. 218.

75 Z. B. Die Verwendung der Knorr'schen Präparate in der Küche, in: Allgemeine Hausfrauen-Zeitung 1 (1878), S. 4, 16 f.; Die intelligente Hausfrau, in: Deutsche Hausfrauen-Zeitung 10 (1883), S. 84; Suppentafeln, in: Fürs Haus 15 (1896/97), S. 198 f.

tisiert und größer angelegte Abwehrstrategien vorgeschlagen. Vielmehr entsteht der Eindruck, als hätten die Autoren die Nahrungsmittelverfälschungen als einen gegebenen Umstand hingenommen, mit dem es nur richtig umzugehen gelte. Zwar fehlte es nicht an Hinweisen auf die Gewinnsucht der Händler und Produzenten, doch wurde selten ein Einschreiten gegen diese gefordert oder eine tiefergehende Ursachenforschung betrieben, wie in wissenschaftlichen oder politisch intendierten Publikationen.[76] Im Vordergrund stand der praktische Umgang mit dem offenbar nicht näher hinterfragten Problem, das die Hausfrauen nach Meinung der Autoren durch eigenes Verhalten weitestgehend vermeiden oder aber auch provozieren konnten.

Die Bereitstellung des für die Haushaltsführung und rationelle Ernährung notwendigen Wissens durch verschiedenste Arten von Publikationen war jedoch nur eine Strategie: Seit den 1880er Jahren diskutierten verschiedene Interessenverbände und gesellschaftliche Gruppierungen über die Verbesserung der Frauenausbildung, die als zu oberflächlich, kurz und wenig praxisorientiert empfunden wurde.[77] Die mangelnde Kompetenz der Frauen wurde als gesamtgesellschaftliches Problem verstanden, das zum einen Auswirkungen auf die Konstitution der Nation, zum anderen aber auch handfeste finanzielle Konsequenzen habe: Millionen gingen dem Staat jährlich verloren durch die Fehlwirtschaft der einzelnen Haushalte, so die Argumentation.[78]

Wiederholt wurde eine Verankerung hauswirtschaftlichen Unterrichts im Rahmen der regulären Schulausbildung diskutiert, zumal die Verbindung mit Fächern wie Rechnen und Naturkunde Synergieeffekte bei der Vermittlung der theoretischen Grundlagen der Ernährungslehre und Haushaltsführung versprach.[79] Ab Beginn der 1890er Jahre verwirklichte eine Reihe von Städten dieses Modell,[80] doch kam es im Untersuchungszeitraum in keinem Territorium zur flächendeckenden Einführung des verpflichtenden Hauswirtschaftsunter-

76 Allein Karl Ruß appellierte in seinen Publikationen an die Behörden, regelmäßige Kontrollen insbesondere der billigen Waren durchzuführen, und nahm im Anhang als warnendes Beispiel Berichte über aktuelle Fälle von Massenvergiftungen auf, s. *Ruß*, Rathgeber, S. 467–473.

77 Neben liberalen Wohlfahrts- und Volksbildungsvereinen, wissenschaftlichen und wirtschaftlichen Verbänden sowie kirchlichen Einrichtungen waren dies vor allem verschiedene Zweige der Frauenbewegung. Zu deren Entwicklung und Zielsetzungen: *Sachsse*, S. 106–112; *Schlegel-Matthies*, Haus, S. 117 f. Eine ganze Reihe von Kongressen und zahlreiche Publikationen widmeten sich der Thematik der hauswirtschaftlichen Frauenbildung, *Kamp*, S. 3.

78 Weber, Haushaltungsschulen. Vortrag, gehalten auf dem Frauentag zu Breslau, in: Deutsche Hausfrauen-Zeitung 10 (1883), S. 211 f., 218; Über Haushaltungsschulen, in: Deutsche Hausfrauen-Zeitung 14 (1887), S. 62.

79 Zu den Forderungen z. B.: 25jährige Geschichte des Berliner Hausfrauenvereins, S. 12–14; *Förster*; *Kalle*, Generalbericht, S. XXV.

80 *Förster*; *Kalle*, Generalbericht, S. X; Plothow, Ist die Kochkunst der deutschen Frau im Rückgang begriffen?, in: Deutsche Hausfrauen-Zeitung 28 (1901), S. 615 f.

richts.[81] Einmal mehr sprangen deshalb private Organisationen in die Bresche: Verschiedene gesellschaftliche Vereinigungen und Gruppierungen richteten in privater Trägerschaft Koch- und hauswirtschaftliche Schulen ein und boten Abendkurse an.[82] Auch Unternehmer – insbesondere der preußischen Rheinprovinz, Schlesiens und Westfalens – engagierten sich in der Vermittlung hauswirtschaftlicher Kenntnisse, indem sie mit bestehenden Einrichtungen zusammenarbeiteten oder eigene Schulen, Arbeiterinnenheime und Kurse aufbauten.[83] In ländlichen Regionen boten Bauernvereine und Landwirtschaftskammern spezielle Schulen und in kleineren Ortschaften sogenannte »Wanderkochkurse« umherziehender Lehrerinnen an.[84] Zunehmend gelang es den Schulträgern, neben privaten Spendern auch Kommunen und Regierungen zu finanziellen Zuschüssen oder gar zur gänzlichen Übernahme in den städtischen Etat zu bewegen.[85]

Seit den 1890er Jahren stand regelmäßig die Nahrungszubereitung im Zentrum der Lehrinhalte; viele Einrichtungen beschränkten sich auch ganz auf dieses Themengebiet. Der Unterricht wurde zumeist in einen praktischen und einen theoretischen Teil gegliedert: In Lehrküchen erlernten die Schülerinnen das Kochen täglicher Mahlzeiten und besonderer Kostformen für Kranke und Kinder sowie die wichtigsten täglichen Handgriffe, während im theoretischen Unterricht in enger Anbindung an die modernen Ernährungswissenschaften Grundlagen in Ernährungs- und Nahrungsmittellehre, Hygiene und Warenkunde, aber auch Kenntnisse in der Buchführung und ein Überblick über marktübliche Preise vermittelt wurden.[86] Die an die Arbeiterinnen gerichteten Kurse, die besonderen Wert auf das Lernen unter Realbedingungen legten, zielten wie schon die Ratgeberliteratur vor allem darauf ab, die Frauen dazu zu befähigen, mit knappen Mitteln der Familie eine schmackhafte und gesunde Ernährung zu bieten.[87] Ein Schwerpunkt bestand – insbesondere in den Jahren vor

81 1908 hatten 30 % aller deutschen Städte mit über 10.000 Einwohnern in irgendeiner Form hauswirtschaftlichen Unterricht für schulpflichtige Mädchen eingerichtet; dieser war aber nicht regelmäßig auch obligatorisch für alle, s. *Brandt*, S. 96.

82 Einen Überblick über die Haushaltungs- und Kochschulen der verschiedenen Träger gibt *Morgenstern*, Frauenarbeit, S. 157–173.

83 Beispiele sind neben Krupp in Essen die Firmen Rösicke in Dessau, Gebr. Heyl & Co. in Charlottenburg, Franz Brandts in Mönchengladbach, Kübler & Niethammer in Kriebstein, Villeroy und Boch in Mettlach und Dresden sowie Dyckerhoff in Amöneburg am Rhein, s. *Kalle*, Generalbericht, S. XI, XIV und *Dyckerhoff/Kirchner*.

84 *Brandt*, S. 98 f.

85 *Post*, S. 42 mit Fn. 9.

86 Einige Beispiele: Programm der Kochschule des Berliner Hausfrauenvereins sowie Jahresbericht des Berliner Hausfrauenvereins für 1878, S. 29 f., in: LandesA Berlin A Pr. Br. Rep. 030, Nr. 10562; Satzungen des hauswirtschaftlichen Seminars und der Haushaltungsschule Prinzessin Arnulf, S. 13 f., in: StaatsA München, Pol. Dir 3553; Stundenplan der Haushaltungsschule in Pforzheim, in: *Post*, S. 239–242.

87 Lehrplan für den Kochunterricht des Arbeiterinnen-Hospizes Mönchengladbach, in: *Post*, S. 226; *Kalle*, Volksernährung, S. 6 f., 5, 7 f.

dem Ersten Weltkrieg – darin, die Schülerinnen mit der Zubereitung möglicher Ersatzmittel für Fleisch und frisches Gemüse vertraut zu machen. Explizit zielten die Veranstalter – meist Wohlfahrts- und Volksbildungsvereine – nicht nur darauf ab, den Unter- und Mittelschichten Hilfestellung bei der Auswahl einer ausgewogenen Ernährung zu geben, sondern sie auch vor manipulierten Nahrungsmitteln zu schützen.[88]

Die Vorbildung der Lehrkräfte war sehr unterschiedlich: In vielen privaten Anstalten wurde der Unterricht von erfahrenen, meist ehrenamtlich tätigen Hausfrauen erteilt.[89] Einige Schulträger stellten aber auch professionelle Lehrer ein; neben Köchen und Konditoren unterrichteten Chemiker und Mediziner, um so eine Anbindung an wissenschaftliche Methoden und Forschungsergebnisse zu gewährleisten.[90] Nach der Jahrhundertwende suchte man von verschiedener Seite gezielt Lehrkräfte auszubilden. Hauswirtschaftliche Seminare wurden eingerichtet, die mehrjährige Ausbildungsgänge zur Hausbeamtin oder zur Lehrerin an Haushalts-, Koch- und Fortbildungsschulen anboten.[91] Auch die Volksschullehrerinnen wurden z. B. in Preußen systematisch für den hauswirtschaftlichen Unterricht der Mädchen vorbereitet.[92]

1.3 Rezeption der Belehrungen

Die Rezeption der in verschiedenen Formen zur Verfügung gestellten Kenntnisse und Verhaltensempfehlungen nachzuvollziehen ist kaum möglich. Noch weniger kann deren tatsächliche Anwendung im Alltag beurteilt werden. Wie Sarasin in seinen Untersuchungen zur Hygieneliteratur konstatiert, muss davon ausgegangen werden, dass Publikationen vielfach nicht die Adressaten erreichten, auf die sie eigentlich abzielten, und dass die tatsächlich erreichten Leser das angebotene Wissen möglicherweise in einer anderen Weise lasen, als es von den

88 In Frankfurt richteten die »Gesellschaft für Wohlfahrtseinrichtungen«, der »Ausschuß für Volksvorlesungen« und das »Institut für Gemeinwohl«, unterstützt von den kommunalen Schulbehörden, ab 1910 Kochkurse für die Verwendung und Zubereitung von Seefischen, Wildkaninchen, Mehlspeisen, vegetarischen Speisen, Buttersurrogaten etc. ein, s. diverse Schriftwechsel zwischen den Kommunalbehörden und den Vereinen, in: ISG, Schulamt, 7667.

89 S. z. B. *Emminghaus*, S. 58.

90 25jährige Geschichte des Berliner Hausfrauenvereins, S. 47.

91 Die Lehrinhalte waren denen der Hausfrauenkurse sehr ähnlich, wenn auch deutlich detaillierter und ergänzt durch Unterricht in Chemie, Physik und Medizin sowie in Didaktik, s. z. B. Satzungen des hauswirtschaftlichen Seminars und der Haushaltungsschule Prinzessin Arnulf, S. 9–11, in: StaatsA München, Pol. Dir. 3553; Schreiben des Vereins für Hauswirtschaftliche Frauenbildung e. V., an den Prinzen und Regenten, München, 2. Juni 1911, in: ebd.; Jubiläums-Festschrift des Hausfrauen-Vereins zu Magdeburg, S. 32–34, 43–50.

92 Verfügung der Regierung, Abteilung für Kirchen- und Schulwesen, Münster, 7. Mai 1911, in: StaatsA Münster Kreis Steinfurt 1. Landratsamt Nr. 716 Bd. I.

Autoren intendiert war.[93] Lediglich anhand von indirekten Anhaltspunkten lassen sich der Grad des Interesses, das die Konsumenten der Thematik der Nahrungsmittelverfälschungen und Informationen über eigene Schutzmaßnahmen entgegenbrachten, und die Art der Anwendung der Ratschläge annäherungsweise fassen.[94]

Die Zahl der Publikationen belegt ein offenbar vorhandenes Bedürfnis nach derartigen Nachschlagewerken und das Bestreben der Verlage, dieses zu befriedigen. Unterstrichen wird dies durch die Tatsache, dass eine Reihe von Werken in mehreren Auflagen erschien. Nicht zu klären ist jedoch, wer die Nachfrager waren – nicht wenige stammten vermutlich aus professionell interessierten Kreisen. Die Ausrichtung der Haushaltsratgeber hingegen war von vornherein naturgemäß auf den Gebrauch durch wissenschaftlich wenig vorgebildete Laien zugeschnitten. Auch die hohen Absatzzahlen der einzelnen Werke lassen sich als Beleg für einen erhöhten Bedarf an Anleitungen mit normativem Charakter lesen.[95] Die Mehrzahl der hier ausgewerteten Publikationen wurde über Jahrzehnte hinweg immer wieder neu aufgelegt. Die Vorworte der Autoren sowie auch die Verlagsankündigungen sprachen von begeisterten Reaktionen sowie zahlreichen Bitten um Neuauflagen und fügten Rezensionen als Beleg ihres Erfolgs ein – doch ist dies auch als Teil der Bemühungen zu werten, den Lesern die hohen Ansprüche der normativen Texte schmackhaft zu machen.[96]

Fraglich ist, ob das vielfach formulierte Ziel, insbesondere die Arbeiterinnen anzusprechen, erreicht wurde. Zwar war der Grad der Lesefähigkeit der deutschen Bevölkerung mit rund 75 % um 1870 und ca. 90 % um 1900 im europäischen Vergleich recht hoch,[97] doch konstatiert Sarasin, dass die theoretisch vorhandenen Kenntnisse vor allem von der ländlichen Bevölkerung nicht in eine regelmäßige Lektüre umgesetzt wurden. Nicht die Alphabetisierung regulierte den Zugang zum Buch, sondern vielmehr die soziale Lage und insbesondere die finanzielle Situation des Einzelnen.[98] Vielfach betonten die Autoren der Arbeiterratgeber zwar, dass der Preis bewusst niedrig gehalten sei, Thoms geht in einer Studie von 1993 jedoch davon aus, dass der Anteil der Unterschichtangehörigen unter den Käufern eben aufgrund der hohen Preise der Lehrbücher eher gering war.[99] Dies dürfte auch für die Hausfrauenzeitschriften zutreffen: Diese wurden schon deshalb wohl eher selten von Arbeiterfrauen gelesen, weil

93 Vgl. dazu *Sarasin*, Maschinen, S. 147–149.

94 Vgl. *Daum*, S. 469.

95 *Thoms*, S. 37.

96 Vgl. *Sarasin*, Maschinen, S. 162–167.

97 In Frankreich lag sie 1871 bei 21 %, 1901 bei 40 %, s. *Sarasin*, Maschinen, S. 159 f.

98 Ebd., S. 158–162. Für Frankreich weist Sarasin nach, dass der Buchpreis von einem Franc die Obergrenze für Arbeiter war, der Anteil von Büchern, deren Preis unterhalb dieser Grenze lag, betrug bei den von ihm untersuchten Hygienika ab 1872 etwa 13–14 %.

99 *Thoms*, S. 24.

sie Organe der bürgerlichen Hausfrauenbewegung waren und ihre Inhalte sich stark an den Bedürfnissen der wohlhabenden Bürgerfrauen orientierten.

Der Rückschluss aus der Vielzahl der Publikationen auf das eigene, aktive Interesse an Selbstschutzstrategien innerhalb der Bevölkerung wird weiter verfälscht durch den Umstand, dass einige Lehrbücher im Schulunterricht eingesetzt wurden, die Initiative zur Anschaffung somit nicht zwingend von den Leserinnen selbst ausging. Die Schilderungen Julius Posts aus dem Jahr 1889 bestätigen dieses Bild des verordneten Wissens: Er berichtet über eine heftige Ablehnung vieler Arbeiter gegenüber der Verteilung von Schriften zur Ernährung und Haushaltsführung. Dieses Vorgehen wurde als Maßregelung und Gängelung empfunden.[100] Geschürt wurde der Unmut über derartige Vorstöße durch die teils massive Kritik der Sozialdemokratie. Insbesondere die in den Arbeiterlehrbüchern gepredigte Genügsamkeit und Gottesfürchtigkeit wurde verurteilt. Gleichzeitig prangerten Sozialdemokraten – gestützt auf Nachberechnungen und Vergleiche mit dem Voit'schen Kostmaß – die vorgegebenen Mahlzeitenpläne als Heucheleien und als Instrument des Bemühens an, die Arbeiter zu einer den Niedriglöhnen angepassten Lebensweise zu erziehen.[101] Und wirklich sprachen viele Richtlinien zur Führung der Arbeiterhaushalte den tatsächlichen Gegebenheiten Hohn. Norm und Realität klafften teils weit auseinander.[102] Doch griff die sozialdemokratische Arbeiterbewegung trotz ihrer Vorbehalte die Bestrebungen der Hygienebewegung durchaus auch auf: Zentrale Werke wurden in bewegungseigenen Zeitschriften rezensiert und zur Lektüre empfohlen; Arbeiterbildungsvereine initiierten selbst Vorträge zu ähnlichen Themenkreisen.[103]

Auch unter den Gesundheits- und Hygieneausstellungen erhob nicht nur die Mehrzahl den Anspruch, alle Schichten der Bevölkerung anzusprechen, es finden sich auch spezielle Ausstellungen, die sich explizit an die Arbeiter richteten. Dennoch ist davon auszugehen, dass die Besucher vor allem aus dem Bildungsbürgertum stammten. Großereignisse wie die Dresdner Hygieneausstellung zogen offenbar aber durchaus breitere Bevölkerungskreise an, wie die hohe Zahl von 5,5 Millionen Besuchern innerhalb eines Jahres nahelegt, die auch die Entscheidung, ein ständiges Hygienemuseum einzurichten, bedingte.[104]

Hinsichtlich der Wahrnehmung der vielfältigen Unterrichtsangebote in Kochen und Haushaltslehre liegen stark divergierende Angaben vor. Offenbar gelang es auch hier wieder eher den bürgerlich ausgerichteten Schulen, ein kon-

100 *Post*, S. 16.

101 *Wurm*, S. 28–40.

102 Das zeigt bereits die Empfehlung, Küche und Vorratskammer vom Wohnraum zu trennen, s. *Frevert*, Belagerung, S. 432 f.

103 Ebd., S. 433.

104 Vgl. dazu Schreiben des Präsidenten der Internationalen Hygiene-Ausstellung Dresden 1911, Dresden, 14. September 1911, in: GStAPK, I. HA, Rep. 76 VIII B, Nr. 4383; s. auch *Schrön*, S. 309 f.

stantes Interesse an den Kursen zu wecken.[105] Aus der Arbeiterschicht konnte laut verschiedenen Überblicksberichten, die Erhebungen von Schülerzahlen enthalten, nur ein kleiner Teil erfasst werden, auch bei speziell auf die Bedürfnisse und Möglichkeiten der Arbeiterinnen abgestimmten, teils sogar kostenlosen Unterrichtsangeboten.[106] Viele Kurse wurden diesen Berichten zufolge nach kurzer Zeit mangels Nachfrage wieder eingestellt. Als Ursachen wurden Zeitmangel und Interesselosigkeit, Angst vor dem Verlust der Arbeitsstelle, aber auch Misstrauen gegenüber den Anbietern genannt.[107] Parallel finden sich aber auch positive Meldungen über eine ständig wachsende Resonanz, die offenbar sogar dazu führte, dass Schülerinnen auf spätere Kurse vertröstet werden mussten.[108] Offenbar musste sich der Nutzen der Kurse erst herumsprechen,[109] und ihr Erfolg hing maßgeblich von der Terminierung des Unterrichts in den Abendstunden oder am Wochenende ab. Eine wesentlich höhere Bereitschaft, Freizeit zu investieren, bestand bei kurzen, nur über einige Wochen laufenden Unterrichtseinheiten. Auch konnten Kurse, die kurzfristig auf besondere Bedürfnislagen reagierten – wie Seefischkochkurse zu Zeiten der Fleischteuerung vor dem Ersten Weltkrieg – mehr Zulauf verbuchen als Schulen, die grundlegende Kenntnisse über einen längeren Zeitraum zu vermitteln suchten. Informationen über die Zubereitung und die Bezugsquellen günstiger Nahrungsmittel waren offenbar stärker gefragt als Wissen über Nährwerte, rationelle Ernährung und die Kennzeichen qualitativ guter Nahrungsmittel – das Bild des vor allem auf den Preis achtenden Verbrauchers wird somit bestätigt. Jedoch zeigten die Teilnehmer immerhin Interesse an kostensparenden Strategien, die auch aus Sicht der Wissenschaftler und Sozialreformer vernünftig waren. Diese Beobachtung und die Vielzahl der bestehenden Einrichtungen sowie die zumindest bei einer Reihe von Vereinen zu beobachtende Konstanz des Angebots belegen, dass die heftig geführten öffentlichen Diskussionen um die Notwendig-

105 So konnte die Kochschule des Berliner Hausfrauenvereins, abgesehen von einigen zwischenzeitlichen Schwankungen zwischen 1878 und 1898, im Schnitt rund 130 Schülerinnen pro Jahr aufweisen, s. 25jährige Geschichte des Berliner Hausfrauenvereins, S. 30, 35, 44, 53, 54, 60, 53, 74, 76. Die Kochschule des Magdeburger Hausfrauen-Vereins verzeichnete zwischen 1894 und 1912 einen Anstieg von 10 auf über 100 Schülerinnen, s. Jubiläums-Festschrift des Hausfrauen-Vereins zu Magdeburg, S. 32f.

106 *Peters*, S. 85.

107 In 40 Städten mit obligatorischem Unterricht wurden 22.859 Teilnehmerinnen verzeichnet, in 34 Städten mit fakultativem 11.199 Schülerinnen, s. Förderung, S. 22.

108 Z.B. Bericht über die Kochkurse 1912/13 der Gesellschaft für Wohlfahrtseinrichtungen, in: ISG, Schlacht- und Viehhof, 499; Bericht über die Kochkurse der Gesellschaft für Wohlfahrtseinrichtungen, Frankfurt am Main, 17. Mai 1912, in: ebd.; Bericht der Gesellschaft für Wohlfahrtseinrichtungen Frankfurt am Main über das Betriebsjahr 1913, in: ISG, Schulamt 7667; Schreiben des Vereins für Hauswirtschaftliche Frauenbildung e.V. an den Prinzen und Regenten, München, 2. Juni 1911, in: StaatsA München, Pol. Dir 3553; *Dyckerhoff/Kirchner*, S. 56; *Kamp*, S. 27, 77.

109 *Kamp*, S. 28.

keit der hauswirtschaftlichen Ausbildung der Frauen nicht völlig an den realen Bedürfnissen vorbeiliefen.

Inwieweit die Schülerinnen der Haushaltungskurse die erworbenen Fähigkeiten und Kenntnisse anwandten, ist noch viel weniger nachzuhalten. Berichte über schnelle Lernerfolge und ein deutlich anderes Auftreten der Fabrikarbeiterinnen, ihr gesünderes Aussehen und zunehmendes Körpergewicht[110] finden sich nur vereinzelt und sind wenig aussagekräftig. Ähnlich schwer ist einzuschätzen, ob die Ratschläge der hauswirtschaftlichen Lehrbücher Eingang in den Alltag fanden. Gebrauchsspuren in den überlieferten Büchern inklusive handschriftlicher Notizen belegen zwar die Nutzung der vorliegenden Exemplare, erlauben jedoch keinen Rückschluss auf die Art der Verwendung und ihren Umfang. Wie bei anderen normativen Quellen ist das Verhältnis zwischen den Normen und ihrer Implementierung schwer zu fassen – insbesondere die Einschätzung der »time lags« zwischen in den Lehrbüchern vorgestellten Kenntnissen und deren Umsetzung in die Praxis bleibt der Spekulation überlassen.[111]

Jakob Tanner und auch Ute Frevert kommen zu dem Ergebnis, dass die angesprochenen Frauen mit den neuen wissenschaftlichen Ernährungsrichtlinien kaum etwas anzufangen wussten und durch die Popularisierungsstrategien eher verunsichert und unter Druck gesetzt als aufgeklärt wurden. Für die Haushalte der Unterschichten waren die modernen Anforderungen im Bereich der Hygiene – und dies gilt wohl auch für die Auswahl der Nahrungsmittel – so unrealistisch, dass sie letztlich nur ein Gefühl eigenen Versagens zeitigen konnten. Nur allmählich und zumeist begrenzt auf die Kreise gelernter Arbeiter und einzelne Teilbereiche der hausfraulichen Aufgabenfelder waren Erfolge zu verbuchen.[112] Auch die immer wieder zu findenden, allerdings nicht mit Statistiken untermauerten Berichte über Vergiftungen durch in Privathaushalten hergestellte Nahrungsmittel belegen, dass viele Hinweise und Warnungen nicht wahrgenommen oder berücksichtigt wurden.[113]

Auf der Basis der zeitgenössischen Untersuchungen von Haushaltsrechnungen sind weitere Annäherungen an das Kaufverhalten und die Ernährungsweise, somit an die Umsetzung normativer Anleitungen möglich.[114] Studien, die sich auf die Beobachtungen und Befragung einzelner Haushalte stützten, zeigen, dass die dort vorgefundene Haushaltsführung erstaunlich genau den Anweisungen der Lehrbücher und Haushaltskurse entsprach. Die Dissertation Erna Meyers von 1913 beschreibt beispielsweise den Einkauf des von ihr untersuchten Beamtenhaushaltes als ein festes, minutiös ausgearbeitetes Schema, das ähnlich den Vorstellungen der Ratgeberliteratur auf einer sorgfältigen Auswahl

110 *Dyckerhoff/Kirchner*, S. 56.
111 Vgl. *Thoms*, S. 36 f.
112 *Frevert*, Belagerung, S. 435, 446; *Tanner*, Ernährungswissenschaft, S. 100.
113 *Teuteberg*, Food Adulteration, S. 155.
114 Vgl. *Spiekermann*, Haushaltsrechnungen, S. 76–79.

der Bezugsquellen beruhte.[115] Ob dies auch eine Prüfung der Waren einbezog, muss jedoch dahingestellt bleiben.

Zudem ist mit Meyer davon auszugehen, dass ein derart »differenziertes System«[116] für Arbeiterfamilien deutlich schwieriger umzusetzen war. Zeitmangel und fehlende Geldreserven, aber möglicherweise auch Unwissenheit standen dem entgegen, so die plausibel scheinende Einschätzung Meyers. Aller Wahrscheinlichkeit nach waren es auch hier eher die bürgerlichen Haushalte, denen auch Meyers Untersuchungsobjekt zuzurechnen ist, die sich derart eng an den Idealvorstellungen der Theorie orientierten.[117]

Ähnliche Studien zur Lebensweise der Arbeiter kamen in der Regel zu dem Ergebnis, dass deren Kost sehr eintönig war und sich somit nicht an den Empfehlungen zu einer günstigen, variantenreichen Nahrung orientierte. Die Nahrung der Mehrzahl der beobachteten Familien blieb deutlich hinter den von Voit angeratenen durchschnittlichen Nährwerteinheiten zurück.[118] Gerade an Stelle der nach den Vorgaben der Ernährungslehre zentralen Nahrungsmittel wurden vielfach Surrogate bezogen, und vor allem Butter, Schmalz und Wurst waren meistens minderwertig.[119] Vielen Autoren war durchaus klar, dass das Fortbestehen der kritisierten Ernährungs- und Verhaltensmuster nicht auf freien Entscheidungen beruhte, sondern Folge der wirtschaftlichen Verhältnisse war. Einige lobten die Bemühungen der beobachteten Personen, im Rahmen ihrer Möglichkeiten eine möglichst dem wissenschaftlichen Idealbild entsprechende Ernährungsweise zu pflegen. Gleichzeitig konstatierten sie aber auch, dass das vorhandene Potential aus Unkenntnis nicht ausgeschöpft werde und irrationale Verhaltensweisen ein nicht zu vernachlässigender Faktor der unzureichenden Ernährung seien.[120] Genau aus diesem Befund zogen Ratgeberautoren und Befürworter einer institutionalisierten Hausfrauenausbildung die Legitimation ihres Handelns.

115 *Meyer*, Haushalt, S. 23. Den Eindruck Meyers von einer straffen Haushaltsführung mit differenzierten, über Jahre hinweg beständigen Einkaufssystemen bestätigt auch die seit den 1990er Jahren verstärkt betriebene historische Haushaltsforschung, s. z. B. *Forstmann*, S. 232.

116 *Meyer*, Haushalt, S. 18.

117 Ebd., S. 18 f.

118 *Dowe*, S. 77 f; *Mulert*, S. 129 f., 174–179; *Schnapper-Arndt*, Dorfgemeinden, S. 101–105, berichtet beispielsweise von einer fast ausschließlich auf Kartoffeln beruhenden Ernährungsweise, in der die von Ernährungswissenschaftlern angepriesenen Hülsenfrüchte kaum eine Rolle spielten. Besonders drastisch sind die Schilderungen von *Wurm*, S. 12 f., 59–116.

119 *Mulert*, S. 129 f., 174; *Rademann*, S. 7 f., 10 f.

120 *Schnapper-Arndt*, Nährikele, insbesondere S. 198–200, 206–208.

2. Frühe außerstaatliche Regulierungsversuche: Städtische Selbsthilfevereine

Blieben die beschriebenen Anleitungen zum Selbstschutz vor Nahrungsmittelverfälschungen von außen, d. h. von Wissenschaftlern und Obrigkeiten, an die Verbraucher herangetragene Hilfsangebote, erscheinen die sogenannten Vereine gegen Verfälschung der Nahrungsmittel, deren Tätigkeit das Kaiserliche Gesundheitsamt 1878 in einem Überblick über die Nahrungsmittelüberwachung im Deutschen Reich als bemerkenswerte »Selbsthilfe« hervorhob,[121] zumindest auf den ersten Blick als genuine Verbraucherzusammenschlüsse.

Die Gründung der Vereine lag zur Zeit des Berichts des Gesundheitsamtes noch nicht lange zurück: Erst im Jahr zuvor hatte sich in Leipzig per Zeitungsaufruf ein erster Zusammenschluss formiert.[122] Die Konstitution des Vereins hing mithin eng mit den öffentlichen Debatten um die Nahrungsmittelqualität zusammen – die Initiatoren benannten das allgemeine »Geschrei gegen die Verfälschungen« als wesentlichen Auslöser ihres Engagements. Sie verstanden den Verein als Mittel dazu, die Diskussionen um die Nahrungsmittelqualität auf gesicherte Grundlagen zu stellen und Aufgeregtheiten zu vermeiden. Aufgrund des regen Interesses in anderen Städten wurde der Leipziger Verein von Anfang an als Dachverband für weitere, über das gesamte Deutsche Reich verteilte lokale Vereine konzipiert.[123] Kurz nach der Gründung des Leipziger Vereins meldeten sich in etwa sechzig Städten Ansprechpartner für mögliche Interessenten an einer Vereinsgründung nach dem Vorbild der Leipziger Organisation.[124] Längst nicht allen gelang es, das Vorhaben tatsächlich umzusetzen. Für 1878/79 ist von etwa 25 Vereinen im gesamten Deutschen Reich auszugehen.[125] Besonders

121 Auszugsweise Zusammenstellung der in den deutschen Bundesstaaten über den Verkehr mit Nahrungsmitteln, Genussmitteln und Gebrauchsgegenständen bestehenden Gesetze und allgemeinen Verordnungen, in: Sten. Ber., 3. Leg., 2. Sess., 1878, 4. Bd., Anlagen, Nr. 206, S. 1368–1382.

122 Ein Beispiel des Zeitungsaufrufs findet sich z. B. in den Leipziger Nachrichten vom 21. August 1877; zum weiteren Verlauf der Gründung s. Einladung zur Versammlung, in: StadtA Leipzig, Cap. 35, No. 56, Fol 6 RS; Vereinsnachrichten, Leipzig, in: Zeitschrift gegen Verfälschung der Lebensmittel 1 (1877/78), S. 141 f. Initiator war der Schriftsteller Ernst Leistner, der anders als die Mehrzahl der Wortführer in den öffentlichen Debatten und Impulsgeber sonstiger Aktivitäten auf dem Gebiet der Nahrungsmittelregulierung kein Wissenschaftler war, s. Leipziger Adreß-Buch für 1877, 56. Jg., Leipzig 1877, I.1, S. 158.

123 S. Vereinsnachrichten, Leipzig, in: Zeitschrift gegen Verfälschung der Lebensmittel 1 (1877/78), S. 141 f.

124 Vereinsnachrichten, in: Zeitschrift gegen Verfälschung der Lebensmittel 1 (1877/78), S. 14 f.

125 Aufgeführt wurden für das Jahr 1879 Vereine in den Städten Bamberg, Bayreuth, Belzig, Berlin, Bremen, Bromberg, Karlsruhe, Köln, Chemnitz, Dresden, Eisleben, Frankfurt am Main, Gera, Hamburg, Hannover, Leipzig, Meinungen, Metz, München, Oschatz, Rheydt, Rosenberg, Rostock, Stuttgart und Tilsit, s. Abdruck der Einladung zur Delegiertenkonferenz, in: Zeitschrift gegen Verfälschung der Lebensmittel 2 (1878/79), S. 152. Die Ver-

aktiv waren neben der Leipziger Muttervereinigung die Vereine in Chemnitz und Hamburg, sie veröffentlichten mit Abstand die meisten Meldungen in der Vereinszeitschrift und berichteten regelmäßig über großen Zulauf zu ihren Veranstaltungen.[126] Die einzelnen Vereine wiesen sehr unterschiedliche Mitgliederzahlen auf: Der Hamburger Verein war 1879 mit rund neunhundert Mitgliedern der mit Abstand größte. Die Leipziger Vereinigung zählte im selben Jahr – korporative Beitritte eingeschlossen – fünfhundert Mitglieder, dahinter folgte der Chemnitzer Lokalverein mit vierhundert Angehörigen. Namhafte Vereine bestanden zudem in Frankfurt am Main und Rheydt mit je über zweihundert Mitgliedern.[127]

Zwar stellte das auf der konstituierenden Sitzung des Leipziger Vereins beschlossene Programm genaue Regelungen zur internen Kommunikation und Organisation innerhalb eines zu bildenden Dachverbandes auf,[128] es blieb jedoch bei einem losen Zusammenschluss selbständiger lokaler Vereine, der durch eine gemeinsame Vereinszeitschrift zusammengehalten wurde und nur vereinzelt als geschlossener Verband in der Öffentlichkeit auftrat. Eine 1879 veranstaltete gemeinsame Konferenz war offenbar der erste und einzige Versuch, die bei der Gründung anvisierte Zusammenarbeit in die Tat umzusetzen und die Vereine enger zusammenzuschließen. Das dort beschlossene intensivierte gemeinsame Vorgehen wurde nie verwirklicht.[129]

Als Vereinszweck schrieben die Statuten des Leipziger Vereins, die von den übrigen Lokalvereinen zu großen Teilen übernommen wurden, die Unterdrückung des Verkaufs und Verbrauchs »aller gefälschten und gesundheitsnach-

einszeitschrift berücksichtigte zudem offensichtlich auch Vereinsbildungen, die deutlich anders strukturiert waren als das Leipziger Modell, eigene Statuten aufstellten und dementsprechend auch unter anderen Namen firmierten. Sie berichtete darüber hinaus über ähnliche Gründungen in anderen europäischen Städten, so in Riga, Zürich, Luzern und Wien.

126 Bei einigen der übrigen Vereine ist nicht viel mehr überliefert als die Tatsache ihrer Gründung, vgl. Eine Delegirten-Conferenz aller Vereine gegen Verfälschung der Lebensmittel etc., in: Zeitschrift gegen Verfälschung der Lebensmittel 2 (1878/79), S. 145–147; zur Entwicklung des Hamburger Vereins s. Bericht über die Thätigkeit des Hamburger Vereins gegen Verfälschung der Lebensmittel im ersten Jahre seines Bestehens 1878/79, in: ebd., S. 257–259.

127 An den Deutschen Reichstag zu Berlin, in: Zeitschrift gegen Verfälschung der Lebensmittel 2 (1878/79), S. 177–180.

128 Es sollte zwischen den Zweigvereinen durch Zirkulare, Schriftwechsel der Vorstände zur weiteren Mitteilung an die Mitglieder und die Vereinszeitschrift ein ständiger Kontakt aufgebaut werden. Jeder Zweigverein hatte einen, der Zahl seiner Mitglieder entsprechenden, Beitrag an den Dachverband zu leisten. Ein in Leipzig eingerichteter Gesamtvorstand sollte die Interessen der Vereine gegenüber der Reichsleitung, Behörden und anderen Vereinigungen sowie auf Kongressen vertreten, eine Mitgliederliste aller Zweigvereine führen und Generalversammlungen und Tagungen von Vertretern der lokalen Vereine einberufen.

129 Vgl. Eine Delegirten-Conferenz aller Vereine gegen Verfälschung der Lebensmittel etc., in: Zeitschrift gegen Verfälschung der Lebensmittel 2 (1878/79), S. 145–147.

Zeitschrift

des Allgemeinen deutschen Vereins

gegen Verfälschung der Lebensmittel

bez. aller Verbrauchsgegenstände.

Herausgegeben von Ernst Leistner.

Preis pro Quartal (13 Nummern) 2 Mk. Abonnements nehmen alle Postämter und Buchhandlungen an. Inserate die 2gespaltene Zeile 25 Pfennig. Bei mehrmaliger Aufgabe ein und desselben Inserates entsprechender Rabatt.

Redaktion: Brandweg 16. Expedition und Verlag: Johannesgasse 21 in Leipzig.

Nr. 1. Leipzig, im October. 1877.

An unsere Leser.

Die Forderung einer Abhilfe gegen die überhandnehmenden Verfälschungen unserer täglichen Lebensmittel sowie vieler der nothwendigsten Verbrauchsgegenstände ist von solcher Dringlichkeit und von so allgemeinem Interesse, daß unser Unternehmen, ein besonderes Organ für alle einschlägigen Fragen zu begründen, gewiß ein gemeinnütziges und zeitgemäßes ist und willkommene Aufnahme sowie Unterstützung finden wird.

Gegenüber den Uebertretungen des deutschen Strafgesetzes, den Betrügereien gewissenloser Fabrikanten und Händler, die des rascheren und größeren Verdienstes wegen unser Vermögen schädigen, und gegenüber den gemeingefährlichen Vergehen aus Fahrlässigkeit und Verbrechen, wohlbewußt und aus Gewinnsucht, gegen unsere Gesundheit und die unserer Mitmenschen, wollen wir die auf Grund bestehender und künftiger Gesetze erlaubte Selbsthilfe vertreten, und wo bisher kein Richter war, weil der Ankläger fehlte, da wird unsere Zeitung unermüdlich und mit dem Wahlspruch „viel Feind' – viel Ehr'!" der Volksanwalt sein und unnachsichtlich Thatsachen wie Personen vor das Forum der Oeffentlichkeit ziehen.

Unsere Thätigkeit ist zwar eine selbstverantwortliche, wie die Herausgabe unseres Blattes ein geschäftlich selbständiges buchhändlerisches Unternehmen, aber die Grundsätze unserer Wirksamkeit sind dieselben wie die des „Allgemeinen deutschen Vereins gegen Verfälschung der Lebensmittel bez. aller Verbrauchsgegenstände", dessen Vereinsorgan unsere Zeitschrift ist. Unser Programm ist somit dasselbe, was der Verein in den Grundsätzen seines Statuts aufstellt; wir dürfen deshalb auf unseren folgenden Artikel „Grundsätze des Vereinsbestrebungen" hinweisen.

Möchten nun unsere Leser auch unsere Mitarbeiter werden, indem sie dem Allgemeinen deutschen Verein beziehentlich einem Stadt- oder Zweigvereine sich anschließen! ferner auch unsere Mitarbeiter, indem sie uns ihre Erfahrungen auf unserem Gebiete, Rathschläge zur Abhilfe gegen Verfälschungen, praktische Mittel letztere zu erkennen, sowie alle Beiträge, welche zu unseren Zwecken mitwirken können, zum Abdruck in unserer Zeitschrift einsenden. Selbstverständlich können wir nur solche Beiträge aufnehmen, welche der Einsender mit seiner Namensunterschrift (wenigstens uns gegenüber) vertritt.

Die Redaktion:
Ernst Leistner,
Leipzig, Brandweg 16.

Herm. Wölfert's Buchhandlung
Dr. Hermann Wölfert,
Johannesgasse 21.

Abb. 5: Titelseite der ersten Ausgabe der Zeitschrift des Allgemeinen deutschen Vereins gegen Verfälschung der Lebensmittel, 1877.

theiligen Nahrungs- und Genußmittel, sowie anderer Verbrauchsgegenstände, sogenannter Geheimmittel und dergleichen« fest.[130] Damit sollte ein Beitrag zum Schutz der Bevölkerung, insbesondere der Vereinsmitglieder, vor Betrug und Gesundheitsgefährdungen geleistet werden. Der Verein verstand sich als unterstützende Instanz der staatlichen Behörden.[131]

Anlass zur Aktivität der Vereine war demnach die Untätigkeit der Behörden, die aus Sicht der Vereine eine konsequente Aufklärung der Öffentlichkeit versäumten.[132] Gleichzeitig aber warnte er vor übersteigerten Erwartungen der Bevölkerung an den Staat und betonte, dass es »Sache des Publikums« sei, »sich gegen Angriffe auf Vermögen und Gesundheit selbst zu vertheidigen«.[133] Auch eine erfolgreiche Reform der Nahrungsmittelgesetzgebung schließe eigene Sorgfaltspflichten der Verbraucher keineswegs aus:

»Das Publikum ist vor allen Dingen vor dem schönen Traum zu wahren, dass es nach Erlass eines Reichsgesetzes über den Verkauf von Lebensmitteln unbesorgt leben und mit kindlicher Unbefangenheit bona fide alles, was es kauft, in den Topf oder in den Magen thun könne. Im Gegentheil – die Gesetze können blos die Möglichkeit an die Hand geben, die Verfälscher und Betrüger zu Strafe zu ziehen, wenn sie entdeckt werden. Das Publikum hat aber vor allen Dingen selbst die Augen offen zu halten.«[134]

Die ärmeren Bevölkerungsschichten trügen durchaus eine gewisse Mitschuld daran, dass sie ständig übervorteilt würden, stimmten die Vereine in das allgemeine Konzert der Schuldzuweisungen an die Verbraucher ein.[135] Die Vereinsidee ging von einem für seine Gesundheit und sein Eigentum selbst verantwortlichen Bürger aus.

Soweit stimmten die Vereine noch mit den neueren Theorien zur »Medicinalpolicey«[136] und vielen der oben ausgewerteten Verbraucher-Handbücher überein. Indem sie aber postulierten, dass der Privatmann ebenso wie der Kaufmann gewissenhaft handeln müsse und zudem die »moralische Pflicht« habe,[137] im Interesse des Gemeinwohls und der folgenden Generationen Gesetzesüberschreitungen zu verfolgen,[138] gingen sie über die Versuche, die Verbraucher durch die

130 § 2 Statuten-Entwurf vom 19. September 1877, in: StadtA Leipzig, Cap. 35, No. 56.

131 § 3 Statuten-Entwurf vom 19. September 1877, in: ebd.

132 Vereinsnachrichten, Leipzig in: Zeitschrift gegen Verfälschung der Lebensmittel 1 (1877/78), S. 157 f.

133 Ebd., S. 157.

134 Der Kampf gegen die Verfälschung der Lebensmittel I, in: Zeitschrift gegen Verfälschung der Lebensmittel 1 (1877/78), S. 265 f.

135 Ein Mahnwort, in: Zeitschrift gegen Verfälschung der Lebensmittel 1 (1877/78), S. 233 f.

136 Dazu s. Kap. II 1.

137 Ein Wort zur Beherzigung, in: Zeitschrift gegen Verfälschung der Lebensmittel 2 (1878/79), S. 108 f.

138 Habt Acht!, in: Zeitschrift gegen Verfälschung der Lebensmittel 1 (1877/78), S. 249 f.; Ein Wort zur Beherzigung, in: Zeitschrift gegen Verfälschung der Lebensmittel 2 (1878/79), S. 108 f.

Vermittlung von Wissen vor manipulierten Nahrungsmitteln zu schützen, hinaus. Die Mitglieder verpflichteten sich mit ihrem Eintritt, keine gefälschten oder gesundheitsnachteiligen Waren wissentlich zu kaufen oder zu verkaufen. Jeder erst nachträglich entdeckte Kauf derartiger Produkte war dem Vereinsvorstand möglichst mit Vorlage der Ware und Nennung des Verkäufers zu melden.[139] Die Eigeninitiative der Vereinsmitglieder war zentral, keinesfalls wollten die Vereine ihren Mitgliedern die Sorge für qualitativ gute Nahrungsmittel abnehmen – Hilfe zur Selbsthilfe war auch hier die Devise.

Die Aktivitäten der Vereine richteten sich mithin vor allem auf die Agitation gegen die »Gleichgültigkeit der Massen«.[140] Sie wollten Grundlagen zum eigenverantwortlichen Handeln der Bevölkerung schaffen, indem sie als Wissensvermittler auftraten und die Informationsasymmetrien auf dem Nahrungsmittelmarkt, die als hauptsächliche Ursache der um sich greifenden Manipulationen identifiziert wurden, zu verringern suchten. Die Vereine übernahmen so einen Großteil der Funktionen, die einige Jahre später die neu konstituierten Fachvereinigungen der Nahrungsmittelchemie ausübten. Auf der Basis eigener Nahrungsmitteluntersuchungen wollten sie über den »reellen Werth zweifelhafter Fabrikate« aufklären. Durch Veröffentlichungen und Lehrvorträge sowie bei regelmäßigen Versammlungen erteilten sie Ratschläge zum Umgang mit Nahrungsmitteln, klärten über besonders häufige Verfälschungen auf und stellten allgemein verständlich Methoden und Hilfsmittel zu ihrer Identifikation vor.[141] Wie auch sonst in der Verbraucherbelehrung zu beobachten, wurden explizit Frauen angesprochen – damit hoben sich die Selbsthilfevereine deutlich von den typischen Bildungsvereinen des 19. Jahrhunderts ab, die in aller Regel die Frauen von ihrem Bildungsangebot ausgrenzten.[142] Als Redner traten Vereinsmitglieder auf, insbesondere Chemiker, Apotheker und Ärzte, aber auch Nahrungsmittelproduzenten. Für den »Hausbedarf« wurden den Mitgliedern chemische Reagenzien und Apparaturen mit Gebrauchsanweisungen zum Selbstkostenpreis zur Verfügung gestellt. Auch veranstalteten die Vereine Ausstellungen, die verfälschte und reine Nahrungsmittel zu Vergleichszwecken nebeneinander präsentierten.[143] Auch hier lag mithin ein ausgeprägter Glaube an die Lernfähigkeit der Verbraucher vor. Wie viele Vereinigungen, die sich der Wissenspopularisierung widmeten, verfügten die Selbsthilfevereine zudem über eine Handbibliothek, die die Mitglieder zur »Selbstbelehrung« nutzen konnten.[144]

139 § 12 Statuten-Entwurf vom 19. September 1877, in: StadtA Leipzig, Cap. 35, No. 56.

140 Die Bedeutung der Thätigkeit der Vereine gegen Lebensmittelverfälschung, in: Zeitschrift gegen Verfälschung der Lebensmittel 1 (1877/78), S. 302 f.

141 S. z. B. Vereinsnachrichten, in: Zeitschrift gegen Verfälschung der Lebensmittel 1 (1877/78), S. 39 f., 62, 77–79, 148–151, 157 f., 198, 222 f., 398.

142 *Hein*, S. 159.

143 Bericht des Vereins gegen Verfälschung, S. 13.

144 § 8 Statuten-Entwurf vom 19. September 1877, in: StadtA Leipzig, Cap. 35, No. 56; zu den Bibliotheken der Vereine: *Hein*, S. 154–156.

Die Veranstaltungen der Vereine waren laut den Mitteilungen der Zeitschrift zumindest in der ersten Zeit nach der Konstitution der Vereine gut besucht.[145]

Ein weiteres Instrument der Verbraucheraufklärung war die vom Leipziger Vorstand herausgegebene Vereinszeitschrift. Zusätzlich zu den Ergebnissen der vereinseigenen Untersuchungslaboratorien veröffentlichte sie größere Studien sowie Untersuchungsanleitungen und kurze Ratschläge zu einzelnen Warengruppen und Problemfeldern. Eigene Sparten widmeten sich der Besprechung von Gerichtsverfahren und grundlegenden rechtlichen Bestimmungen. Daneben bot die Zeitschrift Vereinsmitgliedern und externen Autoren ein Forum für Meinungsäußerungen: Wiederholt erschienen kritische Stellungnahmen zur staatlichen Nahrungsmittelüberwachung. Zwar waren alle Vereinsmitglieder zur Einsendung von Artikeln aufgefordert,[146] doch in der Praxis wurde die Zeitschrift offenbar von einem recht überschaubaren Kreis von Stammautoren geprägt, der sich aus den Vereinsvorständen und anderen an den öffentlichen Debatten um die Nahrungsmittelqualität beteiligten Kreisen rekrutierte.

Zur Verbraucheraufklärung kam als zweites Element der Vereinstätigkeit die aktive Aufdeckung von Verfälschungen. Es war nicht nur vorgesehen, dass Mitglieder Nahrungsmittel zur Untersuchung einreichen konnten, die Vereine führten auch initiativ Überprüfungen durch. Gerade in kleineren Städten wollten sie es als übergeordnete Instanzen den Privatleuten abnehmen, selbst gegen Verfälschungen vorzugehen und damit die eng miteinander verflochtenen lokalen Beziehungen zu gefährden.[147] Für die Durchführung der Analysen errichteten einige Vereine eigene, von Sachverständigen geleitete chemisch-technische Laboratorien oder schlossen Verträge mit bereits bestehenden Privatlaboratorien, die vergünstigte Gebührentarife beinhalteten.[148] Längere Versuchsreihen und grundlegende wissenschaftliche Studien führten die Laboratorien eher selten durch. Ebenso sind keine eigenständigen Festsetzungen von Beurteilungsmaßstäben oder Definitionen des Verfälschungsbegriffs für einzelne Nahrungsmittel zu beobachten. Die Vereine stützten sich vielmehr – so wurde es auch in

145 Bei einem Lehrvortrag des Leipziger Vereins im November 1877 erschienen über 500 Zuhörer, darunter auch zahlreiche Gäste, die im Anschluss dem Verein beitraten, s. Vereinsnachrichten, Leipzig, in: Zeitschrift gegen Verfälschung der Lebensmittel 1 (1877/78), S. 39f.

146 An unsere Leser, in: ebd., S. 1.

147 Die Bedeutung der Thätigkeit der Vereine gegen Lebensmittelverfälschung, in: Zeitschrift gegen Verfälschung der Lebensmittel 1 (1877/78), S. 302f.

148 *Elsner*, Untersuchungen, S. 3–5; Auszug aus den Statuten des Frankfurter Zweigvereins, in: Zeitschrift gegen Verfälschung der Lebensmittel 1 (1877/78), S. 150f.; s. auch diverse Gutachten für den Verein, in: ISG, Magistratsakten, T 1894; Bericht über die Thätigkeit des Hamburger Vereins gegen Verfälschung der Lebensmittel im ersten Jahre seines Bestehens 1878/79, in: Zeitschrift gegen Verfälschung der Lebensmittel 2 (1878/79), S. 257–259.

den Statuten festgelegt[149] – auf die Vorgaben des Kaiserlichen Gesundheitsamtes und anderer staatlicher Behörden.

Im Vordergrund standen praktische, direkt nachgefragte Analysen zum Nachweis von Verfälschungen.[150] Umfang und Art der Analysen sind nicht systematisch nachzuvollziehen, es liegen nur vereinzelt Aufstellungen einiger Laboratorien vor. Das Laboratorium des Leipziger Lokalvereins berichtet für 1878 von 286 Untersuchungen, von denen bei 68 Wertverminderungen festgestellt worden seien.[151] Ähnliche Zahlen legte der Hamburger Verein für 1878 vor.[152] Besonders rege war die Hannoveraner Organisation, sie berichtete von achtzig bis hundert Analysen pro Monat.[153] Damit waren diese Einrichtungen aktiver als so manche territoriale oder lokale Untersuchungsstelle. Überprüft wurden wie in den staatlichen und kommunalen Laboratorien insbesondere Grundnahrungsmittel und besonders häufig verfälschte Waren wie Schokolade, Kaffee, Gewürze und Alkoholika.[154]

Die Analyseergebnisse wurden gemeinsam mit staatlichen Bekanntmachungen über beobachtete Verfälschungen in ständig aktualisierten Verzeichnissen dokumentiert.[155] Nicht zuletzt veröffentlichten die Vereine regelmäßig »Schwarze Listen« derjenigen Fabrikanten und Händler, die nach den vereinsseitigen Untersuchungen verfälschte und schädliche Waren anboten.[156] Sie brandmarkten auf diese Weise die ertappten Fälscher öffentlich und suchten mit dieser Verbreitung »negativer Reputation« den Anreiz zum Betrug zu senken. Doch damit nicht genug: Die Ergebnisse der Revisionen und Analysen wurden auch an die staatlichen Behörden zur weiteren Verfolgung übergeben.[157]

149 § 3 Statuten-Entwurf vom 19. September 1877, in: StadtA Leipzig, Cap. 35, No. 56.

150 Vereinsnachrichten, Leipzig, in: Zeitschrift gegen Verfälschung der Lebensmittel 1 (1877/78), S. 148–150.

151 Jahresbericht pro 1878 des Laboratoriums für Untersuchungen von Nahrungsmitteln und Verbrauchsgegenständen, in: Zeitschrift gegen Verfälschung der Lebensmittel 2 (1878/79), S. 170–172.

152 Vereinsnachrichten, Hamburg, in: ebd., S. 238–240; *Kuttenkeuler*, S. 510.

153 Ergebnisse des Hannover'schen Untersuchungsamtes, in: Zeitschrift gegen Verfälschung der Lebensmittel 2 (1878/79), S. 244; Ergebnisse des Hannover'schen Untersuchungsamtes, in: ebd., S. 317.

154 Jahresbericht pro 1878 des Laboratoriums für Untersuchungen von Nahrungsmitteln und Verbrauchsgegenständen, in: ebd., S. 170–172.

155 Z. B. Der Verein gegen Verfälschung der Lebensmittel zu Chemnitz, in: Zeitschrift gegen Verfälschung der Lebensmittel 1 (1877/78), S. 356; Jahresbericht pro 1878 des Laboratoriums für Untersuchungen von Nahrungsmitteln und Verbrauchsgegenständen, in: Zeitschrift gegen Verfälschung der Lebensmittel 2 (1878/79), S. 170–172; Der Verein gegen Verfälschung der Lebensmittel in Eisleben, in: ebd., S. 215 f.; Ergebnisse des Hannover'schen Untersuchungsamtes, in: ebd., S. 244.

156 Z. B. Namens-Liste, in: Zeitschrift gegen Verfälschung der Lebensmittel 1 (1877/78), S. 119; Zeitschrift gegen Verfälschung der Lebensmittel 2 (1878/79), S. 148.

157 § 10 Statuten-Entwurf vom 19. September 1877, in: StadtA Leipzig, Cap. 35, No. 56; Bericht des Vereins gegen Verfälschung, S. 7.

Die Zusammenarbeit der Vereine mit den lokalen Behörden gestaltete sich grundsätzlich positiv. Zwar finden sich auch Klagen von Vereinen über das Desinteresse der städtischen Behörden an ihrer Tätigkeit,[158] doch übernahmen die Vereine gerade in Städten, in denen bislang spezielle Untersuchungsanstalten fehlten, offenbar zumindest für eine gewisse Zeitspanne die Rolle offizieller Anlaufstellen für die Bevölkerung, aber auch die städtischen Behörden.[159] Angesichts dessen, dass sich die Städte durch die öffentlichen Forderungen nach einem Ausbau der Nahrungsmittelüberwachung einem wachsenden Druck ausgesetzt sahen, kamen die Vereine gegen Verfälschung der Nahrungsmittel wie gerufen: Sie verfügten über voll ausgestattete Laboratorien oder enge Verbindungen zu chemischen Sachverständigen und hatten bereits Erfahrung in der Durchführung von Visitationen und Analysen. Bevor sich die Standesvertretungen der Nahrungsmittelchemie formierten und einheitliche Standards für die Nahrungsmitteluntersuchung schufen, stellten die Vereine somit als Expertensysteme einzelnen Kommunen das notwendige Know-how zur Verfügung.[160]

Anders als Privatlaboratorien, die ebenfalls als Ersatz für städtische Untersuchungsanstalten herangezogen wurden, unterlagen die Vereine als Zusammenschlüsse aus der Mitte der Bevölkerung, als die sie sich präsentierten, nicht dem Verdacht, Eigeninteressen zu verfolgen. Eine Reihe von Gemeinden traf mit den Vereinen Übereinkünfte über regelmäßige Untersuchungen zu einem festen Tarif[161] und wies die städtischen Polizeibehörden an, mit ihnen zusammenzuarbeiten. So kam es zeitweilig zu einer Arbeitsteilung zwischen Polizei und Vereinen: Die Polizeibeamten übernahmen wie gewohnt die Kontrollen der Geschäftslokale und führten einfache Untersuchungen selbst durch. Komplexere Nachweise wurden jedoch den Vereinslaboratorien überlassen, die auch Ansprechpartner für die Bevölkerung sein sollten.[162] Diese Arrangements wurden nicht selten auch nach Erlass des Nahrungsmittelgesetzes beibehalten. Die Städte nutzten die Existenz der Vereine, um sich der aus Sicht der Territorial-

158 Schreiben Ernst Leistners vom 27. August 1877 und Entwurf zu einem Antwortschreiben des Rates, in: StadtA Leipzig, Cap 35, Nr. 56; Fortsetzung des Berichtes über die bisherige Tätigkeit des Vereins etc., in: Zeitschrift gegen Verfälschung der Lebensmittel 1 (1877/78), S. 166 f.; Vereinsnachrichten, in: Zeitschrift gegen Verfälschung der Lebensmittel 2 (1878/79), S. 199 f.

159 Ueber die Zwecke, welche die Vereine gegen Verfälschung der Lebensmittel verfolgen und über Mittel, solche zu erreichen, in: Zeitschrift gegen Verfälschung der Lebensmittel 1 (1877/78), S. 345–347.

160 Vgl. *Giddens*, S. 107 ff.

161 *Kuttenkeuler*, S. 510.

162 S. z. B. Notiz, verlesen in der Sitzung des Magistrats der Stadt Frankfurt am Main am 2. November 1880, in: ISG, Magistratsakten, R 1505; Schreiben des Magistrats der Stadt Frankfurt an den Magistrat der Stadt Erfurt, Frankfurt am Main, 11. November 1889, in: ebd. Durch regelmäßige Bekanntmachungen im städtischen Anzeiger wurde auf die Tätigkeit der Vereine und die Möglichkeit, bei diesen Nahrungsmittel untersuchen zu lassen, aufmerksam gemacht.

regierungen bestehenden Verpflichtung zum Aufbau kommunaler Anstalten zu entziehen.[163] Einzelne Kommunen nahmen das Nahrungsmittelgesetz aber auch zum Anlass, die vereinseigenen Laboratorien in städtischen Besitz zu überführen und der Stadtverwaltung zu unterstellen.[164]

Die Vereine begnügten sich jedoch nicht damit, in die Ausübung der Nahrungsmittelkontrolle einbezogen zu werden, sie suchten daneben Einfluss auf lokale Bestimmungen zum Lebensmittelverkehr zu nehmen. Sie kritisierten die bestehenden Normierungen und Einrichtungen, wiesen auf ihre Lücken hin und stellten einige Male ergänzende bzw. alternative Vorschläge auf.[165] Auch die Beratungen zum Nahrungsmittelgesetz wurden genau verfolgt und in der Vereinszeitschrift kritisch diskutiert. Die Kommentare gipfelten schließlich in einer vom mitgliederstärksten Zweigverein in Hamburg initiierten, auf der einzigen gemeinsamen Delegiertenkonferenz ausgearbeiteten Stellungnahme samt Vorschlägen zur Verbesserung des ersten Gesetzentwurfs.[166] Grundsätzlich stimmten die Vereine dieser zu, verlangten aber in einzelnen Punkten Veränderungen, wie schärfere Kontrollen der Produzenten und eine obligatorische Einrichtung von kommunalen Untersuchungsstationen in Städten mit über 50.000 Einwohnern.[167] Die Vereine dienten so auch als diskursive Plattformen für die Aushandlung von Strategien zur Bekämpfung der Nahrungsmittelverfälschungen.[168]

Intention der Vereine war es, sich möglichst an alle Bevölkerungsschichten zu wenden und insbesondere die Interessen der weniger gut bemittelten Kreise zu vertreten.[169] Die Initiatoren zu den Vereinsgründungen stammten jedoch nahezu ausschließlich aus dem Wirtschafts- und Bildungsbürgertum: Unter den

163 Schreiben des Gesundheitsrates an den Magistrat, Frankfurt, 20. Oktober 1880, in: ISG, Magistratsakten, R 1505.

164 Wider die Nahrungsfälscher 2 (1879), S. 153–159.

165 So unterbreitete der Chemnitzer Verein dem Stadtrat einen Entwurf zur Überwachung des Milchverkehrs, der regelmäßige Revisionen inkl. Vorschriften zu ihrer Durchführung und zur anschließenden chemischen Analyse festschrieb, Der Verein gegen Verfälschung der Lebensmittel in Chemnitz, in: Zeitschrift gegen Verfälschung der Lebensmittel 2 (1878/79), S. 244; Bericht des Vereins gegen Verfälschung, S. 11.

166 Gemeinsame Schritte, in: Zeitschrift gegen Verfälschung der Lebensmittel 2 (1878/79), S. 124; Der Verein gegen die Verfälschung der Lebensmittel in Hamburg, in: ebd., S. 148 f.; Die Delegirten-Conferenz der Vereine gegen Verfälschung der Lebensmittel in Leipzig, in: ebd., S. 169 f.; Der Verein gegen Verfälschung der Lebensmittel in Eisleben, in: ebd., S. 215 f.

167 Die Delegirten-Conferenz der Vereine gegen Verfälschung der Lebensmittel in Leipzig, in: Zeitschrift gegen Verfälschung der Lebensmittel 2 (1878/79), S. 169 f.; Abdruck der Petition in: ebd., S. 177–180.

168 Den Anträgen zum Nahrungsmittelgesetz folgten weitere Petitionen zum Geheimmittelschwindel, zur Kurpfuscherei, zur obligatorischen Fleischbeschau und zum Milchhandel, s. Der Verein gegen die Verfälschung der Lebensmittel in Chemnitz, in: ebd., S. 151; Eine Delegirten-Conferenz aller Vereine gegen Verfälschung der Lebensmittel etc., in: ebd., S. 145–147; An den Deutschen Reichstag zu Berlin, in: ebd., S. 193 f.

169 Der Mitgliederbeitrag wurde deshalb bewusst niedrig gehalten s. § 13 Statuten-Entwurf vom 19. September 1877, in: StadtA Leipzig, Cap. 35, No. 56.

1877 in der Vereinszeitschrift aufgelisteten Ansprechpartnern für Vereinsgründungen in einzelnen Städten wie auch in den späteren Vereinsvorständen dominierten Apotheker, Chemiker, Lehrer und Ärzte; daneben trat aber – wie die vermittelnde Haltung gegenüber dem Nahrungsmittelgewerbe schon vermuten lässt – eine Reihe von Händlern und Produzenten.[170] Ob die mangelnde Vertretung anderer Bevölkerungsschichten in den Vereinsspitzen die Gesamt-Mitgliederstruktur widerspiegelte, ist kaum nachzuvollziehen, da keine Mitgliederverzeichnisse überliefert sind. Die Richtung der Vereinspolitik wurde jedoch eindeutig durch die genannten Kreise bestimmt, sie traten nach außen als Wortführer auf. Die Zusammensetzung der Vorstände war aber nicht nur der typischen Dominanz bildungs- und wirtschaftsbürgerlicher Kreise in der Vereinskultur des 19. Jahrhunderts geschuldet, sondern resultierte auch aus ihrer spezifischen Aufgabenstellung und engen Verbindung zur amtlichen Nahrungsmittelüberwachung – auffällig ist die starke Präsenz von Vertretern der noch wenig organisierten, auf privater Initiative beruhenden frühen Nahrungsmittelkontrolle. Möglicherweise bestand in den Vereinen eine gewisse »Binnenhierarchie« der Art, dass die Wissenschaftler als aufklärende Experten in den »einfachen« Vereinsmitgliedern ihr Publikum fanden.[171]

Die durch die Vereine institutionalisierte Kooperation dieser Kreise mit dem Nahrungsmittelgewerbe war zum Zeitpunkt der Vereinsgründungen noch ungewöhnlich. Vor dem Hintergrund der oben dargestellten Bemühungen des Nahrungsmittelgewerbes, über gezielte Marketingstrategien das Vertrauen in die Nahrungsmittel abzusichern,[172] liegt der Schluss nahe, dass die zahlreichen Gewerbetreibenden ihre Mitgliedschaft zur positiven Außendarstellung ihrer Unternehmen nutzten, zumal sich einige Firmen freiwillig der regelmäßigen Kontrolle durch die Vereinslaboratorien unterstellten.[173] Wenn auch selten Hinweise darauf zu finden sind, dass Firmen explizit mit ihrer Verbindung zu den Vereinen warben, ist doch davon auszugehen, dass ihr dortiges Engagement ähnlich motiviert war wie die Zusammenarbeit einzelner Unternehmen und Wirtschaftsverbände mit den Chemikern: Die Vereine sollten die Funktion von

170 Die genauen Zahlen unter den Ansprechpartnern: Es meldeten sich 21 Apotheker, 13 Chemiker bzw. Leiter chemischer Laboratorien, zehn Lehrer, neun Ärzte, neun Gewerbetreibende, sechs Stadtverordnete und andere Politiker sowie je zwei Journalisten und Juristen. Weitere zwölf Ansprechpartner kamen aus verstreuten Berufsgruppen, s. Vereinsnachrichten, in: Zeitschrift gegen Verfälschung der Lebensmittel 1 (1877/78), S. 14f.; zu den Vorständen: Vereinsnachrichten, Leipzig, in: ebd., S. 7; Vereinsnachrichten, Frankfurt a.M., in: ebd., S. 150f. Unter den Vorstandsmitgliedern fanden sich einige bekannte Persönlichkeiten, wie der Chemiker Wilhelm Fresenius, der Jurist und Verfasser mehrerer Schriften zum Nahrungsmittelrecht Arthur Löbner und der Frankfurter Arzt Georg Varrentrapp, der auch Mitglied der Sachverständigenkommission zur Beratung des Nahrungsmittelgesetzes war.

171 Auch dies ist typisch für die Bildungsvereine des 19. Jahrhunderts, vgl. *Hein*, S. 162.

172 Kap. V 1.

173 Bericht des Vereins gegen Verfälschung, S. 14.

Vertrauensintermediären übernehmen und als Beleg der Ehrlichkeit und Vertrauenswürdigkeit des einzelnen Gewerbetreibenden dienen.[174]

Hinzu trat ein weiteres Moment, das eine Vereinsmitgliedschaft für Gewerbetreibende attraktiv erscheinen ließ: Die Vereine betonten wiederholt, dass sie Hysterien in der Bevölkerung verhindern und ungerechtfertigte Forderungen und Vorwürfe entkräften wollten, ein Ziel, das Produzenten und Händlern sehr entgegenkam und aus ihrer Sicht sicherlich unterstützenswert war bzw. von ihnen vermutlich maßgeblich geprägt wurde. In den Vereinen konnten sie Politik in eigener Sache betreiben, ohne dass dies in der Öffentlichkeit als Lobbyarbeit abgestempelt wurde. Da die Vereine als dauerhafte Unterstützung der staatlichen und kommunalen Nahrungsmittelregulierung konzipiert waren, versprachen sie auch einen gewissen Einfluss auf die Ausgestaltung der Kontrollen – gerade angesichts der Praxis einiger Kommunen, die Vereine in die amtliche Überwachung einzubinden oder gar an ihre Stelle zu setzen.

Kritik erfuhren die Vereine jedoch weniger wegen ihrer Affinität zu gewerblichen Interessen. Vielmehr vermutete man eine einseitige Vertretung von Anliegen arbeitsloser Chemiker, Ärzte und »Zeitungsschreiber«; diesen – so die Behauptung – verschafften die Vereine unter dem Deckmantel der Gemeinnützigkeit Aufträge. Die Vereine wehrten sich gegen diesen Vorwurf, indem sie jegliche Gewinnabsichten von sich wiesen und die Uneigennützigkeit und Opferbereitschaft ihrer Mitglieder betonten.[175] In ihrer absoluten Darstellung griffen die Beschuldigungen gegenüber den Vereinen wohl ins Leere, die Chemiker und Laboratoriumsbetreiber befanden sich meist in gesicherten Positionen. Dennoch dürften sie tatsächlich auch von der Mitarbeit in den Vereinen profitiert haben, da sie offenbar vielfach mit regelmäßigen Untersuchungsaufträgen einherging. Durch das Vertrauen, das die Vereine den Einrichtungen entgegenbrachten, wurde zudem weiteren potentiellen Kunden der Laboratorien Zuverlässigkeit, Objektivität und Kompetenz suggeriert. Auch nutzten die Wissenschaftler die Vereine zur Artikulation ihrer Interessen.[176]

Die interne Zusammenarbeit der verschiedenen Gruppen verlief nicht immer unproblematisch, wie Auseinandersetzungen zwischen Geschäftsleuten und

174 Gleichzeitig instrumentalisierten offenbar einige Unternehmen die Vereine im Vorgehen gegen unliebsame Konkurrenten: So nutzte der Schokoladehersteller Stollwerck vereinsseitige Untersuchungen von Produkten der Firma Suchard, die zu dem Ergebnis kamen, dass diese entgegen ihrer Deklarierung mit Mehl versetzt waren, um seinen Forderungen nach strengeren Kontrollbestimmungen gegenüber ausländischen Waren Nachdruck zu verleihen, s. u. a. Eingabe der Firma Gebr. Stollwerck an die Königliche Regierung Köln, Köln, 5. Februar 1878, in: RWWA 208-189-3.

175 Vereinsnachrichten, Leipzig, in: Zeitschrift gegen Verfälschung der Lebensmittel 1 (1877/78), S. 148–150 (insbesondere 150).

176 So stellten die Vereine im Rahmen ihrer Stellungnahmen zum Entwurf des Nahrungsmittelgesetzes einen Antrag auf die regelmäßige Vereidigung der von den Vereinen angestellten Chemiker als staatliche Sachverständige, s. Gemeinsame Schritte der Vereine, in: Zeitschrift gegen Verfälschung der Lebensmittel 2 (1878/79), S. 194–196.

Wissenschaftlern im Leipziger Verein 1878 um die Sorgfaltspflichten der gewerblichen Mitglieder zeigen.[177] Offenbar bestanden derartige Spannungen in der gesamten Bewegung; die Schwerpunktsetzungen der einzelnen Vereine differierten teilweise stark. Einige verstanden sich in erster Linie als Anlaufstelle für Nahrungsmitteluntersuchungen, andere sahen ihren Auftrag vor allem in der Aufklärung des Publikums, wieder andere fassten die Zielsetzung des Vereins politisch auf und suchten in die öffentlichen Debatten einzugreifen.[178] Die jeweilige Ausrichtung der Vereinstätigkeit beruhte nicht zuletzt auf der unterschiedlich starken Identifizierung mit den Interessen der Wirtschaft. Im Gegensatz zum nach den internen Konflikten neu formierten Leipziger Verein, der den Kaufleuten weitgehende Sorgfaltspflichten abverlangte, betonte z. B. der Hamburger Verein, dass er es nicht als seine Aufgabe ansehe, den ehrlichen Handel zu »chikanieren oder auch nur zu erschweren«.[179] Dementsprechend unterschiedlich handhabten die Vereine das Vorgehen gegen Händler, bei denen verfälschte Waren aufgefunden worden waren – das Spektrum reichte von sofortigen Anzeigen bis zu mehrfachen folgenlosen Verwarnungen. Wohl auch aufgrund dieser gegensätzlichen Positionen gelang es nicht, die Vereine zu einer schlagkräftigen Bewegung zusammenzuschließen.

Zu den internen Interessenkonflikten kamen äußere Schwierigkeiten: Wiederholt berichtete die Vereinszeitschrift von Widerständen oder gar Anfeindungen in der Bevölkerung.[180] Aus verschiedenen Kreisen wurde Kritik geäußert. Insbesondere Gewerbetreibende befürchteten durch die Veröffentlichungen und Veranstaltungen der Vereine eine ständige Beunruhigung des Publikums und Einengung des ehrlichen Handels.[181] Es kam zu mehreren Verleumdungsprozessen gegen die Vereine bzw. einzelne Vorstandsmitglieder und polemischen Stellungnahmen in der Tagespresse.[182] Deutlich schwerer wog jedoch der Umstand, dass es den Vereinen nicht gelang, dauerhaftes Interesse bei ihrer vor-

177 S. u. a. Vereinsnachrichten, Leipzig, in: Zeitschrift gegen Verfälschung der Lebensmittel 1 (1877/78), S. 207; Elsner, Ueber die Zwecke, welche die Vereine gegen Verfälschung der Lebensmittel verfolgen, und über die Mittel, solche zu erreichen, in: ebd., S. 345–347; Vereinsnachrichten, in: Zeitschrift gegen Verfälschung der Lebensmittel 2 (1878/79), S. 111 f.; Statuten des Allgemeinen Vereins gegen Verfälschung der Lebensmittel, in: RWWA 208-275-2.

178 Bericht über die Thätigkeit des Hamburger Vereins gegen Verfälschung der Lebensmittel im ersten Jahre seines Bestehens 1878/79, in: Zeitschrift gegen Verfälschung der Lebensmittel 2 (1878/79), S. 257–259.

179 Ebd.

180 Der Verein gegen Verfälschung der Lebensmittel in Chemnitz, in: ebd., S. 303 f.; Ein Appell, in: Zeitschrift gegen Verfälschung der Lebensmittel 1 (1877/78), S. 241 f.

181 Vereinsnachrichten, Hamburg, in: Zeitschrift gegen Verfälschung der Lebensmittel 2 (1878/79), S. 238–240.

182 Ein Beispiel sind die Auseinandersetzungen mit der Firma van Houten, s. verschiedene Zeitungsausschnitte in RWWA 208-192-4. Auch die schweizerische Firma Suchard klagte gegen den Verein wegen angeblicher Verleumdung in mehreren Zeitungsartikeln, s. *Rossfeld*, Schokolade, S. 195–197.

nehmlich angesprochenen Klientel, den Verbrauchern, zu wecken. Nicht wenige Vereine – darunter ausgerechnet der mitgliederstärkste Verein in Hamburg – zogen nach ihrem ersten Tätigkeitsjahr ein enttäuschtes Fazit: Sie hätten seitens des Publikums wenig oder gar keine Unterstützung gefunden. Insbesondere die Möglichkeit der Abgabe von Warenproben zur Überprüfung sei kaum genutzt worden.[183] Die Beteiligung an den Vereinsversammlungen sei ebenfalls nicht konsistent und in der Tendenz rückläufig.[184] Als Ursache benannten die Vereine den »Indifferentismus« und die »eigenthümliche Schlaffheit« in der Bevölkerung, die sich geradezu lähmend auf die Vereinsaktivitäten auswirke.[185]

Konsequenz war, dass viele Zweigvereine sich nach kurzer Zeit wieder auflösten. Der Dachverband war augenscheinlich nur zweieinhalb Jahre tätig. Ende 1879 stellte die Vereinszeitschrift ihr Erscheinen ein, und auch andere Berichte über Aktivitäten sind nicht über die frühen 1880er Jahre hinaus überliefert.[186] In einigen Städten bestanden die Vereine unabhängig vom Dachverband jedoch noch deutlich länger – so finden sich über den Frankfurter Zusammenschluss noch Ende der 1880er Jahre Berichte, und die Deutsche Nahrungsmittel-Rundschau schrieb noch 1914 über Aktivitäten des Chemnitzer Vereins.[187]

Jedoch fällt auf, dass die Vereine nunmehr nur noch wenig Beachtung in der Öffentlichkeit fanden – es fehlte nicht nur die Zeitschrift als Sprachrohr, auch die zunehmende Zahl der Berufsvereinigungen der Nahrungsmittelchemie scheint die Vereine allmählich aus dem öffentlichen Blickfeld verdrängt zu haben. Eine Professionalisierung des Diskurses über die Nahrungsmittelqualität fand statt, die eine stärkere Abgrenzung der wissenschaftlichen Experten mit sich zog. Wie bereits bei den Verbraucher-Handbüchern zu beobachten, wurde der Beitrag der Verbraucher zur Steuerung der Nahrungsmittelquali-

183 Bericht über die Thätigkeit des Hamburger Vereins gegen die Verfälschung der Lebensmittel im ersten Jahre seines Bestehens, in: Zeitschrift gegen Verfälschung der Lebensmittel 2 (1878/79), S. 257–259; Vereinsnachrichten, Hamburg, in: ebd., S. 238–240; Schreiben des Magistrats der Stadt Frankfurt am Main an das Kaiserliche Gesundheitsamt, Frankfurt am Main, 25. Januar 1879, in: BA, R 86/2104.

184 Was wir von den Wiederverkäufern zum Mindesten verlangen können, in: Zeitschrift gegen Verfälschung der Lebensmittel 1 (1877/78), S. 385 f.; Der Verein gegen Verfälschung der Lebensmittel in Hamburg, in: Zeitschrift gegen Verfälschung der Lebensmittel 2 (1878/79), S. 148 f.

185 Vereinsnachrichten, Hamburg, in: Zeitschrift gegen Verfälschung der Lebensmittel 2 (1878/79), S. 238–240 (Zitate 239).

186 Im Adressbuch für die Stadt Leipzig ist die Zeitschrift ab 1880 nicht mehr verzeichnet, der Verein wird 1881 zum letzten Mal aufgeführt, während das Laboratorium noch bis 1884 als vereinseigene Institution firmierte, s. Leipziger Adreß-Buch für 1878, Anzeiger, S. 18 und Abt. II.3, S. 127; Leipziger Adreß-Buch für 1879, Anzeiger, S. 46, Abt. I.1, S. 53 und Abt. II.3, S. 134; Leipziger Adreß-Buch für 1880, Abt. I.1, S. 55 und Abt. II.3, S. 125; Leipziger Adreß-Buch für 1881, Abt. I.1, S. 57; Leipziger Adreß-Buch für 1882, Abt. I.1, S. 59; Leipziger Adreß-Buch für 1883, Abt. I.1, S. 60.

187 Z. B.: Schreiben des Magistrats der Stadt Frankfurt an den Magistrat der Stadt Erfurt, Frankfurt am Main, 11. November 1889, ISG, Magistratsakten, R 1505; Verein gegen Verfälschung der Lebensmittel in Chemnitz, in: DNR 12 (1914), S. 64.

tät zunehmend in der vorbeugenden, bewussten Warenauswahl und weniger in der nachträglichen Aufdeckung von Verfälschungen gesehen – diese war nun Aufgabe der Chemiker. Gleichzeitig schritt der Ausbau der staatlichen und kommunalen Nahrungsmittelüberwachung voran. Die privaten Vereins-Laboratorien verloren dementsprechend an Bedeutung; die Vereine konnten sich auch auf dem Gebiet der Analyse immer weniger behaupten gegen die staatlich finanzierte Konkurrenz – angesichts der fortschreitenden wissenschaftlichen Methodik, des ständigen Wandels der Produktionstechniken und der Ausdifferenzierung der Gesetzgebung waren sie mitunter überfordert mit bestimmten diffizilen Nachweisen.[188] Die Zusammenarbeit mit den städtischen Behörden blieb mithin nur ein Zwischenspiel. Mit dem fortschreitenden Ausbau der amtlichen Nahrungsmittelkontrolle und der Etablierung wissenschaftlicher Fachverbände verloren die Selbsthilfevereine ihren herausgehobenen Status. Sie waren nunmehr nur noch ein Angebot unter vielen privaten Einrichtungen, die Nahrungsmittelanalysen durchführten, und verschwanden schließlich fast ganz von der Bildfläche.

3. »Natürliche Anwälte gegen Waarenfälschung«: Die Konsumvereine

Eine Reihe von hauswirtschaftlichen Ratgebern sowie auch einige der Anleitungsbücher zur Nahrungsmittelkontrolle empfahlen ihren Lesern, sich einem Konsumverein anzuschließen und dort zumindest bestimmte Warengruppen zu beziehen. »Als unabhängige Collectivpersonen« seien diese nicht nur dazu geschaffen, die Verfälschung der Nahrungsmittel zu verhüten, sondern sie auch, »aufzudecken, nachzuweisen und [die Gewerbetreibenden] zur Verantwortung zu ziehen.« Durch ihre sachliche und geographische Unbegrenztheit könnten sie eine gewaltige Macht entfalten, die der gesamten Verbraucherschaft zugute komme – mit Recht nenne man die Konsumvereine deshalb die »natürlichen Anwälte gegen die Waarenfälschung«.[189]

Ausgehend von England breitete sich die Konsumvereinsbewegung in den deutschen Territorien ab Mitte des 19. Jahrhunderts aus, der erste deutsche Konsumverein entstand 1844 in Chemnitz.[190] Nachdem viele der Pioniervereine aufgrund interner Streitigkeiten schnell wieder aufgelöst worden waren, wuchs die Zahl der Konsumgenossenschaften bis in die frühen 1870er Jahre erneut an.

188 Der Frankfurter Verein lehnte beispielsweise Weinuntersuchungen aufgrund ihrer Kostspieligkeit und Komplexität ab, Ähnliches galt für die Überprüfung von Nahrungsmitteln auf den Zusatz giftiger Farbstoffe, s. Schreiben des Polizei-Präsidenten der Stadt Frankfurt an den Magistrat, Frankfurt, 27. Dezember 1884, in: ISG, Magistratsakten, R 1505.

189 *Averbeck*, S. 45; ähnlich *Schmoller*, S. 41 f.

190 *Spiekermann*, Basis, S. 238; umfassend zur Entwicklung der Konsumgenossenschaften v. a. *Hasselmann*, Geschichte, und *Prinz*, Brot.

Nach einigen Einbrüchen, die durch politische Verfolgungen, innere Strukturprobleme und die Wirtschaftskrisen bedingt wurden,[191] kam es kurz vor der Jahrhundertwende schließlich zu einem regelrechten Gründungsfieber. Vor Ausbruch des Ersten Weltkrieges bestanden 2.145 eingetragene Konsumgenossenschaften im Deutschen Reich, die insgesamt über zwei Millionen Mitglieder hatten.[192] Die frühen Konsumvereine zogen vor allem Angestellte, Beamte und Kleingewerbetreibende an; parallel zur fortschreitenden Industrialisierung rekrutierten sich die Mitglieder jedoch mehr und mehr aus der industriellen Lohnarbeiterschaft.[193]

Erstes Anliegen der Konsumvereine war es, ihre Mitglieder aus dem alltäglichen »Teufelskreis« beim Nahrungsmittelbezug zu befreien.[194] Auf der Basis des durch die Mitglieder per Eintrittsgelder getragenen Geschäftskapitals boten sie diesen nicht nur regelmäßige Dividendenausschüttungen, sondern auch Waren zum Einkaufspreis gegen Barzahlung an. Die überkommenen, durch den ständigen Kauf auf Kredit entstandenen Abhängigkeiten von den lokalen Händlern sollten so durchbrochen werden. Von Beginn an war in der Zielsetzung der Konsumvereine aber auch das Bestreben zentral, gute und unverfälschte Waren zu garantieren, da die Händler den durch Kreditgewährung abhängigen Kunden überproportional häufig auch manipulierte und verdorbene Nahrungsmittel unterschoben, um ihr eigenes Risiko im Fall der Zahlungsunfähigkeit der Kunden möglichst gering zu halten.[195] Die Furcht vor zunehmenden Nahrungsmittelverfälschungen erschien in der Selbstdarstellung der Vereine häufig

191 *Hasselmann*, Geschichte, Kap. II; *Prinz*, Brot, Kap. 4 und 5.

192 Regionale Schwerpunkte lagen zunächst im Rheinland, in den norddeutschen Küstenstädten und in Berlin, ab Ende der 1860er Jahre wurden Sachsen sowie die süddeutschen Staaten zu den Kernlanden der Bewegung. In größeren Städten waren 28,5 % der Bevölkerung in Konsumvereinen organisiert, sonst 8 %; in Preußen und Sachsen lagen diese Werte deutlich höher, in einzelnen Städten waren nahezu alle Familien Mitglied in einem Konsumverein, s. *Prinz*, Brot, S. 236–241.

193 1904 machte der Anteil der abhängig Beschäftigten in gewerblichen Betrieben unter den Mitgliedern des Zentralverbandes deutscher Konsumgenossenschaften rund 73 %, 1914 rund 79 % aus; die weiteren Berufsgruppen blieben weit dahinter zurück, s. *Spiekermann/Stockhaus*, Konsumvereinsberichte, S. 96.

194 Die folgende Darstellung stützt sich vor allem auf die Überlieferung des Konsumvereins Leipzig-Plagwitz, die außergewöhnlich umfangreich und detailliert ist. Der 1883 gegründete Verein stellte um die Jahrhundertwende mit rund 29.000 Mitgliedern und 1.200 Mitarbeitern in 51 Verkaufsstellen einen der größten und bedeutendsten Konsumvereine im Deutschen Reich dar und nahm insofern eine gewisse Sonderrolle ein. Viele kleinere Vereine hatten nicht die Möglichkeit, in der Art des Plagwitzer Vereins interne Institutionen und Maßnahmen aufzubauen. Doch ist anhand weiterer Auswertungen konsumgenossenschaftlicher Publikationen zu beobachten, dass nicht nur andere größere Vereine, sondern auch viele kleinere Genossenschaften ähnliche Prinzipien wie dieser verfolgten, auch wenn sie diese nicht immer derart systematisch umsetzten, s. *Bammes*, S. 12–14, 23.

195 Festbuch, S. 9 ff.; dazu auch *Prinz*, Brot, S. 42, 72 f.

als wesentlicher Antrieb des Zusammenschlusses.[196] Wiederkehrende Schlagworte wie »gut und billig« und »gut und unverfälscht« in den Vereinsstatuten belegen,[197] dass die Vereine den Mitgliedern nicht nur in finanzieller Hinsicht Vorteile verschaffen, sondern auch ihrer Gesundheit und ihrem Wohlbefinden dienen wollten.[198]

Im Laufe der Zeit bildeten viele Konsumvereine systematisch ineinandergreifende Maßnahmenbündel aus, die qualitativ einwandfreie Waren gewährleisten sollten. Bereits die Rechtsform der Genossenschaft – die die überwiegende Mehrheit der Konsumvereine besaß – implizierte umfangreiche interne Prüf- und Kontrollmechanismen. Der Vorstand, der die Vereinsgeschäfte nach seiner Wahl durch die Generalversammlung führte, war an zahlreiche Berichtspflichten gebunden, seine Mitglieder hafteten persönlich für dem Verein entstehende Schäden und wurden vom turnusweise wechselnden Aufsichtsrat überwacht.[199] Größere Entscheidungen wie Statutenänderungen, Gewinnverteilungen und Geschäftserweiterungen wurden von der Generalversammlung getroffen, die auch den Vorstand entlastete und über interne Beschwerden urteilte.[200] Hinzu kamen die in den Genossenschaftsgesetzen von 1867/70 und 1889[201] festgesetzten Berichts- und Revisionspflichten, denen die meisten Ver-

196 Geschäftsbericht des Konsum-Vereins Leipzig-Plagwitz über das Geschäftsjahr 1901/02, S. 27, in: StadtA Leipzig, Stadtverordnetenverhandlungen, V.1 XII; Geschäftsbericht des Konsum-Vereins Leipzig-Plagwitz und Umgegend über das 25. Geschäftsjahr 1908/09, S. 5, in: StadtA Leipzig, Cap. 35, No. 690; *Fleissner*, S. 9 f.; Auf dem Wege, S. 11; *Postelt*, S. 26; »Produktion« in Hamburg, S. 46.

197 Einige Beispiele: § 1 der Statuten des Konsumvereins Frankfurt-Schwanheim, in: ISG, Vorortakten Schwanheim, Nr. 798; § 1 der Statuten des Vereins zur Beschaffung billiger Lebensbedürfnisse in Hamburg, abgedruckt in: Festschrift – Ein Geburtstag vor hundert Jahren, in: BA, R 908/116; Statut des Consum-Vereins für Plagwitz und Umgegend von 1883, in: SächsStA, StA-L, 20031, PP-V, Nr. 5; § 1, 2c) der Statuten der »Produktion« in Hamburg, abgedruckt in: »Produktion« in Hamburg, S. 35. Auch *Crüger*, S. 151, erwähnt die »Beschaffung unverfälschter Waren in bester Qualität« als zweites wesentliches Ziel der Vereine. Bereits die englischen Konsumvereine hatten die Warenreinheit als erklärtes Ziel, s. dazu *Hasselmann*, Rochdaler Grundsätze; *Staudinger*, S. 41.

198 »Produktion« in Hamburg, S. 99 f. Die unkommentierte Selbstverständlichkeit, mit der die Formel von den unverfälschten Nahrungsmitteln in die Statuten aufgenommen wurde, wertet *Prinz*, Brot, S. 194, als Indiz dafür, dass minderwertige Nahrungsmittel ein Alltagsproblem der Unterschichten darstellten.

199 §§ 21–39 Statut des Consum-Vereins für Plagwitz und Umgegend von 1884, in: SächsStA, StA-L, 20031, PP-V, Nr. 5; vgl. Formular 1: Statutenentwurf und Formular 10: Geschäftsanweisung für den Aufsichtsrat, in: *Oppermann/Häntschke*, S. 237–257, 280–285.

200 §§ 14–20 Statut des Consum-Vereins für Plagwitz und Umgegend von 1884, in: SächsStA, StA-L, 20031, PP-V, Nr. 5; vgl. Formular 8 a: Geschäftsanordnung für die Generalversammlungen, in: *Oppermann/Häntschke*, S. 269–273.

201 Gesetz, betr. die privatrechtliche Stellung der Erwerbs- und Wirtschaftsgenossenschaften, vom 27. März 1867, in: GBl Preußen 1867, S. 501–516; Gesetz, betr. die Erwerbs- und Wirthschaftsgenossenschaften, vom 1. Mai 1889, in: RGBl 1889, S. 55–93; dazu *Hasselmann*, Geschichte, S. 190–203, 229–242.

Abb. 6: Verteilungsstelle des Konsumvereins Frankfurt, um 1920.

eine durch die Mitgliedschaft in Revisionsverbänden nachkamen. Externe, für diese Zwecke speziell geschulte Gutachter überprüften somit zusätzlich die Geschäftsvorgänge und führten zunehmend auch Warenprüfungen durch.[202]

Viele Vereine gingen jedoch über die gesetzlich vorgeschriebenen internen Prüfmechanismen hinaus. Es finden sich vor allem Belege für umfangreiche interne Warenkontrollen: Minimum waren verpflichtende Überprüfungen beim Wareneingang in den Verkaufsstellen. Viele Geschäftsanweisungen für den Vorstand schrieben zudem regelmäßige detaillierte Untersuchungen vor, teilweise wurde dabei ausdrücklich auf die Nahrungsmittelgesetze Bezug genommen; unter ihrer Berücksichtigung war zu prüfen, ob die bezogenen Produkte dem Handelsbrauch entsprachen und ob sie frei von minderwertigen Bestandteilen und preiswürdig waren.[203] Warenprüfungskommissionen und Lager- und

202 Anweisung für die Revision in Konsumvereinen, beschlossen in der Revisionskonferenz des Zentralverbandes deutscher Konsumvereine am 12. Juni 1904 in Hamburg, in: BA, R 908/29; Der Reichsverband deutscher Konsumvereine und seine Einrichtungen, in: BA, R 908/70; Satzungsentwurf des Revisionsverbandes der deutschen Verbrauchergenossenschaften e. V., ohne Datum, in: BA, R 908/8. Zu den Revisionsverbänden und dem Genossenschaftsgesetz s. auch *Prinz*, Brot, S. 214–220.

203 Geschäftsanweisung für den Vorstand und den Aufsichtsrat der Konsumgenossenschaften des Verbandes Thüringischer Konsumgenossenschaften GmbH in Erfurt, in: BA, R 908/8; Dienstanweisung für den Vorstand und den Aufsichtsrat des Zentralverbandes deutscher Konsumvereine e. V., Hamburg, in: BA, R 908/42; zahlreiche Hinweise in: *Oppermann/ Häntschke*.

Verteilungsstellenausschüsse wurden eingesetzt, die die einzelnen Verkaufsstellen und Lager ergänzend zu den Kontrollen durch den Aufsichtsrat inspizierten und Ordnung, Reinlichkeit sowie die sachgemäße Aufbewahrung, Gewicht und Qualität der angebotenen Produkte überprüften.[204] Auch gingen die Kommissionen zielgerichtet Beschwerden der Mitglieder nach und überprüften bemängelte Waren.[205] Zudem führten einige Vereine sogar einfache chemische Untersuchungen selbst durch und übersandten regelmäßig Nahrungsmittelproben zur detaillierten Analyse an Sachverständige.[206]

Entsprechend den Befunden der Kontrollinstanzen veranlassten die Genossenschaften korrigierende Maßnahmen wie den Wechsel eines Zulieferers, die Ermahnung zu genaueren Prüfungen der Nahrungsmittel beim Eingang in den Geschäftsstellen oder die Verabschiedung neuer Hygienevorschriften.[207] Viele Vereine stellten nach dem Muster der Arbeitsordnungen größerer Fabriken Richtlinien für ihre Mitarbeiter auf, die Bestimmungen zur Arbeitskleidung, Hygiene am Arbeitsplatz, Reinigung der Räumlichkeiten, Geräte und Maschinen sowie zum Umgang mit bestimmten Nahrungsmitteln enthielten – teils mit Entlassungsandrohungen bei Zuwiderhandlungen.[208] Beim Ausbau der Betriebsstätten in den Aufschwungjahren trennten viele Konsumvereine scharf

204 S. z. B. Rechenschaftsbericht des Konsum-Vereins L.-Eutritzsch und Umgegend über das 13. Geschäftsjahr 1901/02, in: StadtA Leipzig, Cap. 35, Nr. 622. Der Verein Leipzig-Plagwitz legte Wert auf ein rotierendes Verfahren, durch das alle Kommissionsmitglieder reihum verschiedene Filialen kontrollierten, s. Geschäftsbericht des Konsum-Vereins Leipzig-Plagwitz über das Geschäftsjahr 1901/02, S. 24, in: StadtA Leipzig, Stadtverordnetenverhandlungen, V.1 XII; Auf dem Wege, S. 28: Protokoll der Aufsichtsratssitzung des Konsumvereins Leipzig-Plagwitz vom 8. November 1905, in: SWA, U 2, Nr. 396; Protokoll der Aufsichtsratssitzung des Konsumvereins Leipzig-Plagwitz vom 5. Oktober 1909, in: ebd.; Protokoll der Aufsichtsratssitzung des Konsumvereins Leipzig-Plagwitz vom 25. Oktober 1911, in: SWA, U 2, Nr. 397.

205 S. z. B. Protokoll der Aufsichtsratssitzung des Konsumvereins Leipzig-Plagwitz vom 2. Juli 1901, in: SWA, U 2, Nr. 395; Protokoll der Aufsichtsratssitzung vom 15. Juli 1902, in: SWA, U 2, Nr. 396.

206 So der Plagwitzer Konsumverein, s. Geschäftsbericht des Konsumvereins Leipzig-Plagwitz über das Geschäftsjahr 1900/01, S. 25, in: SächsStA, StA-L, 20031, PP-V, Nr. 5. Auch das »Handwörterbuch der Staatswissenschaften« berichtet von regelmäßigen chemischen Analysen in Konsumvereinen, s. *Crüger*, S. 151. Nahrungs- und Futtermittelfälschungen und kein Ende, in: Konsumgenossenschaftliche Rundschau 9 (1912), S. 985 f.; auch Handbücher für den Geschäftsbetrieb von Konsumvereinen empfahlen regelmäßige Kontrollen durch Untersuchungsanstalten, s. *Oppermann/Häntschke*, S. 79.

207 S. z. B. Protokoll der Aufsichtsratssitzung des Konsumvereins Leipzig-Plagwitz vom 25. Mai 1893, in: SWA, U 2, Nr. 395; Protokoll der Aufsichtsratssitzung des Konsumvereins Leipzig-Plagwitz vom 28. März 1911, in: SWA, U 2, Nr. 396.

208 Arbeitsordnung für das Arbeiterpersonal der Konsumgenossenschaft Berlin und Umgegend, eGmbH, Berlin-Lichtenberg, in: BA, R 908/29; Geschäftsbericht des Konsum-Vereins Leipzig-Plagwitz und Umgegend über das 14. Geschäftsjahr 1897/98, S. 23–27, in: StadtA Leipzig, Cap. 35, Nr. 690; 25 Jahre Geschichte des Konsumvereins Pieschen, S. 24.

nach Arbeits-, Sanitär- und Pausenbereichen[209] – ganz im Sinne der allgemeinen Forderungen der Hygieniker zur Gewerbehygiene. Regelmäßige Vorträge und Schulungen wiesen die Mitarbeiter in die grundlegenden hygienischen Prinzipien ein,[210] zusätzlich wurden negative Anreize gesetzt, indem für durch Fahrlässigkeit verdorbene Erzeugnisse Lohnabzüge vorgenommen wurden.[211]

Derartige Regelungen galten insbesondere in den genossenschaftseigenen Produktionsbetrieben.[212] Immer mehr Konsumentenzusammenschlüsse gingen nach einigen Jahren ihres Bestehens dazu über, Grundnahrungsmittel wie Brot, Milchprodukte und Fleisch sowie später auch Bier, Wasser und Limonade selbst zu produzieren oder zu verarbeiten – die Überschüsse des Handelsgeschäftes wurden investiv genutzt.[213] Das Angebot der einzelnen Produktionszweige verbreiterte sich ständig. Die Betriebe wiesen meist sehr schnell große Erfolge auf, der Absatz der von ihnen hergestellten Waren, die zuvor über den Großhandel bezogen worden waren, steigerte sich deutlich.[214] Die Mehrzahl der Einrichtungen war eher unter der Kategorie Klein- oder Mittelbetrieb zu fassen,[215] die mitgliederstarken Genossenschaften aber wuchsen zu stark differenzierten Großbetrieben an, die über eigene Bahnanschlüsse, moderne Herstellungs- und Abpackmaschinen und Kraftanlagen verfügten und teils über hundert Arbeiter und Angestellte beschäftigten.[216]

Für die Aufnahme der Eigenproduktion waren erneut sowohl das Bestreben, das Preisniveau der Nahrungsmittel zu verringern, aber auch die niedrige Qualität der aus der freien Wirtschaft bezogenen Waren ausschlaggebend.[217] Die

209 Die genossenschaftliche Brotproduktion. Zusammengestellt nach Umfragen unter den Arbeitern der Konsum- und Genossenschaftsbäckereien, in: BA, R 908/29.

210 Höhner, Die Anforderungen an die Verkäufer und Verkäuferinnen in den Konsumvereinen, in: Konsumgenossenschaftliche Rundschau 9 (1912), S. 4–6.

211 Protokoll der Aufsichtsratssitzung des Konsumvereins Leipzig-Plagwitz vom 20. August 1898, in: SWA, U 2, Nr. 395.

212 Zusammenfassend zu Hygienerichtlinien für Produktionsbetriebe: *Oppermann/Häntschke*, S. 136–152.

213 S. z. B. einen Überblick über die Produktivgenossenschaften innerhalb des Zentralverbandes deutscher Konsumvereine von 1905: Der Zentralverband deutscher Konsumvereine im Jahre 1905, S. 188 f., in: BA, R 908/43; Die genossenschaftliche Brotproduktion. Zusammengestellt nach Umfragen unter den Arbeitern der Konsum- und Genossenschaftsbäckereien, in: BA, R 908/29; zur Eigenproduktion allgemein: *Clauss*.

214 Allgemeine Konsum- und Produktivgenossenschaft Rheydt, in: BA, R 908/114.

215 *Prinz*, Brot, S. 264.

216 Konsumverein für Dessau; Die »Produktion«, in: Der Genossenschaftspionier 12 (1908), S. 29 f.; dazu auch die ausführliche Beschreibung der Ausstattung der Betriebe des Konsumvereins Leipzig-Plagwitz, s. *Bammes*, S. 24–29. Die »Produktion« in Hamburg stellte die wohl größte produzierende Konsumgenossenschaft dar, neben einer Großbäckerei führte sie eine Schlachterei, die nach eigenen Angaben eine der größten im Deutschen Reich war. 1912 erwarb sie ein eigenes Landgut, baute dort selbst Gemüse und Getreide an und betrieb eine Schweinezucht, s. »Produktion« in Hamburg, S. 61, 70, 104 f.

217 25 Jahre Konsum-Verein Frankfurt a. M.; Die genossenschaftliche Brotproduktion. Zusammengestellt nach Umfragen unter den Arbeitern der Genossenschaftsbäckereien, in:

lokalen Unternehmen waren häufig nicht in der Lage, jene konstant hohe und zugleich kostengünstige Qualität zu liefern, welche die in den Konsumvereinen gebündelte Nachfrage verlangte.[218] Die an hygienischen Prinzipien ausgerichtete Fertigung einwandfreier Qualität war somit oberstes Ziel der konsumvereinseigenen Produktionsbetriebe. Und sogar die Lehren der modernen Ernährungswissenschaften wurden in der Genossenschaftsproduktion umgesetzt: Nicht wenige Betriebe stiegen beispielsweise auf die Herstellung von Vollkornbrot um, da dieses in wirtschaftlicher und gesundheitlicher Hinsicht den modernen Bedürfnissen mehr entspreche als das bislang bevorzugte Weißbrot.[219]

Parallel zur sich beschleunigenden vertikalen Integration kann von einer stetigen Professionalisierung der Konsumentenvereinigungen gesprochen werden, die sich auch in einer verstärkten Werbung niederschlug.[220] In betonter Abgrenzung zu den Werbeformen der Privatwirtschaft wurde ein Image aufgebaut, das die grundlegenden Prinzipien des Genossenschaftsgedankens hervorhob. Kargheit und Nüchternheit kennzeichneten die Warenpräsentation und -anpreisung, im Zentrum stand häufig der »alles überragende Wert der Hygiene«.[221] Dem sich verändernden Kaufverhalten, der stärkeren Orientierung der Konsumenten an Produzenten und damit an Marken trugen die Vereine ebenfalls Rechnung, indem sie eigene Handelsmarken schufen.[222]

Für deren Etablierung spielten die seit den 1880er Jahren gegründeten regionalen und später auch reichsweiten Zusammenschlüsse von Konsumvereinen eine konstitutive Rolle – insbesondere die 1893 in Hamburg gegründete Großeinkaufsgesellschaft deutscher Konsumvereine (GEG), der sozialdemokratische Zentralverband deutscher Konsumvereine (ZdK) und der den christlichen Gewerkschaften nahestehende Reichsverband deutscher Konsumvereine.[223] Neben ihrer ursprünglichen Hauptaufgabe, der Revision der angeschlossenen Konsumvereine, stiegen immer mehr dieser Verbünde in den Großhandel und die Produktion ein, für die sie eigene Marken etablierten.[224] Sie verfügten schnell über einen erheblichen Leistungsvorsprung gegenüber vielen privaten Unternehmen und profitierten von der homogenen Nachfrage und ihrer Größe.[225]

BA, R 908/29; Für den Konsumverein Leipzig-Plagwitz: *Bammes*, S. 13; s. auch Bäckereischweinereien in Tölz, in: Der Genossenschaftspionier 10 (1906), S. 81; *Krolik*, Unappetitliches aus privaten Bäckereibetrieben, in: Konsumgenossenschaftliche Rundschau 3 (1906), S. 833–835.

218 *Prinz*, Brot, S. 264.

219 S. Antrag vom 23. März 1913, in: SWA, U 2, Nr. 405.

220 Geschäftsbericht des Konsumvereins Leipzig-Plagwitz über das 25. Geschäftsjahr 1908/09, S. 47, in: StadtA Leipzig, Cap. 35, Nr. 690.

221 *Prinz*, Brot, S. 263 f. (Zitat 263); ebenso *Spiekermann*, Medium, S. 160.

222 *Spiekermann*, Medium, S. 158 f.

223 *Hasselmann*, Geschichte, S. 256–272, 283–293, 314–340; *Postelt*, S. 26–30.

224 Der Zentralverband deutscher Konsumvereine im Jahre 1905, S. 194, in: BA, R 908/43; Der Reichsverband deutscher Konsumvereine und seine Einrichtungen, in: BA, R 908/70.

225 *Prinz*, Brot, S. 272.

Synergieeffekte nutzend, bauten die Verbände eine umfassende Infrastruktur für die angeschlossenen Konsumvereine auf: Auskunftsbüros, die in allen genossenschaftlichen Belangen Rat erteilten, wurden eingerichtet, ebenso juristische Beiräte sowie gemeinsame Publikationsorgane.[226] Regelmäßige Genossenschaftstage und Ausstellungen wurden veranstaltet, bei denen unter anderem Modelle von Produktionsanlagen und Warensortimente präsentiert wurden – mit der Absicht, die Leistungsfähigkeit der Konsumvereine zu demonstrieren, aber auch die Mitglieder in der Warenkenntnis zu schulen.[227] Die Großeinkaufsgesellschaft begründete 1911 zudem ein Laboratorium zur Untersuchung von Waren, das einem staatlich geprüften Nahrungsmittelchemiker unterstellt wurde. Bereits vorher hatte sie regelmäßig alle Artikel, die unter dem GEG-Label verkauft wurden, von einem Chemiker überprüfen lassen. Wie die Markenartikel der freien Wirtschaft waren die GEG-Produkte mit einem Qualitätsversprechen verbunden, das durch die ständige Kontrolle garantiert werden sollte. Das Laboratorium stand zudem auch allen angeschlossenen Konsumvereinen zur Verfügung. Wohl weil diese nur zögerlich Gebrauch davon machten, führte der Laboratoriumsleiter ab dem zweiten Geschäftsjahr von sich aus stichprobenartig Kontrollen in den Lagern der Vereine durch. Auf diese Weise wurde eine übergeordnete Instanz geschaffen, die die Einhaltung der internen Standards überprüfte.[228]

Indem die Verbände Empfehlungen für die Gründung, den Aufbau und die tägliche Arbeit der Konsumvereine aufstellten und Musterformulare für die unterschiedlichsten Zwecke anboten, trugen sie zu einer Standardisierung der Organisation der Vereine und ihrer internen Geschäftsabläufe bei. In diesen Rahmen fügten sich auch Handlungsanweisungen für den Warenan- und

226 Der Reichsverband deutscher Konsumvereine und seine Einrichtungen, in: BA, R 908/70; Kaufmann, Bericht über die Entwicklung des Zentralverbandes deutscher Konsumvereine im Jahre 1905, Sonder-Beilage zur Konsumgenossenschaftlichen Rundschau Nr. 23 (1906), S. 31–33.

227 Die Grosseinkaufs-Gesellschaft Deutscher Consumvereine mit beschränkter Haftung im Jahre 1902, Geschäftsbericht über das neunte Geschäftsjahr und Protokoll der Verhandlungen der neunten ordentlichen Generalversammlung, abgehalten am 19. und 20. Mai 1903 zu Dresden, in: BA, R 908/62; Geschäftsbericht des Konsumvereins Leipzig-Plagwitz über das 29. Geschäftsjahr 1912/13, S. 3, in: StadtA Leipzig, Cap. 35, Nr. 690; Kaufmann, Die Grosseinkaufs-Gesellschaft Deutscher Consumvereine im Jahre 1905, in: Konsumgenossenschaftliche Rundschau 3 (1906), S. 438–440.

228 Grosseinkaufs-Gesellschaft Deutscher Consumvereine Hamburg: Bericht über das 18. Geschäftsjahr vom 1. Januar bis 31. Dezember 1911, in: BA, R 908/62; Grosseinkaufs-Gesellschaft Deutscher Consumvereine Hamburg, Bericht über das 19. Geschäftsjahr vom 1. Januar bis 31. Dezember 1912, in: ebd.; Die Großeinkaufs-Gesellschaft Deutscher Consumvereine im Jahr 1911, in: Konsumgenossenschaftliche Rundschau 9 (1912), S. 331–335; Die Großeinkaufs-Gesellschaft Deutscher Consumvereine im Jahr 1911, in: ebd., S. 431. Auch analysierte das Laboratorium vergleichend Waren des freien Handels und führte grundlegende Studien z.B. zur Haltbarkeit von bestimmten Nahrungsmitteln durch.

-verkauf sowie speziell auf die Bedürfnisse der Konsumvereine zugeschnittene Warenkunden. Diese ähnelten auf frappierende Weise den oben analysierten Haushaltsratgebern: Die Mitarbeiter wurden zu einer sorgfältigen Auswahl der Bezugsquellen und einer eingehenden Überprüfung der Waren hinsichtlich ihrer Qualität, Preiswürdigkeit und Übereinstimmung mit den Gesetzen sowie einer sachgerechten Lagerung angehalten.[229] Der ZdK hielt seit 1912 in verschiedenen Bezirken Unterrichtskurse ab, in denen den Funktionsträgern und Angestellten der Vereine praktische Kenntnisse in Buchführung, Rechtskunde, Vortragstechnik und nicht zuletzt in der Warenkunde vermittelt wurden. Als Lehrer fungierten häufig externe Wissenschaftler.[230] So stellten die Konsumvereine zwar offenbar keine bindenden Qualitätsnormierungen auf, schufen aber zumindest Orientierungsrichtlinien, die auf den Beurteilungskriterien der Wissenschaft beruhten. Im Rahmen des Ausbaus der inneren Organisation der Konsumvereine überführten diese nicht nur zunehmend Ehrenämter in Angestelltenverhältnisse, sondern legten auch mehr Wert auf die gezielte Schulung des Personals und der Funktionäre. Die gemeinsamen Verbände übernahmen in diesem Rahmen die Rolle der Wissensmultiplikatoren.[231]

Vertreter der Genossenschaftsbewegung wiesen immer wieder auf die »sittliche, gesellschaftliche und volkswirtschaftliche Bedeutung« der Konsumgenossenschaften hin, die auch von führenden Nationalökonomen vollauf anerkannt werde. Ihre bloße Existenz bewirke, dass sich »gewissenlose Preisdiktatur und schrankenlose Erwerbssucht« nicht mehr ungehindert entfalten könnten.[232] Durch seine regulierende Funktion beeinflusse das »Kartell der Konsumenten« auch den übrigen Handel.[233] Die Summe, die die Konsumvereine den Konsumenten auf diese Weise ersparten, sei um ein Vielfaches höher als die direkt ausgezahlten Dividenden.[234] Die Konsumvereine stellten sich somit als Mittel dar, den vielfach kritisierten ungehemmten Konkurrenzkampf unter den Händlern,

229 *Oppermann/Häntschke*, S. 76–106, 122–131, 299–301, 288–293, 273–185; Schweikert, Warenkunde; weiter s. Warenkunde für Konsumgenossenschaften, in: Konsumgenossenschaftliche Rundschau 9 (1912), S. 454f.

230 Z. B. die Berichterstattung über derartige Kurse für das Jahr 1912 in der Konsumgenossenschaftlichen Rundschau 9 (1912), S. 1, 37f., 344, 470, 477f., 618, 657.

231 »Produktion« in Hamburg, S. 61; Radestock, Bericht über die Tätigkeit des Vorstandes des Zentralverbandes deutscher Konsumgenossenschaften im Jahr 1905, in: Konsumgenossenschaftliche Rundschau 3 (1906), S. 431–438; Geschäftsbericht des Konsum-Vereins Leipzig-Plagwitz und Umgegend über das 15. Geschäftsjahr 1898/99, in: StadtA Leipzig, Cap. 35, No. 690; Geschäftsbericht des Konsum-Vereins Leipzig-Plagwitz und Umgegend über das 14. Geschäftsjahr 1897/98, S. 18f., in: ebd.

232 Festbuch, S. 39; ähnlich: *Crüger*, S. 151–156; *Staudinger*, S. 18–35.

233 Die deutsche Konsumgenossenschaftsbewegung im Jahre 1907, in: Der Genossenschaftspionier 12 (1908), S. 1f.; ähnlich: »Produktion« in Hamburg, S. 46f.; *Staudinger*, S. 24–26.

234 Geschäftsbericht des Konsum-Vereins Leipzig-Plagwitz über das 25. Geschäftsjahr 1908/09, S. 10, in: StadtA Leipzig, Cap. 35, Nr. 690.

der zu einem ständigen Preiswettbewerb zu Lasten der Nahrungsmittelqualität führe, zu durchbrechen.[235]

Der heftige Abwehrkampf, den der Handel jahrelang gegen die Konsumgenossenschaften führte, schien dieser selbstbewussten Einschätzung recht zu geben. Zahlreiche Abhandlungen, Denkschriften und Zeitungsartikel wurden veröffentlicht, die die negativen Auswirkungen der genossenschaftlichen Tätigkeiten auf das lokale Nahrungsmittelgewerbe beschrieben.[236] Insbesondere die Expansion in Richtung Eigenproduktion und die Gründung von Großhandelsgesellschaften schürten Ängste: Dieser Schritt signalisierte, dass die Vereine auf Wachstum und Verdrängung setzten und den lokalen Rahmen zu überschreiten suchten.[237] Ganze Verbände wurden gegründet, die in erster Linie die Verteidigung gegen die Konsumvereinsbewegung zum Ziel hatten.[238] Es kam zu Boykottaufrufen; Handwerksinnungen und Gewerbevertretungen untersagten ihren Mitgliedern unter Strafandrohung, die Konsumvereine zu beliefern.[239] Streit entbrannte insbesondere um die Frage, ob die Konsumvereine auch an Nichtmitglieder verkaufen durften. Interessenverbände des Nahrungsmittelgewerbes drangen auf eine stärkere Abgrenzung der Konsumvereine und konnten nicht nur einen allmählichen Abbau der steuerlichen Sonderbehandlung der Konsumvereine erreichen, sondern im Genossenschaftsgesetz von 1889 auch ein Verbot des Verkaufs an Nichtmitglieder durchsetzen.[240]

Auch die Nahrungsmittelqualität wurde im Kampf des Handels gegen die Konsumvereine instrumentalisiert. Das Nahrungsmittelgesetz räumte den Vereinen keine Sonderstellung ein, die zuständigen Behörden waren der Auffassung, dass Überwachungspraxis und Rechtsprechung die Verkaufsstellen der Konsumvereine nicht anders behandelten als die freien Nahrungsmittelbetriebe.[241]

235 Verschlechterung der Warenqualität durch den privaten Kleinhandel, in: Konsumgenossenschaftliche Rundschau 3 (1906), S. 1088.

236 Die genossenschaftliche Brotproduktion. Zusammengestellt nach Umfragen unter den Arbeitern der Konsum- und Genossenschaftsbewegung, in: BA, R 908/29; Die wirtschaftliche Aufgabe der Konsumvereine, in: Der Genossenschaftspionier 9 (1905), S. 75 f.

237 *Prinz*, Brot, S. 267, 271 f.

238 Beispiele sind der 1900/01 gegründete Schutz-Verband für Handel und Gewerbe und die Zentralvereinigung deutscher Vereine für Handel und Gewerbe, s. dazu Eine konsumfeindliche Mittelstandstagung in Berlin, in: Konsumgenossenschaftliche Rundschau 7 (1910), S. 892–894; *Bammes*, S. 16.

239 25 Jahre Konsum-Verein Frankfurt a. M., S. 18; 25 Jahre Geschichte des Konsumvereins »Vorwärts« Dresden, S. 22, in: BA, R 908/114; Kaufmann, Bericht über die Entwicklung des Zentralverbandes deutscher Konsumvereine im Jahre 1905, Sonder-Beilage zur Konsumgenossenschaftlichen Rundschau Nr. 23 (1906), S. 31–33.

240 *Prinz*, Brot, S. 282–286. Das Verbot kam den Konsumvereinen auf lange Sicht aber sogar zugute, sicherte es ihnen doch Mitglieder, indem die erzielten Vorteile beim Warenkauf auf diese begrenzt wurden und nicht auch Trittbrettfahrern zugute kamen, vgl. *Olson*, Logik; *Sinn*, S. 289.

241 Schreiben des Innenministeriums an sämtliche königliche Regierungspräsidenten, Berlin, 8. April 1891, in: GStAPK, I. HA, Rep. 120 C IX 1, Nr. 3, Bd. 3, Vol. 4.

Dennoch bemängelten Letztere, dass die Konsumvereine bevorzugt würden, und forderten ein konsequentes Vorgehen der Behörden.[242] Mit großangelegten Agitationskampagnen versuchten Händler- und Produzentenverbände, die Verkaufsstellen der Konsumvereine in Misskredit zu bringen. Durch Flugblätter, Zeitungsartikel und öffentliche Vorträge informierten sie die Verbraucher über angeblich unlautere Geschäftspraktiken, überteuerte und manipulierte oder verdorbene Waren sowie unhygienische Zustände.[243] Als Beleg führten sie nicht nur Beschwerden von Genossenschaftsmitgliedern an, sondern auch vergleichende Untersuchungen von Proben aus freien Handelsgeschäften und Verkaufsstellen von Konsumvereinen, die zu dem Ergebnis kamen, dass Letztere bei durchschnittlich eher höheren Preisen meist eine ähnliche oder gar eine niedrigere Qualität als die Waren der Kleinkrämer aufwiesen.[244]

Den Wahrheitsgehalt der Vorwürfe gegen die Konsumvereine zu überprüfen dürfte nahezu unmöglich sein. Nach den Berichten der Warenprüfungskommission des Leipziger Konsumvereins z. B. war das Gros der in seinen Verkaufsstellen angebotenen Waren im Vergleich zu denen der freien Händler qualitativ und preislich besser. Nur für einzelne Warengruppen wurde mitunter Minderwertigkeit konstatiert – angesichts des Umsatzvolumens des Vereins wurde dies aber als unbedeutend eingestuft.[245] 1910 wurde eigens eine Ausstellung veranstaltet, die Waren des Konsumvereins mit denen größerer lokaler Händler in Preis und Qualität verglich – ebenfalls mit dem Ergebnis, dass der Konsumverein überwiegend günstigere und qualitativ bessere Waren anbot.[246] Ähnliche Untersuchungen und Ausstellungen anderer Vereine führten

242 Schreiben der Kammer für Kleinhandel zu Bremen, Bremen, 7. Oktober 1912, in: BA, R 86/2074. Möglicherweise waren die Verbände nicht ganz erfolglos mit ihren Beschwerden, es finden sich jedenfalls Klagen einiger Konsumvereine über besonders strenge, geradezu »schikanöse« Kontrollen in ihren Verkaufsstellen, s. z. B. Zur Ausführung der Nahrungsmittelkontrolle, in: Konsumgenossenschaftliche Rundschau 7 (1910), S. 882.

243 Katzenstein, Vom ehrlichen Handel, in: Der Genossenschaftspionier 9 (1905), S. 61 f.; Bericht über die Entwicklung des Zentralverbandes deutscher Konsumvereine im Jahre 1905, Sonder-Beilage zur Konsumgenossenschaftlichen Rundschau Nr. 23 (1906), S. 31–33.

244 S. z. B. Der Geschäftsbericht des Konsumvereins Leipzig-Plagwitz über das Geschäftsjahr 1907/08, S. 5, in: SächsStA, StA-L, 20031, PP-V, Nr. 5; verschiedene, von Gewerbevereinen lancierte Flugblätter, in: SWA, U 2, Nr. 1345; 25 Jahre Konsumverein für Dessau; 30 Jahre Konsumverein der Stadt Neheim, S. 12 ff.

245 S. z. B. Protokolle der Aufsichtsratssitzungen des Konsumvereins Leipzig-Plagwitz vom 8. November 1904 und vom 28. März 1911, in: SWA, U 2, Nr. 396; Protokolle der Aufsichtsratssitzungen vom 25. Oktober 1911 und vom 22. Oktober 1912, in: SWA, U 2, Nr. 397. In den Geschäftsberichten des Konsumvereins Leipzig-Plagwitz findet sich fast stereotyp jedes Jahr die Meldung, dass die Konsumvereins-Waren mit denen der Konkurrenz verglichen wurden und ihnen in Preis und Qualität nicht nur gleichstanden, sondern sie meist übertrafen, s. in: SächsStA, StA-L, 20031, PP-V, Nr. 5 und StadtA Leipzig, Cap. 35, Nr. 690.

246 Warenausstellung in Leipzig-Plagwitz, Ausschnitt Leipziger Volkszeitung, 30. Dezember 1910, in: SächsStA, StA-L, 20031, PP-V, Nr. 5.

zu ebensolchen Ergebnissen. Besonders die in Eigenproduktion hergestellten Nahrungsmittel schnitten aufgrund besserer Rohmaterialien, modernerer Maschinen und strengerer Hygienerichtlinien besser ab.[247]

Gänzlich aus der Luft gegriffen waren die Behauptungen dennoch sicherlich nicht – die Waren der Konsumvereine waren keineswegs stets völlig einwandfrei. Die Genossenschaften gestanden selbst in ihren Publikationen zeitweise Missstände ein, die sie jedoch in der Regel als »Kinderkrankheiten« auf die Anfangsjahre beschränkt sahen.[248] Intern wurden Probleme aber wesentlich offener kommuniziert: In den Aufsichtsrats- und Vorstandssitzungen sowie in den Generalversammlungen des Konsumvereins Leipzig-Plagwitz wurden z. B. immer wieder Beschwerden über überteuerte, mindergewichtige, verdorbene oder verfälschte Nahrungsmittel besprochen.[249] Die Konstanz der Klagen zeigt, dass es sich hier um ein anhaltendes Problem handelte, das nicht dauerhaft in den Griff zu bekommen war. Ein genereller Trend zu einer Verbesserung oder zu einer Häufung von Kritik ist aus den Protokollen nicht erkennbar, einige Waren – wie das Brot – stellten »Dauerbrenner« dar, bei anderen schwankte die Einschätzung ihrer Qualität.[250]

Gemeinsam wurde nach den Ursachen der Verfälschungen und Unregelmäßigkeiten gesucht, die jedoch nicht immer genau zu identifizieren waren. Neben mangelhaften Lieferungen war eine potentielle Quelle innerhalb der Genossenschaften dadurch gegeben, dass die Lagerhalter für Fehlbestände, d. h. also Verluste bei Transport und Lagerung sowie durch Verderbnis etc., hafteten. Damit bestand die Gefahr, dass sie diese zu ihrem persönlichen Nachteil werdenden Verluste an die Mitglieder weitergaben, indem sie die Waren manipulierten oder trotz Verderbnis verkauften. Die Vorstände zahlreicher Vereine berieten jahrelang über diese Problematik und suchten vereinsübergreifend nach möglichen Abwehrstrategien. Der potentielle Betrugsanreiz wurde schließlich in vielen Genossenschaften dadurch verringert, dass den Lagerhaltern ein bestimmter Fehlbetrag zugestanden wurde und erst bei der Überschreitung

247 Die genossenschaftliche Brotproduktion. Zusammengestellt nach Umfragen unter den Arbeiter der Konsum- und Genossenschaftsbäckereien, in: BA, R 908/29; Wo kauft man besser und billiger: im Konsum-Verein oder beim Kaufmann?, in: Der Genossenschaftspionier 9 (1905), S. 141; Katzenstein, Vom ehrlichen Handel, in: ebd., S. 61 f.; Die »Produktion«, in: Der Genossenschaftspionier (12) 1908, S. 29 f.

248 Festbuch, S. 17.

249 Beispielhaft: Protokoll der Aufsichtsratssitzung des Konsumvereins Leipzig-Plagwitz vom 19. Juni 1890, in: SWA, U 2, Nr. 395; Protokolle der Aufsichtsratssitzungen des Konsumvereins Leipzig-Plagwitz vom 8. Oktober 1902 und 2. November 1909, in: SWA, U 2, Nr. 396.

250 S. z. B. Protokoll über die gemeinschaftliche Sitzung des Vorstands und des Aufsichtsrates des Konsumvereins Leipzig-Plagwitz vom 20. August 1885, in: SWA, U 2, Nr. 406; Protokolle der Aufsichtsratssitzungen vom 15. Juli 1902, 8. Oktober 1902 und 2. November 1909, in: SWA, U 2, Nr. 396; Geschäftsbericht des Konsum-Vereins Leipzig-Plagwitz über das Geschäftsjahr 1901/02, S. 21, in: StadtA Leipzig, Stadtverordnetenverhandlungen, V.1 XII.

dieser Grenze eine Strafzahlung zu leisten war.[251] Derartige Konflikte zwischen den Genossenschaftsangestellten und den Vorständen bzw. den Warenprüfungskommissionen waren nicht selten. Die Vereinsgremien suchten die Mitarbeiter für mögliche Missstände zur Rechenschaft zu ziehen und unterzogen ihre Arbeitsweise einer genauen Kritik. Wiederholt finden sich gezielte Ermahnungen zur Sorgfalt; bei fortgesetzt negativen Kontrollergebnissen wurde mit Entlassung gedroht.[252]

Doch lassen die umfangreichen Rügen auch weitere Rückschlüsse zu: Die Konsumvereine boten den Käufern direkte Anlaufstellen für mögliche Reklamationen und vor allem auch reelle Chancen darauf, dass diesen nachgegangen wurde. Die Mitglieder konnten nicht nur durch ihre Abstimmungs- und Wahlrechte die internen Geschäftsabläufe beeinflussen und die Generalversammlungen als Forum für ihre Kritik nutzen.[253] Einige Genossenschaften richteten zudem spezielle Gremien für die Entgegennahme und Überprüfung von Beschwerden ein. Der Leipziger Konsumverein installierte beispielsweise in den einzelnen Filialen Beschwerdekästen, die regelmäßig vom Aufsichtsrat, ab dem Geschäftsjahr 1908/09 von einer eigenständigen Beschwerdekommission geleert wurden.[254] Einige Konsumvereine stellten Waagen zur Überprüfung der Gewichte auf oder veröffentlichten Waren-Preisverzeichnisse, anhand deren die Mitglieder die Preise in den einzelnen Verkaufsstellen kontrollieren konnten.[255]

Fraglich ist, wie viel Gebrauch die einfachen Mitglieder von den vorgesehenen Einrichtungen machten. Das Beispiel der Beschwerdekästen zeigt, dass die Mehrheit nicht die Vereinsinstitutionen bemühen wollte: Die Resonanz war

251 Vgl. zu diesem Abschnitt *Prinz*, Brot, S. 193–198. Für den Konsumverein Leipzig-Plagwitz u. a. Protokolle der gemeinschaftlichen Sitzungen von Aufsichtsrat und Vorstand vom 14. November 1892 und 31. Januar 1893, in: SWA, U 2, Nr. 407; 72. Protokoll der gemeinschaftlichen Sitzung von Aufsichtsrat und Vorstand vom 22. November 1910, in: SWA, U 2, Nr. 405; Mankovergütung und Lagerhalterkaution, in: Konsumgenossenschaftliche Rundschau 3 (1906), S. 649–651; Rhien, Haftung des Lagerhalters wegen Kassenmankos, in: Konsumgenossenschaftliche Rundschau 7 (1910), S. 184.

252 S. z. B. Protokolle der Aufsichtsratssitzungen des Konsumvereins Leipzig-Plagwitz vom 23. Juli 1891, 9. Juli 1893 und 14. Juli 1896, in: SWA, U 2, Nr. 395. In den Aufsichtsratssitzungen des Konsumvereins Leipzig-Plagwitz kam es im Rahmen der Suche nach möglichen Fehlerquellen teils zu heftigen Auseinandersetzungen, s. u. a. Protokoll der außerordentlichen Sitzung von Aufsichtsrat und Vorstand des Konsumvereins Leipzig-Plagwitz vom 14. November 1902, in: SWA, U 2, Nr. 396; Geschäftsbericht des Konsumvereins Leipzig-Plagwitz über das Geschäftsjahr 1899/1900, S. 24, in: SächsStA, StA-L, 20031, PP-V, Nr. 5.

253 Konsumverein Leipzig-Plagwitz, Ausschnitt Leipziger Volkszeitung, 28. April 1900, in: SächsStA, StA-L, 20031, PP-V, Nr. 5.

254 S. z. B. Protokoll der Aufsichtsratssitzung vom 1. August 1906, in: SWA, U 2, Nr. 396; Geschäftsbericht des Konsumvereins Leipzig-Plagwitz über das 25. Geschäftsjahr 1908/09, S. 49, in: StadtA Leipzig, Cap. 35, Nr. 690; Die Aufstellung von Beschwerdekästen wurde auch von Handbüchern empfohlen, s. *Oppermann/Häntschke*, S. 84.

255 *Prinz*, Brot, S. 197.

nicht sehr groß.[256] Auch hinsichtlich der Generalversammlungen gibt es immer wieder Hinweise darauf, dass diese nicht allzu gut besucht waren.[257] Die Rügen gelangten anscheinend mehr über Mund-zu-Mund-Propaganda oder eben durch die Recherchen der verschiedenen Kontrollgremien an die Vorstände und Aufsichtsräte. Dies bestätigt die von Michael Prinz konstatierte »schleichende Oligarchisierung« der Vereine, die zum einen aus dem sinkenden Interesse an einer direkten Einflussnahme auf die Geschäftstätigkeit, zum anderen aus dem ständigen Wachstum der Vereine resultierte. Aufgrund der steigenden Anforderungen an die Beweglichkeit der Geschäftspolitik waren kürzere Entscheidungswege vonnöten; die strenge Trennung zwischen Ausführung und Kontrolle wurde teilweise aufgeweicht.[258]

Dennoch: Möglichkeiten zur Beschwerde wurden in vielfacher Weise bereitgestellt – durch die beschriebenen Instrumentarien wurde systematisch versucht, strukturelle Schwächen der Konsumentenrolle auszugleichen.[259] Die Vereinsmitglieder wurden regelrecht zur Kritikübung angehalten und gleichzeitig durch die Berichte der verschiedenen Kommissionen in der Generalversammlung und die Geschäftsberichte über bestehende Missstände informiert und aufgeklärt. Die häufige Thematisierung verweist folglich nicht unbedingt auf ungewöhnlich viele Fälle von Verfälschungen, sondern belegt vielmehr ein ausgefeiltes Informations- und Überwachungssystem. Das Geflecht aus gesetzlich vorgeschriebenen und freiwilligen internen und externen Kontrollen sowie Berichtspflichten an verschiedene Gremien sollte Transparenz herstellen und Manipulationen erschweren.

Verbunden wurden diese handfesten Kontrollmechanismen mit der Konstruktion eines gemeinsamen Wertekanons, der in gewisser Weise als »Unternehmenskultur« der Konsumvereine verstanden werden kann. Die Konsumvereine sahen sich der Gemeinnützigkeit verpflichtet, die jedoch auf »gegenseitiger Selbsthülfe« beruhen sollte.[260] In dem Bestreben, die Arbeiterschicht zu einem eigenverantwortlichen, von bürgerlicher Wohltätigkeit unabhängigen Handeln zu führen, maßen sie dem Gemeinschaftsgedanken zentrale Bedeutung zu.[261] Die Vereine wurden als Familie beschrieben, »deren Haupt und Glieder kein

256 Geschäftsbericht des Konsum-Vereins Leipzig-Plagwitz über das Geschäftsjahr 1901/02, S. 27, in: StadtA Leipzig, Stadtverordnetenverhandlungen, V.1 XII.

257 Konsumverein Leipzig-Plagwitz, Ausschnitt Leipziger Volkszeitung, 28. April 1900, in: SächsStA, StA-L, 20031, PP-V, Nr. 5.

258 *Prinz*, Brot, S. 275–278.

259 Vgl. ebd., S. 196 f.

260 Schär, Die wirtschaftliche Aufgabe der Konsumvereine, in: Der Genossenschaftspionier 9 (1905), S. 75 f.

261 XII. Bericht über die Entwicklung des Zentralverbandes deutscher Konsumvereine im Jahre 1905, Sonder-Beilage zur Konsumgenossenschaftlichen Rundschau Nr. 23 (1906), S. 31–33; *Schär*, Die wirtschaftliche Aufgabe der Konsumvereine, in: Der Genossenschaftspionier 9 (1905), S. 75 f.; zusammenfassend zu den »erzieherischen« Aufgaben der Konsumvereine: *Oppermann/Häntschke*, S. 1–3.

anderes Bestreben kennen, als sich gegenseitig glücklich zu machen«.[262] Daraus wurden die grundlegenden Prinzipien der Wahrheit, Gerechtigkeit und Solidarität abgeleitet – der Wahrheit wurde als Trägerin gegenseitigen Vertrauens die Funktion einer »innere[n] Verbindung« der Vereine zugesprochen.[263] Diese Leitgedanken hatten Mitarbeiter und Mitglieder stets zu beherzigen. Profitstreben, Betrug und Veruntreuung, fahrlässige Schädigungen der anderen Mitglieder, Sorglosigkeit und mangelnde Sachkenntnis konnten so als dem genossenschaftlichen Ehrenkodex zuwiderlaufend gebrandmarkt werden.[264]

Dieser interne Wertekanon verweist auf die spezifische Konstruktion der Vereine als Genossenschaften: Jeder Mitarbeiter, jedes Vorstandsmitglied, jeder Aufsichtsrat und jeder Kontrolleur war nicht nur Angestellter, sondern zugleich auch Mitglied des Konsumvereins und damit direkt von Betrügereien betroffen – sowohl finanziell als auch gesundheitlich. Vielfach waren die Aufsichtsratsmitglieder ehrenamtlich tätig, um ihre Unabhängigkeit zu gewährleisten. Die Tatsache, dass die Lagerhalter Angestellte und nicht Eigentümer der Verkaufsstellen waren, trug ebenfalls zu einer Minimierung der Verfälschungsrisiken bei – für eine Entlassung waren weniger strenge Beweisanforderungen notwendig als bei einer polizeilichen Anzeige gegen einen Einzelhändler.[265] Umgehungen blieben trotzdem möglich, gezielte Unterwanderungen der Kontrollen kamen sicherlich vor, insbesondere dann, wenn Mitarbeiter ihren Informationsvorsprung so nutzen konnten, dass sie selbst keinen Schaden nahmen. Dennoch war im genossenschaftlichen Prinzip bereits die Umgehung mehrerer potentieller »Verfälschungsquellen« enthalten.

Zudem schaltete das Konzept des Direkteinkaufs den Zwischenhandel aus, der vielfach in den öffentlichen Diskussionen als Hauptübeltäter identifiziert wurde. Der direkte Bezug von den Produzenten oder vom Großhandel und erst recht die Eigenproduktion verkürzten die im Verlauf der Industrialisierung immer weiter ausgedehnte Verteilungskette des Nahrungsmittelmarktes wieder. Die Konsumvereine trugen damit dem verbreiteten Misstrauen gegenüber der Kommerzialisierung der Nahrungsmittelbeschaffung Rechnung, sie fingen die unliebsamen Folgen der Industrialisierung und Urbanisierung auf und bildeten ein Gegengewicht zum »Janusgesicht« des Handels.[266] Im Grundsatz des Direkteinkaufs, so Prinz, manifestierte sich gewissermaßen die Erinnerung an den direkten Verkehr zwischen Erzeugern und Konsumenten. Nur dieser wurde als der Normalfall einer angemessenen Versorgung mit Grundnahrungsmitteln angesehen.[267] Anders gewendet: Es wurde eine neue Form der

262 Schär, Die wirtschaftliche Aufgabe der Konsumvereine, in: Der Genossenschaftspionier 9 (1905), S. 75 f.

263 *Staudinger*, S. 33 f.; ähnlich: Schär, Die wirtschaftliche Aufgabe der Konsumvereine, in: Der Genossenschaftspionier 9 (1905), S. 75 f.

264 Vgl. Der Fall Connewitz, in: Der Genossenschaftspionier 10 (1906), S. 1 f.

265 Vgl. *Prinz*, Brot, S. 197 f.

266 *Staudinger*, S. 14.

267 *Prinz*, Brot, S. 42.

Vertrauenssicherung geschaffen, die zwar auf Institutionen – den Vereinen mit verschiedenen Kontrollgremien und -mechanismen – beruhte, aber diese mit interpersonalen Elementen verband, indem sie die Verbraucher zum Bestandteil der Institutionen werden ließ. Die Vereine überbrückten die Informationsasymmetrien auf dem Nahrungsmittelmarkt und internalisierten die notwendigen Kontrollen, verankerten sie wieder bei den Verbrauchern selbst und suchten auch innerhalb der eigenen Organisation opportunistisches Verhalten durch verschiedene Überwachungsmechanismen möglichst gering zu halten.[268]

Das genossenschaftliche Prinzip konnte gleichzeitig aber auch problematische Folgen für die Frage der Nahrungsmittelqualität zeitigen: Als Ursache der häufigen Beschwerden über Verfälschungen wurde unter anderem der Konnex zwischen Qualität und Dividendenausschüttung benannt – eine möglichst hohe Dividende bzw. ein immer gleichbleibender Rabatt musste Konsequenzen für Preis und/oder Qualität der Waren haben.[269] Eine völlige Ausschaltung der Gewinnabsicht widersprach dem Grundgedanken der Dividende. Wenn diese auch nicht als Gewinn, sondern als Ersparnis angesehen wurde, beeinflusste das Ziel einer möglichst hohen Auszahlung doch offenbar den Einkauf, die Behandlung und die Fertigung der Nahrungsmittel. Allerdings erklärten nicht wenige Vereine die Absicht, der Lieferung guter und preiswerter Waren Priorität vor einer hohen Dividendenausschüttung einräumen zu wollen.[270]

Bleibt die Frage, ob die Genossenschaftsbewegung neben der Etablierung interner Qualitätsstandards den Erwartungen gerecht wurde, auch außerhalb der eigenen Organisation aktiv gegen Nahrungsmittelverfälschungen vorzugehen. Hatten die Konsumvereine sich im 19. Jahrhundert eher selten an den öffentlichen Debatten um die Regulierung der Nahrungsmittelqualität beteiligt, mischten sich zumindest die Verbände und Publikationsorgane nach der Jahrhundertwende stärker ein. Die vereinsübergreifenden Organe beschäftigten sich häufig mit der Nahrungsmittelregulierung. Neue Gesetze und Verordnungen sowie ihre Bedeutung für die Konsumvereine und deren Handelsalltag wurden erläutert, gerichtliche Entscheidungen und wissenschaftliche Forschungen zu Verfälschungen besprochen. Die Beratungen über Änderungen des Nahrungsmittelgesetzes wurden regelmäßig kommentiert, ebenso wie die Regulierungen aus Wissenschaft und Wirtschaft.[271]

268 Vgl. dazu Schär, Die wirtschaftliche Aufgabe der Konsumvereine, in: Der Genossenschaftspionier 9 (1905), S. 75 f.

269 Allgemeine Konsum- und Produktivgenossenschaft eGmbH Rheydt und Umgegend, 1902–1927, in: BA, R 908/114.

270 Der Verband sächsischer Konsumvereine, in: Der Genossenschaftspionier 9 (1905), S. 107 f.; »Produktion« in Hamburg, S. 46.

271 Z. B. Kokosnußfett und Pflanzenöle unterliegen den Bestimmungen des Margarinegesetzes, in: Konsumgenossenschaftliche Rundschau 3 (1906), S. 626; Von Pflanzengiften in Gemüsekonserven, in: ebd., S. 385; Verpackung und Preis der Waren bei Verkauf nach Gewicht,

Im Bewusstsein ihrer wachsenden Marktmacht verlangte die Konsumvereinsbewegung schließlich kurz vor dem Ersten Weltkrieg eine aktive Beteiligung an den Beratungen zu einer Reform des Nahrungsmittelgesetzes.[272] Parallel zum organisatorischen Ausbau und zur Professionalisierung der Konsumvereine präsentierten sie sich mehr und mehr als die genuine Vertretung der Konsumenten, deren Interessen sie stärker berücksichtigt sehen wollten – z. B. durch weitgehendere Visitationsrechte der Nahrungsmittelpolizei im freien Handel und umfassende Auskunftspflichten der Gewerbetreibenden.[273] Derartige Forderungen beschränkten sich jedoch größtenteils auf die bewegungsinternen Publikationen. In den Überlieferungen des Gesundheitsamtes oder der Ministerien sind Stellungnahmen von Konsumvereinen kaum zu finden, ebenso wie sie an den Beratungen zu amtlichen Standards für die Nahrungsmittelüberwachung offenbar nicht teilnahmen.[274] Dies war zum einen dem Umstand geschuldet, dass die Konsumvereine durch ihre Nähe zur Arbeiterbewegung nicht unbedingt ein willkommener Gesprächspartner waren. Anders als die wirtschaftlichen und wissenschaftlichen Fachverbände verfügten sie zudem nicht derart selbstverständlich über die notwendigen Kontakte, um politisch wirksam eigene Positionen zu vertreten.

Gleichzeitig verweist das Verharren in der »Zaungaststellung« aber auch auf die Haltung der Konsumvereine zur staatlichen Nahrungsmittelkontrolle: Der Versuch, das Problem der Nahrungsmittelverfälschungen allein auf dem Weg staatlicher Regulierungen zu lösen, wurde letztlich als aussichtslos abgestempelt. Die Konsumvereine wurden als das einzig wirksame Instrument zur Sicherung des Vertrauens in die Nahrungsmittelqualität angepriesen.[275] Die Nahrungsmittelfälschungen in der freien Wirtschaft wiesen somit vor allem die Existenzberechtigung des genossenschaftlichen Prinzips und seiner Überlegenheit nach. Sowohl gegenüber potentiellen und bereits eingetretenen Mitgliedern als auch gegenüber dem Staat, von dem man mehr Unterstützung und Anerkennung erwartete, wurden die Missstände im Handel ganz gezielt als Werbeargument eingesetzt, sie dienten dazu, die hohen Standards der Konsumvereine zu

in: ebd., S. 654; Zur amtlichen Entnahme von Warenproben aus den Konsumvereinen, in: ebd., S. 968; Der Begriff des Weines, im Sinne des Weingesetzes, in: Konsumgenossenschaftliche Rundschau 7 (1910), S. 199; Eine Warnung für unsauberer Milchhändler und Milchproduzenten, in: ebd., S. 436 f.; Eine amtliche Bekanntmachung gegen die Unsauberkeit in privaten Schlächtereien, in: ebd., S. 437.

272 Rohdich, Entwürfe zu dem neuen deutschen Lebensmittelbuche, in: Konsumgenossenschaftliche Rundschau 9 (1912), S. 674.

273 Ders., Die Kontrolle der Nahrungs- und Genußmittel sowie der Gebrauchsgegenstände, in: Konsumgenossenschaftliche Rundschau 9 (1912), S. 426 f.

274 Vgl. dazu Kap. VII 1.

275 Der Kampf gegen die Verfälschung der Lebensmittel, in: Der Genossenschaftspionier 10 (1906), S. 21 f.; Zur Nahrungsmittelkontrolle, in: Der Genossenschaftspionier 7 (1910), S. 178; Was alles gesetzlich erlaubt ist, in: Konsumgenossenschaftliche Rundschau 9 (1912), S. 534; Katzenstein, Vom ehrlichen Handel, in: ebd., S. 61 f.

betonen.[276] Qualität und Preis waren für die Konsumvereine genauso Absatzinstrumente wie in der freien Wirtschaft. Angesichts dieser Grundhaltung, in der die genossenschaftlich organisierte Selbsthilfe der Konsumenten zur einzig erfolgversprechenden Lösungsstrategie wurde, verwundert es nicht, dass die Genossenschaften sich nicht stärker in den Diskurs über gesetzliche Maßnahmen einschalteten. Ihre ganze Kraft galt der Perfektionierung der genossenschaftlichen Organisation durch interne Regelungen und Maßnahmen sowie der Verbreitung der genossenschaftlichen Idee.

4. Fazit

Die in diesem Kapitel untersuchten, unter der Akteursgruppe der Verbraucher subsumierten Ansätze zur Regulierung der Nahrungsmittelqualität zeichnen sich durch eine hohe Heterogenität sowie eine Vielzahl von Normgebern aus. Gerade die Vielfalt der analysierten Regulierungen und ihrer Urheber spiegelt die spezifische Lage der Verbraucher wider: Der Begriff der »Verbraucher« oder der »Konsumenten« blieb bis zum Ersten Weltkrieg unscharf und durch unterschiedliche Vorstellungen und Bilder geprägt. Die Interessenwahrnehmung der Verbraucher war vorerst segregiert, genuine klassenübergreifende Verbrauchervereinigungen waren nicht existent. Andere Akteursgruppen, die spezifische Eigeninteressen verfolgten, übernahmen die Rolle als Vertreter der Verbraucher. Die hier untersuchten Normierungen hatten aber gemein, dass sie – anders als die in den vorangegangenen Kapiteln dargestellten Normsetzungen – nicht nur in ihrer Schutzrichtung auf die Verbraucher abzielten, sondern auch an diese adressiert waren bzw. diese wesentlich mit einbezogen. Die Qualitätsregulierung erfolgte nicht über Richtlinien für die Nahrungsmittelproduktion und den -verkauf, sondern über die Lenkung der Verbraucher und ihrer Verbrauchsgewohnheiten.

Hintergrund war die seit Ende des 18. Jahrhunderts an Boden gewinnende Auffassung, dass die Konsumenten eine zentrale Rolle in der Ausgestaltung und Entwicklung der Volkswirtschaft einnähmen und damit auch das Angebot des Marktes entscheidend beeinflussten. Die Verbrauchernachfrage wurde so auch als ein wesentlicher Faktor der Warenbeschaffenheit auf dem Nahrungsmittelmarkt identifiziert und Manipulationen vielfach als erzwungene Reaktion auf die Vorlieben der Bevölkerung dargestellt – und zwar nicht nur von Seiten der Wirtschaft, die auf diese Weise Verantwortlichkeiten abschieben wollte. Der irrationale, indifferente und nach möglichst billigen Nahrungsmitteln Ausschau

276 Das wurde auch ganz offen formuliert: »Wir Genossenschafter können jene Tatsache [die Nahrungsmittelverfälschungen] allerdings sehr gut zur Propaganda für die Konsumgenossenschaften verwenden«, s. Eine Unmenge Nahrungsmittelfälschungen, in: Konsumgenossenschaftliche Rundschau 9 (1912), S. 488.

haltende Verbraucher wurde zu einem allgegenwärtigen Bezugspunkt der Debatten.

Die Nahrungsmittelregulierung konnte aus Sicht vieler Politiker und Wissenschaftler nicht effektiv sein, ohne die fehlgeleitete Nachfrage zu korrigieren. Dies fügte sich in den größeren Rahmen der hygienischen Aufklärung ein, die ebenfalls das Bild eines eigenverantwortlichen Bürgers propagierte, der vernünftig mit seiner Gesundheit umging und demzufolge auf eine gesunde Ernährung Wert legte. Doch zur Verwirklichung dieses Ideals galt es, die Bürger mit dem notwendigen Wissen um eine gesunde, unverfälschte Nahrung auszustatten. Die Verbraucher sollten in die Lage versetzt werden, nach Warenqualitäten zu differenzieren. Durch die Produktion von objektivierten Qualitätsinformationen als öffentlichem Gut[277] sollten die Informationsasymmetrien, die als Kern des Qualitätsproblems erschienen, überwunden werden. Man suchte somit die Verbraucherpräferenzen durch Informationen zu lenken und auf diese Weise den Markt zu steuern.[278] Die Verbesserung der Markttransparenz wurde zu einer eigenen Strategie der Qualitätsregulierung.

In einem ersten Schritt erschienen zahlreiche Handbücher, die die Verbraucher in der Nahrungsmittelanalyse zu unterrichten suchten. Sie waren geprägt durch das Bestreben, naturwissenschaftliche Kenntnisse zu demokratisieren und die Distanz zu den Naturwissenschaften, denen vielfach eine gewisse Teilschuld an den negativen Folgen der Industrialisierung und Modernisierung zugeschrieben wurde, zu verringern. Dementsprechend schufen sie eine enge Verbindung zwischen naturwissenschaftlichem und Alltags-Wissen, trauten ihren Lesern vielfach komplexe und zeitaufwendige Untersuchungen zu. Parallel zur zunehmenden Professionalisierung der Nahrungsmittelchemie wurde die umfassende Laienanalyse jedoch mehr und mehr an den Rand gedrängt und durch andere Formen der Selbsthilfe ersetzt. An die Stelle der nachträglichen Aufdeckung von Verfälschungen rückte die vorbeugende Verhinderung des Kaufs verfälschter Nahrungsmittel. Da die Konsumenten vorwiegend als weiblich aufgefasst wurden, waren die Frauen zunehmend Ansprechpartner dieser Aufklärungskampagnen – zumal vor dem Hintergrund veränderter Lebens- und Versorgungsverhältnisse ein ständiger Kompetenzverlust der Frauen diagnostiziert wurde. Eine Flut von Haushaltslehren, Kochbüchern und Hausfrauenzeitschriften erschien, die den Frauen die Lehren der Ernährungswissenschaft näherbrachten und konkrete Anleitungen zur rationalen und unverfälschten Ernährung gaben. Seit den 1880er Jahren setzten sich verschiedene gesellschaftliche Bewegungen für die Institutionalisierung hauswirtschaftlichen Unterrichts ein und boten Kurse an, die als Ersatz der als defizitär empfundenen innerfamiliären Kenntnisweitergabe fungieren sollten.

Es ist zu vermuten, dass die Wirkmächtigkeit dieser Konzepte weitgehend auf das Bürgertum begrenzt blieb. Vorbehalte gegenüber den als Disziplinierung

277 Vgl. *Sinn*, S. 288.
278 Vgl. ebd.

verstandenen Handlungsanweisungen und vor allem die wirtschaftlichen Notwendigkeiten verhinderten eine umfassende Anpassung der Ernährungs- und Einkaufsgewohnheiten an die wissenschaftlichen Vorgaben. Der Preis der Nahrungsmittel blieb für viele der maßgebliche Faktor bei der Ausgestaltung der Ernährung. Dessen ungeachtet gelang es den Naturwissenschaften, immer tiefer in den Alltag weiter Teile der Bevölkerung einzudringen.

Von ähnlichen Prämissen wie diese Popularisierer gingen die sogenannten Vereine gegen Verfälschung der Lebensmittel aus, die ab Mitte der 1870er Jahre in einer Reihe von Städten gegründet wurden. Erscheinen sie auf den ersten Blick als genuine Verbraucherzusammenschlüsse, so ist doch schnell zu erkennen, dass sie ebenfalls vor allem von Politikern, Sozialreformern und Wissenschaftlern getragen wurden. Als zentrales Ziel verfolgten auch sie eine umfassende Verbraucheraufklärung durch Lehrvorträge, Experimentalvorstellungen, Ausstellungen und Publikationen. Es trat jedoch ein zweites Element hinzu: Während die wissenschaftspopularisierenden Handbücher und Haushaltslehren kaum auf die obrigkeitliche Nahrungsmittelkontrolle eingingen und die Nahrungsmittelverfälschungen als gegebenen Missstand hinnahmen, verstanden sich die Vereine als bewusste Ergänzung zur als unzureichend kritisierten amtlichen Nahrungsmittelkontrolle. Sie bauten vereinseigene Laboratorien auf und ermöglichten ihren Mitgliedern so die Untersuchung zweifelhafter Waren. Darüber hinaus führten sie selbst systematisch Visitationen in Gewerbebetrieben durch. Durch eine Veröffentlichung der Ergebnisse ihrer Kontrollen stellten sie die betrügerischen Gewerbetreibenden bloß und wirkten so als steuernde Instanz in den kommunalen Nahrungsmittelmärkten. Sie verbanden auf diese Weise den indirekten Schutz der Verbraucher durch die Anleitung zur Selbsthilfe mit dem direkten Schutz durch die aktive Aufdeckung von Fälschungen. Als kollektive Form der Selbsthilfe, die sich auf wissenschaftlichen Sachverstand stützte, boten sie den Verbrauchern die Möglichkeit, Risiken zu delegieren.[279] Wie es für die staatlichen Überwachungsorgane angestrebt wurde, übernahmen auch die Vereine die Rolle von »Misstrauensagenturen«, indem sie durch die selbstinitiierten Kontrollen das Misstrauen in die Qualität der Nahrungsmittel institutionalisierten und auf diese Weise Vertrauen zu generieren suchten.

Die Vereine füllten eine mit der fortschreitenden Industrialisierung immer deutlicher werdende Lücke in der städtischen Nahrungsmittelkontrolle aus. Die Städte nutzten sie, um sich der kostspieligen Verpflichtung zum Aufbau kommunaler Untersuchungsanstalten zu entziehen, und banden die vereinseigenen Laboratorien in die bestehende Überwachung ein; eine Arbeitsteilung zwischen Polizei und Vereinen fand statt. Teilweise wurden die Vereins-Laboratorien schließlich ganz in städtischen Besitz überführt. Diese Arrangements fügten sich in die schon mehrfach konstatierte Tendenz ein, dass auf Normierungsfeldern, die stark durch wirtschaftliche und wissenschaftliche Entwick-

279 Vgl. *Berghoff*, Zähmung, S. 157.

lungen geprägt waren, zunehmend private Zusammenschlüsse aktiv wurden. Vielfach hinkten obrigkeitliche Normierungen der aktuellen Entwicklung hinterher, erst das private Engagement provozierte neue Aktivitäten. Die Vereine waren gewissermaßen eine Interimslösung in der städtischen Nahrungsmittelkontrolle, sie schafften sich auf lange Sicht selbst ab, indem sie sich für einen systematischen Aufbau eines Netzes von städtischen und territorialen Untersuchungsanstalten einsetzten. Parallel zu dieser angestrebten Professionalisierung der Nahrungsmittelüberwachung verloren sie selbst immer mehr an Bedeutung. Ausschlaggebend für ihre kurze Lebenszeit war jedoch in ihrer eigenen Sicht das mangelnde Interesse der Bevölkerung an ihren Aktivitäten. Dauerhaftem Engagement der einzelnen Verbraucher stand entgegen, dass es für sie gerade bei Verbünden wie den Vereinen gegen die Nahrungsmittelverfälschung, deren Aktivitäten nicht nur den aktiven Mitgliedern zugute kamen, sinnvoller war, im Trittbrettfahrer-Status zu verharren.[280]

Die einzige Form der beim Verbraucher ansetzenden Qualitätsregulierung, die dauerhaften Bestand hatte und deutlich sichtbare Erfolge erzielte, war der Konsumverein. Ursächlich waren drei gravierende Unterschiede zu den anderen Regulierungsansätzen: Die Konsumvereine ließen die durch das eigene Engagement erzielten Vorteile für die Verbraucher nur ihren Mitgliedern zukommen. Damit hatte das Trittbrettfahrerproblem in ihrem Fall deutlich weniger negative Auswirkungen. Von noch höherer Bedeutung war, dass die Konsumvereine innerhalb ihrer Aktivitäten dem Angebot preisgünstiger Waren Priorität einräumten. Die Nahrungsmittelqualität war ihnen zwar ebenfalls ein wichtiges Anliegen, jedoch war immer klar, dass diese für ihre Klientel kein vom Preis des Nahrungsmittels losgelöstes Ziel sein konnte. Des Weiteren waren die Konsumvereine nicht von bürgerlichen oder wissenschaftlichen Kreisen initiierte Angebote an die Arbeiterschichten, sondern verstanden sich als unabhängige Selbsthilfe der Unterschichten selbst. Indem sie die Mitglieder zu Anteilseignern machten, beteiligten sie diese aktiv an der Gestaltung des Nahrungsmittelmarktes und verliehen den Verbrauchern eine unternehmerische Position. Zumindest als Idealbild verfolgten sie durch das genossenschaftliche Prinzip eine Interessenidentität zwischen Unternehmern und Konsumenten und überbrückten so die Informationsasymmetrien auf dem Nahrungsmittelmarkt.

Indem sie an die Stelle des Zwischenhandels und teilweise auch der gewerblichen Nahrungsmittelproduktion rückten, fingen die Konsumvereine die unliebsamen Folgen der Industrialisierung auf. In gewisser Weise stellten sie die vorindustriellen direkten Marktbeziehungen zwischen Konsument und Erzeuger wieder her. So schufen die Konsumvereine eine neue Form der Vertrauenssicherung, die zwar auf Institutionen beruhte, diese aber mit interpersonalen Elementen verband, indem sie die Verbraucher zum integralen Bestandteil werden ließ. Dennoch wurden intern ineinandergreifende Kontrollmaßnah-

280 Vgl. dazu *Olson*, Aufstieg, S. 44, der konstatiert, dass kleine Gruppen und Gruppen mit Zugang zu selektiven Anreizen mit größerer Wahrscheinlichkeit kollektiv handeln.

men, die das Misstrauen institutionalisierten und auf diese Weise qualitativ einwandfreie Waren garantieren sollten, geschaffen. Die Konsumvereine internalisierten mithin die notwendigen Kontrollen, verankerten sie wieder bei den Verbrauchern selbst und suchten auch innerhalb der eigenen Organisation opportunistisches Verhalten möglichst gering zu halten. Die heftigen Abwehrreaktionen der freien Wirtschaft gegenüber den Konsumvereinen belegen, dass es diesen gelang, auf dem Nahrungsmittelmarkt eine gewisse regulierende Funktion einzunehmen. An ihnen zeigt sich am deutlichsten die allmähliche Entstehung eines neuen, selbstbewusst und aktiv für seine Interessen eintretenden Konsumententypus.[281]

In Diskussionen um Nahrungsmittelqualität präsentierten sich die Konsumvereine zwar als genuine Verbraucherorganisationen und traten für einen verstärkten Schutz der Verbraucherinteressen ein. Nach ihrem Postulat war das Problem der Nahrungsmittelverfälschungen jedoch allein auf dem Weg staatlicher Normierungen nicht zu lösen. Lediglich die Selbsthilfe der Verbraucher bot aus ihrer Sicht wirklich effektiven Schutz. Diese Haltung verweist wiederum auf die Gemeinsamkeit der hier subsumierten Ansätze zur Regulierung der Nahrungsmittelqualität: Sie alle gingen davon aus, dass eine Mitwirkung der Verbraucher mindestens ergänzend zu staatlichen Regelungen notwendig war – hinsichtlich des Ausmaßes und der Art dieser Selbsthilfe bestanden jedoch sehr unterschiedliche Auffassungen.

281 *Davis*, S. 121.

VII. Versuch der Vereinigung der verschiedenen Regulierungsmodelle

Einige Jahre vor Ausbruch des Ersten Weltkrieges stellte sich die Situation der Nahrungsmittelregulierung kurz skizziert folgendermaßen dar: Neben das Nahrungsmittelgesetz war eine Reihe von Sondergesetzen und Verordnungen getreten, die dieses hinsichtlich besonders regelungsbedürftiger Materien ergänzten. Auf territorialer und kommunaler Ebene füllten Verordnungen und Erlasse den Rahmen des Gesetzes aus und setzten es in eine praktische Nahrungsmittelüberwachung um. Zudem hatten diverse Akteure aus Wissenschaft, Wirtschaft und Verbraucherkreisen jeweils ihre Ansprüche an die Qualität der Nahrungsmittel und ihre Vorstellungen von einer idealen Regulierung des Nahrungsmittelmarktes dokumentiert – mit unterschiedlichen Arten von Regulierungen, sei es durch vereinheitlichte Untersuchungsmethoden, wissensstandardisierende Publikationen, gemeinschaftlich gesetzte Produktionsstandards oder verbraucherseitige Kontrollmechanismen. Diese füllten die staatliche Gesetzgebung aus, ergänzten sie, überschnitten sich mit ihr oder widersprachen ihr – ebenso wie sie sich untereinander teils konträr gegenüberstanden, teils aber auch arbeitsteilig ergänzten. Gegensätze waren in Teilen durch erste Annäherungen überwunden worden, indem die verschiedenen Normgeber die jeweils anderen Regulierungen rezipierten und zu ersten kooperierenden und kompromissbildenden Modellen bereit waren.

Nichtsdestotrotz: Die vielbeklagte Normenvielfalt im Deutschen Reich, die ein maßgeblicher Auslöser für das erste reichseinheitliche Nahrungsmittelgesetz gewesen war, bestand auch rund dreißig Jahre nach dessen Erlass noch fort, wenn auch in veränderter Form und Qualität. Zwischen den landesrechtlichen und den kommunalen Regelungen existierten nach wie vor große Unterschiede. Die »Deutsche Nahrungsmittel-Rundschau« konstatierte 1907, dass überregional agierende Nahrungsmittelfabrikanten weiterhin gezwungen seien, sämtliche Ministerial- und Regierungsverordnungsblätter und Amtsblätter der Kommunen zu lesen, um sich vor Beanstandungen zu schützen.[1] Doch damit nicht genug: »Durch die Berufung der Sachverständigen auf die Vereinbarungen [der Freien Vereinigung Deutscher Nahrungsmittelchemiker] einerseits, auf das Nahrungsmittelbuch andererseits ist die Unsicherheit in der Beurteilung zweifelhafter Fälle noch gesteigert worden«, so das Kaiserliche Gesundheitsamt

1 Die einheitliche Regelung der Nahrungsmittelkontrolle in Deutschland, in: DNR 8 (1910), S. 65–67; ähnlich eine Eingabe des Verbandes der Nahrungsmittel-Interessenten an das Reichsamt des Innern, Leipzig, im September 1910: Zentralstelle zur Begutachtung von Nahrungs- und Genußmitteln, in: ebd., S. 164–166.

1911. Oft sei erst nach Ausgang eines Strafverfahrens klar, was erlaubt und was verboten sei.[2] Selbst innerhalb ein und derselben Branche bestanden vielfach unterschiedliche Auffassungen, die sich in widersprüchlichen Normierungen niederschlugen.[3] Von einer klaren Regulierung der Nahrungsmittelqualität, die ihre Entsprechung in einer einheitlichen Nahrungsmittelüberwachung fand, war man nach dem Urteil vieler Zeitgenossen so noch immer weit entfernt.

Vermehrt kam es deshalb seit Ende des 19. Jahrhunderts zu Bestrebungen, die verschiedenen Ansätze zusammenzuführen und damit einen zweiten Versuch zur Vereinheitlichung der Nahrungsmittelregulierung im Deutschen Reich zu unternehmen. Man suchte nach einem Weg, den bereits begonnenen Austausch verschiedener Normgeber und die Annäherung in Kompromissen zu institutionalisieren. Die seit Erlass des Nahrungsmittelgesetzes von verschiedenen Akteuren an den Staat gerichtete Forderung, verbindliche oder wenigstens empfehlende Richtlinien zur Ausfüllung der unbestimmten Rechtsbegriffe des Gesetzes aufzustellen, die gleichermaßen Nahrungsmittelgewerbe und -überwachung als Orientierung dienen sollten, gewann neue Virulenz. Die Ansicht, dass die »Selbsthilfe« nur eine Behelfslösung war, um die Rechtsunsicherheit zu mindern, setzte sich mehr und mehr durch.[4]

Eine breite Diskussion über mögliche Lösungen innerhalb und zwischen den verschiedenen Interessenkreisen begann. Einig war man sich weitgehend darüber, dass die Schaffung weiterer Sondergesetze nicht zielführend war, da diese in ihrer Vorbereitung zu langwierig und zudem zu wenig anpassungsfähig an die schnelllebige Nahrungsmittelwirtschaft und -wissenschaft waren.[5] Stattdessen favorisierten viele Interessenverbände unterschiedlicher Couleur Verordnungen durch den Bundesrat oder Kaiser oder aber empfehlende Richtlinien.[6] Selbstverständlich erschienen den Urhebern der beiden bedeutendsten privat gesetzten Regelwerke, der Freien Vereinigung Deutscher Nahrungsmittelchemiker und dem Bund Deutscher Nahrungsmittel-Fabrikanten, jeweils die eigenen Normierungen als die einzig geeignete Grundlage für neue Richtlinien. Doch waren sie sich eigentlich darin einig, dass nur durch ein Zusammenwirken von Industrie und Nahrungsmittelchemie autoritative Festsetzungen geschaffen werden konnten, die von allen anerkannt wurden.[7]

2 Mitteilung über die Tagesordnung des Unterausschusses Nahrungsmittelchemie des Reichsgesundheitsrates, Berlin, 13. März 1911, in: GStAPK, I. HA, Rep. 76 VIII B, Nr. 3096; ebenso: Entwürfe zu Festsetzungen, Heft 1, S. IV.

3 Jarecki, Reform des Nahrungsmittel-Gesetzes, in: DNR 10 (1912), S. 49–52.

4 Eingabe des Bundes Deutscher Nahrungsmittel-Fabrikanten und -Händler an den Reichstag, Nürnberg, 27. April 1908, in: BA, R 86/5412.

5 Ebd.

6 Abel, Über die Bedürfnisse der Nahrungsmittelgesetzgebung, in: ZUNG 14 (1907), S. 613–621; König, Bedürfnisse der deutschen Nahrungsmittelgesetzgebung, in: ebd., S. 621–636.

7 Eingabe des Bundes Deutscher Nahrungsmittel-Fabrikanten und -Händler an den Reichstag, Nürnberg, 27. April 1908, in: BA, R 86/5412; Abel, Über die Bedürfnisse der Nahrungsmittelgesetzgebung, in: ZUNG 14 (1907), S. 613–621.

Der Wunsch nach einer Zusammenführung und Vereinheitlichung der unterschiedlichen Normierungen traf sich mit der von den verschiedenen Seiten geäußerten Forderung nach einer Überarbeitung des Nahrungsmittelgesetzes, die wohl nicht zufällig parallel zu den seit 1902 anlaufenden Vorarbeiten zu einer Strafrechtsreform[8] immer lauter wurde. Viele Wissenschaftler waren mit den Grundprinzipien des Gesetzes nach wie vor einverstanden und erkannten an, dass es dazu beigetragen hatte, die größten Missstände auf dem Gebiet der Nahrungsmittelversorgung zu beseitigen.[9] Doch äußerten Vertreter der amtlichen Nahrungsmittelüberwachung und der wissenschaftlichen Fachvereinigungen die Meinung, dass bestimmte strukturelle Probleme noch immer nicht gelöst worden seien. Sie bedauerten unter anderem, dass von der Möglichkeit zum Erlass von Verboten bestimmter Herstellungsarten und des Verkaufs von Nahrungsmitteln mit gesundheitsschädigenden Eigenschaften kaum Gebrauch gemacht worden sei.[10] Die beschleunigte Entwicklung zur Konsumwirtschaft zeitige – gepaart mit dem wissenschaftlichen und technischen Fortschritt – direkte Konsequenzen für Nahrungsmittelqualität: An die Stelle plumper und gemeingefährlicher Verfälschungen seien nun deutlich feinere, geschicktere und damit weniger leicht aufzuspürende Manipulationen getreten. Die Nahrungsmittelverfälschungen seien keineswegs verschwunden, lediglich ihre Qualität habe sich geändert. Die zwar inzwischen etablierte Nahrungsmittelüberwachung hinke diesen Prozessen hinterher; sie müsse sich dringend auf die veränderten Umstände einstellen, so die Schlussfolgerung.[11] Die Kritik der Nahrungsmittelindustrie war noch wesentlich drastischer: Ihre Verbände und Organe drangen vielfach auf eine Neufassung des aus ihrer Sicht schon lange nicht mehr zeitgemäßen Gesetzes. Polizeiliche Überwachung und Rechtsprechung hätten den Anschluss an den aktuellen Stand von Wissenschaft und Technik verloren und würden den gewandelten Verbraucheransprüchen und Handelsgepflogenheiten längst nicht mehr gerecht.[12]

So unterschiedlich die Kritik und ihre Motivation teilweise war: Es herrschte weitgehende Einigkeit darüber, dass zumindest einige Änderungen des Gesetzes anzustreben seien, die möglichst auch die Vielfalt der außerstaatlichen

8 *Schmidt*, Einführung, S. 394–399; zur Strafrechtsreform s. u. a. auch *Glöckner*, S. 258 ff.

9 Beythien, Die Nahrungsmittelchemie in ihrer Bedeutung für die Volksgesundheit und Volkswohlfahrt, in: Bericht über die zehnte Hauptversammlung der Freien Vereinigung Deutscher Nahrungsmittelchemiker 1911, S. 8–24; *Dennstedt*, S. 402.

10 Abel, Über die Bedürfnisse der Nahrungsmittelgesetzgebung, in: ZUNG 14 (1907), S. 613–621.

11 S. z. B. Abel, Die Überwachung des Nahrungsmittelverkehrs, in: ZUNG 21 (1911), S. 449–466; Juckenack, Hat sich bei der Durchführung des Nahrungsmittelgesetzes vom 14. Mai 1879 das Bedürfnis herausgestellt, wesentliche Bestimmungen dieses Gesetzes zu ändern?, in: ZUNG 27 (1914), S. 290–296.

12 Ausschnitt Berliner Markthallen-Zeitung, 24. Dezember 1912, in: GStAPK, I. HA, Rep. 76 VIII B, Nr. 3095; Eingabe wegen Abänderung des Nahrungsmittelgesetzes, in: DNR 7 (1909), S. 123 f.; Jarecki, Die in Aussicht genommene Neuregelung über den Verkehr mit Nahrungs- und Genußmitteln, in: DNR 10 (1912), S. 113–115, 126–128, 139–141.

Normsetzungen in einen gemeinschaftlichen Rahmen überführen sollten. Dies erkannte schließlich auch die Regierung an, die im Reichstag wiederholt die Absicht bekundete, den Forderungen nachzugehen.[13]

1. Die Suche nach einem Kompromiss: Verhandlungen im Reichsgesundheitsrat (1911–1914/15)

Ein wichtiger erster Schritt in diese Richtung wurde – wie bereits beim Erlass des Nahrungsmittelgesetzes – durch die Installation einer neuen zentralen Institution unternommen: Ab 1901 sollte der sogenannte Reichsgesundheitsrat die Reichsleitung wie auch die Territorialregierungen auf dem gesamten Gebiet der öffentlichen Gesundheitspflege beratend unterstützen. Seine in verschiedenen Unterausschüssen ehrenamtlich tätigen Mitglieder wurden vom Bundesrat aus dem Kreis der einschlägigen Wissenschaftler und Spitzenleute der Medizinalverwaltung ausgewählt. Daneben konnten zusätzlich von Fall zu Fall externe chemische, pharmazeutische, medizinische oder auch gewerbliche und Verwaltungs-Sachverständige hinzugezogen werden.[14] War zunächst das Gesundheitsamt als Äquivalent zu den auf Territorialebene schon seit langem bestehenden wissenschaftlichen Deputationen für das Medizinalwesen konzipiert worden, sollte diese Funktion jetzt der Reichsgesundheitsrat übernehmen. Sein Aufgabengebiet beschränkte sich im Unterschied zum ständig ausgeweiteten Pflichtenkreis des Gesundheitsamtes jedoch auf die Abgabe von Gutachten. Nicht zuletzt sollte er einen Ausgleich zwischen den häufig voneinander abweichenden Positionen der Landes-Medizinalbehörden herbeiführen. Durch die Kombination von Experten verschiedener Herkunft vereinigte er »formell Wissenschaft und Herrschaft«.[15]

1911 übertrug man dem Rat, genauer: seinem Ausschuss für das Ernährungswesen, die Ausarbeitung von Festsetzungen zur Beschaffenheit der Nahrungsmittel – und zwar unter Beteiligung aller wichtigen branchenübergreifenden Zusammenschlüsse des Nahrungsmittelgewerbes.[16] Basis der Verhandlun-

13 Z. B. in der Sitzung am 18. März 1911, s. Sten. Ber., 12. Leg., 2. Sess., 265. Bd., 1911, S. 5597–5639.

14 S. dazu und zum folgenden Abschnitt die Geschäftsordnung des Reichsgesundheitsrates, in: BA, R 86/858, sowie Sitzungsprotokoll des Reichsgesundheitsrates vom 20. März 1901, in: ebd.

15 *Labisch*, S. 152 f. (Zitat 153).

16 Hinzugezogen wurden Vertreter des Bundes der Industriellen, des Deutschen Handelstages, des Bundes Deutscher Nahrungsmittel-Fabrikanten und -Händler, des Verbandes Deutscher Großhändler der Nahrungsmittelbranchen und der Zentralvereinigung deutscher Vereine für Handel und Gewerbe, s. Entwürfe zu Festsetzungen, Heft 1, S. III–VIII. Die Beteiligung gewerblicher Sachverständiger war ausdrücklich vom Reichskanzler angeordnet worden, s. Schreiben des Reichskanzlers an das Kultusministerium, Berlin, 17. März 1911, in: GStAPK, I. HA, Rep. 76 VIII B, Nr. 3096.

gen[17] waren die von der Freien Vereinigung Deutscher Nahrungsmittelchemiker vorbereiteten und unter Ägide des Gesundheitsamtes seit 1897 veröffentlichten Reichsvereinbarungen. Diese lagen vorerst nur in Entwurfsform vor, waren aber in der Nahrungsmittelüberwachung bereits unverzichtbar. Trotz ihrer faktischen Bedeutung hatten sie aber bisher keinen autoritativen Status erhalten.[18] Der Staat wollte sie nicht zu offiziellen Richtlinien erheben, ohne selbst in den Normsetzungsprozess einbezogen zu sein – anders als z. B. auf dem Gebiet der Dampfkesselüberwachung, wo er ganz bewusst die Regulierungen privaten Verbänden überließ und lediglich einen äußeren Rahmen vorgab.[19]

Statt einer schlichten nachträglichen Autorisierung privater Normsetzungen wurde mit den Beratungen im Reichsgesundheitsrat ein neues Normierungsprojekt angestoßen, das zwar nahtlos an die Vorarbeiten zu den Reichsvereinbarungen anknüpfte, aber von Beginn an dem Staat zuzurechnen war, auch wenn private Verbände erneut maßgeblich an den Verhandlungen beteiligt waren. Die informellen Reichsvereinbarungen sollten auf diese Weise in amtliche Richtlinien überführt werden, die künftig die Nahrungsmittelkontrolle leiten und gleichzeitig auch zur Orientierung der Industrie dienen sollten. Anders als die Reichsvereinbarungen sollten sie neben Untersuchungsmethoden und Beurteilungskriterien auch Begriffsbestimmungen für die einzelnen Nahrungsmittel sowie Grenzwerte für bestimmte Zusätze und Herstellungsmethoden festlegen. Um eine gewisse Flexibilität und Anpassungsfähigkeit an die technischen Fortschritte zu gewährleisten, entschied sich der erweiterte Reichsgesundheitsratsausschuss dafür, den Festsetzungen auf dem Weg der Bundesratsverordnung Rechtskraft für das gesamte Reich zu verleihen, und entsprach damit den vielfach geäußerten Bedenken gegenüber weiteren Sondergesetzen. Die Verordnungen sollten, so der Vorschlag, schließlich in ihrer Gesamtheit ein amtliches Nahrungsmittelbuch bilden – verwiesen wurde hier auf ausländische Vorbilder, insbesondere das Schweizerische Lebensmittelbuch.[20]

Mit der Entscheidung für das Modell der Bundesratsverordnungen hing ein weiterer Punkt der Verhandlungen eng zusammen: die Abänderung des Nahrungsmittelgesetzes, die zudem durch die im Rahmen der Strafrechtsreform erfolgende Entscheidung, die strafrechtlichen Nebengesetze nicht in den 1909 vorgelegten »Vorentwurf zu einem neuen Strafgesetzbuch« einzuarbeiten,[21]

17 Zum Programm: Vertrauliche Tagesordnung für die Beratung des Reichsgesundheitsrates (Unterausschuss für Nahrungsmittelchemie) am Montag, 27. März, in: GStAPK, I. HA, Rep. 76 VIII B, Nr. 3096.

18 Zum Drängen der Freien Vereinigung auf eine amtliche Autorisation z. B.: Eingabe der Freien Vereinigung an das Reichsgesundheitsamt, 3. Juli 1908, in: BA, R 86/5398.

19 *Marburger*, S. 151–154, 183–194; *vom Feld*.

20 Anlage zur Mitteilung über die Tagesordnung des Unterausschusses Nahrungsmittelchemie des Reichsgesundheitsrates, Berlin, 13. März 1911, in: GStAPK, I. HA, Rep. 76 VIII B, Nr. 3096; Entwürfe zu Festsetzungen, Heft 1, S. VI; vgl. dazu Reichsgesundheitsamt, S. 82; Schweizerisches Lebensmittelbuch.

21 *Schmidt*, Einführung, S. 396.

dringlicher wurde. Das bisherige Gesetz sah lediglich das Verbot gesundheitsschädlicher Stoffe auf dem Verordnungsweg vor. Auf dieser Basis waren die nun angestrebten Festsetzungen für einzelne Nahrungsmittel nicht möglich.[22] Dementsprechend wollte der Reichsgesundheitsrat das Nahrungsmittelgesetz dahingehend erweitern, dass nun auch Beschränkungen sowie Vorschriften zu den anzuwendenden Untersuchungsverfahren möglich sein sollten.[23] Auch die Reformierung anderer Bestimmungen des Nahrungsmittelgesetzes war in der Diskussion: So beschloss der Rat auf Anraten des Gesundheitsamtes, nicht länger nur an der Ware selbst vorgenommene Verfälschungen unter Strafe zu stellen, sondern auch irreführende Bezeichnungen.[24]

Von den an den Verhandlungen beteiligten Interessengruppen wurden noch deutlich umfassendere Pläne zur Änderung des Nahrungsmittelgesetzes formuliert: Die Freie Vereinigung Deutscher Nahrungsmittelchemiker drang erneut auf eine Ausdehnung der Kontrollen, die Einführung von Konzessionspflichten für besonders problematische Branchen und eine Verschärfung der Sanktionen.[25] Der Bund Deutscher Nahrungsmittel-Fabrikanten hingegen forderte seinerseits mildere Strafen insbesondere für Ersttäter oder in strittigen Fällen und verlangte eine größere Offenheit gegenüber neuen, noch gänzlich unbekannten Produkten. Auch altbekannte Forderungen wie die verpflichtende Hinzuziehung gewerblicher Sachverständiger in zweifelhaften Fällen und die Begrenzung der Gutachten der chemischen Sachverständigen auf die Feststellung der chemischen Zusammensetzung der Nahrungsmittel wollte der Bund in neue Bestimmungen des Nahrungsmittelgesetzes gegossen sehen.[26]

Die Festsetzungen zu den einzelnen Nahrungsmitteln wurden in separaten Sitzungen behandelt, an denen neben den festen Mitgliedern des Ausschusses sieben Kommissare im Auftrag des Reiches, zehn Mitarbeiter des Reichsgesundheitsamtes und zehn wissenschaftliche Experten, die in der Mehrzahl Vorsteher chemischer Laboratorien waren, teilnahmen. Hinzu kamen 17 Vertreter verschiedener gewerblicher Vereinigungen – entsprechend den verhandelten Nahrungsmitteln waren die jeweils einschlägigen Branchenverbände besonders stark vertreten.[27] Ab 1912 und noch bis 1915 wurden auf Basis des

22 Dazu bereits Eingabe der Freien Vereinigung an das Reichsgesundheitsamt, 3. Juli 1908, in: BA, R 86/5398.

23 Schreiben des Reichskanzlers an das Innenministerium, Berlin, 28. Juni 1911, in: GStAPK, I. HA, Rep. 76 VIII B, Nr. 3096.

24 Dazu s. unter anderem: Entwürfe zu Festsetzungen, Heft 1, S. V f.

25 Dazu Juckenack, Hat sich bei der Durchführung des Nahrungsmittelgesetzes vom 14.Mai 1879 das Bedürfnis herausgestellt, wesentliche Bestimmungen dieses Gesetzes zu ändern?, in: ZUNG 27 (1914), S. 290–296.

26 Versammlungen des Bundes Deutscher Nahrungsmittel-Fabrikanten und -Händler in München vom 3.–5. Juni 1912, in: DNR 10 (1912), S. 99f.; Jarecki, Reform des Nahrungsmittel-Gesetzes, in: ebd., S. 49–52; ders., Die in Aussicht genommene Neuregelung über den Verkehr mit Nahrungs- und Genußmitteln, in: ebd., S. 113–115, 126–128, 139–141.

27 Verzeichnis der zur Sitzung am 28. bis 30. November 1911 eingeladenen Teilnehmer, in: GStAPK, I. HA, Rep. 120 C IX 1, Nr. 3, Bd. 3, Vol. 9.

Verhandlungsstands sukzessive Entwürfe der geplanten Festsetzungen veröffentlicht.[28] Vom Aufbau ähnelten sie den Reichsvereinbarungen. Zentral war erneut der Begriff der »Normalbeschaffenheit« als Ausgangspunkt aller Beurteilungen. Neu eingefügt wurde ein Abschnitt über Verbote und Beschränkungen zum Schutz der menschlichen Gesundheit – hier zeigt sich das neue Konzept der Festsetzungen, die nun nicht mehr nur an die Kontrolleure, sondern auch an die Richter und letztlich auch die Kontrollierten selbst adressiert waren. Ein bewusst in einfacher Diktion gehaltener erläuternder Anhang zum Verständnis der Bestimmungen schloss die Hefte ab. Eine detaillierte wissenschaftliche Einordnung und Begründung blieb mithin aus, es ging ausschließlich darum, schnell abrufbare Richtlinien zur Verfügung zu stellen.[29]

Durch die Bekanntgabe dieser vorläufigen Festsetzungen sollten Kritik und Ergänzungswünsche von außen ermöglicht werden, bewusst öffnete man damit die Diskussion für weitere Kreise – durchaus mit einiger Resonanz: Neben zahlreichen Stellungnahmen aus der Wissenschaft und Untersuchungspraxis[30] äußerten sich auch viele Gewerbekorporationen zu den Entwürfen und schickten lange Listen zu monierender und zu verbessernder Punkte.[31] Teils kam es zu heftigen Debatten um einzelne Bestimmungen – und zwar nicht nur zwischen Wissenschaftlern und Produzenten, sondern auch innerhalb der Gewerbekreise. Dies belegt das Beispiel des sogenannten »Essigkrieges«, bei dem Vertreter unterschiedlicher Zweige der Essigherstellung um die Bezeichnung der Produkte stritten.[32]

28 Entwürfe zu Festsetzungen.

29 Zu Aufbau und Zielgruppe s. Entwürfe zu Festsetzungen, Heft 1, S. VII.

30 Die ZUNG sammelte die Kritik ihrer Leser und leitete diese an das Kaiserliche Gesundheitsamt weiter, s. Bericht über die zwölfte Hauptversammlung des Vereins Deutscher Nahrungsmittelchemiker in Breslau 1913, S. 65 f.; zahlreiche Gutachten von Untersuchungsanstalten finden sich im Bestand des Reichsgesundheitsamtes, in: BA, R 86/2081. Branchenverbände baten immer wieder darum, einen Vertreter zu den Beratungen entsenden zu dürfen, was häufig für die Debatten über die jeweils einschlägigen Abschnitte der geplanten Festsetzungen durchaus positiv beschieden wurde, z. B. Anfrage des Vereins Deutscher Essenzenfabrikanten und Fruchtsaftpresser e. V. an das Reichsgesundheitsamt, Berlin, 30. Juni 1914, und Antwort des Reichsgesundheitsamtes, Berlin, 9. Juli 1914, in: ebd.

31 Schreiben des Verbandes der Deutschen Ölmühlen zur Wahrung ihrer gemeinschaftlichen Interessen an das Reichsgesundheitsamt, Berlin, 6. Dezember 1912, in: GStAPK, I. HA, Rep. 120 C IX 1, Nr. 3, Bd. 3, Adh. 6; Die Handelskammer Neuß zu dem Entwurf zu Festsetzungen über Speisefette und Speiseöle, in: DNR 11 (1913), S. 241 f.

32 Zur Bezeichnung »Essigkrieg« s. Schreiben der Gewerkschaft Marienglück an das Handelsministerium, Köln-Lindenthal, 20. Mai 1913, in: GStAPK, I. HA, Rep. 120 C IX 1, Nr. 3, Bd. 3, Adh. 6; weiter zu den Debatten: Denkschrift der Chemischen Fabrik Mombach an das Handelsministerium, 5. Juni 1912, in: ebd.; Eingabe der Holzverkohlungs-Industrie AG, Konstanz, des Vereins für chemische Industrie, Frankfurt am Main, und der Max Elb G.m.b.H., Dresden, an das Kaiserliche Gesundheitsamt, Konstanz/Frankfurt am Main/Dresden, 15. März 1913, in: ebd.; Schreiben des Vereins für chemische Industrie an das Handelsministerium, Frankfurt am Main, 7. April 1913, in: ebd.; Eingabe der Holzver-

Daneben wurde grundlegende Manöverkritik geübt: Bei einer Reihe gewerblicher Verbände löste die Publikation der Entwürfe Unbehagen aus, da man sie so verstand, als besäßen sie bereits rechtsverbindlichen Charakter, oder zumindest befürchtete, dass diese Annahme sich bei den Behörden der Nahrungsmittelkontrolle festsetzen könnte.[33] Skeptisch zeigten sich auch Vertretungen des Handels, die eine erneute Belastung für ihre Mitglieder befürchteten, da diese bei der Vielzahl der von ihnen angebotenen Waren theoretisch alle der nun in Aussicht gestellten Vorschriften kennen müssten.[34] Anders als diese Verbände, die lediglich konzeptionelle Änderungen forderten, distanzierte sich eine Resolution des ständigen Ausschusses der Lebensmittelfabrikanten im Bund der Industriellen 1912 ganz von dem Modell der auf dem Verordnungsweg zu erlassenden Bestimmungen. Sie bestritt die von Gesundheitsamt und -rat konstatierte Einmütigkeit aller beteiligten Interessenkreise darüber, dass nur rechtsverbindliche Normierungen die bestehenden Missstände beseitigen könnten, und lehnte diese Lösung nunmehr ab.[35] Der Bund der Nahrungsmittel-Fabrikanten schloss sich in Abkehr von der zu Beginn der Verhandlungen noch bestehenden Kooperationsbereitschaft der Resolution des Bundes der Industriellen an und setzte gar eine Kommission zur Agitation gegen die geplanten amtlichen Ausführungsbestimmungen ein.[36]

Die Motive des offensichtlichen Meinungsumschwungs sind nur zu erahnen. Die Erklärung des Dresdner Untersuchungsamtsleiters Adolf Beythien, der ihn als Folge der enttäuschten Erwartung bewertete, mit den gemeinschaftlich beratenen Festsetzungen werde eine Abschwächung der bislang der Nahrungsmittelüberwachung zugrunde liegenden Prinzipien eintreten,[37] erscheint durchaus plausibel. Der Bund der Nahrungsmittel-Fabrikanten stritt selbst weder einen Wandel seiner Auffassung ab, noch machte er aus seiner Enttäuschung über die

kohlungs-Industrie AG Konstanz an das Reichsgesundheitsamt, Konstanz, 17. Juli 1913, in: ebd.; Denkschrift zu den vom Kaiserlichen Gesundheitsamt herausgegebenen Entwürfen zu Festsetzungen über Lebensmittel, Heft 3: Essig und Essigessenz, in: DNR 11 (1913), S. 17–20.

33 Schreiben des Reichsgesundheitsamtes an den Staatssekretär des Innern, Berlin, 25. Juli 1914, in: BA, R 86/2081.

34 Eingabe der Handelskammer für die westliche Niederlausitz in Cottbus an das Reichsgesundheitsamt, Cottbus, 20. Juli 1914, in: GStAPK, I. HA, Rep. 120 C IX 1, Nr. 3, Bd. 3, Adh. 6.

35 Zur Deutschen Nahrungsmittelgesetzgebung. Erklärung des ständigen Ausschusses der Nahrungsmittel-Fabrikanten und -Interessenten im Bunde der Industriellen in der Sitzung vom 16. November 1912, in: ebd.

36 Versammlungen des Bundes Deutscher Nahrungsmittel-Fabrikanten und -Händler in München vom 3.–5. Juni 1912, in: DNR 10 (1912), S. 99f.; Beschlüsse, gefaßt in der Versammlung des Bundes Deutscher Nahrungsmittel-Fabrikanten und -Händler, Berlin, 25. bis 27. November 1912, in: ebd., S. 235–237; Sitzung der Agitations-Kommission des Bundes Deutscher Nahrungsmittel-Fabrikanten und -Händler, in: DNR 11 (1913), S. 65–67.

37 Beythien, Die Neuregelung der Nahrungsmittelgesetzgebung, in: Bericht über die zwölfte Hauptversammlung des Vereins Deutscher Nahrungsmittelchemiker 1914, S. 111–120.

geringe Berücksichtigung gewerblicher Ansichten in den Festsetzungen einen Hehl.[38] Offenbar fühlte sich die Industrie nach wie vor nicht als vollwertiger Gesprächspartner ernst genommen. Zwar äußerten die opponierenden Verbände sich wiederholt erfreut darüber, dass Gewerbevertreter mittlerweile regelmäßig an den Beratungen des Reichsgesundheitsrates teilnehmen konnten.[39] Doch registrierten sie durchaus, dass diese in dem genuin staatlichen, von Verwaltungsbeamten und wissenschaftlichen Experten dominierten Gremium gesondert hinzugezogene Sachverständige blieben, somit aus ihrer Sicht in einer Art Gast-Status verharrten.[40] Die Verbände waren der Ansicht, dass der Staat die Kräfteverhältnisse und Strukturen des Nahrungsmittelmarktes völlig verkannte. Die Beteiligung chemischer Experten an der Festsetzung von Normativbestimmungen sei angesichts der Bedeutung der chemischen Wissenschaft auf dem Gebiet der Nahrungsmittelchemie wichtig, ausschlaggebend aber seien die Auffassungen der Vertreter der Nahrungsmittelindustrie.[41] Insbesondere die Vorgabe der Geschäftsordnung des Reichsgesundheitsrates, dass die Mitglieder des Rates vom Bundesrat zu wählen waren, stieß auf Missfallen. Vom Bundesrat »oktroyierte« Ratsmitglieder könnten nicht das für eine erfolgreiche Arbeit des Rates erforderliche Vertrauen der beteiligten Kreise erlangen; nur eine freie Wahl der Vertreter durch das Gewerbe selbst garantiere eine breite Unterstützung des Gremiums.[42] Auch drang man auf eine Öffnung der Ratssitzungen für die Öffentlichkeit, um transparente und faire Verhandlungen zu gewährleisten.[43] Diesen Wünschen wurde aber nicht nachgekommen, mit der Konsequenz, dass die Nahrungsmittelverbände sich missachtet und gegängelt fühlten und nach alternativen Lösungen zur Etablierung einheitlicher Qualitätsstandards suchten. Ebenso ist aber auch denkbar, dass die beiden Verbände sich nie wirklich mit dem Modell der amtlichen Normativbestimmungen angefreundet und sich an deren Beratungen vor allem deshalb beteiligt hatten, um mit ihren Vorstellungen nicht ins Hintertreffen zu geraten.

Die Verbände forderten nun die Einrichtung eines sogenannten Nahrungsmittelbeirates – eine Idee, die schon seit längerem kursierte.[44] Statt festgelegter

38 Jarecki, Zur Frage der Festsetzungen über Lebensmittel, in: DNR 11 (1913), S. 98–100.

39 Zum Jahreswechsel, in: DNR 11 (1913), S. 3 f.; XI. ordentliche Mitglieder-Versammlung des Bundes Deutscher Nahrungsmittel-Fabrikanten und -Händler E. V. am 25. November 1912 in Berlin, in: ebd., S. 4 f.

40 Vgl. dazu Zur Nahrungsmittelkontrolle, in: DNR 8 (1910), S. 65–68; Jarecki, Zur Frage der Festsetzungen über Lebensmittel, in: DNR 11 (1913), S. 98–100.

41 Jarecki, Die in Aussicht genommene Neuregelung über den Verkehr mit Nahrungs- und Genußmitteln, in: DNR 10 (1912), S. 113–115, 126–128, 139–141.

42 Die Klagen des Nahrungsmittelgewerbes in dieser Richtung waren auch aus Sicht von Nahrungsmittelchemikern – zumindest in der Rückschau – nicht ganz unberechtigt, s. *Behre*, Geschichte, S. 10.

43 Eingabe des Bundes Deutscher Nahrungsmittel-Fabrikanten und -Händler an den Reichstag, Nürnberg, 27. April 1908, in: BA, R 86/5412; Die Schaffung eines Beirates der Reichsbehörde für Nahrungsmittelgesetzgebung, in: DNR 5 (1907), S. 209–212.

44 Dazu s. Kap. III 5.

Standards auf dem Weg der Bundesratsverordnung sollte diese zentrale Institution schnell änderbare Richtlinien mit empfehlendem, nicht aber rechtsverbindlichem Charakter schaffen. Um zu verhindern, dass die Bestimmungen zu starren Dogmen verkamen, sollten sie immer dann einer Revision unterzogen werden, wenn mindestens drei Handelskammern dies beantragten – damit wurde den Gewerbevertretungen ein wesentliches Initiativrecht zur Änderung der Richtlinien übertragen. Man stellte sich vor, dass derartige Revisionen durch kurzfristig einzuberufende Sitzungen der Zentralstelle gewissermaßen ad hoc vorzunehmen waren – ganz im Gegensatz zum aufwendigen und schwerfälligen Verfahren der Vorbereitung oder Änderung einer Verordnung. Die Festsetzungen des Nahrungsmittelbeirates sollten für die Gerichte gewissermaßen die Funktion antizipierter Sachverständigengutachten haben, die von den Richtern auf ihre Richtigkeit und Anwendbarkeit im Einzelfall zu prüfen waren. Daneben sollte der Beirat auf Antrag der Gerichte für zweifelhafte Fälle zusätzlich empfehlende Gutachten abgeben, die gegebenenfalls die von ihm selbst aufgestellten Festsetzungen für einzelne aktuelle Sachverhalte korrigierten.[45] Die Richter sollten selbst entscheiden, ob sie sich an den offiziellen Richtlinien der neuen Zentralstelle orientierten oder nicht – offenbar siegte hier die Angst vor einengenden, starren Standardisierungen über das Unbehagen gegenüber der unberechenbaren Rechtsprechung. Man befürchtete eine »mechanische« Anwendung der amtlichen Normativbestimmungen, die jede Diskussion des Einzelfalls und die Berücksichtigung seiner Eigenheiten abschneide.[46] In einigen Vorschlägen trat der Nahrungsmittelbeirat auch an die Stelle festgelegter Standards für die Nahrungsmittelproduktion – er sollte von Fall zu Fall entscheiden und damit die immer wieder geforderte Flexibilität der Nahrungsmittelüberwachung und ihre Anpassung an die wirtschaftlichen und technischen Entwicklungen gewährleisten.[47]

45 Eingabe des Verbandes der Nahrungsmittel-Interessenten an das Reichsamt des Innern, Leipzig/Hamburg/Magdeburg, im Oktober 1910, in: GStAPK, I. HA, Rep. 84 A, Nr. 2442; Eingabe der Handelskammer Augsburg an das bayerische Außenministerium, Augsburg, 27. März 1911, in: BWA, K 2, IX, B 2, I. Akt; Eingabe des Vereins Deutscher Kaufleute der Delikatessen-Branche, Geschäftsstelle Berlin, an das Reichsamt des Innern, Berlin, 22. Juli 1911, in: BA, R 86/2074; Versammlungen des Bundes Deutscher Nahrungsmittel-Fabrikanten und -Händler in München vom 3.–5. Juni 1912, in: DNR 10 (1912), S. 99f. Nach Angaben des Verbandes der Nahrungsmittel-Interessenten stand die überwiegende Mehrheit der Handelskammern sowie der Deutsche Handelstag hinter der Forderung, s. Schreiben des Verbandes von Nahrungsmittel-Interessenten e. V. an die Königlich Preußische Regierung zu Berlin, Leipzig, 27. Juni 1911, in: GStAPK, I. HA, Rep. 76 VIII B, Nr. 3098.

46 Sitzung der Agitations-Kommission des Bundes Deutscher Nahrungsmittel-Fabrikanten und -Händler, in: DNR 11 (1913), S. 65–67 (Zitat 66); s. auch Zum Jahreswechsel, in: DNR 11 (1913), S. 3f.; Sitzung der Agitations-Kommission des Bundes Deutscher Nahrungsmittel-Fabrikanten und -Händler, in: ebd., S. 65–67.

47 Eingabe des Bundes der Industriellen an das Justizministerium, Berlin, 2. März 1911, in: GStAPK, I. HA, Rep. 84 A, Nr. 2442.

Das Modell des Nahrungsmittelbeirates versprach eine deutlich größere Möglichkeit der Einflussnahme: Man strebte eine paritätische Besetzung des Gremiums an, Handel und Industrie sollten ebenso viele Mitglieder stellen wie Wissenschaft und Verwaltung. Verschiedene Vorschläge für die Bestimmung der Gewerbevertreter wurden eingebracht, denen gemeinsam war, dass sie ein autonomes, von äußeren Einflüssen unabhängiges Verfahren und eine möglichst breite Vertretung unterschiedlicher Branchen vorsahen.[48] Durch den Nahrungsmittelbeirat suchte das Nahrungsmittelgewerbe endlich eine offizielle Rolle in der Nahrungsmittelregulierung zu erlangen und das de facto bestehende Normungs-Monopol der Nahrungsmittelchemie endgültig durch einen gleichberechtigten Aushandlungsprozess zu ersetzen.[49]

Hatten Wissenschaftler einige Jahre zuvor noch ein gemeinsames Gremium aus Vertretern der Wissenschaft, Wirtschaft, Verwaltung und Rechtspflege auf Basis des Reichsgesundheitsrates unterstützt,[50] verhielten sie sich gegenüber diesen neuen Forderungen des Bundes der Industriellen und des Nahrungsmittelfabrikantenbundes in der Regel ablehnend und reagierten auf die Vorwürfe der mangelnden Berücksichtigung wirtschaftlicher Interessen im Reichsgesundheitsrat mit Unverständnis.[51] Der geforderte Nahrungsmittelbeirat behebe keineswegs das doch so zentrale Problem der Rechtsunsicherheit, da niemand an seine Gutachten gebunden sei und diese somit ständigen Widerspruch provozieren würde. Die zu erwartende Verwirrung werde noch durch die Forderung verstärkt, dass alle Zweige der Nahrungsmittelproduktion im Beirat vertreten sein sollten. Dieser werde dadurch riesenhafte Ausmaße annehmen und in unterschiedlichste Lager zersplittert sein, die niemals einen überzeugenden und autoritativ wirkenden Konsens finden könnten.[52]

Auch innerhalb des Nahrungsmittelgewerbes vollzogen längst nicht alle Interessenzusammenschlüsse den Richtungswechsel der genannten Verbände mit.

48 Petition des Bundes Deutscher Nahrungsmittel-Fabrikanten und -Händler vom 8. April 1908, in: BA, R 86/5413; Eingabe des Verbandes der Nahrungsmittel-Interessenten an das Reichsamt des Innern, Leipzig/Hamburg/Magdeburg, im Oktober 1910, in: GStAPK, I. HA, Rep. 84 A, Nr. 2442.

49 Jarecki, Die in Aussicht genommene Neuregelung über den Verkehr mit Nahrungs- und Genußmitteln, in: DNR 10 (1912), S. 113–115, 126–128, 139–141.

50 Dazu s. Die Schaffung eines Beirates der Reichsbehörde für Nahrungsmittelgesetzgebung, in: DNR 5 (1907), S. 209–212.

51 Die Mitarbeiter des Reichsgesundheitsamtes arbeiteten bei der Vorbereitung der Festsetzungen nicht nur mit eigens angeforderten Proben aus Unternehmen und Verbänden, sie berücksichtigten zudem mehr noch als zuvor neben Erfahrungsberichten von Untersuchungsanstalten, Wissenschaftlern und Fachverbänden auch die Normierungen gewerblicher Zusammenschlüsse. Dazu s. Schriftwechsel zwischen dem Reichsgesundheitsamt und der Firma Sarotti im Sommer 1913 sowie zwischen dem Gesundheitsamt und dem Verband deutscher Schokoladefabrikanten im Frühjahr 1914, in: BA, R 86/2043.

52 Juckenack, Zu der in Aussicht genommenen Änderung des Nahrungsmittelgesetzes, in: Bericht über die zwölfte Hauptversammlung des Vereins Deutscher Nahrungsmittelchemiker in Breslau 1913, S. 8–17.

So blieb der ebenso von industriellen wie von Handelskreisen beeinflusste »Deutsche Handelstag«[53] bei der Unterstützung der rechtsverbindlichen Festsetzungen durch den Reichsgesundheitsrat, obwohl die von ihm eingesetzte Sonderkommission zum Nahrungsmittelverkehr noch 1904 schwere Bedenken gegen derartige Normativbestimmungen geäußert hatte.[54] Auch mit der gewählten Form der Beratungen und deren bisherigem Verlauf war er offenbar zufrieden.[55] Ebenso bezogen eine Reihe von Handelskammern und einzelnen Branchenverbänden sowie auch der Rechtsschutzverband für das Nahrungsmittelgewerbe deutlich gegen den geforderten Nahrungsmittelbeirat Stellung, da sie nur neue Abhängigkeiten von einer mit Theoretikern besetzten Behörde entstehen sahen, die zudem eine ungesunde Machtkonzentration mit sich bringe.[56]

Auch wenn das Nahrungsmittelgewerbe so von einer geschlossenen Opposition gegen die Festsetzungen auf dem Verordnungsweg weit entfernt war, riet das Gesundheitsamt angesichts des Richtungswechsels der großen Handels- und Industrieverbände und ihrer fortgesetzten Agitation zu einer Beschleunigung des Verfahrens. Es befürchtete einen öffentlichen Meinungsumschwung und setzte sich dafür ein, die Verordnungen nun staffelweise zu verabschieden, um zu verhindern, dass die bereits geleistete Vorarbeit während der zähen Grundsatzdiskussionen von der wissenschaftlichen Entwicklung bereits wieder überholt werde.[57]

2. Ausblick: Die weitere Entwicklung bis zur Weimarer Republik

Genau dies sollte aber das Schicksal der Festsetzungen werden: Zwar trug das Gesundheitsamt bereits die in eine Gesetzesnovelle einzubringenden Neuerungen zusammen und trieb auch die Abfassung weiterer Festsetzungen voran. Anders als erhofft kam es jedoch weder dazu, dass diese auf dem Verordnungsweg Rechtskraft erlangten, noch konnte die geplante Novelle des Nahrungsmittel-

53 *Lichter*, S. 18–22; *Kaelble*, S. 177.

54 Entwurf eines Berichts des Deutschen Handelstages über die Sitzung der Sonderkommission betr. Verkehr mit Nahrungs- und Genußmitteln, vom 25. Februar 1904, Berlin, 9. März 1904, in: BA, R 86/5411.

55 Dazu s. Juckenack, Zu der in Aussicht genommenen Änderung des Nahrungsmittelgesetzes, in: Bericht über die zwölfte Hauptversammlung des Vereins Deutscher Nahrungsmittelchemiker in Breslau 1913, S. 8–17; Die Schaffung eines Beirates der Reichsbehörde für Nahrungsmittelgesetzgebung, in: DNR 5 (1907), S. 209–212.

56 Sitzung der Agitations-Kommission des Bundes Deutscher Nahrungsmittel-Fabrikanten und -Händler, in: DNR 11 (1913), S. 65–67; Jarecki, Festsetzungen über Lebensmittel, in: DNR 10 (1912), S. 187–189; Zu den Vorarbeiten für ein neues Nahrungsmittelgesetz, in: Deutsche Lebensmittel-Zeitung 2 (1911), S. 21–23.

57 Schreiben des Reichsgesundheitsamtes an den Staatssekretär des Innern, Berlin, 25. Juli 1914, mit Verweis auf ein Schreiben des bayerischen Außenministeriums vom 5. Februar 1914, in: BA, R 86/2081.

gesetzes verwirklicht werden. Im März 1914 fanden mit der Verhandlung über die Festsetzungen zu Kaffee und Kaffeeersatzstoffen die vorerst letzten Beratungen im Reichsgesundheitsrat über die amtlichen Ausführungsbestimmungen und die Neufassung des Nahrungsmittelgesetzes statt.[58] Für die Kriegszeit lassen sich zwar noch vereinzelte Hinweise auf eine Fortführung der experimentellen Vorarbeiten im Gesundheitsamt finden, deren Ergebnisse zu Anfang des Krieges teils auch noch veröffentlicht oder gar in amtliche Bekanntmachungen überführt wurden.[59] Doch die regelmäßigen Beratungen wurden bald ausgesetzt, Gesundheitsamt und Reichsgesundheitsrat waren jetzt vor allem in der Tauglichkeitsprüfung von Ersatznahrungsmitteln tätig.[60] Im Mittelpunkt stand nunmehr das Bestreben, eine ausreichende Versorgung mit den wichtigsten Nährstoffen zu gewährleisten, die Qualität der Nahrungsmittel rückte in den Hintergrund. Die mühsam erarbeiteten Qualitätsstandards verloren an Gewicht und die Toleranzschwelle gegenüber offenbar minderwertigen Nahrungsmitteln wurde immer mehr nach unten verlagert[61] – einmal mehr bestätigt sich hier der Befund, dass die Sorge um die Qualität der Nahrung ein »Luxusproblem« war und nur dann Aufmerksamkeit fand, wenn eine ausreichende Ernährung gewährleistet war.

Keineswegs aber machte der Erste Weltkrieg alle bisher angestoßenen Prozesse wieder zunichte. Die Aushandlungen um die Nahrungsmittelqualität gerieten nicht in Vergessenheit, im Gegenteil: In der Weimarer Republik wurde die Beschäftigung mit der Nahrungsmittelqualität vor dem Hintergrund der Mangelerfahrungen des Ersten Weltkrieges noch intensiviert, indem zahlreiche neue Forschungsinstitutionen und wissenschaftliche Beiräte geschaffen wurden.[62] Bis konkrete Verhandlungen zur Neu-Regulierung der Nahrungsmittelqualität aufgenommen wurden, dauerte es jedoch einige Zeit. Erst 1927 trat nach erneuten gemeinsamen Beratungen von Nahrungsmittelchemie und -wirtschaft im Reichsgesundheitsrat[63] ein neues Nahrungsmittelgesetz in Kraft.[64] Aufgrund dieser Verzögerung waren die Vorkriegs-Studien des Gesundheitsamtes für rechtsverbindliche Qualitätsstandards zu diesem Zeitpunkt längst überholt. Dennoch nutzte man sie als Grundlage eines Gesetzentwurfs und als Vorarbeit für Verordnungen, wie die Herausgabe des dritten Bandes der als Überar-

58 Vertrauliche Tagesordnung für die Beratung des Reichsgesundheitsrates, 16. März 1914, in: GStAPK, I. HA, Rep. 120 C IX 1, Nr. 3, Bd. 3, Adh. 6.

59 So die Vorarbeiten zu den Festsetzungen für Schokolade und Kakao, die offenbar in eine Bekanntmachung über den Verkehr mit Kakaopulver vom 19. August 1915, in: RGBl 1915, S. 507 f., umgesetzt wurden.

60 *Ellerbrock*, Lebensmittelqualität, S. 144.

61 *Hüntelmann*, Hygiene, S. 131 f.; *Spiekermann*, Warenwelten.

62 *Spiekermann*, Warenwelten.

63 *Behre*, Geschichte, S. 10.

64 Gesetz über den Verkehr mit Lebensmitteln und Bedarfsgegenständen (Lebensmittelgesetz) vom 5. Juli 1927, in: RGBl 1927, S. 134; zur Entstehung des Gesetzes s. *Holthöfer u. a.*, S. 8–10.

beitung der Reichsvereinbarungen gedachten »Experimentellen Beiträge« im Jahr 1923 zeigt.[65] Wie vor dem Krieg bereits geplant, wurden ausfüllende Verordnungen nun fest im Nahrungsmittelgesetz verankert. § 5 des neuen Gesetzes von 1927 legte ein weitreichendes Verordnungsrecht fest: Verordnungen konnten nun Begriffsbestimmungen für einzelne Nahrungsmittel aufstellen und festlegen, unter welchen Voraussetzungen Nahrungsmittel als verdorben, nachgemacht oder verfälscht galten. Daneben konnten auf dem Verordnungsweg Vorschriften für die Kennzeichnung und verpflichtende Angaben auf den Verpackungen erlassen werden. Vor Erlass einer derartigen Verordnung war laut § 6 der Reichsgesundheitsrat, verstärkt durch Sachverständige aus den Kreisen der Produzenten, Händler und Verbraucher sowie der Fachwissenschaft, anzuhören. Damit wurde zwar nicht die von der Industrie so lange favorisierte Idee einer fallweise entscheidenden Zentralstelle realisiert, aber durch die institutionalisierte Hinzuziehung gewerblicher Vertreter immerhin ein Kompromiss geschaffen. Anders als beim ersten Nahrungsmittelgesetz nahm man in den Folgejahren die Möglichkeit zur Regelung besonders prekärer Sachverhalte per Verordnung durchaus wahr, eine Reihe von Verordnungen, so zu Kaffee, Kakao, Speiseeis, Teigwaren und zur Lebensmittelkennzeichnung erging; insbesondere in den 1930er Jahren entfaltete man eine rege Normierungstätigkeit. Die von Nahrungsmittelchemikern vorbereiteten, im Reichsgesundheitsrat beratenen Verordnungen wurden ähnlich wie die Reichsvereinbarungen vor ihrer Verabschiedung als Entwürfe veröffentlicht.[66]

Auch an anderen Stellen lässt sich beobachten, dass der Diskussionsfaden aus der Zeit vor dem Ersten Weltkrieg wieder aufgenommen wurde: Eine weitere zentrale Neuerung des Gesetzes von 1927 war das vom Vorliegen einer Verfälschung unabhängige Verbot irreführender Bezeichnungen, Angaben oder Aufmachungen. Durch diese unter anderem von der Freien Vereinigung schon lange geforderte Regelung trat der Schutz vor Betrug gleichberechtigt neben den vor Gesundheitsschädigungen; dem Informationsgefälle zwischen Verkäufer und Konsument wurde durch die vermehrten Kennzeichnungs- und Informationspflichten immer mehr Rechnung getragen. Der Verbraucherschutzgedanke gewann an Boden, gleichzeitig schritt die Annäherung zwischen Staat, Industrie und Wissenschaft fort: Einerseits erfuhr die Industrie Genugtuung durch ihre regelmäßige Beteiligung, gleichzeitig entstanden durch die weiter steigende Bedeutung der Wissenschaftler in Staat und Industrie größere Interessenüberschneidungen, die Wissenschaft erhielt einen deutlich prägenderen Einfluss als noch im Kaiserreich.[67]

65 Experimentelle und kritische Beiträge, Bd. 3.

66 Einen Überblick gibt *Behre*, Geschichte, S. 11.

67 *Spiekermann*, Lebensmittelqualität, S. 203.

Fazit: Die Nahrungsmitteregulierung als plurale Normsetzung

Der mit der Industrialisierung verbundene wirtschaftliche und soziokulturelle Wandel im Deutschen Kaiserreich hatte auf verschiedenen Rechtsgebieten eine deutliche Veränderung der Normsetzungsstrukturen zur Folge. Diese war ihrerseits eine wesentliche Voraussetzung für die Festigung des industrialisierten Wirtschaftssystems. Es bestand eine intensive Wechselwirkung zwischen wirtschaftlicher und rechtlicher Entwicklung; die Ausgestaltung rechtlicher Institutionen wurde zu einer zentralen Bedingung für die Art und den Verlauf wirtschaftlicher Entwicklung. Dies zeigt sich am Beispiel der Nahrungsmittelregulierung seit den 1870er Jahren in eindrücklicher Weise.

Die Nahrungsmittelregulierung stellte kein erst in der Industrialisierung entstehendes Rechtsgebiet dar, sondern wies bereits eine lange Tradition der Reglementierung auf. Durch die umwälzenden Prozesse der Industrialisierung und Urbanisierung wurde sie jedoch vor gänzlich neue Herausforderungen gestellt: Altbekannte Probleme trafen mit neuen, durch die Industrialisierung induzierten Fragestellungen zusammen. Bereits die Umstände, die den Prozess der Neuordnung des Nahrungsmittelrechts im Deutschen Reich anstießen, machen dies unmittelbar deutlich: Ausgangspunkt der Normsetzungsaktivitäten war eine erhöhte Sensibilität der Öffentlichkeit für die Qualität der Nahrungsmittel, die sich ab den 1870er Jahren in erregten öffentlichen Debatten niederschlug. Wie in anderen industrialisierten Staaten fast zeitgleich zu beobachten, fand eine Verschiebung in der Wahrnehmung der Nahrungsmittelqualität statt, die auf einer nachhaltigen Erschütterung des in sie gesetzten unbewussten, präreflexiven Vertrauens beruhte. Ursächlich waren der Aufstieg der Ernährungsforschung und ihre Popularisierung seit Beginn des 19. Jahrhunderts. Die neuen wissenschaftlichen Erkenntnisse ließen die Nahrungsmittel in einem völlig anderen Licht erscheinen, da sie nun eine scheinbar objektive Messbarkeit der Nahrungsmittelqualität ermöglichten. Ein verbreitetes Ungewissheitsempfinden war die Folge; durch die aufklärerischen Bemühungen der erstarkenden neuen Wissenschaftsdisziplinen wurde deutlich, dass die überkommenen vertrauenssichernden Institutionen nicht mehr tragfähig waren.

Der Boden für die Wirksamkeit der neuen Lehren wurde jedoch durch andere, parallel ablaufende Entwicklungen bereitet: Die Ernährungssituation verbesserte sich zumindest in quantitativer Hinsicht seit der Mitte des 19. Jahrhunderts deutlich. In Entsprechung zum Anstieg des Lebensstandards weiter Teile der Bevölkerung nahm somit das Qualitätsbewusstsein zu, die Nahrung erhielt einen anderen Stellenwert. Daneben traten die Prozesse, die Anthony

Giddens unter den Begriff der »Entbettung« fasst: Die wachsende Arbeitsteilung und die damit zunehmende Komplexität der kommerziellen Marktbeziehungen sowie die industrialisierte, maschinengestützte Produktion führten zu einer »Entfremdung« der Verbraucher von den Nahrungsmitteln. Die Nahrungsmittel entwickelten sich zu »Erfahrungsgütern«, deren Eigenschaften sich vielfach erst nach ihrem Kauf oder sogar erst nach ihrem Verzehr verifizieren ließen. Eine vorgelagerte Kontrolle wurde für den einzelnen Konsumenten immer schwieriger bzw. kostenaufwendiger. Zum Schlüsselproblem des Nahrungsmittelmarktes wurden die Informationsasymmetrien zwischen Käufern und Herstellern bzw. Händlern, die sich im Vergleich zur Vorindustrialisierung potenzierten. Es schien, als sinke die Nahrungsmittelqualität im Gleichschritt mit dem Anwachsen der Zahl der Transaktionen zwischen Produzent und Konsument.

Dass Fabrikanten und Händler ihren Informationsvorsprung zu ihrem eigenen Vorteil ausnutzten, wurde aus Sicht der Konsumenten wahrscheinlicher; das fragile Gleichgewicht zwischen Vertrauen und akzeptablem Risiko beim Nahrungsmittelkonsum war empfindlich gestört. Die Funktionsfähigkeit der sozialen Kontrolle opportunistischen Verhaltens schien vielen nun nicht mehr gewährleistet, ebenso wie die staatlichen und kommunalen Regulierungen nicht als ausreichend angesehen wurden, um auf die durch die Industrialisierung und Urbanisierung ausgelösten Strukturveränderungen in der Nahrungsmittelversorgung adäquat zu reagieren. Die rechtliche Grundlage für die Nahrungsmittelüberwachung im Deutschen Reich war ein Flickwerk aus kommunalen und territorialen Bestimmungen, die durch das Reichsstrafgesetzbuch nur lose zusammengebunden wurden. Einen Hauptkritikpunkt stellten dementsprechend die gravierenden Unterschiede zwischen den Regelungen der einzelnen Territorien und sogar der Kommunen ein und desselben Staates dar. Gleichzeitig bemängelten insbesondere Wissenschaftler den vorwiegend reaktiven Charakter der Bestimmungen und den Umstand, dass diese vielfach noch stark den Regelungen der Vormoderne sowie lokalspezifischen Gewohnheiten verhaftet waren.

Vor diesem Hintergrund erschien es sowohl vom Standpunkt der Konsumenten, aber auch der Wirtschaft notwendig, neue Formen der Vertrauenssicherung zu finden. Die wachsenden und zudem stärker reflektierten Informationsasymmetrien betrafen nicht nur die Verbraucher, sondern genauso auch die Nahrungsmittelproduzenten und -händler, die vielfach keine qualitätsgerechten Preise durchsetzen konnten. Das Ziel des Verbraucherschutzes und das der Sicherung eines funktionsfähigen Marktes trafen sich somit. Die fortschreitende Etablierung einer kritischen Öffentlichkeit spielte hier eine zentrale Rolle, die gegenwärtigen Wandlungsprozesse wurden scharf beobachtet; insbesondere das Bürgertum ließ den Willen erkennen, die alltäglichen Lebensverhältnisse mitzugestalten.

Staat, Wirtschaft, Wissenschaft und Gesellschaft entwickelten verschiedene Strategien zur Anpassung des institutionellen Rahmens der Vertrauenssicherung an die veränderten Bedingungen. Eine Vielzahl von Akteuren bemühte sich, das präreflexive Vertrauen in die Nahrungsmittelqualität wiederherzustellen. Auf dem Gebiet der Nahrungsmittelregulierung bestätigt sich mithin die These Martin Endreß', der konstatiert, dass mit der steigenden Komplexität der Gesellschaft ein Prozess einer fortschreitenden Spezifizierung von Vertrautheitskontexten verbunden war, dem ein expandierender Sektor sogenannter »Vertrauensagenturen« bzw. »Vertrauensintermediäre« entsprach.[1] Es wurde nicht nur der Staat aktiv, vielmehr griffen verschiedene Akteure zusätzlich ein, indem sie nicht nur an den Aushandlungsprozessen um die staatliche Regulierung teilnahmen, sondern auch selbst Standards setzten.

Obwohl diese Normsetzungen von sehr unterschiedlicher Prägung und zumeist von spezifischen Interessen geleitet waren, wiesen sie auch Gemeinsamkeiten auf: Es sind Normierungsstrategien auszumachen, die quer zu den in der Untersuchung gebildeten Akteursgruppen lagen. Eine erste stellte die Institutionalisierung von Misstrauen zur Absicherung des präreflexiven Vertrauens in die Nahrungsmittelmittelqualität dar. Dieses Prinzip bestimmte insbesondere die staatliche Nahrungsmittelregulierung. So wurden die im Nahrungsmittelgesetz von 1879 verankerten Überwachungsanstalten als »Misstrauensagenturen« konzipiert, die die kollektive Unsicherheit gegenüber der Nahrungsmittelqualität sichtbar machten. Sie sollten es den Konsumenten durch ihre Überwachungstätigkeit ermöglichen, sich (wieder) »blind« auf die Qualität der Nahrungsmittel zu verlassen und auf eigene Qualitätsprüfungen zu verzichten. Aus Sicht der Verbraucher waren sie somit – zumindest in der Theorie – transaktionskostensparend und überbrückten Informationsasymmetrien. Auch Wirtschaftsverbände und Konsumentenzusammenschlüsse griffen zu ähnlichen Konstruktionen, indem sie gemeinsame Qualitätsrichtlinien festsetzten und teils aufwendige Kontrollmechanismen zur Überprüfung ihrer Einhaltung installierten.

Ein weiteres, immer wiederkehrendes, damit vielfach eng verbundenes Element war die Installation von Expertensystemen, mit der der wachsenden Bedeutung der Nahrungsmittelchemie für die Produktion und die Beurteilung der Nahrungsmittel Tribut gezollt wurde. Insbesondere die staatliche Nahrungsmittelregulierung stützte sich zunehmend auf Sachverständige aus den neuen Wissenschaftsdisziplinen: Sie spielten bereits bei der Formulierung der rechtlichen Grundlagen eine maßgebliche Rolle, verantworteten vor allem aber die Kontrolle ihrer Einhaltung und übernahmen schließlich auch die Ausfüllung der Standards für den Einzelfall. Die Integration ihres Sachverstands in das staatliche Überwachungssystem versprach die aus den Informationsasymmetrien resultierenden Gefahren beim Nahrungsmittelkauf in ein akzeptables Risiko zu überführen und damit ein Sicherheitsgefühl herzustellen. Ebenso banden die Verbraucherzusammenschlüsse und Wirtschaftsverbände ihre Regulierungen

1 *Endreß*, S. 79; die Begriffe der »Vertrauensagentur« bzw. »-intermediäre« entlehnt er aber Giddens.

an Experten, indem sie diese an ihrer Ausgestaltung und Überwachung beteiligten.

Dies verweist auf einen weiteren wesentlichen Mechanismus der Vertrauenssicherung, der vor allem für die wirtschaftlichen, aber auch die staatlichen und konsumentenseitigen Normierungen von Bedeutung war: die bewusste Einschaltung von Vertrauensintermediären. Gezielt wurden »Zugangspunkte« zu den vertrauenssichernden Expertensystemen, d.h. Verbindungen zwischen den Verbrauchern und den Vertretern der abstrakten Systeme geschaffen, indem einzelne Wissenschaftler oder Fachvereinigungen als Garanten der Nahrungsmittelqualität und einer funktionierenden Kontrolle auftraten. Insbesondere die Nahrungsmittelchemiker übernahmen diese Rolle und konstruierten sich auch selbst als »Vertrauenswächter«, die durch ihr uneigennütziges Wirken im Verborgenen eine sorgenfreie, geregelte Nahrungsmittelversorgung gewährleisteten und das Gleichgewicht zwischen Vertrauen und annehmbarem Risiko wiederherstellten. Eng damit zusammen hing die von Giddens als ein wesentliches Kennzeichen moderner Gesellschaften charakterisierte Verwendung symbolischer Zeichen: Von verschiedenen Akteuren wurden Symbole – z.B. Qualitätssiegel, Markenzeichen und Prüfsiegel – dazu genutzt, Qualität zu dokumentieren, um die raum-zeitliche Distanz zwischen Verbraucher und Nahrungsmittelproduzent zu überbrücken und Vertrauen zu generieren.

Hier wird deutlich, dass parallel zur wachsenden Komplexität der Gesellschaft das Vertrauen in abstrakte Systeme eine zunehmende Bedeutung erhielt, jedoch keinesfalls ein vollständiger Ersatz interpersonalen Vertrauens durch systembasiertes Vertrauen stattfand, wie es beispielsweise Luhmann annimmt. Auch wenn durch die »Entbettungsmechanismen« der Moderne vielfach Vertrauensbeziehungen aus lokalen Kontexten gelöst wurden und die Alltagshandlungen eine immer selbstverständlichere Verkopplung mit abstrakten Systemen erfuhren, hielt sich die vormoderne Struktur partieller personeller Absicherung des Vertrauens. Gesichtsabhängiges und gesichtsunabhängiges Vertrauen standen weiterhin in enger Korrelation zueinander und ergänzten sich gegenseitig. Kurz: Die grundlegenden Prinzipien der Vertrauenssicherung blieben bestehen, ihre Formen und Typen wandelten sich jedoch. Die Nahrungsmittelregulierung bietet so keinesfalls Belege für einen Vertrauensverlust in der Moderne, wohl aber ein Beispiel für den historischen Wandel vertrauenssichernder Institutionen.

Die in der Arbeit getrennt nach Akteuren analysierten Regulierungsstrategien standen vielfach in gegenseitiger Abhängigkeit, nicht selten waren Normierungen einer Interessengruppe Konsequenz anderer, vorangegangener Regulierungen; teils erfolgten sie aber auch parallel oder nur geringfügig zeitversetzt. Wechselnde Akteure trieben die Regulierungsarbeiten voran. Auf diese Weise entstand ein Geflecht aus sich überschneidenden, konkurrierenden, aber auch ineinandergreifenden und bewusst arbeitsteiligen Regulierungen zur Nahrungsmittelqualität. Das Beispiel der Nahrungsmittelregulierung bestätigt mithin Vec' These von einem über Recht und Gesetz hinausgehenden »Normpluralismus« in der industrialisierten Gesellschaft, der sich durch ein Anwachsen von nur teilweise aufeinander bezogenen Normsätzen nicht nur im Bereich des Rechts, sondern parallel dazu auch im Bereich der nicht-juristischen Normierungen seitens verschiedener Akteure auszeichnete.[2]

Im Zentrum stand die staatliche Regulierung, sie war letztlich Bezugs- und Ausgangspunkt aller privaten Aktivitäten. In den Debatten um die Nahrungsmittelqualität erklang sehr schnell der Ruf nach einer Systematisierung, Professionalisierung und Intensivierung der staatlichen Nahrungsmittelüberwachung. Viele sahen die Zunahme der Nahrungsmittelverfälschungen als logische Konsequenz der unzureichenden staatlichen Steuerung an. Die in den Konzepten der »Policey« wurzelnde Vorstellung vom allseits fürsorgenden Staat, der für die Sicherheit und Gesundheit seiner Bürger einzustehen hat, wirkte fort, musste aber an die neuen Herausforderungen angepasst werden.

Als Reaktion begannen Reichsleitung und Parlament in der zweiten Hälfte der 1870er Jahre über eine reichsweite Neuregelung der Nahrungsmittelkontrolle nachzudenken. Eine erste Konsequenz der veränderten Rahmenbedingungen war die systematische Einbeziehung wissenschaftlichen Sachverstands in die staatlichen Entscheidungsprozesse. An die Seite der zuvor quasi eine Monopolstellung innehabenden Juristen traten naturwissenschaftliche Experten; eine allmähliche personell-organisatorische Verquickung von Staat und Wissenschaft fand statt: Das neu geschaffene Kaiserliche Gesundheitsamt als dauerhaftes wissenschaftliches Beratungsorgan und fallweise herangezogene Sachverständigenkommissionen übernahmen zentrale Rollen in der Aushandlung der Nahrungsmittelgesetze und ihrer Ausführungsbestimmungen; die aufstrebenden wissenschaftlichen Fachvereinigungen fungierten als Expertenpools. Die national wie international vielfach miteinander vernetzten Wissenschaftler sicherten die Entscheidungsfähigkeit des Staates, indem sie das zur Verfügung stehende Wissen ordneten und erweiterten, um auf seiner Basis die grundlegenden Prinzipien der Nahrungsmittelregulierung zu formulieren. Die Unterstützung durch die naturwissenschaftlichen Experten erschien umso dringlicher, als die Rechtswissenschaft die Materie lange Zeit vernachlässigte. Sie schaltete sich kaum in die Debatten um die ideale Form der Nahrungsmittelregulierung ein und gab der Rechtsanwendung nur selten Orientierungshilfen, da sie lediglich nachträglich die Essenz des bereits Bekannten bot und sich auf in der Praxis wenig relevante dogmatische Fragen konzentrierte. Ebenso lag – vor allem bedingt durch die weitgehend unangetastete Autonomie der Territorien – die Implementierung der Gesetzgebung in den Einzelstaaten weitestgehend in der Hand der Nahrungsmittelchemiker. Sie stießen die Einrichtung amtlicher Untersuchungsanstalten an oder stellten private Laboratorien zur Verfügung und schufen so die notwendigen Institutionen der Nahrungsmittelkontrolle.

Eine weitere Folge der neuen Konstellationen im Nahrungsmittelverkehr und insbesondere der rasch fortschreitenden wissenschaftlichen und produk-

2 *Vec*, Recht, S. 14.

tionstechnischen Entwicklung war die spezifische Struktur der Gesetze selbst. Wie vielfach bei den auf die Industrialisierung reagierenden Regelungen zu beobachten, bildete die staatliche Nahrungsmittelregulierung keine systematische, planvolle Bereichskodifikation, sondern war zersplittert in eine Reihe von punktuell und fallweise normierenden Einzelgesetzen und Verordnungen auf Reichsebene, die zusätzlich durch eine Vielfalt territorialer Regelungen ausgefüllt bzw. ergänzt wurden. Typisch für den neuen Gesetzestypus war zudem die Ausgestaltung als Querschnittsnormierung: Ähnlich zahlreichen anderen technik- und wirtschaftsrechtlichen Spezialgesetzen dieser Periode streiften die Nahrungsmittelgesetze gleich mehrere Rechtsgebiete. Aufgrund des Ziels, den präventiven und repressiven Schutz vor Nahrungsmittelverfälschungen zu verbinden, stellten sie eine Kombination öffentlich- und strafrechtlicher Regelungen dar.

Der neuralgische Punkt der Debatten um die Nahrungsmittelgesetze war die Frage, wie der Staat mit der sich schnell verändernden und zudem ständig neu zu bewertenden Materie umzugehen hatte, die mit überkommenen Instrumentarien nicht zu fassen war. Angesichts ungewisser Zukunftskonstellationen war der Erlass von Gesetzen trotz der Befragung wissenschaftlichen Sachverstands eine mit Informationsdefiziten behaftete Handlungsalternative. Im ersten reichsweiten Nahrungsmittelgesetz von 1879 wurden deshalb nach langwierigen, quer zu allen parteipolitischen Grenzen verlaufenden Diskussionen die Möglichkeit zu ergänzenden Verordnungen und verschiedene unbestimmte Rechtsbegriffe integriert. Auf diese Weise schuf man Mechanismen, mit denen auf sich wandelnde komplexe Problemlagen reagiert werden konnte. Das Gesetz legte allgemein-abstrakt die Tatbestände und die Strafmaße fest und steckte einen groben Rahmen für die Nahrungsmittelüberwachung ab; die inhaltliche Füllung der Tathandlungen blieb jedoch späteren Verordnungen und der Rechtsprechung überlassen – auch dies ein typisches Kennzeichen der neuen Spezialgesetze der Industrialisierung.

Diese Konstruktion des Gesetzes wurde nicht nur in der Folgezeit ständig neu diskutiert und von den verschiedenen Interessengruppen immer wieder unterschiedlich bewertet, sondern war auch Dreh- und Angelpunkt des weiteren Verlaufs der Nahrungsmittelregulierung: Insbesondere die unbestimmten Rechtsbegriffe bildeten gewissermaßen eine Offerte zu ergänzenden privaten Regulierungen. Auslöser der privaten Normierungstätigkeit war vielfach die ausbleibende Ausfüllung des Gesetzes durch den Staat selbst. Das Instrument der Reichsverordnungen wurde aufgrund der engen Begrenzung des möglichen Regelungsgegenstandes und des langwierigen Verfahrens kaum genutzt. Die angestrebte allmähliche Konkretisierung des Gesetzes für einzelne Nahrungsmittelgruppen durch einen Verordnungskatalog wurde nicht verwirklicht. Statt dessen wurden nur einige wenige Sondergesetze erlassen, die sich sehr speziellen Regelungsgebieten widmeten und stark durch einseitige Interessennahmen bestimmter Lobbygruppen geprägt waren, wie das Beispiel der Margarinegesetze von 1887 und 1897 zeigt. Die Einzelstaaten ergingen sich in höchst unterschiedlichen Detailregelungen, die vielfach weiterhin regionale Besonderheiten berücksichtigten. Der Ausbau der amtlichen Kontrolle schritt nur langsam und in verschiedener Ausprägung voran. Auch die immer wieder als uneinheitlich und inkonsistent kritisierte Rechtsprechung nahm die ihr gestellte Aufgabe, das Gesetz fallweise zu füllen und auf diese Weise allmählich einen Konsens darüber zu etablieren, welche Kriterien für die Beurteilung der einzelnen Nahrungsmittel entscheidend sein sollten, aus der Sicht vieler Zeitgenossen nur in ungenügender Weise wahr. Sie wurde immer abhängiger von wissenschaftlichen Sachverständigen, denen ihrerseits jedoch einheitliche Standards für die Bewertung der Nahrungsmittel fehlten.

Somit installierte der Staat zwar systematisch Instrumente, die einer flexiblen und elastischen Nahrungsmittelregulierung dienen sollten, stellte aber keine präzisen Entscheidungsregeln zur Nutzung dieser gesetzesimmanenten Mittel auf und versäumte deshalb die ständige Anpassung der Gesetzgebung an den wissenschaftlichen und technischen Fortschritt. Genau hier setzte eine zentrale Form der privaten, außerjuristischen Regulierung an: die der Nahrungsmittelchemiker. Bereits durch die Sammlung, Ordnung, Verbreitung und Weiterentwicklung des für die Ausführung der Nahrungsmittelkontrolle notwendigen Wissens in Kompendien, Handbüchern und Periodika wurde ein gemeinsamer Wissens- und Erfahrungsbestand innerhalb des Faches etabliert und damit eine Angleichung der Bewertungsmaßstäbe bewirkt. Die seit den 1880er Jahren entstehenden, sich allmählich nach verschiedenen Interessengebieten ausdifferenzierenden Verbände der Nahrungsmittelchemie trugen mit ihren Jahresversammlungen und (internationalen) Kongressen weiter zur Wissensdiffusion und -standardisierung bei. Parallel zur Vernormungstendenz auf anderen wissenschaftlich-technischen Feldern erhielt die »Normalbeschaffenheit« der Nahrungsmittel zentrale Bedeutung. Nahrungsmittel wurden zu standardisierten Objekten, die stets mit den gleichen Instrumentarien zu beurteilen waren. Gleichzeitig legten die Wissenschaftler durch die Veröffentlichung der Kriterien der »Normalbeschaffenheit« die Prozesse der Nahrungsmittelbeurteilung offen. Sie wurden zu scheinbar allgemein zugänglichem, diskutablem Wissen – der Kern für die in der Einleitung thematisierte heutige Schein-Informiertheit der Verbraucher über komplexe nahrungsmittelchemische und ernährungswissenschaftliche Zusammenhänge bildete sich heraus.

Getrieben von der Motivation, die eigene Disziplin zu professionalisieren und deren Existenzberechtigung unter Beweis zu stellen, schufen mehrere Verbände der Nahrungsmittelchemie schließlich gezielt einheitliche Normen für die Nahrungsmitteluntersuchung und -beurteilung. Eine Sonderstellung nahmen die Ende der 1880er Jahre festgesetzten »Vereinbarungen betreffs der Untersuchung und Beurteilung von Nahrungs- und Genussmitteln« der Freien Vereinigung Deutscher Nahrungsmittelchemiker ein: Sie fanden sowohl innerhalb des Faches als auch bei Behörden und Gerichten sowie in der Wirtschaft und unter den Konsumenten breite Anerkennung. Indem sie zu immer selbstverständlicheren Grundlagen der täglichen Überwachungspraxis wurden, entwickelten sie sich zu faktisch autoritativen Richtlinien und füllten eben jene Funktion aus, die die Rechtsprechung und staatlichen Verordnungen nicht zu leisten imstande waren. Ohne dass dies von staatlicher Seite gesteuert wurde, drangen die privaten Standards der Chemiker somit in die staatliche Nahrungsmittelüberwachung ein. Dieser Prozess setzte sich dadurch fort, dass der Staat die Richtlinien aufgriff und in einen amtlichen Rahmen überführte, indem das Gesundheitsamt an der Neuauflage der Vereinbarungen mitwirkte und als deren Herausgeber auftrat.

Wenn auch eine rechtliche Verankerung der wissenschaftlichen Normierungen ausblieb, fand zwischen Staat und Nahrungsmittelchemikern eine faktische Arbeitsteilung statt: Der Staat gab durch die Nahrungsmittelgesetze einen institutionellen Rahmen und die Basis für eine einheitliche Nahrungsmittelüberwachung vor. Die Implementierung und die inhaltliche Ausfüllung des Gesetzes übernahmen hingegen de facto die Nahrungsmittelchemiker. Private und hoheitliche Rechtsetzung wurden auf diese Weise verquickt. Die wissenschaftlichen Standards boten eben jene Schmiegsamkeit, die von den staatlichen Regulierungen angestrebt, aber nicht verwirklicht wurde. Sie wurden in Anpassung an die wissenschaftlichen und produktionstechnischen Fortschritte fortlaufend aktualisiert und fortgeschrieben. Dadurch, dass der Staat die Entscheidung darüber, ob er sich die wissenschaftlichen Regulierungen zu Eigen machte, gewissermaßen von Fall zu Fall traf, erweiterte er ihre Flexibilität noch; sie erhielten somit den Status selbstregulativer Auslegungsofferten.

Die wachsende Bedeutung der wissenschaftlichen Standards war für viele wirtschaftliche Verbände Anlass, eigene Qualitätsregulierungen zu lancieren. Vordringliches Ziel war, die Deutungshoheit der Nahrungsmittelchemie zu verhindern und ebenfalls steuernd auf die amtliche Nahrungsmittelkontrolle einzuwirken. Ab Ende der 1880er Jahre entstand eine Vielzahl von Branchenverbänden, die die Nahrungsmittelregulierung als eines ihrer hauptsächlichen Aktivitätsfelder betrachteten. Kurz nach der Wende zum 20. Jahrhundert wurde der Bund Deutscher Nahrungsmittel-Fabrikanten und -Händler gegründet, der erstmals die Interessen aller Branchen des Nahrungsmittelgewerbes zusammenführte. Er gab 1905 das »Deutsche Nahrungsmittelbuch« heraus, das gleichermaßen Orientierungshilfen für die Gewerbetreibenden und Richtlinien für die Rechtsprechung und die Überwachungsorgane bieten sollte. Inhaltlich und strukturell waren seine Standards den wissenschaftlichen Vereinbarungen nicht unähnlich: Zwar konzentrierten sie sich auf ex ante-Vorgaben für die Produktion, während die wissenschaftlichen Normierungen den Standpunkt der nachträglichen Beurteilung einnahmen. Wie die Vereinbarungen war jedoch auch das Nahrungsmittelbuch auf eine permanente Überarbeitung und Ergänzung ausgerichtet, um die in der staatlichen Regulierung vermisste Flexibilität und Anpassungsfähigkeit an Innovationen zu ermöglichen. Zentrales Ziel war auch hier die Festschreibung der »Normalbeschaffenheit«, und damit die Ausfüllung der unbestimmten Rechtsbegriffe des Nahrungsmittelgesetzes mit Hilfe von Grenzwerten und Identifikationsmerkmalen. Deren Ausgestaltung wich zwar inhaltlich vielfach von den wissenschaftlichen Vereinbarungen ab, doch sind auch Konvergenzen zu erkennen: Wiederholt nahmen Vertreter wissenschaftlicher Verbände und Institutionen an den Verhandlungen zum Nahrungsmittelbuch teil, für abgegrenzte Regelungsbereiche konnten sogar Einigungen auf gemeinsame Standards erreicht werden. Konkurrenz, Arbeitsteilung und Kooperation lagen somit eng beieinander. Von Seiten des Staates wurde den wissenschaftlichen Festsetzungen eindeutig der Vorrang eingeräumt. Die Regierungen blieben gegenüber dem Nahrungsmittelbuch und ähnlichen Normierungen einzelner Branchen skeptisch, wenn sie auch eine gewisse faktische Bedeutung in der amtlichen Kontrolle und vor allem in den weiteren Aushandlungsprozessen erhielten.

Deutlich positiver wurden staatlicherseits andere Formen der wirtschaftlichen Selbstregulierung bewertet, die weniger Alternativen zu wissenschaftlichen Standards als vertrauensgenerierende Strategien gegenüber den Konsumenten sein wollten. Ein besonders hervorstechendes Beispiel ist der Verband deutscher Schokoladefabrikanten, der schon Mitte der 1870er Jahre begann, Produktionsstandards vorzuschreiben. Deren Einhaltung wurde durch Laboratorien überprüft und mittels Einbindung in verbandliche Netzwerke abgesichert. Der Verband übernahm gewissermaßen die Funktion eines Supervisors über das bilaterale Vertrauensverhältnis zwischen Produzent und Konsument. Anlass für seine Normierungstätigkeit war das Versagen der vorindustriellen Mechanismen der Vertrauenssicherung, das dazu führte, dass die Märkte für hohe Qualitäten einbrachen bzw. von ausländischer Konkurrenz übernommen wurden. Die staatliche Passivität war ein wesentliches Motiv für den Verband, selbst aktiv zu werden.

Derartige Selbstverpflichtungen nahmen bereits eine wenig später einsetzende breitere Tendenz in den Marketingstrategien des Nahrungsmittelgewerbes vorweg: Die Vertrauensbildung spielte in zunehmendem Maße eine zentrale Rolle – sahen sich die Unternehmer doch mit einem ständigen Glaubwürdigkeitsproblem hinsichtlich der Warenqualität konfrontiert. Eine wachsende Zahl von Unternehmen tätigte hochspezifische Investitionen in ihre Reputation, die als »sunk costs« den Verbrauchern Ehrlichkeit und damit hochstehende Qualität signalisieren sollten.

Immer mehr Nahrungsmittelproduzenten ließen ihre Warenqualität wissenschaftlich prüfen und führten dies als Werbeargument an; wissenschaftliche Experten belegten als neutrale Instanzen den Wahrheitsgehalt der Werbeversprechen und wurden so zu Vertrauensintermediären. Ähnlich dem Staat inkorporierten viele Unternehmen zudem wissenschaftlichen Sachverstand, indem sie ihre Produktion auf das Wissen von Firmenchemikern stützten, die gleichzeitig als Bindeglieder zur amtlichen Nahrungsmittelkontrolle und Vermittler in den Aushandlungsprozessen fungierten. Die Absatzwirtschaft des Nahrungsmittelgewerbes durchlief einen Wandel von einer Produktions- zur Verkaufsorientierung und unternahm im Vergleich zu anderen Branchen schon sehr früh erste Schritte in Richtung einer Marketingorientierung. Als eine der ersten Branchen nutzte das Nahrungsmittelgewerbe Qualitätssiegel und Markenartikel als Garanten einer konstanten Produktqualität – die Entstehung der Marken war eng verbunden mit einem Regulierungsbedarf hinsichtlich der Warenqualität. Sie wurden zum Pfand in der Hand der Kunden und sollten ihnen den stets riskanten Nahrungsmittelkauf erleichtern – das Machtungleichgewicht zwischen Produzenten und Verbrauchern sollte auf diese Weise zugunsten letzterer gemildert werden. Gerade der vom Staat schließlich rechtlich geschützte Markenartikel macht deutlich, dass auch zwischen Staat und Nahrungsmittelgewerbe eine Arbeitsteilung in der Nahrungsmittelregulierung stattfand: Während der Staat – ergänzt durch die wissenschaftlichen Regulierungen – Mindeststandards setzte, zielten wirtschaftsseitige Normierungen auf die Festschreibung und Markierung hochwertiger Qualitäten, um so eine Differenzierung nach Preisen abzusichern.

Dieses Ziel hing eng mit dem steigenden Lebensstandard und dem dadurch wachsenden Bewusstsein für hohe Qualität zusammen, das jedoch zunächst auf wenige Bevölkerungskreise begrenzt blieb. Dies legen die verbraucherseitigen Normierungen nahe, die ihrerseits vor allem auf die Definition von Qualitätsminima bei preisgünstigen Nahrungsmitteln fokussierten. Entsprechend der fehlenden begrifflichen Abgrenzung der »Verbraucher« und ihrer segregierten Interessenwahrnehmung weisen die unter dieser Akteursgruppe subsumierten Regulierungen eine große Heterogenität auf. Gemeinsam war ihnen, dass sie – anders als die staatlichen, wissenschaftlichen und wirtschaftlichen Normsetzungen – die Regulierung der Nahrungsmittelqualität vor allem über die Lenkung der Verbraucher und ihrer Verbrauchsgewohnheiten zu erreichen suchten. Ausgangspunkt war die Annahme, dass die Konsumenten das Angebot des Nahrungsmittelmarktes durch ihre vielfach irrationale, indifferente und ausschließlich am Preis orientierte Nachfrage entscheidend beeinflussten. Eine Strategie war somit die ganz im Geist der hygienischen und wissenschaftlichen Aufklärung stehende Korrektur der fehlgeleiteten Nachfrage mittels objektivierter Qualitätsinformationen in Form von populärwissenschaftlichen Publikationen, Vorträgen und Ausstellungen. Die Überwindung des Informationsgefälles erschien als geeignetes Mittel, Manipulationen einzudämmen. Vor allem auf die Frauen als die natürlichen Hüterinnen über die Gesundheit und das Wohlergehen ihrer Familien wurde auf vielfältige Weise einzuwirken versucht; in den ab den 1880er Jahren heftig geführten Debatten um die Mädchenschulbildung spielte die Vermittlung von Kenntnissen über die Ernährung eine zentrale Rolle.

Die Anleitung zur Selbsthilfe wurde ergänzt durch direkte Schutzmaßnahmen wie die Markierung und Überführung von Fälschern – die Vereine gegen die Verfälschung der Lebensmittel richteten in den 1870er Jahren vereinseigene Untersuchungslaboratorien ein. Indem sie als Multiplikatoren von Wissen fungierten, trugen sie zu einer Angleichung des Informationsgefälles zwischen Konsumenten und Gewerbetreibenden bei, gleichzeitig entlasteten sie die kommunalen Verwaltungen und schlossen Lücken in der lokalen Nahrungsmittelüberwachung. Die Selbstkonstruktion der Vereine als Vertrauensintermediäre war jedoch nur von begrenzter Wirksamkeit, das Interesse der Verbraucher ihnen gegenüber blieb verhalten, und sie wurden allmählich durch die professionalisierten Wissenschaftsverbände verdrängt. Einzig verbraucherseitige Institutionenarrangements, in denen die Regulierung von Qualität und Preis eng miteinander verknüpft war, wiesen langfristigen Erfolg auf: Die seit den 1890er Jahren ein rasantes Wachstum erfahrenden Konsumvereine schufen als von der Wohltätigkeit bürgerlicher Kreise unabhängige Form der Selbsthilfe zumindest ihrem Ideal nach eine Interessenidentität zwischen Unternehmern und Konsumenten, indem sie ihre Mitglieder zu Anteilseignern machten. Der Nahrungsmittelhandel und zunehmend auch die -produktion wurden durch die Einrichtung vereinseigener Verkaufsstellen, Großeinkaufszentralen und Produktionsbetriebe umgangen und somit die vorindustriellen direkten Marktbeziehungen zwischen Erzeuger und Verbraucher reaktiviert. Gleichzeitig wurden die Qualitätskontrollen internalisiert und wieder bei den Verbrauchern selbst verankert. Auf diese Weise stellten die Konsumvereine ein augenfälliges Beispiel für die Verbindung interpersonalen und systemischen Vertrauens dar. Wie viele der anderen bei den Verbrauchern ansetzenden Normierungsmodelle zeichneten auch sie sich durch Skepsis gegenüber der staatlichen Nahrungsmittelüberwachung aus; sie zogen jedoch die weitreichendsten Konsequenzen, indem sie eine dauerhafte Ergänzung staatlicher Regulierungen durch verbraucherseitige Selbsthilfe propagierten oder diese gar als einzig wirksame Schutzmöglichkeit auffassten. Sie waren damit der deutlichste Ausdruck der Entwicklung hin zu einem neuen, selbstbewussten Konsumenten, die – wenn auch selten reflektiert – ein wesentlicher Auslöser aller Normierungsaktivitäten war. Denn erst die massive kritische Stimmung in der Öffentlichkeit ließ – aufgeheizt durch die um Profilierung bemühten Wissenschaftler – einen Handlungsdruck auf Seiten des Staates und der um ihren Absatz besorgten Industrie entstehen.

Das Beispiel der Verbraucher-Normierungen verweist schließlich ebenfalls darauf, dass die Nahrungsmittelregulierung in der deutschen Industrialisierung durch eine plurale Normsetzung gekennzeichnet war. Wie bereits mehrfach anklang, kristallisierte sich ein arbeitsteiliges Modell der Regulierung heraus: Der Staat schrieb Mindeststandards zur Gefahrenabwehr fest, die von den Nahrungsmittelchemikern inhaltlich gefüllt und überwacht wurden. Die verschiedenen Arten von Verbraucherzusammenschlüssen verankerten durch die Verbraucheraufklärung die Mindeststandards in der Gesellschaft und zeigten die Grenzen staatlicher Regulierung und damit den Bereich der Eigenverantwortung der Verbraucher auf. Das Nahrungsmittelgewerbe ergänzte die staatlichen und wissenschaftlichen Mindeststandards durch die Markierung von Qualitätsstandards, deren Einhaltung durch eigene Institutionen überwacht wurde. Das parlamentarisch gesetzte, wenn auch von wissenschaftlichen Experten geprägte Recht wurde vervollständigt durch in gesellschaftlicher Selbstorganisation ausgebildete außerjuristische Normativsysteme, die zwar nicht immer mit Sanktionen belegt waren, aber ebenfalls Anreizstrukturen schufen.

Trotz teils sehr unterschiedlicher Herangehensweisen und Motivationen zielten die verschiedenen Normierungen letztlich alle darauf ab, das durch die wachsenden und stärker in das öffentliche Bewusstsein rückenden Informationsasymmetrien erschütterte präreflexive Vertrauen in die Nahrungsmittelqualität abzusichern und damit einen funktionsfähigen Nahrungsmittelmarkt zu schaffen. Die private Normierung blieb nicht bloß Substitution oder Supplement des Rechts, sondern bildete einen eigenen, im Grundsatz autonomen Typus der Normsetzung, der im Dialog mit der staatlichen Regulierung stand. Die These vom »neuen Staatsinterventionismus«[3] im Kaiserreich ist in diesem Zusammenhang somit wenigstens abzuschwächen: Die Nahrungsmittelgesetzgebung legte zwar die Grundlagen für eine reichseinheitliche Regelung des Nahrungsmittelverkehrs und war somit Teil der verstärkten wirtschafts- und sozialpolitischen Steuerungs- und Regulierungstätigkeit nach der Reichsgründung. Gleichzeitig ist sie jedoch ein Beispiel dafür, dass der Staat gerade auf eng mit der Industrialisierung verknüpften Regelungsfeldern nicht ohne private Regulierungen und parallele Formen der institutionellen Vertrauensgenerierung auskam und diese bewusst für seine eigenen Ziele nutzte.

Die zeitgenössische Rechtswissenschaft setzte sich mit dem Phänomen der arbeitsteiligen Regulierungen kaum auseinander. Sie ignorierte konsequent, dass im Gefolge der Industrialisierung neue normgebende Akteure und neuartige Normierungsmodelle auftraten, eine reflektierende begleitende Theoriebildung blieb demnach aus. Selbst die internationale Rechtsharmonisierung und -vergleichung, die in der Nahrungsmittelregulierung wie auf anderen, insbesondere wirtschaftsrechtlichen Gebieten eine wachsende Bedeutung erhielt, wurde weitgehend von naturwissenschaftlichen Experten getragen. Sie stießen ab Ende des 19. Jahrhunderts konkrete, wenn auch nicht sonderlich erfolgreiche Bemühungen zur internationalen Harmonisierung der nahrungsmittelrechtlichen Bestimmungen an. Grundlage war ein bereits seit Ende der 1870er Jahre etablierter, zunehmend intensivierter Austausch, der sich vor allem auf der Ebene informeller Netzwerke abspielte.

Die Regelungen anderer Staaten wirkten als Herausforderung, da eine signifikante Rückständigkeit in der Nahrungsmittelüberwachung nicht selten ernsthafte Handelshemmnisse nach sich ziehen und damit die Wettbewerbsfähigkeit eines Staates einschränken konnte. Gleichzeitig demonstrierten die Erfahrungen anderer Länder aber auch die Realisierbarkeit theoretischer Entwürfe. Sie dienten in Diskussionen um die ideale Form der Regulierung als empirisches Material, sahen sich doch die meisten industrialisierten Staaten seit den 1850er Jahren mit ganz ähnlichen Problemen in der Nahrungsmittelversorgung konfrontiert. Es bestanden auffällige Parallelen und strukturelle Ähnlichkeiten in der Entwicklung der Nahrungsmittelregulierung, die analoge Problemlagen, aber eben auch Transfers von Regulierungsmodellen belegen: Nicht nur die Gesetze und die Überwachungsorganisation waren häufig

3 *Wehler*, S. 872.

ähnlich konzipiert, auch die enge, arbeitsteilige Zusammenarbeit zwischen Staat und Wissenschaft findet sich in vielen Staaten wieder – so in England, wo die Society of Public Analysts Beurteilungsstandards entwickelte, oder in der Schweiz, wo der Schweizerische Verein analytischer Chemiker ein Lebensmittelbuch schuf, das – amtlich autorisiert – die unbestimmten Rechtsbegriffe der Nahrungsmittelgesetze ausfüllte.

Die in der Schweiz zu beobachtende enge Verknüpfung von privater und staatlicher Regulierung gelang dem Deutschen Reich allerdings nicht. Obwohl das Schweizerische Lebensmittelbuch vielfach als Vorbild angeführt wurde, scheiterten hier vorerst alle Bemühungen, die arbeitsteiligen Normierungen in einen definierten und autoritativ festgeschriebenen Rahmen zu überführen. Es kam nicht – wie vielfach auf anderen wirtschaftlich-technischen Sonderrechtsgebieten[4] – zu einem auf Dauer gestellten Arrangement, das private und staatliche Normsetzung bewusst und planvoll miteinander verzahnte. Seit der Jahrhundertwende forcierten verschiedene Akteursgruppen eine Zusammenführung der vielfältigen Normierungen, da deutlich wurde, dass durch die privaten Normsetzungen zwar die vom Staat versäumten Regulierungsaufgaben übernommen wurden, durch diese aber die vielbeklagte Normenvielfalt auch um neue Schattierungen erweitert wurde und die angestrebte Rechtssicherheit weiterhin ein Desiderat blieb. Spätestens seit Herausgabe des Deutschen Nahrungsmittelbuches bestimmte trotz einzelner Annäherungen zwischen Wissenschaft und Wirtschaft eine starke Normenkonkurrenz das Bild. Es fand ein Wettlauf der privaten Normgeber um staatliche Anerkennung statt, in dem die verschiedenen Lager ihre unterschiedlichen Vorstellungen und Konzepte von Nahrungsmittelqualität durchzusetzen suchten. Der Staat geriet vielfach zwischen die Fronten und musste einen Interessenausgleich schaffen, so dass er durch die privaten Normsetzungen zwar in personeller, sachlicher, zeitlicher und wohl auch finanzieller Hinsicht entlastet wurde, jedoch gleichzeitig die Normenvielfalt organisatorisch zu bewältigen und zu steuern hatte.

Um eben diese Problematik kreisten die Diskussionen seit der Jahrhundertwende und insbesondere kurz vor Ausbruch des Ersten Weltkrieges. Es entwickelte sich eine ähnlich breite Debatte wie bereits vor Erlass des Nahrungsmittelgesetzes Ende der 1870er Jahre. Der Staat reagierte auf die Forderungen nach einer Reform der Nahrungsmittelgesetzgebung erneut mit der Gründung eines sachverständigen Gremiums, dem die Lösung der virulenten Probleme der Nahrungsmittelregulierung übertragen wurde: Der Reichsgesundheitsrat als flexibel einzuberufendes, eng mit der wissenschaftlichen Forschung, aber auch der Verwaltung verbundenes Expertiseorgan wurde Träger der weiteren Aushandlungsprozesse. Unter Einbeziehung von Vertretern der Wirtschaft initiierte er ab 1911 Beratungen über reichseinheitliche gesetzlich verankerte Standards für die Nahrungsmittelbeurteilung. Nach dem Vorbild der privaten Normierungen wurden flexible, schnell änderbare Regelungen angestrebt, die auf

4 S. z. B. *vom Feld*.

dem Weg der Bundesratsverordnung Rechtskraft für das gesamte Reich erhalten sollten. Ausgangsbasis waren die mittlerweile unter Beteiligung des Gesundheitsamtes überarbeiteten wissenschaftlichen Normierungen, die jedoch nicht schlicht nachträglich autorisiert werden, sondern in einem eigenständigen Regelwerk aufgehen sollten.

Der Staat suchte mit den vom Reichsgesundheitsrat getragenen Vereinheitlichungsbemühungen die privaten Normierungen nun systematisch für die Ausfüllung der staatlichen Nahrungsmittelgesetzgebung nutzbar zu machen. Anders als auf vielen anderen eng mit der Industrialisierung verknüpften Rechtsgebieten zog er sich aber nicht aus der Normierung zurück, sondern übernahm bewusst wieder die Federführung. Von einer durchgängigen, bewusst gewählten staatlichen Passivität kann hier demnach nicht die Rede sein. Es lässt sich vielmehr eine gewisse Kreisbewegung in der Nahrungsmittelregulierung ausmachen: Auf den Zustand geringer staatlicher Normierungsaktivität in der frühen Industrialisierung folgte als Reaktion auf die öffentliche Debatte um die Nahrungsmittelqualität ein verstärktes staatliches Eingreifen. Aufgrund des Stockens der staatlichen Regelungstätigkeit wurden Teile der Regulierung durch private Normierungen übernommen, die der Staat schließlich in einem kooperativen Modell zusammenzuführen suchte, das jedoch klar unter seiner Ägide stand.

Obwohl mit der Veröffentlichung erster Entwürfe von autoritativen Festsetzungen bereits Zwischenerfolge erzielt werden konnten, geriet das Vorhaben bald ins Stocken. Eine Reihe von Verbänden der Nahrungsmittelwirtschaft betrieb eine regelrechte Blockadepolitik, nicht zuletzt, weil sie sich gegenüber der Allianz aus staatlicher Verwaltung und wissenschaftlicher Expertise in den Verhandlungen auf verlorenem Posten fühlten. Vor allem aber fand sich noch immer keine Lösung für den seit Jahrzehnten schwelenden Konflikt um das ideale Regulierungsmodell. Die Frage, wie die staatliche Nahrungsmittelgesetzgebung flexibel gegenüber wissenschaftlichen, technischen und letztlich auch gesellschaftlichen Entwicklungen gehalten werden sollte, wurde von den verschiedenen Interessengruppen und auch vielfach innerhalb dieser nach wie vor unterschiedlich beantwortet. So blieb es im Untersuchungszeitraum bei der eben aus dieser Problematik resultierenden, aus sich gewachsenen und wenig aufeinander abgestimmten Arbeitsteiligkeit in der Nahrungsmittelregulierung.

Selbst wenn der Erste Weltkrieg die weitere Entwicklung nicht unterbrochen hätte, wäre es wohl nicht zu einer gesetzlich verankerten Übertragung weiter Teile der Nahrungsmittelregulierung an private Akteure gekommen – und tatsächlich erfolgte diese auch nach Kriegsende nicht: Die Nahrungsmittelregulierung blieb eine Kernkompetenz des Staates, auch wenn der Staat das bestehende Netz privater Normierungen nutzte, um das staatliche Recht zu entlasten. Aufgrund der spezifischen Gegebenheiten des Nahrungsmittelrechts, das einerseits zu den tradierten Regelungsbereichen der staatlichen Gefahrenabwehr gehört und andererseits in seiner Schutzrichtung die gesamte Bevölkerung umfasst, ist eine derart weitreichende Delegation von Regulierungskompetenzen – wie sie beispielsweise im Technikrecht besteht – bis heute nicht denkbar. Das in der Industrialisierung entstehende Modell der Nahrungsmittelregulierung hat in seinen Grundprinzipien Bestand: Die einem ständigen Wandel unterworfene Materie wird vom deutschen Lebensmittelrecht nach wie vor mit Hilfe unbestimmter Rechtsbegriffe gefasst. Weiterhin sind diese Anknüpfungspunkte ausfüllender Normsetzungen, die von allen beteiligten Akteursgruppen getragen werden.

Dieser Befund soll aber nicht als Beleg für eine kontinuierliche Entwicklung hin zu einer idealen Form der Regulierung gewertet werden – zeigen doch die in der Einleitung angesprochenen immer wiederkehrenden Zyklen öffentlicher Debatten um die Nahrungsmittelqualität und ihre adäquate Regelung, dass das Modell keinesfalls unumstritten ist und heute weiterhin einem ständigen Aushandlungsprozess unterliegt. Auch wenn insbesondere durch die wachsende Bedeutung des EU-Rechts neue Aspekte zu berücksichtigten sind: Die Debatten der Gegenwart und des Kaiserreichs weisen frappierend ähnliche Muster auf – noch immer stehen das Problem der Informationsasymmetrien und das ihretwegen notwendige, aber riskante Vertrauen im Zentrum. In einem langwierigen Prozess haben die beteiligten Akteure zwar allmählich klare Positionen in dem komplexen Interessenfeld eingenommen und gemeinsam ein Institutionenset der Nahrungsmittelregulierung etabliert, doch steht dessen Ausgestaltung im Detail immer wieder zur Diskussion – spätestens dann, wenn neue Skandale als Schlüsselerlebnisse die Funktionalität der vertrauensstützenden Mechanismen des Verbraucherschutzes in Frage stellen. In der Industrialisierung wurde folglich ein Diskussions- und Aushandlungsprozess angestoßen, der bis heute andauert.

Die Untersuchung hat zudem deutlich werden lassen, dass die heutige Form der Regulierung keineswegs ein spezifisches Kennzeichen der globalisierten Wirtschaft ist. Der entscheidende Unterschied besteht jedoch in der Bewertung der pluralen Normsetzung: Wurde diese im Kaiserreich vielfach als behelfsmäßige Interimslösung empfunden, wird sie heute als notwendige und adäquate Form der Nahrungsmittelregulierung aufgefasst. Die Industrialisierung bereitete somit rechtliche Strukturen vor, die noch dem frühen 21. Jahrhundert modern erscheinen. Angesichts dessen ist die häufige Verwendung der Formel vom »starken Staat« des 19. Jahrhunderts in heutigen Diskussionen um die Rolle des Staates in der globalisierten Gesellschaft fragwürdig. Sie fungiert dort vielfach als Kontrapunkt zu den aktuellen rechtspluralistischen Strukturen und soll den Machtverlust des Staates sowie den allmählichen Niedergang seiner Steuerungsfähigkeit belegen.[5] Dass diese Gegenüberstellung zu überdenken ist, sollte am Beispiel der Nahrungsmittelregulierung jedoch deutlich geworden sein.

5 *Reinhard*, S. 16, 509–525: »Vielleicht ist der vielberufene ›Nachtwächterstaat‹, den es im 19. Jahrhundert nie gegeben hat, jetzt endlich in Verwirklichung begriffen. In aller Stille hat er ja einen beträchtlichen Teil seiner Souveränität an die Marktkräfte verloren« (522); ähnlich: *Gessner*, insbesondere S. 297 f.; mit weiteren Nachweisen: *Breuer*, S. 289–300; *Grimm*, Vorwort.

Bildnachweis

Abb. 1: Karikatur aus den Fliegenden Blättern, 1874: Ein moderner Weinberg, aus: Fliegende Blätter 60 (1874), S. 92.

Abb. 2: Grundriss des Chemischen Untersuchungsamts der Stadt Elberfeld, 1909, aus: Technisches Gemeindeblatt 12 (1909), S. 51.

Abb. 3: Werbung der Liebig Company, 1896, aus: Deutsche Illustrierte Zeitung 75 (1896), No. 20, o.S.

Abb. 4: Anzeige des Verbandes deutscher Schokoladefabrikanten, 1898, aus: *Kuske*, S. 85.

Abb. 5: Titelseite der ersten Ausgabe der Zeitschrift des Allgemeinen deutschen Vereins gegen Verfälschung der Lebensmittel, 1877.

Abb. 6: Verteilungsstelle des Konsumvereins Frankfurt, um 1920, aus: 25 Jahre Konsum-Verein Frankfurt, S. 13.

Abkürzungen

ABl Inn Bayern	Amtsblatt des Staatsministeriums des Innern Königreich Bayern
Art.	Artikel
BA	Bundesarchiv Berlin
BayHStA	Bayerisches Hauptstaatsarchiv
BayRBl	Königlich-Baierisches Regierungsblatt
BWA	Bayerisches Wirtschaftarchiv
DNR	Deutsche Nahrungsmittel-Rundschau
GBl Bayern	Gesetzblatt für das Königreich Bayern
GBl Preußen	Gesetz-Sammlung für die Königlich Preußischen Staaten
GG	Geschichte und Gesellschaft
GStAPK	Geheimes Staatsarchiv Preußischer Kulturbesitz
GVBl Bayern	Gesetz- und Verordnungsblatt für das Königreich Bayern/den Freistaat Bayern
ISG	Institut für Stadtgeschichte Frankfurt am Main
JMBl Bayern	Justizministerialblatt für das Königreich Bayern
Kap.	Kapitel
LandesA	Landesarchiv
Leg.	Legislaturperiode
MBlHandel Preußen	Ministerialblatt der Handels- und Gewerbeverwaltung
MBlInn Preußen	Ministerialblatt für die gesamte innere Verwaltung in den Königlich Preußischen Staaten
MBlMed Preußen	Ministerialblatt für Medizinal- und medizinische Unterrichts-Angelegenheiten
RBl Hessen	Großherzoglich Hessisches Regierungsblatt
RBl Württemberg	Regierungsblatt für das Königreich Württemberg
RGBl	Reichsgesetzblatt
Rn.	Randnummer
RWWA	Rheinisch-Westfälisches Wirtschaftsarchiv
StaatsA	Staatsarchiv
SächsStA	Sächsisches Staatsarchiv
Sess.	Session
StadtA	Stadtarchiv
Sten. Ber.	Verhandlungen des Deutschen Reichstags. Stenographische Berichte
SWA	Sächsisches Wirtschaftsarchiv
VSWG	Vierteljahresschrift für Sozial- und Wirtschaftsgeschichte
WWA	Westfälisches Wirtschaftsarchiv
ZUG	Zeitschrift für Unternehmensgeschichte
ZUNG	Zeitschrift für die Untersuchung der Nahrungs- und Genußmittel

Quellen- und Literaturverzeichnis

Ungedruckte Quellen

Bayerisches Hauptstaatsarchiv, München (BayHStA)
MInn Bayerisches Staatsministerium des Innern
62577; 62578; 62583; 62584; 62585; 62586; 62587; 62588; 62589; 62609; 62610

MJu Bayerisches Staatsministerium der Justiz
17684; 17695

MA Bayerisches Staatsministerium des königlichen Hauses und des Äußern
95825; 95798

Bayerisches Wirtschaftarchiv (BWA)
K 1 Industrie- und Handelskammer für München und Oberbayern
IX, B 7, I. Akt; IX, B 7, II. Akt; IX, B 7, III. Akt

K 2 Bayerischer Handelskammertag
IX, B 2, 1. Akt

Bundesarchiv, Berlin-Lichterfelde (BA)
R 86 Kaiserliches Gesundheitsamt
858; 887; 891; 906; 911; 2043; 2045; 2053; 2057; 2068; 2069; 2070; 2071; 2072; 2073; 2074; 2075; 2076; 2081; 2104; 2105; 2106; 2107; 2110; 2130; 4481; 4482; 5391; 5398; 5410; 5411; 5412; 5413

R 908 Konsumgenossenschaften
8; 29; 42; 43; 62; 70; 114; 116

R 1401 Reichskanzleramt
958; 959

Geheimes Staatsarchiv Preußischer Kulturbesitz (GStPK)
I. HA Rep. 76 Ministerium der geistlichen, Unterrichts- und Medizinal-Angelegenheiten
VIII A Ältere Medizinalregistratur, Nr.
2741; 2279

VIII B Jüngere Medizinalregistratur, Nr.
3094; 3095; 3096; 3097; 3098; 3129; 3131; 3133; 3135; 3153; 3171; 4383; 4384

I. HA Rep. 84 A Justizministerium, Nr.
2438; 2440; 2441; 2442; 2443; 2449; 2450

I. HA Rep. 120 Ministerium für Handel und Gewerbe
C IX 1, Nr. 3, Bd. 3, Vol. 1–10; C IX 1 Nr. 3, Adh. 6

Institut für Stadtgeschichte Frankfurt am Main (ISG)
Magistratsakten
R 1505; S 2287; T 1894

Schulamt
7667

Schlacht- und Viehhof
499; 486

Vorortakten Schwanheim
Nr. 798

Landesarchiv Berlin (LandesA Berlin)
A Rep. 225 Aschinger's Aktien-Gesellschaft
Nr. 598

A Rep. 000-02-01 Stadtverordnetenversammlung der Stadt Berlin
Nr. 2200

Rheinisch-Westfälisches Wirtschaftsarchiv, Köln (RWWA)
Abt. 208 Bestand Stollwerck
208-189-3; 208-189-4; 208-192-4; 208-268-5; 208-270-8; 208-275-1; 208-275-2

Sächsisches Staatsarchiv, Staatsarchiv Leipzig (SächsStA)
20031 Polizeipräsidium Leipzig (PP)
V, Nr. 5

Sächsisches Wirtschaftsarchiv, Leipzig (SWA)
U 2 Konsumgenossenschaft Leipzig eG, Nr.
395; 396; 397; 405; 406; 1345

Staatsarchiv München (StaatsA München)
Landratsämter (LRA)
Nr. 149050

Polizeidirektion München (Pol. Dir.)
Nr. 3553

Stadtarchiv Leipzig (StadtA Leipzig)
Cap. 35 Rat der Stadt Leipzig, zu Vereinen, Innungen und Genossenschaften,
No. 56; 622; 690

Stadtverordnetenverhandlungen 1900
V.1 XII

Stadtarchiv Nürnberg (StadtA Nürnberg)
Stadtchronik Nürnberg
F 2, Nr. 20

C 7/V Akten der Polizeidirektion Nürnberg-Fürth
Nr. 486; Nr. 2870; Nr. 3466; X VR Nr. 6

Westfälisches Wirtschaftsarchiv, Dortmund (WWA)
K2 IHK Bochum
Nr. 988

Periodika

Allgemeine Hausfrauen-Zeitung. Wochenschrift für häusliche Erziehung und das gesammte Hauswesen.

Amtsblatt des bayerischen k. Staatsministerium des Innern, amtlich hg. vom k. Staatsministerium des Innern.

Annales de la Société Universelle de la Croix blanche de Genève. Annales des Falsifications. Bulletin international de la Répression des Fraudes Alimentaires & Pharmaceutiques.

Auszüge aus gerichtlichen Entscheidungen zum Gesetze, betr. den Verkehr mit Nahrungsmitteln, Genussmitteln und Gebrauchsgegenständen, Beilage zu den Veröffentlichungen des Kaiserlichen Gesundheitsamtes.

Bericht des Vereins gegen Verfälschung der Lebensmittel und zur Hebung der Hauswirtschaft in Chemnitz über die Thätigkeit desselben.

Bericht über den Internationalen Congress für Angewandte Chemie.

Bericht über die … Versammlung der Freien Vereinigung bayerischer Vertreter der angewandten Chemie, 1883–1901.

Bericht über die … Jahres-Versammlung der Freien Vereinigung Deutscher Nahrungsmittelchemiker, 1902–1907.

Bericht über die … Hauptversammlung der Freien Vereinigung Deutscher Nahrungsmittelchemiker, 1908–1911.

Bericht über die … Hauptversammlung des Vereins Deutscher Nahrungsmittelchemiker.

The British Food Journal and Analytical Review. The Official Organ of the International Commission on Adulteration.

Centralblatt für das Deutsche Reich, hg. im Reichskanzleramt.

Centralblatt für Nahrungs- und Genussmittel-Chemie, sowie Hygiene.

Correspondenz-Blatt des Niederrheinischen Vereins für öffentliche Gesundheitspflege.

Der Genossenschaftspionier. Organ für soziales Genossenschaftswesen.

Deutsche Hausfrauen-Zeitung. Für die gesamten Frauen- und Familieninteressen. Organ für Frauenbildungs-, Erwerbs- und Hausfrauenvereine sowie für alle Interessen des Hauses und der Familie.

Deutsche Lebensmittel-Zeitung. Alleiniges offizielles Organ des Rechtsschutzverbandes für das Nahrungsmittelgewerbe.

Deutsche Margarine-Zeitschrift. Offizielles Organ der Vereinigung Deutscher Margarinefabrikanten zur Wahrung der gemeinsamen Interessen.

Deutsche Nahrungsmittel-Rundschau. Offizielles Organ des Bundes deutscher Nahrungsmittel-Fabrikanten und -Händler. Zeitschrift für die Interessen der Fabrikation und des Handels in allen Nahrungs-, Genussmitteln und Gebrauchsgegenständen.

Deutsche Vierteljahrsschrift für öffentliche Gesundheitspflege: Organ des Deutschen Vereins für öffentliche Gesundheitspflege.

Forschungsberichte über Lebensmittel und ihre Beziehungen zur Hygiene, über forense Chemie und Pharmakognosie. Organ der Freien Vereinigung bayerischer Vertreter der Angewandten Chemie.

Für's Haus. Praktisches Wochenblatt für alle Hausfrauen.

Gesetz- und Verordnungsblatt für den Freistaat Bayern.

Gesetzblatt für das Königreich Bayern.

Gesetzsammlung für das Herzogthum Anhalt-Dessau.

Gesetz-Sammlung für die Königlich Preußischen Staaten.

Großherzoglich Hessisches Regierungsblatt.

Jahresberichte über die Fortschritte in der Untersuchung der Nahrungs- und Genussmittel.

Königlich Baierisches Regierungsblatt.

Konserven-Zeitung. Fachblatt für die Fabrikation der Gemüse-, Obst-, Fleisch- und Fischkonserven, Präserven und Nährmittel.
Konsumgenossenschaftliche Rundschau. Zeitschrift des Zentralverbandes Deutscher Konsumgenossenschaften e. V. und der Großeinkaufs-Gesellschaft Deutscher Konsumgenossenschaften mbH.
Ministerialblatt der Handels- und Gewerbe-Verwaltung, hg. im Ministerium für Handel und Gewerbe.
Ministerialblatt für die gesamte innere Verwaltung in den Königlich Preußischen Staaten.
Ministerialblatt für Medizinal- und medizinische Unterrichts-Angelegenheit, hg. vom Ministerium der geistlichen, Unterrichts- und Medizinal-Angelegenheiten.
Mitteilungen des Verbandes deutscher Schokoladefabrikanten.
Mitteilungen des Verbandes deutscher Teigwarenfabrikanten.
Regierungsblatt für das Königreich Württemberg.
Reichsgesetzblatt.
Statistik des deutschen Reichs. N. F. Kriminalstatistik, bearbeitet im Reichs-Justizamt und im Kaiserlichen Statistischen Amt.
Stenographische Berichte über die Verhandlungen des Deutschen Reichstages.
Veröffentlichungen des Kaiserlichen Gesundheitsamtes.
Vierteljahresschrift über die Fortschritte auf dem Gebiete der Chemie der Nahrungs- und Genußmittel, der Gebrauchsgegenstände sowie der hierher gehörenden Industriezweige.
Wider die Nahrungsfälscher. Organ des Untersuchungsamtes für Lebensmittel Hannover.
Zeitschrift für angewandte Chemie, hg. vom Verein Deutscher Chemiker.
Zeitschrift für die gesamte Kohlensäure-Industrie.
Zeitschrift für die Untersuchung der Nahrungs- und Genußmittel, sowie der Gebrauchsgegenstände, hg. vom Verein Deutscher Nahrungsmittelchemiker.
Zeitschrift für öffentliche Chemie. Organ des Verbandes selbständiger öffentlicher Chemiker Deutschlands.
Zeitschrift gegen Verfälschung der Lebensmittel und sonstiger Verbrauchsgegenstände. Zeitschrift des Allgemeinen Deutschen Vereins gegen Verfälschung der Lebensmittel bez. aller Verbrauchsgegenstände.

Gedruckte Quellen und Literatur

1901–1926. 25 Jahre Konsumverein für Dessau und Umgegend eGmbH. Hamburg o. J. [1926].
25 Jahre Geschichte des Konsumvereins Pieschen. Am Jubiläumstage, dem 28. Oktober 1907, o. O. 1907.
25 Jahre Konsum-Verein Frankfurt a. M. und Umgegend, 1900–1925, o. O. o. J. [1925].
25jährige Geschichte des Berliner Hausfrauenvereins von 1873 bis 1899. Nach dem Vereinsarchiv, den Jahresberichten und dem Organ des Vereins der »Deutschen Hausfrauenzeitung« zusammengestellt. Hg. vom Vorstand, Berlin 1899.
30 Jahre Konsumverein der Stadt Neheim. Geschichte des Konsumvereins der Stadt Neheim eGmbH, Köln o. J.
Abel, G., Chemie in Küche und Haus (Aus Natur und Geisteswelt. Sammlung wissenschaftlich-gemeinverständlicher Darstellungen, 76), Leipzig 1909².
Abel, W., Agrarkrisen und Agrarkonjunktur. Eine Geschichte der Land- und Ernährungswirtschaft Mitteleuropas seit dem hohen Mittelalter, Hamburg 1978².
–, Massenarmut und Hungerkrisen im vorindustriellen Deutschland, Göttingen 1972.
Accum, F., Von der Verfälschung der Nahrungsmittel und von den Küchengiften, Leipzig 1822.

Achilles, W., Deutsche Agrargeschichte im Zeitalter der Reformen und der Industrialisierung, Stuttgart 1993.
Adams, M., Ökonomische Theorie des Rechts: Konzepte und Anwendungen (Ökonomische Analyse des Rechts, 1), Frankfurt am Main 2004².
Akerlof, G. A., The Market for »Lemons«. Quality Uncertainty and the Market Mechanisms, in: Quarterly Journal of Economics 84 (1970), S. 488–500.
Albrecht, G., Haushaltungsstatistik. Eine literarhistorische und methodologische Untersuchung, Berlin 1912.
Allen, K. R., Von der Volksküche zum fast food, in: Werkstattgeschichte 31 (2002), S. 5–25.
Allgemeines Handels-Lexicon. Neuestes Illustriertes Handels- und Waren-Lexicon oder Encyklopädie der gesammten Handelswissenschaften für Kaufleute und Fabrikanten, Leipzig 1857.
Allgemeines Landrecht für die Preußischen Staaten von 1794. Mit einer Einführung von Hans Hattenhauer, Neuwied 1996².
Alvensleben, R. von, BSE-Krise – Hysterie einer satten Gesellschaft?, in: VLB-Informationen 27 (2002), S. 3–10.
–, Verbraucherbild – Verbraucherverantwortung – Verbrauchererziehung. Ziele und Fakten, in: Zeitschrift für das gesamte Lebensmittelrecht (2002), S. 139–150.
Ambrosius, G., Staat und Wirtschaftsordnung. Eine Einführung in Theorie und Geschichte, Stuttgart 2001.
–, Regulativer Wettbewerb und koordinative Standardisierung zwischen Staaten. Theoretische Annahmen und historische Beispiele, Stuttgart 2005.
André, J. B., Rapport sur les travaux de la Commission internationale pour l'étude de la question de l'unification des méthodes d'analyse des denrées alimentaires, in: Atti del VI congresso internationale di chimica applicata, Bd. 5, Rom 1907, S. 429 f.
Appert, N., Die Kunst alle animalischen und vegetabilischen Substanzen mehrere Jahre zu erhalten, Wien 1832³.
Arnoldus, D., »Mister Duyvis«. The public representation of a family firm, Duyvis 1850–1969, Paper, 9. European Business History Conference 2005, 1.–3. September 2005, Frankfurt am Main.
Arnswaldt, W. C. von, Aus der Geschichte der Familie Varrentrapp, Frankfurt am Main 1908.
Artmann, F., Die Lehre von den Nahrungsmitteln, ihrer Verfälschung und Conservierung, vom technischen Gesichtspunkte aus bearbeitet, Prag 1859.
Auf dem Wege zu einer neuen Wirtschaft. Vierzig Jahre Konsumverein Vorwärts Dresden, Hamburg 1928.
Averbeck, H., Die Verfälschung der Nahrungs- und Genussmittel, Bremen 1878.
Baer, K. E., Reichsgesetz, betr. den Verkehr mit Nahrungsmitteln, Genussmitteln und Gebrauchsgegenständen vom 14. Mai 1879, Erlangen 1879.
Bähr, J., u. R. Banken (Hg.), Das Europa des »Dritten Reichs«. Recht, Wirtschaft, Besatzung (Studien zur europäischen Rechtsgeschichte, 181. Das Europa der Diktatur, 5), Frankfurt am Main 2005.
–, Wirtschaftssteuerung durch Recht im Nationalsozialismus. Studien zur Entwicklung des Wirtschaftsrechts im Interventionsstaat des »Dritten Reichs« (Studien zur europäischen Rechtsgeschichte, 199. Das Europa der Diktatur, 9), Frankfurt am Main 2006.
Bammes, A., Der Konsumverein Leipzig-Plagwitz. Seine Entstehung, Entwickelung und sein gegenwärtiger Stand. Anläßlich seines zwanzigjährigen Bestehens zusammengestellt, Leipzig 1904.
Bauer, J., Die Reichs-Gesetze, betreffend den Verkehr mit Nahrungs-Mitteln, Genuß-Mitteln und Gebrauchs-Gegenständen; mit gesundheitsschädlichen Farben bei der Herstellung von Nahrungsmitteln etc.; mit Ersatzmitteln für Butter (Margarine); mit blei- und zink-

haltigen Gegenständen und die Reichsverordnung über das gewerbsmäßige Verkaufen und Feilhalten von Petroleum. An Hand der ergangenen Reichsgerichtsentscheidungen erläutert und für den praktischen Gebrauch, Leipzig 1890.
Bauer, M., Die Verfälschung der Nahrungsmittel in großen Städten – speciell: Berlin – und die Abhilfe dagegen vom gesetzlichen, gesundheitlichen und practischen Gesichtspunkte, Berlin 1877.
Baumert, G., Lehrbuch der gerichtlichen Chemie, Bd. 1: Der Nachweis von Giften und gesundheitsschädlichen Stoffen in Leichenteilen, Harn, Nahrungs- und Genussmitteln, Gebrauchsgegenständen, Wasser, Luft und Boden, Braunschweig 1907[2].
Baumgartner, J., Ernährungsreform – Antwort auf Industrialisierung und Ernährungswandel: Ernährungsreform als Teil der Lebensreformbewegung am Beispiel der Siedlung und des Unternehmens Eden seit 1893, Frankfurt am Main 1992.
Beck, F., Hygienisches Kochbuch. Anleitung zu einer einfachen, sparsamen und gesundheitlichen Lebensweise, Berlin 1890.
Becker, U., Kaffeekonzentration. Zur Entwicklung und Organisation des hanseatischen Kaffeehandels (Beiträge zur Unternehmensgeschichte, 12), Stuttgart 2002.
Beckurts, H., Nahrungs-, Genussmittel und Gebrauchsgegenstände, in: R. Blasius (Hg.), Braunschweig im Jahre MDCCCXCVII: Festschrift den Theilnehmern an der LXIX. Versammlung Deutscher Naturforscher und Ärzte gewidmet von der Stadt Braunschweig, Braunschweig 1897, S. 210–212.
Behre, A., Zur Geschichte der Lebensmittelchemie und Lebensmittelüberwachung, in: Deutsche Lebensmittel-Rundschau 49 (1953), S. 8–12, 25–29, 68–72, 91–98, 121–124, 142–147.
Behrens, P., Die ökonomischen Grundlagen des Rechts. Politische Ökonomie als rationale Jurisprudenz (Die Einheit der Gesellschaftswissenschaften, 46), Tübingen 1986.
Bell, J., Die Analyse und Verfälschung der Nahrungsmittel, 2 Bde., Berlin 1882/1885.
Bender, G., u. a. (Hg.), Das Europa der Diktatur: Steuerung – Wirtschaft – Recht (Studien zur europäischen Rechtsgeschichte, 181. Das Europa der Diktatur, 1), Frankfurt am Main 2002.
Benöhr, H.-P., Konsumentenschutz vor 80 Jahren, in: Zeitschrift für Handelsrecht 128 (1974), S. 492–503.
Berghoff, H., Moderne Unternehmensgeschichte. Eine themen- und theorieorientierte Einführung, Paderborn 2004.
–, Vertrauen als ökonomische Schlüsselvariable. Zur Theorie des Vertrauens und der Geschichte seiner privatwirtschaftlichen Produktion, in: K.-P. Ellerbrock u. C. Wischermann (Hg.), Die Wirtschaftsgeschichte vor der Herausforderung durch die New Institutional Economics (Untersuchungen zur Wirtschafts- Sozial- und Technikgeschichte, 24), Dortmund 2003, S. 58–71.
–, Die Zähmung des entfesselten Prometheus? Die Generierung von Vertrauenskapital und die Konstruktion des Marktes im Industrialisierungs- und Globalisierungsprozeß, in: ders. u. J. Vogel (Hg.), Wirtschaftsgeschichte als Kulturgeschichte. Dimensionen eines Perspektivenwechsels, Frankfurt am Main 2004, S. 143–168.
Bericht des Vereins gegen Verfälschung der Lebensmittel und zur Hebung der Hauswirtschaft in Chemnitz über die Thätigkeit desselben, Chemnitz 1885
Bericht über die Sitzung des ständigen Ausschusses der Nahrungsmittel-Fabrikanten und -Interessenten im Bunde der Industriellen, 16. Nov. 1912 (Veröffentlichung des Bundes der Industriellen, 4), Berlin 1912.
Berndt, H., Das Buch der Hausfrau. Eine Mitgabe für Frauen und Töchter gebildeter Stände, hg. zur Verbreitung häuslichen Wohlstandes und Comforts und nach den Anforderungen der Gegenwart, Leipzig 1856[2].
Beythien, A., Die Nahrungsmittelverfälschung, ihre Erkennung und Bekämpfung (Sammlung chemischer und chemisch-technischer Vorträge, 16), Stuttgart 1911.

Beythien, A., u.a., Handbuch der Nahrungsmitteluntersuchung. Eine systematisch-kritische Zusammenstellung der Methoden zur Untersuchung der Nahrungs- und Genußmittel, einschließlich des Wassers und der Luft sowie der Gebrauchsgegenstände unter Beifügung der Methoden zur Untersuchung der menschlichen und tierischen Ausscheidungen und Entleerungen, 3 Bde., Leipzig 1914–1920.

Bigelow, W., u.a., Food legislation in the United States, in: O.N. Witt u. G. Pulvermacher (Hg.), V. Internationaler Kongress für angewandte Chemie, Berlin, 2.–8. Juni 1903, Bericht, Bd. 4, Berlin 1904, S. 915–918.

Birnbaum, K., Einfache Methoden zur Prüfung wichtiger Lebensmittel auf Verfälschungen, Karlsruhe 1877.

Blaich, F., Absatzstrategien deutscher Unternehmen, in: H. Pohl (Hg.), Absatzstrategien deutscher Unternehmen. Gestern – Heute – Morgen (ZUG Beihefte, 23) Wiesbaden 1982, S. 5–46.

Boerner, P. (Hg.), Bericht über die Allgemeine deutsche Ausstellung auf dem Gebiete der Hygiene und des Rettungswesens, Bd. 1, Breslau 1885.

Bolenz, E., Technische Normung zwischen »Markt« und »Staat«. Untersuchungen zur Funktion, Entwicklung und Organisation verbandlicher Normung in Deutschland (Report Wissenschaftsforschung, 32), Bielefeld 1987.

Bonss, W., Vom Risiko. Ungewißheit und Unsicherheit in der Moderne, Hamburg 1995.

Borscheid, P., Naturwissenschaft, Staat und Industrie in Baden (1848–1914) (Industrielle Welt, 17), Stuttgart 1976.

Brand, G., Die Wirtschaftsbücher zweier Pfarrhäuser des Leipziger Kreises im vorigen Jahrhundert, Leipzig 1910.

Brandt, P., Hauswirtschaftliche Nahrungsmittelkonsumtion und Frauenarbeit, Tübingen 1912.

Brant, S., Das Narrenschiff. Nach der Erstausgabe (Basel 1494) mit den Zusätzen der Ausgaben von 1495 und 1499 hg. von Manfred Lemmer, Nachdruck Tübingen 1962.

Braudel, F., Sozialgeschichte des 15.–18. Jahrhunderts, Bd. 1: Der Alltag, München 1985.

Bresgen, H., Das Fälschungsunwesen vor dem Forum des deutschen Gesetzgebers, Trier 1877.

–, Der Feldzug gegen die Lebensmittelfälscher ohne amtliche Controle-Stationen unter dem Ressort des Reichsgesundheitsamtes eine harmlose Don Quixoterie, Trier 1878.

–, Der Handel mit verfälschten oder verdorbenen Getränken, Eßwaaren, Medikamenten als gemeingefährliches Attentat auf die Gesundheit, die usuellen Handelsaktionen mit verfälschten oder verdorbenen Waaren aller Art als Raub des öffentlichen Vertrauens aus strafbarem Eigennutz. Eine kriminalpolitische Studie, Trier 1876.

Breuer, S., Der Staat, Reinbek 1998.

Brock, D., Der schwierige Weg in die Moderne. Umwälzungen in der Lebensführung der deutschen Arbeiter zwischen 1850 und 1980, Frankfurt am Main 1991.

Bruch, C., Massen für die Masse, in: industrie-kultur. Zeitschrift des Landschaftsverbandes Rheinland und des Landschaftsverbandes Westfalen-Lippe 7, 3 (2001), S. 2f.

Brunn, F., Hilfsbuch bei Untersuchungen der Nahrungsmittel und Getränke, wie deren Ächtheit erkannt und ihre Verfälschungen entdeckt werden können; nebst einer vollständigen Abhandlung über Reagentien, so wie deren practische Anwendung, Wien 1842.

Brunner, A., Technische Normen in Rechtsetzung und Rechtsanwendung (Basler Studien zur Rechtswissenschaft, Reihe B: Öffentliches Recht, 32), Basel 1991.

Buchka, K. von, Einleitung. Die Aufgaben und Ziele der Fortbildungskurse, in: W. Kerp (Hg.), Nahrungsmittelchemie in Vorträgen. Gehalten auf dem von K. von Buchka, W. Kerp, Th. Paul veranstalteten 1. Fortbildungskursus in der Nahrungsmittelchemie, Leipzig 1914, S. XXVII–XXX.

–, Die Nahrungsmittelgesetzgebung im Deutschen Reiche. Eine Sammlung der Gesetze und wichtigsten Verordnungen, betreffend den Verkehr mit Nahrungsmitteln, Genußmitteln

und Gebrauchsgegenständen, nebst den amtlichen Anweisungen zu ihrer chemischen Untersuchung, Berlin 1912[2].
Budde, G.-F., Des Haushalts »schönster Schmuck«. Die Hausfrau als Konsumexpertin des deutschen und englischen Bürgertums im 19. und frühen 20. Jahrhundert, in: Siegrist u. a. (Hg.), S. 411–440.
Bülow, O., Gesetz und Richteramt, Leipzig 1885 (Nachdruck Aalen 1972).
Bujard, A., u. E. Baier, Hilfsbuch für Nahrungsmittelchemiker zum Gebrauch im Laboratorium für die Arbeiten der Nahrungsmittelkontrolle, gerichtlichen Chemie und anderen Zweigen der öffentlichen Chemie, Berlin 1911[3].
Bullinger, L., Neue Gewerbeordnung für das Königreich Württemberg vom 12. Februar 1862 mit den Vollziehungserlassen, dem Gesetze, betreffend den Schutz der Waarenbezeichnungen, so wie weiteren auf die Gewerbeordnung sich beziehenden Gesetzen, Verfügungen u.s.w., Handausgabe mit Erläuterungen und alphabetischem Sachregister, Stuttgart 1862.
Burchardt, L., Professionalisierung oder Berufskonstruktion? Das Beispiel des Chemikers im wilhelminischen Deutschland, in: GG 6 (1980), S. 326–348.
Burgholz, D., Die wirtschaftliche Entwicklung von Märkten, Messen und Schlachthöfen, in: H. Pohl (Hg.), Kommunale Unternehmen. Geschichte und Gegenwart (ZUG Beihefte, 42), Stuttgart 1987, S. 88–115.
Burnett, J., Food adulteration in Britain in the 19th century and the origins of food legislation, in: Heischkel-Artelt, E. (Hg.), S. 117–130.
Capaun-Karlowa, C. F., Unsere Lebensmittel. Eine Anleitung zur Kenntniss der vorzüglichsten Nahrungs- und Genussmittel, deren Vorkommen und Beschaffenheit in gutem und schlechtem Zustand, sowie ihre Verfälschungen und deren Erkennung (Chemisch-technische Bibliothek, 53), Wien 1879.
Casson, M., Economic ideology and consumer society, in: G. Jones u. N. J. Morgan (Hg.), Adding Value. Brands and Marketing in Food and Drink, London 1994, S. 41–58.
Chandler, A. D., The Visible Hand. The Managerial Revolution in American Business, Cambridge/Mass. 1977.
Chevallier, A., Dictionnaire des altérations et falsifications des substances alimentaires, médicamenteuses et commerciales, avec l'indication des moyens de les reconnaître, 2 Bde., Paris 1854[2]; deutsch: Wörterbuch der Verunreinigungen und Verfälschungen der Nahrungsmittel, Arzneikörper und Handelswaaren nebst Angabe der Erkennungs- und Prüfungsmittel, übersetzt und bearbeitet von A. H. L. Westrumb, 2 Bde., Göttingen 1856.
Chronik des Bundesverbandes der Deutschen Süßwarenindustrie und seiner Vorgängerverbände, o. O. 1977.
Clauß, W., Die Eigenproduktion der deutschen Konsumvereine und ihrer Zentralen, Berlin 1930.
Codex Alimentarius Austriacus: Das österreichische Nahrungsmittelbuch, Wien 1912.
Coermann, W. (Hg.), Nahrungsmittel-Gesetzgebung. Enthaltend die Entscheidungen bis 1911 mit Gesetzestext (Fuchsbergers Entscheidungs-Sammlung Teil XXI; Kartothek-Ausgabe, Loseblattsammlung), Gießen 1911, Ergänzungsbände: Gießen 1912–1914.
–, Weingesetz vom 7. April 1909 nebst den Ergänzungsgesetzen und Ausführungsbestimmungen des Reichs, Düsseldorf 1909.
Coing, H., Die Neugestaltung des Liegenschaftsrechts, in: ders. (Hg.), Studien, S. 9–50.
–, Rechtsentwicklung und Wirtschaftsentwicklung als Fragestellung für die Rechtsgeschichte, in: H. Sauermann u. E.-J. Mestmäcker (Hg.), Wirtschaftsordnung und Staatsverfassung. Festschrift für Franz Böhm zum 80. Geburtstag, Tübingen 1975, S. 101–117.
–, Rechtsvergleichung als Grundlage von Gesetzgebung im 19. Jahrhundert, in: Ius Commune 7 (1978), S. 160–178.

– (Hg.), Studien zur Einwirkung der Industrialisierung auf das Recht (Comparative Studies in Continental and Anglo-American Legal History, 9), Berlin 1991.
Collin, P., Das preußische Arzneimittelrecht des 19. Jahrhunderts – Referenzgebiet einer Geschichte des öffentlichen Rechts der Moderne?, in: Jahrbuch der juristischen Zeitgeschichte 6 (2005), S. 53–80.
Collin, P., u. T. Horstmann, Einleitung, in: dies. (Hg.), Das Wissen des Staates. Geschichte, Theorie und Praxis (Rechtspolitologie, 17), Baden-Baden 2004, S. 9–38.
–, Überlegungen zu einer Rechtsgeschichte staatlichen Wissens, in: forum historiae iuris (September 2003), Randnr. 26, www.rewi.hu-berlin.de/online/fhi/debatte/0309collinhorstmann.htm [13.09.2003].
Commission pour la préparation d'un code international des procédés d'analyse des denrées alimentaires, in: O. N. Witt u. G. Pulvermacher (Hg.), V. Internationaler Kongress für angewandte Chemie, Bericht, Bd. 3, Berlin 1904, S. 1006f., 1071–1073.
Commissione internationale per lo studio della questione dell'unificazione di metodi di analisi delle derrate alimentari, in: Atti del VI congresso internationale di chimica applicata, Bd. 7, Rom 1907, S. 379–801.
Conrad, H.-G., Werbung und Markenartikel am Beispiel der Markenfirma Dr. Oetker von 1891 bis 1975 in Deutschland, Berlin 2002.
Crüger, H., Konsum-Vereine, in: Handwörterbuch der Staatswissenschaften, hg. von J. Conrad, 6. Bd., Jena 1910[3], S. 151–156.
Dammer, O., Handwörterbuch der öffentlichen und privaten Gesundheitspflege, Stuttgart 1891.
Daum, A., Wissenschaftspopularisierung im 19. Jahrhundert. Bürgerliche Kultur, naturwissenschaftliche Bildung und die deutsche Öffentlichkeit 1848–1914, München 1998.
Davidis, H., Die Hausfrau. Praktische Anleitung zur selbständigen und sparsamen Führung des Haushaltes. Eine Mitgabe für angehende Hausfrauen, Leipzig 1863[2].
Davis, B., Geschlecht und Konsum. Rolle und Bild der Konsumentin in den Verbraucherprotesten des Ersten Weltkrieges, in: Archiv für Sozialgeschichte 38 (1998), S. 119–139.
De Swaan, A., Der sorgende Staat. Wohlfahrt, Gesundheit und Bildung in Europa und den USA der Neuzeit (Wohlfahrtspolitik und Gesellschaftstheorie, 1), Frankfurt am Main 1993.
Denkschrift über das Färben der Wurst sowie des Hack- und Schabefleisches, hg. vom Kaiserlichen Gesundheitsamt, Berlin 1898.
Denkschrift über die Aufgaben und Ziele, die das Kaiserliche Gesundheits-Amt sich gestellt hat, und über die Wege, auf denen es dieselben zu erreichen hofft, in: Stenographische Berichte über die Verhandlungen des Deutschen Reichstags, 3. Leg., II. Sess., 1878, Bd. 3, Anlagen, Nr. 13, Berlin 1878, S. 295–303.
Dennstedt, M., Die Chemie in der Rechtspflege. Leitfaden für Juristen, Polizei- und Kriminalbeamte usw., Leipzig 1910.
Deutsches Nahrungsmittelbuch, hg. vom Bund Deutscher Nahrungsmittel-Fabrikanten und Händler e. V., Heidelberg 1905[1]/1909[2]/1925[3].
Di Fabio, U., Produktharmonisierung durch Normung und Selbstüberwachung, Köln 1996.
Dienel, H.-L., Ingenieure zwischen Hochschule und Industrie. Kältetechnik in Deutschland und Amerika, 1870–1930 (Schriftenreihe der Historischen Kommission bei der Bayerischen Akademie der Wissenschaften, 54), Göttingen 1995.
Dietzsch, O., Die wichtigsten Nahrungsmittel und Getränke, deren Verunreinigungen und Verfälschungen. Praktischer Wegweiser zu deren Erkennung, Zürich 1877[1]/1884[4].
Dinges, M., Medicinische Policey zwischen Heilkundigen und »Patienten«, in: K. Härter (Hg.), Policey und frühneuzeitliche Gesellschaft (Ius Commune Sonderhefte; Studien zur Europäische Rechtsgeschichte, 129), Frankfurt am Main 2000, S. 263–295.
Dipper, C., Deutsche Geschichte 1648–1789, Frankfurt am Main 1991.

Döllinger, G., Sammlung der im Gebiete der inneren Staats-Verwaltung des Königreichs Bayern bestehende Verordnungen, aus amtlichen Quellen geschöpft und systematisch geordnet, Fünfzehnter Band, Die Abteilung XVI Medicinalwesen enthaltend, München 1838.

Dowe, D. (Hg.), Erhebungen von Wirtschaftsrechnungen minderbemittelter Familien im Deutschen Reiche (1909) und 320 Haushaltsrechnungen von Metallarbeitern (1909), Nachdruck Berlin 1981.

Dragendorff, J. G., Die gerichtlich-chemische Ermittelung von Giften in Nahrungsmitteln, Luftgemischen, Speiseresten, Körpertheilen etc., St. Petersdorf 1876.

Duflos, A., Die wichtigsten Lebens-Bedürfnisse, ihre Aechtheit und Güte, ihre zufälligen Verunreinigungen und ihre absichtlichen Verfälschungen, mit gleichzeitiger Berücksichtigung der in der Haushaltung, den Künsten und Gewerben benutzten chemischen Gifte, Breslau 1846.

Duve, T., Verbraucher. Unternehmer, in: M. Schmoeckel u. a. (Hg.), Historisch-kritischer Kommentar zum BGB, Bd. I: Allgemeiner Teil §§ 1–240, Tübingen 2003, Rn. 66–90 (S. 215–223).

Dyckerhoff, L., u. E. Kirchner, Die Haushaltungsschule der Firma Dyckerhoff u. Söhne, Portland-Cementfabrik zu Amöneburg bei Biebrich a. Rh., in: Der Hauswirtschaftliche Unterricht armer Mädchen. Berichte hg. von der Haushaltungsunterrichts-Kommission des deutschen Vereins für Armenpflege und Wohlthätigkeit (Schriften des deutschen Vereins für Armenpflege und Wohlthätigkeit, 12), Leipzig 1890, S. 53–56.

Elben, K., Zur Lehre von der Waarenfälschung, hauptsächlich in geschichtlicher Hinsicht, Freiburg 1881.

Ellerbrock, K.-P., Die Entwicklung der Lebensmittelüberwachung in Dortmund im 19. Jahrhundert. Ein ernährungsgeschichtlicher Beitrag zur »Sozialen Frage« in Dortmund, in: Beiträge zur Geschichte Dortmunds und der Grafschaft Mark 78 (1987), S. 75–125.

–, Geschichte der deutschen Nahrungs- und Genußmittelindustrie 1750–1914 (ZUG Beihefte, 76), Stuttgart 1993.

–, Lebensmittelqualität vor dem Ersten Weltkrieg: Industrielle Produktion und staatliche Gesundheitspolitik, in: Teuteberg, H.-J. (Hg.), Durchbruch, S. 127–188.

–, An der Schwelle zur Konsumgesellschaft. Traditionelle Nahrungswirtschaft und die Anfänge der industriellen Nahrungsmittelproduktion in Preußen im ausgehenden 18. und im 19. Jahrhundert, in: Prinz (Hg.), Weg, S. 273–290.

Elsner, F., Die Praxis des Chemikers bei Untersuchung von Nahrungsmitteln und Gebrauchsgegenständen, Handelsprodukten, Luft, Boden, Wasser, bei bakteriologischen Untersuchungen, sowie in der gerichtlichen und Harn-Analyse, Hamburg 1889.

–, Untersuchungen von Lebensmitteln und Verbrauchsgegenständen, zugleich als Beitrag zur Frage der Lebensmittelverfälschungen, Berlin 1878.

Emminghaus, A., Bericht über die »Kleine Kochschule« zu Weimar, in: Der Hauswirtschaftliche Unterricht armer Mädchen. Berichte hg. von der Haushaltungsunterrichts-Kommission des deutschen Vereins für Armenpflege und Wohlthätigkeit (Schriften des deutschen Vereins für Armenpflege und Wohlthätigkeit, 12), Leipzig 1890, S. 57–60.

Endreß, M., Vertrauen, Bielefeld 2002.

Engel, C., Vertrauen: ein Versuch. Gemeinschaftsgüter: Recht, Politik und Ökonomie. (Preprints aus der Max-Planck-Projektgruppe Recht der Gemeinschaftsgüter, 12), Bonn 1999.

Engel, E., Die vorherrschenden Gewerbezweige in den Gerichtsämtern mit Beziehung auf die Produktions- und Consumptionsverhältnisse des Königreichs Sachsen, in: Zeitschrift des Statistischen Büreaus des Königlich Sächsischen Ministeriums des Innern 8/9 (1857), S. 151–184.

Entwürfe zu Festsetzungen über Lebensmittel, hg. vom Kaiserlichen Gesundheitsamt. Heft 1: Honig (1912), Heft 2: Speisefette und Speiseöle (1912), Heft 3: Essig und Essigessenz

(1912), Heft 4: Käse (1915), Heft 5: Kaffee (1915), Heft 6: Kaffeeersatzstoffe (1915), Berlin 1912–1915.
Erlei, M. u. a., Neue Institutionenökonomik, Stuttgart 1999.
Ertheiler, A., Aus der Geschichte des Nürnberger Lebensmittel-Bundes und des Deutschen Nahrungsmittelbuches, in: Die Ernährungswirtschaft 2 (1955), S. 49–51.
Escher, F., Lebensmittelverarbeitung – Von der Empirie zur Wissenschaft, in: ders. u. C. Buddeberg (Hg.), Essen und Trinken zwischen Ernährung, Kult und Kultur, Zürich 2003, S. 85–109.
Eulenberg, H., Das Medicinal-Wesen in Preußen, Berlin 1874.
Eulner, H.-H., Die Lehre von der Ernährung im Universitätsunterricht, in: Heischkel-Artelt, E. (Hg.), S. 22–75.
Exner, F., Die Milch, ihre Verfälschung und deren Nachweis, Neustadt 1892.
Exner, M., u. C. Pfingsten, »Der größte Teil der Leiden, die uns Bedrücken, kommt vom Menschen selbst«. Hygiene und öffentliche Gesundheit in Vergangenheit, Gegenwart und Zukunft, in: »Sei sauber…!«. Eine Geschichte der Hygiene und öffentlichen Gesundheitsvorsorge in Europa, hg. vom Musée d'Histoire de la Ville de Luxembourg, Köln 2004, S. 242–257.
Experimentelle und kritische Beiträge zur Neubearbeitung der Vereinbarungen zur einheitlichen Untersuchung und Beurteilung von Nahrungs- und Genußmitteln sowie Gebrauchsgegenständen für das Deutsche Reich, hg. vom Kaiserlichen Gesundheitsamt, 3 Bde., Berlin 1911/1914/1923.
Fahlberg, C., 25 Jahre im Dienste der Saccharin-Industrie unter Berücksichtigung der heutigen Saccharin-Gesetzgebung, in: V. internationaler Kongreß für angewandte Chemie, Berlin, 2.–8. Juni 1903, Berlin 1904, S. 625–659.
Falk, U., Von Dienern des Staates und von anderen Richtern. Zum Selbstverständnis der deutschen Richterschaft im 19. Jahrhundert, in: A. Gouron u. a. (Hg.), Europäische und amerikanische Richterbilder (Rechtsprechung. Materialien und Studien, 10), Frankfurt am Main 1996, S. 251–292.
Feld, E., Die deutsche Margarine-Industrie, Marburg 1922.
Festbuch zum 25jährigen Bestehen des Konsumvereins »Eintracht« für Würselen und Umgegend eGmbH Würselen. 1903–1928, o. O. o. J. [1928].
Fiedler, M., Vertrauen ist gut, Kontrolle ist teuer. Vertrauen als Schlüsselkategorie wirtschaftlichen Handelns, in: GG 27 (2001), S. 576–592.
Fincke, H., 50 Jahre Chemikertätigkeit in der Deutschen Schokoladenindustrie. Festschrift zum fünfzigjährigen Bestehen des Chemischen Laboratoriums der Gebrüder Stollwerck A. G., Köln 1934.
–, Die Bedeutung der Geschichte der Lebensmittelchemie, in: Zeitschrift für Lebensmitteluntersuchung und -Forschung 60 (1930), S. 54–63.
–, Zur Geschichte der Lebensmittelchemie und Lebensmittelüberwachung, in: Deutsche Lebensmittel-Rundschau 49 (1953), S. 283–285.
Finkelnburg, C., Geschichtliche Entwicklung und Organisation der öffentlichen Gesundheitspflege in den Kulturstaaten, in: T. Weyl (Hg.), Handbuch der Hygiene, Bd. 1, Jena 1896, S. 1–36.
Fleck, H., Die Chemie im Dienste der öffentlichen Gesundheitspflege. Ein Wegweiser für Verwaltungsbeamte, Ärzte, Ingenieure und Chemiker zur Beantragung, Bewerkstelligung und Beurtheilung chemischer Untersuchungen und darauf begründeter fachmännischer Gutachten, Dresden 1882.
Fleck, L., Entstehung und Entwicklung einer wissenschaftlichen Tatsache. Einführung in die Lehre vom Denkstil und Denkkollektiv. Mit einer Einleitung hg. von Lothar Schäfer und Thomas Schnelle, Frankfurt am Main 1999[4].
Fleischmann, M., Das Margarinegesetz vom 15. Juni 1897, Breslau 1898.

Fleissner, H., 25 Jahre Geschichte des Konsumvereins »Vorwärts« Dresden, Dresden 1913.
Die Förderung und Ausgestaltung der hauswirtschaftlichen Unterweisung. Vorbericht und Verhandlungen der 2. Konferenz der Zentralstelle für Volkswohlfahrt am 11. und 12. Mai, in: Schriften der Zentralstelle für Volkswohlfahrt, N. F. 2, Berlin 1908, S. 22.
Förster, A., Der hauswirtschaftliche Unterricht in der Volksschule, in: Der hauswirtschaftliche Unterricht armer Mädchen. Berichte herausgegeben von der Haushaltungsunterrichts-Kommission des deutschen Vereins für Armenpflege und Wohlthätigkeit (Schriften des deutschen Vereins für Armenpflege und Wohlthätigkeit, 12), Leipzig 1890, S. 33–38.
Forstmann, W., Großbürgerliche Haushalte im 19. Jahrhundert. Das Beispiel der Frankfurter Familie Bethmann, in: T. Pierenkemper (Hg.), Zur Ökonomik des privaten Haushalts. Haushaltsrechnungen als Quellen historischer Wirtschafts- und Sozialforschung (Stiftung der Private Haushalt, 12), Frankfurt am Main 1991, S. 225–239.
Frank, J. P., System einer vollständigen medicinischen Polizey, Bd. 1–6, Mannheim 1779–1788.
Frank, R., Das Strafgesetzbuch für das Deutsche Reich nebst dem Einführungsgesetze, Tübingen 1908$^{5-7}$.
French, M., u. J. Phillips, Cheated not poisoned? Food regulation in the United Kingdom, 1875–1938, Manchester 2000.
Frevert, U., Fürsorgliche Belagerung: Hygienebewegung und Arbeiterfrauen im 19. und frühen 20. Jahrhundert, in: GG 11 (1985), S. 420–446.
–, Krankheit als politisches Problem 1770–1880. Soziale Unterschichte in Preußen zwischen medizinischer Polizei und staatlicher Sozialversicherung (Kritische Studien zur Geschichtswissenschaft, 62), Göttingen 1984.
–, Vertrauen in historischer Perspektive, in: R. Schmalz-Bruns u. R. Zintl (Hg.), Politisches Vertrauen. Soziale Grundlagen reflexiver Kooperation, Baden-Baden 2002, S. 39–59.
– (Hg.), Vertrauen. Historische Annäherungen, Göttingen 2003.
Frey, M., Der reinliche Bürger. Entstehung und Verbreitung bürgerlicher Tugenden in Deutschland, 1760–1860 (Kritische Studien zur Geschichtswissenschaft, 119), Göttingen 1997.
Fürth, H., Ein mittelbürgerliches Budget über einen zehnjährigen Zeitraum, Jena 1907.
Fuhrmann, M., Volksvermehrung als Staatsaufgabe? Bevölkerungs- und Ehepolitik in der deutschen politischen und ökonomischen Theorie des 18. und 19. Jahrhunderts (Rechts- und staatswissenschaftliche Veröffentlichungen der Görres-Gesellschaft, N. F. 101), Paderborn 2002.
Geissler, E., Ein Beitrag zur Frage der Verfälschung der Lebensmittel in der Stadt Dresden, Dresden 1878.
Gellately, R., Zur Entstehung der Massenkonsumgesellschaft Deutschlands. Der Kleinhandelsmarkt 1870–1914, in: J. Hütter u. a. (Hg.), Tradition und Neubeginn. Internationale Forschungen zur deutschen Geschichte im 20. Jahrhundert, Köln 1975, S. 475–480.
Gerlach, V., »Zweieinig geht der Mensch am best«. Zur Neugründung des »Bundes«, in: Die Ernährungswirtschaft 2 (1955), S. 49–51.
Gessner, V., Rechtspluralismus und globale soziale Bewegungen, in: Zeitschrift für Rechtssoziologie 23 (2002), S. 277–305.
Geyer, R., Der Gedanke des Verbraucherschutzes im Reichsrecht des Kaiserreiches und der Weimarer Republik (1871–1933). Eine Studie zur Geschichte des Verbraucherrechts in Deutschland, Frankfurt am Main 2000.
Giddens, A., Konsequenzen der Moderne, Frankfurt am Main 1997.
Gispen, K., Interessenkonflikte und Organisationsbildung bei den deutschen Ingenieuren, 1890–1933, in: P. Lundgreen u. A. Grelon (Hg.), Ingenieure in Deutschland 1770–1990 (Deutsch-französische Studien zur Industriegesellschaft, 17), Frankfurt 1994, S. 317–337.
Gizycki, R. von, Prozesse wissenschaftlicher Differenzierung. Eine organisations- und wissenschaftssoziologische Fallstudie (Soziologische Schriften, 21), Berlin 1976.

Glaser, K., Vom Reichsgesundheitsrat zum Bundesgesundheitsrat. Ein Beitrag zur Geschichte des Deutschen Gesundheitswesens (Schriftenreihe aus dem Gebiete des öffentlichen Gesundheitswesens, 13), Stuttgart 1960.
Glöckner, H. P., Quellen zur neueren Strafrechtsgeschichte, in: Ius Commune 24 (1992), S. 249–271.
Das häusliche Glück. Vollständiger Haushaltungsunterricht nebst Belehrung über Gesundheits- und Krankenpflege, die ersten Mutterpflichten und Pflege der Kinder sowie Anleitung zum Kochen für Frauen, die »billig und gut« haushalten lernen wollen. Hg. von einer Commission des Verbandes »Arbeiterwohl«, Mönchengladbach 1903.
Gorissen, S., Der Preis des Vertrauens. Unsicherheit, Institutionen und Rationalität im vorindustriellen Fernhandel, in: Frevert (Hg.), Vertrauen, S. 90–118.
Gradmann, C., »Krieg den Bacterien!«. Wunsch und Wirklichkeit der medizinischen Bakteriologie und der Labormedizin am Ende des 19. Jahrhunderts, in: »Sei sauber…!«. Eine Geschichte der Hygiene und öffentlichen Gesundheitsvorsorge in Europa, hg. vom Musée d'Histoire de la Ville de Luxembourg, Köln 2004, S. 228–237.
Grauert, F., u. U. Pfister, Der institutionelle Wandel des Lebensmitteleinzelhandels seit dem Ende des 19. Jahrhunderts bis 1950. Das Beispiel Dortmund, in: Akkumulation 12 (1999), S. 1–11.
Greiert, C., Festschrift zum 50jährigen Bestehen des Verbandes deutscher Schokolade-Fabrikanten e. V. 1876–1926, Dresden 1926.
Griessmayer, V., Die Verfälschung der wichtigsten Nahrungs- und Genußmittel vom chemischen Standpunkte in populärer Darstellung, Augsburg 1880.
Grimm, D., Vorwort, in: ders. (Hg.), Wachsende Staatsaufgaben – sinkende Steuerungsfähigkeit des Rechts, Baden-Baden 1990, S. 9–14.
Grimm, H.-U., Die Suppe lügt. Die schöne neue Welt des Essens, Frankfurt am Main 1998.
–, Aus Teufels Topf. Die neuen Risiken beim Essen, München 2001.
Grossbölting, T., Die Ordnung der Wirtschaft. Kulturelle Repräsentation in den deutschen Industrie- und Gewerbeausstellungen des 19. Jahrhunderts, in: H. Berghoff u. J. Vogel (Hg.), Wirtschaftsgeschichte als Kulturgeschichte. Dimensionen eines Perspektivenwechsels, Frankfurt am Main 2004, S. 377–403.
Gruber, M., Der Stand der Verwendung von Konservierungsmitteln für Nahrungs- und Genußmittel, in: Bericht über den XIV. Internationalen Kongreß für Hygiene und Demographie, Berlin, 23–29. September 1907, Bd. II, Berlin 1908, S. 282–293.
Grüne, J., Anfänge staatlicher Lebensmittelüberwachung in Deutschland. Der »Vater der Lebensmittelchemie« Joseph König (1843–1930), Stuttgart 1994.
Gudermann, R., »Bereitschaft zur totalen Verantwortung« – Zur Ideengeschichte der Selbstversorgung, in: Prinz (Hg.), Weg, S. 375–412.
Guttstadt, A., Das deutsche Medicinalwesen, Leipzig 1887.
Haas, S., Sinndiskurse in der Konsumkultur. Die Geschichte der Wirtschaftswerbung von der ständischen bis zur postmodernen Gesellschaft, in: Prinz (Hg.), Weg, S. 291–314.
Haase, J. W., Die Entwicklung des Lebensmittelrechts in Deutschland. Eine einführende historische Darstellung vom Mittelalter bis zur Gründung der Bundesrepublik mit dem Schwerpunkt auf dem Kaiserreich und der Weimarer Republik, Aachen 2002.
Hager, H., Die Entwicklung der deutschen Margarine-Industrie unter besonderer Berücksichtigung ihrer Arbeiterverhältnisse, Gießen 1928.
Hanauer, W., Georg Varrentrapp, geb. 20. März 1809. Zur Erinnerung an seinen hundertsten Geburtstag, in: Deutsche Vierteljahrsschrift für öffentliche Gesundheitspflege 41 (1909), S. I–IX.
Handbuch wirtschaftlicher Vereine und Verbände des Deutschen Reiches, hg. vom Deutschen Hansabund, Berlin 1913.
Hansen, E., u. W. Wendt, Überblick über die Geschichte der Lebensmittelkontrolle und

-fälschungen, in: J. Schormüller (Hg.), Handbuch der Lebensmittelchemie, Bd. 1, Berlin 1965, S. 62–69.
Hansen, U., u. M. Bode, Marketing & Konsum – Theorie und Praxis von der Industrialisierung bis ins 21. Jahrhundert, München 1999.
Hardy, A. I., Der Arzt, die Ingenieure und die Städteassanierung, in: Technikgeschichte 72 (2005), S. 91–126.
–, Ärzte, Ingenieure und städtische Gesundheit. Medizinische Theorien in der Hygienebewegung des 19. Jahrhunderts (Kultur der Medizin, 17), Frankfurt am Main 2005.
Hasselmann, E., Geschichte der deutschen Konsumgenossenschaften, Frankfurt am Main 1971.
–, Die Rochdaler Grundsätze im Wandel der Zeit, Frankfurt am Main 1968.
Hasterlik, A., Die praktische Lebensmittelkontrolle. Ein Leitfaden für die Nahrungs- und Genußmittelpolizei und für das Lebensmittelgewerbe, Stuttgart 1906.
Haupt, H.-G., Konsum und Handel. Europa im 19. und 20. Jahrhundert, Göttingen 2003.
–, u. C. Torp, Die Konsumgesellschaft in Deutschland 1890–1990. Ein Handbuch, Frankfurt am Main 2009.
Hein, D., Formen gesellschaftlicher Wissenspopularisierung, in: L. Gall u. A. Schulz (Hg.), Wissenskommunikation im 19. Jahrhundert (Nassauer Gespräche der Freiherr-vom-Stein-Gesellschaft, 6), Stuttgart 2003, S. 147–169.
Heine, Günter, Normierung und Selbstnormierung im Strafrecht, in: Zeitschrift für das gesamte Lebensmittelrecht 3 (1997), S. 269–288.
Heischkel-Artelt, E. (Hg.), Ernährung und Ernährungslehre im 19. Jahrhundert. Vorträge eines Symposiums am 5. und 6. Januar 1973 in Frankfurt am Main (Studien zur Medizingeschichte im neunzehnten Jahrhundert, 6), Göttingen 1976.
Helmholtz, H., Über die Erhaltung der Kraft, Berlin 1847.
Henkel, J. B., Waaren-Lexicon für Droguisten, Apotheker und Kaufleute enthaltend eine specielle Charakteristik der gangbaren Droguen, Colonialwaaren, Chemikalien und Farbwaaren nebst Anleitung zur Prüfung derselben und zur Bestimmung ihrer Güte etc., Gera 1874.
Henne, T., u. C. Kretschmann, Ein Mythos der Richterrechtsdiskussion, in: Ius Commune 26 (1999), S. 211–327.
Henning, F.-W., Die Industrialisierung in Deutschland (Wirtschafts- und Sozialgeschichte, 2), Paderborn 1979[5].
Herbst, R, Die Entwicklung der Margarineindustrie zwischen 1869 und 1930 unter besonderer Berücksichtigung des Hamburger Wirtschaftsraumes, Hamburg 1989.
Hess, V., Messen und Zählen. Die Herstellung des normalen Menschen als Maß der Gesundheit, in: Berichte zur Wissenschaftsgeschichte 22 (1999), S. 266–280.
–, Die Moralische Ökonomie der Normalisierung. Das Beispiel Fiebermessen, in: W. Sohn u. H. Mehrtens (Hg.), Normalität und Abweichung. Studien zur Theorie und Geschichte der Normalisierungsgesellschaft, Opladen 1999, S. 222–243.
Hesse, J.-O., »Postanarchie im Deutschen Reiche!«. Die ökonomische Bedeutung von Vertrauen in der Debatte um das deutsche Postmonopol 1886/87, in: ZUG 45 (2000), S. 79–89.
–, u. a., Idee zu einer gesellschaftsreformerischen Unternehmensgeschichte in methodischer Absicht – »Gabentausch«, »moralische Ökonomie« oder »Unternehmensethik«, in: ders. u. a. (Hg.), Das Unternehmen als gesellschaftliches Reformprojekt. Strukturen und Entwicklungen von Unternehmen der »moralischen Ökonomie« nach 1945, Bochum 2004, S. 7–14.
Hickel, E., Arzneimittel-Standardisierung im 19. Jahrhundert in den Pharmacopöen Deutschlands, Frankreichs, Großbritanniens und der Vereinigten Staaten von Amerika, Stuttgart 1973.

Hietala, M., Zum Schularzt gehen, Milch trinken, Sport treiben. Hygiene als Volksaufklärung oder Sozialdisziplinierung unter besonderer Berücksichtigung der nordischen Länder, in: »Sei sauber…!«. Eine Geschichte der Hygiene und öffentlichen Gesundheitsvorsorge in Europa, hg. vom Musée d'Histoire de la Ville de Luxembourg, Köln 2004, S. 286–301.
–, Volksaufklärung oder Sozialdisziplinierung, in: C. Kretschmann u. a. (Hg.), Wissen in der Krise. Institutionen des Wissens im gesellschaftlichen Wandel, Berlin 2004, S. 286–301.
Hilger, A., Die wichtigsten Nahrungs- und Genußmittel, deren wesentliche Bestandteile, Verfälschungen nebst Prüfung, Erlangen 1879.
–, Verfälschungen der Nahrungs- und Genußmittel, in: M. von Pettenkofer (Hg.), Handbuch der Hygiene und Gewerbekrankheiten, Teil 1, Leipzig 1882, S. 241–308.
Hill Hassall, A., Food and its adulterations, London 1855.
Hillen, C. (Hg.), »Mit Gott«. Zum Verhältnis von Vertrauen und Wirtschaftsgeschichte (Schriften zur rheinisch-westfälischen Wirtschaftsgeschichte, 46), Köln 2007.
Hirschfelder, G., Europäische Esskultur. Eine Geschichte der Ernährung von der Steinzeit bis heute, Frankfurt am Main 2001.
Hof, H., u. a. (Hg.), Recht und Verhalten. Verhaltensgrundlagen des Rechts – zum Beispiel Vertrauen (Interdisziplinäre Studien zu Recht und Staat, 1), Baden-Baden 1994.
Hofer, K., Lebensmittelqualität als Tat-Sache. Eine qualitative Analyse der Entstehung von Verunsicherung und Vertrauen im Bedürfnisfeld Essen, Bern 2002.
Hofer, S., Freiheit ohne Grenzen? Privatrechtstheoretische Diskussionen im 19. Jahrhundert (Ius Privatum, 53), Tübingen 2001.
Hoffmann, W. G., Das Wachstum der deutschen Wirtschaft seit der Mitte des 19. Jahrhunderts, Berlin 1965.
Höinghaus, R., Gesetz betreffend den Verkehr mit Nahrungsmitteln, Genußmitteln und Gebrauchsgegenständen. Ausführlich ergänzt und erläutert durch die amtlichen Motive, Kommissionsberichte und Verhandlungen des Reichstages. Nebst den amtlichen Gutachten des Kaiserlichen Gesundheitsamtes über die Verfälschung der wichtigsten Lebensmittel und Gebrauchsgegenstände, Berlin 1879.
Holle, L., Die Hauswirtschaft (Hilgers illustrierte Volksbücher, 13), Berlin o. J. [1904].
Holthöfer, H., u. a. (Hg.), Deutsches Lebensmittelrecht, Bd. I: Lebensmittelgesetz, Berlin 1970[5].
Holzer, A., Die Selbstnormierung im Lebensmittelrecht. Strukturen, Grenzen, Möglichkeiten, Zürich 2000.
Hüntelmann, A. C., Hygiene im Namen des Staates. Das Reichsgesundheitsamt 1876–1933, Göttingen 2008.
–, Zwischen Kooperation und Kontrolle. Das Kaiserliche Gesundheitsamt und die kommunalen Untersuchungsanstalten, in: ders. u. a. (Hg.), Gesundheit und Staat. Studien zur Geschichte der Gesundheitsämter in Deutschland, 1870–1950 (Abhandlungen zur Geschichte der Medizin und der Naturwissenschaften, 104), Husum 2006, S. 27–48.
Humbert, M., Die Entstehung der Konservenindustrie und ihre technische sowie wirtschaftliche Entwicklung in Deutschland im Bereich der Obst- und Gemüsekonserven, Hamburg 1997.
Huperz, Th., Ernährungs- und Nahrungsmittellehre zum praktischen Gebrauche für Hausfrauen, Familien- und Haushaltungsvorstände, Chemnitz 1895[2].
Jacobsen, E., Liederbuch für fröhliche Fälscher nebst etlichen weisen Sprüchen, Regeln und Glossen. Hg. vom Vorstande des Allgemeinen Vereins zur Verfälschung von Lebensmitteln, Waaren etc., Berlin 1878.
Jellinghaus, L., Zwischen Daseinsvorsorge und Infrastruktur. Zum Funktionswandel von Verwaltungswissenschaften und Verwaltungsrecht in der zweiten Hälfte des 19. Jahrhunderts (Studien zur europäischen Rechtsgeschichte, 202; Recht in der Industriellen Revolution, 3), Frankfurt am Main 2006.

Jessen, R., Polizei im Industrierevier. Modernisierung und Herrschaftspraxis im westfälischen Ruhrgebiet 1848–1914 (Kritische Studien zur Geschichtswissenschaft, 91), Göttingen 1991.
Jhering, R. von, Der Zweck im Recht, Bd. 1, Leipzig 1893[3].
Johann Karl König's Droguerie-, Spezerei- und Farb-Waaren-Lexikon. Oder vollständige und genaue Anleitung, die offiziellen Benennungen aller Artikel, welche auf den Preis-Couranten gewöhnlich abbrevirt sind, in den ganzen Worten richtig lateinisch und deutsch verstehen zu können [...], bearb. von Franz Geith, München 1872[7].
Jolles, A., Die Nahrungs- und Genußmittel, ihre Herstellung und Verfaelschung. In gemeinfaßlicher Darstellung, mit einem Pilzmerkblatt, Leipzig 1909.
Joule, J. P., Das mechanische Wärmeäquivalent. Gesammelte Abhandlungen, Braunschweig 1872.
Jubiläums-Festschrift des Hausfrauen-Vereins zu Magdeburg e. V. 1887–1912, Magdeburg 1912.
Jürgensen, C., Kochlehrbuch und praktisches Kochbuch für Ärzte, Hygieniker, Hausfrauen und Kochschulen, Berlin 1910.
Jugel, H., Die Geschichte der Staatlichen chemischen Untersuchungsanstalt München, in: 100 Jahre staatlich geprüfte Lebensmittelchemiker, 110 Jahre Lebensmittelüberwachung, 20 Jahre Landesuntersuchungsämter, Vortragsveranstaltung am 6. Oktober 1994 im LUA Südbayern, Oberschleißheim Bayerischer Medizinalbeamtenverein Fachgruppe Lebensmittelchemie, München o. J., S. 36–41.
Jungblut, M.-P., Öffentliche Gesundheitsvorsorge in Europa. Private Initiative und nationale Reglementierung, in: »Sei sauber...!«. Eine Geschichte der Hygiene und öffentlichen Gesundheitsvorsorge in Europa, hg. vom Musée d'Histoire de la Ville de Luxembourg, Köln 2004, S. 278–285.
Kaelble, H., Industrielle Interessenpolitik in der Wilheminischen Gesellschaft. Centralverband Deutscher Industrieller 1895–1914 (Veröffentlichungen der Historischen Kommission zu Berlin, 27), Berlin 1967.
Kalle, F., Generalbericht, in: Der Hauswirtschaftliche Unterricht armer Mädchen. Berichte hg. von der Haushaltungsunterrichts-Kommission des deutschen Vereins für Armenpflege und Wohlthtätigkeit (Schriften des deutschen Vereins für Armenpflege und Wohlthätigkeit, 12), Leipzig 1890, S. VII–XXX.
–, Über Volksernährung und Haushaltungsschulen als Mittel zur Verbesserung derselben, Wiesbaden 1905.
Kamp, O., Die Abend-Haushaltungsschule in Frankfurt am Main als practische Lösung einer socialen Aufgabe, Berlin 1890.
Kapfelsperger, E., u. U. Pollmer, Iß und stirb. Chemie in unserer Nahrung, Köln 1982.
Kayser, R., Untersuchungen von Nahrungs- und Genussmitteln, sowie Verbrauchsgegenstaende mit Bezug auf das Reichsgesetz vom 14. Mai 1879, Würzburg 1883.
Kerp, W., Bericht über den Stand der Nahrungsmittelgesetzgebung und -Überwachung im Deutschen Reiche, in: Bericht über den XIV. internationalen Kongress für Hygiene und Demographie, Berlin, 23.–29. September 1907, Bd. 2, Berlin 1908, S. 264–277.
–, Einleitung. Der 1. Fortbildungskursus in der Nahrungsmittelchemie. Seine Begründung und sein Verlauf, in: ders. (Hg.), Nahrungsmittelchemie in Vorträgen. Gehalten auf dem von K. von Buchka, W. Kerp, Th. Paul veranstalteten 1. Fortbildungskursus in der Nahrungsmittelchemie, Leipzig 1914, S. IX–XXVII.
–, Übersicht über die Lebensmittelgesetzgebung und Lebensmittelkontrolle im Deutschen Reiche, in: ders. (Hg.), Nahrungsmittelchemie in Vorträgen. Gehalten auf dem von K. von Buchka, W. Kerp, Th. Paul veranstalteten 1. Fortbildungskursus in der Nahrungsmittelchemie, Leipzig 1914, S. 2–30.
Kervégan, J.-F., u. H. Mohnhaupt (Hg.), Wirtschaft und Wirtschaftstheorien in Rechtsgeschichte und Philosophie – Économie et théories économiques en histoire du droit et en

philosophie. Viertes deutsch-französisches Symposion vom 2.–4. Mai 2002 (Studien zur europäischen Rechtsgeschichte, 176), Frankfurt am Main 2004, S. 129–161.
Klaushofer, H., Qualitätserhaltung und Verbesserung der Nahrung, in: G. Brubacher u. G. Ritzel (Hg.), Qualitätskriterien der Nahrung (Beiheft zur Internationalen Zeitschrift für Vitamin- und Ernährungsforschung, 14), Bern 1974, S. 93–107.
Klemens Merck's Warenlexikon für Handel, Industrie und Gewerbe. Beschreibung der im Handel vorkommenden Natur- und Kunsterzeugnisse unter besonderer Berücksichtigung der chemisch-technischen und anderer Fabrikate, der Droguen- und Farbenwaren, der Kolonialwaren, der Landesprodukte, der Material- und Mineralwaren, Leipzig 1884[3].
Klencke, H., Die Hausfrau. Praktisches Lehrbuch für deutsche Mädchen und Frauen über die Kenntnisse und Verwaltungsregeln des wirthschaftlichen, bürgerlichen Hauswesens auf Grundlage der neueren Realwissenschaften, der Gesundheitslehre, Waarenkunde, Oekonomie und guten Sitte, Leipzig 1881[3].
–, Illustrirtes Lexikon der Verfälschungen der Nahrungsmittel und Getränke, der Colonialwaaren und Manufacte, der Droguen, gewerblichen und landwirthschaftlichen Producte, Documente und Werthzeichen und die Erkennungsmittel ihrer Echtheit und Fälschung, Leipzig 1879[2].
–, Die Verfälschung der Nahrungsmittel und Getränke, Leipzig 1858.
Knoblauch, J. W., Von den Mitteln und Wegen die mannigfaltigen Verfälschungen sämtlicher Lebensmittel außerhalb der gesetzlichen Untersuchung zu erkennen, zu verhüten, und wo möglich wieder aufzuheben. Eine durch die königl. Böhm. Gesellschaft der Wissenschaften zu Prag genehmigte Preisschrift, 2 Theile, Leipzig 1810.
Knorring, E. von, Strukturwandlungen des privaten Konsums im Wachstumsprozeß der deutschen Wirtschaft seit der Mitte des 19. Jahrhunderts (Universität Augsburg. Volkswirtschaftliche Schriftenreihe, 2), Augsburg 1971.
Kocka, J., Unternehmensverwaltung und Angestelltenschaft am Beispiel Siemens 1847–1914. Zum Verhältnis von Kapitalismus und Bürokratie in der deutschen Industrialisierung (Industrielle Welt, 11), Stuttgart 1969.
Koehn, N. F., Henry Heinz and Brand Creation in the Late Nineteenth Century. Making Markets for Processed Food, in: Business History Review 73 (1999), S. 349–393.
Komlos, J., Modernes ökonomisches Wachstum und der biologische Lebensstandard, in: E. Schremmer (Hg.), Wirtschafts- und Sozialgeschichte. Gegenstand und Methode, Jena 1997, S. 165–197.
König, H., Entstehung und Wirkungsweise von Fachverbänden der Nahrungs- und Genußmittelindustrie, Berlin 1965.
König, J., Bestand und Einrichtungen der Untersuchungsämter für Nahrungs- und Genußmittel in Deutschland und ausserdeutschen Staaten, Berlin 1882.
–, Chemie der menschlichen Nahrungs- und Genußmittel, 3 Bde., Berlin 1903–1919[4].
–, Die menschlichen Nahrungs- und Genußmittel, ihre Herstellung, Zusammensetzung und Beschaffenheit, ihre Verfälschungen und deren Nachweisungen, Berlin 1883.
–, u. A. Juckenack, Die Anstalten zur technischen Untersuchung von Nahrungs- und Genussmitteln sowie Gebrauchsgegenständen, die im Deutschen Reiche bei der Durchführung des Reichsgesetzes vom 14. Mai 1879 und seiner Ergänzungsgesetze von den Verwaltungsbehörden regelmäßig in Anspruch genommen werden. Statistische Erhebungen im Auftrage der Freien Vereinigung Deutscher Nahrungsmittelchemiker, Berlin 1907.
König, W., Geschichte der Konsumgesellschaft (VSWG Beihefte, 154), Stuttgart 2000.
–, Technikakzeptanz in Geschichte und Gegenwart, in: ders. u. M. Landsch (Hg.), Kultur und Technik. Zu ihrer Theorie und Praxis in der modernen Lebenswelt, Frankfurt am Main 1993, S. 253–271.

Krabbe, W. R., Gesellschaftsveränderungen durch Lebensreform. Strukturmerkmale einer sozialreformerischen Bewegung im Deutschland der Industrialisierungsperiode, Göttingen 1974.
–, Von der »guten Policey« zur gegliederten Lokalverwaltung. Die Verwaltung deutscher Städte seit dem 18. Jahrhundert, in: H. Reinke (Hg.), »... nur für die Sicherheit da...«? Zur Geschichte der Polizei im 19. und 20. Jahrhundert, Frankfurt am Main 1993, S. 158–169.
Kraus, A., Nahrungsmittelchemie und Nahrungsmittelkontrolle in ihrer Bedeutung für Handel, Gewerbe und Industrie. Mit den einschlägigen Gesetzen und Verordnungen, Leipzig 1911.
Kretschmann, C., Einleitung, in: ders. (Hg.), Wissenspopularisierung. Konzepte der Wissensverbreitung im Wandel (Wissenskultur und gesellschaftlicher Wandel, 4), Berlin 2003, S. 7–21.
Krüger, H. E., Die freien Interessenvertretungen von Industrie, Handel und Gewerbe in Deutschland insbesondere die Fach-, Zweck- und Zentralverbände, Berlin 1909.
–, Historische und kritische Untersuchungen über die freien Interessenvertretungen von Industrie, Handel und Gewerbe in Deutschland, insbesondere die Fach-, Zweck- und Zentralverbände gewerblicher Unternehmer, in: Schmollers Jahrbuch 32, 4 (1908), S. 325–358 und 33, 2 (1909), S. 189–240.
Kübler, A., Der Haushalt. Handbuch des Wissenswürdigsten im gesamten Wirken und Schaffen der Hausfrau. Mädchen und Frauen dargeboten, Regensburg 1896².
Kübler, F., Wirtschaftsrecht in der Bundesrepublik. Versuch einer wissenschaftshistorischen Bestandsaufnahme, in: D. Simon (Hg.), Rechtswissenschaft in der Bonner Republik. Studien zur Wissenschaftsgeschichte der Jurisprudenz, Frankfurt am Main 1994, S. 364–389.
Kuske, B., Hundert Jahre Stollwerck, Köln 1938.
Kuttenkeuler, H., Die Entwicklung der Nahrungsmittelchemie und Nahrungsmittelkontrolle im Deutschen Reiche, in: Die Naturwissenschaften 40 (1915), S. 509–513.
Kynast, R., Die deutsche Kakao- und Schokolade-Industrie in Krieg und Frieden, Greifswald 1921.
Laband, P., Das Staatsrecht des Deutschen Reiches, Bd. 2 (Handbuch des öffentlichen Rechts, 2, 1), Freiburg 1891².
Labisch, A., Homo hygienicus. Gesundheit und Medizin in der Neuzeit, Frankfurt am Main 1992.
Lachmann, A., Waarenkunde in Wort und Bild. Für Kaufleute und Fabrikanten, Leipzig 1855.
Lackner, H., Ein »blutiges Geschäft«. Kommunale Vieh- und Schlachthöfe im Urbanisierungsprozess des 19. Jahrhunderts. Ein Beitrag zur Geschichte der städtischen Infrastruktur, in: Technikgeschichte 71 (2004), S. 89–157.
Laer, H. von, Die Haushaltsführung von Maschinenbauarbeitern und Textilarbeiterfamilien in der Zeit bis zum Ersten Weltkrieg in: T. Pierenkemper (Hg.), Haushalt und Verbrauch in historischer Perspektive. Zum Wandel des privaten Verbrauchs in Deutschland im 19. und 20. Jahrhundert, St. Katharinen 1986, S. 152–184.
Laitko, H., Qualität und Wertewandel, in: W. Masing u. a. (Hg.), Qualitätsmanagement – Tradition und Zukunft. Festschrift zum 50jährigen Bestehen der Gesellschaft für Qualität e. V., München 2003, S. 49–69.
Lavalle, A., Die Margarine-Gesetzgebung und ihre Entwickelung in den einzelnen Culturstaaten unter besonderer Berücksichtigung der dänischen Verhältnisse und der in Deutschland neuerdings gemachten Vorschläge zur Aenderung des deutschen Gesetzes auf Grund einer im Auftrage und mit Unterstützung des Königlich Preussischen Ministeriums für Landwirthschaft, Domänen und Forsten gemachten Studienreise, Bremen 1896.
Lebbin, G., u. G. Baum, Handbuch des Nahrungsmittelrechts, Berlin 1907.

Leipziger Adreß-Buch für 1877 bis 1884, 56. bis 63. Jg., Leipzig 1877–1884.
Lichter, J., Die Handelskammern und der Deutsche Handelstag im Interessengruppensystem des Deutschen Kaiserreichs (Kölner Vorträge und Abhandlungen zur Sozial- und Wirtschaftsgeschichte, 40), Köln 1996.
Liebermann, F., Das »Nachmachen« nach dem Reichsgesetz vom 14. Mai 1879 betreffend den Verkehr mit Nahrungsmitteln etc., seine Begriffsbestimmung und seine Unterscheidung von »Verfälschen«, Stuttgart 1902 (Sonderabdruck aus: Der Gerichtssaal).
Liebig, J. von, Die organische Chemie in ihrer Anwendung auf Physiologie und Pathologie, Braunschweig 1842.
–, Über den Ernährungswert der Speisen, in: ders., Abhandlungen und Reden. Neudruck der Ausgabe von 1874, Wiesbaden 1965, S. 115–147.
–, Chemische Untersuchung über das Fleisch und seine Zubereitung zum Nahrungsmittel, Heidelberg 1847.
Liszt, F. von, Lehrbuch des Deutschen Strafrechts, Leipzig 1884[2] und 1888[3].
Löbner, A., Die Gesetzgebung des alten und des neuen Deutschen Reichs wider die Verfälschung der Nahrungs- und Genußmittel, Berlin 1878.
Lohmann, P., Lebensmittelpolizei. Ein Handbuch für die Prüfung und Beurteilung der menschlichen Nahrungs- und Genußmittel im Sinne des Gesetzes vom 14. Mai 1879, erläutert durch die vorausgegangene Rechtsprechung. Für Chemiker, Ärzte, Juristen, Apotheker und alle Gewerbetreibende der Nahrungsmittelbranche, Leipzig 1894.
Lüdtke, A., Einleitung. »Sicherheit« und »Wohlfahrt«. Aspekte der Polizeigeschichte, in: ders. (Hg.), »Sicherheit« und »Wohlfahrt«. Polizei, Gesellschaft und Herrschaft im 19. und 20. Jahrhundert, Frankfurt am Main 1992, S. 7–33.
Luhmann, N., Das Recht der Gesellschaft, Frankfurt am Main 1993.
–, Soziologie des Risikos, Berlin 1991.
–, Vertrauen. Ein Mechanismus zur Reduktion sozialer Komplexität, Stuttgart 1973.
–, Die Wissenschaft der Gesellschaft, Frankfurt am Main 1990.
Lundgreen, P., Technisch-wissenschaftliche Vereine zwischen Wissenschaft, Staat und Industrie, 1860–1914, o. O. 1979.
Mani, N., Die wissenschaftliche Ernährungslehre im 19. Jahrhundert, in: Heischkel-Artelt, E. (Hg.), S. 22–75.
Mannes, M., Wissenschaftliche und soziale Aspekte der Ernährungslehre in der Mitte des vorigen Jahrhunderts, Bonn 1977.
Marburger, P., Die Regeln der Technik im Recht, Köln 1979.
Marcuse, A. E., Die deutsche Konservenindustrie mit besonderer Berücksichtigung der Halberstädter Industrie, Berlin 1918.
Marg, H., Lebensmittelrecht. Probleme der Rechtssetzung und Rechtsanwendung, Mainz 1977.
Marsch, U., Zwischen Wissenschaft und Wirtschaft. Industrieforschung in Deutschland und Großbritannien 1880–1936 (Veröffentlichungen des Deutschen Historischen Instituts London, 47), Paderborn 2000.
Matsumoto, N., Polizeibegriff im Umbruch. Staatszwecklehre und Gewaltenteilungspraxis in der Reichs- und Rheinbundpublizistik (Studien zu Policey und Policeywissenschaft), Frankfurt am Main 1999.
Mayer, R. von, Die Mechanik der Wärme, Reprint der Ausgabe von 1842, Frankfurt am Main 2003.
Mazzacane, A. (Hg.), Diritto economia e istituzioni nell'Italia fascista (Studien zur europäischen Rechtsgeschichte, 181. Das Europa der Diktatur, 2), Frankfurt am Main 2002.
Menzen, K. D., Reichsgesetz, betreffend den Verkehr mit Nahrungsmitteln, Genußmitteln und Gebrauchsgegenständen, Paderborn 1891.
Merki, C. M., Zucker gegen Saccharin. Zur Geschichte der künstlichen Süßstoffe, Frankfurt am Main 1993.

Mesmer, B., Wissenschaftliche Anweisungsliteratur mentalitätsgeschichtlich betrachtet, Bern 1990.
–, Rationelle Ernährung. Sozialmedizinische Reaktionen auf den Wandel der Ess- und Trinkgewohnheiten, in: P. Saladin (Hg.), Medizin für die Medizin. Arzt und Ärztin zwischen Wissenschaft und Praxis, Basel 1989, S. 329–345.
–, Gesundheit ist das höchste Gut, in: dies. (Hg.), Die Verwissenschaftlichung des Alltags. Anweisungen zum richtigen Umgang mit dem Körper in der schweizerischen Populärpresse 1850–1900, Zürich 1997, S. 87–132.
–, Neue wissenschaftliche Konzepte, in: dies. (Hg.), Die Verwissenschaftlichung des Alltags. Anweisungen zum richtigen Umgang mit dem Körper in der schweizerischen Populärpresse 1850–1900, Zürich 1997, S. 37–61.
Mettke, T., Die Entwicklung des Lebensmittelrechts, in: Gewerblicher Rechtsschutz und Urheberrecht 81 (1979), S. 817–824.
Meyer-Pollack, E., Der Haushalt eines höheren Beamten in den Jahren 1880–1906 untersucht an Hand von Wirtschaftsrechnungen, Berlin 1913.
Meyer, F., u. C. M. Finkelnburg (Hg.), Gesetz betreffend den Verkehr mit Nahrungsmitteln, Genußmitteln und Gebrauchsgegenständen vom 14. Mai 1879. Mit Erläuterungen, Berlin 1880.
Meyer-Hullmann, K., Lebensmittelskandale und Konsumentenreaktionen. Analyse der Auswirkungen von Lebensmittelskandalen unter besonderer Berücksichtigung des Informationsverhaltens – dargestellt am Beispiel BSE (Europäische Hochschulschriften, Reihe 5, Volks- und Betriebswirtschaft, 2482), Frankfurt am Main 1999.
Meyer-Thurow, G., Zum unprofessionellen Umgang mit Professionalisierungstendenzen, in: GG 6 (1980), S. 586–597.
Mezger, O., Über die Entwicklung der Lebensmittelkontrolle in den verschiedenen Kulturstaaten unter besonderer Berücksichtigung der württembergischen Verhältnisse, Stuttgart 1913.
Middeldorf, M., Katechismus der Haushaltskunde und Naturlehre. Lehrbüchlein für Schülerinnen der Volksschule, Düsseldorf 1910.
Moeller, Die Hausfrau in ihrem Schalten und Walten. Unter Mitwirkung hervorragender Fachleute bearbeitet, Ulm o. J. [1898].
Mollenhauer, H. P., Von Omas Küche zur Fertigpackung. Aus der Kinderstube der Lebensmittelindustrie, Gernsbach 1988.
Montanari, M., Der Hunger und der Überfluß. Kulturgeschichte der Ernährung in Europa, München 1993.
Morgenstern, L., Der häusliche Beruf und wirtschaftliche Erfahrungen. Studien für Frauen und Jungfrauen. Lehrbuch für Fortbildungs-, Haushaltungs- und Frauenberufschulen, Berlin 1902[6].
–, Die menschliche Ernährung und die culturhistorische Entwicklung der Kochkunst. Ein Geschenk für Frauen und Mütter und unentbehrliches Handbuch für Fortbildungs- und Kochschulen, Berlin 1882.
–, Frauenarbeit in Deutschland, Berlin 1893.
Mueller, W., Seltsame Frucht Kakao. Geschichte des Kakaos und der Schokolade, Hamburg o. J.
Münch, R., Gesundheitswesen im 18. und 19. Jahrhundert. Das Berliner Beispiel (Publikationen der Historischen Kommission zu Berlin), Berlin 1995.
Mulert, O., Vierundzwanzig ostpreußische Arbeiter und Arbeiterfamilien. Ein Vergleich ihrer ländlichen und städtischen Lebensverhältnisse, Jena 1908.
Neufeld, C. A., Der Nahrungsmittelchemiker als Sachverständiger. Anleitung zur Begutachtung der Nahrungsmittel, Genußmittel und Gebrauchsgegenstände nach den gesetzlichen Bestimmungen. Mit praktischen Beispielen, Berlin 1907.

Nieberding, A., u. C. Wischermann, Unternehmensgeschichte im institutionellen Paradigma, in: ZUG 43 (1998), S. 33–48.
Nonn, C., Die Entdeckung des Konsumenten im Kaiserreich, in: Haupt u. Torp (Hg.), S. 221–231.
North, D. C., Institutionen, institutioneller Wandel und Wirtschaftsleistung (Die Einheit der Gesellschaftswissenschaften, 76), Tübingen 1992.
–, Theorie des institutionellen Wandels. Eine neue Sicht der Wirtschaftsgeschichte (Die Einheit der Gesellschaftswissenschaften, 56), Tübingen 1988.
Oddy, D. J., Food Quality in London and the Rise of the Public Analyst, 1870–1939, in: P. Atkins u. a., Food and the City in Europe since 1800, Aldershot 2007, S. 91–104.
Oegg, J., Versuch einer Darstellung der gesammten Physikats-Geschäft-Führung nach den Verordnungen über das Medicinalwesen im Königreiche Bayern, Sulzbach 1836.
Oetker, A., Almanach für Kranke, o. O. o. J. [1891].
Ogburn, W. F., Cultural lag as theory, in: ders., On culture and social change, Chicago 1964, S. 86–95.
Ogorek, R., Richterkönig oder Subsumtionsautomat. Zur Justiztheorie im 19. Jh., Frankfurt am Main 1986.
Olep, H., Die deutsche Süßstoffgesetzgebung. Namentlich das Süßstoffgesetz vom 7. VII. 1902, Tübingen 1904.
Olson, M., Aufstieg und Niedergang von Nationen. Ökonomisches Wachstum, Stagflation und soziale Starrheit, Tübingen 1985².
–, Die Logik des kollektiven Handelns. Kollektivgüter und die Theorie der Gruppen (Die Einheit der Gesellschaftswissenschaften, 10), Tübingen 1968.
Oppenhoff, F. C., Das Strafgesetzbuch für das Deutsche Reich, Berlin 1873.
Oppermann, A., u. C. Laßmann, Haushaltungs- und Kochbuch für den bürgerlichen Haushalt. Zum Gebrauche in dem Haushaltungs- und Kochunterrichte an Volks- und Fortbildungsschulen, sowie in bürgerlichen Haushaltungen, Leipzig 1909².
Oppermann, G., u. H. Häntschke, Handbuch für Konsumvereine. Praktische Anweisung zu deren Einrichtung und Gründung, Berlin 1904³.
Osietzky, M., Körpermaschinen und Dampfmaschinen. Vom Wandel der Physiologie und des Körpers unter dem Einfluß von Industrialisierung und Thermodynamik, in: P. Sarasin u. J. Tanner (Hg.), Physiologie und industrielle Gesellschaft. Studien zur Verwissenschaftlichung des Körpers im 19. und 20. Jahrhundert, Frankfurt am Main 1998, S. 313–346.
Ossenbühl, F., Die Not des Gesetzgebers im naturwissenschaftlich-technischen Zeitalter (Nordrhein-Westfälische Akademie der Wissenschaften, Geisteswissenschaften, Vorträge, G 367), Wiesbaden 2000.
Otto, W., Die strafrechtlichen Bestimmungen des Nahrungsmittelgesetzes von 1879, Stuttgart 1909.
Pache, O., Die wirtschaftliche Hausfrau. Ein Handbuch für jede Familie, Leipzig o. J.
Pappe, O., Zur Geschichte der Lebensmittelüberwachung im Königreich Bayern (1806–1918), Marburg 1975.
Pelzer, B. u. R. Reith, Margarine. Die Karriere der Kunstbutter, Berlin 2001.
Peters, D., Die hauswirtschaftliche Fabrikschule in Neviges, in: Der hauswirtschaftliche Unterricht armer Mädchen. Berichte hg. von der Haushaltungsunterrichts-Kommission des deutschen Vereins für Armenpflege und Wohlthätigkeit (Schriften des deutschen Vereins für Armenpflege und Wohlthätigkeit, 12), Leipzig 1890, S. 83–86.
Petersson, A., Zuckersiedergewerbe und Zuckerhandel in Hamburg im Zeitraum von 1814 bis 1834. Entwicklung und Struktur zweier wichtiger Hamburger Wirtschaftzweige des vorindustriellen Zeitalters (VSWG Beihefte, 140), Stuttgart 1998.
Pettenkofer, M., u. H. von Ziemssen (Hg.), Handbuch der Hygiene und Gewerbekrankheiten, Bd. 1.1, Leipzig 1882.

Picot, A., u.a., Die grenzenlose Unternehmung. Information, Organisation und Management, Wiesbaden 2001[4].

Pierenkemper, T., Der bürgerliche Haushalt in Deutschland an der Wende zum 20. Jahrhundert – im Spiegel von Haushaltsrechnungen, in: D. Petzina (Hg.), Zur Geschichte der Ökonomik der Privathaushalte (Schriften des Vereins für Socialpolitik, NF 207), Berlin 1991, S. 159–185.

–, Das Rechnungsbuch der Hausfrau – und was wir daraus lernen können. Zur Verwendbarkeit privater Haushaltsrechnungen in der historischen Wirtschafts- und Sozialforschung, in: GG 14 (1988), S. 38–63.

–, Unternehmensgeschichte. Eine Einführung in ihre Methoden und Ergebnisse (Grundzüge der Modernen Wirtschaftsgeschichte, 1), Stuttgart 2000.

Pitschas, R., Technikentwicklung und -implementierung, in: M. Kloepfer (Hg.), Technikentwicklung und Technikrechtsentwicklung. Unter besonderer Berücksichtigung des Kommunikationsrechts (Schriften zum Technikrecht, 1), Berlin 2000, S. 73–99.

Piutti, A., Sull'unificazione di metodi di analisi delle derrate alimentari, in: Atti del VI congresso internationale di chimica applicata, Bd. 5, Rom 1907, S. 430–432

Plumpe, W., Die neue Institutionenökonomik und die moderne Wirtschaft. Zur wirtschaftshistorischen Reichweite institutionenökonomischer Argumente am Beispiel des Handlungsmodells der Rationalität, in: K.-P. Ellerbrock u. C. Wischermann (Hg.), Die Wirtschaftsgeschichte vor der Herausforderung durch die New Institutional Economics (Untersuchungen zur Wirtschafts-, Sozial- und Technikgeschichte, 24), Dortmund 2004, S. 31–57.

–, Rezension von Oliver Volckart, Wettbewerb und Wettbewerbsbeschränkung im vormodernen Deutschland 1000–1800, Tübingen 2002, in: sehepunkte 4 (2004), Nr. 6, http://www.sehepunkte.historicum.net/2004/06/3604.html [15.06.2004].

–, Wirtschaftliche Selbstverwaltung, in: G. Ambrosius u.a. (Hg.), Moderne Wirtschaftsgeschichte. Eine Einführung für Historiker und Ökonomen, München 1996, S. 375–387.

Pohl, H., Einführung, in: ders. (Hg.), Kommunale Unternehmen. Geschichte und Gegenwart (ZUG Beihefte, 42), Stuttgart 1987, S. 1–15.

Polizeistrafgesetzbuch für das Königreich Bayern. Amtliche Ausgabe (Beilage II zum Gesetz vom 10. November 1861, die Einführung des Strafgesetzbuches und Polizeistrafgesetzbuches für das Königreich Bayern betreffend), München 1861.

Pollmer, U., u. B. Schmelzer-Sandtner, Wohl bekomm's! Was Sie vor dem Einkauf über Lebensmittel wissen sollten, Köln 2001.

Poppen, E., Die Geschichte des Sachverständigenbeweises im Strafprozeß des deutschsprachigen Raumes, Göttingen 1984.

Poser, S., Museum der Gefahren. Die gesellschaftliche Bedeutung der Sicherheitstechnik (Cottbuser Studien zur Geschichte von Technik, Arbeit und Umwelt, 3), Münster 1998.

Post, J., Musterstätten persönlicher Fürsorge von Arbeitgebern für ihre Geschäftsangehörigen, Bd. 1: Die Kinder und jugendlichen Arbeiter, Berlin 1889.

Postelt, W., 75 Jahre Selbsthilfe der Verbraucher 1885–1960. Festschrift zum 75jährigen Bestehen des Verbandes Nordwestdt. Konsumgenossenschaften e.V., Hamburg 1960.

Preu, P., Polizeibegriff und Staatszwecklehre. Die Entwicklung des Polizeibegriffs durch die Rechts- und Staatswissenschaften des 18. Jahrhunderts (Göttinger Rechtswissenschaftliche Studien, 124), Göttingen 1983.

Prinz, M., Brot und Dividende. Konsumvereine in Deutschland und England vor 1914 (Kritische Studien zur Geschichtswissenschaft, 112), Göttingen 1996.

–, (Hg.), Der lange Weg in den Überfluß. Anfänge und Entwicklung der Konsumgesellschaft seit der Vormoderne (Forschungen zur Regionalgeschichte, 43), Paderborn 2003

Prior, E., Chemie und Physiologie des Malzes und des Bieres, Leipzig 1896.

Die »Produktion« in Hamburg: Geschichte einer genossenschaftlichen Verbrauchervereinigung von der Gründung bis zum fünfundzwanzigsten Geschäftsabschluß, Hamburg 1924.
Puhle, H.-J., Politische Agrarbewegungen in kapitalistischen Industriegesellschaften. Deutschland, USA und Frankreich im 20. Jahrhundert (Kritische Studien zur Geschichtswissenschaft, 16), Göttingen 1975.
–, Agrarische Interessenpolitik und preußischer Konservatismus im wilhelminischen Reich 1893–1914. Ein Beitrag zur Analyse des Nationalismus in Deutschland am Beispiel des Bundes der Landwirte und der Deutsch-Konservativen Partei, Hannover 1966.
Rabinbach, A., Ermüdung, Energie und der menschliche Motor, in: P. Sarasin u. J. Tanner (Hg.), Physiologie und industrielle Gesellschaft. Studien zur Verwissenschaftlichung des Körpers im 19. und 20. Jahrhundert, Frankfurt am Main 1998, S. 286–312.
Rademann, O., Wie nährt sich der Arbeiter? Eine kritische Betrachtung der Lebensweise der Arbeiterfamilien auf Grund der Angaben der Broschüre der Volkswirtschaftlichen Sektion des Freien Deutschen Hochstiftes »Frankfurter Arbeiterbudgets«, Frankfurt am Main 1890.
Raumer, E. von, u. E. Spaeth, Die Vornahme der Lebensmittelkontrolle in Stadt- und Landgemeinden. Ein Führer für die mit der Vornahme der Lebensmittelkontrolle betrauten Behörden, München 1907.
Regulierung, in: Gabler Wirtschaftslexikon, Bd. 3, Wiesbaden 2000[15], S. 2164f.
Reichenbach, S. von, Verbraucherschutz in der Vergangenheit, in: E. Dichtl (Hg.), Verbraucherschutz in der Marktwirtschaft, Berlin 1975, S. 97–112.
Das Reichsgesundheitsamt. Festschrift hg. vom Reichsgesundheitsamt aus Anlaß seines fünfzigjährigen Bestehens, Berlin 1926.
Reinhard, W., Geschichte der Staatsgewalt. Eine vergleichende Verfassungsgeschichte Europas von den Anfängen bis zur Gegenwart, München 2002[3].
Reinhardt, C., Forschung in der chemischen Industrie. Die Entwicklung synthetischer Farbstoffe bei BASF und Hoechst, 1863 bis 1914 (Freiberger Forschungshefte D, 202), Freiberg 1997.
Reinhardt, D., Von der Reklame zum Marketing. Geschichte der Wirtschaftswerbung in Deutschland, Berlin 1993.
Reininghaus, W., Zünfte, Städte und Staat in der Grafschaft Mark (Veröffentlichungen der Historischen Kommission für Westfalen, 22; Geschichtliche Arbeiten zur westfälischen Landesforschung A, Wirtschafts- und sozialgeschichtliche Gruppe, 7), Münster 1989.
Reinke, H., »Das Amt der Polizei«. Eine Einleitung, in: ders. (Hg.), »... nur für die Sicherheit da...«? Zur Geschichte der Polizei im 19. und 20. Jahrhundert, Frankfurt am Main 1993, S. 9–32.
Reith, R., »Gerecht geschaut' Gut« – Qualität im zünftigen Handwerk, in: Qualitätssicherung seit Beginn der modernen Marktwirtschaft, in: W. Masing u.a. (Hg.), Qualitätsmanagement – Tradition und Zukunft. Festschrift zum 50jährigen Bestehen der Gesellschaft für Qualität e.V., München 2003, S. 127–148.
Rettig, R., Strukturverschiebungen der privaten Konsumnachfrage in Deutschland 1850 bis 1913, in: VSWG 71 (1984), S. 342–356.
Reusch, H.K., Zur Geschichte der Lebensmittelüberwachung im Großherzogtum Baden und seinen Nachfolgeterritorien (1806–1954). Unter Berücksichtigung der Lebensmittelgesetzgebung und Nahrungsmittelchemikerausbildung im Deutschen Reich, Karlsruhe 1986.
Rhein, A., Zur Bedeutung der Pharmazeuten Albert Hilger (1839–1905) und Theodor Paul (1862–1928) als Lebensmittelchemiker, Marburg 1988.
Richter, K.W., Die Wirkungsgeschichte des Deutschen Kartellrechts vor 1914. Eine rechtshistorische-analytische Untersuchung (Die Einheit der Gesellschaftswissenschaften, 138), Tübingen 2007.

Richter, R., Institutionen ökonomisch analysiert. Zur jüngeren Entwicklung auf einem Gebiet der Wirtschaftstheorie, Tübingen 1994.
–, u. E. G. Furubotn, Neue Institutionenökonomik. Eine Einführung und kritische Würdigung, Tübingen 2003[3].
Riedel, E., Das Polizeistrafgesetzbuch für Bayern vom 26. Dezember 1871, Nördlingen 1872[2].
Riemer, L. H., »Areopag der Wissenschaft« – Die Behandlung gesellschaftlicher Krisen auf Fachtagungen des Vormärz am Beispiel der ersten internationalen Gefängniskongresse, in: C. Kretschmann u. a. (Hg.), Wissen in der Krise. Institutionen des Wissens im gesellschaftlichen Wandel, Berlin 2004, S. 79–99.
Riewerts, K., Kosmetische Mittel vom Kaiserreich bis zur Zeit der Weimarer Republik. Herstellung, Entwicklung und Verbraucherschutz, Hamburg 2005.
Ripperger, T., Ökonomik des Vertrauens. Analyse eines Organisationsprinzips, Tübingen 1998.
Ritter, G. A., u. K. Tenfelde, Arbeiter im Deutschen Kaiserreich. 1871 bis 1914 (Geschichte der Arbeiter und der Arbeiterbewegung in Deutschland seit dem Ende des 18. Jahrhunderts, 5), Bonn 1992.
Röder, T. J., Rechtsbildung im wirtschaftlichen »Weltverkehr«. Das Erdbeben von San Francisco und die internationale Standardisierung von Vertragsbedingungen (1871–1914) (Studien zur europäischen Rechtsgeschichte, 206; Recht in der Industriellen Revolution, 4), Frankfurt am Main 2006.
Rohrscheidt, K. von, Vom Zunftzwange zur Gewerbefreiheit, Berlin 1898.
Rönne, L. von, Das Staatsrecht der preußischen Monarchie, Teil 2, Bd. 1, Leipzig 1871.
–, u. H. Simon, Das Medicinal-Wesen des Preußischen Staates, Bd. 2, Breslau 1846.
Rose, M. B., Cultural influences on family firm strategy: Some international and intranational comparisons (Working paper EC8/94 University of Lancaster), Lancaster 1994.
Rossfeld, R., Ernährung im Wandel: Lebensmittelproduktion und -konsum zwischen Wirtschaft, Wissenschaft und Kultur, in: Haupt u. Torp (Hg.), S. 27–45.
–, Schweizer Schokolade. Industrielle Produktion und kulturelle Konstruktion eines nationalen Symbols. 1860–1920, Baden 2007.
–, Unternehmensgeschichte als Marketinggeschichte, in: C. Kleinschmidt u. F. Triebel (Hg.), Marketing. Historische Aspekte der Wettbewerbs- und Absatzpolitik (Bochumer Schriften zur Unternehmens- und Industriegeschichte, 13), Essen 1994, S. 17–39.
Röttger, H., Lehrbuch der Nahrungsmittel-Chemie, 2 Bde., Leipzig 1913[4].
Rubner, M. von, Denkschrift: Das arbeitsphysiologische und arbeitshygienische Institut, Berlin 1912.
–, Handbuch der Hygiene, 4 Bde., Leipzig 1911–1927.
–, Volksernährungsfragen, Leipzig 1908.
Rubo, E. T., Kommentar über das Strafgesetzbuch für das Deutsche Reich, Berlin 1879.
Rückert, J., BGB – Ein Gesetzbuch ohne Chance?, in: Juristenzeitung 58 (2003), S. 749–760.
Rüger, O., Festschrift zum 25jährigen Bestehen des Verbandes Deutscher Chokolade-Fabrikanten, Berlin 1901.
Rüschemeyer, D., Professionalisierung. Theoretische Probleme für die vergleichende Geschichtsforschung, in: GG 6 (1980), S. 311–325.
Rupp, G., Die Untersuchung von Nahrungsmitteln, Genussmitteln und Gebrauchsgegenständen. Praktisches Handbuch für Chemiker, Heidelberg 1900.
Ruß, K., Hauswirthschafts-Lexikon. Ein Nachschlagebuch für zahlreiche Vorkommnisse des täglichen Lebens, Breslau 1870.
–, Rathgeber auf dem Wochenmarkte. Eine Ergänzung zu jedem Kochbuch, Breslau 1867.
–, Waarenkunde für die Frauenwelt, Bd. 1: Nahrungs- und Genußmittel, Breslau 1868.
Saalfeld, D., Bedeutungs- und Strukturwandel der Ausgaben für die Ernährung in den privaten Haushalten Deutschlands von 1800 bis 1913, in: D. Petzina (Hg.), Zur Geschichte der

Ökonomik der Privathaushalte (Schriften des Vereins für Socialpolitik N.F., 207), Berlin 1991, S. 133–148.
Sachsse, C., Mütterlichkeit als Beruf. Sozialarbeit, Sozialreform und Frauenbewegung 1871–1912, Frankfurt am Main 1986.
Sandgruber, R., Die Anfänge der Konsumgesellschaft. Konsumgüterverbrauch, Lebensstandard und Alltagskultur in Österreich im 18. und 19. Jahrhundert (Sozial- und Wirtschaftshistorische Studien, 15), München 1982.
Sarasin, P., Reizbare Maschinen. Eine Geschichte des Körpers 1765–1914, Frankfurt am Main 2001.
–, u. J. Tanner, Physiologie und industrielle Gesellschaft, Frankfurt am Main 1998.
Schäfer, H., Gepanscht, verbraten und verkauft. Lebensmittelreport, München 1986.
–, Tatort Lebensmittelmarkt. Wie auf dem Nahrungssektor gelogen und betrogen wird, Frankfurt am Main 1995.
Schedel, J.C., Waaren-Lexicon für Kaufleute, Fabrikanten und Geschäftsleute überhaupt, Leipzig 1863.
Schick, A., Das Reichsgesetz über den Verkehr mit Nahrungsmitteln, Genussmitteln und Gebrauchsgegenständen vom 14. Mai 1879, Freiburg 1912.
Schick, E., Katechismus der Waarenkunde, Leipzig 1871[3].
Schlegel-Matthies, K., Anfänge der modernen Lebens- und Genußmittelwerbung: Produkte und Konsumgruppen im Spiegel von Zeitschriftenannoncen, in: Teuteberg (Hg.), Durchbruch, S. 279–308.
–, »Im Haus und am Herd«. Der Wandel des Hausfrauenbildes und der Hausarbeit 1880–1930, Stuttgart 1985.
Schluchter, M., Rezension zu: U. Frevert (Hg.), Vertrauen. Historische Annäherungen, in: H-Soz-u-Kult, http://hsozkult.geschichte.hu-berlin.de/rezensionen/2003-3-104 [18.03.2003].
Schmauderer, E., Die Beziehungen zwischen Lebensmittelwissenschaft, Lebensmittelrecht und Lebensmittelversorgung im 19. Jahrhundert, problemgeschichtlich betrachtet, in: Heischkel-Artelt, E. (Hg.), S. 131–197.
–, Der Nachweis von Lebensmittelfälschungen durch Selbstprüfungen im 19. Jahrhundert. Ein Beispiel für die Möglichkeiten, Grenzen und Konsequenzen der Popularisierung naturwissenschaftlicher Kenntnisse, in: Lebensmittelchemie und gerichtliche Medizin 28 (1974), S. 107–118, 145–151.
–, Studien zur Geschichte der Lebensmittelwissenschaft. 1. Teil: Qualitätsbeurteilung und Versorgungsprobleme bis zur Renaissance; 2. Teil: Das Lebensmittelwesen im Spiegel der frühen deutschen Literatur (VSWG Beihefte, 62), Wiesbaden 1975.
–, Wandlungen in der Lebensmittelbeurteilung im 19. Jahrhundert. Modellbetrachtung am Beispiel der künstlichen Färbung, in: Technikgeschichte 41 (1974), S. 201–226.
Schmidt, E., Einführung in die Geschichte der deutschen Strafrechtspflege, Göttingen 1983[3].
Schmidt, S., Julius Maggi. Singens würziger Weg zur Industriestadt, in: A.G. Frei (Hg.), Habermus und Suppenwürze. Singens Weg vom Bauerndorf zur Industriestadt, Konstanz 1987.
Schmidt-Mülheim, A., Der Verkehr mit Fleisch und Fleischwaaren und das Nahrungsmittelgesetz vom 14. Mai 1879, Wiesbaden 1895[2].
Schmidt-Preuß, M., Normierung und Selbstnormierung aus der Sicht des Öffentlichen Rechts, in: Zeitschrift für das gesamte Lebensmittelrecht 24 (1997), S. 249–267.
Schmoller, G. von, Grundriß der Allgemeinen Volkswirtschaftslehre, 2. Teil, Leipzig 1904[6].
Schnacke, A.G.E., Wörterbuch der Prüfungen verfälschter, verunreinigter und imitirter Waaren mit Angabe des Wesens und der Erkennung der Aechtheit der Waaren. Für Ärzte, Apotheker, Chemiker, Droguisten, Fabrikanten, Gewerbetreibende, Kaufleute, Studierende etc., sowie für Gebildete überhaupt, Gera 1877.

Schnapper-Arndt, G., Beschreibung der Wirtschaft und Statistik der Wirtschaftsrechnungen der Familie eines Uhrschildmachers im badischen Schwarzwald, in: ders., Vorträge und Aufsätze, Tübingen 1906, S. 168–189.
–, Fünf Dorfgemeinden auf dem Hohen Taunus. Eine socialstatistische Untersuchung, Leipzig 1883.
–, Nährikele, ein sozialstatistisches Kleingemälde aus dem schwäbischen Volksleben, in: ders., Vorträge und Aufsätze, Tübingen 1906, S. 190–253.
Schneidemühl, G., Die animalischen Nahrungsmittel. Ein Handbuch zu ihrer Untersuchung und Beurtheilung für Thierärzte, Ärzte, Sanitätsbeamte, Richter und Nahrungsmittel-Untersuchungsämter, Berlin 1903.
Scholliers, P., Food fraud and the big city. Brussels' responses to food anxieties in the nineteenth century, in: P. Atkins u. a. (Hg.), Food and the City in Europe since 1800, Aldershot 2007, S. 77–90.
Schormüller, J., Die Bestandteile der Lebensmittel (Handbuch der Lebensmittelchemie, Bd. 1), Berlin 1965.
Schrader, F. E., Die Formierung der bürgerlichen Gesellschaft 1550–1850, Frankfurt 1996.
Schrön, J., Ein »großes, lebendiges Lehrbuch der Hygiene« – Die Internationale Hygiene-Ausstellung in Dresden 1911, in: C. Kretschmann (Hg.), Wissenspopularisierung. Konzepte der Wissensverbreitung im Wandel (Wissenskultur und gesellschaftlicher Wandel, 4), Berlin 2003, S. 309–322.
Schuppert, G. F., Verantwortung, Kompetenz, Kontrolle. Verwaltungswissenschaftliche Neuorganisation des Verbraucherschutzes in Deutschland, in: Zeitschrift für das gesamte Lebensmittelrecht 29 (2002), S. 297–314.
Schwarz, A., Popularisieren, überzeugen, unterhalten: Wissenschaftspopularisierung und Wissenskultur im 19. Jahrhundert, in: C. Kretschmann (Hg.), Wissenspopularisierung. Konzepte der Wissensverbreitung im Wandel (Wissenskultur und gesellschaftlicher Wandel, 4), Berlin 2003, S. 221–234.
Schwarze, F. O., Commentar zum Strafgesetzbuch für das Deutsche Reich, Leipzig 1873[3], Reprint Frankfurt am Main 1992.
Schweikert, R., Warenkunde für Konsumgenossenschaften, Hamburg ca. 1922[2].
Schweizerisches Lebensmittelbuch. Methoden für die Untersuchung und Normen für die Beurteilung von Lebensmitteln und Gebrauchsgegenständen. Im Auftrag des Schweizerischen Departements des Innern bearbeitet vom Verein schweizerischer analytischer Chemiker, Bern 1899.
Seckelmann, M., Industrialisierung, Internationalisierung und Patentrecht im Deutschen Reich. 1871–1914 (Studien zur europäischen Rechtsgeschichte, 201; Recht in der Industriellen Revolution, 2), Frankfurt am Main 2006.
Seifert, A., Zur Geschichte der Lebensmittelhygiene, Leipzig 1988.
Sell, E., Technische Erläuterungen zu dem Entwurf eines Gesetzes, betreffend die Verwendung gesundheitsschädlicher Farben bei der Herstellung von Nahrungsmitteln, Genussmitteln und Gebrauchsgegenständen, in: Arbeiten aus dem kaiserlichen Gesundheitsamt 2 (1887), S. 232–297.
Selter, B., Der »satte Verbraucher«. Idole des Ernährungsverhaltens zwischen Hunger und Überfluß 1890–1970, in: P. Borscheid u. C. Wischermann (Hg.), Bilderwelt des Alltags. Werbung in der Konsumgesellschaft des 19. und 20. Jahrhunderts (Studien zur Geschichte des Alltags, 13), Stuttgart 1995, S. 190–221.
Seydel, M. von, Bayerisches Staatsrecht, Bd. 5.1, Freiburg 1890[1]; Bd. 2, Tübingen 1913[3].
Shapiro, S. P., The Social Control of Impersonal Trust, in: American Journal of Sociology 93 (1987), S. 623–658.
Sieferle, R. P., Fortschrittsfeinde? Opposition gegen Technik und Industrie von der Romantik bis zur Gegenwart (Die Sozialverträglichkeit von Energiesystemen, 5), München 1984.

Sieglerschmidt, J., Die Mechanisierung der organischen Substanz, in: H.-J. Teuteberg (Hg.), Essen und kulturelle Identität, Berlin 1997, S. 340–355.
Siegrist, H. u.a. (Hg.), Europäische Konsumgeschichte. Zur Gesellschafts- und Kulturgeschichte des Konsums (18. bis 20. Jahrhundert), Frankfurt am Main 1997.
–, u. D. Sugarman (Hg.), Eigentum im internationalen Vergleich. 18.–20. Jahrhundert (Kritische Studien zur Geschichtswissenschaft 130), Göttingen 2000.
Simon, T., Der Staat als ökonomisches System, in: K. Holzinger u.a. (Hg.), Politische Steuerung im Wandel. Der Einfluss von Ideen und Problemstrukturen, Leverkusen 2003, S. 31–48.
–, Merkantilistische Wirtschaftspolitik aus institutionenökonomischer Sicht. Eine Kritik, in: A. Héritier u.a. (Hg.), European and International Regulation after the Nation State, Baden-Baden 2004, S. 65–91.
Sinn, H.-W., Verbraucherschutz als Staatsaufgabe, in: Perspektiven der Wirtschaftspolitik, Zeitschrift des Vereins für Socialpolitik 4 (2003), S. 281–294.
Soxhlet, F. von: Über Margarine. Bericht an das General-Comité des landwirthschaftlichen Vereins in Bayern, München 1895.
Spiecker genannt Döhmann, I., Staatliche Entscheidungen unter Unsicherheit. Juristische und ökonomische Vorgaben (Preprints aus der Max-Planck-Projektgruppe Recht der Gemeinschaftsgüter, 2000/10), Bonn 2000.
Spiekermann, U., Von der Agricultur zur Ernährungskultur. Eine begriffsgeschichtliche Analyse, in: Ernährungskultur: Land(wirt)schaft, Ernährung und Gesellschaft. Tagungsband der 26. Wissenschaftlichen Jahrestagung der Arbeitsgemeinschaft Ernährungsverhalten, 21. und 22. Oktober 2004 in Kassel (2004), S. 38–53.
–, Basis der Konsumgesellschaft. Entstehung und Entwicklung des modernen Kleinhandels in Deutschland 1850 bis 1914 (ZUG Beihefte, 3), München 1999.
–, Haushaltsrechnungen als Quellen der Ernährungsgeschichte, in: D. Reinhardt u.a. (Hg.), Neue Wege zur Ernährungsgeschichte. Kochbücher, Haushaltsrechnungen, Konsumvereinsberichte und Autobiographien in der Diskussion (Europäische Hochschulschriften, Reihe 3: Geschichte und ihre Hilfswissenschaften, 586), Frankfurt 1993, S. 51–85.
–, Was ist Lebensmittelqualität? Ein historischer Rückblick, in: Ernährungs-Umschau 45 (1998), S. 198–200, 203–205.
–, Medium der Solidarität. Die Werbung der Konsumgenossenschaften 1903–1933, in: P. Borscheid u. C. Wischermann (Hg.), Bilderwelt des Alltags. Werbung in der Konsumgesellschaft des 19. und 20. Jahrhunderts, Stuttgart 1995, S. 150–189.
–, Nahrung und Ernährung im Industriezeitalter, in: A. Bodenstedt (Hg.), Materialien zur Ermittlung von Ernährungsverhalten, Karlsruhe 1997, S. 35–73.
–, Die Normalität des (Lebensmittel-)Skandals. Risikowahrnehmungen und Handlungsfolgen im 20. Jahrhundert, in: Hauswirtschaft und Wissenschaft 52 (2004), S. 60–69.
–, Pfade in die Zukunft? Entwicklungslinien der Ernährungswissenschaft im 19. und 20. Jahrhundert, in: G.U. Schönberger u. ders. (Hg.), Die Zukunft der Ernährungswissenschaft (Gesunde Ernährung, 5), Berlin 2000, S. 23–46.
–, Twentieth-Century Product Innovations in the German Food Industry, in: Business History Review 83 (2009), S. 291–315.
–, Rationalitäten im Widerstreit. Die Bildung von Präferenzen am Beispiel des deutschen Lebensmittelmarktes im 20. Jahrhundert, in: H. Berghoff u. J. Vogel (Hg.), Wirtschaftsgeschichte als Kulturgeschichte. Perspektiven eines Paradigmenwechsels, Frankfurt am Main 2004, S. 195–217.
–, Historischer Wandel der Ernährungsziele in Deutschland. Ein Überblick, in: U. Oltersdorf u. K. Gedrich (Hg.), Ernährungsziele unserer Gesellschaft. Die Beiträge der Ernährungsverhaltenswissenschaft, 22. Wissenschaftliche Jahrestagung der Allgemeinen Gesellschaft für Ernährung e.V. (AGEV) 12.–13.10.2001, Bonn 2001, S. 97–112.

–, Warenwelten. Die Normierung der Nahrungsmittel in Deutschland 1880–1930, in: R.-E. Mohrmann (Hg.), Essen und Trinken in der Moderne (Beiträge zur Volkskultur in Nordwestdeutschland, 108), Münster 2005, S. 99–124.
–, u. D. Stockhaus, Konsumvereinsberichte – Eine neue Quelle der Ernährungsgeschichte, in: D. Reinhardt u. a. (Hg.), Neue Wege zur Ernährungsgeschichte. Kochbücher, Haushaltsrechnungen, Konsumvereinsberichte und Autobiographien in der Diskussion (Europäische Hochschulschriften, Reihe 3: Geschichte und ihre Hilfswissenschaften, 586), Frankfurt am Main 1993, S. 86–112.
Standardisierung, in: Brockhaus, Bd. 21, Leipzig 1998[20], S. 10.
Stanziani, A., The Municipal laboratories and foodstuffs analysis in France under the Third Republic. The case of the municipal laboratory of Paris 1878–1907, in: P. Atkins u. a. (Hg.), Food and the City in Europe since 1800, Aldershot 2007, S. 105–116.
Staudinger, F., Die Konsumgenossenschaft (Aus Natur und Geisteswelt, 222), Leipzig 1919[2].
Stein, L. von, Die Verwaltungslehre, 3. Theil: Die innere Verwaltung, 1. Hauptgebiet, 2. Theil: Das öffentliche Gesundheitswesen in Deutschland, England, Frankreich und anderen Ländern, Stuttgart 1867.
Stempf, L., Das Polizeistrafgesetzbuch für das Großherzogthum Baden mit den Motiven, Commissionsberichten und den landständischen Verhandlungen bearbeitet, Mannheim 1864.
Stenglein, M., Commentar über das Strafgesetzbuch für das Königreich Bayern und das Gesetz über die Einführung des Strafgesetzbuches und des Polizeistrafgesetzbuches, 2. Teil, München 1862.
Stichweh, R., Professionen in Deutschland im 19. und 20. Jahrhundert, in: Ius Commune 19 (1992), S. 280–288.
Stieger, W., Die Hygiene der Milch. Hygienische Gewinnung, Behandlung und Aufbewahrung von Milch, Milchprodukten und anderen Nahrungsmitteln sowie das Wissenswerteste bei der Gewinnung und Prüfung der Milch, Leipzig 1902.
Stolleis, M., Die Entstehung des Interventionsstaates und das öffentliche Recht, in: ders., Konstitution und Intervention. Studien zur Geschichte des öffentlichen Rechts im 19. Jahrhundert, Frankfurt am Main 2001, S. 253–282.
–, Geschichte des öffentlichen Rechts in Deutschland. Bd. 1: Reichspublizistik und Policeywissenschaft 1600–1800, München 1988; Bd. 2: Staatsrechtslehre und Verwaltungswissenschaft 1800–1914, München 1992; Bd. 3: Staats- und Verwaltungsrechtswissenschaft in Republik und Diktatur 1914–1945, München 1999.
–, »Innere Reichsgründung« durch Rechtsvereinheitlichung 1866–1880, in: ders., Konstitution und Intervention. Studien zur Geschichte des öffentlichen Rechts im 19. Jahrhundert, Frankfurt am Main 2001, S.195–225.
–, Nationalität und Internationalität, in: ders., Konstitution und Intervention. Studien zur Geschichte des öffentlichen Rechts im 19. Jahrhundert, Frankfurt am Main 2001, S. 170–194.
–, Wie entsteht ein Wissenschaftszweig? Wirtschaftsrecht und Wirtschaftsverwaltungsrecht nach dem Ersten Weltkrieg, in: H. Bauer (Hg.), Umwelt, Wirtschaft und Recht. Wissenschaftliches Symposion aus Anlaß des 65. Geburtstages von Reiner Schmidt, 16./17. November 2002, Tübingen 2002, S. 1–13.
Stoya, W., Chemie in der Nahrung, ein Skandal. Lebensmittel im Spiegel heutiger Zeit, München 1974.
Das Strafgesetzbuch für das Königreich Bayern. Amtliche Ausgabe (Beilage I zum Gesetz vom 10. November 1861, die Einführung des Strafgesetzbuches und Polizeistrafgesetz für das Königreich Bayern betreffend), München 1861.
Die Strafgesetze des Königreich Hannover auf Grundlage des Criminalgesetzbuches vom 8. August 1840, zusammengestellt von Ferdinand Heinrich Theodor Brandis, Hannover 1854.

Strahlmann, B., Lebensmittelverarbeitung im 19. Jahrhundert – neue technische Verfahren und chemische Zusätze, in: Heischkel-Artelt, E. (Hg.), S. 198–204.
Stremmel, R., Rezension zu: U. Frevert (Hg.), Vertrauen. Historische Annäherungen, in: H-Soz-u-Kult, http://hsozkult.geschichte.hu-berlin.de/rezensionen/id=6335 [13.01.2006].
–, Von der »Treue« zum »Vertrauen«? Friedrich Alfred Krupp und seine Beschäftigten (1887–1902), in: ZUG 51 (2006), S. 70–92.
Tanner, J., Die Ambivalenz der Nahrung. Gift und Genuss aus der Sicht der Kultur- und der Naturwissenschaften, in: G. Neumann u. a. (Hg.), Essen und Lebensqualität. Natur- und kulturwissenschaftliche Perspektiven, Frankfurt am Main 2001, S. 175–199.
–, Be a somebody with a body. Die Körpermaschinen der Arbeitsgesellschaft, in: Body-check – Newsletter Deutscher Studienpreis, Ausgabe 10 (März 2001), S. 10–16.
–, Ernährungswissenschaft, Esskultur und Gesundheitsideologie. Konzepte und Strategien in der Schweiz im 20. Jahrhundert, in: M. Schaffner (Hg.), Brot, Brei und was dazugehört. Über sozialen Sinn und physiologischen Wert der Nahrung, Zürich 1992, S. 85–103.
–, Fabrikmahlzeit. Ernährungswissenschaft, Industriearbeit und Volksernährung in der Schweiz 1890–1950, Zürich 1999.
–, Modern Times. Industrialisierung und Ernährung in Europa und in den USA im 19. und 20. Jahrhundert, in: F. Escher u. C. Buddeberg (Hg.), Essen und Trinken zwischen Ernährung, Kult und Kultur, Zürich 2003, S. 27–52.
Tappe, H., Der Kampf gegen den Alkoholmißbrauch als Aufgabe bürgerlicher Mäßigkeitsbewegung und staatlich-kommunaler Verwaltung, in: Teuteberg, H.-J., Durchbruch (Hg.), S. 189–235.
Tenfelde, K., Klassenspezifische Konsummuster im Deutschen Kaiserreich, in: Siegrist u. a. (Hg.), S. 245–266.
Teuteberg, H.-J., Die Begründung der Ernährungsindustrie, in: ders. u. G. Wiegelmann, Kost, S. 291–302.
– (Hg.), Durchbruch zum modernen Massenkonsum. Lebensmittelmärkte und Lebensmittelqualität im Städtewachstum des Industriezeitalters (Studien zur Geschichte des Alltags, 8), Münster 1987.
–, Die Ernährungsrevolution im 19. Jahrhundert, in: H. Ringhand (Hg.), Damit wir leben können. Eine Dokumentation der Ernährungswirtschaft, Bielefeld 1985, S. 17–26, 29–45.
–, Food adulteration and the beginnings of uniform food legislation in late nineteenth-century Germany, in: J. Burnett u. D. J. Oddy (Hg.), The Origins and Development of Food Policies in Europe, London 1994, S. 146–160.
–, Vom »Gesundbrunnen« in Kurbädern zur modernen Mineralwasserproduktion, in: Walter (Hg.), S. 123–157.
–, Die tägliche Kost unter dem Einfluß der Industrialisierung, in: ders. (Hg.), Durchbruch, S. 345–361.
–, Zum Problemfeld Urbanisierung und Ernährung im 19. Jahrhundert, in: ders. (Hg.), Durchbruch, S. 1–36.
–, Produkte erhalten ein individuelles »Gesicht«. Markenzeichen als Mittel der Werbung und Qualitätssicherung seit Beginn der modernen Marktwirtschaft, in: W. Masing u. a. (Hg.), Qualitätsmanagement – Tradition und Zukunft. Festschrift zum 50jährigen Bestehen der Gesellschaft für Qualität e. V., München 2003, S. 149–178.
–, Die Rolle des Fleischextrakts für die Ernährungswissenschaften und den Aufstieg der Suppenindustrie. Kleine Geschichte der Fleischbrühe (ZUG Beihefte, 70), Stuttgart 1990.
–, Die Veränderung der hausfraulichen Küchenarbeit unter dem Einfluß der Industrialisierung, in: D. Petzina u. J. Reulecke (Hg.), Bevölkerung, Wirtschaft, Gesellschaft seit der Industrialisierung. Festschrift für Wolfgang Köllmann zum 65. Geburtstag (Untersuchungen zur Wirtschafts-, Sozial- und Technikgeschichte, 8), Dortmund 1990, S. 359–388.

–, Der Verzehr von Nahrungsmitteln in Deutschland pro Kopf und Jahr seit Beginn der Industrialisierung (1880–1975), in: Archiv für Sozialgeschichte XIX (1979), S. 331–388.
Teuteberg, H.-J. u. G. Wiegelmann, Unsere tägliche Kost. Geschichte und regionale Prägung, Münster 1988².
–, Der Wandel der Nahrungsgewohnheiten unter dem Einfluß der Industrialisierung, Göttingen 1972.
Themenheft »Vertrauen/Trust«, Jahrbuch für Wirtschaftsgeschichte 2005, 1, S. 9–138.
Thoms, H., u. E. Gilg, Einführung in die praktische Nahrungsmittelchemie, Leipzig 1899.
Thoms, U., Kochbücher und Haushaltslehren, in: D. Reinhardt u.a. (Hg.), Neue Wege zur Ernährungsgeschichte. Kochbücher, Haushaltsrechnungen, Konsumvereinsberichte und Autobiographien in der Diskussion (Europäische Hochschulschriften, Reihe III Geschichte und ihre Hilfswissenschaften, 586), Frankfurt am Main 1993, S. 9–50.
Tietzel, M., u. M. Weber, Von Betrügern, Blendern und Opportunisten. Eine ökonomische Analyse (Diskussionsbeiträge des Fachbereichs Wirtschaftswissenschaft der Universität-Gesamthochschule Duisburg, 136), Duisburg 1990.
Tilly, R., Unternehmermoral und -verhalten im 19. Jahrhundert. Indizien deutscher Bürgerlichkeit, in: J. Kocka (Hg.), Bürgertum im 19. Jahrhundert, Bd. 2, München 1988, S. 35–64.
Treue, E., Die polizeiliche Kontrolle des Kleinhandels mit Nahrungsmittel, Genußmitteln und Gebrauchsgegenständen. Gesetze, Verordnungen, Bekanntmachungen und Vorschriften, zusammengestellt für die Polizeibeamten, Bielefeld 1911.
Treue, W., Das Aufkommen der Ernährungsindustrie, in: Heischkel-Artelt, E. (Hg.), S. 99–116.
Übersicht über die Jahresberichte der öffentlichen Anstalten zur technischen Untersuchung von Nahrungs- und Genussmitteln, hg. vom Kaiserlichen Gesundheitsamt, Berlin 1902–1911.
Uekötter, F., Kommunikation zwischen technischen und juristischen Experten, in: Technikgeschichte 66 (1999), S. 1–31.
van Laak, D., Jenseits von Knappheit und Gefälle. Technokratische Leitbilder gesellschaftlicher Ordnung, in: H. Berghoff u. J. Vogel (Hg.), Wirtschaftsgeschichte als Kulturgeschichte. Dimensionen eines Perspektivenwechsels, Frankfurt am Main 2004, S. 435–454.
Varges, J., Nahrungsmittelchemie. Ein illustriertes Lexikon der Nahrungs- und Genußmittel sowie Gebrauchsgegenstände, Leipzig 1907.
Vec, M., Aushöhlung des Staates? Selbst-Normierung im Staat der Industriegesellschaft als historisches Problem, in: Rechtshistorisches Journal 19 (2000), S. 517–532.
–, Kurze Geschichte des Technikrechts. Von den Anfängen bis zum Ersten Weltkrieg, in: M. Schulte (Hg.), Handbuch des Technikrechts (Enzyklopädie der Rechts- und Staatswissenschaften), Berlin 2003, S. 3–60.
–, Recht und Normierung in der Industriellen Revolution. Neue Strukturen der Normsetzung in Völkerrecht, staatlicher Gesetzgebung und gesellschaftlicher Selbstnormierung (Studien zur europäischen Rechtsgeschichte, 200; Recht in der Industriellen Revolution, 1), Frankfurt am Main 2006.
–, Standardization Takes Command. Recht und Normierung in der Industriellen Revolution, in: M. Kloepfer (Hg.), Technikentwicklung und Technikrechtsentwicklung. Unter besonderer Berücksichtigung des Kommunikationsrechts (Schriften zum Technikrecht, 1), Berlin 2000, S. 45–55.
–, Technik oder Recht? Steuerungsansprüche in der Zweiten Industriellen Revolution, in: M. Kloepfer (Hg.), Kommunikation – Technik – Recht. Strukturen und wechselseitige Beeinflussungen (Schriften zum Technikrecht, 6), Berlin 2002, S. 111–138.
Vereinbarungen betreffs der Untersuchung und Beurteilung von Nahrungs- und Genussmitteln sowie Gebrauchsgegenständen, herausgegeben im Auftrag der Freien Vereinigung bayerischer Vertreter der angewandten Chemie von Albert Hilger, Berlin 1885.

Vereinbarungen zur einheitlichen Untersuchung und Beurtheilung von Nahrungs- und Genußmitteln sowie Gebrauchsgegenständen für das Deutsche Reich. Ein Entwurf festgestellt nach den Beschlüssen der auf Anregung des Kaiserlichen Gesundheitsamtes einberufenen Kommission deutscher Nahrungsmittelchemiker, 3 Hefte, Berlin 1897–1902.

Vergleichende Darstellung des deutschen und ausländischen Strafrechts. Besonderer Teil. Bd. 7: Begünstigung und Hehlerei. Urkundenfälschung. Betrug. Nahrungsmittelfälschung, Berlin 1907.

Die Verfälschung von Nahrungsmitteln und das Strafrecht, Denkschrift des deutschen Landwirthschaftsrates vom 2. Mai 1877, in: Annalen des Deutschen Reichs für Gesetzgebung, Verwaltung und Statistik, Staatswissenschaftliche Zeitschrift und Materialiensammlung 10 (1877), S. 1079–1087.

Vogel, H., Die Verfälschung und Verschlechterung der Lebensmittel. Ein Beitrag zur diätetischen und socialen Reform, Schwelm 1873².

Vögele, J., Sozialgeschichte städtischer Gesundheitsverhältnisse während der Urbanisierung (Schriften zur Wirtschafts- und Sozialgeschichte, 69), Berlin 2001.

Voit, C. von, Physiologie des allgemeinen Stoffwechsels und der Ernährung (= Handbuch der Physiologie, 6. Bd., 1. Teil), Leipzig 1881.

vom Feld, I., Kontrollierte Staatsentlastung im Technikrecht – Dampfkesselgesetzgebung und Dampfkesselüberwachung in Preußen 1831–1914 (Studien zur europäischen Rechtsgeschichte, 200; Recht in der Industriellen Revolution, 5), Frankfurt am Main 2007.

Wadle, E., Fabrikzeichenschutz und Markenrecht. Geschichte und Gestalt des deutschen Markenschutzes im 19. Jahrhundert. 1. Teil: Entfaltung, 2. Teil: Historisch-dogmatische Grundlinien (Schriften zur Rechtsgeschichte, 30), Berlin 1983.

–, Geistiges Eigentum. Bausteine zur Rechtsgeschichte, 2 Bde., Weinheim 1996/2003.

Wagner, C., Fast schon Food. Die Geschichte des schnellen Essens, Frankfurt am Main 1995.

Wagner, C., Konserven und Konservenindustrie in Deutschland, Jena 1907.

Walchner, F. H., Die Nahrungsmittel des Menschen, ihre Verfälschungen und Verunreinigungen. Nach den besten Quellen dargestellt, Berlin 1875.

Walter, R. (Hg.), Geschichte des Konsums. Erträge der 20. Arbeitstagung der Gesellschaft für Sozial- und Wirtschaftsgeschichte, 23.–26. April 2003 in Greifswald (VSWG Beihefte, 175), Stuttgart 2004

Warnke, U., Wissenschaftspopularisierung am Beispiel deutscher Gesundheits- und Hygiene-Ausstellungen, in: »Sei sauber…!«. Eine Geschichte der Hygiene und öffentlichen Gesundheitsvorsorge in Europa, hg. vom Musée d'Histoire de la Ville de Luxembourg, Köln 2004, S. 302–305.

Wassermann, L., Der Kampf gegen die Lebensmittelfälschung vom Ausgang des Mittelalters bis zum Ende des 18. Jahrhunderts, Mainz 1879.

Weber, K., Neue Gesetz- und Verordnungen-Sammlung für das Königreich Bayern mit Einschluß der Reichsgesetzgebung, 42 Bde., München 1880–1919.

Weber, R., Die Entwicklung des Nebenstrafrechts 1871–1914 (Juristische Zeitgeschichte, Abt. 3, Beiträge zur modernen deutschen Strafgesetzgebung, 5), Baden-Baden 1999.

Wedell, J. von, Im Haus und am Herd. Praktischer Ratgeber in allen Gebieten der Haushaltung für Frauen und Mädchen. Nebst einem vollständigen Kochbuch, Stuttgart 1897².

Wehler, H.-U., Deutsche Gesellschaftsgeschichte, Bd. 3: Von der deutschen »Doppelrevolution« bis zum Beginn des Ersten Weltkrieges, München 1995.

Wehling, P., Ungeahnte Risiken. Das Nichtwissen des Staates – am Beispiel der Umweltpolitik, in: P. Collin u. T. Horstmann (Hg.), Das Wissen des Staates. Geschichte, Theorie und Praxis (Rechtspolitologie, 17), Baden-Baden 2004, S. 309–334.

Weisker, A., Expertenvertrauen gegen Zukunftsangst. Zur Risikowahrnehmung der Kernenergie, in: Frevert (Hg.), Vertrauen, S. 394–421.

Wendorf, G., Umweltzeichen im Spannungsfeld zwischen Konsumenten und Unternehmen, Frankfurt am Main 1997.
Wengenroth, U., Gute Gründe. Technisierung und Konsumentscheidungen, in: Technikgeschichte 71 (2004), S. 3–18.
Wiegert, J., Anfangsprobleme der Nahrungsmittelchemie in Deutschland unter besonderer Berücksichtigung pharmazeutischer Verhältnisse, Braunschweig 1975.
Wiener, D., Handbuch der Medizinal-Gesetzgebung des Deutschen Reichs und seiner Einzelstaaten. Mit Kommentar. Für Medizinal-Beamte, Ärzte und Apotheker, Bd. II., 2. Theil: Die Medizinal-Gesetzgebung der Königreiche Bayern und Sachsen, Stuttgart 1886.
Wiesinger, B., Das Gesundheitswesen und die medizinische Versorgung in Bayern 1800–1860, München 1995.
Wilkins, M., When and why brand names in food and drink?, in: G. Jones u. N. J. Morgan (Hg.), Adding Value. Brands and Marketing in Food and Drink, London 1994, S. 15–40.
Williamson, O. E., Calculativeness, Trust, and Economic Organization, in: Journal of Law and Economics 36 (1993), S. 435–486.
Wirz, A., Die Moral auf dem Teller. Dargestellt an Leben und Werk von Max Bircher-Benner und John Harvey Kellogg, Zürich 1993.
Wischermann, C., Der Property-Rights-Ansatz und die »neue« Wirtschaftsgeschichte, in: GG 19 (1993), S. 239–258.
–, u. A. Nieberding, Die institutionelle Revolution. Eine Einführung in die deutsche Wirtschaftsgeschichte des 19. und frühen 20. Jahrhunderts (Grundzüge der modernen Wirtschaftsgeschichte, 5), Stuttgart 2004.
Wittstein, G. C., Taschenbuch der Nahrungs- und Genussmittellehre. Mit besonderer Berücksichtigung der Verderbnisse, Verunreinigungen und Verfälschungen, nach eigenen Erfahrungen für Jedermann leicht fasslich dargestellt, Nördlingen 1878.
Wolfensberger, R., Vom Labor in den Haushalt, in: B. Mesmer (Hg.), Die Verwissenschaftlichung des Alltags. Anweisungen zum richtigen Umgang mit dem Körper in der schweizerischen Populärpresse 1850–1900, Zürich 1997, S. 63–85.
–, Die Normierung des Stoffwechsels, in: B. Mesmer (Hg.), Die Verwissenschaftlichung des Alltags. Anweisungen zum richtigen Umgang mit dem Körper in der schweizerischen Populärpresse 1850–1900, Zürich 1997, S. 133–176.
Wolfschmidt, G., u. a., Methoden der Popularisierung, in: G. Wolfschmidt (Hg.), Popularisierung der Naturwissenschaften, Berlin 2002, S. 21–38.
Wörner, M., Vergnügung und Belehrung. Volkskultur auf den Weltausstellungen 1851–1900, Münster 1999.
Würzburg, A., Die Nahrungsmittel-Gesetzgebung im Deutschen Reiche und in den einzelnen Bundesstaaten, Leipzig 1894.
Wurm, E., Die Lebenshaltung deutscher Arbeiter, ihre Ernährung und Wohnung, Einkommen, indirekte Besteuerung, Erkrankung und Sterblichkeit, Dresden 1892.
Wywra, U., Consumption, Konsum, Konsumgesellschaft. Ein Beitrag zur Begriffsgeschichte, in: Siegrist u. a. (Hg.), S. 747–762.
Zatsch, A., Alte und neue Getreidemühlen, in: H.-J. Teuteberg (Hg.), Westfalens Wirtschaft am Beginn des »Maschinenzeitalters«, Dortmund 1988, S. 129–156.
Zimmermann, J., Reichsgesetze betreffend den Verkehr mit Nahrungs- und Genußmitteln unter besonderer Berücksichtigung der Entscheidungen des Reichsgerichts, Leipzig 1903[3].
Zinn, A., Reichsgesetz, betr. den Verkehr mit Nahrungsmitteln, Nördlingen 1879.
–, u. R. Haas, Reichsgesetz betr. den Verkehr mit Nahrungsmitteln, Genußmitteln und Gebrauchgegenständen, Nördlingen 1879[2].
Zipperer, P., Die Chokolade-Fabrikation, Berlin 1889[1] und 1913[2].
–, Untersuchungen über Kakao und dessen Präparate, Hamburg 1887.

Register

1. Personenregister

2. Sach- und Ortsregister